研究生"十四五"规划精品系列教材

# 哲学教程

（第二版）

主　编　王宏波
副主编　杨建科　马文保

#### 图书在版编目(CIP)数据

哲学教程／王宏波主编. --西安：西安交通大学出版社，2023.11
 ISBN 978-7-5693-3050-2

Ⅰ.①哲… Ⅱ.①王… Ⅲ.①哲学 Ⅳ.①B0

中国国家版本馆 CIP 数据核字(2023)第 007436 号

| | |
|---|---|
| 书　　名 | 哲学教程(第二版)<br>ZHEXUE JIAOCHENG(DI ER BAN) |
| 主　　编 | 王宏波 |
| 策划编辑 | 雒海宁 |
| 责任编辑 | 雒海宁 |
| 责任校对 | 张静静 |
| 装帧设计 | 伍　胜 |
| 出版发行 | 西安交通大学出版社<br>(西安市兴庆南路1号　邮政编码 710048) |
| 网　　址 | http://www.xjtupress.com |
| 电　　话 | (029)82668357　82667874(市场营销中心)<br>(029)82668315(总编办) |
| 传　　真 | (029)82668280 |
| 印　　刷 | 西安五星印刷有限公司 |
| 开　　本 | 787 mm×1092 mm　1/16　印张 28.375　字数 632千字 |
| 版次印次 | 2023年11月第1版　2024年4月第2次印刷 |
| 书　　号 | ISBN 978-7-5693-3050-2 |
| 定　　价 | 92.00元 |

如发现印装质量问题,请与本社市场营销中心联系。
订购热线:(029)82665248　(029)82667874
投稿热线:(029)82664840
读者信箱:363342078@qq.com

**版权所有　侵权必究**

# 前言
FOREWORD

《哲学教程》于2002年1月出版了第一版。当时是为了适应高校人文素质教育的需要而出版的。1998年我承担了教育部的一个委托研究项目，即"理工科大学非哲学专业哲学素质教育研究"课题，这本教程就是这个课题研究与实践的产物。这本教材出版以后受到学生的欢迎，学校教材科曾多次征订以满足学生需求。如今经过20多年，学校决定将本教材列为研究生"十四五"规划精品系列教材重新出版，这充分体现了学校领导对哲学素质教育的高度重视。在科学研究中，一些重要的科学假说的形成都伴随着哲学思维，在工程设计与建造的综合集成式思维中哲学方法论也起着很重要的作用。我国工程院的院士们都很关注工程哲学问题，例如学术界成立了工程哲学专业委员会，并由工程院院士和哲学界专家合作出版了《工程哲学》一书，这就是典型范例。在学生的知识结构中，哲学知识无疑具有基础性的地位，哲学素质教育对高校学生素质教育的全面提升十分重要。根据教学要求和教学实践，我们认为加强对高校学生的哲学基础的教育，一方面要适应一般哲学素质教育的要求，另一方面要加强对其进行马克思主义哲学精神及其辩证思维的教育，更要反映新中国成立以来，特别是改革开放以来，尤其是中国特色社会主义进入新时代以来哲学研究的新发展。为此，我们重新修订了这本《哲学教程》，出版《哲学教程》（第二版）。

党的十八大以来，中国特色社会主义进入新时代，形成了习近平新时代中国特色社会主义思想，中国特色社会主义事业的发展取得了举世瞩目、举国认同的成就。这表明我们党对中国特色的社会主义建设规律的认识和实践都达到了新的水平。就哲学理论发展而言，研究视域不断拓展，研究深度不断延伸。新时代改革实践的哲学研究，价值观与思维问题的研究，人民主体性、生态哲学、人类命运共同体与新文明形态等问题研究，已成为新时代哲学研究的热点问题，取得了许多引人瞩目的思想理论成果。原有教材版本已过20年，在哲学理论进展,尤其是理论联系实际方面的有关内容已不能适应新时代理论创新和实践进步的要求。因此,《哲学教程》(第二版)必须在有关内容上进行更新,以适应新时代以来的理论创新与实践需求的状况。

我们认识到,对于一本教材可以从两个不同的、但又相互关联的角度评价。一个是从学科体系的角度评价。另一个是从教学体系的角度评价。从教学体系的角度评价又有从哲学专业教学标准评价和从非哲学专业教学标准评价的区别。在注意到这个区别以后,我们认为,对于非哲学专业的哲学教材而言,其要求应适得其所。因此,我们在第二版的内容编排上依然坚持了第一版的编写原则,遵循了从素质教育的实际出发,以所应教授的基本内容作为基本要求,以专题安排作为基本方式。根据我校多年来的教学情况,我们是按照教育部的素质教育要求,针对学生的学习特点,适当反映哲学界学术研究进展,去选择和编排教材内容的。根据这样一些指导思想,内容安排就有增有减,有轻有重。与当前学生哲学素质教育有关,与学术研究进展有关的内容,我们就适当加强,而一些已成为普通常识的问题和内容就不必重点展开。当然,作为一本教材,尽量要前后一致,尽量按逻辑要求形成一个相对可行的教学体系,这样就构成了一个篇、章、节的基本结构,每一篇自成一个专题,各篇之间前后承接,各篇内容尽量反映新思想、新材料。

我们的写作方法是从学生思想的实际出发,按照教学要求,突出理论应用的针对性和现实性。因此,确定内容的原则不是从哲学体系出发,而是根据哲学教学需要精选若干专题,使理论问题集中度高,现实针对性强,叙述上尽量具体,便于学生阅读和自学,力求使教学过程达到精讲多读的效果。所以编写原则是理论问题相对集中,内容适当展开;论题要精,篇幅可大;阐述具体,联系实际;史论结合,以论为主。第二版也是很好地坚持和贯彻了这些原则和方法的。

本教材既适合本科生阅读,也适合研究生阅读。这是因为本教材具有以下特点。其一是注意哲学史知识的阐述,例如第二章专门阐述哲学发展的基本特点,分别从中国哲学的发展特点、西方哲学的发展特点、中西方哲学的比较与融通三个角度进行了阐述,这一部分内容对于学生理解当前关于"马克思主义与中国文化相结合"的思想有很好的帮助。其二是本教材注重哲学教育问题意识的培养,在阐释一些重要的哲学思想时,都要介绍与这个重要的哲学思想相关的哲学问题。例如在阐述马克思主义实在观时先讨论关于"实在问题"的相关典型观点,再延伸这个问题的背景知识;再如,在阐释马克思主义认识论思想时,先讨论一些具有重要影响的认识论问题,例如归纳问题、划界问题、效用问题、语言问题、证伪问题等,在对这些问题辨析的基础上再阐释马克思主义的认识论思想。其三,本教材不仅从哲学重要思想的维度介绍了一些哲学史知识,而且对于重要的哲学范畴也提供一些概念演变史的知识,例如关于辩证法思想史的介绍,关于实践概念的演变史的介绍等。这种编写方式是能够适应研究生阶段的学习需求的,也扩大了一些本科生进一步深入思考哲学问题的知识空间。

为了反映哲学研究的新进展,每一篇除了有对基本的哲学问题或哲学思想的历史叙述,也有对哲学思想与理论新发展的反映。本教材通过对这些哲学思想的简述,可以使学生了解:即使是哲学,它的内容和思想也是不断变化的。尤其在第一篇导论中,我们贯彻了历史与逻辑相统一的观点和方法,从时代、时代精神和哲学三者的关系勾画哲学发展的线索。第二篇客观实在论中,首先叙述了实在问题的历史和特征,这次再版新增了"信息与实在问题"的内容,重点突出了客观实在性的理论和相应的哲学方法。第三篇辩证法简论,在阐释辩证范畴、辩证规律与系统思想的基础上,新增和拓展了系统论思想对联系和发展问题的意义分析。第四篇认识论中专列一章叙述认识论问题,专列一节叙述实践观念的地位与作用。我们认为,哲学理论从根本上说是研究理想信念问题的学问。过去,传统的哲学教材只关注真理问题,后来引入了价值问题,但是理想信念问题却被抛掷在哲学教材之外,不能不说是一种遗憾,国内大多数的哲学教材都没有涉及理想信念问题,本教材体现了这方面的内容。这次修订时,在真理与价值这一章中重点修订了关于理想范畴的阐述,还专门增加了普世价值与共同价值辨析一节,以解答学生在这个问题上的思想困惑。在第五篇社会发展论的内容编排上,我们选择了以基本范畴列章的方法,分别以社会存在、社会意识、社会形态作为章题,统帅社会基本矛盾的有关内容。这样编排的优点在于明晰了社会存在、社会意识的主线关系,突出了社会存在的内容是生产方式即生产力与生产关系的矛盾。这次修订版增加了"生态文明"一节,在社会意识一章的"政治法律思想"一节中加入了"依法治国"的内容。为了反映中国改革实践的基本经验,本教材修订了科学的实践观一章,增加了"实践模式"等内容。在第十九章关于社会进步问题的阐述中,特别增加了关于自由人联合体的理论,以帮助学生增强对共产主义理想和信念的理解、认同。

哲学在解释和宣传文化、文明、道德、理想、人格、认知、思维方面有其他学科不能替代的作用。所以,哲学教育具有思想政治教育和人文素质教育的双重功能。本教材是哲学基础理论和现实发展紧密结合的教材,主要用于扩大本科生哲学知识面、提升研究生哲学思维能力的教育。学哲学就是要训练哲学思维方式,提升对社会实际问题、专业知识进行哲学思考的能力,就是要对某些重要的哲学概念、哲学命题及哲学方法有一定程度的理解。本教材在有关哲学概念和哲学命题的介绍上相对详细一些。这里也留下了一定的余地,教师和学生可根据教学的需要,根据学时情况选材。另外,我们力求写得可读性强一些,有些章节内容可让学生在课外选读。

最后需要说明,本教程修订过程中参考了学术界的研究成果,这些成果都曾给我们以思想启发,或者给以论述逻辑指导,或者引导我们提出新的理论问题,或者我们直接引用其理论表述。在此我们表示衷心的感谢。当然我们在编写过程中可能存在一些对命题理解与阐释不准确、不到位的地方,也可能存在一些表述不清楚,甚至语词用法错误,敬请学界同仁批评指正,以帮助我们改进工作,提升工作水平。

王宏波<br>2024.1.12

# 第一版 序言

人文学院哲学系的老师请我为他们编写的教材《哲学教程》写篇序，我虽外行，但出于工作考虑而答应。粗略读了几章，兴致盎然，对他们所进行的有益改革尝试感到高兴，并由此产生出一些感想，就算是个序吧。

哲学是时代精神的精华，数千年的人类思想文化，积淀在哲学思想的浩浩长河之中，它包含了人类对自然界、社会及人的思维等几乎所有重大问题的思索与关注。它所探讨的诸如自然、人与自然的关系、社会与人生、现实的与理想的社会制度等等，给我们以世界观和方法论的启迪与教育。特别是自马克思主义世界观产生以来，它以独特的方式对哲学本身的性质、内容、对象做出了新的概括和解释，在综合历史发展中诸多学派得失的基础上提出的新的世界观的科学纲领，成了无产阶级的世界观和方法论。在我国高等院校开设马克思主义哲学课程，是时代的需要，是培养高素质人才的需要，也反映了我国高等教育的社会主义性质。

随着时代的发展，特别是我们面临日益复杂的国际局势和知识经济时代的挑战，如何迎接现实与未来的挑战，培养什么样的人才，是摆在我们高等教育工作者面前的重大问题，人的培养要以德为本，德、智、体、美等全面发展。按照宋代哲学家朱熹的解释，德者"得"也，德，就是得"道"。用现代的方式来诠释，道，就是马克思主义的科学世界观、人生观、价值观，就是马克思主义的立场、观点、方法。培养适应并服务于社会主义市场经济的社会主义新型人才，就是培养用科学的理论武装起来的、具有现代科学技术知识的创新型人才，培养具有较高思想品质和道德情操，在任何大风大浪和复杂形势面前都有坚定的立场、坚韧不拔的意志和崇高理想的社会主义事业的建设者和接班人，这是时代赋予我们教育工作者的神圣而崇高的历史使命，每一位教育工作者都应为此做出自己的贡献。

哲学教育重在启发心智，涵养道德，培养创新思维，塑造崇尚科学、反对迷信的世界观。要把马克思主义的原理和观点讲深、讲透，就要在理论上完整、准确地阐述马克思主义的理论精髓，从继承与发展的角度阐明马克思主义与历史上的哲学派别、马克思主义与现时代以及马克思主义与西方哲学诸派别的关系，使学生在学习、思考、比较、鉴别中真正认识到马克思主义理论的科学性，同时，要把马克思主义理论教学与邓小平理论特别是邓小平哲学思想的学习结合起来，在实践上，结合党的基本路线和学生思想实际，有的放矢，做到学以致用，解决好理论与实践，教与学等多方面的矛盾，提高哲学教学质量，实现教学目的。

这些年来，我校从事哲学教学的教师积极进行哲学教学的改革，花了大量的时间和心血，编写了适应教学改革潮流的新的《哲学教程》一书，这是他们为改变哲学教学质量所做的积极努力，值得肯定。毋庸讳言，由于种种原因，哲学教学遇到了一些困难，特别是在教材编写中如何能够既准确阐述马克思主义基本原理和理论观点，又能吸收哲学研究的最新成果；既反映哲学发展的理论脉络，又能实现政治理论课的任务；既有清晰完整的理论与逻辑框架，又做到精而管用，这的确是一项复杂而又艰苦的理论工程，需要许多忠诚于党的教育事业、勇于探索和实践的理论课教师长期而又艰苦的劳动来完成。他们编写的这本教材，是他们长期理论研究和教学实践经验的概括和总结，是一种有益的尝试和探索，也形成了一定的特色。

我相信，这本教材的出版和使用必将对我校马克思主义哲学教学的改革起到较大的推动作用，希望从事这门课程教学的教师们在教学和研究中使这一初步成果进一步完善起来，为把学生培养成为用马克思主义理论武装起来的、具有真才实学的现代化建设人才而做出应有的贡献。

王文生[①]

2001年12月

---

[①]王文生时任西安交通大学党委书记。

# 目 录
CONTENTS

# 第一篇 导 论

## 第一章 哲学与时代精神 ……………………………………………………… 3

### 第一节 哲学是关于世界观与方法论的学问 …………………………………… 5
一、什么是哲学 ………………………………………………………………… 5
二、哲学的基本问题 …………………………………………………………… 8

### 第二节 哲学是时代精神的精华 ………………………………………………… 11
一、什么是时代精神 …………………………………………………………… 11
二、哲学是时代精神的精华 …………………………………………………… 13
三、现当代的时代精神与哲学 ………………………………………………… 15

### 第三节 哲学思维的特点 ………………………………………………………… 16
一、哲学思维与实证科学思维的区别 ………………………………………… 16
二、哲学思维是反思性思维 …………………………………………………… 17
三、哲学思维的基本作用 ……………………………………………………… 19
四、哲学思维是实证性思维的指南 …………………………………………… 19

## 第二章 哲学发展的基本特点 ………………………………………………… 21

### 第一节 中国哲学的发展特点 …………………………………………………… 23
一、以政治论为主题的先秦诸子哲学 ………………………………………… 24
二、以宇宙论为中心的汉代哲学 ……………………………………………… 25
三、以本体论为特征的魏晋玄学 ……………………………………………… 27

四、儒、释、道三教会通中的隋唐哲学……………………………………………29

　　五、宋明理学与中国古代哲学的终结………………………………………………31

第二节　西方哲学的发展特点………………………………………………………………32

　　一、古代哲学研究的本体论特点……………………………………………………32

　　二、近代哲学的认识论特点…………………………………………………………34

　　三、现代西方哲学发展的实践论转向………………………………………………36

第三节　中西方哲学的比较与融通…………………………………………………………39

　　一、中西方传统哲学思维方式之比较………………………………………………39

　　二、中国传统思维方式的实质………………………………………………………42

　　三、中西哲学的融通进程……………………………………………………………43

　　四、马克思主义哲学与中西哲学的融通……………………………………………45

# 第三章　马克思主义哲学的意义和作用……………………………………………47

第一节　马克思主义哲学产生的历史背景…………………………………………………49

　　一、社会历史条件……………………………………………………………………49

　　二、科学技术前提……………………………………………………………………52

第二节　马克思主义哲学的直接理论来源…………………………………………………53

　　一、黑格尔辩证法思想的"合理内核"………………………………………………53

　　二、费尔巴哈唯物主义的"基本内核"………………………………………………55

　　三、马克思主义对旧哲学的总体评价………………………………………………57

第三节　马克思主义哲学的产生是哲学史上的伟大变革…………………………………58

　　一、科学地解决了哲学的研究对象问题……………………………………………58

　　二、严密、完整的世界观、方法论体系……………………………………………60

第四节　学习马克思主义哲学的意义、态度和方法………………………………………64

　　一、理解和改造当代世界的思想指南………………………………………………64

　　二、中国特色社会主义思想理论的哲学基础………………………………………66

　　三、树立科学的世界观、人生观和价值观…………………………………………66

　　四、学习马克思主义哲学的基本态度和方法………………………………………67

# 第二篇　客观实在论

## 第四章　实在问题简述 ... 71

### 第一节　西方古典哲学的若干实在论观点 ... 73
一、古希腊朴素唯物主义实在论的基本观点 ... 73
二、唯心主义实在论思想的古典形式 ... 76

### 第二节　中国古代哲学的若干实在论观点 ... 77
一、太极说 ... 77
二、道本论 ... 78
三、气论 ... 80

### 第三节　科学与实在问题 ... 81
一、科学实在论的基本观点 ... 82
二、反实在论的代表人物及其观点 ... 84
三、逼真实在论和整体实在论 ... 85
四、科学实在论的总体特点 ... 87

### 第四节　信息与实在论问题 ... 88
一、信息的本质问题 ... 88
二、信息的实在性观点 ... 89
三、信息的非实在性观点 ... 90

## 第五章　马克思主义的实在观 ... 91

### 第一节　实在问题的实质 ... 93
一、"瓮中之脑"与实在问题 ... 93
二、实在问题与哲学的基本问题 ... 94
三、理解实在问题的逻辑 ... 95

### 第二节　物质与实在 ... 97
一、物质与物质的东西 ... 97
二、物质的唯一特性 ... 98

三、列宁物质范畴的意义 …………………………………………………… 99

第三节　意识的客观实在性 ………………………………………………………… 101

　　一、意识的形成过程 ………………………………………………………… 101

　　二、意识的本质 ……………………………………………………………… 102

　　三、意识能动作用 …………………………………………………………… 103

第四节　实践的客观实在性 ………………………………………………………… 105

　　一、实践实在性的基本依据 ………………………………………………… 105

　　二、实践的意义、地位和作用 ……………………………………………… 107

　　三、实践实在性是马克思主义哲学的基础 ………………………………… 108

第五节　当代科学发现与客观实在性 ……………………………………………… 110

　　一、科学把握哲学物质观思想是理解科学发现哲学意义的重要前提 …… 110

　　二、信息是物质显示其运动状态的表现形式 ……………………………… 111

　　三、暗物质是关于未知的物质形态的一种科学假说 ……………………… 112

　　四、量子现象是物质存在的一种方式 ……………………………………… 113

# 第六章　物质的存在方式 …………………………………………………………… 117

第一节　物质和运动是不可分割的 ………………………………………………… 119

　　一、绝对运动和相对运动 …………………………………………………… 119

　　二、物质与运动的相互依存性 ……………………………………………… 120

　　三、静止是物质运动的特殊状态 …………………………………………… 123

第二节　物质运动的基本类型 ……………………………………………………… 124

　　一、迄今发现的物质运动方式的基本类型 ………………………………… 124

　　二、物质运动类型之间的相互关系 ………………………………………… 125

第三节　时间、空间是物质运动的存在形式 ……………………………………… 127

　　一、空间、时间和物质运动不可分割 ……………………………………… 127

　　二、空间、时间的绝对性和相对性 ………………………………………… 128

　　三、空间、时间的无限性和有限性 ………………………………………… 129

# 第三篇 辩证法简论

## 第七章 辩证法问题概述 ……………………………………………………… 135

### 第一节 辩证法思想简史 …………………………………………………… 137
一、辩证法一词的最初含义 ……………………………………………… 137
二、辩证法的三种历史形态 ……………………………………………… 137

### 第二节 唯物辩证法的理论体系 …………………………………………… 139
一、唯物辩证法是关于联系和发展的科学 ……………………………… 139
二、唯物辩证法的理论体系 ……………………………………………… 140

### 第三节 辩证法的矛盾范畴 ………………………………………………… 141
一、矛盾概念的不同含义 ………………………………………………… 141
二、形式逻辑矛盾律与辩证法矛盾观的关系 …………………………… 143
三、形式逻辑关于矛盾的规定与辩证法的矛盾范畴之间的主要区别 … 144

## 第八章 辩证法的总特征 …………………………………………………… 145

### 第一节 联系的观点 ………………………………………………………… 147
一、联系及其特征 ………………………………………………………… 147
二、用联系的观点看问题 ………………………………………………… 148

### 第二节 发展的观点 ………………………………………………………… 149
一、运动、变化与发展 …………………………………………………… 150
二、辩证的发展观 ………………………………………………………… 151
三、用发展的观点看问题 ………………………………………………… 152

### 第三节 系统与事物的联系和发展 ………………………………………… 153
一、系统论思想的历史演变 ……………………………………………… 153
二、系统的含义 …………………………………………………………… 154
三、系统方法的基本原则 ………………………………………………… 155
四、系统论对联系和发展观点的深化 …………………………………… 158

## 第九章 辩证范畴 …………………………………………………………… 163

### 第一节 范畴与辩证范畴 …………………………………………………… 165
一、范畴的界定 …………………………………………………………… 165

二、辩证范畴的特点 …………………………………………………… 166

### 第二节　现象与本质 …………………………………………………… 167
　　一、现象与本质的含义 …………………………………………………… 167
　　二、现象与本质的辩证关系 ……………………………………………… 169

### 第三节　偶然与必然 …………………………………………………… 170
　　一、偶然和必然的含义 …………………………………………………… 170
　　二、偶然和必然的辩证关系 ……………………………………………… 171

### 第四节　原因与结果 …………………………………………………… 172
　　一、原因与结果的含义 …………………………………………………… 172
　　二、原因与结果的辩证关系 ……………………………………………… 173

### 第五节　形式与内容 …………………………………………………… 175
　　一、形式与内容的含义 …………………………………………………… 175
　　二、形式与内容的辩证关系 ……………………………………………… 176

### 第六节　可能与现实 …………………………………………………… 178
　　一、可能与现实的含义 …………………………………………………… 178
　　二、可能与现实的辩证关系 ……………………………………………… 180

### 第七节　整体与部分 …………………………………………………… 181
　　一、整体与部分的含义 …………………………………………………… 181
　　二、整体与部分的辩证关系 ……………………………………………… 182

## 第十章　辩证法的基本规律 …………………………………………… 187

### 第一节　对立统一的规律 ……………………………………………… 189
　　一、矛盾的内涵与根本属性 ……………………………………………… 189
　　二、矛盾是事物运动发展的根本原因 …………………………………… 189
　　三、矛盾的普遍性和特殊性 ……………………………………………… 192

### 第二节　质量互变规律 ………………………………………………… 196
　　一、质、量、度 …………………………………………………………… 197
　　二、量变和质变及其相互转化 …………………………………………… 198

### 第三节　否定之否定规律 ……………………………………………………… 200
　　一、辩证的否定 ………………………………………………………………… 200
　　二、否定之否定 ………………………………………………………………… 203

# 第四篇　认识论

## 第十一章　认识问题简述 ………………………………………………………… 209
### 第一节　归纳问题 ………………………………………………………………… 211
　　一、归纳问题的缘起 …………………………………………………………… 211
　　二、休谟的两种真理的理论 …………………………………………………… 212
　　三、对因果关系的怀疑 ………………………………………………………… 213
### 第二节　划界问题 ………………………………………………………………… 214
　　一、人类的认识能力及对现象的认识 ………………………………………… 214
　　二、人类的认识能力及对本质的认识 ………………………………………… 215
　　三、划界问题对近现代哲学的影响 …………………………………………… 216
### 第三节　效用问题 ………………………………………………………………… 217
　　一、效用与真理——詹姆士的见解 …………………………………………… 217
　　二、工具与真理——杜威的说明 ……………………………………………… 218
　　三、对实用主义真理观的几点思考 …………………………………………… 219
### 第四节　语言问题 ………………………………………………………………… 220
　　一、意义与真假 ………………………………………………………………… 220
　　二、意义的确定方式与认识的范围 …………………………………………… 221
　　三、语言与交往 ………………………………………………………………… 222
### 第五节　证伪问题 ………………………………………………………………… 223
　　一、证实与证伪 ………………………………………………………………… 223
　　二、猜测与反驳 ………………………………………………………………… 224
　　三、波普尔以后的科学哲学 …………………………………………………… 225

## 第十二章　科学的实践观 ………………………………………………………… 229
### 第一节　实践概念的历史发展与演变 …………………………………………… 231
　　一、实践概念在西方哲学中的发展与演变 …………………………………… 231

二、中国哲学史上的"知""行"观 ················································· 233

三、马克思主义对实践的理解 ····················································· 235

### 第二节　实践与物质世界 ···························································· 241

一、马克思的实践思想要义 ························································ 242

二、阐释实践概念,不能脱离物质概念 ········································· 245

三、实践物质观是马克思主义世界观的科学理解 ··························· 247

### 第三节　实践模式的哲学内涵和理论价值 ······································ 250

一、实践模式是马克思主义哲学实践观的重要问题 ······················· 250

二、实践模式是理论与实践相结合的中介环节 ····························· 251

三、研究实践模式可以增强思维的科学性,促进中国道路研究 ······ 255

## 第十三章　认识及其辩证过程 ························································· 259

### 第一节　认识的本质及结构 ·························································· 261

一、认识的本质及特征 ······························································· 261

二、认识活动的内在结构 ···························································· 264

### 第二节　从感性认识到理性认识的能动的飞跃 ······························· 267

一、感性认识 ············································································· 267

二、理性认识 ············································································· 268

三、感性认识和理性认识的辩证关系 ··········································· 270

四、从感性认识到理性认识的条件及路径 ···································· 272

### 第三节　从理性认识到实践的能动的飞跃 ······································ 273

一、理性认识向实践飞跃的必要性和重要性 ································ 273

二、理性认识向实践飞跃的条件及路径 ······································· 274

### 第四节　认识辩证运动的全过程 ··················································· 276

一、认识辩证运动过程的反复性、无限性和上升性 ······················· 276

二、把握认识辩证运动过程的方法论意义 ···································· 277

## 第十四章　真理、价值与想理 ························································· 281

### 第一节　真理 ·············································································· 283

一、真理及其客观性 ··································································· 283

二、真理与谬误 ……………………………………………………… 284

　　三、绝对真理与相对真理 ………………………………………… 286

　　四、真理的检验标准 ……………………………………………… 289

第二节　价值 ……………………………………………………………… 292

　　一、价值的内涵及特征 …………………………………………… 292

　　二、价值的形态 …………………………………………………… 294

　　三、价值评价 ……………………………………………………… 295

　　四、价值观与核心价值观 ………………………………………… 298

第三节　理想 ……………………………………………………………… 300

　　一、理想的含义及特征 …………………………………………… 300

　　二、理想的本质是真理与价值的统一 …………………………… 302

　　三、建构理想的逻辑要求 ………………………………………… 304

第四节　普世价值与共同价值辨析 ……………………………………… 305

　　一、"普世价值"的虚构性 ……………………………………… 306

　　二、"普世价值"不等于"普遍价值" ………………………… 307

　　三、共同价值与"普世价值"的根本区别 ……………………… 308

# 第五篇　社会发展论

## 第十五章　社会规律与社会理想 …………………………………… 313

第一节　社会历史规律之谜 ……………………………………………… 315

　　一、马克思主义以前的社会历史观 ……………………………… 315

　　二、马克思主义以前唯心主义社会历史观的共同缺陷 ………… 318

　　三、唯物史观的诞生及其科学价值与历史意义 ………………… 319

第二节　社会历史观的基本问题 ………………………………………… 323

　　一、问题的提出 …………………………………………………… 323

　　二、社会存在与社会意识的含义及意义 ………………………… 324

　　三、科学技术与思想文化的社会作用 …………………………… 326

### 第三节　社会历史规律与社会理想 ……………………………………………… 327
　　一、社会历史发展是一个自然历史过程 ………………………………………… 327
　　二、社会的自然历史过程体现为人的自觉活动 ………………………………… 329
　　三、社会理想是人的自觉活动的表现形式 ……………………………………… 330

## 第十六章　社会存在 ……………………………………………………………… 339
### 第一节　生产方式 …………………………………………………………………… 341
　　一、生产方式是社会存在的基本内容 …………………………………………… 341
　　二、生产方式是生产力和生产关系的矛盾统一体 ……………………………… 342
　　三、生产方式是社会发展的决定力量 …………………………………………… 345
　　四、生产方式矛盾运动的规律 …………………………………………………… 347
### 第二节　人口因素 …………………………………………………………………… 349
　　一、人口因素与社会生产力 ……………………………………………………… 350
　　二、人口因素与社会关系 ………………………………………………………… 351
　　三、正确看待人口因素 …………………………………………………………… 353
### 第三节　地理环境 …………………………………………………………………… 353
　　一、地理环境与社会生产力 ……………………………………………………… 354
　　二、地理环境与社会生产关系 …………………………………………………… 355
　　三、正确看待地理环境的作用 …………………………………………………… 356
### 第四节　生态文明 …………………………………………………………………… 357
　　一、生态文明是人类文明发展的新形态 ………………………………………… 357
　　二、生态文明的内在逻辑 ………………………………………………………… 359
　　三、生态文明与可持续发展 ……………………………………………………… 360
　　四、生态文明建设与社会工程 …………………………………………………… 361

## 第十七章　社会意识 ……………………………………………………………… 365
### 第一节　社会意识的一般特点、结构 ……………………………………………… 367
　　一、社会意识的含义、特点 ……………………………………………………… 367
　　二、社会意识的结构 ……………………………………………………………… 369

## 第二节　政治法律思想 ········································································ 371
　　一、政治思想 ················································································· 371
　　二、法律思想 ················································································· 373

## 第三节　宗教与道德 ············································································· 375
　　一、宗教 ························································································ 375
　　二、道德 ························································································ 378

## 第四节　艺术·科学 ··············································································· 381
　　一、艺术 ························································································ 381
　　二、科学 ························································································ 383

## 第五节　各种社会意识形式的区别与联系 ············································ 386
　　一、各种社会意识形式的区别 ·························································· 386
　　二、各种社会意识形式的联系 ·························································· 387

# 第十八章　社会形态 ·············································································· 389

## 第一节　经济基础 ·················································································· 391
　　一、经济基础的含义 ······································································· 391
　　二、阶级结构是经济基础的社会表现 ··············································· 392
　　三、阶级斗争及其历史作用 ····························································· 395
　　四、我国现阶段的阶段状况和发展趋势 ············································ 396

## 第二节　上层建筑 ·················································································· 397
　　一、上层建筑的含义 ······································································· 397
　　二、上层建筑的基本形式 ································································ 398
　　三、国体和政体 ·············································································· 399
　　四、社会形态及其方法论意义 ························································· 399

## 第三节　社会形态矛盾运动的规律 ························································ 400
　　一、经济基础决定上层建筑 ····························································· 401
　　二、上层建筑的基本作用 ································································ 402
　　三、经济基础与上层建筑的矛盾运动 ··············································· 402

四、社会主义社会的经济基础和上层建筑 …………………………………… 404
第四节 社会基本矛盾运动与社会发展 ………………………………………… 405
　　一、社会基本矛盾运动的规律 …………………………………………… 405
　　二、社会革命 …………………………………………………………… 407
　　三、社会改革 …………………………………………………………… 408
　　四、社会工程 …………………………………………………………… 409

# 第十九章　社会进步与人的全面发展 …………………………………… 413
## 第一节　社会进步 ………………………………………………………… 415
　　一、社会进步的含义 …………………………………………………… 415
　　二、社会文明的状态 …………………………………………………… 416
　　三、人类的解放与社会进步 …………………………………………… 418
## 第二节　社会主体及其历史作用 ………………………………………… 419
　　一、人民群众的历史作用 ……………………………………………… 419
　　二、个人的社会历史作用 ……………………………………………… 420
　　三、个体和集体、个人与群众的交互作用 …………………………… 421
## 第三节　人的全面发展 …………………………………………………… 423
　　一、人的本质 …………………………………………………………… 423
　　二、人的全面发展 ……………………………………………………… 426
　　三、"自由人联合体"是人全面发展的社会特征 …………………… 427

# 参考文献 ……………………………………………………………………… 433

# 后记 …………………………………………………………………………… 434

# 第一篇

## 导 论

# 第一章
## 哲学与时代精神

任何真正的哲学都是自己时代精神的精华。

——马克思

# 第一节　哲学是关于世界观与方法论的学问

## 一、什么是哲学

哲学是一门什么样的学问？有人曾对如何回答这个问题做过这样的描述：一个大学一年级的学生读了哲学教科书可能会给出十分肯定的回答，哲学是……的学问；如果是一位哲学专业的研究生，在回答这个问题时可能就会有些犹豫；如果是一位哲学系的教授要回答这个问题，他可能要沉思半天，还可能要探究一番提问题人的学识状况，再选择一个适当的问题作为回答去启发发问者。

难道说，哲学没有一个确切的定义吗？

哲学大师黑格尔说，哲学就是哲学史！这个回答虽然没有解决问题，却道出了问题的复杂性。哲学史上对于哲学是一门什么样的学问确有不同的理解，尤其在哲学发展的不同阶段，哲学研究的内容重点不同。而且随着现代哲学的发展，出现了不同分支的哲学派别、不同层次的研究内容、不同领域的哲学问题，它们都可以根据各自的理论重点、研究领域和研究层次，确立不同的哲学问题，都可以据此对于什么是哲学做出不同的理解。

但是，哲学还应当有一个一般的理解，事实上也存在着一个一般的含义。

在古希腊文中，哲学是"爱智慧"的意思。在中国古代汉语中，哲学的含义也是"智慧"。《尔雅》释"哲"字说："哲，智也。"从字面的含义讲，哲学可以说是智慧之学。马克思也认为，哲学是"现世的智慧"①。什么是智慧呢？古希腊的赫拉克利特说过，"智慧只在于一件事，就是认识那善于驾驭一切的思想""智慧就在于说出真理"。智慧是指对事物能认识、辨析、判断处理和发明创造的能力，简言之，就是人们认识客观事物和解决实际问题的能力。智慧的核心是思维，研究智慧就是研究思维。恩格斯认为，哲学是"关于思维及其规律的学说"②。任何智慧都是在人们处理和驾驭自己同外部世界的关系活动中形成的、发展起来的和表现出来的。恩格斯曾经指出："人的智力是按照人如何学会改变自然界而发展的。"③哲学作为智慧之学，首先必须研究这种关系。中国古代军事家孙子曾论述过战争的规律，他提出知己知彼、知常知变、知实知虚、尽知先知这样几对概念，都是关于战争智慧的理论，也是战争哲学的理论，实际上就是战争双方的每一方关于己与对方的相对运动状态的认知理论。

哲学作为智慧之学，它是关于思维的科学，基本内容就是世界观和方法论。人们在处理

---

① 马克思,恩格斯.马克思恩格斯全集:第1卷[M].北京:人民出版社,1956:124.
② 马克思,恩格斯.马克思恩格斯选集:第3卷[M].北京:人民出版社,2012:400.
③ 马克思,恩格斯.马克思恩格斯全集:第20卷[M].北京:人民出版社,1971:574.

自己同外部现实世界关系的活动中,必然会形成对世界各种事物和现象的看法。这些看法经过提升,就会逐渐形成关于世界的总的看法或总的观点,即世界观。所谓世界观,就是人们对包括自然界、社会和人的精神在内的整个世界的一般看法和根本观点。自有人类以来,整个世界可以归结为物质的世界和由物质所派生的精神世界,出现了人的主观世界和外部客观世界的分化。人们无论是认识世界还是改造世界,都必然要涉及物质和精神、主观和客观的关系问题,人们处理自己同外部世界关系的一切活动实质上都是以不同的方式处理这个问题。人们正是在处理自己同外部客观世界关系的活动中,逐渐产生了对世界各种事物和现象的看法,并形成一定的世界观。所以,世界观作为根本观点或总的看法是围绕人与外部世界、主观世界与客观世界的关系展开的。诸如世界的本质是什么,是物质还是精神;世界是怎样存在的,是运动变化的还是静止不变的;世界上各种事物和现象之间的关系如何,是相互联系的还是各自孤立的,如果是相互联系的,那么是如何联系的;事物的运动变化和相互联系是杂乱无章的还是合乎规律的;人自身的本质是什么,认识的本质是什么;思维有无规律;人们能不能认识和改造世界以及怎样认识和改造世界;等等。这些问题都属于世界观的范围,都是人们在处理自己同外部客观世界关系的活动中产生的。哲学要指导人们处理和驾驭自己同外部客观世界的关系,提高人们思维的能力和水平,就必须把这些世界观问题作为自己的研究内容。所以,哲学就是一门研究诸如此类的世界观问题的学问。

任何学问、一切科学都有自己的研究对象,哲学与所有实证科学(以具体事物为研究对象的科学)的区别在于研究对象上的区别。一切实证科学都是在主观世界与客观世界的关系中,仅仅研究其一个方面,或者从客观世界方面以客观事物为对象去研究它的运动规律,或者从主观意识方面以主观精神为对象去研究它的运动规律,没有任何一门具体科学是从客观世界与主观世界的相互关系中研究它们的运动规律的。哲学从客观世界与主观世界的相关关系出发,并以两者的关系为研究对象去探讨两者相互作用的规律,这也正是哲学与实证科学的不同。恩格斯指出:"辩证法就归结为关于外部世界和人类思维的运动的一般规律的科学,这两个系列的规律在本质上是同一的,但是在表现上是不同的,这是因为人的头脑可以自觉地应用这些规律,而在自然界中这些规律是不自觉地、以外部必然性的形式、在无穷无尽的表面的偶然性中实现的,而且到现在为止在人类历史上多半也是如此。"[①]

哲学的任务就是要揭示出客观世界和主观思维这两个系列运动共同遵循的一般规律,以便为人们自觉地应用这些规律提供思想指导。所以,说哲学是关于思维及其规律的科学,就是说哲学要揭示主观思维的规律和客观世界的规律如何一致的规律。归根到底,哲学还是研究物质和意识、思维和存在的关系问题,这也就是世界观问题。

世界观和方法论是一致的。人们的世界观总是在观察和处理各种具体事物和具体问题时通过所持的态度和所采取的方法表现出来的。因此世界观同时就是方法论。哲学作为世

---

[①] 马克思,恩格斯.马克思恩格斯选集:第4卷[M].北京:人民出版社,2012:249-250.

界观的学问也可以理解为是关于认识世界和改造世界的方法论理论。这是因为,人类的认识活动与思维运动必须与客观世界的运动相适应、相一致。认识的目的是正确地反映客观世界的运动,并根据这种认识确定合适的方式去改造世界。认识过程只有按照客观世界的运动规律进行时,才能正确地反映客观世界的运动状况。恩格斯说:"我们的主观的思维和客观的世界服从于同样的规律,因而两者在自己的结果中不能互相矛盾,而必须彼此一致,这个事实绝对地统治着我们的整个理论思维。它是我们的理论思维的不自觉的和无条件的前提。"[①]哲学作为世界观的学问揭示的正是这样一种规律,应用这样的规律性认识指导人们的实践就具有方法论的功能。所以,世界观和方法论是密切地联系在一起的,是同一问题的两个方面。人们对于世界的根本观点是什么,这是世界观;用这种看法、观点来分析问题,解决问题,这就是方法论。

有什么样的世界观就会有什么样的方法论,没有什么脱离世界观的方法论,也没有不表现为一定方法论的纯粹的世界观。所以,哲学同时又是研究方法论的学问。哲学是人们关于世界的总的看法或根本的观点,是关于世界观的学问,又为人们认识世界和改造世界的活动提供一般的、普遍的方法,并且是关于这种一般的、普遍的方法的学问,即方法论。哲学是世界观和方法论的统一。

哲学世界观中包含有历史观、人生观以及价值观问题。世界观的对象是整个世界,历史观的对象是整个人类社会,它揭示人类社会的本质和人类社会发展的一般规律。人生观的对象则是社会生活的一部分——人生。人生观是对人生的根本看法和观点,其主要内容是对人生的目的、意义的认识和对人生的态度。人生观指导人们的道德生活,影响着人们的道德品质和道德行为,以至决定人们一生的生活方向和生活道路,它贯穿在人们的理想信念和抱负中,通过人们的生死观、幸福观、荣辱观、义利观、苦乐观、恋爱观等表现出来。历史观、人生观又与价值观密切联系。具有不同世界观的人也会有不同的价值观念,会对一定的事物做出不同的评价。另外,人生观中内在地包含或体现着价值观。例如生死观中,为什么而生,为什么而死,就是和生、死的价值评价相关的。

哲学是关于世界观和方法论的学问,是经过理论的加工和概括的产物。它同人们在日常生活中所表现的世界观内容及他们观察和处理各种具体事物、具体问题所采取的具体方法是既相互联系又相互区别的。人们在经过专门的哲学训练之前,所持的世界观和所掌握的方法,往往带有自发的性质,只知其然,不知其所以然,缺乏理论的论证和严密的逻辑,没有达到系统化、理论化的高度;与此不同,哲学则是理论化、系统化的世界观和方法论的理论体系,是对人们认识世界和改造世界所形成的各种具体观点和具体方法的总结、概括。它是运用一系列一般性的概念和范畴,按照一定的原则,基于逻辑建构起来的理论体系。哲学不仅要从总体上对人们如何处理自己同外部世界的关系,处理主观世界同客观世界的关系,提

---

[①] 马克思,恩格斯.马克思恩格斯全集:第20卷[M].北京:人民出版社,1971:610.

出一定的具有普遍意义的观点、原理和原则,而且要对这些观点、原理和原则做出理论的解释和逻辑的论证。所以,哲学源于实际生活,又高于实际生活,是实际生活的理论升华。它是自然科学、社会科学、思维科学知识的概括和总结。这一事实告诉我们,一方面,哲学并不是某种超然于现实世界和现实生活之外不可捉摸的神秘的东西,另一方面,哲学又是一种关于世界观和方法论的专门的学问,有自己特定的对象和内容,以及严密的理论体系,要了解它、掌握它,就得学习它。

## 二、哲学的基本问题

哲学作为世界观的理论体系,所涉及的问题十分广泛。在这些问题中,有一个最基本的问题,就是思维和存在、精神和物质的关系问题。恩格斯说:"全部哲学,特别是近代哲学的重大的基本问题,是思维和存在的关系问题。"[1]这是对哲学发展过程的科学总结。

哲学包含的内容很多。在历史上,有关自然、人类社会和人类认识的那些重大问题,几乎没有一个不曾归属于哲学的研究范围。为什么正是思维与存在的关系问题而不是其他问题,构成了哲学的基本问题呢?要理解这点,必须了解思维和存在的关系问题的性质及其在人类活动中的地位。

思维与存在的关系,也就是主观和客观的关系。这涉及"思维"和"存在"两个范畴的含义。思维是对人的意识、精神,即主观思想及其活动的典型概括。意识、精神包括人的全部精神活动,如认识、思维、感情、意志等。思维只是其中一个方面的内容,即人的理性认识活动,却又是主要的内容。"思维"是人的意识、精神的实质与核心,标志着动物心理向人的意识的飞跃,从而把人的精神活动同动物心理活动从本质上区别开来。所以思维这个范畴同意识、精神以及主观思想虽然不是等同的,但可以代表它们,因而在一定意义上可以互换使用。"存在"这个范畴的含义十分广泛,既包括一切物质实体的存在,还包括一切物质属性和物质性关系的存在,也包括物质的特殊属性,即意识、思维的存在。但是作为同思维相对应的存在概念,其含义是受到思维这个概念所限定的,它是指同意识、精神相对立的物质的存在,即指同人类思维相对立的自然界和人类社会的存在,是指除了思维以外的存在。

思维与存在的关系,或者说主观与客观的关系,是根植于人类实践,贯穿于人类认识,表现着人类与其生活的周围环境之间关系的本质的一种关系。人类的认识活动与实践活动的最终目的是要克服主观与客观的对立,实现主观与客观的统一。人类的所有活动都摆脱不了这个最基本的关系,它贯穿于人的每日每时的活动之中,可谓抬脚迈步,闪念动情之瞬都会遇到主观与客观的关系。从根本的意义说,人的最重要的问题是如何处理人与周围世界的关系问题,而要解决这个问题所首先遇到的,并且贯穿始终的是主观与客观的关系问题,

---

[1] 马克思,恩格斯.马克思恩格斯文集:第4卷[M].北京:人民出版社,2009:277.

即思维和存在的关系问题。

哲学基本问题的含义是确定的,但却有不同形式的表述。在马克思主义的经典著作中,关于哲学基本问题的表述,有过许多不同的形式。恩格斯讲到哲学基本问题时称作"思维对存在的关系问题",有时又使用"精神与物质"或精神对自然界关系的问题等不同的提法。列宁除使用上述提法以外,还使用过"物理的东西和心理的东西""感觉、思想和物、外部世界"种种概念来表述哲学基本问题。这些表述形式中的不同概念,各有自己特殊的内容,当然不能看作是完全等同的。但在这里,作为哲学的基本问题来说,它们所表述的关系的性质、内容却是相同的。不论哪种提法,它们都是指人的主观精神方面与外部世界的物质方面的关系,或者更简化地说,都是指主观与客观两个方面的关系。

所以会出现各种不同的提法,主要是因为无论是主观方面还是客观方面都包括许多不同的形式。就主观意识方面来说,它包含有认识活动、意志活动、情感活动等不同方面。这些不同的方面在对外部世界的关系上,都属于人的主观性活动,因而具有相同的性质。就外部世界方面来说,也有着不同的表现形式,如物质、存在、自然、物理过程、化学过程等,它们在对主观世界的关系上也具有共同的性质,即都存在于人的主观活动之外。不同形式的表述突出了主观和客观在不同方面的特殊意义,然而在一般含义上都是一致的。不论使用何种概念来表述哲学的基本问题,它们都代表着主观与客观两个方面的关系,因而可看作是同义的。

研究思维和存在的关系问题是从不同方面展开的,并且是有层次地深入的。按照恩格斯的论述主要有两个方面。第一个方面是思维与存在相比的地位问题,即两者相比较谁是本原的,谁是派生的,是精神的还是物质的?这是思维与存在或精神与物质的本原关系问题,即谁是第一性的,谁是第二性的问题。

研究思维和存在关系中的第一个方面的内容,确定思维与存在何者为本原,何者为第一性的问题,首先是为了解决作为思维对象的存在(外部世界)的根本性质问题,存在(外部世界)按其本质来说是主观的还是客观的?如果认为思维以存在为本原,就是肯定作为思维对象的存在是具有客观性质的,外部世界是不以人的思维而存在的,存在是产生思维的实体,思维只是存在的属性。如果认为存在以思维为本原,那就肯定了存在、外部世界只是一种观念性质的存在,思维、精神是主体,存在、外部世界是由精神派生出来的东西。其次,也是为了解决认识的源泉和道路问题,人们应当以什么作为认识活动的出发点,是思维还是存在?如果认为存在是思维的本原,这就肯定思维的内容来源于存在,必须从客观事实出发去认识事物。如果认为思维是存在的本原,那就要得出,思维的源泉在思维自身,人们可以在自己的或某种神秘的观念中引出关于事物的认识结论。

对思维和存在关系中的第一个方面的不同回答,是划分唯物主义与唯心主义的标准。凡是认为存在是第一性的,思维是第二性的,物质是世界的本原,精神是由物质派生的,属于唯物主义派别。凡是认为精神是第一性的,物质是第二性的,思维是世界的本原,存在是由思维派生的,属于唯心主义派别。唯心主义有主观唯心主义和客观唯心主义两种形式。主观唯心主义认为,主观意识如"感觉""意志""心"等是世界的本原,是第一性的,世界是主观意识的产物。客观唯心主义则认为,在自然界和人的意识之外,存在着一种"理念""绝对精神"等独立实体,这种"客观精神"是世界的本原,是第一性的,它产生和决定一切事物。不论是主观唯心主义还是客观唯心主义,都把精神看成是世界的本原。哲学史上的二元论则把物质和精神说成是各自独立的两种本原,实际上它是处于唯物主义和唯心主义之间的折中主义哲学思潮,最终还是倒向唯心主义,真正独立的第三派别是不存在的。

研究思维和存在关系中的第二方面的内容,正是恩格斯所说的思维与存在是否有同一性的问题。恩格斯明确指出:"思维和存在的关系问题还有另外一个方面:我们关于我们周围世界的思想对这个世界本身的关系是怎样的?我们的思维能不能认识现实世界?我们能不能在我们关于现实世界的表象和概念中正确地反映现实?用哲学的语言来说,这个问题叫作思维和存在的同一性问题,绝大多数哲学家对这个问题作了肯定的回答。"[①]如果肯定思维和存在之间具有同一性,就是承认思维能够认识存在,客观世界能够为人所认识,这就是可知论。如果否认思维和存在之间的同一性,则必然要得出不可知论。另外,坚持思维与存在的同一性,就必然要承认思维只有按照与存在运动相同的规律进行认识,才能反映出存在的运动;相反,如果否认思维与存在的同一性,则必然要否认思维与存在具有统一的运动规律,两个系列的规律是各自独立、互不相干的,因而也无法解决两者怎样统一的问题。

关于思维与存在的同一性问题,不仅要从认识的角度去把握,还要从实践的角度去把握。人认识世界,掌握了客观事物的本质和规律,这是思维同一于存在,它正确地反映了存在。人改造世界,是要世界按照人类的需要发生变化。建筑师设计一张图纸,然后按照这张图纸来建造房屋,这个过程是使存在物改变形态,组合成一个满足人类需要的存在,或者说是创造一个新的存在物,这是存在同一于思维的过程。人从事劳动、生产、斗争都是为了使头脑中创造的思维产品现实化、外化、物化,都是为了使客观世界适合人的需要,从而同化外部世界。当然,要使存在同一于思维,其前提是必须使思维同一于存在,在正确认识世界的基础上改造世界。所以,思维与存在的关系具有双向性。其一是思维反映存在、同一于存在,这是认识关系;其二是存在按照思维的模式变化,存在同一于思维,这是实践关系。所以,思维与存在的同一性也蕴含着认识和实践的统一性。

哲学基本问题的两个方面的地位和作用是不同的。其中第一个方面即思维与存在何者第一的问题是首要的、基本的方面。第二方面即思维与存在有无同一性的问题是从属于第一方面的。对第一方面的回答决定了哲学的路线和方向,它是解决第二方面问题的前提和基础。只有正确地解决了第一方面,才能科学地解决第二方面。第二方面是第一方面的继续和补充,只有正确地回答了第二方面的问题,才能保证第一方面的原则、方向得到彻底的贯彻和落实。在第二方面中,认识关系和实践关系缺一不可,两者互为前提、互为基础。对

---

[①] 马克思,恩格斯.马克思恩格斯文集:第4卷[M].北京:人民出版社,2009:278.

于思维和存在的同一性,不能离开实践观点理解它的可知性内涵,也不能离开它的认识前提妄谈存在同一于思维。

## 第二节 哲学是时代精神的精华

马克思曾经说过,"任何真正的哲学都是自己时代精神的精华""是文明的活的灵魂"[①]。哲学的基本问题虽然多少年来没有发生根本性的变化,但是在不同的历史时代,由于人类认识世界的深度和改造世界的广度有所不同,人类的知识背景以及所形成的世界图景和认识方式不同,所以对哲学的基本问题的认识、理解、处理、回答的侧重点及回答的方式也有所不同,因而反映时代精神根本特征的哲学观念也带有时代的性质。

要理解"哲学是时代精神的精华",必须首先了解什么是时代精神,哲学是如何反映时代精神的,哲学与时代精神是一种什么关系。

### 一、什么是时代精神

任何一个特定的历史时代,都有自己特定的时代内涵。能够把此一时代与彼一时代相对地区分开来,一定在社会经济关系、历史发展趋势以及社会历史主体等方面有特殊的规定性。历史时代的划分可以有不同的方法,可以从世界史的角度划分,也可以从国别史的角度划分,还可以把世界史与国别史结合起来划分;可以从人类社会矛盾运动的特点来划分,也可以某一特殊的历史现象为标志进行划分。所以,时代概念也是一个相对的概念,选择了不同的参照系,应用不同的标准,便可以有不同的划分结果。但是,不管如何划分,当划分的结果能够反映客观历史趋势和历史发展潮流的基本特征时,一定有反映该特定时代的时代精神。

那么,什么是时代精神呢?所谓时代精神就是历史客观发展趋势和潮流在人们头脑中的反映,它是历史趋势和时代潮流的观念形态。时代精神有各种表现形式,其中最主要的有:(1)在社会上具有广泛影响的社会心理、社会思潮;(2)社会历史上位于主体地位的社会群体所普遍认可、普遍接受的价值观念或意识形态;(3)被特定时代的社会主体普遍接受或普遍奉行的方法论原则。时代精神的一个最主要的特征是它渗透于社会的物质和精神文化的各个领域,并支配着特定时代的精神生活。为了进一步理解时代精神,这里仅以西方世界发展的若干历史片断为例简单说明。

西方中世纪的神学观念。所谓中世纪,从时间和地域上界定的话,一般是指公元 5 世纪西罗马帝国灭亡到 15 世纪意大利文艺复兴这一千来年的历史。史学家认为,中世纪是一个

---

[①] 马克思,恩格斯.马克思恩格斯全集:第 1 卷[M].北京:人民出版社,1956:121.

"由古代学术衰落到文艺复兴时期学术兴起"的世纪,是"人类由希腊思想和罗马统治的高峰降落下来,再沿着现代知识的斜坡挣扎上去所经过的一个阴谷"[1]时期,这一时期的社会历史特征是皇权服从教权,政治与宗教合为一体,教皇具有无上的权力。教会主宰了整个社会的精神生活,垄断了全部文化和教育,使基督教神学成了欧洲封建社会统治思想的主宰。政治、法律、哲学、文学都是神学的婢女,科学成了论证神学的工具。这是一个神统治人的时期,神学观念成为这个时代的时代精神。所以,这个时期也被认为是以上帝的眼光观察世界的时期,宗教裁判所遍布欧洲各地,科学不得越神学半步。

西方近代史开端的文艺复兴时期的人文主义精神。文艺复兴发源于意大利,十四五世纪是早期文艺复兴时期,16世纪是它的极盛时期,之后走向衰落。文艺复兴是伴随西欧资本主义因素的产生和发展、新兴资产阶级的形成而逐步形成的。当时出现的一大批新兴的资产阶级知识分子大都从事工商业,他们担任医生、建筑师、从事绘画、雕塑、诗歌、音乐等艺术创作活动,并宣扬新的思想文化。新兴资产阶级希望的生活方式是现世的幸福,但中世纪的宗教信仰却叫人离开现世,向往来世。为了批判宗教思想,他们发现古希腊思想最吸引人的地方就是以人为中心,而不是以上帝为中心。他们借助于复兴古代文化思想去批判宗教;相对于中世纪的主流思想"神道",他们提出"人道";相对于宗教的禁欲主义,肯定人的尊严和现世的快乐;相对于研究"天国的事物",提倡面向自然,充分肯定人的智慧和力量,肯定通过人的努力能够揭示出宇宙的秘密。所以,文艺复兴运动是中世纪之后,新兴资产阶级冲破神学的牢笼,重新发现人和发现世界的运动。这个时期的时代精神就是人文主义精神。人文主义这个名词就其本身的意义来说就是关怀人的幸福、尊重人的意愿,它的基本锋芒是反对宗教教义、反对宗教狂热,批判封建社会的弊病,从而把人从教会的压迫中解放出来。人文主义者以人的经验作为人对自己、对上帝、对自然了解的出发点;它反对神性,歌颂人性;反对神权,提倡人权;反对宗教禁锢,歌颂世俗生活,提倡面向自然,研究自然。文艺复兴时期的人文主义精神是资产阶级发起的思想文化革命,使自然科学也从神学中解放出来。1543年,哥白尼发表了《天体运行论》,宣布太阳中心论,击碎了神学的科学基地。恩格斯评价道:"科学的发展从此便大踏步地前进,而且得到了一种力量,这种力量可以说是与从其出发点起的(时间的)距离的平方成正比的。"[2]这是法国大革命前的理性精神。18世纪上半叶,英国已经完成资产阶级革命,但法国正处在资产阶级革命的前夜。法国资产阶级正在积极地准备一次伟大的反对封建专制的彻底的革命。与此相适应,意识形态领域里掀起了一场轰轰烈烈的启蒙运动。英国资产阶级革命成功后,在法国出现了一批著作家,他们宣传人类社会进步的理想,把他们的时代比作一个人类由蒙昧进入文明、由黑暗进入光明的黎明期。他们认为人需要用知识来扫荡心中的迷信和无知,需要由理性的力量来支配人类生活的一切方面。

---

[1] 丹皮尔.科学史及其与哲学和宗教的关系[M].李珩,译.北京:商务印书馆,1975:109.
[2] 马克思,恩格斯.马克思恩格斯选集:第3卷[M].北京:人民出版社,2012:848.

他们认为,只有理性,才能保证人类社会的进步,理性是衡量一切事物的尺度和准绳。他们高举理性旗帜,宣扬的理性精神是与18世纪的科学成就密切相关的。18世纪的力学已形成一个完整的牛顿体系。在伽利略—笛卡尔—牛顿的数理世界里,处处充满着井然有序的理性规律和法则。万有引力定律是它们的一个代表。在万有引力定律的支配下,行星无一例外地做椭圆运动,人类可以准确地预言它们在任一时刻的位置和速度。这给当时的知识界以深刻的影响。他们相信,不仅在物质世界有这样的自然规律,在人类社会的发展中,也应该有类似的规律,只要掌握了社会发展规律,人类就可以掌握自己的命运。理性不仅是对待自然界的态度,而且应该是对待一切事物的态度。由于科学技术的发展成果,此时的启蒙学者不像文艺复兴时期的学者那样,用现世去批判来世,用人的欲望去批判神学,而是站在理性的高度,用理性原则衡量一切。启蒙学者的理性原则就是为反对封建君权和神权而提出的自由、平等、博爱、正义和人权原则的统称。他们只承认理性的权威,不承认任何别的权威,无情地批判了当时的宗教、自然观、社会、国家制度等一切东西。在他们看来,符合理性的原则才能存在下来,不合理性的东西就应被淘汰。他们把理性理解为世界的基础,用理性原则去审视一切,所有事物都在理性的法庭上受到无情的批判。所以史学家认为,理性精神是18世纪法国的时代精神。18世纪法国的理性启蒙学者认为,"从今以后,迷信、非正义、特权和压迫,必将为永恒的真理,为永恒的正义,基于自然的平等和不可剥夺的人权所取代"。法国革命胜利了,理性原则得到了实现,但是"这个理性的王国不过是资产阶级的理想化的王国;永恒的正义在资产阶级的司法中得到实现;平等归结为法律面前的资产阶级的平等;被宣布为最主要的人权之一的是资产阶级的所有权;而理性的国家、卢梭的社会契约在实践中表现为,而且也只能表现为资产阶级的民主共和国。18世纪伟大的思想家们,也同他们的一切先驱者一样,没有能够超出他们自己的时代使他们受到的限制"[①]。

## 二、哲学是时代精神的精华

恩格斯说:"每一时代的理论思维,包括我们这个时代的理论思维,都是一种历史的产物,它在不同的时代具有完全不同的形式,同时具有完全不同的内容。"[②]哲学作为关于思维发展的科学,是特定时代的理论思维,理论思维的成果也就是时代精神的精华,它也是一门历史的科学。每一个时代都有自己的时代精神,作为这种时代精神的精华——哲学也具有不同的内容和形式。

哲学观念是时代精神的集中抽象和高度概括。这是哲学区别于其他科学的特殊本质。哲学自产生之日起,在社会意识的各种形式和知识体系的各个部门之中,就占据一个特殊的地位。它始终居于知识阶层的最高层级,属于社会意识的最高形式。它一向担负着探求宇

---

① 马克思,恩格斯. 马克思恩格斯选集:第3卷[M]. 北京:人民出版社,2012:776.
② 马克思,恩格斯. 马克思恩格斯文集:第9卷[M]. 北京:人民出版社,2009:436.

宙"最高原理"的使命,是各类社会意识的最高形式并为其提供理论根据和思想指导。每一个时代的社会矛盾、历史任务、社会经济关系变动的趋势都会反映在它的时代精神之中,而这种时代精神又必定体现和反映在特定的哲学观念之中,使哲学思想也具有时代的性质。哲学与时代精神的这种关系是由哲学的双重性质决定的。

一方面,哲学是一种理论思维形式,它是通过命题、原理、范畴等逻辑形式表达出来的理论体系。在哲学的"最高智慧"中凝结着人类知识在一定时代所达到的知识成果,它是通过对各门科学知识的——正确或歪曲的——概括和总结而形成的。所以,哲学中的范畴、原理和规律,如果它是合乎逻辑地从一定时代的现实生活中抽象出来的话,那么它就是时代精神的集中表现,同时它也代表了一个时代的人们用以观察各种问题,处理各种事务所特有的理论思维的原则和方法,表现为这一时代的哲学理论和思维方式。

另一方面,哲学又是一种意识形态,属于社会经济基础之上的上层建筑的组成部分。同其他意识形态一样,哲学内容也表现社会经济关系的内容,体现着特定社会集团、群体、阶层、阶级的意志、愿望和要求。在阶级社会中,哲学总是属于一定阶级的观点体系,不同阶级有不同的哲学。哲学在服从认识发展规律时,也会随着社会经济关系、政治制度的变更而发生一定的、相应的变化。

上述两方面的特点,构成哲学的双重性质,反映了哲学的特殊本质。这一特殊本质就在于:哲学是经过社会关系(在阶级社会中表现为特定阶级的利益、愿望和要求)表现出来的人类在一定时代所达到的知识成果;或者说是以抽象的范畴、原理等知识形式通过一定的认识内容表现出来的人类发展在一定阶段上的社会关系,它是时代精神的集中抽象和高度概括。

哲学作为时代精神的精华,其基本内容就是世界观和方法论,它的基本功能表现为对人的精神生活的统帅和支配作用。首先,哲学作为系统化、理论化的世界观和方法论,能够把精神世界中的各种因素有序地组织起来,并推动它们按照一定的程序、方式和方法协调地发挥作用。在精神世界中,哲学世界观和方法论是联合器、发动机、方向盘。不同时代、不同阶级、不同民族、不同文化群体、不同社会群体的人们,不论自觉与否,总是按照一定的世界观和方法论来解释世界、认识世界和改造世界。其次,哲学方法论是人的思维方法的核心,是人们处理和驾驭自己同外部世界的关系的基本规范和准则,对各种具体的方法起着制约的作用。所以,掌握正确的哲学方法论,是提高人的思维水平,完善人的思维方法的根本途径,这也正是哲学能够启迪人的智慧的根本表现。再次,哲学具有一种独特的批判功能。哲学不是简单地、刻板地描述人与世界、思维与存在的现实关系,而是以批判性态度对这种关系做出分析和评价。对现实关系的审视与批判,对未来理想关系的追求与构思,往往是哲学世界观和方法论内在地蕴含着的积极内容。因此,哲学往往作为信念之根据,理想之基础,也作为价值观的依据对人们起着导向和激励的作用。

哲学作为时代精神的精华,它反映着时代的主题。所谓时代主题就是在特定历史时代中,历史地摆在特定历史时期的人类或者民族、国家面前的历史任务。时代主题、时代精神、哲学观念之间的关系是:时代精神反映时代主题,哲学观念反映时代精神;时代主题规定时代精神,时代精神是特定哲学观念的思想来源。我们在把握哲学的功能意义时,一定要把这三者有机地联系起来。

### 三、现当代的时代精神与哲学

从20世纪下半叶至今,世界经历了一个飞速发展和急剧变化的时代,也产生了许多急需解决的新问题。新的发展变化和新的问题将影响21世纪上半叶乃至未来更长一段时间内的世界历史进程。"现当代"的概念是指我们置身于其中的时代。如果从世界历史进程的一般特征上分析,可以认为是指从20世纪下半叶,尤指20世纪末到21世纪初、中叶的这一段历史,它包含已有的辉煌过去,也包括即将来临的、灿烂的未来。

20世纪下半叶以来,世界历史进程出现了如下一些新特点。第一,世界政治格局和东西方关系发生了重大变化,由冷战状态,时刻准备应付世界大战的再次发生转变为竞争、斗争与相互合作同时并存的状态,和平与发展已成为这个时代的主题。第二,世界经济格局发生了重大变化,出现了世界经济一体化的局面,资本跨越民族文化的障碍、意识形态的阻隔在全世界流动,原来相对封闭的国家都纷纷开放,参与世界经济的竞争。经济竞争、综合实力的壮大变成各个国家的政治主题。第三,科学技术突飞猛进、日新月异的发展,在世界范围内掀起了新的科技革命。新科技革命引起了人们劳动方式、管理方式、组织方式、人际关系、社会结构等的重大变化,尤其是使人类社会越来越信息化、开放化、全球化。科学技术已成为"第一生产力",成为当代社会发展进步的主导因素。第四,人与自然协调发展的理念已成为全球意识为世界各国人民所普遍接受。20世纪下半叶以来的环境问题、粮食问题、人口问题、污染问题、生态问题引起了人们的高度注意,人与自然的协调发展已成为世界各国经济、社会发展战略的主导思想。第五,政治、经济、科学、技术、教育文化综合性发展模式,交叉渗透的历史趋势已成为一种强劲的力量支配着世界历史的进程。第六,人类意识的重新崛起,呼唤新的世纪文明。文艺复兴时期的人文主义对人的重视和歌颂是在反宗教的斗争中凯歌行进的。若干个世纪之后,今天的人类中心意识强调人的全面发展,是经过了科学技术高度发展以后,相对于科学技术应用的负面效应,在重新认识人与自然的关系中确立的。以人为中心,以人类的世代延续为中心,重新检讨政治、经济、科技、教育,重新确定新世纪的发展模式,成为21世纪人类社会发展的新课题。

现当代世界范围的社会、经济、科学技术、文化教育正在发生的这些变化要求人类建构与弘扬一种新的时代精神,即可持续发展意识。从可持续发展意识出发,20世纪以来的发展模式要重新反思,价值观念要重新定位。20世纪以来的资源、环境和人口等问题是人类毫无顾忌地追求经济价值的结果。人们已深切地认识到社会生产若片面强调其经济价值会牺牲社会价值和生态价值,影响人类自身的可持续发展。20世纪以来的科学发现和技术发明的指向外部化,片面强调人对自然的征服、改造和人对自然的无限制利用,恶化了人与自然的关系。可持续发展观念要求科学技术的指向既要面向外部自然,也要联系外部自然状态去指向人类自身,指向人与自然之间的协调制约关系。20世纪以来的科学技术也出现了两个特征相异又密切联系的发展趋势。一方面原有的学科分工越来越细,研究越来越专业化;另一方面,学科交叉渗透,特别是自然科学、社会科学和人文科学的相互结合、综合化发展趋势愈来愈明显,并且日益加强。这就要求科学技术的可持续发展必须以教育的综合化发展为基础,这必然要导致教育观念和教育思想的重大变化。另外,可持续发展观念也要求从新的角度考虑政治、文化与军事问题。总而言之,在现当代,尤其是进入21世纪,可持续发展的观念将主导世界历史的进程,也预示着人类历史的未来。

可持续发展的观念蕴含着一种综合理性的原则。这种综合理性是科学理性、技术理性和人文理性的有机结合。在过去很长一段历史时期内,科学理性、技术理性以及人文理性都分别被重点强调过,但都是在强调其中一种时,忽视了其他理性形态,虽然都曾是某个时代精神的重要因素,却不可避免地具有片面性。综合理性体现着一种整体主义的原则和协调发展的原则,它是可持续发展观念的内核。这种整体主义与协调发展的原则预示着一种新的哲学形态产生,这种新的哲学形态将是马克思主义哲学发展的新形态。

## 第三节 哲学思维的特点

学习哲学,应该掌握哲学思维的特点和哲学方法。了解哲学思维的特点应当与一般的实证科学的思维特点相比较而进行。也就是说,在哲学思维和实证科学思维相区别的基础上理解哲学思维和哲学方法的特点。

### 一、哲学思维与实证科学思维的区别

所谓实证科学,诸如物理学、化学、生物学、经济学、社会学等等,它们都有确定的、有限的、具体的研究对象。这些学科或者以自然界的某一领域或某一领域内的某一具体的事物为研究对象;或者以人类社会的某一领域或者以某一社会现象为研究对象。对于自然科学的研究对象,总可以利用或设计一定的研究方法去给以干预,以观察的方法或者以实验的方法给以研究;对于社会科学,也可以利用观察、统计、历史比较、归纳分析的方法加以研究。而且这些研究结果,都可以通过实验、观察、社会实践等方式给以证伪或证实。各门实证科学在研究各自的对象时,都把它的研究对象理解为自然界本身所提供的、既成的、给定的对象,即把这些对象看成是既成的事实。当物理学研究物理对象时,例如力学的、电学的等对象,并不要求先要证明物体、电子等为什么会存在,在证明了它存在的理由之后,再去研究它具体的变化原因,具体的存在形式和发展规律,而是发现它们的存在之后,就研究它们的状

态和规律。所以,实证科学都是研究有限事物的科学,研究既成事物的科学。这些科学研究的结论都是可以通过具体的实践方式加以验证的。

哲学是研究自然界、人类社会和人类思维最普遍、最一般的规律的科学,它的研究对象在某种意义上说是关于整个世界的。说到研究整个世界,这个世界首先是无边界的、无限的;它不是具体的、有限的。因此研究有限事物的方法,即实证科学中普遍适用的方法在哲学中难以完全发挥作用。另外,哲学看待世界,是把整个世界一分为二,又合二为一的。它把世界看成是物质世界和精神世界两大部分,进而研究这两大部分之间的关系。它在研究这两大基本部分时,要论证物质世界为什么存在,精神世界何以存在,还要再讨论两者之间的关系。在论证各自何以存在又如何存在的同时,讨论两者之间的关系。所以哲学对世界的研究是从总体上、从最基本的关系上去进行的。它不像各门实证科学那样有具体的研究对象。正因为如此,就使得哲学范畴带有最基本的、最高的普遍性。如何理解这种最高的普遍性呢?可以从一个侧面略加说明。各门实证科学的体系都是由各种概念构成的。这些不同的概念能够形成一个体系,是因为绝大多数概念都可以用形式逻辑中的"属+种差"的方式加以定义。换句话说,大多数概念都有它的上位概念(即属概念),每一个种概念(即下位概念)都可以用上位概念来加以解释和说明。例如,"人是会思维的动物"这个定义是用来说明人的一种特性的,是解释"人"这个概念的。说明它的方法是将"人"这个种概念放在上位概念中,也就是"动物"这个概念中,然后指出它不同于其他动物,如牛、马等的种差,即"会思维"的性质就可以了。这是我们学习各门实证科学时常常使用的思维方法。但是,哲学范畴却是一些最抽象、最普遍的概念,也就是说,我们很难把某一个哲学范畴放进更大的另一个哲学范畴中并指出种差。因此,哲学体系形成的逻辑与实证科学的体系形成的逻辑方法有显著的区别。其中一个很重要的区别是哲学范畴都是相互说明的,通俗一点说都是互为参照系的。这一哲学思维的方法,大家在以后的学习中将会有比较深刻的体会。

### 二、哲学思维是反思性思维

对于实证科学来说,它的研究对象都是世界中现存的具体对象。这些对象都是外在于人的,是直接呈现在研究者的面前,尤其是自然科学的研究对象是如此;即使是社会科学和思维科学,它也是把社会现象理解为相对于研究者来说是一个外在的对象。比如,社会学研究人的行为,经济学研究经济变量之间的客观联系以及它的变化发展;思维科学研究人的思维形式和方法,心理学研究人的心理过程和心理模式,都可以把它们当作一种特殊的思维事物来加以考察;特别是近代实验心理学产生以后更加强了这个特点。

哲学反思的第一个特点表现为间接性思维。哲学作为人类理论思维的最高形式,它的知识是从各门实证科学知识中提炼、概括、总结出来的。它把实证科学的理论和方法当作自己的思想材料,通过对这些思想理论材料的研究形成哲学的命题和理论。哲学是通过对实证科学知识的研究去反映世界的,它虽然是关于世界的根本观点和看法,但它不把世界自身当作自己的直接对象,而是通过对各门实证科学在研究世界各方面所获得的知识进行总和性的、总体性的思考,从而形成关于世界的总看法和根本观点。哲学虽是对具体科学知识的概括和总结,但并不是对各门具体科学知识的简单汇总,它是通过对各门科学知识的思考去反映世界本质的。在这种思考中,各门科学知识起到了中介和桥梁的作用。所以它是一种反思,它的目的是要从各类事物的特殊本质和特殊规律中,抽象出事物的具有普遍必然性的一般本质和一般规律。正是由于这种高度抽象性、间接性思维的特点,使得哲学思维既立足于直接的、具体的、实证的科学知识所反映的现实性而发生,又超越于直接的、具体科学所反映的现实性而驰骋;哲学思维不满足于科学显示的经验直观和实证思维,而是要寻根究底。正因为如此,哲学就能作为世界观和方法论,以"头等智慧"教人们善于处理自己同外部客观世界的关系,善于超越现实,创造理想的对象世界。

哲学反思的第二个特点为终极性反思。所谓终极性,一是指根源性,基本前提性,根本性;二是指未来发展趋势性。就此而言,终极性反思就是出发点的思考与追问和终极目的指向性的思考与追问。

对于客观对象来说,所谓哲学反思,就是方法论的指导,表现为研究起点、研究过程的方法论规定。例如,思考某个对象存在、成立的根据,从根本原因上设计研究思考的取向,同时探索它的发展结果,即对各种发展可能性的思考。对于人的认识来说,哲学反思最主要的特点是"反思你的终极预设"。因为人之所以为人,在于思维,有认识;而每一具体认识最重要的一个特点就是它的观念预设性。他在思考某一问题、研究某一事物时,总是在一定的理论、观念或习惯性经验支配下进行。但由于人们常发生的状况是"不识庐山真面目,只缘身在此山中"。哲学反思就是自觉地考察这些在思考问题之前就存在的理论预设、观念预设、方法论预设,考察它是否具有成立的根据。在具体科学或实证科学研究中,能否体现出研究者的哲学思维能力,一个很重要的标志就是看其能否自觉地考察存在于研究者头脑中的这些"预设"。

哲学反思的第三个特点是辩证思维。关于反思和辩证思维的关系黑格尔曾有一个比喻。黑格尔用"反映"来解释"反思"。黑格尔说,"反映"这个词本来是讲光射现象的,当光直线式地射出,碰在一个镜面上时,又从镜面上反射回来,这叫作反映。这也就是说,一个物体的整体形象通过镜面反映出来,人们借助于镜像认识真相,把握真相。这仅仅是一个直观的、初等的比喻。它的真实意思是说,要把握一个范畴的内涵或真义,要通过与它相对的范畴。在哲学中,一些重要范畴都是成对地出现,这些成对的范畴只有在双方的联系中才能存在,对立双方不能分离,失去了一方,另一方也就不存在。所以,把握这些成对的范畴中任何一个范畴的具体意义,依赖于对它所相对的另一方的意义的把握。哲学范畴之间的、在意义上相互建立的性质,是对现实生活、现实世界的辩证关系的反映。例如,日常世界中的上下关系,前后关系,左右关系,难易关系是属于最简单的一类。这些概念的意义都是相互规定的。再例如,中国老子哲学思想提倡"无为而治"。但是在老子那里,"无为"是与"有为"相对的一个范畴。理解了"有为"也就理解了"无为"。它的本意不是"无所作为",而是要为之于未有,治之于未乱;在无事之时要考虑到有事,在无事之时消除生事的根源。老子认为,防患未然,就能高枕无忧,等等。总而言之,哲学反思是以把握概念的辩证本性为基础的。所谓的哲学思维能力,最根本的就是辩证思维的能力。

### 三、哲学思维的基本作用

哲学思维的基本作用是解释批判的作用和理想建构的作用。从解释批判作用方面分析,哲学思维有四种境界:一是解释世界,说明世界的本质和规律;二是对解释的批判,指出某一种解释成立与不成立的根据、条件,是真理性解释还是谬误性解释等。对解释的批判就是对某一种理论的批判;三是对现实世界的理论批判,提出某种哲学理论来论证现存世界的是非,讨论现实世界的善恶;四是对现实世界的实践批判,这种批判不仅仅是评价善恶,论证真假,它要求哲学理论与实际的社会运动相结合,用于指导实践,使哲学的理论批判转化为实践批判。

黑格尔和马克思都把批判精神当作辩证法思想的核心。他们都认为理性批判是人类理性的运用,是理性作用的表现,是理论精神的实质之一。他们还认为,哲学思维的批判作用必须以揭示对象自身的自我批判、自我否定为目的。马克思主义哲学认为,哲学思维的作用不仅在于批判地解释世界,更为重要的是改变世界,坚持批判世界与改变世界的一致性和统一性。哲学思维对科学研究、科学理论的批判在于指出科学认识的方法论特点;对社会批判的目的在于理解社会变化发展,并给人类指出光明的未来。

哲学思维的作用不仅以批判的方式对特定时代、特定社会产生否定性影响,而且通过它的建构性思维对特定时代和特定社会产生建设性影响。哲学家对现实的理性批判是寻找一个理想的状态或模式。哲学家所建构的理想一般来说有两类。一类是社会理想,另一类是人生理想。西方古代哲学家柏拉图曾写过一本巨著《理想国》,就是在建构一种社会的理想状态。中国哲学家的最高境界是内圣外王,说的就是理想的社会和理想的人格。真正伟大的哲学家都以这样、那样的方式为人们、为后世提供有持久魅力的社会理想和人生理想。马克思、恩格斯是伟大的哲学家、政治家,他们以唯物辩证法为武器,深入剖析了资本主义社会,发现了社会历史发展规律,提出了科学社会主义理论,为人类指出了社会主义与共产主义的光辉前途。

### 四、哲学思维是实证性思维的指南

人的知识结构具有综合性特点,人的思维能力也表现在多种层次和不同的方面。但是一个人有没有哲学思维的能力,或者降低一些要求,他在研究问题时有没有哲学思维的特点,决定了思维效率的高低。可以这样做一个描述:如果把一个人的具体的、实证性思维过程看成是一类函数式,哲学思维的作用就类似于这个函数式中的指数因子。也可以这样说明,如果把具体思维过程看成是一锅营养丰富的肉汤,那么哲学思维就类似于锅中的一把盐,它使整个锅中的各种味素充分展示并发生综合作用。哲学思维的这种作用,就是它对具体的、实证性思维的指南作用和倍增效应。

要理解并掌握哲学思维对实证性思维的指南作用,首先需要和"代替论""无用论"划清界限。

所谓"代替论",就是不区分哲学命题和具体科学命题、理论的适用条件,直接用哲学命题去剪裁现实生活,用哲学命题去生硬地套现实的、具体的事物,从而去解释这个事物。"代替论"跨越了具体的自然科学理论与方法和具体的社会科学理论与方法,直接地把现实事物、现实问题同哲学命题挂起钩来,这是一种简单化的错误。所谓"无用论",就是以哲学命题的高度抽象性为借口,认为哲学理论远离现实,不能解决实际问题。一般地说,哲学不能解决那些应当由实证科学来解决的实际问题,这一点是对的,但由此得出哲学无用是错误的。哲学的应用在于世界观和方法论的指导,它是对思维的指导,而且这种指导作用一定体现在和实证科学的具体方法、具体问题的结合中。离开了实证科学的理论和方法,哲学不能独打天下。认为哲学无用其实是"代替论"的另一种表现形式。"两极相通",当"代替论"在实践中碰壁以后,必然倒向"无用论"。

哲学思维的指南作用表现为它对人的认识路线的规范和对认识过程的反思批判。在思维过程中,它表现为对某一具体思维的前提性分析、选择中的批判反思;这种批判性反思也表现为对研究方向的预示,对研究方法的选择,对概念图式的反思;这种批判性反思,在于应用哲学思维的精神、艺术去揭示矛盾和分析矛盾。一句话,哲学的作用在于解决人们的思想路线和思想方法,通过对人们的思想路线和思想方法的规范和调整去端正人们的思想路线,提高思维的效率,尽量少走弯路和不走弯路。

中国当代史上有一个哲学思维指导社会实践,推动社会发展的光辉案例。这个案例就是于1978年开始的,在全国范围内进行的"实践是检验认识真理性的唯一标准"的大讨论。这场讨论是哲学式的,但它的作用波及政治、经济、文化各个领域。之所以如此,是哲学的讨论打破了"文化大革命"中形成的思想禁区,冲破了个人迷信、教条主义的牢笼。思想上的解放推动了政治上的进步和经济领域的变革,使中国特色社会主义建设步入了一个新的历史时期。学习哲学的人应当常常从这个案例中体会哲学思维的作用,汲取一些教益。

1. 为什么说哲学是时代精神的精华?
2. 怎样理解哲学思维的特点?
3. 哲学思维有什么基本作用?
4. 哲学思维与实证科学思维的区别表现在哪些方面?

# 第二章
## 哲学发展的基本特点

> 哲学家的成长并不像雨后的春笋，他们是自己的时代，自己的人民的产物，人民最精致、最珍贵的看不见的精髓都集中在哲学思想里。
>
> ——马克思

哲学作为时代精神的精华，它是人类文明的活的灵魂与理论内核，它是随着人类文明的演进而形成和发展的。世界文明有东、西之分，哲学传统也有东、西之别。中国古代哲学经历了先秦诸子哲学、汉代哲学、魏晋玄学、隋唐哲学和宋明理学几个发展阶段。古希腊哲学大约形成于公元前6世纪，公元前4世纪进入系统化时期，其主要代表人物是柏拉图和亚里士多德，他们总结了以往各派哲学家所创立的哲学体系，这对以后西方哲学的发展具有极为深远的影响。

这些渊源于古代不同哲学传统所形成的各具特色的思维方式在人类文明发展中打上了不可磨灭的印记。在当代世界文化交流、渗透中，东西方的哲学观念，哲学思维也在交流、碰撞、批判中融合。作为当代的马克思主义哲学尤其表现出一种继承人类一切文明成果的积极精神，展示出一种强大的发展潜力和生命的活力。所以，本章有必要简述一下中国哲学和西方哲学发展的基本特点。

## 第一节　中国哲学的发展特点[①]

关于中国古代哲学的最初形态,人们常常以《易经》八卦说、阴阳说、五行说为其代表。虽然《易经》的成书年代至今还难以确定,但一般认为是殷周之际的产物。八卦的起源似乎还要早些,《易传》把它推到伏羲时代。《易传》写:"古者包牺氏之王天下也,仰则观象于天,俯则观法于地,观鸟兽之文,与地之宜,近取诸身,远取诸物,于是始作八卦,以通神明之德,以类万物之情。"(《易传·系辞下》)[②]《易经》虽然是一部占筮的书,具有浓厚的神秘色彩,但是,由于它是古人"仰观俯察"的产物,所以,也反映了古人关于宇宙奥秘的最初猜测,其中也包含着中国哲学中辩证法思想的萌芽。

中国古人很早就有了关于宇宙生生不息、变化日新等宇宙演变发展的过程观念。关于宇宙万物生息变化发展的观念主要表现在《易经》八卦说之中。在《易经》中所出现的两个符号,即"—"和"--",虽然还没有解释为阴阳的含义,但是二者性质的不同乃至对立的观念已经表现出来了。八卦是由"—""--"两类基本符号每三个重叠而组成八种图形,分别表示乾、坤、震、巽、坎、离、艮、兑,并分别表示天、地、雷、风、水、火、山、泽八种物质形象。六十四卦从总体上揭示宇宙演化总过程,它从乾、坤两卦开始,乾、坤揭示出宇宙演化的内在动因,然后通过其他诸卦从不同角度展示宇宙演化的过程特点,最后则以既济、未济二卦终结。"既济",即万事皆济,诸事已成,也含有宇宙和谐的秩序已经确立,宇宙万物之间已达到稳定平衡的最佳状态之义。但是宇宙的运动变化将永不会停止,故最后又有一个"未济"卦,以表示宇宙的运动过程永无穷尽。其中每一卦表征和揭示事物发生发展的具体过程特点。

中国古代的哲学猜想中已经具有了世界本原的探索和对宇宙一般结构的猜测。这种哲学努力主要表现在阴阳说和五行说之中。

阴阳说最早记述在《诗经》中。阴阳在这里表示自然方位和日光向背,是从观察天文地理出发的。春秋时期,阴阳观念已从天象特征,即日光向背、自然方位逐渐发展为自然界具有的对立势力之功能和属性的概括。此时,阴阳已成概括、体验自然界对立力量、功能及变化规律的范畴。这表明,沿着自然界自身来探寻世界统一的基础和运动变化的原因,在当时已成为许多人的一种思维取向。关于五行说,比较系统明确的表述是《尚书·洪范》,其中记有五行之说:"五行:一曰水,二曰火,三曰木,四曰金,五曰土。水曰润下,火曰炎上,木曰曲直,金曰从革,土爰稼穑。润下作咸,炎上作苦,曲直作酸,从革作辛,稼穑作甘。"就这些内容来说,已经反映出人们对日常生活经验具有了较高的概括程度,它肯定了五行的性质为物质本身所固有,这

---
[①] 本节的主要观点参考了刘学智著《中国哲学的历程》(广西师范大学出版社2011年1月第1版)一书的相关论述。
[②] 阮元.十三经注疏[M].台北:艺文出版社,2001:166.

不仅指出了万物形成的基本元素,也体现着差异中寻求同一的抽象思维的特点。

从原始的阴阳说、五行说中,人们至少可以看到中国古代的哲学思维已在孕育和生成。首先,它是从物质世界自身寻找世界的统一性。这种统一性是以整体直观的方式达到的。尤其是,它不是在幻想和神话中寻找这种统一,而是"把自然现象的无限多样性的统一看作不言而喻的,并且在某种具有固定形体的东西中,在某种特殊的东西中寻找这个统一。"①其次,有了辩证法的思想萌芽。阴阳范畴已经揭示了事物固有的矛盾性;五行学说关于事物的构成要素及其性质的描述,已经有了关于宇宙本原的追寻以及对事物生成规律性的猜测。这些都标志着中国哲学的产生。

### 一、以政治论为主题的先秦诸子哲学

首先需要说明从绝对时间上说,春秋战国时期的中国哲学与西方古希腊哲学基本上是处在同一时期。古希腊哲学家赫拉克利特、巴门尼德、普罗泰戈拉、德谟克利特、苏格拉底等人生活的时代,与中国最初创立体系的哲学家老子、孔子、墨子的生活年代十分接近。从春秋时期到战国末年的 250 余年间,是古代中国结构变动和战乱时期。然而这一时期是中国古代哲学兴盛的时期。春秋战国时期,社会秩序的重要特征是"礼崩乐坏""诸侯国战争蜂起"。天下"何以为治"正是当时的政治家和思想家所面临的问题,这些问题促使他们进行理论的创造并形成相应的哲学思想。同时,由于政治分化,社会思想出现了相对自由的条件。在春秋战国初,"学在官府"的局面被打破,"士"阶层逐步分化开来,"私人"讲学之风兴盛起来,人们的思维能力的提升为诸子蜂起,百家争鸣创造了条件。哲学出现了体系众多的形势,中国哲学进入了创立体系的时代。

先秦哲学酿成于中国历史上人们第一次自觉参与的社会制度的转型期,这就造成整整一个时代的哲人们都不能脱离社会政治变革的主题来思考宇宙和人生。"究天人之际,通古今之变",成为当时哲人们的思想追求。因此,先秦诸子都以强烈的社会责任感、历史使命感和政治参与意识,在政治斗争中进行着自己的艰苦的理论探索和哲学思考,这就使先秦哲学打上了浓厚的政治论色彩。政治思想是先秦哲人们的哲学思想的依归。儒家言义,墨家言利,两家大异其趣,然而都很有人道主义精神。法家则表现出冷漠无情的法治精神。儒、墨、法都讲国家的起源。孟子以为圣王是顺民意而生,荀子以为圣王是社会生民求治求安的产物,韩非以为圣王源于其特殊智力,墨子则以为圣王之生为的是统一思想。各家不同的圣王代表了不同的治国之术。儒家主张行王道,不废法治,而以德治为先。墨家倡导"兼相爱,交相利",非攻尚贤。法家轻视仁义道德,重法、术、势的运用,辅助君王治理国家。

儒家哲学思想是中国古代哲学极其重要的组成部分,而先秦儒学不仅是中国儒家哲学思想的萌芽和形成时期,也是中国儒家哲学思想繁荣发展的一个重要时期。后代的儒家哲学正

---

① 恩格斯.自然辩证法[M].北京:人民出版社,2015:30.

是在它的基础上演变发展而来的。"儒"当为士之一类,其特征为懂知识,晓礼乐,擅长礼仪教化。孔子即为一儒。他继承周代及以前的礼乐文化,收徒讲学,以《诗》《书》《礼》《乐》《易》《春秋》授徒,教之以礼、乐、射、御、书、数等技艺,通过讲学游历,从政议政,渐成一独具特色的思想体系和学派。

"仁"是孔子哲学思想的核心范畴,仁学也就是孔子哲学思想的主要部分。孔子曰"仁者爱人",明确地将"仁"规定为"爱人",这是对作为哲学范畴的"仁"的内涵的极其重要的阐发。所谓"爱人",指的就是人与人之间的相亲、相近、相趋与相合。在《论语·雍也》中孔子又说:"仁者,己欲立而立人,己欲达而达人。"这是从肯定的意义上说仁。如果从否定的意义上说,仁,也就是"己所不欲,勿施于人"。孔子认为,"仁"是人们道德行为和社会规范之本,它是治国为民的基本原则;"仁"在道德体系中居于核心地位;"仁"是最完全的人格内涵,人道之根本,是人应当毕生追求和践行的理念。总之"仁"是一种高妙的人生境界。

孔子倡导"中庸之为德"的思想。"中庸"之道是孔子的一个重要的哲学观点,也是孔子哲学的方法论。"中庸"之道,就是一种适度、恰当与追求和谐的思想方法和行为方式。《中庸》中说:"喜怒哀乐之未发,谓之中。发而皆中节,谓之和。中也者,天下之大本也。和也者,天下之大道也。"意思是说,喜怒哀乐是人的固有性情,没有发作表现出来以前,处于本然状态,这就是"中"的状态。"发而皆中节"中"发"即表现,"中节"即适当与合适。如果人们表现或表达自己的喜怒哀乐,能够做到无过无不及,恰到好处,就达到和谐。

中庸之道的方法论意义是中国哲学的宝贵财富。第一,强调要看到事物对立的两个方面,而不要攻其一点不及其余。意思是说处理问题要考虑到事物既相反又相成的两个方面,而不要专注于某一方面忽略另一方面。第二,执两用中,无过无不及,反对走极端,力求寻找对立面的统一。孔子提倡对立因素的统一而达到中和。孔子常说"乐而不淫,哀而不伤"(《论语·八佾》)"君子矜而不争,群而不党",强调"欲而不贪,泰而不骄,威而不猛"(《论语·尧曰》),达到中正和谐。第三,做事要把握适度原则。中庸的说法主张在对立的两极之间设定一个标准,遵守这个标准就是中道,其中已经接触到辩证法关于"度"的思想,认识到物极必反的道理。

## 二、以宇宙论为中心的汉代哲学

春秋战国时期的百家争鸣,经过秦代的思想统一发展到汉代,中国哲学出现了儒道并存互补的新格局,培育了中国哲学的基本性格和基本特征。汉初,在统治阶级内部,曾围绕着采取何种学说为指导思想发生过一场激烈的争论,形成了儒道互黜的局面。汉朝建立以后,由于经过长期战乱,朝廷提出休养生息的政策。所以,以"清静无为""与民休息",即以"无为而治"为主旨的黄老思想取得了主导地位。从汉惠帝到汉武帝之前的大约七十年间,汉朝一直以黄老思想作为政治上的指导思想。与此同时,也有学者和政客从总结秦王朝灭亡的教训出发,认为秦亡的根本原因在于"仁义不施",所以倡导儒学。汉武帝即位之初,试图建构新的指导思想,但武帝崇儒,太后崇老,有过一场朝廷争论。建元六年(公元前135年),太后崩,翌年五月武帝即诏贤良商讨对策,武帝接受儒生董仲舒的建议:"罢黜百家,表章六经,独尊儒术"。在董仲舒的思想中,儒、道、法、阴阳熔于一炉,他建立了以天意为中心,以阴阳五行为思想框架,以儒家伦理纲常为主要内容,以天人感应的神学目的论为基本特征的神学经学体系。这种体系从宇宙论的视角思考问题,带有很强的本原性,但又以儒学为基本内容,所以,后人称董仲舒的思想特点是"始推阴阳,为儒者宗"。

汉代哲学论争的中心是天人关系问题,这种论争始终存在着目的论和自然论的分立。然而,不管是目的论指向的天人关系论,还是自然论指向的天人关系论,都包含着阴阳五行学说,也可以说都是以阴阳五行学说作为出发的基地或者论证前提。神学目的论的代表人物是董仲舒,它虽然吸收了阴阳、五行和元气的观念,但却把它纳入以"天意"为中心的宇宙论图式中,认为自然和社会的一切都是"天意"的体现,都是"天"有目的的安排。自然论的代表人物是当时淮南王刘安及其代表作《淮南子》和王充的元气论。自然论者大都以老子的"道"为立论基点,以阴阳之气的演化过程为内容,来解释世界万物的产生和变化。

第一,以阴阳五行为框架的机械的宇宙论图式。这种宇宙论图式以阴阳为动力,以五行为轨迹,形成一个阴阳互动、五行运转的宇宙论图式。它用阴阳的变化解释四时的变化。这种宇宙论图式把"金、木、水、火、土"作为五行的基本分类图式,类推到其他自然现象和社会现象。例如,从"五行"(金、木、水、火、土)到"五纪"(岁、月、日、星辰、历数),再到人事行为的"五事"(貌、言、视、听、思),都用五行关系来解释。这种解释虽然牵强,但是反映了古人从世界本身寻找世界原因所做的努力。

第二,董仲舒的天人感应思想。对两汉思想产生了重大影响的天人感应的神学目的论,是由汉武帝时期的政治家和公羊学家董仲舒创立的。董仲舒的思想特点,在于其相当自觉地用儒家精神改造了、利用了阴阳家的宇宙系统,把阴阳家的宇宙论图式与儒家伦理相结合,从而使儒学获得新的生命力。董仲舒提出了天意论,赋予天以道德目的和意志的属性,称之为"天意",又给天意赋予"仁"的品性。天的本质属性是"仁爱",所以,自然界的一切变化都体现了"仁"的美德。

在董仲舒那里,"天"的概念虽然是先前各家思想的综合,但这种综合绝非杂凑,具有较为明晰的轴心和主线。这个轴心和主线就是儒家的道德伦理,并且通过"天"的观念,为儒家的道德伦理确立宇宙论的根据。天意决定道德目的、道德属性;而道德目的、道德属性又与自然外形之天直接同一。人内在于天之中,人的道德是天的自然属性。这种神学目的性和自然规律的合一是董仲舒天人思想的重要特征。

第三,王充的元气自然论。王充是一位活跃于东汉光武(公元前5年—57年)至东汉和帝(88年—105年)年间的一位重要的哲学家、无神论者。王充的哲学贡献主要在天道观方面。他认为,"天"是没有意志而按照自身规律运行的自然体。王充认为天是一种物质实体。这种说法虽不见得科学,但要旨在于说明"天"的客观性和物质实体性。王充还认为,天与地一样,是含气的物质实体,由此他提出元气说和元气自然论。他认为,元气是在天地之先,天地是由元气发展而来的,人和万物都是由于承受元气才产生的,认为万物发生的过程,绝非如董仲舒所谓的"天地故生人"的目的论,而是"天地合气,人偶自生也,犹夫妇合气,子则自生也"(《论衡·自然》),这是一个自然发生的过程。"自生",是王充提出的一个重要概念,指包括人在内的万物生成过程,是自然的过程,不体现任何目的和意志。王充认为,元气是宇宙万物的本原,是构成万物的基础,这是元气自然论的最核心的思想。

王充元气论的一个重要特点,就是他认为元气的运行变化是一个自然而然的客观过程。针对神学目的论,王充提出"自然""自生"的概念,他说:"天动不欲以生物而物自生,此则自然也。施气不欲为物而物自为,此则无为也。谓天自然无为者何?气也。恬澹无欲,无为无事者也。"①王充吸收了老子"自然""无为"的思想,将其与气结合起来,认为自然是元气的根本属性,这样,元气产生万物就是一个无目的、无意识的客观的自然过程。这一思想是对当时的神学目的论的一个有力的批判。

### 三、以本体论为特征的魏晋玄学

魏晋时期占主导地位的思想就是玄学。何谓玄学?简单地说,是指流行于魏晋时期,以老庄的自然主义为精髓,以儒道合一为思想宗旨和表现形式,以本体论思维为思想特征,以追求义理为学风取向,以调和自然与名教的关系为主题和价值归宿的一种哲学思潮。

魏晋时期,社会思想界出现了崇尚老、庄的风潮,时称"清谈"。"清谈"的主要内容不是儒家的经典,而是先秦的《老子》《庄子》《周易》,史称"三玄"。"玄"取义于《老子》的"玄之又玄,众妙之门"②。后人把讨论《老子》《庄子》《周易》的知识、思想与学问称为"玄学"。玄学虽然把《老子》《庄子》与《周易》并提,但实际上主要弘扬的是道家精神,崇尚的是老、庄的虚无精神和自然主义。从学派渊源上说,玄学具有以道为主、援儒入道、儒道兼综的特征,道家的自然主义是其思想的主导方面;就其表现形式来说,玄学在追求一种"超言绝象"的意趣和清谈玄思的雅韵。玄学的主题仍然是关于天地万物的存在和发展的根据问题。用现代的话语说,所谓玄学是关于存在的学说。玄学争论的主要论题是三大辩题,即"有无之辨""名教与自然之辨""言意之辨"。

关于"有无之辨"。"有无之辨"是玄学的主要论题之一。在玄学内部,玄学家对此有不同的回答,存在着"贵无"和"崇有"的分歧和对立。贵无论者认为"无"是天地之本;当说到"有",总是指一个具体的存在物,所以不能说明世界万物的一般本质。由于"无"不指称任何一个具体的东西,不具有任何具体的规定性,反而能代表一切,具有最高的规定性。所以万物"以无为本"。崇有论者认为:"有"在"无"先,"无"是否定了"有"之后的状态;"至无"乃"虚

---

① 王充. 论衡[M]. 北京:中华书局,1954.
② 魏源. 诸子集成[M]. 北京:中华书局,1954.

无","虚无"则不是真实的存在,既然不是真实的存在就不能生出万有。"有"之生"有",自生也! 也就是说,凡存在之物都是"有","有"产生了"有",而不是"无"产生了"有",所以万事万物是自己产生自己的过程。

关于名教与自然之辨。"自然"一词来自《老子》,意即肯定事物的本然状态,认为事物的存在和发展都是自然而然的过程,事物自己如此,本来如此,没有也不需要人为的干预。"名教"则与人们社会生活中的名号、名分有关。儒家认为一个人的身份、地位往往通过各种名号来表现,同时根据这些名号、名分也应该有相应的权利、责任,并尽一定的义务。如果人们的行为不超出这个范围,就叫"守分"或"守名分"。是否"守分",其标准由"礼"来规定。所以说,社会进行与名分相符合的行为规则的教育,就是"名教"。人们常常把那些合乎礼仪或者礼节的行为叫作"合名教",否则叫"越名教"。在名教与自然的关系上,魏晋之时存在着三种不同的观点。

其一,名教出于自然。魏晋王弼的哲学主张是以"无"为本、以"有"为末,表现在名教与自然的关系上,就是以自然为本,以名教为末。何以如此? 名教本于自然、出于自然。王弼认为,仁义等德性是人的自然本性,如果人的性情被情欲、浮华、奸巧、欲利所惑,使真情难以表现出来,就只能借助于虚伪的仁义礼法、纲常名教,陷于烦冗支离的"末事"中,这就是远其所宗,离其所本。只有崇自然之本,才能止息道德生活中的种种邪恶行为。其二,越名教而任自然。所谓的"越名教",就是要冲破统治者的政治观念、礼法制度和儒家传统的道德观念与规范的约束,也不为功名利禄所诱惑,超越甚至抛弃名教所标榜的道德理念和行为规范;所谓"任自然",在这里不是指王弼等人所说的名教是出于人的自然真性的观点,而是强调道德礼法要顺乎人的自然欲望,实行"从欲"。"越名教而任自然"这一思想的代表人物可数嵇康①。嵇康认为名教不是出于自然,而是当权的统治者"造立"出来的。嵇康的所谓"自然"是指人的自然欲望。他承认并宣扬"人性以欲为欢",且"从欲则得自然"。他指出,人生来都有食色之欲,满足了欲望就自得其乐。但是嵇康反对礼教主要是揭露和反对当时的司马氏集团的残酷统治。其三,名教即自然。名教即自然是"崇有论"者的观点。它从崇有论出发,肯定万事万物的真实存在性,进而认为每一事物都有自己的规定性。事物自身的性质是"自足其性",即是事物自身具有的性质,无需外因作用,是生来具有,无法用人为的过程所改变。所以人们在生活态度上也只能"顺性"而"无为"。在郭象看来,仁义道德是人性中固有的东西,名教也是合乎自然的东西。"自然"是儒家六经的根据,所以服从名教,也就是顺从天理自然的本性。

关于言意之辨。言意关系在玄学中既是一个认识论问题,也是一个方法论问题。言意

---

① 嵇康(224—263),在魏国做过中散大夫,也称嵇中散。他是三国时期著名的思想家、文学家、音乐家,生活在司马氏力谋曹魏政权,统治阶级内部斗争十分尖锐的时代。他因反对司马氏的统治,反对礼法,排斥六经,为司马昭所杀。其著作有《嵇康集》。

关系主要是指语言、概念与其所反映、所表达的思想之间的关系。它涉及的主要问题有语言能不能充分地表达思想,概念能否把握对象本质、把握宇宙发展法则,思想能否离开语言而存在,等等。魏晋时期人们对言意关系的回答主要有三种观点。一是主张"言不尽意";二是主张"得意忘言";三是主张"言之尽意"。

所谓"言不尽意"指的是事物的本质、宇宙的本体是语言难以表达的。玄学家王弼认为,作为天地之本的"道"之意是语言不可名、不可尽的。在他看来,"道""弥纶无极不可明细,微妙无形不可名大",对于"道","言之者失其常,名之者失其真"。因此,"圣人""不以言为主""不以名为常",只有"体无"才能把握"道"。

所谓"得意忘言"是对认识结果与认识方法之间关系的一种把握方式,代表人物是王弼。王弼认为,语言是表达物象的,物象是包含义理的。但是语言不等于物象,物象不等于义理;所以,要得到物象应该抛弃语言,要得到义理应该抛弃物象。他说:"言者所以明象,得象而忘言。象者所以存意,得意而忘象。"在他看来,言只是得象的工具,象只是得意的工具,如同蹄是捕兔的工具,荃是捕鱼的工具。因为是工具,所以,得到义理就应当抛弃物象。王弼进一步论证说,如果拘泥于物象,则妨碍对义理的认识,拘泥于语言,则妨碍对物象的表达,要想真正把握到义理,就得忘掉物象。

所谓"言之尽意"是对"言不尽意"论的明确反驳。典型的代表人物是欧阳建[①],他专门著有《言尽意论》一文。他的主要论点是:第一,事物是客观存在的,它并不以人们对它的"言""称"为转移;第二,名称、语言对交流思想、辨认事物有重要作用。他说:"理得于心,非言不畅;物定于彼,非名不辨。言不畅志,则无以相接;名不辨物,则鉴识不显。"就是说,没有语言,思想就无法表达;没有名称事物就难以分辨。这里需要明确,欧阳建虽然认为名、言、概念等是客观事物(物、理)的反映,为客观事物所决定,但以此反驳王弼等人的"言不尽意"论也是针对性不强的。王弼等人所说的"言"不能尽之"意",和通常的"名"要表达的"实"有所不同。王弼等人认为世界的无限本体,是难以用确定的、有限的语言来表达,而欧阳建则是要说明"名"能够反映生活世界的"实"。

## 四、儒、释、道三教会通中的隋唐哲学

经过360多年的分裂局面,由短暂的隋朝统一转变为一统的大唐王朝,面临的首要问题是如何巩固统一的政治局面,如何长治久安。隋唐王朝的统治者选择了"德主刑辅"的方针,非常重视用传统的礼教和德治的思想来调整社会关系,同时也很注重通过宗教来化解社会矛盾。这种继承魏晋以来三教并存的思想学术格局,不仅是学术思想发展的必然,也是隋唐统治者的自觉选择。唐太宗李世民明确地倡导三教。他既要倡导尧舜之道、周孔之教,也视

---

[①] 欧阳建是西晋名士,字坚石,渤海南皮(今河北南皮县)人,历任山阳令、尚书郎、冯翊太守等官职。时人誉之为"渤海赫赫,欧阳坚石",后被赵王司马伦所杀,年仅30岁。

李聃为精神祖宗，更看到佛教可以弘济苦劫、灭怨障之心的社会功能，所以他采取了开放包容的文化政策。同时也应看到，魏晋南北朝时期儒学、佛教、道教经过相互纷争、相互冲突后，也出现了思想交融的客观趋势，这种客观趋势在隋唐时期有了充分的发展。

南北朝时期，儒、佛、道三教相互诘难、相互斗争，同时又相互吸收、融合，表现出你中有我我中有你、并存发展的状态，没有明显的归向。但在隋唐时期，一方面佛教不断地吸收儒、道思想，另一方面，儒学也在竭力援佛入儒，道教也在援儒、佛入道。这种融合不仅深入到思想文化的深层，而且也表现出三教会通的基本态势，这可以从儒、释、道融合过程中的心性化特点中表现出来。

中国的心性哲学也发端于先秦时期。心、性的概念在中国历史上也产生较早。在孔子生活那个时代已经出现了心、性的说法。孟子开启了中国心性哲学之源，提出了"尽心知性知天"。在这里，心，是指人的主体意识，心之为心，他只有在人之"思"的活动中才有意义；"性"的概念是指人的本性；孟子的"性"是专指人的"善性"。"尽心知性"就是要发现自己的良心，体验内心的仁义本性，通过存心养性的道德规范使自己的行动符合"天意"。孔、孟的这种心性论，到了隋唐时期却成了三教会通融合的一条基线。

心性在唐代成为各家学派都普遍关注的一个哲学问题，只是其表现各不相同。佛教哲学探讨的是佛性问题，其目的是成佛；儒家讨论的是人性善恶问题，其目的是成圣；道教则讨论道姓问题，其目的是成仙，然其思想路径非常接近，一般都是通过心性论加以展现的。

隋唐结束了魏晋南北朝以来长期分裂割据的状态，统治集团在寻求新的治国方略时，清醒地认识到儒学对于国家长治久安的重要性，大力振兴儒学，同时儒学也受到佛、道的思想影响。中唐以后，《孟子》《大学》《中庸》等地位得到提升，韩愈提出儒家的"道统"说，不仅强调儒家思想的主流是仁义之道，而且把孟子提高到仅次于孔子的地位。这个时期儒家经学的重要变化，就是心性论得到重视和发扬。在心性论方面值得一提的是韩愈的"性三品"说。他把孟子的"性善说"、荀子的"性恶说"、杨雄的"性善恶混"等人性学说糅合起来，同时又把"性"与"情"联系起来讲性情三品，把人分为上品之人、中品之人和下品之人。隋唐儒学大力倡导修、齐、治、平的"内圣外王"之道，极力推崇和弘扬修身养性的性命之学。

在中国佛教中，心性问题是与佛性问题紧密相联的。佛性问题不仅涉及人的本性是什么，而且进一步探讨了人性的最后根据。在佛教中，把心性论讲得最具中国化特征的是禅宗的慧能，他主张"即心即佛""见性成佛"的心性合一说。在禅宗看来，佛性即人性、自性。慧能说："一念吾若平，即众生自佛，我心自有佛，自佛是真佛；自若无佛心，向何处求佛。"他认为佛、性合为一体，不能离性以求佛，故曰："佛向性中作，莫向身外求。自性迷即是众生，自性觉即是佛。"[①]禅宗的佛学心性论，一方面把人性提升到佛性的高度，同时又把佛性安置到现实的人性之中，宣布人人有佛性，人人能成佛。这种思想和孟子的"人皆可以为尧舜"的性

---

① 参见《坛经》之《疑问品第三》。

善论是相通的。

道教在隋唐时期与儒、佛的交融与冲突中,也表现出心性化的倾向,体现在对"道性"的解释中。所谓"道性",就是众生禀赋于道、与道同一的本性。修道即获得"道性",从而得道成仙。道教认为,每个人都有善根,在道性面前,人人平等,人人都有得道成仙的可能性。之所以现实社会生活中的人有恶行,是因为情欲所致,所以道教强调修习实践、注重心性修炼、了悟道性。隋唐时期的道性思想,与老子所说的"道",有所不同。老子认为道生万物,人亦具有道性,但道性本义是自然无为,而道教的道性则主张人性纯善。

## 五、宋明理学与中国古代哲学的终结

宋代以后占统治地位的儒学是理学。理学始于北宋,完成则在南宋,后来在金元时期得到传播,经过明代的心学发展,最终在明末清初走向衰落。理学的奠基者是通常被称为"北宋五子"的周敦颐、邵雍、张载、程颢、程颐。南宋的朱熹是理学的重要发展者和集大成者,其后出现了元明时期的陆九渊和王阳明的"陆王心学",最后在明清之际产生了"实学",标志着中国古代哲学的终结。

周敦颐是北宋仁宗时期的一位重要的思想家,朱熹把他推为理学的开山之祖。他把宇宙论与儒家的心性论、道德论结合起来,建立了"宇宙—伦理"相贯通的天人合一的思想体系。邵雍也是北宋时期的思想家,他以讲先天象数学著称。他提出的天地运化、"道"在"物"先等论点为理学派所推崇。张载确立了"性与天道合一"的理学主题,从伦理学入手探讨"自然、社会、人生"的"所以然"问题,体现了理学的基本思路和理论旨趣。程颢、程颐约与张载同代,人称"二程",他们把自然、社会、人生背后的"所以然"看成是形而上学的"理"或"道"。

朱熹是理学的集大成者。朱熹继承了二程关于"理"的思想,并以"理"作为整个哲学体系的基础,认为"理"具有绝对性和唯一性。他又发挥了周敦颐的"太极"的概念,认为太极是万物之理的总称,还把张载的"气"的思想引入到他的哲学体系中。朱熹认为,"理"是绝对的精神性实体,但它不能离开"气"而存在。在朱熹那里,理与气的关系,也可以说是道与器的关系。理是形而上之道,气是形而下之器。朱熹认为"理"是物之所以形成之"本",即物之所以形成的道理。朱熹还把"理"的总和称为"太极",即天地万物之理,可以解释为绝对真理。就理与气的关系来说,哪一个更具根本性呢,他认为"理先气后",就具体的事物的生成来说,先要有关于事物的道理存在,才有事物的生成。事实上,人们在造房子之前,先要有关于房子的概念,但人们关于房子的概念首先来源于客观存在,朱熹却认为,这些概念是独立的、产生事物的绝对理念,是形而上学的实体。朱熹是如何解释世界总"理"与各个事物的分"理"之间的关系呢?他提出了"理一分殊"的学说。他认为万物的总"理"是太极,万物分有太极以为体。但所谓"分之以为体",并不是说万物在太极里各取一部分,把太极分割了,而是说万物各有一定之分,而各自又同时具有太极的整体。为了说明这个道理,朱熹常用"月映万川"来比喻：天上只有一个月亮，映在江湖河川里千万个月亮虽各不相同，但不是这个月亮的部分，而是月亮的全体。这有点像今天的全息说，生物体上的一个细胞，反映着生物体的全部特征。每一个细胞部分有着生物体的全部特征。朱熹理学的根本宗旨是要"存天理、灭人欲"，极力维护封建礼教和封建等级制度。

陆九渊是朱熹的同时代人，与朱熹不同，他不承认"心"之外的绝对本体即"天理"。朱熹认为"理"与"心"并不同一，而陆九渊则以"心"为最高本体。后来的王阳明则更进一步认为，"心"即是"理"，"理"即是"心"。"心"是更根本的东西，心外无"理"。朱熹把"天理"看成是外在的绝对真理，故其"存理去欲"，只是要人们接受天理；而王阳明则认为，"理"就是"心之条理"，只是人们受欲望的蒙蔽，而使理不能自明，只有进行去欲的道德实践才能恢复天理。所以"致良知"是王阳明心学的中心概念。

陆王心学的出现，进一步暴露了理学的内部矛盾，其后的发展使理学出现了日渐沉沦的局面。另外，明清之际，社会动荡，明王朝的衰败和灭亡的过程，也使思想家们在亡国之痛中重新评价儒学和理学，使得明清之际出现了实学思潮。实学思潮一般是以反理学的形式出现的。他们共同的、基本的精神是反对理学的空谈性理，提倡"经世致用"的"实学"学风，即"实习、实讲、实行、实用之学"。"实学"一改宋明理学重在"性与天道"和个人修身养性、专务虚静以守其心的空疏学风，而倡导"经世致用"，强调探究"国家治乱之源，生民根本之计"，主张以实事求实功，从而使明清之际的思想发生了以经世致用、求实事实功为特征的"实学"出现，标志着中国古代哲学的终结。

# 第二节 西方哲学的发展特点

西方哲学的发展，经历了一个研究对象和研究内容变化的演变过程。它的发展过程，在不同的历史时期表现为对哲学基本问题不同层面的展开。这种历史进程，是在探寻思维和存在如何统一的过程中逐步展开的。不过，这种探索的道路非常漫长和曲折，它经历了由片面到全面、由分离到统一的发展过程。这个过程具体表现为哲学研究的重心随着时代和社会发展的特点而转移。这种转移过程可以概括为哲学研究的本体论阶段、认识论阶段和实践论阶段。

## 一、古代哲学研究的本体论特点

在西方，哲学大约产生于公元前7世纪至公元前6世纪这一期间。那时，哲学与科学尚未分化，它们处于浑然一体之中，统称为"智慧"。哲学就是关于事物的智慧，哲学家就是具有智慧的人。在希腊罗马时期，一批人专门滥用技巧进行诡辩，他们亦被称为智者。当时，著名的哲学家苏格拉底为了与这些称为"智者"的诡辩论学者相区别，不称自己是有智慧的人,而称自己为爱好智慧的人。什么是"智慧"呢?古希腊的另一位哲学家亚里士多德曾对此做了明确的规定。亚里士多德是古代哲学的集大成者,在西方哲学史上,他是对哲学这门学问从理论上做了系统研究的第一个学者,具有很高的学术地位。他在对先前的哲学探讨的问题和包括的内容所做出的总结中,明确指出:"智慧就是有关原理与原因的知识。"这种解释的含义是,哲学之所以为"智慧",主要区别于两类知识。首先它区别于感官认知和神话幻想意识。哲学智慧不是感官得来的直接的认识,例如关于事物存在的形状、大小、颜色、功能、属性的知识都属于直接地从感官得来的知识。哲学也不是神话的幻想意识。其次它区别于实用性的知识和技能。相对于第一类区别,智慧与感官认识和神话幻想不同,它追求的是对自然的合乎理性的解释,属于对自然事物的真知;相对于第二类区别,智慧与实用知识不同,它注重于对事物发生的原因或原理的理解。如果明白了"原理与原因",其他的一切都由此可以明白。这就是智慧的基本含义。亚里士多德的这个看法代表了古代人们关于哲学研究对象与研究内容的认识,这样规定的哲学,实质上是包括一切理论学科在内的知识的总汇。

古代的哲学实质上是尚未分化为各门专门学科的一般科学,它的内容既有关于整个世界的表象、概念、判断和推理;又有关于世界的个别部分的具体知识。古代哲学家的著作,主要是想探索形形色色自然现象的起源。在这些著作中不仅有关于世界本质的看法,也有许多后来成为各个专门学科要研究的专题。事实上从职业角度看,哲学家和科学家在职业上也是不分的,哲学家同时亦为科学家,学者们都一身而二任。古代哲学所探讨的主要问题是事物发生的最初原因和原理是什么?万物(世界)的本原是什么,这些既是一个哲学问题,又是一个科学问题,是二者合为一体的问题。这就是哲学思维的最初的历史形式。

"本原"一词原意为"开始",但在这里不仅仅是指"起源",它又是指"归宿"。所以,可以理解为"基础",这种"基础"就是世界的"本体"。亚里士多德曾对此有一段说明。他说,那些最早的哲学研究者们,大都仅仅把物质性的东西当作万物的本原。因为在他们看来,一样东西,万物都是由它构成的,都是首先从它产生,最后又化为它(本体始终不变,只变换它的形态),那就是万物的元素,万物的本原了。古代哲学的本原论,就是探寻、论证、说明事物的本体、世界的本体。他们认为人们面对的自然世界和生活世界是千变万化的,可是它的"本体"却是不变的,实在的。他们要求在一切个别的感性存在物的背后去寻找一个万物共同的、统一的、自身同一的、不可分割的、始终不变的本体。这个"本体"是万事万物存在的原初的、根本的原因或原理。寻找万事万物的"本体",就是寻找世界的"本体",找到了世界的"本体",就对世界是什么,什么是世界的共同的、统一的本质做了说明。这就是古代哲学研究的特点,也反映了古代哲学的性质。正是在这个意义上,后来的哲学家在说明古代哲学的性质和特点时,称古代哲学为本体论哲学。

古代哲学家们努力探寻世界的"本体",它是几乎所有哲学家的共同具有的哲学思维方式。但是不同派别的哲学家找到的却是不同性质的"本体"。唯物主义的哲学家们大都从世界的本身去说明世界,他们把自然现象的无限多样,千差万别的统一看作是不言而喻的事实。但是他们却在某种具有固定形体的东西中，在某种特殊的东西中去寻找这种统一。比如泰勒斯认为万物的本原、本体是"水"；赫拉克利特认为，不但万事万物都是在变化的，而且万事万物的本原、本体也是在变化的，他认为这种变化的"本体"就是"火"。朴素唯物主义的哲学家把某种特殊物质形态的东西理解为世界的"本体"，用这种"本体"去说明世界万物的统一，陷入了自相矛盾：他们要在"某种特殊的东西"中去寻找"万物的统一"；但是，既然是"某种特殊的东西"，就不是万物，就不能是万物的统一，作为万物统一的东西就不能再是特殊的东西。所以万物共同的"本体"与某个"特殊的东西"不可能同时满足。

古代唯心主义哲学家从另一路线上探寻世界的"本体"，说明世界的本原。在世界万物的共同性、统一性与多样性、差异性的矛盾中，唯心主义哲学家认为只有"原则""共相""理念"才能符合"本体"的基本条件。"本体"是反映万事万物的统一性、共同性的东西，所以它是一种"共同的性质"，不是某种有具体形态的具体事物或具体现象；同时"本体"又是作为某种独立存在的东西。所以，唯心主义哲学家认为，只有"共相""理念""原则"能符合这条件，因为它们不是有形体的东西。这些非形体的东西，是有形体的东西的"本体"。柏拉图（Platon，约公元前427年—公元前347年）认为"理念"是万物的原型，是"本体"。"理念"是真实的存在，个别事物有生有灭，而理念则永存不息。古代哲学的唯心主义本体论到了中世纪与宗教神学有了更加密切的结合，宗教神学在唯心主义本体论基础上，建立了神学哲学、宗教哲学。宗教哲学把"上帝"与"本体"密切结合，把"上帝"看成为世界本体，最终使哲学变成了论证神学的工具，哲学失去了"智慧"的光泽，丧失了"爱智慧"的功能。

## 二、近代哲学的认识论特点

经过中世纪的黑暗之后，文艺复兴运动揭开了近代发展史上新的一页。当人们借助希腊文化的精神宣扬人文主义，弘扬人的本性以对抗神性，挣脱神学的束缚时，自然科学也随新兴资产阶级的兴起从神学中解放出来而大踏步地向前发展。与此同时，哲学研究的对象也从天国转向自然存在，也回到古代哲学的研究主题，从对神学的论证回到对自然的研究，回到古代哲学本体论的研究方式上来。他们仍然认为哲学本体论就是探求一切存在物的本性、本原的学说，他们继续力图从变灭现象的背后，寻找出一种不变的实在即永恒的"本体"来。在他们看来，"本体"应是一切事物的终极根源，这里隐藏着宇宙的奥秘，只要认识了本体就再也没有不能加以解释的现象了。但是，随着历史的发展，时代的变迁，人们很快发现，近代的早期阶段所确立的哲学思维方式由于社会、科学和哲学本身的发展已经不可能了。哲学需要新的视角，哲学研究需要新的思维方式，哲学研究的重点需要发生新的转变。这种转变特征就是由本体论研究转向了认识论研究。

这里需要简要说明引起这种转变的三个历史条件。

首先是社会历史条件。近代历史时期是资产阶级反对封建王权的历史时期，是资本主义制度逐步代替封建主义制度的时期。资产阶级是新兴的历史阶级。人道主义、人文主义、人本主义成了这一时期的时代精神。与此相适应,关怀人类自身利益,关心个体存在进入哲学思维的空间,强调自我价值,突出自我价值成为普遍认可的价值观念。在资本主义制度下,劳动者摆脱了对封建地主的人身依附关系而成为无产者,劳动力成为商品,"自由"地进入劳动力市场。个别的劳动者可以自由地支配自己的劳动,用自己的劳动同其他商品交换,他摆脱了封建的集团性的共同体,表面上享有个人自由平等的权利。这种新型的人的社会性,人的前所未有的现实处境,渗入哲学家的心灵深处,使哲学家关心个体性,从而引出人的主体性概念。伴随着主体性概念的逐步清晰,哲学家们关于"智慧"的内涵发生了一些转变。以往的哲学谈到智慧时,总是指关于认识对象自身的知识,是世界本身的学问。可是近代的哲学家总喜欢追问人或主体是如何获得智慧的,总喜欢追问关于"智慧"的智慧。哲学思维由指向事物、世界自身转到指向人的认识和主体的能动性质。

其次是科学发展的水平和状况。近代的历史条件和认识水平与古代都已大不相同,哲学所面临的任务也远比古代复杂了。古代认识是以笼统的直观为特征,近代是以分析的研究为特征,即以分门别类的深入研究为特征。这种研究的结果使人们对自然事物认识得更加清楚了,因此,出现了许多以不同研究对象为基础的学科,到了17世纪至18世纪,许多学科已经取得了严密的科学形式,相继从哲学中分化出来,建立了独立的科学部门。最早分化出来的是天体力学,相继出现的是光学、数学、化学等。科学从哲学中分化出来,是人类认识的重大进步,它推动了实证科学的深入发展,也为哲学的进一步发展提供了新的、坚实的基础,同时也给所谓的"本体论哲学"提出了新的问题。本体论哲学所要探寻的事物的"本体"一个一个地都因实证科学通过科学实验、数学推导、逻辑分析的方法逐步地实现了。以往以为是哲学的圣地,现在一个一个地因自然科学本身的发展而被占领了。科学发展的这种历史状况迫使哲学发生研究重点的转移,由探寻外在事物的"本体"而转向认识主体自身,由向外部事物发问"为什么"转到向人类认识自身发问"为什么"。这一哲学问题的变化,在新的科学发展水平和状况下显示出了哲学与科学的区别。

再次是哲学自身发展的需要。古代哲学本体论回答的是宇宙的本原是什么,世界的本原是什么之类的问题。古代本体论哲学家提出了不止一种"本体"来回答它。有的认为是水,有的认为是火,有的认为是气,有的认为是"数",有的认为是"理念",而亚里士多德用"四因说"来解释本体的内涵;中世纪的宗教哲学认为"上帝"是"本体",等等,不一而足,不相高下。哲学家发现在哲学范畴争论哲学本身的发展,这种争论的前提出现了问题。他们发现,在人们讨论世界是什么时,是把世界、把宇宙万物当作认识对象来研究的,而世界这个对象却与某一具体事物作为认识的对象是有严格区别的。一个具体事物作为认识的对象是存在于人、人的意识之外,它与认识者处于外在对立的关系之中。而"世界""宇宙"作为认识对象却恰恰与此不同。人、认识者、哲学研究者、人类是世界的一个组成部分,他是生活于、存在于世界之中、宇宙之中的。这就像一个人被关在箱内不可能看见箱子的外形一样,处在世界之中是不可能获得世界本身是什么的认识的。但是,站在世界之外去认识世界的本质,探寻世界的"本体"有无可能呢，人们又发现处于世界之外这一设想又不可能成为现实。所以，本体论的研究陷入了困境。因此，在社会发展的促进下，近代哲学家转向对认识论问题的研究，哲学研究的重点就从主要探求世界的本原转向主要探求意识的本原、本性。哲学随之变成研究意识对自身活动反省的理论。这一时期的哲学家对认识论问题，特别是认识的来源、过程和方法问题普遍进行了比较深入的研究。比较有影响的主要有两派哲学，一是唯理论哲学，强调人的认识来源于理性；二是经验论哲学，强调认识的来源是经验。还有一些哲学家对人的认识能力发生怀疑，提出了怀疑论哲学。

哲学研究的重点由本体论转向认识论，反映了社会历史的进步，科学的发展和哲学自身的逻辑演进。它是人类认识深化发展的必然趋势，这是一个进步的过程。这种进步表现在哲学上，它突显了哲学理论中的基本线索和人类认识活动的基本问题，即思维和存在的关系问题。本体论研究强调了哲学基本问题的第一个方面；认识论研究强调哲学基本问题的第二个方面。紧接着的哲学发展的特点是发生第三次转向，即实践论转向，它将使哲学的理论指向朝思维和存在的统一方向转变。

### 三、现代西方哲学发展的实践论转向

哲学研究的重点由古代的本体论，经过近代的认识论，到现代以后达到以实践论为基础的理论形态，具备了科学的内涵。实践论的提出解决了思维和存在的矛盾，使哲学成为科学的世界观和方法论。

近代西方哲学的认识论研究对突出哲学基本问题的第二个方面的内容，深入开展认识本质的研究是具有时代意义的。但是这种研究却引出了怀疑论和不可知论。近代认识论研究开始于对中世纪经院哲学的批判。经院哲学奉行宗教教义，教导人们从天国获得知识。近代科学的发展要求人们面向自然，依靠观察、实验获得知识。作为对这一社会要求的哲学反映，经验论哲学得以兴起。其中重要的代表人物是英国的唯物主义哲学家弗兰西斯·培根（1561—1626），他提出了归纳方法，出版了著作《新工具》。他批判经院哲学利用亚里士多德的三段论演绎法玩弄概念、搞诡辩，无益于人们的认识。培根把经院哲学生动地比作希腊神话中的斯居拉女神——她虽然具有一个处女的头脸，却没有生育能力。他倡导归纳法，强调认识来源于经验，强调对由实验和观察所获得的感性材料进行归纳，以得出科学的结论。培根十分重视方法问题，他曾经说道，一个能保持正确道路的瘸子总会把走错了路的善跑的人赶过去。不但如此，很显然，如果一个人跑错了路的话，那么愈是运动，愈是跑得快，就会愈加迷失得厉害。经过培根，近代哲学家把归纳法引入哲学认识论以后，经验主义哲学家得出一个极端化的命题"凡是感觉中未曾有过的东西，即不存在于理智"中；认为认识不能超出于感觉所提供的东西。但另一类哲学家却从实验方法中，从数学方法看到了理性的作用。他们举例说，像数学公理、几何公理、"我自己在思考"等这类认识是通过理性直觉得来的，不是通过经验得来的。例如17世纪法国哲学家笛卡尔就认为从感觉得来的知识是虚妄的，可

疑的。因为感官有时会犯错误，人们会"看到"杯中的筷子是弯曲的，但事实并非如此。如果过分信赖曾经欺骗过我们的事物，这是鲁莽的。另外，梦也是一种感觉，虽然不断地想象到或知觉到无数物象，可它们并不存在。因此，笛卡尔提倡普遍怀疑的方法，最后把无法再怀疑的东西作为演绎推理的前提。荷兰的哲学家斯宾诺莎把知识分为感性知识、理性知识和直觉知识。斯宾诺莎认为感性知识是由传闻得来的知识，或者是由自己的感官想象得来的知识。如果不假思索地接受从别人那里听来的知识，信以为真，是不可靠的；如果根据自己现在和过去的经验得来的知识，这种知识只具有偶然性，不具有必然性，容易造成错误。斯宾诺莎认为理性知识和直觉知识是"真知识"，是理智直接把握事物本质的知识，是经过推理分析、有必然性的知识。

西方近代哲学中的唯理论和经验论都把认识论研究的重心集中在认识的来源或认识内容的可靠性上，都没有注意以认识的形式去探讨认识论问题。经验论者说："凡是感觉中未曾有过的东西不存在于理智中"，但理智从何而来呢？经验论者没有回答。当唯理论者说，只有理智提供的知识可靠时，也没有回答推理形式为什么可靠，它是从何而来的问题。理智，即推理形式，也就是思维的形式的问题成了引致怀疑论、不可知论的一个出发点。

针对经验论者的认识理论，英国哲学家大卫·休谟，提出了著名的因果问题，表述了怀疑论思想。休谟认为，按照传统和通常的见解，因果推断是必然性的推断。原因和结果之间有一种必然性的联系。"一个对象可以和另一个对象接近，并是先在的，而仍不被认为是另一个对象的原因，这里有一种必然的联系应当被考虑，这种关系比上述两种关系（接近关系和先在关系）的任何一种都重要得多"①。例如，每当我们看到闪电就听见雷响，我们能够知道的一切只是在过去经验中雷响与闪电相会合。我们只是分别有了"闪电"与"雷响"两件接近和接续的独立事情的经验，并没有经验到某种必然联系的东西。所以，即使我们有了观察和经验，发现了因果推断所必然蕴含的接近、接续和恒常会合关系，但是就所谓因果关系成立的重要依据，就恒常接续的事件之间的"必然联系"来说，仍然是未知的。所以我们由果溯因，或由因推果仍然是没有把握的。休谟认为，关于"必然联系"的认识，超出了感性经验的范围，但根据经验论的原则，认识不能超出经验。所以关于"必然联系"能否成立，因果关系能否成立就成为一个疑问。这样就出现了哲学上的怀疑论。相对于经验论者，唯理论者认为知识不是来源于经验，而是来自心灵与理智自身。唯理论者认为关于必然性的知识是由理智提供的，由理性的思维提供的，那么，什么是思维，思维的理性形式从哪里来？它与经验是什么关系，就逻辑地摆在了哲学家的面前。在18世纪，德国哲学家康德对此有一个解答。

他认为人的思维形式是先于经验而存在的，并且是与生俱来的。人具有某些思维的范畴，它是一种工具。思维的本质就是人用这些思维范畴去整理那些杂乱无章的感性材料，从

---

① 休谟. 人性论[M]. 北京：商务印书馆，1994：93.

而得出理性结论。所以理性是自然界的立法者,人是万物的尺度。这样,人是以自己的方式去获得外部事物、外部世界的知识,这些知识虽然来自"本体",但一经认识都发生了变形。真正的"本体"是物自体,是不可能认识的。由此形成了不可知论哲学。

所以,近代认识论研究的巨大进展就是突出思维及其本质在哲学研究中的地位。只有从思维形式、思想范畴上搞清楚它与存在的关系,才能真正解决思维和存在的关系问题。现代哲学常常讲"思维",究竟什么是思维?如果回答说,思维是人脑的机能,那只是说了思维的生理基础;如果回答说,思维是存在的反映,那只是说了思维的内容来源。

究竟思维本身是什么呢?这就是哲学的真正内容。对此,恩格斯曾有明确的说明:"在以往的全部哲学中仍然独立存在的,就只有关于思维及其规律的学说。"[1]思维存在于物理学、生物学、工程设计活动的过程中。思维的内容和形式都体现在这些具体思维的过程中。研究思维的形式和规律的学问就是逻辑和哲学。哲学中的许多基本范畴,都是人们认识事物的思想形式。比如"量"是一个哲学范畴,人用这个范畴去进行量的思考。再比如"原因"是又一个哲学范畴,人们借助"原因"范畴的指示,去探索各种事物的具体原因。人们就是用这些思维形式、思想范畴去思维的,哲学就是要研究为什么人们用这些形式和范畴去认识和思维就能获得真知与真理?思维的形式和事物存在的形式,有没有一致性、统一性?如果说有一致性、统一性,它们又是如何统一的、一致的?正是对这个问题的回答导致哲学转向实践论的研究。

实现哲学研究中实践论转向,并把实践观作为解决思维和存在的矛盾,并实现思维和存在统一的是马克思主义哲学。思维和存在的关系,实质上就是存在(事物)规律和思维规律的关系,这两个系列的规律形式上是不同的,但在本质上却是一致的。古代哲学本体论抛开认识主体,离开思维特点去研究世界的本质,忘记了人是世界的组成,离开认识过程寻找静止的、永恒的本质。这样离开思维去研究存在的性质,实质上进行的不是哲学,而是实证科学。近代认识论研究,不顾存在规律的约束只研究人类精神的认识能力,因而陷入了怀疑论与不可知论。为什么会发生思维和存在的关系在哲学研究过程中的分离?其根本原因是没有实践的观点,因而无法说清楚思维的形式和规律的发生发展问题,把思维的形式、思想范畴,不是理解为不证自明的、预先假定成立的,就是理解为先验存在的,因而无法解决思维与存在的矛盾,无法说明思维规律和存在规律的一致。只有到了19世纪中叶,由于科学和工业的发展,也由于哲学自身的发展,使马克思提出了实践概念,第一次把哲学摆在了科学的基础上。弄清楚实践观在哲学思维中的作用,对于理解思维和存在、思维规律和存在规律的关系具有巨大的意义。马克思主义以前的哲学不能回答由它自己提出的问题,即思维同外部世界是怎样并在何种基础上发生联系的。它们简单地以外部世界为一方,而以思维为另一方。马克思主义哲学证明:人的思维最本质最接近的基础是人所引起的外部世界的变化,

---

[1] 马克思,恩格斯. 马克思恩格斯选集:第3卷[M]. 北京:人民出版社,2012:400.

即实践。把实践观引入哲学,是哲学思维的伟大成就。我们思维的客观性,思维规律和存在规律的一致性,都是通过实践这个桥梁达到并得以检验的。

把实践观引入哲学,使哲学发生了一场革命性变革。在以往的哲学中,自然观与历史观是分离的,有许多唯物主义哲学家在自然观上是唯物主义的,但是在历史观上是唯心主义的。以往的哲学在唯物论与辩证法上是分离的。有不少哲学家能坚持唯物主义原则,但是缺少辩证法思想,最终不能战胜唯心主义,也有的哲学家具有丰富的辩证法思想,但其哲学基础却是唯心主义的,最终也不过是不结果实的花朵。之所以如此,是缺乏实践观点,马克思提出了实践概念,并把实践作为全部哲学的基础,就实现了自然观与历史观的统一、唯物论与辩证法的统一、认识论与本体论的统一,使哲学真正具备了科学的世界观和方法论的意义。

## 第三节 中西方哲学的比较与融通

传统哲学如果按地域划分,通常可以分为东方哲学和西方哲学;而东方哲学又通常可以分为印度哲学和中国哲学。在东方哲学中,显然,中国哲学才是我们应该真正关注的焦点和讨论的重点。近现代以来,西方哲学在世界上产生了广泛和深远的影响,也在很大程度上影响到了中国,并与中国传统哲学思想产生了激烈的碰撞,中西方哲学的比较和融通问题因而也成为中国哲学思想界特别关注的一个重大的理论问题和现实问题;特别是在改革开放以来,在我国的综合国力迅速提升、影响力日益扩大的今天,这一问题引起了越来越多的国人的重视和关注。当今中国已经成为世界第二大经济体,国人的民族自信心和自豪感日益提升,这种自信从根本上说是一种文化自信,而中国文化特别是精神文化又集中地体现在中国哲学之中。中西方哲学思想在激烈碰撞中是否可以融通?如果可以,究竟可以在哪些方面融通?在什么程度上融通?要回答这些问题,首先应该搞清楚中西方哲学传统究竟有哪些相同之处和相异之处,特别是要搞清楚后者,即中西方哲学究竟有何不同?而要搞清楚中西方哲学的同和异,首先就必须对中西方哲学进行比较研究,只有通过比较我们才能够把握两者的同和异,特别是两者之异(即两者相对而言的特质),然后才能在此基础上进一步探讨中西方哲学的融通问题。

### 一、中西方传统哲学思维方式之比较

中西方哲学的历史可以追溯到两千多年前的中国的先秦时期和西方的古希腊时期。由于中西方在地域上相距遥远,在两千多年前几乎没有任何实质性的接触和交流,因而也无所谓谁影响谁的问题。也就是说,中西方虽然几乎在同一时期产生了自己的哲学,但这两种哲学的产生可以说是互不相干的,各自有着各自独立的产生的背景和环境,因而也形成了各自

的特质和特色。两千多年来,虽然中西方在某些特定的历史时期也有过一些小范围的直接和间接的交流和交往,但都未对对方产生明显的、实质性的影响。正因为如此,中西方在长达两千年的时间内在文化和哲学思想方面基本上是互不干扰地各自形成并延续了各自的传统;直到明末清初西学东渐,两者才开始出现了真正的交集,特别是鸦片战争到20世纪初,中西方的哲学才出现了真正的思想上的碰撞和交流,此时的中国学界才开始真正接触到一种与中国的传统的文化和哲学相去甚远的、在众多的方面与我们传统的哲学有着重要的不同和差异的来自遥远的西方的哲学,而对中西方哲学的真正的比较研究也就由此拉开序幕。

显然,中西方哲学比较的重点在于把握两者之异,即两者相对而言的特质。中西传统哲学之异,或者说两者的区别从总体上看主要是两种基本的思维方式之间的区别,故在此主要从中西传统的思维方式上对两者加以比较。

综观中西方传统思维方式,可以发现有众多的差异,这些差异之间是有着一定程度的关联的,而不是各自独立的。随机地列出两者的一些差异是再容易不过的事了,然而,这并不是对两者的差异的真正的哲学式的概括和说明。哲学式的概括和说明应该寻求众多的差异之中的根本差异,所谓"根本差异"也就是能够体现出中西方传统思维方式的根本区别并能够由其引申出和推演出其他的众多差异的差异。

就中西方传统思维方式而言,通过系统分析、比较对照可以看出,两者的思维方式至少存在两个根本的区别和差异,这就是基元(或单元)个体的思维定势与有机整体的思维定势之区别及心-物模式与人-世界模式之差异。

1. 基元个体的思维定势与有机整体的思维定势

中国传统哲学有一种有机整体的思维定势。这种思维定势的基本倾向便是将关注的主要对象视为一个有机的,甚至带有某种生物性和生命色彩的有着内在和外在的关联的整体。其他的对象则可以看成是这种生命有机整体的不同的部分和方面等;而西方传统哲学则有一种基元(或单元)个体的思维定势,其基本倾向是将关注的主要对象看成是一些具有基础性的、独立的个体单元(基元),其他的对象则是由这些基元个体组成并由其决定。这种思维定势从某种意义上亦可说是一种广义的原子论式的思维定势。中西哲学思维定势上的众多差异都可以看成是上述基本差异的具体表现。

就早期关于世界本原的看法而言,中西方对本原的看法中都有一种将本原归结为某些具体物质运动形态的倾向,但又有着原则上的不同。我国早期的五行、八卦之说都涉及本原的问题,五行之说将世界万物归结为金、木、水、火、土,八卦就其卦象而言又分别与八种自然事物或现象相关联。但五行八卦说则认为,构成世界的是八卦、五行,而不是八卦中的某一卦象,五行中的某一行,如"坎""土"等。八卦之间互相联结,五行之间相生相克。西方传统哲学也有将世界本原归结为地、水、火、气等看法,但其通常总是倾向将本原归结为其中之一,将本原视之为某种广义的"原子",视之为某种基元个体,即或者是水,或者是火等。

这种有机整体与基元个体的思维定势的区别就宇宙的发展变化和万事万物的产生而言,则表现为生成论、生化论与组成论、构成论的差别。在西方传统哲学看来,构成世界的基石是某种基元个体,世界及其中的事物就是由某种最基本的个体单元一层层堆砌而成的,这种思维方式自然带有一种无机的、机械论式的色彩。而在有机整体论看来,世界及其中的事物都是一些有机整体,甚至是一些生命体或准生命体,故其主要是通过类似于生物的生殖那样的方式产生的。"道生一,一生二,二生三,三生万物""太极生两仪,两仪生四象,四象生八卦",生生不息,万事万物都是"生"出来的。这些思想在《易经》中有充分的体现,其中还有对生法、生之机制的论述,如"刚柔相摩,八卦相荡,鼓之以雷霆,润之以风雨,日月运行,一寒一暑,乾道成男,坤道成女""天地氤氲,万物化醇,男女媾精,万物化生"。由此可见有机整体与基元个体的思维定势对宇宙论的不同影响。

这两种思维定势就对对象的考察处理方式而言,分别表现为笼统的综合与孤立的分析。在中国传统哲学看来,整体不是一般的整体,而是一个不可分割的有机整体,由于过分强调其不可割裂,故综合只能是一种笼统的综合。西方传统哲学思维方式的基元个体倾向将对象割裂开来,找出其基本的个体单元来,并认为最基本的个体单元只有一种。笼统的综合通常借助于直观、体悟得以完成,而孤立的分析则更多地借助于形式逻辑,故中国重直觉而西方重逻辑,这些也可从两种基本的思维定势中得以说明。

就社会人生而言,西方的基元个体思维定势必然导致强调个人,强调个人的独立性、自由和权利;而有机整体的思维定势则更多地强调群体和社会,强调义务和责任。就人与人、人与社会的关系调节而言,西方强调的是法律调控,中国则更多地依赖于道德。在政治上,基元个体的思维定势在古希腊奴隶制民主制中得到初步的体现,并直接影响到文艺复兴及近现代的西方国家政体,而这种政体在中国历史上则从未出现过。

2. 心-物模式与人-世界模式

中西传统哲学思维方式的另一基本差异是心-物模式与人-世界模式。西方传统的哲学思维模式是心-物模式。这一思维模式在柏拉图、德谟克利特所处的时代便已经形成,在文艺复兴及近代得到了更为充分的体现。哲学家、思想家们在心物问题上往往各执一端,争论不休,从而形成西方哲学长达两千多年的唯物与唯心之争。从心-物模式出发,他们最关心的问题便是心与物的关系问题,包括心和物谁是本原的问题、心和物是否具有同一性或心能否认识物、怎样认识物的问题等,而心物关系问题也因而成为西方哲学史中的基本问题。

中国传统哲学的思维模式是人-世界模式,或者不太严格地说,是一种天-人模式,其最关心的是人和世界的关系问题,而不是心与物的关系问题。中国传统哲学很少将心独立地看成是一个本原性的东西,而只将其看成是人等生命体的一部分或一种功能。直到后来陆王心学出现情况才有所改观,而陆王心学又明显地受到佛教哲学的影响。当然,这并不是说,在中国传统哲学中就不存在唯物与唯心之分,而是说中国哲学传统并不将此看成是最重要的分歧和问题。

人和世界的关系问题包括以下几类,即人与内心世界的关系问题、人与自身的关系问题、人与他人的关系问题、人与社会及自然界的关系问题等,中国传统哲学关注的正是这些关系问题。人与内心世界的关系问题主要是一个诚意、正心的问题;人与自身的关系问题主要是一个修身的问题;人与家人、他人及社会的关系问题则主要是一个齐家的问题、伦理道德的问题、治国与报国的问题等;而人与自然界的关系问题也就是一个天人的问题、天人合一的问题。诚意、正心、修身、齐家、治国、平天下,不仅是传统哲学也是历代中国人所最关注的一些问题。"穷则独善其身,达则兼济天下",不能治国也应报国。就治国者而言,则应广施仁政,以德服人,这正是中国传统哲学及文化中最主要的价值取向。由此可见,中国传统哲学的人—世界思维模式实则是以价值为中枢的思维模式,上述由这一模式引发的问题主要是一些价值问题,这种思维模式与有机整体的思维定势相结合,便产生了"民胞物与"、物我两忘、天人合一的思想。与以价值为中枢的人—世界模式相异的西方哲学的心—物模式则更多关注的是知性和理性、关注的是认识问题、唯物唯心问题,两者的旨趣有明显的不同。

## 二、中国传统思维方式的实质

中国传统哲学的思维方式就其实质而言,既不能归结为有机整体的思维定势,也不能归结为人-世界的思维模式及归结为两者的结合,其实质可用一个术语来概括,这就是"有机辩证法"。上述两个基本特征并不等于有机辩证法,它们不过是后者的两个基本点。

在西方传统哲学的思维方式中并不是没有辩证式思维、辩证法。以赫拉克利特为代表的朴素辩证法在西方传统思维方式中也占有重要一席,但并不占主导地位,这种情况直到近代黑格尔和马克思的辩证法出现才有所改观,但仍未能取代基元个体的思维定势以及与之密切相关的形式逻辑的思维方式在西方的统治地位。至于心-物模式,在西方许多辩证法大师那里仍被广泛地、自觉或不自觉地采用,直到近现代,与之有异的主客体模式才有了一定的市场,然而,这种主客体模式与中国传统思维方式中的人-世界模式的旨趣仍有不小的距离,侧重点也不同,且内涵与外延皆有异。

中国传统哲学思维方式集中体现为有机辩证法,这种辩证法并不同于西方早期的朴素辩证法,它要比后者精致得多,完全可以与西方近代的辩证法相媲美。中国传统思维方式与西方传统的占统治地位的思维方式的最大区别就在于其辩证式思维一直占统治地位,而与西方辩证法的最大区别则在于其有机性。前述的中国传统哲学思维方式的两个基本特征主要是针对西方占统治地位的思维方式而言的,说到有机辩证法,则还应与西方辩证法加以比较。

西方近代辩证法产生于西方的土壤,它受到了西方占统治地位的思维方式的影响。尽管西方辩证法也强调"有机性",但更多的只是一种比喻,而中国的辩证法则是实实在在的有机辩证法,说得更形象些,这是一种生命辩证法、生物辩证法,带有一种万物皆生命体或准生命体的泛生论色彩。若单就有机性而言,与西方传统哲学大相径庭的西方现代哲学家怀特海的生命哲学体现的思维方式与中国哲学传统思维方式倒更为接近,但却缺少辩证法。

承认变化发展是辩证法的共通之处。有机辩证法同样重视变化,但又有其特点。在中国古代典籍中,讲变化最多者是《易传》,如"易穷则变、变则通、通则久""富有之谓大业,日新之谓盛德、生生之谓易"等都是在谈变易。中国历代思想家绝大多数都承认并强调变易,如"二气交感,化生万物,万物生生,而变化无穷焉""生生之谓易,是天之所以为道也,天只是以生为道""一阴一阳,盖言天地之化不已也,道也,一阴一阳,其生生乎?"可见,中国式辩证法不仅承认变易,而且认为变易是一"生生"的过程,特别突出一个"生"字,另外,又将变与通相连,即为变通,强调通畅和谐,变即变通、生生,显然带有有机生命的色彩,而西方辩证法却无这种明显的倾向。

"易"不仅仅是变的问题,"易"又有"不易"之含义,变中有常则,而这些常则又突出体现在辩证法的基本规律之中,故我们又可以从有机辩证法与西方辩证法所揭示的基本规律中深入考察两者在思维方式上的差异。

与对立统一规律所揭示的内容大体相当,在中国有"两一"之说。这种思想在张载的哲学思想中得到最充分的体现,张载提出的"两一"关系问题正是对对立统一的中国式思维的概括。中西辩证法都承认对立统一是变化和新事物产生的根源,然而,两种对立统一观又有明显区别。在有机辩证法看来,变化、新事物的产生是由阴阳交感、相推相摩、和谐交融而生,阴阳交感是一个孕育生机、孕育新生物的过程,"天地氤氲、万物化醇;男女媾精,万物化生",这带有明显的生命有机色彩。中国传统哲学强调对立双方和谐交融,而西方的辩证法则更多地强调对立双方的冲突、斗争,带有无机的色彩。一个强调和谐,一个强调冲突,和谐交融是有机式的"生"的必要条件,其依据仍是生命有机性;而对立双方的冲突、斗争则很难使人联想到有机式的"生"。就变化的方向、趋势而言,中国哲学传统通常将其视为一种反复,这种反复式思维带有明显的笼统综合特征,它将有机整体的变化周期性看成是自然而然的事,并未有明显的否定之否定之说,这种"反复"带有浓厚的生命终始、生死轮转的有机色彩。

### 三、中西哲学的融通进程

中西哲学从形成至今已有两千多年,在这漫长的历史岁月中形成了各自的传统、各自的特色。那么,两者是否可以融通呢?若可,又如何融通?这些问题已引起越来越多的人的重视,特别是在全球化趋势日益明显的今天,此问题显得更加重要。

所谓"融通",即指融会贯通,而"融会贯通"则通常是指综合了各方面的道理而形成的对事物的全面透彻的理解、领悟的状态;也就是说,融通首先是对曾经相异的见解、理论等而言的。相异的学说、理论等通常都有一些共性,而本来就是共有的东西无所谓能否融通、如何融通的问题。融通不能仅仅归结为一种状态,它既指一种状态,又指一种趋势;既可以指一种追求、理想,又可指达到这种理想的实践活动。

哲学既是时代精神的精华,又是民族精神的精华,它首先是对处于特定时代的民族精神或意识的概括和总结。而一个时代、一个民族的精神、意识则是其特定社会存在的反映,其共性及差异的根源都可从社会存在中找寻。中西方精神上的差异主要是由其特定的社会存在造成的,而社会存在方面的差异则主要是社会实践及实践的条件、因素、方式等方面的差异。这种差异就构成社会实践的物的因素、条件而言,包括自然的地理环境和人造物等;就人的因素、条件而言,包括人的质与人的量两个方面;这种差异还包括不同实践类型上的差异及实践方式的差异,而实践方式上的差异则最主要的表现为生产实践方式或生产方式上的差异。中西方哲学传统差异的形成和传承,正是依赖于两者的社会存在状况的区别、差异,而中西哲学的融通又依赖于两者的社会存在状况的变化、趋同等。也就是说,特定的社会存在状况正是特定的精神、意识、哲学产生、发展、演变的背景和根源。

不同哲学的融通还存在一个思想交锋、交流的问题。如果这些不同的哲学互相并不接触、交流,那么也难以有真正的融通。综观人类历史,世界几大传统哲学思想的接触、碰撞在中国土地上表现尤为突出。故我们着重对发生在中国土地上的这种哲学思想的交锋、碰撞乃至融通做一简略的概括。

中华民族精神集中体现在儒、道、释三家的基本思想中。这三家的基本思想构成了中国哲学的基本传统。儒学是中国土生土长的哲学,这两种哲学经过春秋战国的百家争鸣之后,成为最具生命力的学说。东汉时期佛教传入中原,逐步形成三家论争的局面,至隋唐,三家由论争逐渐走向融通,特别在宋明理学中,儒、道、释三家在思想上进一步融通。在这次融通中既有儒道两种中国哲学的融通,又有中印两种最有代表性的东方传统哲学的融通。由于中印哲学的这次融通发生在中国而不是在印度,是印度佛教传入中国后与中国传统哲学碰撞、交流的结果,故使融通后的中国传统哲学成为最有代表性的东方哲学。

中西哲学的融通始于19世纪末20世纪初。虽远在此之前中西方便有了一定程度的交流,但却并未真正地对对方产生显著影响。即使在中西方有了更多接触的明末清初,中西方在哲学上仍未对对方产生实质性的影响。当时在西方对中国传统哲学有相当程度了解的当推法国的马勒伯朗士和德国的莱布尼茨,而中国明末清初的一些思想家也或多或少地受到西方思想(但主要不是哲学思想)的影响。直到19世纪末20世纪初,西方各种哲学思想才纷纷在中国登陆,但它们却很难真正在中国站稳脚跟。此时,真正对中国产生较大影响的主要是西方的科学和民主思想,但中国学人亦开始关注西方的哲学思想并反思和检讨传统哲学之弊端,然而,这仍未使中国传统哲学发生重大的转变,西方占统治地位的哲学思想与中国传统哲学思想的碰撞并未因此而导致两者的真正融通。之所以如此,两者思维方式上的巨大差异显然是其重要的原因之一。相比较而言,倒是在西方不占统治地位的西方辩证法,特别是唯物辩证法与中国传统思维方式的差异要小得多,也更易为中国人所接受,而真正对中国现当代哲学产生深远影响的也正是马克思主义哲学。显然这两种哲学的融通很大程度上得益于两种哲学思维方式的接近。

### 四、马克思主义哲学与中西哲学的融通

从总体上看,西方传统哲学关注的主要是"实体",注重事物的"原子"式组成,注重"实体的本性",从而衍生出基元个体的思维定势和看待世界的"心-物"二分模式。这种实体化、分析性的思维方式是西方传统哲学理解和把握世界的根本特征。与此不同,马克思主义哲学关注的主要是人与世界的关系,注目于现实的人及其发展。对于马克思主义哲学来说,"全部问题都在于使现存世界革命化"[①],"把人的世界和人的关系还给人自己"[②]。为此马克思主义哲学深入而全面地阐述了有关人及其实践与世界的关系的理论,建构了一种新世界观,实现了哲学由传统形态向现代形态的转变,这一转换标志着现当代哲学发展的主流方向。不管是现代西方哲学的发展方向,还是中国传统哲学的精华都与马克思主义哲学所揭示的时代精神密切相关。可以说,马克思主义哲学提供了中西哲学融通的基本原则和时代精神升华的基本方向。

现代西方哲学发展到后现代主义,已经转向马克思主义哲学早已揭示的精神主题。在现当代,人及其实践活动与世界的关系问题已是"洛阳纸贵",成为现代科学家、哲学家以至政治家们之间的一个重要话题。在重新探讨人与自然、人与世界的关系的过程中,众多的科学家、哲学家不由自主地将目光转向马克思主义哲学。用萨特的话说,马克思主义哲学是现代文化的主流和一切思想体系的骨干。所以现当代哲学的发展逐步在马克思主义哲学所揭示的精神主题预示下,向不同领域深入。另外,马克思主义哲学所弘扬的理性光辉与中国传统哲学所倡导的精神规范有很强的相关性。第一,在哲学主题上有相近性。马克思主义哲学关注人与世界的关系,中国传统哲学"究天人之际,倡天人合一"。第二,中国传统哲学重整体、重关系和重生生不息的朴素辩证思想与马克思主义的唯物辩证法有天然的精神联系。第三,马克思主义哲学反映了现时代的时代精神,概括了现当代科学、技术、社会、经济、文化发展的历史趋势,而中国传统哲学思想中的整体性思维原则对理解当代世界与科学的复杂现象提供了一种当代思维的历史渊源。第四,中国传统哲学作为农业文明的产物,并不能自动地转换为现当代哲学。从总体上看,中国传统哲学重关系、重整体、重生生不息的过程,但又忽视了对实体的研究,甚至长期忽视实体概念和非实体概念的区别,而且缺乏对分析逻辑的研究,往往具有笼统性的缺陷;中国传统哲学虽然注重"天人合一",但又不具备现代科学基础,而且往往与中国古代宗法人伦密切相关,赋予宗法人伦的"人道"以

---

[①] 马克思,恩格斯.马克思恩格斯选集:第1卷[M].北京:人民出版社,2012:155.
[②] 马克思,恩格斯.马克思恩格斯全集:第1卷[M].北京:人民出版社,1956:443.

"天道"的神圣光环。所以,中国传统哲学需要在升华中与西方哲学融通,在融通中升华,而升华与融通的中介和导向正是马克思主义哲学。

总而言之,马克思主义哲学在本质上是现当代的,而中国传统哲学具有极浓的现代意义。现当代的科学技术与社会经济的发展证明了马克思主义哲学的现当代性与中国传统哲学的现代价值具有某种程度的契合。马克思主义哲学是我们的时代所不可超越的哲学,中国传统哲学是人类早熟的"自我意识",是一种富有东方神韵的深沉哲学智慧,两者的有机结合与升华是中西哲学融通的第一站。所以,研究马克思主义哲学的中国化和建立中国化的马克思主义哲学是中西哲学融通的时代任务。

1. 中国传统哲学的发展大体经历了哪几个阶段?
2. 儒、道、释三家的基本思想是什么?
3. 古希腊哲学有哪些重要的代表人物和有代表性的思想?
4. 西方近代哲学有哪些基本特征?
5. 中西方传统哲学思维方式有哪些基本的差异?
6. 中西方哲学是否可以融通?如何融通?

# 第三章
# 马克思主义哲学的意义和作用

> 马克思主义这一革命无产阶级的思想体系赢得了世界历史性的意义,是因为它并没有抛弃资产阶级时代最宝贵的成就,相反地却吸收和改造了两千多年来人类思想和文化发展中一切有价值的东西。
>
> ——列宁

马克思主义哲学产生于19世纪40年代。它是人类历史发展和哲学发展的必然产物。它首先是适应无产阶级变革资本主义世界、解放全人类的革命斗争的需要而产生的。同时,它又是以往科学和哲学发展的总结,是人类认识世界和改造世界的理论结晶。马克思主义哲学的产生实现了哲学发展的革命性变革,它解决了以往哲学所不能解决的问题。和以往的哲学相比,它以实践观点为基础,合理地解决了思维和存在的关系问题,从而实现了唯物论和辩证法的统一,唯物主义的自然观和历史观的统一,以及唯物主义的认识论和本体论的统一。

马克思主义哲学与以往旧哲学的最大不同之处还在于它不仅强调哲学解释世界的功能,更加强调改变世界的功能,从其理论形态的特征上看,它是革命性的、批判性的,同时又是科学性的、建设性的。这一切都表明,马克思主义哲学是科学的世界观和方法论。

# 第一节　马克思主义哲学产生的历史背景

人类历史发展到19世纪40年代之时,已经为哲学上实现伟大的革命变革准备了必要的条件。社会历史条件、科学发展状况、哲学演进逻辑诸方面都具备了新世界观问世的基本条件。马克思主义哲学的产生是历史发展到19世纪中叶的必然结果。

## 一、社会历史条件

到19世纪40年代,世界历史的进程已进入自由竞争的资本主义时代。资本主义的生产方式已在英国、法国占据了统治地位,很大程度上也在德国占据了统治地位。资本主义从十四、十五世纪萌芽到19世纪40年代,这几百年间,在社会生产力迅速发展的同时,资本主义生产方式内部的矛盾也逐渐暴露并日益尖锐化。

资本主义萌芽于十四、十五世纪,出现在地中海沿岸的一些城市。在16世纪,由于美洲大陆的发现和通往东方新航路的开辟,工场手工业的产生大大提高了劳动生产率,也由此激化了封建阶级和资产阶级的矛盾。到了17世纪,英国爆发了资产阶级革命;在18世纪,法国爆发了资产阶级革命。英、法两国资产阶级革命的完成,宣告了资本主义时代的开始。资产阶级统治地位的确立,为资本主义的发展开辟了广阔的道路。从18世纪后半叶开始,西欧各主要资本主义国家相继发生了工业革命。工业革命的先导产业是纺织工业。

——1733年,在纺织机械中,出现了"飞梭"技术。纺织机在运转过程中,飞梭的自动往返代替了手工投递,使织布效率提高了一倍。织布效率的提高,使棉纱供不应求,于是出现了"纱荒"。

——1764年,一架能同时带动八根纱锭的手摇纺车出现了;1769年出现了水力纺纱机;1771年出现了第一个棉纱工厂。

——1776年,出现了蒸汽机。1785年蒸汽机被应用于棉纺业,使棉花纺织工业出现了机械化。棉纺业的机械化,推动了其他轻工业部门的机械化,进而又推动了重工业的发展和交通运输业的技术装备的革新。轮船、机车、铁路相继出现。到19世纪30至40年代,英国基本上完成了工业革命。

在英国的带动下,法国在19世纪20年代进入了工业革命时期。由于受英、法两国的影响,长期处于封建割据状态的德国,资本主义经济也逐渐发展起来,到了19世纪30年代也开始进入工业革命时期。与此同时,欧洲大陆的比利时、瑞士、西班牙等国和大西洋彼岸的美国也走上了工业革命的道路,资本主义经济有了显著的发展。

工业革命的产生、发展、完成给资本主义的社会结构带来了巨大的变化。

首先,随着工业革命的完成,出现了无产阶级和资产阶级,无产阶级和资产阶级的矛盾转变为社会的主要矛盾。

工业革命是在生产技术领域内发生的一场大革命。它用机器生产逐步代替了手工劳动;用机械化的大工厂逐步代替了手工工场;使社会财富和社会生产力有了巨大的增长。工业革命标志着资本主义的生产从工场手工业的生产方式发展到了机器大工业的阶段。工业革命不仅使社会财富迅速增长,它也使社会结构发生重大变化。恩格斯曾说:"产业革命创造了一个大工业的资本家阶级,但是也创造了一个人数远远超过前者的产业工人阶级。"这是因为:

——机器大工业的特征是以机器为主体的工厂制度的出现,这给独立的手工工业者以毁灭性的打击。机器使他们完全丧失了在工场手工业时期还占有的一些简单工具;机器使他们的手工技术成为不必要的了,这样他们便成为一无所有的无产者,成为雇佣劳动者。

——机器大工业使农村人口向城市转移,使农民进入工厂,脱离土地,转变为工人。

——机器大工业通过工厂和生产线,把单个的生产劳动者联合成一个集体的劳动者;把分散的个体联合成集体。

——大机器工业是以机器为主体的生产资料的集合体,它要占用大量资本,所以它只能为拥有大量资本的资本家阶级所占有,从而产生了一个资本家阶级。

其次,工业革命的完成,促使资本主义生产方式更加完善,同时也激化了资本主义生产方式中固有的基本矛盾。

资本主义社会的基本矛盾是生产的社会化和生产资料占有的私人性之间的矛盾,这个矛盾随着资本主义生产的发展,更加尖锐、更加明显地暴露了出来。这是因为:一方面,机器大工业使生产的社会化程度越来越高;另一方面,庞大的社会财富却日益集中在少数大资本家的手中。人数极少的资本家掌握着大量的社会财富,为数众多的劳动者却处于贫困状态,这就会使社会总生产过程中出现有效需求不足,社会经济循环链条中断,导致发生周期性的生产相对过剩的危机。1825年,英国爆发了世界上第一次经济危机,以后大约每隔十年重复一次。到了19世纪40年代末,已经爆发了三次大的经济危机,即1825、1836、1847—1848年各一次。危机期间,商业停顿、工厂关闭、银行倒闭、大量商品因积压而抛掉,成批人失业,社会生产力遭到极大破坏,整个社会处于重重矛盾之中。

第三,由工业革命所导致的资本主义生产发展,资本主义社会矛盾加剧,促使无产阶级成为一支独立的政治力量,登上了人类历史舞台。

在人类历史上,曾经有过奴隶社会、封建社会。在奴隶社会,社会的主要阶级是奴隶和奴隶主阶级。在封建社会,社会的主要阶级是地主阶级、农民阶级和小手工业者。随着资本主义的发展,工业革命的推进,机械化大生产的出现,产生了资产阶级和工人阶级。但是当工人阶级作为一个阶级出现之时,工人阶级还没有意识到自己是一个独立的阶级,一支独立的政治力量。资产阶级和工人阶级既是一对"孪生子",又是利益根本对立的两个阶级。无产阶级从诞生之时起,就开始了与资产阶级的斗争。但是一开始的斗争还不是自觉的斗争,无产阶级还没有作为一支政治力量和资本家斗争,只是个别的工人与个别资本家的斗争。在工业革命初期,工人把自己的苦难归咎于机器的采用和直接受雇的工厂主的奴役,并没有认识到资本主义社会的本质。所以,斗争的方式是捣毁机器、焚烧厂房、殴打工厂主等原始形式。恩格斯曾经指出,工人阶级第一次反抗资产阶级是在工业革命的初期,即工人用暴力反对使用机器的时候。但是破坏机器的运动,既不能阻止机器的使用,也不能改变工人的处境。斗争的实践使工人认识到只有联合起来,互相支持,停止生产,断绝雇主的利润来源,才能维护自己的切身利益。于是,18世纪末19世纪初,开始出现罢工斗争和领导这种斗争的工会组织。1816年英国成立了格拉斯哥纺织工人工会,1818年苏格兰成立了矿工团体。由于罢工斗争常常被禁止和镇压,工人认识到没有政治权力不可能从根本上改善自己的处境。从19世纪30年代起,无产阶级反对资产阶级的斗争发展到一个新阶段。这个阶段的实质,就是无产阶级作为独立的政治力量登上历史舞台,开展独立的政治运动。其标志是欧洲三大工人运动的爆发。这三大工人运动分别是19世纪30年代的法国里昂工人起义、英国工人的宪章运动和德国西里西亚纺织工人起义。这些表明时代精神的主旋律已经由资产阶级的争取政治平等的民主革命运动转变为无产阶级的争取人类解放的社会主义革命运动。为适应历史时代的这种根本性转折,哲学也需要实现根本性的变革。以往的旧哲学,即资产阶级哲学总是告诉人们,这个世界是理性的世界,封建贵族的统治是违背理性精神的,资产阶级的生产方式和生活方式是人类理性的具体体现;资产阶级的统治是符合人类理性原则的统治。这种理性只有资产阶级的代表人物才能发现并掌握,从而把资本主义说成是永恒的社会,不再会发生变革的社会。但是社会基本矛盾的尖锐化打破了资产阶级哲学的理性神话,只有在哲学上经过一次根本性的变革,才能创立适应无产阶级革命斗争需要的科学的世界观,为无产阶级提供批判旧世界、创造新世界的理论武器。

在历史发展和哲学需要变革的特定历史条件下,资本主义生产方式的充分发展为对人类历史过程做出唯物主义的解释也准备了客观条件。在旧哲学中,资产阶级一再标榜的是英雄人物、天才人物创造并推动了历史,看不到、也不愿意看到人民群众对推动历史发展的动力作用。恰恰就是在19世纪40年代,才具备了对人类历史活动的客观性、必然性给予全面而系统揭示的历史条件。在以往的历史时代,生产力水平低下,人们之间的交往关系狭隘,人类活动的物质利益根源被深深地隐藏着,人们之间的物质利益关系被政治的、血缘的各种关系所掩盖。因此,过去的一切历史观都未能找到社会物质生活资料的生产这一历史的现实基础,把人对自然界的关系排除在了历史领域之外。在历史领域中所看到的是元首、将军和国家的丰功伟绩,看到的是宗教斗争和一般的理论争论,不能揭示人类历史的客观过程,不能揭示人类历史的本质。到了资产阶级已确立其统治地位的机器大工业时代,人对自然的关系在历史中的作用日益明朗化,人们之间的物质利益关系也日益显示出它作为最基本的社会关系的意义。无产阶级和资产阶级之间的阶级斗争是社会阶级矛盾的典型形态,它清楚地表明,任何阶级斗争,尽管它必然地具有政治形式,甚至采用军事形式,归根到底都是围绕着经济解放进行的。国家、政治制度都是从属的东西,而经济关系的领域则是基础性的因素。由于发现了物质性的经济关系这一根本性因素,使得对历史过程进行唯物主义的解释成为可能,进而为完整的、彻底的唯物主义世界观的创立奠定了基础。

## 二、科学技术前提

科学的发展进入19世纪以后,为新世界观的形成也准备了充足的思想资料,这些思想资料使得人们可以从哲学的角度科学地概括世界的统一性。在19世纪以前,自然科学发展的状况主要处于搜集材料的阶段。分门别类地进行研究是自然科学发展的主要特征。所以19世纪以前的自然科学主要是"搜集材料的科学",处于积累资料的时期。作为这个时代科学成就的哲学概括,形成了形而上学的自然观。这种形而上学的自然观认为,自然界的事物是绝对不变的,不管自然界本身是怎样产生的,只要它一旦存在,那么在它存在的时候就始终是这样的,行星及卫星,一旦由于神秘的"第一次推动"而运动起来,它们便依照预定的轨道继续不断地旋转下去;恒星永远固定不动地停留在自己的位置上;地球自古以来就毫无改变的总是原来的样子;植物和动物的种子一经产生便永远确定下来,相同的东西总是产生相同的东西……自然界被认为没有时间上的变化,只有空间上的扩张。自然界的任何变化、任何发展都被否定了。但是,随着自然科学研究由"搜集材料的科学"阶段转变到"整理材料的科学"阶段以后,自然科学发展的新成果揭示了自然界各种运动形式的许多重要规律,从以下几个方面打破了由几个世纪以来的自然科学状况所形成的形而上学自然观:

——1755年康德提出的关于太阳系起源的"星云假说",坚持地球和太阳系有一个发生和发展的过程。它打破了"宇宙神创"和牛顿(1643—1727)的"上帝的第一次推动"的唯心主义形而上学观点。

——1830年,英国地质学家赖尔(1797—1875)根据生物化石的发现,提出并论证了地球地层渐变的理论,打破了上帝的"惩罚"造成"灾变"的形而上学观点。

——法国拉瓦锡(1743—1794)的氧化理论,英国道尔顿(1766—1844)的原子论,特别是1828年德国维勒(1800—1882)用化学方法合成有机尿素,打破了那种认为有机物和无机物之间有着不可逾越的界线的形而上学观点。

——1833年和1839年德国生物学家施莱登(1804—1881)和施旺(1810—1882)关于细胞的发现,揭示了动植物结构的统一性和有机体分化发展的规律,使人们知道了整个植物和动物有机体都是由细胞形成的,都是按细胞的分化和繁殖这一共同规律发育和生长起来的。由此,它打破了在动植物之间设置的"巨大壁垒"的形而上学观点。

——19世纪40年代由德国迈尔(1814—1878)、英国焦耳(1818—1889)、英国格罗夫(1811—1896)、德国赫尔姆霍茨(1821—1894)、丹麦柯尔丁(1815—1888)等人几乎同时从不同途径发现能量守恒和转化定律,揭示了各种不同的能量形式都可以按照一定的度量关系互相转化,而在转化过程中能量守恒,从而说明了各种不同的物质运动形式之间具有相互联系、相互转化的同一性关系,证实了物质运动只能转化,不能创造和消灭的思想,打破了把自然界各种运动形式机械分割的形而上学观点。

——英国达尔文(1809—1882)的生物进化论,阐明了自然界多种多样的生物物种,包括人在内,都是由少数原始单细胞按照遗传和变异、自然选择和生存竞争的规律长期进化发展的结果,揭示了生物进化的规律和有机界物种千差万别的原因,推翻了那种把动植物看成是彼此毫无联系的、"神造的"、不变的观点。

以上这些自然科学成就,是马克思主义哲学产生的自然科学前提,其中重要的是细胞学说、能量守恒和转化定律、达尔文的进化论等三大发现。由于这些重要的科学成就,人们不仅能够指出自然界中各个领域内的过程之间的联系,而且也能够指出各个领域之间的联系了;人们能够依靠经验自然科学本身提供的事实,以近乎系统的方式描绘出一幅自然联系的清晰的图画。这些成果揭示出来的自然界的联系和运动的辩证法,有力地打击了唯心主义和形而上学观点,为马克思主义哲学的产生打下了牢固的自然科学基础。

19世纪在社会科学方面也获得了重要的进展。英国古典经济学家亚当·斯密(1723—1790)和大卫·李嘉图(1772—1823)对资产阶级社会进行经济解剖,创立了劳动价值论,高度评价了生产劳动的作用。法国的圣西门(1760—1825)已经用物质生产的演变去说明阶级关系的变化、革命的发生和政权的更迭,已经了解到法国革命是贵族、市民等级和无产者几个利益相互对立的社会集团之间的阶级斗争。法国复辟时期的历史学家基佐(1787—1874)、米涅(1796—1884)和梯叶里(1795—1856)继承了这些重要思想,在描述历史事件时已引进了阶级斗争的概念,并试图进一步探索阶级斗争的经济根源。马克思曾经说过,发现阶级和阶级斗争并不是他的功劳,资产阶级的思想家已经能够做到这一点。这些重要的思想成果,都为历史的唯物主义解释提供了极其宝贵的、可供借鉴的思想资料。

## 第二节　马克思主义哲学的直接理论来源

18世纪末19世纪初的德国古典哲学是马克思主义哲学的直接理论来源。马克思主义哲学继承了哲学史上的唯物主义与辩证法的传统,批判地吸取了黑格尔哲学中辩证法的"合理内核"和费尔巴哈哲学中的唯物主义的"基本内核",从而创立了科学的、完备的唯物主义。

### 一、黑格尔辩证法思想的"合理内核"

黑格尔(1770—1831),德国古典哲学极盛时期的代表人物。黑格尔生于德国斯图加特城的一个高级官吏的家庭。1780年至1788年黑格尔在斯图加特中学读书。青年黑格尔热爱知识,才华出众,深得师长的喜爱。他对哲学、历史、文学以及自然科学的各个方面有广泛的兴趣,尤其喜爱古典作品。1793年,他大学毕业之后在贵族家庭任家庭教师。黑格尔在做家庭教师期间,除本职工作外,把精力集中于钻研康德、费希特和谢林等人的哲学著作,同时留心考察社会政治生活的各个方面,密切关注法国革命的进展。1801年黑格尔前往当时的思想文化中心——耶拿大学任教。黑格尔在耶拿大学讲授了逻辑学、形而上学、哲学史、数学等课程。1805年他晋升为耶拿大学副教授,开始写作《精神现象学》,1807年3月出版。1808年黑格尔到纽伦堡,任纽伦堡中学校长直至1816年。在纽伦堡期间,他写完了《逻辑学》。1816年他任海德堡大学哲学系教授,在此期间出版了《哲学全书》。1829年黑格尔被选为柏林大学校长。

黑格尔是德国古典哲学的集大成者。古往今来,一切哲学的基本问题是思维和存在的关系问题。在思维和存在的问题上,不仅有唯物主义与唯心主义之争,而且在唯物主义内部和唯心主义内部还有辩证法和形而上学之争。这个问题,在德国古典哲学中争论得尤其激烈,成为各派哲学的中心课题。可以说,在德国哲学家康德提出主、客二分,无法统一的不可知论之后,黑格尔的全部哲学就是围绕着思维与存在、主观与客观的对立和统一这一中心问题展开的。他论证、分析了思维与存在的统一问题,这是贯穿于黑格尔全部哲学的基本原则。不过黑格尔却从客观唯心主义的立场出发去解决思维与存在统一的问题。他把思维与存在统一的基础归结于思维,认为思维"统摄一切",并且是"一切"的基础和本质。思维统摄存在,主观性统摄客观性。这就从根本上歪曲了思维与存在二者之间的真正关系。不是存在决定思维,思维反映存在;而是思维构成存在,存在必须符合思维。

在黑格尔的唯心主义哲学思想中,有一个重要的范畴,即"绝对精神",是需要给以重点解释的,正是这个范畴表现了黑格尔哲学的主要思想。关于这个所谓的"绝对精神"范畴,根据恩格斯在《路德维希·费尔巴哈与德国古典哲学的终结》中的解释和评价,可以从五个方面去把握。第一,这个"绝对精神"是纯粹客观的精神,它与任何具有思维能力的人的思维是无关的,它不是人脑认识外界的思维产物,它独立于人的意识、思维和精神;第二,这个纯客观的"精神"是从来就有的,没有产生,也没有消灭,一直存在于宇宙之中;第三,说它在宇宙之中存在,却不知它在什么地方存在,也不知道它在什么地方发生,但它确实存在;第四,现存的世界,世界上的万事万物,只是因为有"绝对精神"的存在,才具有活力,它是现存世界真正活的灵魂;第五,这种活的灵魂是世界的本原、本体,只是因为它存在,世界才存在、发展,万事万物才存在、发展。黑格尔的全部哲学内容就是论证这种"绝对精神"运动转化的过程。黑格尔认为,自然界、人类社会和人的思维只不过是"绝对精神"的体现或外在表现,它们都是"绝对精神"在实现自己的发展过程中的一个阶段和环节。"绝对精神"运动的最初阶段是"纯精神"的运动,在运动的过程中,它穿上了"自然界"这个外衣,外化为"自然界";随后又运动和转化为"人类社会";最后又衍化为"人类的精神",通过"人类精神","绝对精神"又恢复到自己本身。这样,整个自然界和人类社会一切领域的实在过程,都被描绘成"绝对精神"自我运动和自我发展过程的体现。在这里，一切真实的关系都颠倒过来了。精神不是自然界的产物，相反地，自然界倒成为精神的派生物。这种精神的辩证运动是黑格尔唯心主义哲学体系的基本特点。

黑格尔哲学体系是唯心主义的，但却在这个体系中，以唯心主义的方式叙述了辩证法思想，形成了哲学史上从未有过的辩证法同唯心主义高度结合的哲学。黑格尔在他的哲学体系中全面地叙述了辩证法的一般运动形式。他在阐述"绝对精神"的辩证发展过程中，把整个自然界、历史和精神的世界描绘成一个不断运动、变化和发展的过程。他提出了关于矛盾是发展的内在源泉的思想，关于从量变到质变的转化思想，关于发展形式的"否定之否定"的思想，并且把辩证法应用于认识过程，揭示了概念发展的辩证运动，等等。这些都是黑格尔对辩证法所做的重要贡献，是他哲学中的"合理内核"。马克思主义哲学的直接理论来源之一就是黑格尔哲学中关于"辩证法思想的合理内核"。恩格斯曾经这样叙述过马克思主义对待黑格尔思想的态度。他说，我们重新唯物地把我们头脑中的概念看作是对现实事物的反映，而不是像黑格尔那样地把现实事物看成是"绝对精神"的某一阶段的反映。这样，辩证法就不是关于"绝对精神"发展的辩证法，而归结为自然界、人类社会和思维运动本身的一般规律。

## 二、费尔巴哈唯物主义的"基本内核"

费尔巴哈是德国古典哲学的最后一个代表人物。恩格斯曾经写过一本哲学论著，其标题就是《路德维希·费尔巴哈和德国古典哲学的终结》。这篇论著的重要内容就是论证德国古典哲学发展到费尔巴哈阶段为何终结、如何终结。

费尔巴哈出生于兰斯休特的一个刑法学教授的家庭中，他的父母都是虔诚的宗教教徒。他于 1823 年进路德堡大学神学系学习。不久，他就感到神学不能满足他的要求，因此他转到柏林大学去学习黑格尔的唯心主义哲学。在学习黑格尔哲学之初，他是心满意足的。他说"（黑格尔的）哲学之外没有幸福"[①]。但是，听完黑格尔的课程，他感到失望，他对黑格尔的由思维演化出存在（自然的学说）感到怀疑。他认为，假如没有自然，逻辑（思维）永远不能生出自然来。费尔巴哈从 1828 年担任了爱尔兰根大学讲师，讲授哲学史课程。1830 年，他用笔名发表了《论死与不死》一书，对宗教神学关于来世的胡言乱语给予了严肃的批判，提出不要向往来世而要注重现实。由于这本书对宗教进行了严肃的批判，在笔名披露后，他遭到迫害，被迫隐居乡村。费尔巴哈在乡村继续研究哲学。1839 年他写了《黑格尔哲学批判》一书，标志着他与黑格尔哲学的决裂。1841 年，他的主要著作《基督教的本质》一书出版。在这本书中，他把自然和人提到首位，指出宗教、上帝不过是人的本质在幻想中的反映。1843 年他发表《未来哲学原理》一书，阐明了他的全部哲学观点。1845 年他发表了《宗教的本

---

[①] 全增嘏.西方哲学史[M].上海：上海人民出版社，1985：345.

质》,着重批判自然宗教。

　　费尔巴哈哲学的最大成就就在于他反对神学的权威,反对唯心主义的权威。费尔巴哈对宗教进行了无情的批判,从批判宗教转向了唯物主义。他指出,宗教所宣扬的上帝实际上就是人类自己的特性,上帝的本质是人的本质的异化。费尔巴哈还对黑格尔的唯心主义进行了揭露和批判。他指出,黑格尔把精神、思维看成是一种离开人脑而独立存在的东西,颠倒本末地把物质、自然看成是从神灵、思维中产生出来的,这等于"从水里做出酒",等于"用言语呼风唤雨",用"语言移土填海""用语言使盲人复明"。费尔巴哈尖锐地批判黑格尔:由精神推演出自然,不过是概念游戏。

　　费尔巴哈把自己的哲学体系叫作"人本学"。他说:"新哲学将人连同作为人的基础的自然当作哲学唯一的、普遍的、最高的对象。"①费尔巴哈认为,"人"是自然界的一部分,天上的神是人幻想出来的,神的规定性就是人的规定性。黑格尔关于"绝对精神"的说明就是对人的主观性的说明。因此,费尔巴哈要把"神性""理性"还原为"人性",把"神学"与唯心主义都还原为人本学,要以思维着的人作为哲学研究的对象。

　　费尔巴哈所用的"人本学"这个词也可译为人类学。人类学主要是研究人的生物学性质,人的起源,人在其他有机体中的地位以及人的形态学、生理学和性的特点。费尔巴哈的"人本学"也大体上是研究这些问题的,因而他认为他的哲学的对象是自然界和人。作为他研究对象的人是生物学上的、生理学上的人。费尔巴哈从"人本学"观点出发,认为哲学应当把整个人当作研究对象来考察,反对把人割裂为精神和肉体,反对把思维与整个的人本身割裂开。他强调人是意识与存在的统一体,是精神与躯壳的统一体,"存在是主词,思维是宾词"。主词与宾词统一于一个句子中。精神与肉体的根源是同一个东西,即自然界,因此,思维与存在统一于自然界。所以,他的"人本学"倡导人们:"观察自然、观察人吧!在这里你可以看到哲学秘密。"②

　　费尔巴哈的哲学是"人本学"的唯物主义,这种唯物主义坚持以自然界、人为哲学对象,反对意识、思维是第一性的唯心主义。费尔巴哈坚定地认为世界是物质的,自然界不依赖于人的意识而独立存在,人的意识、思维都是物质的、肉体的器官即人脑的产物。费尔巴哈再度肯定了物质第一,意识第二这个基本观点,正确地坚持了思维和存在的基本关系,这是费尔巴哈哲学中的"基本内核"。

　　在说明了费尔巴哈哲学中的"基本内核"的时候,也要清楚费尔巴哈是一个机械的、形而上学的唯物主义者。他在批判黑格尔哲学的唯心主义基础时,把黑格尔的辩证法思想也一起抛弃了。所以,他把人看成是生物学上的人,而没有把人理解为社会的人,处于历史发展中的人。他所注重的只是直接从自然界产生的人,只是纯粹自然的本质。因而,他虽然在自

---

① 费尔巴哈.费尔巴哈哲学著作选集:上卷[M].北京:生活·读书·新知三联书店,1959:184.
② 费尔巴哈.费尔巴哈哲学著作选集:上卷[M].北京:生活·读书·新知三联书店,1959:115.

然观上坚持唯物主义,但在社会历史领域内,就只能陷入唯心主义。对此,列宁评价说,费尔巴哈是半截子唯物主义,在自然观上是唯物主义的,在历史观上是唯心主义的。这一点,以后还会提到。

### 三、马克思主义对旧哲学的总体评价

马克思和恩格斯对黑格尔哲学、费尔巴哈哲学有过很多评价和论述,在此我们引用马克思在《关于费尔巴哈的提纲》中的一段话,作为马克思主义对以黑格尔、费尔巴哈为典型代表的旧哲学的总体评价并略加介绍。

马克思于1845年写的《关于费尔巴哈的提纲》,被恩格斯认为是新世界观的第一个文件。马克思在该文第一段写道:

"从前的一切唯物主义(包括费尔巴哈的唯物主义)的主要缺点是:对对象、现实、感性,只是从客体的或者直观的形式去理解,而不是把它们当作感性的人的活动,当作实践去理解,不是从主体方面去理解。因此,和唯物主义相反,唯心主义把能动的方面抽象地发展了,当然,唯心主义是不知道现实的、感性的活动本身的。费尔巴哈想要研究跟思想客体确实不同的感性客体,但是他没有把人的活动本身理解为对象性的活动。"①

在马克思的这一段话中我们可以看到他对包括费尔巴哈在内的旧唯物主义的评价。这些旧唯物主义者虽然坚持客观性原则,坚持物质第一的原则,但是他们把人理解为自然意义上的人,没有从人与自然的变革关系中,从社会上理解人,所以对客观事物的理解也就缺少人的影响作用、改造作用,把客观事物理解为僵死的、凝固的。它能够"唯物地"看待世界,却不能"辩证地"理解世界。形而上学唯物主义缺少辩证法思想,这是它的一般特征。

由于旧唯物主义缺少辩证法思想,不能从主观与客观的辩证运动中,主体与客体的相互作用中去理解现实事物,结果出现的情况是,唯心主义哲学却从纯主观方面出发,发展了主观能动性的哲学,尽管这种发展是脱离客体的主体,离开存在的思维,但它毕竟是把唯心主义的思想发展到很高的程度。黑格尔哲学就是唯心主义辩证法的典型代表、最高表现形式。

所以,马克思主义者既看到了唯物主义的缺点,也看到了唯心主义的问题。他们以黑格尔辩证法的合理内核和费尔巴哈的唯物主义思想的基本内核为思想来源,在新的哲学基础上实现了唯物论与辩证法的有机统一,完成了对旧哲学的批判继承工作,创立了马克思主义哲学。

---

① 马克思,恩格斯.马克思恩格斯选集:第1卷[M].北京:人民出版社,2012:133.

## 第三节　马克思主义哲学的产生是哲学史上的伟大变革

马克思主义哲学的产生是在新的历史条件下,继承了人类思想史的优秀成果所实现的人类认识史上的一场革命。它标志着旧哲学的终结和新世界观的产生,它是人类理论思维发展的一个崭新的阶段。按照理论评价的标准,一个新的理论,它要回答旧的理论已经回答了的问题,而且还要回答旧的理论所不能回答的问题,特别要强调的是新理论要在新的理论范式中回答旧理论已经解决了的问题。马克思主义哲学相对于旧哲学不仅满足了这些要求,而且在其研究对象、内容和历史作用上与旧哲学相比都有本质的区别。

### 一、科学地解决了哲学的研究对象问题

哲学史家都知道,古代哲学是以知识总汇的形式作为其理论特点的。所以,古代哲学实质上是尚未分化为各门具体科学的学科集合体。哲学的对象和科学对象是同一个对象。这是哲学与科学发展的初始阶段的基本特征,它们都处在对自然、社会的直观认识阶段。所谓直观,就是对自然事物、社会事物进行直接的、整体的、不能深入其内部构造的观察。这种直观认识不是建立在实验分析的基础上,所以知识形态不可能分化为不同的学科门类。所以在古代哲学中就汇集了各种类型、各种层次的知识内容。在这种知识体系中,哲学和科学都没有确立自己的相对独立的研究对象。

在中世纪,哲学研究被限制在神学领域,哲学是论证神学的工具。哲学除了论证神学教义外没有自己的研究对象。经过文艺复兴运动,社会历史步入近代以后,随着社会生产力的发展,新兴资产阶级的崛起,科学实验的应用,各门具体科学开始大踏步地发展,科学开始了在哲学母体中的分化过程。其主要标志是各门具体的自然科学都逐步确立了自己的研究对象,界定了自己的研究领域,形成了相对独立的学科体系。这时作为古代哲学所承继下来的、原来属于哲学的领地,由于自然科学的发展,现在一个一个地宣告独立,使得近代哲学想要承袭古代哲学的模式,继续作为"知识总汇"的哲学形态已不可能。但是古代哲学所培养出来的思维惯性,使他们很难自觉地跳出古代哲学思维的模式。因此,由于近代科学的发展,使近代哲学家的哲学思维陷入一种矛盾状况之中。一方面,当近代哲学批判宗教神学的世俗权威时,要求哲学从神学的权威下解放出来,由论证神学的教义,转变为研究现实的事物。但是当他们把哲学的视角对准现实的事物、自然的现象的时候,他们所能够运用的哲学思维方式却是古代式的,即直接把自然科学的对象当作近代哲学的对象。另一方面,一旦近代哲学把视角聚焦于现实世界时,又发现自然科学、社会科学的发展,使原来属于哲学的领地又纷纷从哲学的母体中分化出去,变成愈来愈专门的具体学科。哲学在面向"现实"时,惊奇地发现"现实"在被科学迅速蚕食。但是,尽管情况在发生着显著的变化,还能够使哲学抱

住古老方式不放的原因还是因为科学的发展不够充分。这一时期,尽管各门具体的自然科学纷纷"宣布独立",但科学的发展在总体上还是处于"搜集材料的阶段",它虽然能够逐步确立不同于哲学的研究对象和领域,但尚不能充分揭示各领域内的相互联系和不同领域之间的联系;有很多尚待进一步开发的领域和尚未认识的联系。科学的发展总体上处于经验层次。

科学发展处于总体上的经验层次的状况,使得近代哲学家认为,虽然各门具体科学都有自己独立的对象,但只能做纯粹经验性的描述,不能获得普遍的、必然的认识;科学虽然可以进行实证的、具体的研究,但不能揭示某些必然性联系,不能达到真理。而对必然联系、普遍性、真理的认识恰好是哲学的研究对象。对这些问题的研究,哲学不需要像具体科学那样,要进行"实证"的研究(即搜集材料、归纳分析、实验分析),仅靠逻辑推演便可认识事物的真理,就可以提供事物内部的必然联系性知识,某领域内的必然联系性知识,不同领域之间的必然联系性知识,进一步提供关于世界总联系的知识。这个时期的哲学把科学水平限定在经验性层次,把科学研究框死在"搜集材料"的阶段,把科学的暂时状态当成了永恒状态,永恒地处于归纳状态和经验层次,也就自然地把自然科学的理论层次的任务留给了哲学自身。

所以,这一时期的哲学家十分自豪,他们宣布哲学是高于各门具体科学,是位于各门具体科学、实证科学之上的一种科学,实证科学是经验的,哲学是理论的;哲学是"科学的科学"。

这一时期哲学的研究对象仍然是和科学混同一体的,哲学和科学研究的区别仅在于研究的层次上。各门科学研究被限定在经验层次,哲学定位于研究的理论层次。这时的哲学企图在理论层次上回答实证科学暂时还回答不了,但是应当由实证科学来回答的问题。这一时期的哲学为此而自豪,同时又说明哲学还没有完全摆脱它少年时代的稚气,为一种"想当然"的气氛所笼罩。它想成为真正的科学,实际上却是一种"伪科学"。

由于这一时期的哲学凌驾于实证科学之上,它除了想要回答本应由实证科学回答的问题之外,也导致哲学去研究实证科学认识的基础问题,即实证科学方法论、认识论问题;也导致哲学对自身认识的反省问题。例如,哲学要对自然界事物进行"理论的"思考,即思考那些实证科学暂时还达不到的"必然性"知识。针对这种"必然性"知识是如何可能的,就引出了哲学认识论的重大深入,这些哲学问题体现了近代哲学研究的"认识论重点"。

进入19世纪以后,自然科学由"搜集材料"的科学转变为"整理材料"的科学。这时,由于自然科学本身的发展就足以能够说明自然界的普遍联系,哲学企图充当实证科学的原旨就彻底崩溃了。同时,近代以来真正属于哲学问题的认识论研究在18世纪、19世纪初也步入难解难分之境地。从企图解释人认识过程的奥秘到得出世界是不可知论的悲凉论调,或者把人对世界的认识转移到一个"绝对精神"力量的主宰。这些都是马克思主义哲学产生时关于哲学的状况。马克思、恩格斯科学地总结了当时的社会历史发展状况、科学发展状况和哲学发展状况,首先明确了哲学研究对象,这是哲学史上的一大理论贡献。

马克思主义哲学的研究对象被马克思、恩格斯科学地规定为关于自然、社会和人类思维运动的最一般规律。这个思想,马克思恩格斯也有另外一种表述形式,即"关于外部世界和人类思维的运动的一般规律"。因为,自然界和人类社会相对于人类思维来说,都属于外部世界。

这个科学规定也明确地说明,哲学研究的内容和具体科学的研究内容有严格区别。它突出了哲学以思维和存在的关系问题作为基本内容。哲学规律就是思维和存在相互作用的规律。一切科学都是以客观世界的运动规律为研究内容。一切科学的规律都具有普遍性,即都属于一般性的规律,这是哲学与科学的共同点。但是哲学规律的普遍性是最高的普遍性。而且不仅如此,一切具体科学不是从自然客体方面研究其规律,就是从社会客体方面研究其规律,或者从思维客体方面来研究其规律。而哲学则将自然与社会统归外部世界,人类思维属内部意识,它是研究外部世界的规律和思维运动的规律如何一致、同一、统一的规律。这个研究内容与其他实证科学有严格区别。它是从主观世界和客观世界两个方面的联系中去研究它们相互联系、相互运动的规律的。由这种研究得出的是世界观和方法论的内容,而不是关于世界上某一领域的对象如何发展变化的理论。

## 二、严密、完整的世界观、方法论体系

列宁曾把马克思主义哲学比作一块整钢。他说:"在这个由一整块钢铸成的马克思主义哲学中,决不可去掉任何一个基本前提、任何一个重要部分,不然就会离开客观真理,就会落入资产阶级反动谬论的怀抱。"[1]这块整钢正是一个包含着多方面规定的统一的科学理论体系。在这个统一的科学理论体系中,最主要的是马克思主义哲学相对于旧哲学而言,实现了唯物论和辩证法的统一、自然观和历史观的统一、本体论和认识论的统一。这些基本方面的统一标志着马克思主义哲学是一个严密、完整的世界观和方法论的科学体系。

1. 唯物论和辩证法的统一

在马克思主义哲学产生之前,哲学已经有了二千多年的发展历史。一般来说,古代朴素的唯物主义同时具有自发的辩证法思想,而古代的自发辩证法也是辩证法发展的第一个历史形态。两者的共同特点是都坚持从自然界本身出发说明世界,而且用人们在日常生活直接接触到的具体实物的性质来说明世界的性质,来表达唯物主义思想和辩证法的精神。哲学思维处在"以物喻理"的水平,其特点是直观性、自发性、猜测性,常常带有很大的虚构性。到了近代以后,唯物主义和辩证法开始分离,其发展的结果是唯物主义发展为形而上学的唯物主义;辩证法思想和唯心主义密切地结合在一起。形而上学唯物主义在近代起到了冲破唯心主义神学禁锢的历史作用,它发动了一场反对迷信、尊重科学的哲学革命,对于促进社会历史从封建主义向资本主义的转变起了积极作用。它的严重缺陷是没有辩证法思想,从而导致了把事物的运动仅仅理解为机械运动;不能把世界理解为一个普遍联系和无限发展

---

[1] 列宁. 列宁选集:第2卷[M]. 北京:人民出版社,2012:221-222.

的过程;把人的认识理解为对客观事物的直观的反映;在社会历史领域中陷入唯心主义等。与唯物主义与辩证法的分离相对应,辩证法思想却与唯心主义在近代密切结合,产生并发展形成了唯心主义辩证法。唯心主义辩证法的集大成者是德国古典哲学家黑格尔。恩格斯说:"黑格尔第一次——这是他的伟大功绩——把整个自然的、历史的和精神的世界描写为一个过程,即把它描写为处在不断的运动、变化、转变和发展中,并企图揭示这种运动和发展的内在联系。"①黑格尔关于一切都在矛盾中运动的思想,反对了形而上学,猜到了事物本身的辩证法。但是他的辩证法是同他的客观唯心主义结合在一起的,是"绝对精神"的辩证法,是唯心主义的辩证法。

唯物主义和辩证法的统一是马克思主义哲学的基本特征之一,这种统一贯穿于马克思主义哲学的整个体系中,体现在对客观世界、主观世界,以及二者关系的理解之中。在马克思主义哲学看来,现实世界是物质的世界,同时它又处在相互联系、变化、发展之中;人的思想、认识是高度复杂的;人脑的机能和对客观世界的反映又是一个矛盾的、发展的过程,等等。马克思主义哲学对所有这些问题的理解,既是唯物的,又是辩证的。

在马克思主义哲学中,唯物主义和辩证法的统一,表现为唯物主义思想和辩证法思想本身的相互渗透、彼此贯通。在解决世界本质问题时,就内在地包含着辩证法思想。不掌握辩证法思想,就无法理解马克思主义哲学中关于世界本质的理论。马克思主义的辩证法,在解释世界状况"怎么样"的问题时又始终贯穿着唯物主义:它把辩证法的规律看作客观世界所固有的规律;把主观辩证法看作客观辩证法在思维中的反映。所以,马克思主义的唯物主义,是辩证的唯物主义,马克思主义的辩证法,是唯物的辩证法。在马克思主义哲学中,唯物主义和辩证法,水乳交融,血肉相连,离开一个,就不能正确理解另一个。

2. 自然观和历史观的统一

马克思主义哲学产生以前的唯物主义是一种不彻底的唯物主义,主要表现是它虽然能够在自然观上坚持唯物主义,认为自然界的事物是不以人的意志为转移的,人对自然事物的认识是自然事物的本性在人的意识中的再现。但是一到社会历史领域,这种唯物主义就难以贯彻到底。因为很明显:无须人的参与,太阳照样发光,地球照样转动。就是说,离开人和人的活动,自然界照样存在,自然规律照样发挥作用。社会历史则与此不同。社会是由人组成的,历史是人的活动的结果,离开人和人的活动,也就无所谓社会和社会历史的发展;而人是有理想的,人的活动是由思想支配的。这种浮在表面的现象,长期掩盖着历史的本质,使得在社会历史领域坚持唯物主义较之在自然领域更加困难,如果没有新的世界观和方法论,没有唯物论和辩证法相结合的理论武器,在社会历史领域必然陷入唯心主义。事实上,旧唯物主义正是如此结局。

---

① 马克思,恩格斯.马克思恩格斯选集:第3卷[M].北京:人民出版社,2012:398.

马克思主义以前的旧唯物主义者，在研究社会历史问题时，都在人的动机和主观意志面前止步不前。他们用人的理性、意志和动机去解释社会历史的发展。例如，18世纪的法国唯物主义者狄德罗就认为，决定社会环境的主要根据是法律和政治制度。他说一个国家的法律是好的，那么风俗习惯也是好的，如果法律是坏的，那么风俗习惯也是坏的。爱尔维修也反复强调法律决定人们的行为，"法律造成一切"。这样法律和政治制度就被他们夸大为社会历史发展的决定因素。可是好的法律和政治制度又是怎样产生的呢？他们认为这取决于人的理性，但好的理性又是从哪里来的呢？是教育的结果。所以，法国唯物主义者认为，教育能帮助民众克服愚昧、偏见、无知、轻信、惊慌失措、缺乏经验、志愿和预见。这些愚昧等一类意见统称为错误意见，而这些错误意见就是道德败坏和政治腐败的真正原因。这样一来，一个社会的好坏，是教育的好坏，而教育的好坏取决于教育理论和教育思想，而这些理论和思想则是少数天才人物的智慧的表现。因此，人类社会历史发展的功臣正是这样一些高等公民。十八、十九世纪流行的历史研究的理论和方法，其基本特征就是从人们的思想动机和心理方面的因素去解释历史。他们按照人们的思想动机，把历史人物划分为具有高尚动机的"君子"和具有卑劣动机的"小人"，并且总是认为"君子是受骗者，小人是得胜者"。这一般是指对18世纪的唯物主义者在反封建的斗争中受到封建贵族和神学的迫害的情况描述。因此，旧唯物主义者常常认为历史是欺骗、肮脏、不合理的历史，社会历史发展无规律可循，在历史研究中不能得到很多有益的东西。

与旧唯物主义不同，客观唯心主义者比旧唯物主义者前进了一步。他们追问了人们产生动机的原因是什么。它提出一个神秘的"绝对精神"，把它输入到历史中去，认为绝对精神有巨大的活力和无限的创造能力，历史的各个阶段和历史事件是绝对精神的逐步实现。黑格尔认为，绝对精神从东方的中国、印度这一历史的"童年时代"，进入中亚细亚的波斯、叙利亚、犹太、埃及等民族，便到了历史的"少年时代"，到了罗马便进入了历史的"壮年时代"，最后到达日耳曼，便跨进了历史的"老年时代"。黑格尔所说的"老年"并非衰老之意，而是指绝对精神达到完满成熟的阶段。日耳曼民族是人类历史发展的顶峰。黑格尔在《历史哲学》中，通过绝对精神从东方到西方的漫游，虚构了世界历史的发展图景。恩格斯指出，黑格尔"不在历史本身中寻找这种动力，反而从外面，从哲学的意识形态把这种动力输入历史"[①]。

唯心主义历史观之所以长期在社会历史领域占据统治地位，完全是由于旧哲学，不管是唯心主义还是旧唯物主义，缺乏科学的实践范畴，它们对事物、对现实、对历史现象，不是从纯客观的方面去理解，就是从纯主观的方面去理解，不能把现实事物及其过程当作实践的活动去理解。马克思主义哲学建立了科学的实践范畴，就把人类活动理解为主观见之于客观的实践过程，把实践理解为人类存在的基本形式。所以社会发展的动力及其规律就应当在社会实践中寻找。就此思路，恩格斯曾经做过准确的说明。他说："唯物主义历史观从下述

---

[①] 马克思,恩格斯.马克思恩格斯文集:第4卷[M].北京:人民出版社,2009:303.

原理出发:生产以及随生产而来的产品交换是一切社会制度的基础;在每个历史地出现的社会中,产品的分配以及和它相伴随的社会之划分为阶级或等级,是由生产什么、怎样生产以及怎样交换产品来决定的。所以,一切社会变迁和政治变革的终极原因,不应当到人们的头脑中,到人们对永恒的真理和正义的日益增进的认识中去寻找,而应当到生产方式和交换方式的变更中去寻找;不应当到有关时代的哲学中去寻找,而应当到有关时代的经济中去寻找。"①恩格斯的这段话表明,唯物史观是把社会生产方式作为整个社会历史存在和发展的基础,这就克服了用精神的原因来解释社会历史的唯心主义观点,同时也排除了用社会以外的原因解释社会历史的形而上学主张。这是一个伟大的发现。由于这个伟大发现,人们才把唯物主义的一般世界观彻底贯穿于社会历史研究领域,形成了历史唯物主义,实现了自然观和历史观的统一。

3. 本体论、认识论和逻辑规律的统一

马克思主义哲学所实现的哲学上的革命的变革,不仅体现在哲学的对象、性质以及它和各门科学关系上发生了根本的质变,而且体现在实现了辩证法、认识论、逻辑三者的统一,从而克服了旧哲学内部,特别是旧唯物主义体系中的本体论、认识论、逻辑不相一致的弱点。

自古以来,哲学家们把哲学分为三个互不相关的、独立的部分,本体论(关于存在的学说,也是自然哲学所研究的主题,实际上以研究世界的本质、本原为主要内容的部分)、认识论(关于认识能力、源泉和途径等问题的学说)、逻辑学(研究思维的形式以及这些形式的规律)。旧哲学研究世界本体,追究世界的本原,却由于不能正确解决思维和存在的关系,不能认识世界是有限和无限的统一,也就看不到这本身也是一个认识问题,所谓世界的本原也是一个理性认识,是一个有待在人类认识整个发展过程中才能解决的问题。因此,他们认为本体论、认识论和逻辑并没有任何内在的联系,只是分别地研究整个世界各自独立的三个部分。于是就必然出现这样的怪现象,有的哲学家在自然观方面是唯物主义者,却在认识论、社会观方面是个唯心主义者,或者有许多杰出思想的哲学家却在哲学基本问题上得出荒谬的结论,不能自圆其说,留下了许多漏洞。黑格尔是哲学史上第一个提出思维规律和存在规律的同一性的哲学家,他第一个把本体论、认识论、逻辑三者统一起来,认为整个世界的发展就是绝对观念的发展,自然界、人类社会不过是绝对观念发展过程中的特殊的阶段,自然和社会的发展也就是逻辑概念的表现,自然界和社会都服从统一的逻辑的规律。因而他的本体论、认识论、逻辑在绝对观念的基础上实现了统一。世界的发展规律也就是"绝对观念"的发展规律。于是在黑格尔的哲学中,逻辑的规律是囊括一切、支配一切的规律。

马克思和恩格斯扬弃了黑格尔的唯心主义前提,指出世界归根到底是物质的世界,又肯定了黑格尔关于本体论、认识论、逻辑三者统一的思想。

---

① 恩格斯. 反杜林论[M]. 北京:人民出版社,2015:289.

由于思维的器官——大脑是自然界的一部分,脑(思维)是和自然界、人类社会一起发展起来的,所以主观辩证法和客观辩证法是一致的,认识规律、思维规律与存在规律是一致的。从哲学上来说,本体论、认识论、逻辑应该是一致的。马克思主义哲学的特点之一就是本体论、认识论、逻辑相一致(辩证法、认识论、逻辑相一致),唯物辩证法、认识论、逻辑(辩证逻辑)就其基本内容和实质来说是一致的。唯物辩证法揭示了客观辩证规律及其在人们的认识、思维中的反映,即从总体上揭示了自然、社会和人类思维的最一般规律;马克思主义认识论是用唯物辩证法的观点研究认识的来源、过程和发展规律的理论;辩证逻辑是关于辩证思维的形式、规律和方法的理论。三者虽然在研究的对象、范围上有着一定的区别和不同的侧重面,但是在内容上是根本一致的。唯物辩证法的规律也是认识的规律,认识是一个辩证过程,唯物辩证法是认识的方法,具有认识论意义,辩证法和认识论是一致的。认识论和逻辑也是一致的,因为理性思维是人的认识的特点,脱离逻辑(辩证逻辑)的问题也就说不上人的认识(认识论),而且辩证逻辑不是研究与内容无关的思维形式,而是研究认识的主体对客体的关系,它也要研究认识的全过程,研究真理的问题,所以,逻辑学是关于认识的学说,逻辑学也就是认识论。逻辑学研究的思维形式也应作为认识的形式、反映的形式来研究;唯物辩证法、认识论也都要运用思维形式和按照思维规律来加以表达和描述。辩证法、认识论、逻辑都是研究具有世界观、方法论意义的思维规律。把关于思维规律的理论弄清楚了,它们就转化为我们达到正确思维的逻辑方法。既然马克思主义哲学的特征是辩证法、认识论、逻辑的统一,那么马克思主义哲学的体系就是以唯物辩证法为基础,以认识论为中心内容,用辩证逻辑的范畴体系来加以表述的科学体系。

综上所述,马克思主义哲学在科学的基础上,实现了本体论、认识论、逻辑三者的统一,结束了旧哲学三者分离的局面,实现了哲学的根本变革,使哲学真正成为科学的世界观和方法论。

## 第四节 学习马克思主义哲学的意义、态度和方法

马克思主义哲学虽然产生于19世纪40年代,由于它实现了哲学史上的伟大变革,是科学的世界观和方法论,能不断地适应时代的发展、反映时代精神的新变化,不断地总结和概括新的科学材料,以新的哲学命题充实自身,不断地向新的理论境界升华,实现时代赋予它的新使命。所以,尽管一百多年来世界形势已发生了很大的变化,马克思主义哲学也有新的发展。在当代,马克思主义哲学仍旧是现时代精神的精华,学习马克思主义哲学仍旧具有重大的现实意义。

### 一、理解和改造当代世界的思想指南

当今的时代仍然是由资本主义向社会主义过渡的伟大时代,只不过是有了新的发展特

点。在世界范围的基本矛盾没有发生根本变化的条件下,主要矛盾发生了变化。比如,和平与发展已成为当今世界的两大主题;世界的政治格局由东西方的对立向多极化方向发展,世界范围内局域性摩擦和民族冲突此起彼伏;席卷全球的科技革命、社会改革热潮以及日趋激化的国际竞争使当代资本主义和社会主义都发生了重要变化;全球性的人口、粮食、能源、资源、环境的危机和人的价值失落所造成的精神危机正预示着人类历史进程的新模式,等等。面对这些世界性问题,现代西方哲学虽然在某些方面有独到见解或较深入的分析,但在总体原则和宏观思维上与马克思主义哲学相比,则相形见绌。它们的唯心主义立场和反辩证法的本性,使它们的立场狭隘,基本观点偏颇,以偏概全,理论和实践脱离,难以全面、深刻地反映当代的时代精神的基本特征。与此不同,马克思主义哲学以人与世界的相互作用为基础,展开它的全部哲学命题,它所深切反映的人与世界相互变化过程的辩证特征,能抓住人与世界相互作用过程中的基本规律。这些正是理解当今世界和改造世界的客观基础和方法论指南。对于世界发展的新趋势和新问题,只有运用马克思主义哲学的理论和方法才能予以科学地说明并指出新的发展方向。离开了马克思主义哲学的指导,也许我们在某些枝节问题上有较深入的见解但在总体上可能走入迷宫,抓不住解决问题的纲领。

马克思主义哲学提供了探求真理的方法,它并没有结束真理,而是开辟了认识真理的道路。马克思主义哲学从来不宣布最后的真理或终极的真理,也从来不拒斥人类优秀思想的精华,它是一个发展的体系,也是一个开放的体系,所以,它有强大的生命力;它与其他西方哲学相比,代表着现当代世界哲学发展的主流。

马克思主义哲学代表现代哲学发展主流的论断是通过与各种哲学派别的比较所得出的科学结论。现代西方哲学中,人本主义和科学主义两大思潮的诸哲学派别,它们的基本观点是唯心主义、非理性主义的,或拒斥哲学的基本问题,取消了哲学的世界观功能,因而在总体上并不可取。它们对吸取时代精神的精华有较大的局限性。但是它们所侧重的某些方面,如有的人本主义哲学派别对人的主体性、人的情感意志问题的研究,有的科学哲学派别对逻辑、语言以及科学发展问题的研究等却有某些积极的因素,不应简单地抛弃,而要批判地吸取、利用。在现代哲学中,没有哪一派哲学像马克思主义哲学那样,可以同其他各种哲学派别的思想理论相沟通,挖掘其中真理性的内容,摆脱狭隘眼界的束缚,真正汲取现时代精神的精华。正是在这个意义上,如果把马克思主义哲学当作同西方哲学派别一样的一个派别,则没有正确反映现代哲学的趋向、主流以及马克思主义哲学在当代世界哲学中的客观地位,是对马克思主义哲学的贬低。当然,这并不意味着否认现代哲学的其他派别也不同程度地蕴含着合理的因素,只是不自觉而已,以致受到其唯心主义根本观点的束缚、扼杀。但是,由于马克思主义哲学真正扬弃了旧哲学,使之优越于一般的哲学派别,并能从中发掘真理的内容,加以发扬光大,并运用于实践,具有强大的生命力。

马克思主义哲学不是离开世界文明发展大道而产生的固步自封、僵化不变的学说,它克服了旧哲学的狭隘眼界,真正吸取了时代精神的精华,包括借鉴和批判地吸取现代西方哲学中具有某些真理性的内容。马克思主义哲学对研究当代人们普遍关注的哲学课题具有明显的理论优势，为哲学向新的研究领域拓展开辟了广阔的道路。懂得马克思主义哲学代表世界哲学发展的主流的重要意义在于，能够进一步明确马克思主义哲学负有继承与弘扬人类文明优秀传统、建设现代文明的艰巨使命，这一使命要在坚持与发展马克思主义哲学中予以实现。

## 二、中国特色社会主义思想理论的哲学基础

中国特色社会主义思想理论是当代中国的马克思列宁主义，是马克思主义在中国发展的新阶段，开拓了马克思主义的新境界，把对社会主义的认识提高到新水平，对世界局势做出了新判断，是指导中国现代化建设的理论旗帜。

中国特色社会主义思想理论的形成是以马克思主义哲学作为思想基础的，它标志着马克思主义哲学应用于指导中国实际的成功实践。要坚持中国特色社会主义思想理论就必须认真掌握马克思主义哲学思想和哲学方法。首先，中国特色社会主义思想理论运用马克思主义哲学的观点和方法，比较系统地回答了什么是社会主义、怎样建设社会主义、建设什么样的党、怎样建设党，实现什么样的发展、怎样发展，新时代坚持和发展什么样的中国特色社会主义、怎样坚持和发展中国特色社会主义等重大理论实际问题。其次，中国特色社会主义思想理论中的一些重要命题的提出和发展都渗透着马克思主义哲学观点和方法。比如关于社会主义初级阶段理论以生产力与生产关系理论为基础；社会主义本质论以社会基本矛盾理论为依据；社会主义市场经济论、"一国两制"理论、"五位一体"的总体布局、"四个全面"协调推进的总体战略，"五大发展理念"都渗透着马克思主义哲学的历史理论，也渗透着马克思主义哲学的辩证法思想。再次，中国特色社会主义思想理论既体现着对马克思主义哲学的创造性应用，也体现着对马克思主义哲学的丰富和发展。进入21世纪形成的习近平新时代中国特色社会主义思想，蕴含着丰富的哲学思维，深化了不少哲学命题，开拓了马克思主义中国化的新境界。

## 三、树立科学的世界观、人生观和价值观

不同的人有不同的人生观，不同的人生观总是自觉或不自觉地表现为某种世界观。有人认为，人生就像水中的浮萍，随波逐流而行；有人认为，"一切皆命定，祸福非由人"；又有人认为，人之初本空无所有，一个人的本质全靠自我意识的选择和自我精神的设计，如此等等。这些不同认识反映了他们对人与自然的关系，人与社会发展的关系，个人与他人的关系，以及人的精神活动与客观规律的关系等问题，持有不同的观点。

人在实现自己人生的追求和价值中，一方面受到规律的支配，个人受到无可选择的必然性的制约；另一方面人又有安排自己的人生道路，按照个人意志选择人生追求的自由。如何正确处理这两方面的关系问题，是树立科学的人生观的关键问题。因为这里有着自觉的选

择还是盲目的选择、正确的选择还是错误的选择的区别,不同的选择可以造成很不相同的结果。马克思主义哲学从科学的世界观的高度,阐明了主体与客体的关系,主观与客观的关系,自由与必然的关系;阐明了如何通过主观与客观的一致使主体与客体达到统一的规律,认识和把握必然性以实现人的自由等问题。我们只有学习马克思主义哲学,掌握主观与客观如何一致的规律,才能正确理解人生的意义,选择正确的生活道路,逐步获得更多的自由。

个人的幸福和解放离不开社会发展和人类解放,个人的前途和命运同国家、民族、人类的前途和命运也是连在一起的。当代中国青年,执着于追求真理,探索人生的理想,都深切地关心社会命运、人类前途,也都愿意把为人类解放事业而奋斗作为自己的崇高理想。马克思主义哲学揭示了人类历史发展规律,阐明了人类社会的发展前途,从而指明了我们每个人在社会发展过程中寻找个人位置和应负使命的基本方向和历史参照系。我们只有学习和掌握了马克思主义哲学这一科学的世界观和方法论,才能牢固树立共产主义的远大理想,坚定中国特色社会主义共同理想,才能懂得如何为实现共同理想和远大理想而努力奋斗,从根本上明确人生的目的、人生的价值和人生的意义是什么,做一个自己掌握自己命运和前途的自觉自为的人。

## 四、学习马克思主义哲学的基本态度和方法

恩格斯曾说,哲学是研究概念的艺术。这句话道出了哲学知识的特点。哲学通过概念和范畴去反映和把握世界、社会历史与人生。所以学习哲学首先要严格把握每一个哲学范畴、哲学概念、哲学命题的内涵和意义。尽可能地从哲学思想史上,从社会发展史去把握哲学概念、范畴内涵的演变。这样对哲学概念和哲学命题的理解就不会流于日常意识的水平,也不会为人云亦云所迷惑,就会从哲学概念和哲学命题的内涵理解到它所蕴含的思想方法。

毛泽东指出:"对于马克思主义的理论,要能够精通它,应用它,精通的目的全在于应用。"[1]邓小平同志说:"学马列要精,要管用。"[2]这里所说的精、精通与应用、管用是相互贯通的。一方面,学习理论达到能运用自如的程度,才算学精了,才算精通了,否则就是一知半解,就是浅尝辄止;另一方面,只有学精了、精通了,知道了理论的精髓和实质及应用的各种边界条件,才敢于应用,才会应用,也才管用。所以,学习马克思主义哲学的基本要求是掌握马克思主义哲学的基本立场、观点和方法,决不能把马克思主义哲学当成生搬硬套的教条,也决不能停留在满足于记住几个哲学词句上。达到这个要求的基本途径是一定要坚持理论联系实际的原则。通过联系实际去理解马克思主义哲学的精神实质、掌握了精神实质以后再联系世界历史进程、人类社会发展、人生道路选择中的实际问题,具体情况具体分析,寻找解决问题的思路和办法。

---

[1] 毛泽东.毛泽东选集:第三卷[M].北京:人民出版社,1991:815.
[2] 邓小平.邓小平文选:第三卷[M].北京:人民出版社,1991:382.

学习马克思主义哲学一定要注意真理和模式的区别和联系。所谓真理是指对客观规律的正确反映;所谓模式是对解决问题的途径、方案的概括。应用哲学理论去解决实际问题,是应用世界观、认识论、方法论去指导探索实践模式的思路和条件,分析解决问题的原则和一般规范。这就要求决不能用哲学命题去剪裁现实,或者给实际经验贴上哲学标签,要求在哲学世界观、方法论的指导下善于认识和创造把真理性理论运用于实际的运作模式,通过模式的创造去解决实际问题。所以哲学应用的实质是应用世界观和方法论的理论去指导模式创造的思维过程,即完成特定任务的具体途径和解决问题方法的设计、研究和探索的思路和方法,以及标准和规范,前提界定和过程分析。真正掌握这个要领,也就掌握了马克思主义哲学应用的原则和途径。

　　学习马克思主义哲学要同克服主观主义、实用主义和利己主义倾向相结合,不断地提高自己的哲学修养。主观主义有两种形式,即教条主义和经验主义。教条主义就是脱离实际,一切从本本出发,把理论教条化;经验主义是另一形式的教条,把局部经验当成普遍真理。这两者都是经常容易发生的认识问题。实用主义倾向,就是把理论应用简单化、实惠化,把理论的应用、指导作用变成实用,学习理论不是学习立场、观点、方法,而是寻找现成答案;利己主义完全以自己为中心来对一切进行判别和取舍。主观主义、实用主义、利己主义都是马克思主义哲学所要解决的问题,我们只有经常注意克服这些思想倾向,并从马克思主义哲学的高度去认识它们、批判它们,才能有效地提高自己的哲学修养,不断提高和完善自己的哲学品位和哲学人格,做一个全面发展的人。

1. 为什么说马克思主义的产生是哲学史上的一场深刻变革?
2. 怎样理解马克思主义哲学是严密、完整的世界观、方法论体系?
3. 学习马克思主义哲学的意义是什么?

# 第二篇

## 客观实在论

# 第四章

## 实在问题简述

> 世界的真正的统一性是在于它的物质性，而这种物质性不是魔术师的三两句话所能证明的，而是由哲学和自然科学的长期的和持续的发展来证明的。
>
> ——恩格斯

什么是实在？它是针对什么问题提出来的？在哲学问题展开论述之前，首先要了解实在问题的内涵和它被提出的角度和方法。当我们要了解什么是实在时，与它相对应的思想也要同时把握。这便是"什么是非实在？"在人类的普遍意识中，我们所说的实在就是指实实在在、实际地存在着的意思。这种理解本身也就意味着不是指那些空的东西、虚的东西、假的东西。对这种"空、虚、假"的否定，就相应地建立起"实在"的概念。通过对"非实在"的否定建立起来的实在概念，就是指那些具有真实性的存在，具有本原性的存在。所谓真实性的存在是相对于人的主观幻想、幻象来说的真实性存在；所谓本原性存在是相对于那些变化万千的现象来说指那些相对不变、稳定存在并作为变化的原因或基元的存在。哲学上所理解的实在是指对于所有真正存在的东西、本原性存在的东西的一般性抽象。从古到今的哲学家面对世界、面对人生、面对科学、面对人类实践一再地提出什么是实在的问题，甚至对"空、虚、假"本身也提出了是否"实在"的问题，就是在不断地追根究底地追问世界的总体特征、人生、科学、人类实践的真实性和本原性问题。对于这个问题，不同时代的哲学家往往有不同的回答，直到马克思主义哲学产生以后，才有了比较科学的回答。

## 第一节　西方古典哲学的若干实在论观点

西方社会的历史在近代以前经历了古代和中世纪两个时期。与这两个时期对应的有西方古代哲学和中世纪的欧洲哲学。这两个时期的哲学对于实在问题都有不同的解释。在古希腊哲学中，不管是唯物主义的，还是唯心主义的哲学家，都从世界本原的角度回答实在问题。古希腊哲学中的朴素唯物主义者在寻求宇宙的本原时摆脱了宗教的传说，对"本原"做了自然主义的解释；古希腊哲学中的唯心主义者对宇宙的本原做了神秘主义的解释。在中世纪时期，对实在问题的争论局限在经院哲学内部，一般集中在对"唯名论"和"唯实论"的争论上。

### 一、古希腊朴素唯物主义实在论的基本观点

古希腊哲学时期的朴素唯物主义者，一开始就表现出对世界本原问题的强烈兴趣。他们在解释宇宙万物的本体或本原时，一致认为，万物都是由某种物质性的本原构成的，从本原中产生，又复归于它，万物可以有多种多样的变化，但本原本身是常住不变的，变化的只是它的性状而已。但是，这种本原属于哪一种具体物质，本原的数目又是多少，他们的看法并不是一致的。

1. 始基变形论思想

希腊哲学首先从提出"始基"命题开始。他们认为实在的本原是始基。始基问题由泰勒斯最早提出，但泰勒斯创始的米利都学派，只是规定什么是始基，而没有明确规定始基命题的含义。赫拉克利特用"万物同一"的概念揭示了始基命题的哲学意义。他说："这个世界对一切存在物都是同一的，它不是任何神所创造的，也不是任何人所创造的。"[1]这个对一切存在物来说都是同一的世界本原，就是始基。后来，亚里士多德在叙述早期希腊哲学时，更具体地说明了早期希腊哲学中始基概念的含义。这个概念的含义就是："有一个东西，万物由它构成，万物最初从它产生，最后又复归于它，它作为实体，永远同一，仅在自己的规定中变化，这就是万物的元素和本原。"[2]

始基命题的含义表明，这个命题要求从形形色色的世界万物中去概括共同的本原，亦即提出了从总体上去研究世界的任务。早期希腊哲学家的哲学思想大都是先确定始基，然后进一步说明如何从这一本原产生出万物，万物又如何复归于它。但是他们对世界万物的理解比较简单。泰勒斯提出水是万物的始基，万物生于水而归于水，水是不变的本体。阿那克西曼德认为万物的本原是一种没有固定形态或固定性质的原始物即"无限者"，这个无限者

---

[1] 北京大学哲学系和外国哲学史教研室.古希腊罗马哲学[M].北京：商务印书馆，1982：20.
[2] 亚里士多德.形而上学[M].北京：商务印书馆，1959：86.

本身是不生不灭、无穷无尽、无边无际的。阿那克西美尼认为气是世界的本原,宇宙生于气而返于气,一切事物都由于气在数量上的差别所致,赫拉克利特认为火是万物的始基。世界由火产生又复归于火。

2. 原子实在论思想

古代朴素唯物主义哲学的最高成就是原子论。古希腊哲学中的原子论是针对爱利亚学派的观点提出来的。爱利亚学派为了坚持世界事物的存在,对存在做了更进一步的规定。他们认为存在是永恒的,这种永恒的存在必然也就是无限的,这种无限的存在只能是唯一的,这种永恒、无限、唯一的存在只能是不变不动的。可见,永恒、无限、唯一、不动,是爱利亚派对作为世界本原的存在所作的规定。这样,爱利亚派承认本原的存在而否认运动,把运动变化着的万事万物说成是虚妄的假象,而把抽象的存在概念说成是根本的实在。

留基波和德谟克利特为了在坚持世界存在的基础上恢复运动的观点,提出了原子论实在观。原子论的基本思想是:一切事物的本原是"原子"和"虚空"。原子是一种最后不可分的物质微粒。原子的根本属性是绝对的"充实性",即每个原子毫无空隙。"虚空"是空洞的空间,也就是原子运动的场所,原子和虚空不可见,但却是客观存在的。德谟克利特把原子叫作"存在",把虚空叫作"非存在"。所谓"非存在"并不是不存在,而只是相对于有充实性的原子来说,非存在是没有充实性的。所以非存在和存在同样是实在的。"虚空"并不比坚实不实在,"存在者并不比不存在者更实在"[①]。由于原子是绝对的充实体,每个原子中间没有任何空隙,所以原子也是不可再分的、不可穿透的。原子在数量上是无限的,但在性质上没有差别,都是相同的,并不具有某种特殊的属性。原子之间的区别在于形状、体积(大小)和位置排列各不相同,原子构成物体,就像字母组成词一样,原子本身是不生不灭的,它们过去如此,现在如此,将来也永远如此。物体的各不相同,就是因为构成物体的原子本身的形状、排列的次序和所处的位置的不同。德谟克利特认为,"原子"永恒地在"虚空"中间向各个方向运动着,由于彼此碰撞,就形成了一个旋涡运动,并逐渐构成世界及其中的一切物体。在德谟克利特看来,"原子"的数目和作为"虚空"的空间都是无限的,因此,这样构成的世界也有无数个,并且这些世界是在无限的时间中不断地产生着,不断地毁灭着,又不断地重生着的。

综上所述,朴素唯物主义实在观提出了将无限多样的世界万物概括为一个共同本原的任务。这个任务却包含着认识上的矛盾。哲学在回答世界万物的共同本原或统一性问题时,既要从感性所能接触的事物出发,不能离开个别事物这个基础,又要超越感性所能接触的事物,远离个别事物这个基础,这就是个别和一般的矛盾。朴素唯物主义者将实在的本原概括为水、火、气、五行、原子等有固定形体的事物,把个别规定为一般,必然从理论上陷入逻辑矛盾。

3. 亚里士多德的实体实在论思想

亚里士多德是希腊奴隶主民主制从繁荣走向衰落时期的著名哲学家。亚里士多德在他

---

[①] 北京大学哲学系外国哲学史教研室.西方哲学原著选读:上卷[M].北京:商务印书馆,1982:48.

的著作中,明确地把第一哲学与其他科学区别开来。在亚里士多德看来,哲学与其他科学不同,它所研究的是客观自然界一切事物的产生、灭亡、运动、变化的最根本、最原始的原因,也就是"第一因"。哲学就是关于"第一因"的学问。亚里士多德在他的第一哲学中提出了关于实体的学说。

亚里士多德认为,实体的最主要的共同特征或者说基本的含义是:它是一切东西的主体、基质或基础。这就是说,实体是客观独立存在的,而不是依赖于任何其他东西的。从逻辑上说,实体是主词,别的范畴、概念则是宾词,是表述它的,而它并不表述别的东西。所以,别的范畴是依赖于主体,只能存在于主体之中的。任何数量、性质、关系只能是属于主体的,不能离开主体而独立存在。如白的性质存在于一物体中,语法知识存在于某一个人的心灵中,等等。总之,亚里士多德认为,实体在任何意义上都是第一的:在定义上它是第一的,因为在每一个词的定义里,必须出现它的实体的定义;在认识顺序上它也是第一的,因为只有当我们知道一样东西"是什么"的时候,我们才能说对这样东西认识得最完全;在时间上这也是第一的,因为只有实体才能够独立存在,其他范畴(表示数量或性质等)没有哪一个是能独立存在的。

亚里士多德还进一步对实体做了第一和第二之分。所谓第一实体仅指客观存在的个别事物,指某个个体,具体的单个事物,如苏格拉底这个具体的人,或一匹马,一座房屋等。所谓第二实体则是指个别事物所属于的(或者说包含了个别事物的)种或属,例如苏格拉底所属于的"人"和人们所属于的种"动物"。亚里士多德认为,第一实体是最真实存在的东西,可以最得当地被称为实体,因为第一实体"是其他一切东西的基础,而其他一切东西或者是被用来述说它们,或者是存在于它们里面"①。至于第二实体(种和属)虽然也是实体,但它们的实体性不如个别事物,因为它们是可以用来表达个体的,也就是成为判断(或命题)的宾词,而第一实体是不能用来表述任何东西,不能成为任何判断或命题的宾词的。

亚里士多德关于第一实体的学说表明他把个别事物,把自然界看作真实的、客观存在的、不依赖于人的意识的;换句话说,在他看来,第一性的东西是物质的(个体)而不是精神的(理念)。他所谓的第二实体实际上就是普遍的、一般的东西,但他并没有把事物的共相、本质看作超自然的东西,而是把它们看作是与客观世界的个别事物(第一实体)有着密切的联系。这显然是一种朴素唯物主义的观点。不仅如此,亚里士多德还认为,实体是能有所变化的。由于实体自身的变化,因而同一实体在不同情况下会具有相反的性质。例如,同一个人有时白有时黑,有时健康有时生病,有时好有时坏。这种看法包含着辩证法的因素。

但是,亚里士多德实体说中的唯物主义观点是很不彻底的。在《形而上学》中,亚里士多德把实体说和"四因说""质料""形式"说联系起来。他一方面提出质料、形式以及二者的结合(个体)都是实体,另一方面又强调形式是最后的最根本的实体,是"现实实体",形式是第一实体。这样,亚里士多德就背离了个体是第一实体的朴素唯物主义观点,而趋向柏拉图式的唯心主义。

---

①亚里士多德.范畴篇[M].方书春,译.北京:商务印书馆,1959:13.

可见，亚里士多德的实体说具有两面性，当他肯定具体事物是真实存在的"第一实体"时，他是唯物主义的；当他概括以前各派的哲学思想，试图全面地说明事物存在或产生的原因时，把"质料因""形式因""动力因""目的因"四种原因并列和结合在一起，这种折中主义标志着他开始离开完整的唯物主义而向唯心主义动摇；当他肯定事物都由"形式"和"质料"构成，并认为"形式"同时是事物的目的因和动力因，因此是积极的、能动的因素，而"质料"即物质则是消极的、被动的因素时，他就已经动摇到形式决定质料和自然事物也有某种心智安排的合目的性的唯心主义观点去了；当他最后得出形式是最后的最根本的实体的结论时，他就终于完全陷入了唯心主义。

## 二、唯心主义实在论思想的古典形式

哲学就是要探求事物的一般共性，也就是寻求事物的本质和规律。但这种一般共性又不能脱离具体事物而独立存在。然而，以柏拉图为代表的唯心主义哲学家企图从具体事物，从许多个别之中寻求一般共性，但是，他们把事物的一般概念绝对化、客观化，把它们变成脱离具体事物并且先于事物而独立存在的精神实体。这就完全割裂了一般与个别、普遍与特殊、共性与个性的关系。

柏拉图直接接过了苏格拉底的全部唯心主义哲学思想，使之和毕达哥拉斯学派和爱利亚学派的唯心主义传统结合起来，加以发展，创立了庞大的客观唯心主义体系——"理念论"。柏拉图认为，我们的感官所感知到的一切事物都像赫拉克利特所说的那样是变动不居的，因而都是不真实的；真正实在的东西就是绝对的永恒不变的概念，它是独立存在于事物和人心之外的实在。柏拉图把各类具体事物的共同性质（"一般"）抽象出来所形成的一切的类概念或一般概念客观化、绝对化，把它们看成是自身独立存在的精神实体，并且是比具体事物更实在的东西，这就是他所说的"理念"。在柏拉图看来，所有的理念构成了一个客观独立存在的世界，即理念世界，这是唯一的"真实存在"。至于我们感官所接触到的具体事物所构成的世界，是不真实的虚幻的世界，是从"理念世界"中派生出来的。

那么，柏拉图所发现的这种"真实存在"（即理念）与我们的感官所接触到的个别事物之间是什么关系呢？柏拉图吸取了"摹仿说"，并且提出了"分有说"。所谓"摹仿说"，就是认为理念是不变不动的"原型"，具体事物是摹仿这个原型而来的"摹本"，所以个别事物只是其理念的不完善的"摹本"或影子，就如毕达哥拉斯派把万物看作"数"的"摹本"一样。所谓"分有说"是说个别事物之所以存在，是因为它们分有了"理念"。我们所看到的这匹马，那匹马，都不过是"马"这个理念的"摹本"或"影子"。现实世界中的万事万物都是理念世界的摹本，是"分有"理念世界的结果。柏拉图还提出，理念除了作为原型为事物所"分有"外，同样也是具体事物所要追求的目的。各类具体事物的理念分别构成了那一类事物所追求的目的。具体事物要想达到它，但永远不能达到，因为它是绝对的、永恒的，而具体事物总是相对的、流逝的。而统率一切理念的最高理念，即柏拉图所谓的"善"的理念，则是所有一切事物都共同追求的最高目的。

柏拉图认为,理念是万物的原型,是本体。那么,宇宙万物究竟如何从理念派生出来呢?在柏拉图看来,理念是真实的存在,具体事物则是不真实的。但具体事物又是"分有了"理念的,所以它们可以说是半实在、半虚幻的,或者说是存在与非存在的结合。柏拉图认为,一方面有绝对的"存在"即理念,另一方面有绝对的"非存在"即原始混沌的无形无状的"物质"。理念的模型印刻于这混沌的"物质"之上,便形成宇宙万物,即我们的感知对象。所以万物是"存在"与"非存在"两者的结合。但是,这个结合是如何实现的呢?不动不变的理念何以能将其模样印刻在"物质"之上呢?柏拉图捏造了一个所谓"巨匠"或造物主。他认为,巨匠或造物主以理念世界为蓝本或模型,以善的理念为指导,将各种理念的模样加诸原始混沌的"物质",使之成为一个有秩序的世界。这是一个变动不居的世界,它既存在又不存在,因为它既有理念参与其中,但又不仅仅是理念的摹本。

柏拉图的理念论把精神性的实体"理念"看作万物的本原,理念独立存在于一切事物和人之外,理念是永恒不变的"真正的实在",理念世界是原型,是第一性的,是起决定作用的,而物质世界或具体事物世界则是第二性的,是由理念世界派生出来的。这就完全颠倒了思维和存在的关系,它和古希腊的朴素唯物主义正相对立,是地地道道的客观唯心主义。

## 第二节　中国古代哲学的若干实在论观点

在中国古代哲学中,各个学派的思想家们围绕着什么是真实性的、本质性的存在,展开了激烈的争论,建立起了一个个不同的"实在"概念,其中,"太极说""道本论""气论"是中国古代哲学实在论的几种典型观点。

### 一、太极说

在中国哲学史上,《易传》第一次提出了"太极"这个概念。《易传》提出宇宙的原始是所谓"太极"。"太极"产生天地、阴阳,则称为"两仪"。这个"太极",就是未成气形之前的宇宙端处。

真正提出并系统阐述"太极说"的是北宋哲学家周敦颐,他在当时儒、佛、道合流的形势下,对《老子》的"无极"、《易传》的"太极"、《中庸》的"诚"以及五行阴阳学说等思想资料进行了熔铸改造,提出了"无极而有极"的哲学实在论观点。

世界的多样性及其统一性是中国哲学史上长期争论的一个复杂问题。周敦颐通过"一"与"万"的关系问题重新把这个问题提出来,把本体论的哲学争论推进到一个新的阶段。他说:"二气五行,化生万物。五殊二实,二本则一。是万为一,一实万分。万一各正,小大有定"(《通书·理性命》)。这里"万"指事物的多样性,"一"指多样性的统一性。"是万为一"指事物的多样性具有统一性。"一实为万"指统一的本原的实体分化为千差万别的特殊物体。

总起来看,他认为,"万物"是从水、火、木、金、土五种特殊实物变化而来的,五种特殊实物是从阴阳二气变化而来的,阴阳二气又是从"一"变化而来的。他所谓"一",就是《老子》第二十八章中"复归于无极"的"无极"和《易·系辞传》中"易有太极,是生两仪"的"太极"。把"无极"和"太极"两个哲学范畴统一起来,重新对本原的实体进行哲学加工,显示了周敦颐"合老庄于儒"、融合儒道唯心主义的新动向。

周敦颐运用两推法来说明"一"与"万"的统一关系。一方面,从一到万,从本体到现象:"无极而太极。太极动而生阳,动极而静,静而生阴,静极复动。一动一静,互为其根。分阴分阳,两仪立焉。阳变阴合而生水、火、木、金、土,五气顺布,四时行焉"(《太极图说》)。其顺序为:无极"太极"→阴阳→五行→万物。另一方面,从万到一,从现象到本体:"五行——阴阳也,阴阳——太极也,太极本无极也"(《太极图说》)。其顺序为:万物→五行→阴阳→无极(太极)。把两者结合起来,就是:"无极之真,二五之精,妙合而凝。乾道成男,坤道成女,二气交感,化生万物。万物生生而变化无穷焉"(《太极图说》)。

从上述所引材料可以看出,周敦颐的宇宙模式论虽然杂糅了物化论(万物生生而变化无穷)、阴阳五行学说(二五之精)的思想,但仍然归其本于无极(太极),贯彻的是老子"天下万物生于有,有生于无"[①](《老子》第四十章)的哲学思想。不过,他把无极和太极二者结合起来规定了本原的实体特征,显示了道学开创者的理论思想水平。一方面,"无极而太极",说的是无极虽可名之为无,但无中生有,其名为太极。因此,无极不是绝对的空;另一方面,"太极本无极",说的是太极虽可明知为有,但有本于无,其名为无极。因此,太极又不是具体的无。周敦颐把本原的实在规定为实有而非无、本无而不空的绝对体,是对以往哲学思辨的理论总结,表示他力图克服玄学、佛学空无本体论的理论局限,为唯心主义在本体论上开辟新的途径。

## 二、道本论

在先秦时期的著名学派中,阴阳、儒、墨、道家等围绕着天道观问题,展开了激烈的争论。《老子》是道家后学根据老聃(道家创始人)的思想言论记述而成的著作。《老子》一书中第一次提出了关于"道"的学说,把"道"作为最高的实体范畴,用以说明世界万物产生的根源及其运动变化的规律性问题。"道"又是人类社会所必须遵循的准则,是事物本原、本质和规律的总称,从而形成了以"道"为核心的"道本论"实在论观点。

"道"本来是道路的道,后来引申为具有规律、规范的意味。春秋时期,人们已用"道"来表示自然天象的运行规律以及人类社会的行动准则,如"天道""人道"等。老子是第一个把"道"作为哲学的最高范畴,把"道"看成是世界万物的总根源给以系统的哲学论证的人。

关于《老子》的"道"的内涵,主要有如下几个方面:第一,"道"是看不见、听不到、摸不着

---

[①] 汤漳平.老子[M].王朝华,译注.北京:中华书局,2012:289.

的，即是无形、无声、无体的超感知的东西。第二，"道"是不分上下、不辨明暗、不见前后的无分别的状态，它是无形、无状、无象的"惚恍"，最终是归于"无物"。第三，"道"是不能感知的虚无，所谓"道中而用之或不盈。渊兮，似万物之宗"，即"道"是虚无，但它却渊深得用不完，好像万物的宗祖。第四，天地万物始终是生于"无"，这个"无"就是"道"，"无"在《老子》书中又是"道"的一种表述。可见，《老子》的"道"，没有任何物质的内容和特性，不能为人的感知所反映和认识，是一个唯心主义的虚构。

所以在《老子》的"道"的内涵中，一方面提到"其中有象""其中有物""其中有精，其精甚真"，指的是带有物质属性的实体。但另一方面它所说的"道"，又是一种恍惚不定、不可捉摸的东西，虽说其中好像有某种形象，又好像有某种细微的实物存在，这只不过是形容"道"的恍惚幽深情况而已。

关于"道"的内涵，虽然在《老子》书中说得含糊不清，陷于精神和物质没有明确区分的混沌状态，带有自我矛盾的两重性，但它能概括出一个最高实体的"道"作为世界万物的本原，并从总体上说明宇宙的构成问题，提出了宇宙万物的生成模式和"道"在这一过程中所起的作用。《老子》中典型的命题是：

"道生一，一生二，二生三，三生万物。万物负阴而抱阳，冲气以为和。"（《第四十二章》）

"道生之，德畜之，物形之，势成之。是以万物莫不尊道而贵德。道之尊，德之贵，夫莫之命而常自然。"（《第五十一章》）

"道大，天大，地大，人亦大。域中有四大，而人居其一焉。人法地，地法天，天法道，道法自然。"（《第二十五章》）

这里老子对宇宙万物的生成做出说明，认为是道生万物。至于"道"是怎样进行活动和遵循什么样的法则来行事？老子提出了"道法自然"的著名命题。他认为"道"没有超出自然而成为自然的主宰，还要"法自然"，遵守自然的法则。可见老子所谓的"道"，是对自然界本身所固有的本原及其规律性的概括。总之，《老子》用"道"这样一个最高实体从总体上说明宇宙万物的本原和统一，比起仅用自然的特殊实物（如五行学说的水、火、木、金、土和八卦学说的天、地、风、雷、水、火、山、泽）的性质和作用来说明事物的多样性及其统一性的原始唯物主义观点，是人类认识的深化。因此，《老子》书中形成了以"道"为最高实体的哲学实在论，从人类理论思维的进程来看，它是比前人有所突破；但从它还未构成具有完整意义的唯物主义或唯心主义一元论的哲学形态来看，又还处在比较低级的阶段。就思维途径说，《老子》试图从具体实物（器，万物）的多样性及其变化的复杂性，抽象出统一的"道"，其出发点是唯物的，承认了"道"的实有性。但沿着从具体到抽象，从特殊到一般，从实物到本根的思维途径，又终于使"道"的抽象脱离了现实世界而成为"先天地生"的"无物"或"不可致诘"的"恍惚"，其归宿点又陷入了唯心主义，抽空了"道"的实有性而成为派生万有的"无"。这就是《老子》的"道本论"实在论给后世的哲学思维留下的经验教训和启发。

### 三、气论

在中国哲学史上,北宋哲学家张载在批判佛、道的理论斗争中,恢复了气一元论的权威,创立了"气化论"的唯物主义实在论体系。

张载在反佛理论斗争中,善于概括时代自然科学的新成就,把唯物主义和科学实践知识结合起来,来论证自己的唯物主义自然观;他恢复了唯物主义的"气"概念,并做出了新的发挥;同时,深研《易》学,汲取古代的辩证思想,创立起自己的"气化论",明确地把"凡有皆象,凡象皆气"(《易说》下)的唯物论与"动必有机,动非自外"(《正蒙·参两》)的辩证法结合起来,得出了"知虚空即气则无'无'"(《正蒙·太和》)的结论,从而对于玄学、佛学、道学等在物质世界之上别立一个超自然的本体唯心主义宇宙观,给予理论上的有力驳斥。

张载抓住"虚"和"气"的关系问题,既批判了玄学化了的道教所谓虚生气、无生有的观点,又驳斥了佛教把现象(形、物)和本体(性、虚)割裂而把客观世界看作是主观幻觉的谬论;他指出所谓虚和物、无和有,事实上是统一的,统一于气,无形的"虚"和有形的"物"都是气的存在形态。进而他分析唯心主义本体论思辨的产生,是由于略知关于本体的抽象而把本体看作是无规定性(无自形)的虚空,不知道"虚空即气";乃至把个人的狭小意识作为产生天地的因缘,而把看不到的虚空作为唯一的真实,眼前的世界反而成了幻化。这是由于不了解有形的"明"与无形的"幽"不过是气的聚散,"范围天地"的阴阳二气的变化,是贯通天地人的根本规律,他们反而去臆想一个超有形的本体——"虚无"。这样,儒家的道学也就和佛教、玄学在唯心主义的思潮中"混然一途"了。

张载在批判了玄学、佛教之后,系统地阐述了他的"太虚即气"的唯物主义本体论思想。张载认为:整个世界统一于气,气是万物所构成的共同物质实体,无形的太虚,有形的万物,乃是同一物质实体——气的两种存在形态。他说:

"太虚无形,气之本体,其聚其散,变化之客形尔。"

"气之为物,散入无形,适得吾体;聚为有象,不失吾常。太虚不能无气,气不能不聚而为万物,万物不能不散而为太虚。循是出入,是皆不得已而然也。"(《正蒙·太和》)

"太虚"被看作是"气"散而未聚的本然状态,万物则是"气"暂时凝聚的"客形"。所谓"客形",既指具体实物作为认识对象,具有客观性;也指一切实物作为物质运动形态,具有变化性。至于"气之本体",却虽有聚散,而没有生灭。所以说:

"气聚,则离明得施而有形,气不聚,则离明不得施而无形。方其聚也,安得不谓之客;方其散也,安得遽谓之无!"

"气之聚散于太虚,犹冰凝释于水。知太虚即气则无'无'!……诸子浅妄,有有无之分,非穷理之学也。"(《正蒙·太和》)

"太虚"和其中万物的关系,喻为水和冰的关系。用气的聚散代替所谓"有无之分"。所谓"有、无""隐、显"的区别,只是统一于气化过程中的物质存在的不同形态,达到了物质不灭的臆测。因而,"凡有皆象,凡象皆气",根本没有一个脱离物质存在的"无"。

气既然贯通有无,气范围便具有更大的普遍性,不只包括有形的万物,也包括无形的太虚。太虚,作为"气之本体",同样是客观存在。通过虚和气的统一,它力图形成关于物质实体的抽象。一方面,气如"姻缊""野马"(游气,实指呼吸的空气或细微的物质原子),具有具体实物性;另一方面,"有气方有象。虽未形,不害象在其中"(《易说》)。这样的气,"散则万殊""合则混然""形聚为物,形溃反源"(《正蒙·乾称》),多少摆脱了具体实物的观念。

此外,张载从气一元论的前提出发,提出了"一物两体"的朴素辩证法,进一步丰富了唯物主义气本论。他说:"一物两体,气也。一故神,两故化,此天之所以参也。"(《正蒙·参两》)。就是说,气是统一的物质实体,但包括内在矛盾。"两"是矛盾的对立面,"一"是矛盾的统一性,"参"是"合两",即指矛盾既对立又统一。其所以说"一故神",是因为只有在统一体中才有阴阳相感的变化之机(两在故不测);其所以说"两故化",是因为阴阳相感才使统一体推移变化(推行于一)。这就是"一物两体"的气在运动变化过程中所表现出的固有规律。

综上所述,以张载为代表的唯物主义哲学家继承发展了气一元论的传统。他把"虚空即气"的自然观与"一物两体""动非自外"的朴素辩证法结合起来,提出了"知太虚即气,则无无"的光辉命题,系统地阐明了"气论"实在观,从根本上动摇了唯心主义本体论于物质世界之外虚构精神本体(如玄学的"以无为本",佛学的"以心法起灭天地",周敦颐的"无极而太极",邵雍的"象数生器"以及二程的"有理则有气"等)的理论基础,把唯物主义本体论推向了一个新的高峰。

## 第三节 科学与实在问题

20世纪以来,科学技术的发展对社会经济文化的发展起着愈来愈重要的作用。科学上的重大发现和技术上的重大发明都会引起人们的世界图景的变化。所以关于科学发展与进步也就日益成为哲学所讨论的重要问题。例如,科学的根本目的是什么?科学理论是否反映客观真理?如何在科学认识的领域中理解实在论的观点?如何坚持实在论?这些主要的科学哲学问题就构成了科学实在论的基本问题。虽然在不同的时期、不同的流派、不同的科学哲学家那里,实在论的观点和方法并不完全一致,他们给予科学实在论的意义也不尽相同,但是,他们都必须回答一个共同的问题,即科学理论中的理论实体的本体论地位问题。

科学实在论是由劳伊·伍德·塞拉斯的自然主义发展而来的一种具有明显唯物主义倾向的科学哲学流派,它产生于20世纪60年代的美国,后逐渐流行于西方世界。尤其需要说明的是,西方科学实在论的进一步发展是在与反实在论的争论中实现的。科学实在论的创始人是劳伊·伍德·塞拉斯和威尔费雷德·塞拉斯,其他代表人物还有普特南等。反实在论的代表人物是劳丹。

## 一、科学实在论的基本观点

威尔费雷德·塞拉斯是美国科学实在论的创始人和重要代表人物；早年深受其父亲劳伊·伍德·塞拉斯的物理实在论思想的影响，年轻时读过马克思主义的著作，曾在明尼苏达大学、耶鲁大学任教；曾任美国哲学协会东部分会主席，是美国科学院院士，写有大量的著作和论文，主要有《科学、知觉和实在》《科学与形而上学：康德主题变奏曲》等，其中的一些基本思想表达了科学实在论的基本观点。

"科学是万物的尺度"是威尔费雷德·塞拉斯从他的唯物主义立场出发提出的一个重要口号。威尔费雷德·塞拉斯高举"科学实在论"的旗帜，坚持唯物主义的观点，反对流行于现代西方的形形色色的主观经验主义和相对主义。这些主观经验主义者和相对主义者，从其错误的立场出发，宣扬古希腊哲学家普罗泰戈拉的"人是万物的尺度"的口号，宣扬真理的"纯粹主观性和相对性"，宣扬外部世界的不可认识。威尔费雷德·塞拉斯对此针锋相对地提出了"科学是万物的尺度"的口号。他认为，对于描述和解释世界来说，科学是万物的尺度，它是判定一切事物存在或非存在的尺度。这意思是说，客观世界是真实存在的，科学真理是对客观世界的描述和解释。科学的成果证明了，并不断证明着物质世界的客观存在是无可怀疑的。由于塞拉斯着重从科学认识的成就方面来论证客观世界的存在，因而他的理论被称为"科学实在论"。并且他立足于科学实在论的立场，试图将所有的哲学领域系统地结合起来。尤其是他的知识实在论思想，从对理论框架、观察框架、对应原则以及认识真理的分析中，重新解释和确定了理论和观察知识在科学认识中的地位，为以后的研究开启了一条科学实在论探索的新路途。

在塞拉斯看来，科学实在论不是一种教条或口号，而是一种可被逻辑地加以分析和证实的哲学运动。他的知识实在论的基本观点，就是在对"理论框架"的详尽的语义分析过程中，具体地阐述出来的。他认为理论框架的本质特征如下。

(1)理论框架是具有确定语义规则的概念整体。一个科学理论就是一个解释框架。在科学理论及其解释框架之间的这种等价的"合法性"，产生了塞拉斯具体分析理论的复杂性。首先，一个框架就是一个前后相关的、多要素的结构网络，在这个网络中进行、完成和实现着各种类型的语义分析过程。其次，在一个理论框架中，包含着理论概念的陈述被阐释和运用的具体过程和方式。因此，这个框架需要一个可行的语言和概念系统，以便能够利用它们组织资料，从而形成这一给定框架的某种确定的特征。第三，任一理论框架均有其确定的语义规则，这些规则决定了这一框架的内在解释域。

(2)任何理论术语都具有本体论的意义。当塞拉斯运用语义分析的方法对理论谓词进行实在论的探索时，他首先以理论谓词具有"可翻译"的意义这一极其明显的观点作为研究的起端。这就是说，各种理论均可从一种语言翻译成为另一种语言。事实上，这是一个似浅实深的极其重要的问题。因为这不仅仅是一种语言形式上的变换,更重要的在于它表示了一种有"意义"的概念。在理论的解释中,当确定了理论谓词所具有的意义之后,更重要的问题就在于这些概念表示了什么,即事实上它所涉及的实体是什么。对此,塞拉斯认为,一个具有指称的理论术语必须满足两个条件:第一,对于特定的对象来说,这一术语必须是一个适当的普通名词;第二,必须存在由这一术语所指称的公认的实体。

(3) 理论实体的存在是客观的。是否存在理论实体? 或者说,是否存在由那些理论术语所阐述的(内含的)公认的实体呢? 塞拉斯指出,假定我们所提到的理论实体是分子,那么,根据我们目前的分析,我们可以断言分子是存在的,就在于知道和满足了由普通名词"分子"所指称的公认的客观实体,即:(A):$(EX)_X$ 是 $P_1 \cdots P_n$。

在这里,$P_1 \cdots P_n$ 是作为一个分子的标准,(A)是一个理论(如气体动力学)中的一个陈述。

根据塞拉斯的观点,理论的解释与特定实体的存在是统一的。一个"好"的理论是对现象进行解释的前提,而实体的存在则是对现象进行解释的根据。

(4) 科学实在论的本体论观点是普遍的非条件的命题。塞拉斯认为,科学的方法是阐述发生于世界中的客观事物的最好方式。我们从科学的解释力与其本体论意义之间的内在关系也可看出,科学是最好的阐释实在的源泉。因为,塞拉斯从最广泛、最普遍的科学方法论的意义上,认为科学实在论的本体论观点是一种对实在进行解释和判断的非条件命题,而不是针对具体物质存在形式(如原子、波)的条件命题。

威尔费雷德·塞拉斯坚持知识(认识)是外部世界映象的唯物主义认识论。他把人的认识的映象分为两类:"常识(明显)的映象"和"科学(假设)的映象"。"常识的映象"就是由人的感官知觉所直接感知的,具有色香味声的大地河山、风花雪月等有关外部世界的现象的知识,它们是人们直接观察或经验的结果;而"科学的映象"则是在上述知识基础上运用复杂的逻辑思维和想象力的结果,它们是根据假设性的理论构造出来的,是思维理想化了的知识。他认为存在着两种理想的构造物:一种是对"原初映象"所作的关系的提炼和范畴的提炼,这种提炼被称为明显的映象;另一种是从假设性的理论结构的成果中推演得出的,这被称为科学的映象。这两者都是对外部世界的描述和解释,因而都是外部世界的映象。不过,塞拉斯认为,这两种映象自身还是有区别的。如果从方法的角度考察,常识的映象优越于科学的映象,因为它是科学的基础,离开了常识映象,就不可能有任何科学知识。但是,如果从本体论的角度考察,则科学的映象就优越于常识的映象。只有科学映象才是世界的最小单位:基本粒子的描述。对基本粒子的描述是真实的描述;相对于此,常识的映象是不真实的,因为它不是对事物的基本构成的描述。

威尔费雷德·塞拉斯提出两种映象的理论是为了适应20世纪以来现代自然科学发展的需要。因为自20世纪以来,科学认识已进入微观世界,并不断深入物质结构的更深层次。微观客体不能直接感受,却是真实存在的;而现象世界虽能够为人的感官直接感受却可能是映象。但是我们以后会理解到,现象和本质是辩证统一的,它们都是客观存在的。但塞拉斯并不这样认为,他不能理解两者的辩证统一,从而得出了宏观的物理客体并不存在,而只有微观客体才真实存在的结论,这显然是错误的。不过,尽管如此,他的科学实在论在本质上是唯物主义的。

## 二、反实在论的代表人物及其观点

要了解科学实在论,必须了解作为其对立面的反实在论的基本观点。这个方面的主要代表人物是拉里·劳丹。

拉里·劳丹是当代美国最有影响的科学哲学家之一。他在普林斯顿获哲学博士学位,曾任匹兹堡大学科学史和科学哲学系主任,其代表作是《进步及其问题》。拉里·劳丹认为科学问题解决能力的提高意味着科学的进步。不重视科学是否反映客观现实和其规律,或者认为这个问题无法解决,都体现了一种反实在论的科学观,与科学实在论形成鲜明的对立。科学实在论认为,科学进步首先反映在其反映客观真理的深度增加了,而不能仅看其实用性;科学的根本目的在于日益接近客观存在的真理,在于力图深入理解客观存在的本性和规律;科学理论的评价标准也在于这个理论反映真理的程度和准确性。但是,拉里·劳丹作为反实在论的代表人物,却用"解决问题模式"抛弃了追求真理这一科学的根本目的。

拉里·劳丹虽然肯定科学事业在不断进步,但反对将客观真理作为前进的远大目标,他把"解决问题"当作科学前进的目标。拉里·劳丹的科学观视"解决问题"为科学进步的基本单位;并且认为科学进步表现在解决问题效力的提高上。拉里·劳丹用"解决问题"去代替追求真理的核心概念,把"解决问题"看成是科学事业的目的、标准、手段和动力,"解决问题"决定一切。他认为一个理论可以不问真伪,不必经过证实,只要它解决问题就行。这样就抛开了真理的概念。

科学实在论者认为,正确的科学理论和内容是表述外部世界的。正因为它们正确地表述了外部世界,所以它们在科学实践中的应用才得以成功。但是拉里·劳丹却反驳说:有许多被科学实在论者认为是并不表述外部世界的错误理论,在科学史上却可能是一度成功的。如天文学中的地心说,虽然是并不正确表述客观事实的正确理论,但是在科学发展的历史上都曾一度成功地解释过许多经验现象,反之,有许多被科学实在论者公认为正确表述客观世界的科学理论,在其发展的一定阶段上,都可能是不成功的,如18世纪20年代的光的波动说,在当时却不能成功地解释光的粒子性现象。因此,劳丹认为不如把唯物主义的真理符合论改成实用主义的有用真理论,即真理(正确理论)不是认识与客观实在相符合,而是在应用中有用。他认为在应用中有效、有用、能解决问题的就是正确的科学理论。

其实,拉里·劳丹的这种解释完全是错误的。众所周知,地心说之所以在中世纪以前能正确地解释一些天文现象,从而获得一定的成功,这是由于它正确地反映了人们在地球表面上观察天文运行的现象,但是它歪曲地反映了地球绕太阳运行这一本质性的事实。因而当人们的认识进一步从事情的现象深入到其本质时,它就被日心说所代替。又如光的波动说虽然在18世纪20年代不能解释光的粒子性行为,即折射及反射现象,却可以成功地解释光的波动行为,即衍射、绕射现象。这是由于它正确地表述了光的波动性这一内容,虽然它忽略了光的微粒性这一重要内容。因而拉里·劳丹所列举的一些科学史事实并不支持有用真理论,恰恰相反,证明了科学实在论的基本观点。

### 三、逼真实在论和整体实在论

劳丹在20世纪70年代对科学实在论的批判和对实用主义科学真理观的宣扬,引起了许多科学实在论者对他的批判,从而促进了科学实在论的发展,大大加强了科学实在论的理论影响,使唯物主义因素在西方科学哲学中明显加强,科学实在论也出现了一些不同的观点和理论。

1. 普特南的逼真(收敛)实在论

希拉里·普特南是美国逻辑学家、科学家、哲学家,是科学实在论的一个著名代表人物。他早年在洛杉矶加州大学求学,获博士学位;后在普林斯顿大学、麻省理工学院任教,著有《理性、真理和历史》等著作。

普特南认为应坚持下列三原则:①成熟科学的语词是有指称的;②成熟科学的理论、定理是近似真的,后继的理论具有先驱理论的极限情况;③前后相继的科学理论具有共同的指称。这就是说,科学理论是表述客观世界的,科学理论又是不断进步的,它所表述的内容日益逼近客观世界。由于这种理论肯定科学理论的进步日益逼近地表述客观世界,因而被称为逼真实在论或收敛实在论。

普特南的逼真实在论承认真理的客观性。他反复强调科学理论的任务在于表述外部世界。他认为决定每一个科学命题的真或假,不是人们的主观感觉,也不是人们的内心结构或语言,而是外在的事物。外在的事物是实在的东西,只有坚持科学实在论的真理论才能把科学研究引上正确的道路。普特南的逼真实在论的要旨在于要求一个新理论逐步接近客观对象,亦即逐步"收敛"而接近客观真理。普特南认为,只承认实验科学(特别是物理)才有客观实在的对应物是狭义的科学实在论,还必须承认非经验科学(特别是数学)也可能有其客观实在的对应物,不过其对应关系比较复杂而已。

但是,应该说明,普特南的科学实在论的唯物主义立场是不彻底的。他认为,客观世界虽在我们经验之外真实地存在着,但人的认识能力只能涉及经验的范围,人只能同观念化了的世界形象打交道。可见,普特南并没有从根本上摆脱经验主义的影响。

2. 奎因的整体实在论

维勒德·冯·欧·奎因是美国逻辑学家和哲学家。他年轻时在奥柏林大学学习数学,后进哈佛大学学习,在怀海德·刘易士门下研究数理逻辑,获博士学位,毕业后在哈佛大学任教,主要著作有《从逻辑的观点看》等。

奎因与普特南相比更强调科学理论与客观实在之间对应关系的复杂性，据此他提出了整体主义的科学观。他的整体主义科学观直接与逻辑实证论者主张的分析主义相对立。逻辑实证论者认为，科学是一个命题系统，它是由许多能各自独立地被经验证实或证伪的原子句子的砖瓦所构成的大厦。科学哲学的任务就是采用分析的方法，把科学的命题系统分解为各自孤立的原子命题，从而对它逐个进行分析和认识。奎因反对这种见解，主张整体主义科学观。他认为，科学是一个由许多相联系、彼此影响的命题和原理所组成的经纬交错的大网络或力场。这个网络或力场的四周与经验事实直接接壤。处于网络边缘的是政治、历史、医学、工程学等具体科学和应用科学，它们与经验事实直接联系着。处于网络内层的是物理、化学等理论科学，数学和逻辑则处于网络中心。他认为我们所谓的知识（或信念）是一个统一的整体，从最偶然的地理和历史事件的知识，到深刻的原子物理学规律，乃至最纯粹的数学的逻辑规则，它们组成一个人造的大网络，这个网络的边缘与经验紧密接触。

奎因认为，经验事实是变动不居的，科学理论的大网络则随经验事实的变化而变化，但是它的各个部分的变化程度是不一样的。处于网络边缘的政治、历史、医学、工程学等具体学科和应用科学，由于与经验事实紧密连接，就十分敏锐地随着经验事实的变化而变化。处于网络内层的物理、化学、生物等理论科学，它们不与经验事实直接接触，但受经验事实的间接影响，从而随经验事实与应用科学的变化而发生相应的变化。高度抽象的数学和逻辑学则处于整个网络的中心地位，它们远离经验事实，但绝不是与经验事实无关的永恒真理，而是通过理论科学与应用科学的多层中介，与经验事实间接联系着。当理论科学、应用科学因经验事实的变化而发生巨大变化时，数学和逻辑也会因而发生变化。

从整体主义的观点讨论科学理论与客观实在的关系，奎因反对把检验真理的知识单位归结为单个命题。他认为，由于科学是各种命题、原理、理论相联系的大网络，人们不能以单个命题或单个原理为单位各自检验它们的真假性。当某一命题或理论与经验事实发生冲突时，人们无法判定是该命题（理论）错了，还是周围与它相联系的其他命题（理论）错了。因为人们可以任意调整其周围的命题和理论以保持它的真值。奎因认为具有经验意义的单位不应该是单个句子，而应该是科学整体，谈论个别句子的经验内容会使人误入歧途。这是因为，奎因认为科学理论与客观实在的对应关系是复杂的。他所提出的整体实在论又称网形实在论，他以晒鱼网作生动的比喻。一个大渔网只由若干柱子支撑起来，而不是渔网上每根网绳和每个网结都直接与地面相连接。整个渔网好比理论，地面好比客观实在。断定理论与实在的对应关系，只根据这个理论有若干重要"理论支柱"，有其客观对应物即可，而不必要求这个理论的一切构成部分都与客观实在"一一对应"。科学理论与客观实际是否对应要着眼于整体，而不能计较每个局部。"一一对应"不符合实际情况，而且会妨碍科学家发挥科学想象力。

奎因虽然从整体意义上强调科学理论与客观实在的对应，但是考察这种对应关系的准则是理论的实用性,他认为,任何一个理论,只要它在应对环境时有用,它就是真理;否则就是假的,显然奎因所接受的是实用主义真理观。

### 四、科学实在论的总体特点

通过简要介绍,可以看到,科学实在论在总体上是具有明显唯物主义和辩证法倾向的哲学流派。例如塞拉斯认为科学真理是对客观世界的描述和解释,坚持知识是外部世界映象的唯物主义认识论;普特南认为科学理论是不断进步的,它所表述的内容日益逼近客观世界;奎因强调科学理论和客观实在之间的对应关系。但是也要看到科学实在论中也有很多非马克思主义的理论因素,甚至有些论者的基本立场就是非马克思主义的,例如奎因就是逻辑实用主义的立场。然而在科学实在论者当中也有反对实用主义立场的人,他们对科学、实在与真理的关系给以唯物主义的说明。例如,普特南就主张科学能够反映实在,科学的进步不能只看它的实用性,必须承认科学日益接近客观真理。另外,科学实在论也是在反对非实在论的过程中发展起来的。

科学实在论者所关心的核心问题是:科学(或者理性)、实在与真理的关系问题。在这个问题上科学实在论者内部不仅有各种理论说明,而且外部与非实在论者也存在着斗争、争论。究竟科学是对实在的描述,还是预见事物的工具,实在论者与工具主义者存在着分歧;人的知识是仅限于感觉经验,还是也包含对感觉经验背后的实在的理解,实在论者与实证主义者也存在着对立。

尽管不同形式的科学实在论侧重不同,表述不同,显示了它们各自独到的特征和特点,但是它们是统一的而不是相互排斥的,在各自特殊的形式中蕴含着内在的一致。因此,就一般的科学哲学家们所理解的科学实在论来说,从总体上具有如下观点如下:科学理论所描述的实体是独立于我们的思想或理论的信仰而客观的存在着的;科学理论应当实在地被解释或说明,而不能停留在理论词语上仅仅做概念化的描述;被实在地解释的科学理论是可证实的;一个理论接近真理是对其预言成功的最充分的解释,而一个理论的预言成功则是其核心术语的产的可参照性成功的证据;科学的目的在于探索一种确定的和真正的对物理世界的说明,而且它的成功将由它朝向取得这一目的之进来评价,也就是说科学的经验的成功相应地提供了对实在论的经验证实和逻辑证明。

科学实在论作为当代西方科学哲学中的一个活跃流派,坚持哲学与科学、科学史相结合的优良传统,在批判逻辑经验主义的过程中弘扬了唯物主义,也揭示了许多认识过程中的辩证法思想。在关于科学与客观实在的关系、科学的本质与合理性、科学理论的价值评价,科学的结构与发展的模式,科学共同体的社会作用等方面的研究中都产生了许多极有价值的思想和富有挑战性的观点,这些对于当代马克思主义哲学的发展都具有十分积极的意义。科学实在论的很多代表人物,有些就是不自觉的自然科学唯物主义者,有些人的观点与马克思主义的认识论观点是非常接近的。我们用马克思主义的立场、观点、方法对所有这些问题进行具体而深入的分析,吸收其合理精华,去其糟粕,必然有助于马克思主义哲学的发展。

## 第四节　信息与实在论问题

20世纪以来,信息科学技术的迅速发展突出了信息问题的研究,把物质、能量和信息理解为三个相对独立的存在状态已成为科学界的一般共识。这种情况进一步引发了哲学上对信息与实在的关系的讨论。这些讨论对于进一步深化理解实在问题提出了有启发意义的思考和需要回答的新问题。

### 一、信息的本质问题

一般意义上的信息概念可追溯于信息理论之父申农。申农的信息理论是针对电子通信领域提出的,主要是为了解决信息的压缩与传输问题。

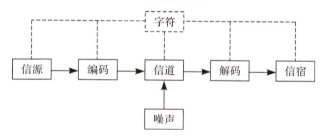

图4-1　申农的通信模型图

图4-1中,信源产生和提供信号,信宿是信号的接受者,字符表示信源与信宿所共享的所有可能信号的集合。该集合的内容知识是在信源实际给出信号之前就为各方所共享的,因此是先验的。对于信宿而言,在信源实际给出信号之前,该信号的具体内容完全是未知的,申农称之为不确定。不确定的最大值即为字符的先验数量值,申农将信息定义为能够减小不确定的事件,把不确定减小的程度称为信息量,用熵来度量。由于申农相信电子电路的开合运行状态完全可以视同为古典逻辑的真假值,因此信息量可以用二进制代码来表示,单位是比特。当信源给出一个信号时,信宿对该信号的获得就减小了不确定,于是信号具有了信息的性质。

从申农的通信数学理论中可以看出,在根本层面上,信息指的是从可能发生的事件中选择出一个事件。具体到二进制框架,信息是"在两个同等的可能性中做出一个选择"①。在申农的信息理论中,信息的实现依赖于以电子电路为媒介的句法逻辑运算。这个运算很重要的一个环节是对不同的物理事件进行逻辑赋值。而赋值过程正是做出一个判断和选择的过

---

① GARDNER H. The mind's new science: A history of the conqnitive revolution[M]. New York: Basic Books,1987:21.

程，即申农意义的信息生产和传输过程。在此可看出，差别造就了选择，而选择是给出信息的过程。因而从最根本层面上说，信息本质上是对差别的表征。当我们获得关于某事物的信息时，最终获取的是此事物与彼事物的如何不同。

差别是我们理解世界所依赖的最基本概念范畴。从古希腊的德谟克利特到今天的自然科学，都指出了一个对世界的基本洞见，即世界是处于永恒变化之中的，变化是世界的一个根本特征。然而，变化概念却以"差别"为先在的前提，没有差别，就无所谓变化，因而变化本身意味着时间维度上存在着差别。由于差别是信息的本质，因此变化就是一个信息过程。在西方本体论史上，赫拉克利特是首位将变化视为现实本质的哲学家。对他而言，世界的实在性在于它的变化性，变化着的世界是实在的世界。如果引入申农的信息概念，那么赫拉克利特的本体论思想则意味着世界的变化就表现为信息。

## 二、信息的实在性观点

在多种多样的哲学信息观中，有人主张信息是实在的。为什么会认为信息是实在的呢？因为在"意义世界"中，信息才是最真实的东西，而载体则是可替代性的东西。如弗里迪在其文章《论信息客体的内在价值和信息域》中，举了一个通信的例子来说明信息客体的实在性。在国际象棋中，一个卒子作为一个有形的、物质的对象实际上只是一个现象，而真正重要的是这个卒子所承载的一组对我们表现为信息的数据，即它被规定为只能前进不能后退，一次只走一个方格，它能够吃掉对角线上的棋子，并且如果它过了河就能够被提升为任何一个棋子（除了王）等。卒子的本质在于它之所以成为卒子的那一组信息。所以，只有信息客体才具有真实性和实在性。由"信息的载体化"还可以引申出"载体的信息化"，或者从信息域载体的不可分推论出载体也离不开信息：有信息就必定有载体，有载体就必定有信息，于是载体的客观实在性就意味着信息的客观实在性。"信息与物质同在"的自然推论，就是有物质就必然有信息，因此，如果认为信息无非是物质和物质相互作用留下的痕迹，则不能否认"痕迹"的客观实在性。此外，如果认为"时间""关系""规律"这些物质的"属性"是实在的，那么同样作为物质属性的"信息"就也应该是实在的。

在哲学上，还有一种区分实在性的标准，就是看一种现象是否依赖于主观精神或意识而存在。按此标准，那么当认为"信息是物质的自身显示时"，或至少认为有这样一类信息时，信息就不能归结为精神现象了。由此，我们可以这样认为，信息具有物质的属性但不是物质，信息虽然不是物质但具有物质的属性（诸如遗传信息、生物信息等），它们是不依赖于人的主观意识而客观存在的，是与人的意识无关的，那些发生在人与外界联系中的意义信息，又是某种物质与意识的特殊组合形式。虽然就其实质内容来说是观念性的，但有完全的物质化的外在表现形式。就这点来说，它又有别于纯粹的意识现象。

### 三、信息的非实在性观点

也有一些学者认同前东德克劳斯的观点,将信息定义为"客观而不实在的东西"。他们首先从定义上将实在性排除于信息之外,由此派生出一种新的规定信息的思路:一切不实在的东西都是信息。有关信息定义的"表征、显示论"也倾向于认为信息是不实在的。

通过对"实在"的定义也可以看出信息不具有实在性。"实在性"对应的英文单词 reality 也可译作"真实性""现实性",而"真实""实在"和"现实"在哲学实在论那里的意指也是基本相同的,指物理实体及其相互作用的现实情况、状态的实际存在,扩展开来便可解释为指物理实体及其现象、本质、规律的实际存在。从"物理实体"的意义上理解实在性,是最"硬"的理解,这种意义上的实在性信息当然不存在。如果进一步认为实在是不依赖于人而存在的,不依赖于意识而存在的,或干脆将实在定义为信息以外的一切存在现象,或更简明地做出这样的界定:意识中的东西是不实在的,而意识以外的东西才是实在的,此时如果再将信息规定为智能主体的某种建构,是依赖于语义解释的现象,即主观性的东西,那么信息当然也不具有实在性。

在比较彻底的"信息建构观"那里,信息是依赖于人而存在的,是大脑对意向性活动的对象的特征和关系的把握,所以是不实在的。凡是从"属人性"上界定信息,就意味着对其实在性的排斥。维纳说:"信息是我们适应外部世界,并且使这种适应为外部世界所感到的过程中,同外部世界进行交换的内容的名称。"①这就意味着信息是一种"内部"的东西,用来同"外部"交换,此时"外部"是实在的,而"内部"是不实在的。

即便不认为信息是纯主观的,它也是与主观介入分不开的,是一个我们必须参与形成的存在物,是我们的感知系统对外界物质性刺激的精神表象,或者是我们的概念系统加工感性材料的知性成果。在此意义上,信息的生成过程就是主观的,或主体性的,是人通过将意义附属于信号或其他对象而产生出来的。既然与主观性联系在一起,信息当然就与实在性无缘。

1. 古代朴素唯物主义实在论的特点是什么?
2. 简述近代机械实在论的缺陷。
3. 什么是逼真实在论?
4. 科学与实在问题的关系有什么特点?
5. 信息与实在的关系有什么特点?

---

① 维纳. 维纳著作选[M]. 陈步,译. 上海:上海译文出版社,1978:4.

# 第五章
## 马克思主义的实在观

> 唯物主义者认为我们的感觉是唯一的和最终的客观实在的映象，所谓最终的，并不是说客观实在已经被彻底认识了，而是说除了它，没有而且也不能有别的客观实在——如果你们认为人感知的是客观实在，那么就需要有一个关于这种客观实在的哲学概念，而这个概念很早很早以前就被制定出来了，这个概念就是物质。
>
> ——列宁

第五章　马克思主义的实在观

# 第一节　实在问题的实质

在哲学史上，人们关于实在问题历来争论不休，唯物主义者和唯心主义者都曾经以不同的方式回答过这个问题。马克思主义哲学继承了以往哲学的唯物主义传统，在总结现代科学材料的基础上，对实在问题做出了科学的回答。马克思主义哲学把客观实在性作为实在的基本内容，用物质观去解释和阐明实在观，建立了马克思主义的实在观。

## 一、"瓮中之脑"与实在问题

纵观哲学史上关于实在观的种种争论，都是围绕着思维和存在、物质和意识的关系问题展开的。现当代哲学中的各种实在论问题也都没有能够摆脱思维和存在、物质和意识的关系问题。对这个问题的科学理解也是批判当代唯心主义和各种神秘主义的思想基础。哲学上的实在问题是与对世界本质的认识问题联系在一起的。对世界本质的认识问题也就是世界的本质是什么的问题。

中国有一个井底之蛙的寓言，说的是生活在小天地的人不会知道外面的大世界的道理。要描述人对世界的认知与改造的关系，还有一个"瓮中之脑"的类比。这个类比也可以说明究竟什么是实在问题。

哲学家经常讨论这样一个虚构的情景来说明知识的真实性问题。假设一个人被一个邪恶的科学家实施了一个手术，他的大脑被从身体上切了下来，放在了一个盛有维持脑存活的营养液的大瓮中，由人体之脑变成为瓮中之脑。这个瓮中之脑的脑神经末梢被连接在一台超级科学的计算机上。这台计算机能使瓮中之脑不丧失人体之脑的所有功能，它能使瓮中之脑产生一切完全正常的感觉。对于瓮中之脑来说，似乎人们、物体、天空等还存在。但是，实际上，瓮中之脑所感受的一切都是由计算机向神经末梢输送电脉冲的结果。在这种情况下，瓮中之脑的表象究竟是计算机智慧的产物呢，还是外部世界存在的事物的信息呢？在这种情况下，瓮中之脑自身是无法鉴别清楚的。

类似的情况在哲学思维中也经常出现。哲学是关于世界观的学问，要对整个世界做出思考。但是这类思考却与思考一个具体的物件不同，比如我们正在欣赏一件古玩是一种对具体物件的思考，它不是哲学的思维。这件古玩是存在于思考者的头脑之外的。在这里，思考者与思考的对象的界限是十分清楚的。但是在思考世界的问题时，情况就有所不同。在这里思考世界的思考者本身就是世界的一个组成部分，他们是位于世界之中、在世界之内思考着世界；而不是站在世界之外、把世界作为思考者的外部存在来思考。哲学家站在世界之中思考着世界的本质，就像井底之蛙位于井底反思井外事物的本质一样，青蛙的世界就是井的世界。井外的世界青蛙是无法感知的,只能借青蛙的知识去想象。

哲学家位于世界之中思考世界的本质,也具有"瓮中之脑"类似的情形。哲学家作为人类的一个分子,它是世界的组成部分,它存在于世界之中,而不是存在于世界之外。如果世界是一个无限的存在,哲学家生活的范围和生活环境就类似一个生活之瓮。哲学家就是这个生活之瓮的瓮中之脑。哲学家与生活之瓮的关系就如同青蛙与井的关系一样。于是,哲学家作为这个生活之瓮的瓮中之脑,是如何获得关于世界的知识的?哲学家在世界之中思考着世界的表象,它是如何知道它所得到的表象就是世界的表象?哲学家在世界之中思考着世界的本质,它是如何知道它所得到的本质就是世界的本质?因为,作为哲学家生活的世界只是无限世界的很小的一点;哲学家想要了解世界的本质,就像井底之蛙想要知道井外的世界一样。

"瓮中之脑"比喻的意义在于对认识世界的本质问题提出了一种疑难。假如哲学家以某种方式(例如想象)获得了他生活世界之外的整个世界的知识,那么,这种知识到底是不是整个世界的知识,他自己是无法证明的,因为他生活在世界之中、在世界之内,而且他是在自己生活的小世界之内,他无法超出自己的生活世界,因而是无法得到整个世界的表象的! 关于生活之瓮之外的知识是如何得到的无法证明,也许是某一个世界的幽灵赋予了哲学家关于整个世界的知识。然而,哲学家本人是不知道的,他以为自己关于世界的知识就是世界本身的知识。

### 二、实在问题与哲学的基本问题

理解哲学上提出的实在问题,是与理解哲学的基本问题紧密地联系在一起的,也是与理解哲学的对象问题联系在一起的。"瓮中之脑"的诘难,对于理解哲学的对象和问题是极有帮助的。

马克思主义以前的旧哲学在理解哲学的对象和问题时,把整个世界以及世界中存在的万事万物作为自己的研究对象,奢望研究万事万物当中存在的最普遍的规律。其实,这个任务是科学的任务,它是要靠科学的长期发展去完成的。

马克思主义哲学认为,哲学的研究对象和哲学的基本问题是一致的。哲学研究世界的本质,不是离开思维和意识,研究思维或意识之外的万事万物的本质和最一般的规律,而是研究组成整个世界的最基本的两个组成部分,即思维和存在、物质和意识之间相互作用的本质和规律。马克思主义哲学把哲学理解为世界观的学问,这个世界观的内容就是对思维和存在、物质和意识的关系的科学解决;就是对组成整个世界的这两个基本组成部分的关系的科学回答。

从这个意义上说,哲学所要回答的正是"瓮中之脑"所提出的诘难!

确实如此,世界上的人们是生活在无限世界的一个极其有限的空间点上,从更严格的意义上说,人们也是生活在自己的主观世界之中。他们是在"井"中、是在"瓮"中!然而,他们却极想知道"井"外之事、"瓮"外之事。他们想方设法探索外部世界的知识。哲学家研究的是人们是如何研究、认识和改造外部世界的事物的？也就是说，瓮中之脑是如何获得外部世界的知识的？瓮中之脑又是如何证明这些知识就是外部事物本身的知识的？

这些问题就是思维与存在的关系问题，要解决这个问题，必须回答思维之外的存在的本性问题，他们到底是实在的？还是非实在的？在什么意义上理解实在？

一般情况下，说一个事物是实在的，就是说它是真实存在的。例如，我们在观光时看到了一棵树。"我们看到了一棵树"的意思是在大脑中形成了一个关于树的表象。这个时候，当我们要问"树"的实在性问题时，是相对于我们关于树的表象、树的知识所提的问题。也就是说，我们关于树的表象是否来源于头脑之外的"树"？头脑之外的"树"是否独立于头脑之中的"树"而存在？推而广之，人类所获得一切知识是否都有它的外部来源？如果有的话，那么它是什么？人的知识是从哪里来的，它是从天上掉下来的吗？不是！它是人的头脑主观自生的吗？也不是！它是通过实践从外部世界获得的。现在的问题是这个外部世界的根本性质是什么？也就是说作为我们的知识的源泉的外部世界是真实存在的吗？这就是实在性问题的内涵！可见，对于实在性问题的回答就是对哲学基本问题的回答！

对于什么是实在，哲学史上的唯物主义和唯心主义持有完全相反的看法。唯心主义认为脱离人类意识的"绝对精神""上帝"是"实在"；唯物主义认为，不以人的意志为转移的物质世界是"实在"。从对哲学基本问题的回答的角度来说，凡是认为存在决定思维、物质决定意识的，就是客观实在论；凡是认为思维决定存在、意识决定物质的，不是神学实在论，就是主观实在论。

### 三、理解实在问题的逻辑

理解实在问题的逻辑涉及处理四类基本的辩证关系。这四类基本的辩证关系是思维和存在的辩证关系；一般和个别的辩证关系；整体和部分的辩证关系；绝对和相对的辩证关系。

首先是思维和存在的辩证关系。哲学是关于世界观的学问。在哲学看来，世界的基本结构是由主观世界和客观世界构成的，也就是由思维和存在两个方面构成的。世界观问题的核心是实在问题，实在问题的基本内容就是在思维之外有没有不依赖于思维而存在的客观存在的问题。哲学作为自然科学知识、社会科学知识、思维科学知识的概括和总结，它首先要回答人类知识的客观基础问题。反思人类知识和知识发生的基础的关系问题就是思维和存在的关系问题。哲学正是从思维和存在的关系的角度提出和解决实在问题的，所以，对思维和存在的辩证关系的科学理解是理解实在问题的关键。

其次是一般和个别的关系。所谓个别就是指某一个具体的事物，或者某一个具体的现象，或者某一个具体的存在对象；所谓一般就是若干个具体事务所共同具有的性质、特点或属性。个别就是指事物的个别特点，即个性；一般就是事物的共同特点，即共性。在一般和个别的关系中，共性存在于个性之中，任何一个具体的事物都具有其同类事物所具有的共同特点。在同类事物的每一个具体的事物中都包含有同类事物的共同特点，即一般特点。另外，一般也反映个别。当涉及某类事物的一般性质时，是指该类事物当中的任何一个具体事物毫无例外地都具有这个一般的性质或特点。实在性问题回答的是世界的本质问题。世界的本质问题的解决以对思维与存在关系问题的解决为标志。思维与存在的关系存在于人的实践活动之中。人的实践活动是社会的活动，它可以分为个人的实践活动、群体的实践活动、人类的实践活动等。不同类型的实践活动虽有不同的特点，但是都具有思维和存在关系的一般问题。从所有的实践活动中抽象出的思维和存在的关系问题，具有普遍的性质，从这个普遍关系中引出的实在性问题也就具有普遍的性质，对它的回答也就构成了世界观的基本内容。

再次是整体和部分的关系。任何一个事物都是有整体和部分两个方面的性质。整体是由部分组成的，整体离不开部分；但是，由部分构成的整体的功能却不等于部分原来的功能机械相加。世界是由千差万别的事物组成的一个整体，任何一个个别的事物都是这个整体中的一个组成部分。由于实在问题是从世界观的高度解决世界的本质问题，所以，它不仅反映世界整体的一般性质，也反映组成世界的各个部分的一般性质。当人们从思维和存在的关系考察实在性问题时，它可以以整个世界作为对象，也可以以某一个具体的事物作为对象。当把整个世界作为考察对象时，整个世界是作为人类实践活动的对象的。这时，世界的基本结构是思维和存在两个组成部分；当把某一个具体的事物作为考察对象时，实际上是把这个具体的事物作为人的具体实践活动的一部分去考察人的活动的性质与特点的。这时，作为人的具体实践的活动结构，它仍然具有具体的思维与具体的存在之间的关系的性质。

最后是绝对和相对的关系。所谓绝对是指绝对性，它的基本含义就是指无条件性、普遍性、无限性；所谓相对是指相对性，它的基本含义是指有条件性、特殊性、有限性。作为任何具体的事物以及对这个具体的事物的认识和实践的活动，它的存在方式与活动方式都是与周围存在的其他事物联系在一起的，其他事物的存在是它的存在的条件。所以，任何具体的事物以及对这个具体的事物的认识和实践的活动的存在都是有条件的、特殊的、有限的。作为整个世界的存在，它本身是由无限多样的具体事物、无限多样的具体过程组成的。世界的存在不需要用世界以外的事物去说明；如果你能指出一个具体的事物的话，它必定是存在于世界之中，而不是存在于世界之外。所以，世界作为一个整体性的存在，无需用世界以外的原因去说明。要说明世界的本质只能通过世界本身的各种事物的相互作用来说明。正是在各种具体的、具有相对性的事物和活动中，存在着绝对性。因此，绝对不是存在于相对之外，而是存在于相对之中；我们正是通过无数的相对性去认识绝对性的。实在性问题是对世界本质的一种说明，是一种关于绝对的知识。如果它是坚持从世界本身去说明世界的话，就必须辩证地处理绝对与相对的关系。

要正确地理解上述几个基本的逻辑关系，科学地说明世界的本质问题，必须以实践观念为基础。只有有了人类以及人类的实践以后，才有了思维与存在的关系、主观世界与客观世界的关系,也才有了对世界本质问题的提问和不同的回答。如果离开实践的基础去回答世界的本质问题,不是陷入神秘主义,用超世界的力量去说明世界,就是导向机械论,混淆哲学与实证科学的区别,用具体事物的性质去说明世界的性质。哲学史上的实在观的缺陷,就在于不懂得实践观念在理解实在论中的基础地位,离开实践观念去处理与实在问题相联系的各种基本的逻辑关系,不能科学地回答实在问题。因为,实在论所涉及的基本逻辑关系都只能在人的实践中,以及在对这个实践的科学理解中得到合理的解决。

## 第二节 物质与实在

为了解决世界的共同本质和统一性,马克思主义哲学提出了科学的物质范畴,即物质实在。列宁说:"我们大家所知道的外部世界即物理的东西是唯一的客观实在。"①因此,要理解马克思主义的实在论,首先需要了解辩证唯物主义对物质的基本看法。

### 一、物质与物质的东西

哲学上的物质范畴是哲学抽象的结果。马克思主义经典作家对物质范畴给出了自己的解释。恩格斯指出:"物、物质无非是各种物的总和,而这个概念就是从这一总和中抽象出来的。"②在这个意义上说,"物质"本身是纯粹的思维创造的抽象物。

恩格斯把物质与可感知的事物即特定存在着的物质的东西区别开来,无限多样的物质的东西是物质范畴的外延,物质这个范畴是从它们之中抽象出来的共同性质的表达。这是恩格斯考察、了解物质时所用的思考方式,也是我们理解物质范畴时必须领会的和运用的思考方式。这就是从具体存在的、可感知的各种各样的事物着眼,通过对它们的共同本质的抽象得到哲学上的物质概念。这种思考方式表明的思路和方向正是从对象、存在、事物进到物质。按照恩格斯的观点,"物质"这个术语是一简称,实际上是说,它是对世界上存在的无限多样的、千差万别的、变化多端的具体事物进行高度抽象概括的结果。高度抽象的产物总是一些最基本的属性,它与丰富的概括对象比较来说,总是简单的,所以是简称。说它是简称,从一方面说,它是一种哲学抽象的产物;从另一方面说,它又反映着丰富的、生动的具体内容。人们用这一简称把多种多样的可感知的事物依照其共同的属性来把握。

按照恩格斯的观点,要理解和说明物质范畴,就是要科学地处理一般与个别的辩证关系。在这里,最重要的是把握"物质"一词所表示的物质本身与特定存在的可感知的具体事物之间的区别与联系。它们之间的区别是,首先它们分别属于不同的认知层次。一个是没有感性特点的理论思维的对象,具有非可感的性质;另一个是感性特点非常丰富的对象,是

---

① 列宁.列宁选集:第 2 卷[M].北京:北京人民出版社,1972:223.
② 马克思,恩格斯.马克思恩格斯选集:第 3 卷[M].北京:人民出版社,2012:939.

感性的东西。所以,物质本身和特定存在着的物质的东西是两个不同层次的存在对象,两者不能混为一谈。一方面,特定存在的具体的物质的东西的属性是特殊的,物质范畴反映的是各种具有不同特点的物质的东西的共同性质。另一方面,它们之间又密切联系着,物质范畴所反映的关于世界的一般本质是存在于各种具体的物质的东西之中。正是依据这种一般和个别的辩证联系,才能抽象出物质范畴来,对"物质"做出规定。因此把握物质范畴要注意两点:第一,一切有形的可感知的具体物质东西都"融为纯粹的物质本身"。第二,一切有形的可感知的具体物质东西都是物质本身的各种不同质的实际形态。

恩格斯说,物质是从各种物质的东西的总和中抽象出来的。"各种物质的东西的总和"就是指世界的整体与其组成部分的统一体。世界就是有千差万别的各种具体事物构成的统一整体。说物质所反映的是世界的本质,就是说它反映了组成这个整体的各个部分的共同本质。物质的抽象涵盖了世界的每一个部分,无一例外。

可见,马克思主义哲学克服了哲学史上各种实在论的缺陷,科学地处理一般与个别、整体与部分的辩证关系,指出"物质"是一种哲学抽象,它所揭示的世界的本质只能存在于所有的种种不同的事物之中,没有脱离各种具体事物而独立存在的某种"物质自身"。但是,"物质自身"又是和"物质的东西"不同的东西。

## 二、物质的唯一特性

我们说,物质与物质的东西不同,物质是对世界本质的高度概括。那么,这种本质的具体内涵是什么?对此,列宁在深刻总结科学成就,对新的科学事实进行了唯物辩证的概括的基础上科学地回答了这个问题。

列宁说:"物质是标志客观实在的哲学范畴,这种客观实在是人通过感觉感知的,它不依赖于我们的感觉而存在,为我们的感觉所复写、摄影、反映。"[①]物质的唯一"特性"就是:它是客观存在,它存在于我们的意识之外。哲学唯物主义是同承认这个特性分不开的。

在这个简洁的论述中,列宁像恩格斯一样,重申"物质"是一个哲学范畴,这与恩格斯把"物质"这个术语看作简称是一致的。列宁指出物质范畴所标明的是客观实在。"客观实在"就是物质范畴的基本内涵。如何理解客观实在呢?这是理解列宁的物质观的关键所在。在列宁的说明中,说到客观实在时贯彻了对思维与存在的关系问题的辩证解决。我们知道,感觉是思维和存在的桥梁,思维以感觉为基础;没有感觉,思维就无法进行。某物是在感觉之外,也就是在思维之外;某个事件不依赖于感觉,也无法依赖于思维。感觉和思维就构成了意识。所以,客观实在不依赖于感觉,就是说它不依赖于意识。在思维和存在的关系中,不依赖于思维而存在的存在就是客观实在。如果要定义客观实在的话,它的基本含义就是:它不依赖于思维而存在,它存在于思维之外。所以,客观实在是物质的唯一特性,也是物质的

---

[①] 列宁.列宁选集:第2卷[M].北京:人民出版社,2012:89.

基本含义。

客观实在是物质的唯一特性,说明了人与世界的关系,思维与世界的关系;它作为世界的最一般本质也具有最广泛的概括性。作为物质的唯一"特性"或根本特性的客观实在反映了无限多样的、具有可感知的感性形态的具体事物。它虽然着眼于物质的根本特性,它是从总体上泛指人们意识之外的实体性存在,这是可感知的物质东西的共性,揭示的是物质的绝对的、不变的特性,即寓于可感知的各种客观实在之中的根本特性。

在列宁的物质观中,客观实在在两种意义上与人的感觉、意识发生关系。一方面,客观实在不依赖于人的感觉,存在于人的意识之外;另一方面,它可为人的感觉所感知,为人的意识所反映。这样,通过客观实在来规定物质,可以转换成为:在物质和意识的关系中来确定物质。所以,列宁关于物质概念的定义便成了马克思主义哲学解决哲学基本问题的缩写。

在列宁的物质观中还区分了物质构造方面的特性与物质自身的根本特性。列宁在谈到19世纪末20世纪初物理学进步中出现的"原子非物质化""物质消失了"等错误时,也曾指出他们的错误正在于把物质的物理特性与物质的根本特性或物质自身混为一谈的实质。列宁强调物质的物理特性是相对的,物质的根本特性是绝对的,在前者千变万化中后者可以保持不变。

列宁的物质定义正确地处理了实在问题所涉及的基本逻辑关系。首先,列宁的物质定义是以思维与存在的关系为理论背景来展开的,离开了这一点就难以区分科学与哲学的不同特点。在这个总原则的指导下,对列宁的物质定义的理解要注意把握两个环节。第一个环节是通过个别了解一般,从具体到抽象,在相对之中把握绝对,从有限中把握无限。在这里一方面要把物质与感觉上存在的客观事物区别开来,并不许把前者归结为后者;另一方面又要借助于感觉上存在的、可感知的客观实在去了解和把握思维上的抽象,而不能丢开可感知的客观事物去寻找客观实在。第二个环节是要回答怎样通过可感知的具体事物来了解和规定物质,即由部分把握整体。列宁从可感知的客观事物总和之中进行抽象,直接抽象出客观实在这一根本特性,然后把客观实在与物质概念联系起来,指出物质要标志客观实在,而客观实在总括了一切个别的可感知的客观事物,它是一切可感知的物质形态的共性、也是一切可感知的物质形态的唯一特性、根本特性。

### 三、列宁物质范畴的意义

列宁的物质定义言简意赅,以深刻的科学抽象和高度的哲学概括,包含了极为丰富的内容。它指明了物质范畴具有本体论的意义,也具有认识论的意义,为人们正确把握辩证唯物主义物质观的精神实质和丰富内容指明了方向。

列宁物质定义科学地解决了哲学的基本问题,贯彻了唯物主义一元论。列宁从人类认识和实践中所遇到的世界上最广泛、最普遍、最基本的矛盾——物质和意识的相互关系中把握物质,来给物质下定义,指出物质对于意识的独立性、根源性,意识对于物质的依赖性、派生性,这就贯彻了哲学基本问题的唯物主义的解决。列宁的物质定义还表明,物质和意识的对立,只是在指出哪个是第一性的,哪个是第二性的这一范围内才具有绝对的意义,超出这个范围,物质和意识的对立无疑是相对的。既然意识不过是物质的"复写,摄影,反映",很显然,反映者是不能同被反映的对象相脱离的,因此,意识不过是物质这个世界唯一本原的一种特殊的表现形式,而不能成为与物质绝对对立的另一本原。这样,就彻底驳斥了唯心主义的二元论。

列宁的物质定义强调了认识对象的客观实在性。在列宁看来,物质就是客观存在,它不依赖于人的感觉,存在于人的意识之外。是否承认认识对象的客观实在性是区分唯物论和唯心论的分水岭。列宁提出并强调了认识对象的客观实在性,也就从根本上划清了唯物主义认识论和唯心主义认识论的原则界限。

列宁的物质定义肯定并强调了世界可知性问题。在承认了世界的客观实在性之后,紧接着的一个问题就是这种客观实在可不可以被认识,只有正确地回答这一问题,哲学物质观才能有效地指导人们的各种认识活动。列宁的物质定义指出了物质是人通过感觉感知的,人们的认识可以反映客观实在,这就彻底坚持了辩证唯物主义的世界可知论。列宁的物质定义表明,物质是现实存在的、可以认识的对象,而不是虚无缥缈的"绝对精神"、不可捉摸的"自在之物"。当然物质的这种可感知性和可反映性并不意味着它的一切形态和特性都能够被人们的肉体感官所直接感觉到。事实上,有些东西,如原子和原子内部的微观粒子以及可见光的电磁场等,是我们的感官不能直接感觉的,但是我们可以通过现代的科学技术、科学仪器感知它,通过我们的理性思维去反映它、把握它。尽管由于科学技术条件的限制,目前还有一些无法感知的客观实在,但随着实践和科学的发展,它们一定会逐步被人们所感知。因此,列宁并没有限制人们对物质的认识,而是为人们无限地认识客观世界增强了信心,指明了方向,从而彻底驳斥了不可知论。

列宁的物质定义坚持了辩证思维的方法。它指出客观实在性是物质的根本特性,这就把哲学的物质概括同自然科学的物质结构学说区别开来(当然它们也是密切联系着的),从个性中看出共性,从相对中找到绝对,从暂时中把握永恒,从部分中找到整体,彻底贯彻了唯物辩证的认识论。包括社会生活在内的客观物质世界,不管它的形态多么复杂特殊,千变万化,但"万变不离其宗",在任何时候,任何地方,任何情况下它都会保存着客观实在性这个根本的特性。世界的物质性,就在于它的普遍的、绝对的、永恒的客观实在性。随着实践和科学的无限发展,永远不会推翻这个结论,而只能不断地证实和丰富它。这样,又同形而上学物质观彻底划清了界限。

列宁物质定义的实践意义在于为我们反对唯心论、二元论、不可知论以及克服形而上学唯物主义的局限性提供了有力武器,对于自然科学的发展具有重大指导意义,为人类正确认识世界指明了方向。

## 第三节　意识的客观实在性

马克思主义哲学在揭示世界的客观实在性时,一方面从本体论角度说明了认识的对象是物质(客观存在),另一方面又从认识论角度论述了由本原所派生出来的意识现象以及它和本原的同一性问题。从而从哲学基本问题高度,唯物主义地解决了意识的客观实在性问题。

### 一、意识的形成过程

辩证唯物主义认为,在思维和存在关系问题上。第一,先有物质,后有意识。因为世界本来就是物质的世界,在没有人的意识以前,物质世界早已存在了。第二,物质是不依赖于意识而独立存在的,意识则不能脱离物质而独立存在。第三,物质是客观存在着的本体,意识则是物质的机能和属性。第四,物质是本来就存在着的,意识则是物质高度发展的产物,是一种历史现象。第五,物质是本原,意识则是物质的反映、摹写。

那么,意识是怎样从物质世界中产生的呢?恩格斯、列宁关于一切物质都是有反映特性的思想,关于意识、思维是从"物质本体中",从"物质大厦本身的基础中"必然发展出来的思想,科学地揭示了意识、思维产生的物质根源。

(1)意识是自然界长期发展的产物。意识是物质世界本身经过长期的、复杂的、辩证的发展过程,发展到高度完善程度的物质——人脑的属性或机能。我们必须承认人类意识、思维的产生是有其生物学前提的。反映形式的高低决定于反映主体的复杂性和组织性的不同,在低等动物身上只有刺激感应性,在具有神经系统的脊椎动物身上才有心理活动的形式,人类的意识、思维只能是人脑的产物。而人和动物祖先之间没有不可逾越的鸿沟,是有着一定的继承性的。马克思主义经典作家明确地肯定了这一点。马克思说,人的五官感觉的形式是全部世界历史的产物。恩格斯要求人们必须以达尔文的进化论为基础来理解"人的精神从简单的、无结构的、但有感受刺激能力的最低级有机体的原生质起直到能够思维的人脑为止的各个发展阶段奠定了基础。不了解这个前史,能够思维的人脑的存在就仍然是一个奇迹"[①]。恩格斯还指出人是"由猿分化产生的",猿脑是人脑最切近的物质基础。

(2)人的意识不仅是自然的产物,而且还是社会的产物。劳动是促使猿转化为人、猿脑转化为人脑的决定性因素。从低级的原生物到猿所具有的一切反映形式都是有机本能的活动和自然界直接作用的产物,而人类意识、思维的历史发生不但要有猿脑这一生物学前提,还需要一种崭新的不同于动物本能的活动方式,把猿脑转化为人脑的可能性变为现实性。

---

① 马克思,恩格斯.马克思恩格斯选集:第3卷[M].北京:人民出版社,2012:896.

这种崭新的活动方式就是从猿转化到人和猿脑转化为人脑的过程中起了决定性作用的劳动。

总之,人类意识、思维最深远的根据就在物质本性之中,在物质大厦的反映特性之中,它的最切近的生物学前提就是类人猿和猿脑,而劳动则在猿转化为人,猿脑转化为人脑的过程中,在促使意识、思维的产生过程中起了决定性作用。

## 二、意识的本质

辩证唯物主义认为,意识是对物质的反映,它的内容来自客观物质世界。列宁说:"物、世界、环境是不依赖于我们而存在的。我们的感觉、我们的意识只是外部世界的映象;不言而喻,没有被反映者,就不能有反映,但是被反映者是不依赖于反映者而存在的。"[1]恩格斯说:"一切观念都来自经验,都是现实的反映——正确的或歪曲的反映。"[2]也就是说,意识,无论是正确的或错误的,都是对客观物质世界的反映,它们的内容来源于客观物质世界。没有被反映者就不能有反映,意识是依赖于物质的。

意识的本质是什么呢?辩证唯物主义认为:

1. 意识是对客观实在的反映

在列宁看来,认识、意识的本质是反映,反映是一个过程,是一个曲折而复杂的过程,反映是一系列的抽象过程,而不是简单的、直观的,像照镜子那样的死板动作,因而它所把握的不是事物的"现象",而是事物质"本质"。不仅一个具体的认识过程是客观实在的反映,而且整个人类的认识过程也是对客观实在的反映。意识、思维作为观念性的东西,它是世界上各种对象、现象的映象。这就是说意识、思维作为观念性的东西是与物质的东西有区别的,物质的东西则存在于现实世界中。同时,意识、思维作为有机物的"最高反映形式"——人的反映形式,它对外界事物的反映不是消极被动的,而是积极能动的、具有创造性的。

2. 意识是高度完善的物质体系——人脑的机能和属性

意识、思维"只是和一定方式组成的物质的一定过程相联系",只是有高度组织的物质——人脑的特性,只是人脑的机能。大量的科学材料充分地证明了一切心理活动都是以在人脑中特别是大脑两半球皮质上发生的一定的物质过程,即生理的过程为基础的。现代科学证明,猿脑和人脑有根本的差别。高等猿类的脑量最多不超过600克,而现代人的脑量则平均达1350克。更重要的是人脑在质上的发展。人的大脑皮层达到了组织上的高度复杂和高度完善的程度。大脑两半球皮层上那些大大小小的"沟回"数量很多,它们是大脑高级神经活动的基础。皮层面积达22平方毫米,构成皮层的神经细胞分成六层排列,数量达到100亿~150亿之外。皮层表面几层得到充分的发展,集中了全部皮层细胞的三分之二,

---

[1] 列宁. 列宁选集:第2卷[M]. 北京:人民出版社,2012:66.
[2] 马克思,恩格斯. 马克思恩格斯全集:第20卷[M]. 北京:人民出版社,1971:661.

因而能进行最精细的分析和复杂的综合。人脑与猿脑特别不同的是负责感知和执行语言的语言中枢,这些语言中枢保证了人类语言的正常运行和对语言的正确理解。思维同语言是直接相关的,没有语言不可能进行思维。所以,只有人脑这样发展到高度完善程度的特殊物质才有意识,特别是它的高级形式反映客观物质世界的机能。意识的形成过程同人脑活动的生理过程是密不可分的,后者是前者的物质基础,前者是后者的产物。当然,人脑本身不会自行产生意识,只有当客观外界的刺激作用于人的感觉器官,感觉器官接受外界的刺激,通过神经系统把这种刺激传到大脑,引起大脑皮层的活动,才会产生意识。可见,意识是人脑具有的不仅能反映客观事物的现象而且能反映其本质的一种机能或属性。没有人脑就没有人的意识,人脑是一种机能或属性;没有人脑就没有人的意识,人脑是一种特殊物质,意识是依赖于这种物质的。

3. 意识依赖于社会,来源于实践

意识是人脑的机能和属性,而人脑是物质长期发展的结果。社会劳动在猿脑发展成人脑过程中起了决定性的作用,所以意识是社会的产物。不仅如此,人类社会形成以后,对于每一个社会成员来说,要具有人的意识,仍然要依赖于社会,要把可能性变成现实性,起决定性作用的是社会,是社会环境对人的影响,其中包括家庭生活、学校教育、社会熏陶、参加各种社会实践等,如果一个人生下来就脱离社会,离群索居,尽管他具有优越于其他动物的天然素质,甚至比别人的先天条件即生理禀赋还要好些,但也绝不可能形成真正的人的意识。其次,即使一个人已经具有了用意识反映客观外界的能力,但是要认识世界仍必须参加社会实践。当然人可以接受间接知识,然而在你看来为间接知识,对别人而言则为直接经验。一切真知都是从直接经验发源的,离开社会实践的意识是不可能存在的。正如马克思、恩格斯指出的"意识一开始就是社会的产物,而且只要人们还存在着,它就仍然是这种产物"[①]。

## 三、意识能动作用

意识的能动作用,就是意识能动地反映世界和改造世界的能力和作用,其特点表现在下列四个方面:

1. 意识活动的目的性和计划性

人们在反映客观世界时,总是根据实践的需要带着一定的主观倾向和要求,抱着一定的目的和动机。人们在活动之前总要预先制定蓝图、目标、活动方式和活动步骤等,这都表现了人们意识的目的性和计划性。马克思说,"劳动过程结束时得到的结果,在这个过程开始时就已经在劳动者的表象中存在着,即已经观念地存在着"[②],活动的整个过程,就是围绕着

---

[①] 马克思,恩格斯.马克思恩格斯全集:第3卷[M].北京:人民出版社,1960:34.
[②] 马克思,恩格斯.马克思恩格斯文集:第5卷[M].北京:人民出版社,2009:208.

"观念地存在着"的目标或蓝图而进行的。

2.意识活动的主动创造性

意识对客观世界的反映是主动的创造性过程。人的意识不仅能以感觉、知觉、表象等形式反映事物的外部形象,而且能够运用概念、判断、推理等形式对感性材料积极主动地加工制作,在思维中再现事物的本质和规律;意识不仅能够"复制"当前的对象,而且能够追溯过去,推测未来,创造一个理想的或幻想的世界。科学想象就是意识创造性的重要表现。爱因斯坦在创立相对论的过程中所采用的独特的"思想实验",不是在实验室中而是在思想中进行,他使用的不是仪器设备而是严密的、逻辑的、数学的推导。这是科学想象这种创造性思维获得成功的杰出范例。

3.意识活动对客观世界的改造作用

意识的能动作用不仅在于从实践中形成一定思想、观念,更重要的在于,以这些观念的东西为指导,通过实践把"观念地存在着"的模型、蓝图实现出来,变成为客观现实,在自然界打上人类"意志的印记"。这就是列宁所说的:"世界不会满足人,人决心以自己的行动来改变世界。"[1]人的意识不仅反映客观世界,并且"创造客观世界"。"改革世界"或"创造世界",不仅意味着由于人的积极活动而强化了客观世界的变化过程,而且能够创造出世界上所没有的东西,创造出没有人的参与永远也不可能出现的东西。

4.意识对于人体生理活动的控制

关于意识或心理活动对于人体生理的病理活动的作用,人类早已有所认识。我国传统医学的理论和实践在这方面有着独特的贡献。科学发展提供的许多事实证明,人的心理过程一方面依赖于人体的生理过程,另一方面又积极地作用于人体的生理过程。

由于思维和存在的统一是一个充满矛盾的过程,所以意识的能动作用具有双重性质。列宁在谈到意识是一系列抽象过程时,认为它是"复杂的、二重化的、曲折的,有可能使幻想脱离生活的活动;不仅如此,它还有可能使抽象的概念、观念向幻想转变"[2]。

唯心主义从否认物质的决定性的基本立场出发,极力夸大意识的能动作用,把意识夸大为脱离了物质的、独立的现象,宣扬不同形式的意识决定论、精神万能论。客观唯心主义的精神万能论,把客观精神的决定作用看得高于一切,贬低、抹杀现实的人的意识的能动作用,让人们任凭神秘的精神去主宰。主观唯心主义的精神万能论,则把个人的精神和意志夸大为"神化了的绝对",企图用无限膨胀了的"主观精神"来同客观物质的发展规律相抗衡,使意识的能动性变成了主观的盲动性。以否认物质的决定性为前提来抬高意识的作用,其结果必然是对意识能动性的歪曲和践踏。

---

[1] 列宁.哲学笔记[M].北京:人民出版社,1993:183.
[2] 列宁.列宁全集:第38卷[M].北京:人民出版社,1959:421.

马克思主义哲学在意识的能动性问题上,首先坚持物质决定论。它认为,物质决定意识,不仅表现在意识的起源(意识是物质的产物)和意识的本质(意识是社会性的,是人脑这一特殊物质的机能,是客观存在的反映)上,而且表现在意识的作用上。意识作用的产生,意识作用的大小,意识作用的发挥,一刻也离不开物质运动及其客观规律的决定作用。这恰恰是意识的客观实在性的重要表现。离开这个基本前提来谈论意识的能动作用,就会背离唯物主义的一元论而陷入唯心主义。

## 第四节　实践的客观实在性

在马克思主义哲学中,实践是一个非常重要的范畴,它解决了思维与存在的对立、物质与意识的对立,实现了两者的统一。由于如此,它显示出与以往旧哲学的根本区别。马克思主义哲学从实践出发,对实在问题进行了深刻的反思,阐明了实践的客观实在性。马克思主义哲学中的实在观,既强调以物质范畴为核心的物质实在论,也以物质范畴为根据承认意识的客观实在性;更重要的是在物质的实在性和意识的实在性基础上强调实践客观实在性。

### 一、实践实在性的基本依据

所谓实践,是指现实的、具有社会性的人改造外部客观事物的现实的、感性的物质活动;实践体现着人与外部世界的辩证统一关系,它是人有意识、有目的凭借于一定的实践工具,改造外部世界,使外部世界发生有利于人的存在与发展的客观性活动。它的客观实在性表现为如下几点。

第一,实践是一种物质性活动。这是指实践活动的目的或依据是正确反映了客观实在的本质特征的意识内容;它的活动过程、活动结构、活动结果,都具有物质的、客观的、感性的性质和形式。因为,实践的本质是物质性的人以物质的力量和感性的方式去改造外部对象的,是通过一定的物质手段作用于外部对象,并且使外部对象发生物质性变化,达到一定的物质性结果去实现人的目的。

第二,实践是一种对象性的活动,它使人与外部世界的事物处在一种相互作用的结构之中,这种对象性的实践结构是具有客观实在性的。所谓对象性活动,首先是指人的活动是以客观事物为活动对象。但是,更为重要的是指人在与外界对象联系在一起、共同构成某种客观活动时,人的目的、意图等精神性因素被物化在对象之中,使对象发生了某种物质性变化,这是一方面;另一方面,客观对象的变化特点也被人们所接受,并发生某种内化过程,从而也使人的存在特点也发生相应的变化,也就使对象的特性内化为人的特点,反映在人的思维方式、行动方式甚至风格特征上;人常说干什么吆喝什么,做什么像什么正是对这个道理的通俗说明。在实践结构中人与外界事物互为对象性,一方向另一方转化的特点就实现了思维与存在的统一,物质与意识的统一。因此,物质的客观实在性和意识的客观实在性也就通过这种统一固化、体现、存在于实践结构中,使实践结构也具有独立于人的意识之外,并能为人的意识所反映的客观实在性。

第三,实践是一种创造性的物质活动,它在天然自然的基础上创造出一个人工自然的世界来。实践的创造性表现在它的目的性、计划性、客观对象的被变革性和实践结果的创新性。当实践过程结束时,它使客观世界中的客观事物或者改变了它的存在形式,或者塑造、创造了客观世界中原本就不存在的新事物。实践的这一特性与人们自然主义的日常生活行为有本质的不同。最典型的日常生活行为如吃、喝、享受和使用生活消费资料等。这些日常生活行为大都表现为接受既成事物的特点,本质上说属于一种从生理、心理需要出发而适应环境,并从环境中存在的既成事物的集合中,选择现成的物品并拿来满足某种需要的过程。某一活动如果不具有创新性特点,就不具备实践的基本特点,它就是自然主义的行为,与动物的本能活动没有本质上的区别。

实践的创造性活动的结果形成了一个人工自然的世界。人工自然是相对于天然自然而言的。所谓天然自然是存在于人之外,人尚未触及的自然界,在人类存在之前就存在的自然界。在一定的阶段上,凡属人类既未认识又未变革的那部分自然界,就是天然自然。无论宏观领域还是微观领域,自然界的绝大部分是人至今还未观测到的,更谈不上加以变革了,天然自然是人们今后认识和实践的潜在对象。人工自然是人类实践手段所及从而变革了的那部分自然界。它包括经人类劳动改变了某些属性和形态的自然物,如农作物耕作层、农作物、家禽家畜和初级原材料;包括人利用自然界的材料所创造的人工自然物,如工具、机器、建筑物,各种生活日用品;包括人类实践活动的影响而发生某些变化的自然系统,如新的生态环境,人工控制的呼吸过程和循环过程等等。

人工自然无疑是一个客观存在,相对于形成它的实践者来说,它是客观性的实践活动的客观结果,也具有客观实在性;相对于其他社会存在者来说,人工自然更是一个现实的客观存在物,更具有客观实在性。

第四,实践作为物质活动过程具有直接现实性;这种直接现实性就体现了客观实在性,或者说,直接现实性就是实践的客观实在性的具体表现形式。所谓实践的直接现实性,指的是实践能够把人的目的变为直接的现实,是人把自己作为物质的力量并运用物质的手段作用于实际的物质对象。这种活动本身同客观世界中存在的感性事物一样具有现实的实在性,具有可直接接触的可观察性、可感觉性。与此相对应,人的主观思维活动、理论活动、精神活动本身等都不是感性的存在与感性过程,它是对客观事物或客观过程的主观反映,它的内容虽然具有客观实在性,但却是主观的形式;它是以间接的方式所表达、反映的客观内容。所以,这类精神现象、理论活动相对于客观事物与客观过程来说,都是间接性的存在。与精神现象不同,实践在内容上、形式上都是客观性的存在。另外,实践的直接现实性也不同于自然物的直接现实性。纯粹的自然存在物即天然事物并不内含人的主观活动,但实践中却内化着人的主观观念。人们通过实践活动可以把人的主观思想、观念转变为现实的存在物，使人可以直接感觉一箭双雕这个存在物的存在。列宁说的"实践高于（理论的）认识，因为实践不仅有普遍性的优点，并且有直接的现实性的优点"[①]，指的就是上述思想观点。正因为实践的直接现实性就意味着将主观思想通过实践过程转化为物质成果；它既不同于人的主观活动，又从人的精神圈子中走出来，物化或外化为感性的客观存在物。所以，实践是思维与存在、物质与意识相互过渡的桥梁和基础，它使思维、意识的客观实在性得到现实的再现，又使现实存在的客观事物发生现实性的变化。所以，实践作为一种客观的物质性活动，它是具有客观实在性的。

## 二、实践的意义、地位和作用

当我们明确实践是具有独立于人的意识之外的客观物质活动的基本特性后，我们就能明确实践在人类生活中的根本地位与作用。

第一，实践是人类存在的根本方式。人类的产生、生存与活动，是以实践为基本方式和标志的。没有以物质生产活动为基础的社会实践，也就没有人和人类的产生和存在。

首先，劳动即实践，实践创造了人。人类的起源和发展史表明，在一定意义上说劳动创造了人本身，也就是实践创造了人本身。以制造工具为特征的劳动实践的形成，是人类形成的标志。劳动即物质生产实践创造了人，不仅在人类起源的历史意义上成立，而且在现实意义上也成立。劳动实践每天都在不断地重复创造出人类生存与发展的物质条件，这种社会实践一旦停止，人类就将无法继续生存。劳动实践的水平状态也是划分人类历史的依据，劳动实践的方式也是决定人的本质特点的依据。

其次，实践是人类特有本质的存在形式。实践不仅创造了人，形成了人类所特有的本质，而且只有在实践的基础上人类的本质力量才能得到印证和扩大。马克思主义认为，人类的特殊本质并不是人的自然生命的特殊本质，也"不是单个人所固有的抽象物，在其现实性上，它是一切社会关系的总和"[②]。这种社会关系就是社会实践中的实践关系。人的本质即"社会关系的总和"的合理发展，必须立足于实践发展的基础之上。换句话说，人的片面或全面的发展，都必须在实践活动中才能得到真正的说明。离开了实践，人的本质和人的一切发展只是一种空想。

再次，实践是人类其他一切活动的基础。人类的社会实践的基本形式有生产实践、科学实验和社会关系实践。除这些形式以外，还有其他一些活动，如意识和精神活动以及人的自然本能活动。这些活动同样必须以实践为基础。实践是认识的源泉和动力以及检验认识、发展真理的途径和标准。

---

① 列宁.列宁全集：第38卷[M].北京：人民出版社，1959：230.
② 马克思，恩格斯.马克思恩格斯选集：第1卷[M].北京：人民出版社，2012：135.

第二,实践是人类社会与自然界相互关联的基本形式,是人类现存感性世界的非常深刻的基础。

以物质生产劳动为基础的社会实践,是使人类从自然界中分化、独立出来的基础,又是使人类同自然保持联系、统一的基础。正是通过实践,特别是生产实践,社会与自然界才彼此相互作用,不断地推动社会的发展。在马克思主义哲学看来,我们所面对的"感性世界",不仅是人们直观的对象,而且是人类社会实践改造的对象,又是实践活动的结果。人类置身于内的世界是通过实践人化了的世界。马克思主义哲学认为,"感性世界"是同人的"感性活动"(即实践活动)密切联系的世界,同时也承认人的"感性世界"又同人类活动的"外部自然界"有明确的区别。它在承认"感性世界"的同时,仍然承认"外部自然界"的优先地位。但是这种优先存在的自然界不断地受到实践的影响而变成人化的自然界,即打上人的烙印的自然界。由于劳动实践是人化自然或现存的感性世界的基础,因此,人化自然、感性世界是一个不断扩大或膨胀的世界。每当有了一项新的发明,每当工业前进一步,就有一块新的地盘从天然自然的世界中划出去。所以,承认实践是感性世界存在和发展的基础,就等于把社会的历史的因素注入自然中,从而把自然界理解为人的自然界,这对于研究人和自然的统一具有十分重要的意义。

第三,实践是人类社会自我发展和自我完善的根本动力。

实践不仅是人类存在的根本形式和人类与自然界统一的基础,而且是人类实现自己的本质、解放自己的根本形式和动力。人类的解放归根到底表现为社会的解放和高度发展。社会是一种高级的物质运动形式,人们在社会生活中通过一定的交往活动形成人与人的社会关系,这些社会关系的制度化和对象化构成了社会的经济、政治和文化等各种社会结构。社会的发展就是社会结构的变迁,以及人与人的社会关系发展变化的过程。但是,社会的发展变化就是社会物质生产实践的变化。社会生产实践的结构决定社会关系的类型和性质;社会生产实践的发展是决定社会结构变迁和社会制度的变革。所以,社会生产实践自身发展的规律就是社会运动和社会发展的规律。社会自我发展和自我完善的根本动力恰恰就是社会生产实践自身。离开人的社会实践,就不能变革社会结构和人与社会的关系,社会就不能前进和发展。

### 三、实践实在性是马克思主义哲学的基础

马克思主义哲学不同于旧的哲学的根本之处就在于,从实践出发理解现实世界及其与人的关系。马克思主义哲学是立足于实践、依靠实践来解决一切理论上的重要问题的,而且从实践出发,把物质实在论观点,意识的客观实在性内容通过实践统一起来,科学地解决了哲学基本问题,建立了科学的世界观和方法论。

第一,实践实在性是物质实在性和意识实在性的辩证统一。我们知道物质实在性强调各种实物以及万事万物的一般属性即客观实在性。这种客观实在性的内涵既独立于人的意

识之外，又能为意识所反映。我们也知道意识的客观实在性仍然是指意识的功能、内容、逻辑形式都来自物质世界自身，但其表现形态却是依赖于意识状态自身。实践则把外在于人、独立于人的意识的客观实在与人已确定了的、认识了的客观实在统一起来，联结起来，形成了人与外部世界相互作用的新的社会存在，即实践的存在。在实践存在中，人的意识被物化为具有感性形态的存在，而自然界的客观存在物是被意识所控制、改造和影响后发生了变化的存在。所以实践本身就是一个能动性的、创造性的、具有生命力的客观存在。这种有生命力的实践系统和实践结构，是人与自然相互作用而形成的创造性的存在，它是不依赖于任何个人意识，不由个人意识所支配的、具有系统性的客观实在，它也是能够独立于人的意识之外，并能为人的意识所反映的客观存在。因此，实践的客观实在性包容了物质客体的客观实在和体现了意识的客观实在，是现实的社会实践的客观实在，它高于物质客体的实在性和意识现象的实在性，是两者的辩证统一。

第二，实践实在性是个人实践和社会实践的辩证统一，是建立在由个体行动的交错作用所构成的社会系统的基础上，是相对于社会实践的系统水平而成立，体现了唯物论与辩证法的统一。在个人实践中往往有许多个人的社会行为。个人的实践是受个人目的支配的，但是，若干个人行为相互作用而形成、组合起来的社会系统的行为，是个人行为合力的体现，这个系统性的行为不同于组成它的个人的行为，它有自身的客观规定性，有它的客观规律性。这种社会系统行为的客观规定性或客观规律性就是实践实在性的客观根据。

在社会与系统的层次上理解实践实在论，就必须要承认大多数现象有其客观必然性，承认人类社会发展的客观规律性，把马克思主义的世界观和方法论奠定在科学的基础上。

第三，只有承认实践实在论才能把实践观点贯彻到底。马克思主义哲学在哲学发展中所实现的革命性变革的根本标志在于提出实践这个基本观点。马克思主义的哲学之所以不同于旧的、直观的唯物主义，根本之点就在于从实践出发理解现实世界及其与人的关系，并通过实践来验证和发展自己的理解，把实践看成是驳斥哲学上的唯心主义、不可知论和其他一切怪论的最有力的根据。所以，马克思主义哲学立足于实践，依靠实践来解决一切理论上的问题。马克思说："全部社会生活在本质上是实践的。凡是把理论引向神秘主义的神秘东西，都能在人的实践中以及对这种实践的理解中得到合理的解决。"[1]列宁也明确指出，实践的观点"必然会导致唯物主义"[2]。这是因为，唯物主义本身正是人类的全部实践所提供的普遍的必然的理论，不以实践为基础来确立的唯物主义，不可能是真正彻底的、科学的唯物主义。如果把实践理解为不具有客观实在性的东西，那么，我们就不可能把实践的观点奠定在一个坚实的基础之上，从而实践的观点就不可能贯彻到底。

---

[1] 马克思,恩格斯.马克思恩格斯选集:第1卷[M].北京:人民出版社,2012:135-136.
[2] 列宁.列宁选集:第2卷[M].北京:人民出版社,2012:103.

## 第五节　当代科学发现与客观实在性

客观实在性是马克思主义哲学物质观思想的深刻内涵。在当代科学技术新的发展面前,把握这一深刻内涵对于正确理解当代科学发现的哲学意义具有重要意义。

### 一、科学把握哲学物质观思想是理解科学发现哲学意义的重要前提

首先,物质与物质的东西是不同的两个概念,要把作为哲学范畴的物质概念与作为科学范畴的物质形态概念区别开来。哲学物质概念是从各种物质的东西的总和中抽象出来的。"各种物质的东西的总和"就是指整个世界与其组成部分的统一体。世界就是有千差万别的各种具体事物构成的统一整体。说物质所反映的是世界的本质,就是说它反映了组成这个整体的各个部分的共同本质。物质的抽象涵盖了世界的每一个部分,无一例外。正是依据这种一般和个别的辩证联系,才能抽象出物质范畴来。所以,要理解和说明物质范畴,就是要科学的处理一般与个别的辩证关系。在这里,最重要的是把握"物质"一词所表示的物质本身与特定存在的可感知的具体事物之间的区别与联系。紧紧把握"物质"是一种哲学抽象,它所揭示的世界的本质只能存在于所有的种种不同的事物之中,没有脱离各种具体事物而独立存在的某种"物质自身",但是,"物质自身"又是和"物质的东西"不同的东西。

列宁强调"客观实在性"是物质的唯一特性。列宁像恩格斯一样,重申"物质"是一个哲学范畴。但是却进一步指出物质范畴的核心就是"客观实在"。"客观实在"是物质的唯一特性;它说明了人与世界的关系,思维与世界的关系;它作为世界的最一般本质也具有最广泛的概括性。作为物质的"唯一特性"或根本特性的客观实在,反映了无限多样的、具有可感知的感性形态的具体事物的普遍本质。这个物质的根本特性,是从总体上揭示人们意识之外的所有实体性存在、即可感知的物质东西的共性,揭示的是物质的绝对的、不变的特性,即寓于可感知的各种客观实在之中的根本特性。

其次,要把握列宁关于物质的唯一特性的思想,还要要深刻理解物质概念界定的方法论。列宁在规定物质概念的基本内涵时,遵循着哲学基本问题所规定的哲学路线,顺着思维与存在、物质与意识的关系给物质概念下定义。把物质的基本内涵规定为客观实在。这个客观实在的含义就是独立于意识之外,不以意识为转移的,能够为意识所反映的东西。所以物质的内涵是在物质与意识的对立统一关系中被定义的。列宁从可感知的客观事物质总和之中进行抽象,直接抽象出客观实在这一根本特性。然后把客观实在与物质概念联系起来,指出物质要标志客观实在,而客观实在总括了一切个别的可感知的客观事物,它是一切可感知的物质形态的共性、也是一切可感知的物质形态的唯一特性、根本特性。

如果我们把握了哲学物质概念的根本特性和理解了制定物质概念的方法论原则,就不

难理解当代各种新的科学技术进展和新的科学发现的哲学意义。

## 二、信息是物质显示其运动状态的表现形式

人类社会进入了21世纪,科学技术发展的一个重要特征是信息科学技术的飞速发展和广泛应用,深刻地改变着人们的社会生活,尤其是随着智能技术的发展,互联网、物联网的发展应用,更加凸显了信息科学技术的地位和作用,以至于人们用信息社会来描述当代社会的基本特征。科学技术界也已形成共识,把信息作为与物质、能量相并列的一种存在形态,强调信息就是信息,既不是物质,也不是能量,是一种相对独立的存在形态。从而,信息问题也成为哲学上讨论的一个重要问题,有学者称为信息哲学问题。信息哲学中一个最基本的问题就是信息的本质是什么的问题。

辩证唯物主义的物质观思想为认识信息的本质提供了正确的哲学立场与方法论原则。信息概念的含义十分广泛,表现在各种不同的学科和各种不同的领域中,首先要区分信息概念使用的不同层次及相应的不同领域。其一是日常经验中理解的信息概念。在人们的日常生活中,信息指的就是具有新内容、新知识的消息,其承载的载体诸如新闻、情报、资料、数据、图像、密码、语言、文字等。一则新闻如果你告知一个已经知道这个新闻的人,那么就不是信息,因为对于接受者来说没有增加新的知识。其二是信息科学技术领域的信息概念。在信息科技领域有两种学术定义是比较典型的。第一个是信息论创立者香农的信息定义。他说"信息是消除了的不确定性"。其含义是由于通信过程的完成,使得收信者对于某种事物存在状态知识的不确定性得以部分或全部消除。所以,信息就是消除了的不确定性。第二个是控制论创始人维纳的信息定义。他认为"信息就是负熵"。在热力学中熵值是表示系统的不确定性程度或者混乱程度的概念。熵值的减少就意味着不确定性的消除,所以信息就被理解为负熵。由此,也派生出信息就是标志系统的组织性程度,即有序性、秩序性的概念。这两种定义都是从实用信息科学的角度对信息的功能、意义和量化特征的描述。其三是哲学层面的信息定义。从哲学层面讨论信息的本质,一要超出日常生活领域和具体信息科学领域,从世界观层面上进行理解;二要从物质和意识的相互关系上进行理解和分析。这就要应用列宁曾经论述过的物质观思想,把物质的唯一特性和物质的具体表现形式区分开来。

从信息的存在方式来看,信息并不是一个直接的、具体的物质存在形式;信息是在表征、表现、外化、显示事物及其特征的意义的过程中存在的。这就是说信息不是绝对独立存在的,是在信源、信道、信宿的相互作用过程中产生的。首先它是信源(某种客观实在的具体的事物)的属性或特征,同时通过信道(传递途径)传递的,最后是由信宿(信息接收者)接收的。尽管信息接收者可以对所接收的信息进行再加工处理,但是原始信息是独立于接收者的大脑和意识之外的,这都是信息的客观性。所以,不管是对于信源还是对于信宿,信息都不是第一性的。对于信源来说,信息是信源的属性;对于信宿来说,信息独立于信宿而存在;信息到达信宿,只是改变了信宿的信息状态,不管对于人还是机器都是如此。对于信宿来说,接

收到信息可以改变自身的信息状态和应对外部事件的方式,但是却不能全部改变信宿的整体状态,它只能改变信宿的信息状态。如果要说要改变信宿的全部的整体的状态,只能通过所接收的信息和信宿的其他部分相互作用以后,借助于信宿的物质、能量与信息的相互作用而逐步实现。但是能够和所接收的信息相互作用的信宿的其他主要部分是先于所接收的信息存在的,不以所要接收的信息状态和性质为转移的,相反却是加工和处理所接收信息的主体。所以,不管是对于信源还是信宿,信息都是第二性的存在,不是第一性的存在。

信息不是第一性的外部存在,也不是特定的物质形态和能量状态,那么信息到底是什么?按照世界物质性原理,信息是物质显示自身运动状态的表现形式。由于物质的相互作用,必然引起作用双方的内在结构、运动状态和性质的某种改变,这种改变的"痕迹"就显示了作用双方的性质和特点。由于运动是物质的存在方式,在运动过程中的物质必然会显示自身状态改变的特点,因此信息就是物质显示自身运动状态的表现形式。简单地说,信息就是物质显示自身运动状态的表现形式。这样在辩证唯物主义的物质观中就存在这样几个相关的命题。首先,世界是物质的世界;其次,运动是物质的存在形式。最后,物质运动有两种同时俱在的表现形式,一个是能量,一个是信息。作为能量,它是物质运动的表现形式;作为信息,它是物质显示其自身运动状态的表现形式。

### 三、暗物质是关于未知的物质形态的一种科学假说

暗物质(Dark matter)是理论上提出的可能存在于宇宙中的一种不可见的物质,它可能是宇宙物质的主要组成部分,但又不属于构成可见天体的任何一种目前已知的物质。诺贝尔物理学奖获得者李政道教授曾指出:"暗物质是笼罩20世纪末和21世纪初现代物理学的最大乌云,它将预示着物理学的又一次革命。"

1915年,爱因斯坦根据他的相对论得出推论:宇宙的形状取决于宇宙质量的多少。如果是这样,宇宙中物质的平均密度必须达到每立方厘米 $5×10$ 的负30次方克。但是,迄今可观测到的宇宙的密度,却比这个值小100倍。也就是说,宇宙中的大多数物质"失踪"了,科学家将这种"失踪"的物质叫"暗物质"。1932年,美国加州工学院的瑞士天文学家弗里兹·扎维奇最早提出证据并推断暗物质的存在。2017年11月30日,《自然》杂志在线发表文章:暗物质粒子探测卫星"悟空"(DAMPE)团队在北京发布首批科学数据,成功获取了国际上精度最高的电子宇宙射线能谱。该能谱将有助于发现暗物质存在的蛛丝马迹。

暗物质的本质还是个谜。科学家认为,整个宇宙有84.5%是由暗物质构成,但一直未能证明其存在。已有不少天文学家认为,宇宙中90%以上的物质是以"暗物质"的方式隐藏着。天文学家们称,根据当前一些统计资料显示,我们平常看不见的暗物质很可能占有宇宙所有物质总量的95%,而人类可以看到的物质只占宇宙总物质量的不到10%。

对于暗物质,目前科学家采用的探测手段可以分为三类:一是"直接探测"。如果暗物质是由微观粒子构成的,那么每时每刻都应该有大量的暗物质粒子穿过地球。如果其中一

个粒子撞击了探测器物质中的原子核,那么探测器就能检测到原子核能量的变化并通过分析撞击的性质了解暗物质属性。目前尚未有直接探测试验发现暗物质粒子存在的确凿证据;二是"间接探测",如果在银河系中存在着大量的暗物质粒子,那么应该可以探测到它们湮灭或衰变所产生的常规基本粒子,间接探测就是在天文观测中寻找这种湮灭或衰变信号。当前对宇宙线的产生与传播过程的理解尚不全面,这给在宇宙线中寻找暗物质信号带来了挑战。三是"加速器探测",探寻粒子对撞机中人为产生的暗物质粒子。在高能粒子对撞实验中,可能会有尚未被发现的粒子包括暗物质粒子被产生出来。如果对撞产生了暗物质粒子,再结合直接或间接的探测手段,就可以帮助确定对撞机中产生的粒子是否为暗物质粒子,但至今尚未发现。

通过简单的叙述可以知道,暗物质是关于世界的物质构成的科学假说。通过理论推论这种不可见的物质形态可能是存在的,但是科学实验的探测还没有完全证实这种科学假说。但是辩证唯物主义的物质观对于这种研究和探索是具有重要的指导意义。辩证唯物主义哲学物质观告诉人们,物质的唯一特性是客观实在性,它坚信客观的物质世界是独立于人的意识之外,并且成为科学研究的对象。暗物质就是关于世界物质结构形态的科学假说。要检验这种科学假说是否成立,必须坚信这种暗物质是一种具有客观实在性的东西。科学理论的第一步是形成假说,然后再证实这个假说,形成科学的理论。科学实验的证实过程就是寻找与科学假说相一致的科学事实,证明假说和预见的客观实在性。目前对于暗物质的科学观察实验还没有最后证实。但是,科学家们坚信,科学假说所预见的"暗物质",一定不单纯是科学家头脑主观臆断的产物,虽然它是科学推论的结果,但是这个结果一定不依赖于科学家的意识而存在。科学家的推论是建立在它一定是在科学家的头脑与意识之外存在着的东西。如果它是真实的,一定是科学家头脑之外的客观事实,就一定能通过各种方式找到它。正是这种唯物主义的科学精神推动者科学的不断发展进步。

### 四、量子现象是物质存在的一种方式

量子(quantum)是现代物理的重要概念。最早是 M·普朗克在 1900 年提出的。它是表示物质世界物理量的不可连续分割的最小单位。"量子"一词代表能量的最小单位。后来发现,能量表现出这种不连续的分离化性质,其他物理量诸如角动量、自旋、电荷等也都表现出这种不连续的量子化现象。

量子力学研究发现,"量子"是一个不变的常数,微观粒子的能量只能是它的整数倍。对于量子运动的解释,可以用矩阵力学描述其不连续的运动;也可以用波动力学方法描述其连续性的运动。并且,如果对微观粒子进行测量,还会发生所谓的"测不准现象"。这就是说,一个微观粒子的某些成对的物理量不可能同时具有确定的数值,例如位置与动量、其中一个量越确定,另一个量就越不确定。另外微观世界的亚原子粒子如电子或者光子可以同时处于两种或两种以上的态,也就是说,一个微观粒子在同一时间可以出于好几个不同的

位置,而且在多粒子系统中,两个曾经相互作用过的粒子,在分开之后,不管相距多远,都彼此神秘地联系在一起,其中,一方发生变化,另一方也会发生相应的变化。这种现象被称为量子纠缠。

微观世界的量子现象改变了人们关于物质运动的物理图像。经典物理学认为物质运动是连续的,量子论告诉人们微观粒子的运动是不连续的;经典物理学在测量物质的物理量时,某些相关的物理量,例如位置与动量是能够同时获得准确的度量;再有经典物理学认为一个物体在某个时间点只能处于某一个确定的位置,并且曾经经历过相互作用的两个物体,在不发生相互作用以后不会有相互的影响。经典物理学的这些关于宏观世界的物理图像在微观世界里发生了"奇异"的变化,甚至颠覆了人们的世界观。

量子力学是当代科学发展中最前沿的领域之一。它对原子物理学、化学、固体物理学、生物学甚至神经科学等学科中的许多物理效应和物理现象作出了说明与预言,已经成为科学家认识与讨论微观现象的一种普遍有效的概念与语言工具,更是日新月异的信息技术革命的理论基础。但是,量子物理学家在表述、传播和交流他们对量子物理的基本概念的意义的理解时,曾经历了最激烈的世纪之争。他们之间的分歧不是关于量子理论的算法规则本身的分歧,也不是关于亚原子粒子是否存在的分歧,而是能否仍然像以牛顿力学为核心的经典物理学那样,把量子理论理解成是对客观存在的原子世界的正确描述之间的分歧。

爱因斯坦认为之所以出现这些现象,是物理学发展的不完备的一种现象。他在1948年所写的《量子力学与实在》一文中表示,如果不假定彼此远离的客体存在的独立性,那么惯常意义上的物理思维就不可能了,也很难看出有什么办法可以建立和检验物理定律。量子世界之所以出现这些"奇异"现象,说明量子力学是不完备的,很可能成为以后的一种理论的一部分,就像牛顿力学与相对论力学的关系一样。相对论力学的出现把牛顿力学的理论看作是其内在的一部分。

波姆与爱因斯坦不同,他认为任何测量的结果都包含着测量工具及其测量环境的效应,不过在宏观测量中这种环境效应中的量子效应可以忽略不计。波姆曾经与海利合著过一本书:《不可分的宇宙:量子论的一种本体论解释》,在这本书中他认为,量子测量过程不再向经典测量那样,是对被研究对象的客观特性的一种揭示,而是依赖于整个测量环境的量子现象的显现过程。这种显现过程就像植物生长与种子及土壤等关系一样。植物生长的好与不好,既与种子有关,也与土壤环境有关。他认为,在微观测量中,微观粒子的某些特性的呈现是与测量的方式方法和手段相关的一种共生现象。所以,微观世界的测量结果是测量对象与测量方式共生的产物。

埃弗雷特提出了相对态解释。他认为,测量仪器与其他物理系统之间不再存在着基本的区别,因此对于人们来说,测量是物理系统之间发生相互作用的一种特殊情况。测量结束之后,叠加态不连续地"跳跃"到一个本征态,是相对于特定的观察者而言的。量子测量系统中不同子系统之间的态的相对性，类似于相对论中运动坐标的相对性，物体的位置坐标只有相对于它的参考系才有意义一样，在量子力学中本征态相对于观察者（包括测量仪器）才有意义。在相对论中允许有许多坐标，同样，在量子理论中，允许有许多观察者的"框架"，一定的框架存在有一定的本征态。

按照量子力学的理论和研究方法的特征，有人认为，在微观世界中微观粒子的基本属性不总是先验的存在着，而与测量设置相关，是测量语境中的一种共生现象，而不是测量对象内在特性的独立呈现。也有人提出了几种不同的实在观。其一是自在实在，作为自在实在的微观粒子，是物质构成的最小单位，是独立于物理学家的抽象思维并能够作为物理学家的研究对象而存在的客观实在性，这是科学客观性的基本前提。其二是理论实在，是指量子物理学家依靠数学逻辑预言实验结果或者实验现象，并且这种理论预言能够被证实。这种有抽象的理论描绘出来的实在称之为理论实在。其三是对象性实在，之所以说是对象性实在，是指运用特定的测量工具和测量方法观测到的微观粒子的某种属性和特性，它依赖于测量工具的使用，所测到的结果带有测量方法的因素。

根据辩证唯物主义的物质观，物质是标志客观实在性的哲学范畴，它所强调的是物质世界是独立与人的意识之外的这一特性。物质世界可以分为宏观世界与微观世界，不管微观世界的存在状态多么复杂，不管人们对它的认识带有多少实验方式和测量工具的影响，这类微观粒子是独立与人的意识之外而存在的，虽然认识和描述这种微观粒子带有理论框架和试验方法的特点，但是这种测量工具的影响不能否定测量对象的存在。爱因斯坦曾强调了这种微观粒子的客观独立性，认为这是物理学存在与发展的前提。波姆的共生理论是从测量结果的角度分析其构成因素，然而却没有否定微观粒子的独立存在性。所以认识微观世界的客观实在性，还是要坚持辩证唯物主义的物质观，要把对微观粒子的实验观察和理论描述同微观粒子的客观实在性严格区别开来。如果从观察实验结果受到观察工具影响而不能消除，从而把观察对象说成是实验工具的唯一产物，那就取消了科学研究对象的客观实在性，把科学研究的对象理解成主观意识的产物，那就取消了科学研究的对象，取消了科学检验的标准，从而也就取消了科学本身。

物理学的发展已经深入到微观领域，亚原子现象，电子、光子等现象的客观存在已经是不容争辩的事实，这再一次证明列宁所揭示的辩证唯物主义物质范畴的哲学内涵的正确性；也再一次印证了恩格斯曾经指出过的要证明哲学物质概念是需要科学的长期发展来证明。量子现象再一次证明世界是物质的，运动是物质的存在方式，量子是物质运动的一种特殊形式。至于对量子现象如何描述和测量，形成什么样的量子理论，量子科学的研究方法有什么特点，研究结论和研究方法之间有什么联系，这是量子科学的问题，需要通过量子科学的发展来回答。在这个问题上哲学不能取代科学。但是量子科学的发展却不能违背辩证唯物主义哲学物质观的基本原则，取消量子或者其他什么微观粒子的客观实在性。因为承认不承认科学研究对象的客观实在性是科学与伪科学的根本界限。

1. 哲学史上实在论问题的经验教训是什么？
2. 马克思主义哲学物质实在论的基本内容和意义是什么？
3. 如何理解马克思主义的实践实在论思想？它在哲学史上实现了什么样的变革？

# 第六章

## 物质的存在方式

在对物质概念做了规定之后,还得进一步探讨物质究竟以什么方式存在着。辩证唯物主义的回答是,运动是物质存在的方式。辩证唯物主义认为运动是物质的存在方式,是物质的固有属性,是基于实践和科学得出的哲学概括。

第六章　物质的存在方式

# 第一节　物质和运动是不可分割的

把运动理解为物质存在的根本方式,意味着从物质和运动彼此统一的高度理解世界,坚持物质和运动彼此不可分割的观点。世界上除了物质和物质的运动以外,实际上没有别的东西。运动是物质的运动,物质从来都是运动着的物质;没有物质的运动和没有运动的物质同样是不可想象的、不存在的。

## 一、绝对运动和相对运动

人们总是认为物体由于"力"的推动而运动,"力"的推动一停止,物体就会停止运动,而处于静止状态,把"力"看作是产生运动的原因。在普通的力学中,动者恒动,静者恒静,只有外力的推动才能变静为动,变动为静。确切地说,力使物体运动的状态发生了变化。这些看法在日常生活中,在普通的力学领域内,当然是正确的。

如果把日常生活中的这种观点,把机械运动这一领域内的规律带到哲学中,作为自然哲学中的原理,推广到整个宇宙的范围内,就必然认为"物质"与"力"两者是互相分离的,把"力"也误解为一种客观的、独立存在的东西。这样一来,"世界""物质"就会处于静止的状态,于是"世界""物质"要由静到动只能是外力推动的结果,否则就不能由静到动。这样就必须承认"第一推力",为上帝留下地盘。

辩证唯物主义不仅肯定世界是物质的,而且认为物质是运动、变化和发展的。运动是物质的存在方式、物质的根本属性。恩格斯说:"运动,就它被理解为物质的存在方式、物质的固有属性这一最一般的意义来说,涵盖宇宙中发生的一切变化和过程,从单纯的位置变动直到思维。"[1] 也就是说,作为哲学范畴的运动是对宇宙中发生的一切变化和过程的概括。恩格斯还说:"运动应用于物质,就是一般的变化。"[2] 运动是同物质一样的最高程度抽象的哲学范畴,它概括了一切形式的变化和过程的一般本质,从最简单的位移到各种复杂的物理、化学、生命和社会的变化,直到人的思维这种最隐秘的感觉、心理和理智的变化等。世界上的具体运动形式和具体的物质形态一样,是无限多样的,但它们都有共同的属性,那就是变化。一般的变化即运动,是任何事物存在的根本方式。任何事物如果没有一定形式的运动即内部和外部的变化,所谓"存在"就是没有表现的、不可能实现的。人类的一切实践经验和科学研究都能够充分地证明,世界上没有不运动的事物,万物都在运动之中,存在就是运动。

一切个别的运动形式,一切可以从感觉上感知的运动形式,都是物质的有限的存在方式,即在一定的有限的时间和空间中存在的,因而是有条件的、暂时的、相对的运动。相对运

---

[1] 马克思,恩格斯. 马克思恩格斯选集:第3卷[M]. 北京:人民出版社,2012:951.
[2] 马克思,恩格斯. 马克思恩格斯文集:第9卷[M]. 北京:人民出版社,2009:532.

动总是在相互比较中存在的。一个物体、事物、物质形态的运动,总是相对于另外的物体、事物、物质形态的运动而存在的。正如恩格斯所说:"物质的每一有限的存在方式,不论是太阳或星云,个别动物或动物种属,化学的化合或分解,都同样是暂时的。"[1]不仅如此,任何个别的运动形式,即任何相对运动,都是有始有终的,它们总是要走向平衡的。"任何特殊相对的运动,……都是为了确立相对静止即平衡的一种努力。"[2]

但是,世界上相对运动是无限多的。任何个别的具体的运动都是从其他运动中产生出来的,它本身又要转化为其他运动;个别运动虽然总要走向平衡,但个别的平衡又会不断地被打破。无数相对运动的总和构成了整个物质世界川流不息永恒不变的绝对运动。从总体上来说,物质的运动是无条件的、永恒的,因而是绝对的,"除了永恒变化着的、永恒运动着的物质及其运动和变化的规律以外,再没有什么永恒的东西了"[3]。绝对运动是存在于一切个别运动之中的一般性。绝对运动范畴是相对运动的共同属性的抽象概括。

坚持事物绝对运动和相对静止辩证统一的观点,要反对形而上学不变论和相对主义诡辩论这两种错误倾向。一种是片面夸大事物的相对静止,否定事物的绝对运动,把相对静止绝对化的形而上学不变论。另一种是片面夸大事物的绝对运动,否定事物相对静止可能性的相对主义和诡辩论。我国战国时期的哲学家庄子说:"方生方死、方死方生。方可方不可、方不可方可。"这种看法,将生与死之间、可与不可之间的转化看成是无条件的,完全抹杀了事物的相对稳定性和质的区别。古希腊哲学家赫拉克利特曾说:"我们不能两次踏进同一条河。"[4]这是对运动和静止辩证关系的朴素表达,而他的学生克拉底鲁却认为,人连一次也不可能踏进同一条河流。这就陷入了把一切都看成是瞬息即逝、变幻不定的相对主义和诡辩论。

## 二、物质与运动的相互依存性

物质与运动是相互关联、相互依存的两个方面。

一方面,运动是物质的根本属性。人类的经验和科学成果证明,物质世界的一切都处在永不停息的运动之中。没有什么事物是不运动的。从宏观层次看,地球上的各种宏观物体和地球一道,不断运动着,并围绕着太阳公转;太阳系的九大行星和其他星体也在绕着银河系中心旋转;银河系及已发现的10亿多个类似于银河系的星系无一不处在运动之中,每一个星球都要经历产生、发展和灭亡的演变过程。从微观层次看,组成分子的原子也在不断运动着,在原子内部,电子围绕着原子核运动,构成原子核的更小的粒子也处在运动中。在生物有机界,每时每刻都在进行着新陈代谢、自我更新的运动,整个生物界经历着由低级到高级、由简单到复杂的发展过程。人类社会也处在运动状态中,没有哪一种社会形态是永恒不变的。人类社会的发展已经经历了原始社会、奴隶社会、封建社会、资本主义社会和社会主义社

---

[1] 马克思,恩格斯.马克思恩格斯文集:第9卷[M].北京:人民出版社,2009:426.
[2] 马克思,恩格斯.马克思恩格斯全集:第20卷[M].北京:人民出版社,1972:589.
[3] 马克思,恩格斯.马克思恩格斯选集:第3卷[M].北京:人民出版社,2012:864.
[4] 北京大学哲学家外国哲学史教研室.西方哲学原著选读:上卷[M].北京:商务印书馆,1981:12.

会,将来还要过渡到共产主义社会。即使以后实现了共产主义,人类社会仍要继续前进。可见,整个物质世界,无论从哪一层次、哪一领域、哪一方面看,没有一种事物是不在运动的。正如恩格斯所说:"整个自然界,从最小的东西到最大的东西,从沙粒到太阳,从原生生物到人,都处于永恒的产生和消逝中,处于不断的流动中,处于不息的运动和变化中。"[①] 物质离不开运动,"没有运动的物质是不可想象的"。

另一方面,物质是运动的承担者或主体。人类实践经验和科学成果也证明"物质是一切变化的主体",任何运动都有它的物质承担者,没有物质承担者的运动是不存在的。机械运动的承担者是客观物体;物理和化学运动的承担者是分子、原子、基本粒子和场;生物运动的承担者是蛋白质、核酸、类脂等复杂的多分子体系;社会运动的承担者是人及其物质资料的生产方式;思维运动的承担者是人的大脑等。可见,各种运动形式的承担者都是物质。没有物质的运动同样是不可想象的,世界上不存在没有物质的运动。

19世纪末20世纪初,自然科学界发生过所谓"唯能论"的争论。唯能论的主要代表人物滥用能量概念,把科学上用以表征物质运动量度的"能量"说成是超乎物质之上的独立本原。他们在哲学上的主张一是"把物质和精神这两种概念包含在能量概念之中",提出"能量是唯一的实在和物质与精神的本原";二是否定物质是运动的承担者即主体。这种唯能论思想在当时就受到波尔兹曼、普朗克等物理学家们的严厉批评。争论以唯能论的失败而告终。但是,歪曲科学的成就来制造"论据",企图割裂物质和运动的关系,主张没有物质的"纯粹"运动,仍是现代唯心主义者反对唯物主义时所惯用的手法。例如,从质量与运动无关的机械论前提出发,以涉及质量问题的一些物理现象为依据,如以爱因斯坦发现的质量能量相关定律和物体的质量是一种测量值随参照系的选择而变的可观察量[②],以及正负电子碰撞转化为光子、原子核裂变后发生所谓"质量亏损"等为依据,把质量归结为能量,否定质量守恒,进而否定物质的客观存在,割裂物质和运动,主张无物质的"纯粹的"运动。这是违背事实的,是对科学的曲解。质量或能量都是物质的一种属性,不能把质量或能量等同于物质。上述几个物理现象只是否定了认为物质的质量与它的运动无关的机械论,并没有否定质量的客观存在。它们说明的质量与物质运动的速度有联系。质量和能量也具有内在的彼此不可分割的联系,但既不能把质量归结为能量,也不能把能量归结为质量。在一个理想的封闭的物质系统中,质量和能量的总值都分别保持不变。以运动着的物质为本体的整个宇宙,其质量和能量都是永远守恒的。至于正负电子相撞转化为光子,就是物质运动形态的相互转化,并不是什么"物质消失了",或只有非物质的纯粹的能量了。事实上,光子虽然没有静止质量,但有运动质量,是正负电子的能量转化为光子的能量。原子核裂变后的所谓"质量亏损",则是由

---

① 马克思,恩格斯.马克思恩格斯选集:第3卷[M].北京:人民出版社,2012:856.

② 其公式为:$E=mc^2, m=\dfrac{m_0}{\sqrt{1-v^2/c^2}}$

式中 $E$ 为能量,$m_0$ 为静质量,它是在物体静止时测得的质量值;$m$ 是物体以速度相对于参照系运动的质量值;$c$ 为光速。

于没有把裂变后生成的一些新物质(如光子和一些射线)的运动质量计算在内,实际上核反应前后物质的质量总值是守恒的。因此,以上物理现象都不是否定了而恰恰是进一步证实了没有物质实体作为主体和承担者的所谓"纯粹的"运动是根本不存在的。与运动观主张没有物质的运动的各种唯心主义相反的另一个极端是主张所谓没有运动的物质的形而上学唯物主义。它否认运动是物质所固有的、贯彻始终的本质属性,认为事物从来是不运动、不变化的,后来即使有所变化,也只是由于外力的推动而引起数量的增减和位置的移动。这种观点是和近代牛顿力学占主导地位的自然科学状况相适应的。牛顿认为物质的根本特性是"惯性",但他在说明天体运动时指出,只是由于"精通力学和几何学的上帝"所给的切线力的推动使星球具有初始速度后,才由于万有引力的作用而沿着固定的轨道运行。因此,只有借神力之助,自然界才能形成这种横向运动。

后来的"宇宙热寂论"则是从终点上否认世界的运动。19世纪60年代,德国物理学家克劳修斯发现了热力学第二定律,在科学上做出了重大贡献。但他片面地用热力学第二定律解释整个宇宙,提出了"宇宙热寂"的理论。他认为,虽然宇宙的能量是个常数,是守恒的,但一切运动形式的能量最终必然都转化为热,而热的传导只能从高温传到低温,具有不可逆性,结果是热均匀散布于整个宇宙,达到完全平衡。这样,运动就失去了进一步转化的可能,宇宙将处于永恒死寂的状态。克劳修斯的理论,无论在逻辑上还是科学上都是不正确的。"热寂说"是以宇宙是一个有限的、孤立的、封闭的系统的假设为前提的,而且实际上否认了能量守恒和转化是宇宙的一条普遍规律。早在1875年恩格斯就针对这种观点指出:"运动的不灭性不能仅仅从量上,而且还必须从质上去理解。"[1]"转化是运动着的物质天然具有的,因而转化的条件也必然要由物质再生产出来。"[2]"发散到宇宙空间中去的热一定有可能通过某种途径(指明这一途径,将是以后某个时候自然研究的课题)转变为另一种运动形式,在这种运动形式中,它能够重新集结和活动起来。"[3]"热寂说"既然认为宇宙最后必然归于绝对静止,那么宇宙以往的不平衡的炽热状态,即原始的物质运动又是如何发生的呢?这在逻辑上必然导致宗教唯心主义,即像牛顿一样求助于上帝的神力。当代科学的发展进一步批判了"热寂说"。科学家们根据已获得的一系列实验证据的大爆炸宇宙模型指出,科学所展现的宇宙图景是同"热寂说"完全相反的。"热寂说"的要害在于忽视了引力场在宇宙演化中的作用。由于存在万有引力,宇宙根本没有平衡态,宇宙只能处于动态的演化过程之中,而不是静态的。比利时科学家普利高津提出的耗散结构理论,也是对"热寂说"的否定。他认为宇宙不是克劳修斯所设想的孤立系统,宇宙不会越来越趋向于单一、无序、完全平衡和绝对静止。物理世界是一个非稳定性和有涨落的世界,整个宇宙及其所包含的各种物质形态都是开放的动态系统。宇宙的运动不可能是一个方向,而有不同的方向,同时总存在着无序和有

---

[1] 马克思,恩格斯. 马克思恩格斯文集:第9卷[M]. 北京:人民出版社,2009:424.
[2] 马克思,恩格斯. 马克思恩格斯文集:第9卷[M]. 北京:人民出版社,2009:425.
[3] 马克思,恩格斯. 马克思恩格斯文集:第9卷[M]. 北京:人民出版社,2009:425.

序的辩证统一。因此,宇宙永远处在运动、演化过程中,它的历史不可能有终结。

人类全部实践和科学都不断地证实,任何事物都在不停地运动着。物质与运动是不可分割的。既没有脱离物质的运动,也没有脱离运动的物质。物质和运动的相互依存是运动作为物质的存在方式和固有属性的绝对的、无条件的根据。

### 三、静止是物质运动的特殊状态

辩证唯物主义肯定物质和运动不可分,否认有脱离运动的物质,并不是说物质世界就不存在静止状态,物质世界是绝对运动和相对静止的辩证统一。

所谓相对静止,是指物质的绝对运动在一定条件下的暂时平衡或相对稳定的特殊状态,大致有两种情况:第一,相对于某种确定的参考系,如果物体的运动状态与参照系的运动状态是一致的,那么从这个参照看来,这个物体便处于相对静止状态。例如地面上的房屋相对于地球,没有发生位置移动,从机械力学的角度看,它是静止的,但相对于太阳,它和地球上的万物一道随着地球的自转和公转而运动,故而有"坐地日行八万里"之说。不仅如此,这座房屋即便在相对地球没有发生机械运动的情况下,仍在进行着其他形式的运动。房屋的建筑材料内部的分子、原子始终在进行着物理和化学的运动,并没有绝对静止。第二,相对于事物根本性质的变化,当事物的运动、变化还处在量变阶段,没有发生质变的时候,也具有暂时的稳定性,呈现出某种静止的状态。例如某种生物有机体在死亡之前,总是这个特定的生物有机体而不是别的什么,某种社会形态在被新的社会形态取代之前,总还保持着该社会形态的本质特点。但是这种静止也不是绝对的,因为生物有机体内部不断进行的新陈代谢,最后总要促使该生物有机体死亡;而旧的社会形态内部生产力和生产关系之间的矛盾运动也最终会导致它将会被新的社会形态所取代。所以,这种静止是事物在转化为另一事物之前的相对稳定状态。

无论从哪一种情况来说,静止都是有条件的、暂时的、相对的,而运动则是无条件的、永恒的、绝对的。这是两者之间的对立。同时,运动和静止又是统一的,在绝对运动中包含着相对静止,在相对静止中有绝对运动,动中有静,静中有动,任何事物都是绝对运动和相对静止的统一。

承认事物有相对静止的状态对于我们认识物质世界有重要的意义,恩格斯说:"物体相对静止的可能性,暂时的平衡状态的可能性,是物质分化的本质条件,因而也是生命的本质条件。"[①]正因为事物有相对静止和暂时平衡的状态,各种事物才能区别开来,它们才能存在和发展,物质世界才会呈现出丰富的多样性,人们也才能够对不同质的特定事物进行认识和利用。

---

① 马克思,恩格斯.马克思恩格斯选集:第3卷[M].北京:人民出版社,2012:971.

## 第二节 物质运动的基本类型

运动是物质的最根本属性，是物质的存在方式。但是物质的形态不同，其存在方式就表现为不同的特点；不同的物质形态，具有不同类型的存在方式。这种不同的存在方式也就是运动方式的不同类型。不同的运动方式与物质的不同结构、层次有着密切的联系。

物质系统因其大小和质量的不同而划分为不同层次。各层次的物质有其固有的特点和运动规律。运动方式与物质层次之间存在着对称性的联系。机械运动与天体和地球上的宏观物体相对称；物理运动与分子、基本粒子相对称；化学运动与原子相对称；生命运动与蛋白体相对称；社会运动与社会经济形态相对称；思维运动与人脑相对称。一般说来运动方式与物质层次之间存在着对称性联系，但是，在宏观领域里，有些物质层次之间存在着对称性联系，然而在微观领域里，有些物质层次跟运动方式的联系比较复杂，如核反应，既可以看作是物理反应，也可以看作是化学反应。有的自然科学家就提出物理运动和化学运动是一个东西的看法。这就是说，在微观领域，物质运动的特点与物质层次之间至少不像在宏观领域那样严格对称。

### 一、迄今发现的物质运动方式的基本类型

就人类发展迄今所达到的认识而言，物质运动的基本方式有以下六种类型。

物质运动的第一种基本类型是机械运动，即简单的位置移动。这是最低级最简单的运动类型。机械运动是物体的运动，它发源于物体的内在本性。就机械运动和物体的关系来看，机械运动的内在根据在于物体自身的惯性与运动转移性的矛盾。所谓惯性，就是任何物体都具有抵制外界作用，阻止运动的转移，保持原来的机械运动状态不变的特性，即机械运动过程的常住性。所谓运动的转移性，就是物体所具有的促使机械运动发生传递、转化的特性，即变动性。惯性和运动转移性都是物体的固有属性，二者既对立又联系，构成了机械运动的特殊性质。物体的机械运动状态，是物体本身的惯性与运动转移性这两种属性相互联系、相互制约、相互转化的结果。

物质运动的第二个基本类型是物理运动。它包括分子热运动、电磁运动和基本粒子运动等。物质热运动是大量分子之间的相互吸引与排斥的相互作用的结果，形成物质的不同热运动状态。热运动的内在根据是分子之间的吸引与排斥。分子之间的凝聚与扩散是吸引与排斥的相互作用在热运动中的一种具体表现。物质的电磁运动是电场和磁场相互作用的结果。基本粒子的运动包括由原子内部原子核和电子之间的吸引和排斥所造成的电子跃迁不断出现，也包括原子核内不同核子之间的吸引和排斥的相互作用——"核相互作用"所造成的聚合反应和裂变反应。

物质运动的第三种基本类型是化学运动。一切化学过程，都可归结为原子的化合过程

和分子的化分过程,化分与化合的相互作用是化学运动的内在根据。化合与化分是化学运动形式不可缺少的两个方面,它们的方向是相反的,但又是互相依赖和互相转化的。二者的对立及其不断地转化,形成了化学运动这一基本运动类型。分子是原子通过化学键组合而成的,它是保持物质化学性质的基本单位。化学运动是通过旧化学键的断裂和新化学键的形成,不断促进化合和化分的相互作用过程。化学运动具体表现为多种多样的化学反应。在化学反应过程中,既有物质的转化,又有能量形式的转换。在一般情况下,使键断裂(即化分)时需要吸收能量,成键(即化合)时则放出能量。

物质运动的第四种基本类型是生物运动。这种运动是蛋白体不断自我更新的过程。生物运动的特殊根据就是同化与异化、遗传与变异的相互作用。同化,就是生物从外界环境吸收物质和能量,并合成自身。异化,就是分解自身,并向环境排出物质和能量。同化和异化既是互相对立的,同时又是互相依赖和互相转化的。正是二者的对立、依赖和相互转化,构成了生物体的新陈代谢和自我更新。生物的运动,不仅是同化与异化的相互作用过程,还是遗传和变异的相互作用过程。遗传,就是生物的后代保持其亲代的性状;变异,就是出现与亲代不同的性状。没有遗传,生物的种类不可能相互稳定;没有变异,生物就不能有发展进化。只有当生物体产生了变异,并通过自然选择作用,使这种变异不断地积累,形成优势效应时,才能形成新的物种。正是遗传和变异的相互作用,才使生物的物种得以存在,而又不能永恒存在,形成了现实的物种进化过程。

物质运动的第五种基本类型是社会运动。人类的物质生产活动是社会生活的基础。生产关系与生产力的相互作用,是社会运动的内在根据和动力。生产关系一定要适合生产力的性质;上层建筑一定要适合经济基础的性质,是社会运动的客观规律。

物质运动的第六种基本类型是思维运动。思维运动是高度完善、高度组织起来的复杂物质——人脑的属性和机能。思维运动的特殊性根据是主体与客体、主观与客观的相互作用。首先,思维必须以主体对客观事物(客体)的改造(实践)为基础,只有在主观对客观的能动作用中,才获得自身的发展动力;其次,思维运动的内容又来自客观对主观的作用,是主观对客观的反映。正是在主体与客体、主观与客观这两个方面的相互作用中思维才获得自身的存在和发展。

### 二、物质运动类型之间的相互关系

上述从低到高六种类型的划分只是大体上的、相对的划分。但是,每种基本的运动类型,又包括其他运动类型。例如,社会运动类型中就包含物理运动类型、生物运动类型、思维运动类型等。我们研究运动方式的基本类型,就应当研究各种运动类型之间的相互联系和统一方式。不认识它们的联系,就不能认识物质运动的本质,也不能深刻地认识各种具体运动。

运动类型之间的关系,主要包括两个方面。

第一,高级运动类型包括低级运动类型,并以低级运动类型为基础。每一个运动形式都是从另一个运动类型中发展出来的,高级的运动类型是从低级的运动类型发展出来的。运动类型从低级到高级的发展,反映了物质本身由低级到高级的发展顺序。高级运动类型离升低级运动类型,不仅不能产生,也不能存在。比如机械运动是最低级的运动类型,但它是一切运动形式的基础,一切运动类型都包括机械运动。正如恩格斯所说:"一切运动都是和某种位置移动相联系的"①,"位置移动决不能把有关的运动的性质包括无遗,但是也不能和运动分开。"②正是因为高级和低级运动类型之间存在着这种关系,在一定的条件下,不同的运动类型之间才能发生相互转化。

第二,高级运动类型和低级运动类型是有质的区别的。高级运动类型总有低级运动形式不能代替的东西。抹杀高低级运动类型之间质的区别,把复杂多样的运动类型归结为简单的机械运动,是错误的。"从一种运动形式转变到另一种运动形式,总是一种飞跃,一种决定性的转折。"③不论是从机械运动转变到物理运动,从物理运动转变到化学运动,从化学运动转变到生命运动,还是从生命运动转变到社会运动和思维运动,都是通过质变,通过决定性的飞跃完成的。

从物质运动类型之间的这种关系来看,机械论的主张,基本方面是错误的,却也有其一定的合理的成分。机械论主张把机械运动推广去研究其他一切运动。这个主张合理的成分在于,其他运动类型都包括有机械运动,客观上存在着做这种推广的根据。正因如此,把机械运动的这种类型推广到其他现象,也能得到很多科学成果。高级运动类型是由低级运动类型发展而来的,它是低级运动类型长期发展的结果;同时,高级运动类型中也包含着低级运动类型。这就是我们在认识高级运动类型时要研究低级运动类型的客观根据,不能离开或者不做对低级运动形式的认识而去研究高级运动形式。通过对低级运动类型的认识,我们可以认识高级运动类型与低级运动类型之间的内在联系,同时也为我们认识高级运动类型的特殊本质提供了前提和条件。例如,要认识生命运动的特殊本质,我们就必须研究生命个体所进行着的机械的、物理的、化学的运动,不研究生命体内的这些低级类型的运动,我们要认识生命运动类型是不可能的。人类认识史告诉我们:对任何一种较高级的运动类型的认识,人类总是首先探索它的低级运动类型。在此基础上,才能进一步获得对高级运动类型的特性的认识。但是,还原论的思想是错误的。这种错误是把高级运动形式的性质归结为低级运动形式的性质和特点。旧唯物论曾经把社会运动类型还原为自然运动类型,从根本上说就是错误的。但要认识社会运动的本质,离开自然运动的因素,也是不科学的。因为在社会运动中包含着自然运动,自然运动是社会运动的基础。例如,人口是社会的主体因素,人要能生存,首先要解决吃、喝、住、行等问题,这些问题的解决与自然资源的分布与获得密切相关。因此研究人与自然的关系,社会与自然的关系,也成为人类长期探索社会本质的认识过程的一个环节。但是,我们又不能把高级运动类型性质归结为低级运动类型的性质。在高级形式中存在的低级运动类型,不是以原来的低级形态存在,而是以构成高级运动类型

---

① 马克思,恩格斯. 马克思恩格斯全集:第20卷[M]. 北京:人民出版社,1971:408.
② 马克思,恩格斯. 马克思恩格斯全集:第20卷[M]. 北京:人民出版社,1971:409.
③ 马克思,恩格斯. 马克思恩格斯文集:第9卷[M]. 北京:人民出版社,2009:71.

特殊本质的因素存在的。因而与原来的低级运动类型又具有不同的性质。因此,把高级运动类型的性质归结为低级运动类型的性质是错误的。比如,用现代技术模仿气功师发功,这是可以办得到的,但是用技术手段模仿气功师发功,和人体自然发功,在性质上却是根本不同的。思维模拟可以用机器人来代替人的某些活动,把思维活动形式化,但是,如果把人的思维活动归结为机械运动或者物理的、化学的运动都是对意识本质的歪曲。恩格斯说:"这些次要形式①的存在并不能穷尽各种主要形式的本质。终于有一天我们肯定可以用实验的方法把思维'归结'为脑中的分子运动和化学运动,但是这样一来难道就穷尽了思维的本质吗?"②所以,我们认为"还原论"的思维方法不是一种科学的思维方法。

## 第三节　时间、空间是物质运动的存在形式

物质的根本属性是运动,运动着的物质以空间和时间的基本形式存在着。为了正确认识物质和运动的关系,需要进一步研究物质运动与空间和时间的关系。

### 一、空间、时间和物质运动不可分割

空间和时间是运动着的物质存在的基本形式。世界上任何事物的存在都离不开空间和时间,空间、时间和物质运动是不可分割的,这是辩证唯物主义的一个基本观点。恩格斯说:"一切存在的基本形式是空间和时间,时间以外的存在像空间以外的存在一样,是非常荒诞的事情。"③

空间是运动着的物质存在的广延性或伸张性。它表现为:第一,任何事物都有一定的结构性,其内部要素都有一定的排列组合方式;第二,任何事物都有一定的规模,具有一定的体积;第三,任何事物与其他事物之间,都有一定的位置上的并存关系。空间的特点是三维性,即现实存在的任何一个物体的空间,都具有长、宽、高三个维度。三维空间可以用几何学的"立体坐标系"来描述,即通过空间中的任何一点,也可以做出三条互相垂直的直线。空间的这种三维性,离开了具体事物、离开了事物之间的位置关系,是难以想象的。也就是说,空间都充满着物质的东西,没有一无所有的空间;同样,具体事物及其相互之间的位置关系也只能在三维空间中存在。这正是空间和物质的不可分割关系。列宁说:"自然科学毫不怀疑它所研究的物质只存在于三维空间中,因而这个物质的粒子虽然小到我们不能看见,也'必定'存在于同一个三维空间中。"④

时间是运动着的物质存在的持续性和顺序性,即任何事物的运动变化都有或长或短的

---

① 恩格斯这里所说的"形式"理解为"类型"更合理一些。
② 马克思,恩格斯.马克思恩格斯文集:第9卷[M].北京:人民出版社,2009:532-533.
③ 马克思,恩格斯.马克思恩格斯选集:第3卷[M].北京:人民出版社,2012:428.
④ 列宁.列宁选集:第2卷[M].北京:人民出版社,1995:143.

持续过程,都有一定的发展顺序。时间的特点是一维性,即时间总是从过去、现在到未来一个方向前进,具有一去不复返的特性,通常说的"机不可失,时不再来",就是指的时间的一维性。时间的一维性,存在于具体事物的发生、发展和向新事物转化的过程中,而具体事物的运动变化过程,也必然具有一维性的特点,这是时间和物质运动的不可分割关系。

空间、时间不仅同运动着的物质密切相关,而且空间和时间二者之间也是不可分割的。物质的运动,总是同时以空间和时间统一的形式存在着。现代物理学有时使用"四维空间"的概念,是在"物体坐标"上把三维空间与一维时间相统一。这适用于描述宇宙天体和空中飞行物位置变化所构成的四维时空连续区,并非说现实的空间是四维的。但这也深刻地反映了空间、时间和物质运动的不可分割性,即不仅空间、时间是物质运动状态的函数,而且空间和时间也互为函数关系。至于在数学上设想没有宽窄只有长短的线和只有长宽而没有厚度的面,这是一种科学抽象,而在实际生活中这样的线和面是没有的。

总之,物质运动的空间和时间相互联系,不可分割。一方面,物质运动总是在一定的空间和时间中进行的,离开空间和时间的物质运动是不存在的;另一方面,空间和时间又离不开物质的运动,离了物质运动的空间和时时间同样是不存在的。所以列宁说:"世界上除了运动着的物质,什么也没有,而运动着的物质只能在空间和时间中运动。"①

## 二、空间、时间的绝对性和相对性

辩证唯物主义的时空观同唯心主义时空观是根本对立的。辩证唯物主义认为空间和时间是物质运动形式,它坚持空间和时间的客观性。列宁说:"唯物主义既然承认客观实在即运动着的物质不依赖于我们的意识而存在,也就必然要承认时间和空间的客观实在性。"②

承认空间和时间的客观实在性,就是承认空间和时间的绝对性。所谓空间和时间的绝对性,是指空间和时间作为运动着的物质的存在形式,具有不以人们的意志为转移的客观实在性。人们的时空观念不过是客观存在的空间和时间的反映,空间和时间的客观实在性是不变的、无条件的,因而是绝对的。

唯心主义否认物质的客观实在性,也就必然否认空间和时间的客观实在性。主观唯心主义把空间和时间看作是人的感觉或观念形式。康德认为,空间和时间是人先天具有的感性直观形式,人在认识过程中用它们去整理杂乱的感觉材料,从而给予事物的"现象"以空间性和时间性。客观唯心主义把空间和时间看成是独立存在的精神实体的产物。黑格尔认为,空间和时间是"绝对观念"自身发展到一定阶段的产物。这些观点都是错误的,因为科学的发展已经证明,在人类出现之前,世界早以空间和时间的形式存在着,它们既不是人们在认识世界时强加于客观世界的主观形式,也不是被超物质的精神力量所创造的。

辩证唯物主义讲的空间和时间的绝对性与形而上学唯物主义所设想的与运动着的物质

---

①列宁.列宁选集:第2卷[M].北京:人民出版社,1995:137.
②列宁.列宁选集:第2卷[M].北京:人民出版社,1995:137.

相脱离、永恒不变的"绝对时空"观是不同的。"绝对时空"观的代表牛顿说:"绝对的空间,就其本性而言,是与外界任何事物无关,而永远是相同的和不动的。""绝对的、真正的和数学的时间自身在流逝着,而且由于其本性而均匀地、与任何其他外界事物无关地流逝着。"①这种看法不符合科学发展的事实。

辩证唯物主义认为,坚持空间和时间是运动着的物质的存在形式,也就意味着在承认空间和时间的绝对性的同时,必须承认空间和时间的相对性,即空间和时间的特性随物质状态和特性的变化而变化,人们对时空特性的认识也是可变的、发展的。这一点,正由自然科学的发展所证实。

在数学发展史的很长一段时间,古希腊数学家欧几里德创立的几何学公理被认为是普遍适用的。19世纪20年代,匈牙利的鲍耶与俄国的罗巴切夫斯基创立了非欧几何学,他们假定,在同一平面上,通过某一点,至少可以对已知直线引出两条平行线,而不是欧氏几何所说的一条;三角形三内角之和也不是欧氏几何所说的等于180度,而是小于180度。19世纪50年代,德国的黎曼创立了另一种形式的非欧几何,即黎曼几何。他假定通过同一平面上的某一点,不能对已知直线引出平行线,三角形三内角之和小于180度。我们知道,几何学是反映物质空间特性的科学。实践证明欧几里德几何与非欧几何的论断都是正确的,但各有其适用的范围。欧氏几何所反映的是地面狭小范围内空间的特性,而非欧几何所反映的是广大宇宙空间的特性(BL型非欧几何)或非固体的物质形态的空间特性(黎曼几何)。这就说明,空间特性是依赖于物质分布状态的。

20世纪初爱因斯坦(1879—1955)创立了相对论,使人们对时空相对性的认识进一步扩展和深化了。狭义相对论论揭示了物体运动接近光速时,以地面为参考系可以观察到,随着运动速度的增加,物体沿着运动方向的长度会缩短,物体内部过程的时间持续性会延长。广义相对论揭示了时空特性与物质分布状态的相关性,物质分布状态不同,则引力大小不同,时空也因此呈现不均匀的特性。物质质量越大、分布越密、引力越强,则空间"曲率"越大,时间流逝越慢。

这些事实,证明了物质的时空特性和人们关于物质时空特性的观念的可变性。唯心主义者利用人们对时空特性认识的可变性,妄图否定空间、时间的客观性,宣扬空间、时间是意识的产物,这是对科学新发现的歪曲。实际上,科学新发现所否定的绝非空间和时间的客观性,而仅仅是形而上学唯物主义所设想的与运动着的物质相脱离的、绝对不变的空间和时间。

### 三、空间、时间的无限性和有限性

运动着的物质是无限的,作为物质存在形式的空间和时间也必然是无限的,但是每一个具体事物存在的空间和时间又是有限的。物质世界在空间、时间上是无限性和有限性的辩证统一。

---

①牛顿:牛顿自然哲学著作选[M].王福山,等译.上海:上海人民出版社,1974:19-20.

空间的无限性,是指物质的广延性是无限的,物质世界的空间无穷无尽、无边无际;时间的无限性,是指物质的持续性是无限的,物质世界无始无终、无尽无休。空间的无限性和时间的无限性是不可分割的。恩格斯说:"诸天体在无限时间内永恒重复的先后相继,不过是无数天体在无限空间内同时并存的逻辑补充"①。空间和时间的有限性则是指每一个具体事物在广延性和持续性上是有限的。无限的物质世界存在于无数有限的具体物质形态中,无限的空间和时间存在于有限的时空形式之中,只有坚持空间、时间的无限性和有限性的统一,才能科学地理解时空的无限性。

空间、时间的无限和有限的关系问题是一个重要的哲学问题。康德发现了它们之间的矛盾,但没有正确地加以说明,仅仅把这种矛盾看成是理性在把知性范畴作超经验使用时所导致的"二律背反"(即两个相反的命题都可以得到证明)。黑格尔通过论述绝对观念的自我发展,将康德所揭示的无限与有限的对立予以统一,提出了"有限的无限",认为使有限转化为无限的不是外在的力量,而是有限自身的本性。辩证唯物主义肯定了黑格尔在无限和有限问题上的辩证法思想,排除了它的唯心主义基础,把空间、时间的对立统一看作是客观物质世界本身固有的辩证法。一方面,无限是由有限构成的,无数个有限构成了无限;另一方面,有限包含着无限,无限通过有限表现出来。这不仅是指任何具体事物的内在结构层次是无限的,而且是指有限事物中都包含着自身的否定因素,因而有限必然要被打破而趋于无限。

辩证唯物主义关于空间、时间无限性和有限性辩证统一的观点,是建立在对科学成果不断总结和概括基础之上的。现代天文学证明,太阳系所在的银河系直径有十亿光年,但它仍然属于总星系的一部分,在无限的宇宙中是极其微小的。目前,在空间上,射电望远镜所达到的天体,已是一百亿光年以外的距离;在时间上,人们已经能追溯上百亿年的过去,但这绝不是宇宙存在的极限,而仅仅是人类现阶段对无限宇宙认识所达到的水平。20世纪以来,西方一些科学家根据天文观测上的新发现,提出一些关于宇宙生成的假设,其中"宇宙膨胀论"最引人注目。它认为,宇宙有一段从热到冷的演化历史。大约一百亿年以前,一种温度极高、密度极大的"原始原子"在经过一系列放射性蜕变后发生了大爆炸,大爆炸以后"原始原子"体积膨胀,温度下降,当降到一定程度时,气态物质逐渐凝聚成气云,进一步形成各种恒星体系,成为我们今天看到的宇宙。"宇宙膨胀论"之所以被人们重视,是因为它说明了较多的观测事实,例如河外星系普遍存在的"红移"现象,即银河系以外的星系所发的光的谱线,都普遍向波长较长的红端移动;还例如微波背景辐射现象以及宇宙天体中氦丰度现象等。但是,应该看到,这一假设涉及的只是人类一定时期观测到的部分宇宙,而不是整个宇宙。它不能证明宇宙在空间和时间上的有限性。因为从整个宇宙来说,无数宇宙天体在生灭过程中,既会有不断膨胀的部分,也会有不断收缩的部分,宇宙的无限性正是通过无数具体的、有边有际的、有始有终的宇宙天体所体现出来的。在人类所观测到的这部分宇宙形成之前,宇宙已经存在着,即使这部分宇宙消亡了,整个宇宙仍然永恒地存在着。根据能量守

---

① 马克思,恩格斯. 马克思恩格斯文集:第9卷[M]. 北京:人民出版社,2009:426.

恒和转化定律,物质不能制造,也不能消灭,个别宇宙天体的生灭变化,既不是从无中生,也决不会转化为无。如果借宇宙大爆炸学说来否定时空的无限性,那就不仅违背了科学,而且会导向唯心主义和新的上帝创世说。20世纪50年代初,罗马教皇就是从"宇宙膨胀论"引出宇宙有限、而上帝"无限光荣"的结论的。

辩证唯物主义时空观具有十分重要的意义,在理论上,掌握辩证唯物主义时空观,将空间、时间和物质、运动有机地统一起来,有助于反对宗教迷信和唯心主义,克服形而上学,坚持辩证唯物主义世界观。在实践上,根据空间、时间是物质的存在形式的原理,做任何事情都要考虑空间、时间问题,要有空间和时间的观念;还要注意到自然界物质运动的时空形式和社会生活的时空形式的不同特点。我国今天的社会主义建设事业是在新的历史条件下进行的,社会主义市场经济发展的要求,使时间和空间的重要性更加突出了。同时由于科学技术的迅速发展,使得人类生活的地球相对缩小了,时间的节奏加快了,这就要求人们不仅要一般地参考社会结构的空间特点和时间形式,而且要特别注意各种事物之间合理的空间布局,珍惜时间、节约时间,充分利用时间这种特殊的、宝贵的资源,在一定的时间内,努力为社会主义创造出更多的物质财富和精神财富。

1. 如何理解物质与运动的关系?
2. 承认相对静止对我们的认识进步有何意义?
3. 怎样理解时空是物质运动的存在形式?
4. 怎样理解时空的相对性和绝对性,无限性和有限性的统一?

# 第三篇

## 辩证法简论

# 第七章
## 辩证法问题概述

可以把辩证法简要地概括为关于对立统一的学说，这样便抓住了辩证法的实质。

——列宁

辩证法是与形而上学相对立的世界观和方法论。辩证法理论与前述的实在论问题密切相关，它们都涉及世界观的问题，但在侧重点上又有所不同。实在论问题的焦点是物质和意识谁是世界的本原、谁决定谁、谁是第一性的问题，而辩证法则主要涉及的是世界的状态问题，涉及的是世界究竟是以何种方式存在的问题，如世间的事物究竟是孤立的还是相互联系的，是静止的还是变化发展的，如果是发展的，那么发展的源泉和动力又是什么等一系列问题。就所涉及的基本问题而言，辩证法与形而上学有许多共同之处，但在对这些基本的问题的回答上两者则是根本对立的。辩证法与形而上学不仅是两种根本对立的世界观，也是两种根本对立的方法论。辩证法与辩证逻辑密切相关，辩证法有客观辩证法与主观思维辩证法之分，而辩证逻辑则构成后者的主干。形而上学与形式逻辑也有一定程度的相关性。形式逻辑与辩证逻辑的根本区别在于对"矛盾"的理解上。它们两者的关系与前述的形而上学与辩证法的关系虽有联系但又有明显的区别，不能将这两类关系混为一谈。

## 第一节 辩证法思想简史

辩证法思想虽古已有之，但却不是一成不变的，从产生至今，辩证法思想得到不断的丰富和发展，经历了几个重要的发展阶段。要对辩证法思想有全面深入的理解，就不能不追溯其历史发展的轨迹。

### 一、辩证法一词的最初含义

辩证法一词，在哲学史上，曾在不同意义上被使用。此词源于希腊文，意思是进行"对话""论战"，其本意是指在辩论中用来揭露对方议论中的矛盾，从而驳倒其论据的一种方法。这种方法首先产于古希腊的埃利亚学派。这个学派的主要代表芝诺（约公元前490—约公元前425）否定运动的四个论证（两段法、阿基里斯追不上乌龟、飞矢不动、二分之一等于二倍），其论辩方法，就是最初意义上的辩证法。芝诺认为每一件东西在占据一个与它自身相等的空间时是静止的，而飞矢在一定的时间内必须存在于与它自身相等的空间里。如若把飞矢在空间中运动的过程分为无数个点，则它在每一个点上都存在于与它自身相等的空间里，而每一个点又是不动的，整个距离就是由这些不动的点集合而成的，所以飞矢在总体上是不动的。芝诺的错误在于不能理解静止与运动、有限与无限的真实关系，把两者绝对地分割开来。他说："运动的东西既不在它所在的地方运动，又不在它所不在的地方运动"[1]。由此他认为承认运动就将陷入矛盾，所以运动是不真实的。在这里，他揭露了概念自身的矛盾运动。正是从这个意义上，黑格尔称芝诺是"辩证法的创始者"[2]。芝诺在客观上揭露了矛盾的存在，但又否认矛盾的客观性和真实性。

在古希腊时期，辩证法主要是一种辩论问题、讨论问题的技术、技巧，它与智者苏格拉底、柏拉图等人有密切的关联。

### 二、辩证法的三种历史形态

把世界理解为联系、运动、变化和发展的辩证法学说，经历了三种基本形态，即古代朴素的辩证法、以黑格尔为代表的唯心辩证法和马克思主义的唯物辩证法。

西方古代朴素的辩证法在古希腊时期便已产生，赫拉克利特（约公元前544—公元前483）是它最卓越的代表。赫拉克利特认为万物都处在不断运动变化发展之中，"一切皆流，无物常住"，并猜测到对立面在自然界变化发展中的作用。他认为"互相排斥的东西结合在

---

[1] 北京大学哲学系外国哲学史教研室.西方哲学原著选读[M].北京:商务印书馆,1981:28.
[2] 黑格尔.哲学史讲演录:第一卷[M].北京:商务印书馆,1959:272.

一起""一切都是斗争所产生的"①。恩格斯说这是个"原始的、素朴的但实质上正确的世界观"②。列宁称赫拉克利特为辩证法的奠基人之一。这种辩证法具有朴素直观的特点,它虽然正确地抓住了整个世界变化发展的一般性质,但对总体的各部分是不了解的,因此,它对世界的一般性质的认识也不是完备的、清楚的。

黑格尔对辩证法做了两种规定:"思维在概念中的纯粹运动"和"在对象的本质中发现本质自身所具有的矛盾"。黑格尔认为:"辩证法是现实世界中一切运动、一切生命、一切事业的推动原则。同样,辩证法又是知识范围内一切真正科学认识的灵魂。"③"自然世界和精神世界的一切特殊领域和特殊形态,也莫不受辩证法的支配。"④黑格尔是哲学史上第一个明确地使辩证法具有了世界观的含义。马克思主义哲学创始人肯定了黑格尔"第一个全面地有意识地叙述了辩证法的一般运动形式"⑤"把整个自然的、历史的和精神的世界描写为处在不断的运动、变化、转变和发展中,并企图揭示这种运动和发展的内在联系"⑥,认为这是黑格尔对辩证法的"巨大功绩"。但是黑格尔是唯心主义者,他是"在概念的辩证法中天才地猜测到了事物(现象、世界、自然界)的辩证法"⑦。因此,他的辩证法是头脚倒置的。

马克思主义的唯物辩证法是辩证法发展的全新阶段。马克思、恩格斯依据当时社会历史发展的实际情况,概括了当时科学发展的最新成就,批判地继承了人类优秀的文化成果和辩证法的传统,特别是黑格尔辩证法中的"合理内核",创立了科学的唯物辩证法学说。恩格斯给辩证法下了个科学的定义,"辩证法是关于普遍联系的科学"⑧,是关于自然、人类社会和思维的运动和发展的普遍规律的科学。辩证法的基本规律有对立统一规律、质量互变规律、否定之否定规律。这些规律"是从自然界的历史和人类社会的历史中抽象出来的"⑨,不像黑格尔那样把这些规律"作为思维规律强加于自然界和历史的"⑩。列宁说:"辩证法也就是马克思主义的认识论。"⑪这是因为,观念的主观辩证法是自然界和社会的客观辩证法在人的头脑中的反映。客观世界的运动发展是辩证的,人的认识要正确反映客观世界,必须遵循辩证法规律。马克思主义自觉地把辩证法运用于认识论,使认识论成为认识世界的科学理论。辩证法和认识论是一致的。

---

①北京大学哲学系外国哲学史教研室.古希腊罗马哲学[M].北京:生活·读书·新知三联书店,1957:19.
②马克思,恩格斯.马克思恩格斯选集:第3卷[M].北京:人民出版社,2012:790.
③黑格尔.小逻辑[M].北京:北京商务印书馆,1980:177.
④同上③,180页.
⑤马克思,恩格斯.马克思恩格斯选集:第2卷[M].北京:人民出版社,2012:94.
⑥马克思,恩格斯.马克思恩格斯选集:第3卷[M].北京:人民出版社,2012:398.
⑦列宁.列宁全集:第55卷[M].北京:人民出版社,2017:166.
⑧马克思,恩格斯.马克思恩格斯选集:第3卷[M].北京:人民出版社,2012:841.
⑨马克思,恩格斯.马克思恩格斯选集:第3卷[M].北京:人民出版社,2012:901.
⑩马克思,恩格斯.马克思恩格斯选集:第3卷[M].北京:人民出版社,2012:901-902.
⑪列宁.列宁全集:第38卷[M].北京:人民出版社,1986:410.

## 第二节 唯物辩证法的理论体系

唯物辩证法是马克思主义哲学的一个重要组成部分,同时又是具有相对独立意义的理论。唯物辩证法是对客观辩证法的正确反映,它是关于联系和发展的科学,是与形而上学对立的世界观,是由三个基本规律和一系列范畴所构成的科学体系。

### 一、唯物辩证法是关于联系和发展的科学

唯物辩证法之所以是关于联系和发展的科学,是因为它是对客观世界(包括物质世界、思维领域和人类社会三大领域)的最一般规律的反映,是对客观世界的正确反映。客观世界是一个普遍联系和永恒发展的整体。对于这一整体,自然科学和社会科学从各个侧面、各个局部来揭示其联系,但无论是低级的机械运动规律,还是高级的社会运动规律,贯穿于其中的都是"联系"和"发展"。从这个意义说,"联系"和"发展"是客观世界的最一般的状态,因而也是客观世界所共有的最一般的规律。因此,唯物辩证法既是"关于普遍联系的科学"[①],又是"最完备最深刻最无片面性的关于发展的学说"[②]。

唯物辩证法与形而上学是对立的。唯物辩证法用联系的、发展的、全面的观点看世界,而形而上学则是用孤立的、静止的、片面的观点看世界。辩证法和形而上学分歧的焦点在于是否承认事物的内部矛盾。唯物辩证法和形而上学作为两种根本对立的世界观,其对立具体表现在:①普遍联系观点和孤立观点的对立。唯物辩证法把世界看作是相互联系的统一整体,因而要求用联系的观点看世界;形而上学则用孤立的观点看世界,只见局部,不见整体,只见个别事物,不见事物之间的联系。②发展观点和静止观点的对立。唯物辩证法认为世界是永恒发展和不断变化的,世界上的事物经历着由低级到高级、由简单到复杂、由无序到有序的发展变化,总有新生事物不断地产生出来;而形而上学则认为事物、现象乃至人的思维都是静止不变的,如果有变化,也只有数量的增减和位置的变化,一个事物永远不可能转化为性质不同的另一个事物。③全面的观点和片面的观点的对立。辩证法坚持普遍联系和发展的观点,从而也就要求从全面的观点来看世界,要求尽可能从多方面、多角度、多层次来考察事物;而形而上学则坚持孤立和静止的观点,从而也必然用片面的观点来看世界,在研究事物的区别时,总是企图寻找一条绝对分明、固定不变的界限。④矛盾的观点和否认矛盾观点的对立。辩证法和形而上学的根本对立,就在于是否承认事物内部矛盾是事物发展的动力。辩证法认为,矛盾是世界普遍联系和永恒发展的根源,矛盾的观点是联系的观点、发展的观点、全面的观点的灵魂;而形而上学则根本否认矛盾的存在,否认事物本身的矛盾

---

① 马克思,恩格斯.马克思恩格斯选集:第3卷[M].北京:人民出版社,2012:841.
② 列宁.列宁选集:第2卷[M].人民出版社,1995:310.

性,当然就看不到联系、变化,更看不到旧事物向新事物的飞跃和质变。

唯物辩证法与一切唯心主义的辩证法是根本对立的。尽管黑格尔的辩证法为马克思主义的辩证法提供了理论来源,但两者的基础是根本不同的。马克思主义的辩证法是建立在唯物主义基础上的,是对客观辩证法的反映。而黑格尔的辩证法是建立在唯心主义基础之上的,从客观唯心主义立场出发,其颠倒了主观辩证法和客观辩证法的关系,把自然和社会看作是"绝对精神"自身的发展阶段,把客观物质世界的发展变化看作是"绝对精神"自己认识自己、自己回归自己的过程。尽管黑格尔对辩证法的基本规律做了详尽的描述,但他的辩证法不是从客观世界本身运动中抽象概括出来的,而是"绝对精神"强加给自然界和社会历史的,是一种头脚倒置的辩证法。因此,黑格尔的辩证法与唯物辩证法是根本对立的。

## 二、唯物辩证法的理论体系

唯物辩证法的理论体系包括以下内容。

### 1. 唯物辩证法的总观点

从总体上看,唯物辩证法是关于普遍联系和永恒发展的学说,认为客观世界(包括自然界、人类社会和思维三大领域)是普遍联系和永恒发展的。这也就是所谓的辩证发展论。

### 2. 唯物辩证法的基本规律

唯物辩证法高度概括出了关于世界联系和发展的三个最一般的规律:质量互变规律、对立统一规律和否定之否定规律。这三个规律的内容各有侧重,但相互之间又形成了一个逻辑整体,是唯物辩证法理论体系的主干。

(1)质量互变规律侧重于揭示一切事物变化和发展的基本形式。质量互变规律表明,任何一个辩证过程都是同一个质态内部逐渐的、不显著的量变和从一种质的形态向另一种质的形态飞跃的统一过程。它揭示了事物或现象由一种状态向另一种状态转化的特点。说明了一切发展都是由旧质到新质的变化过程。

(2)对立统一规律从变化发展的形式进入到内容,揭示出事物内部既对立又统一的关系是普遍联系的根本内容,是事物发展的根本动力。对立统一规律的实质在于,认为世界上的一切事物、现象、过程及其在人们意识中的反映,是各要素彼此既对立又统一的矛盾统一体。事物或现象的变化和发展是自身固有的矛盾起作用的结果,矛盾双方既对立又统一,由此推动着事物或现象的变化和发展。

对立统一规律是唯物辩证法的实质和核心。马克思说,矛盾的共存、斗争就是辩证运动的实质。列宁指出:"把辩证法简要地确定为关于对立面的统一的学说,这样就会抓住辩证法的核心。"①对立统一规律之所以是辩证法的实质和核心,是因为:第一,它揭示了事物发展的动力和源泉;第二,它是理解辩证法内容的钥匙,只有懂得对立统一,才能把握辩证法及其规律和范畴;第三,它(即矛盾分析法)是认识的根本方法。

(3)否定之否定规律揭示出事物矛盾运动的全过程,即肯定、否定、否定之否定的事物自我运动、自我发展的过程。否定之否定规律具体地揭示了事物或现象发展过程的继承性、前进性和发展的螺旋式的运动过程,说明了事物或现象发展变化的基本趋势。如果说质量互变规律表明从一种质到另一种质,即从现在到未来的转化的内容和本质的话,那么,否定之否定规律所包括的则是新质对过去的质的依赖关系和旧质对新质所产生的意义。

3. 唯物辩证法的若干基本范畴

所谓范畴,就是最基本的概念,是人的思维对事物、现象普遍本质的概括和反映。每门科学都有自己特有的一系列范畴。各门具体科学的范畴,只在自己所研究的特定领域内具有普遍的意义。哲学范畴则是反映整个世界普遍本质的最一般、最基本的概念,它具有最大的广泛性和普遍适用性。唯物辩证法的若干基本范畴则反映事物普遍联系和永恒发展的不同侧面,因而有其自身的特殊内容。辩证法的基本范畴主要包括诸如形式与内容、现象与本质、原因与结果、偶然性与必然性、可能性与现实性等若干范畴。这些范畴一方面可以看成是对唯物辩证法基本规律的进一步具体化的阐述;另一方面,人们通过对这些范畴的研究又可以加深对唯物辩证法基本规律的理解。把握范畴的共性和每对范畴的特殊性及其辩证关系,可以进一步提高人们的辩证思维能力。

## 第三节　辩证法的矛盾范畴

人们对于矛盾的认识由来已久。从中西方古代朴素辩证法思想家关于矛盾问题的看法,直到唯物辩证法对于矛盾的系统论述,这都反映了人们对于矛盾问题认识的不断深化和发展。在人们关于矛盾的认识和界定方面,由于所涉及的对象和问题不同,同样涉及矛盾问题的辩证法理论和形式逻辑理论,对于矛盾的含义、适用范围、性质特征等有着特殊的界定与规定。因此,搞清矛盾的含义,区分形式逻辑所规定的矛盾与辩证法的矛盾范畴的意义及其相互关系,将有助于我们更好地理解唯物辩证法的规律和范畴。

### 一、矛盾概念的不同含义

从对矛盾一词的理解和运用来看,这一概念有多种含义,其中一意源自中国古代思想家韩非子所讲的一个故事,有一个楚国人卖矛与盾,自称其矛为"无不陷之矛",而其盾为"不可

---

① 列宁. 哲学笔记[M]. 北京:人民出版社,1998:240.

陷之盾"。不可克与无所不克,出自同一个判断,自然引起这样一个问题:以子之矛攻子之盾如何?这反映了人们对于辩词之间或其本身会出现自相矛盾问题的思考。中国古代名辩家对于思维过程和思想表达中的矛盾也早有认识。比如,名实关系,所谓名是指事物的名称或概念,实是事物、现象。人们对于思维的表达方式,往往出现名、实不符的矛盾现象。名辩家用白马非马、卵有毛、马有卵等命题,将名、实矛盾推向极端,使一般概念独立于个别事物,从而割裂一般和个别的统一。墨家更是系统地研究了思维的某些形式规律,提出思维要合乎逻辑,概念、判断、推理本身及其推论过程不能自相矛盾,并总结和规定了某些正确思维和表述的规则。这反映出早期的思想家们已经初步认识到,思维当中的矛盾会导致思维的混乱和交流的困难。

对于矛盾内涵的另一种基本认识,来自一些思想家对生活中现实事物两极对立现象的分析与概括。在中国古代的思想家看来,许多自然、社会、思维运动过程中的现象都具有某种矛盾性质。在《尚书·周书·洪范》一书中,人们用五行及其相生相克的关系来概括其对矛盾的理解。书中认为水润下,火炎上,木曲直,金从革,土稼穑,五行之间相生相克,生生不息,万物由此繁衍。老子的哲学对矛盾的认识有了进一步的发展和深化。他以道为本,对自然、社会、人事、战争、政治等各方面的矛盾现象进行了研究和概括,并总结出许多具有对立性质且相辅相成的关系,如刚柔相济、高下相倾、音声相和、祸福相依、强弱相生等。他提出的对立范畴既是对各种对立现象的认识,也是处理这些矛盾的方法和谋略。后来的思想家继承和发展了这些对矛盾认识的思想和观点,提出天道人道、太极两仪、王道霸道、体用关系等涉及自然、社会、政治、伦理等方面的理论和观点,其基础的哲学思想便是对于矛盾的认识。

从西方辩证法思想中关于矛盾的认识来看,也主要是把矛盾理解为事物、现象之间的对立统一。古代西方思想家用矛盾范畴说明两极对立的现象,并对其做出种种解释。例如赫拉克利特对于矛盾着的事物有着独到的见解,他把全体与非全体,和谐与不和谐,一与多等对立物作为统一的东西来看待,虽然抽象,但很有启示。德国古典哲学时期的哲学家康德提出了许多矛盾命题,比如,认识和被认识对象间的矛盾(思维的此岸性与物质世界的彼岸性),本质和现象的矛盾,有限与无限的矛盾等。他认为这些矛盾无法真正统一起来,最终他走向了不可知论。黑格尔作为辩证法思想的集大成者,将对矛盾的理解置于唯心主义的基础之上,回答并解决了以往辩证法理论中关于矛盾及其统一性问题,并从其绝对理念出发,系统地研究了矛盾的性质、特点及矛盾的发展和展开的过程与规律,形成了其辩证逻辑的思想体系。他关于矛盾问题的分析成为马克思主义哲学辩证法的直接理论来源。

从上述简要说明可以看出,人们对矛盾本身的含义的理解和界定并不相同。具体地说,在形式逻辑和辩证法的理论体系中,人们对于矛盾的理解与运用有着显著的区别和联系,那么这种区别和联系应当如何理解呢?

## 二、形式逻辑矛盾律与辩证法矛盾观的关系

首先,我们先看看形式逻辑和辩证法作为不同理论体系的关系。形式逻辑是关于思维形式的结构的科学,它着重研究思维的几种基本形式,即概念、判断、推理的结构以及基本的逻辑规律。

我们知道,形式逻辑主要是关于思维形式的结构的规律,而非客观事物的规律。它所反映的是客观事物的相对静止状态或相对稳定性,主要着眼点是思维及其表达形式的明确性、无矛盾性、有效性等。这就要求思维过程应遵循同一律、不矛盾律、排中律等规律。辩证法作为研究客观世界运动、联系、发展变化规律及对它们的认识发展规律的学科,尽管也以思维形式和规律作为自己的研究内容,但其一,它不是关于思维的形式的学说,而是关于世界的全部具体内容及对它的认识的发展规律的学说;其二,辩证法及其逻辑体系并不研究思维形式的结构,而是由此及彼地推出这些形式,从低级形式发展出高级形式。其三,辩证法对认识的真假判定不是以二值逻辑为基础的,对矛盾命题的理解不是非真即假、非此即彼,在它看来,真与假、此与彼的对立是有条件的,可以相互过渡的。

由于形式逻辑与辩证法在理论上的不同特点,在对矛盾内涵的理解和规定方面,就显示出各有所指与各有侧重。形式逻辑中的不矛盾律所说的矛盾,是指同一个思维过程中的思维形式之间的矛盾,它认为出现于思维过程的这种矛盾违反了形式逻辑的基本规律,即违反了关于思维必须无矛盾等要求。在形式逻辑中,矛盾律被表述为:在同一个思维过程中,一个思想与其相反的思想不能同真。举例来看,当我们确认"河外星系遥远无垠,从未有人去过"是一个真的判断时,就不能同时确认"河外星系遥远无垠,去过的人从未有回来的"这个命题也是真的,因为这两个判断具有矛盾关系。按照形式逻辑规则要求,一种正确的思维是不能允许这种矛盾存在的。换句话说,形式逻辑在判定 A 为真时,非 A 不能同时为真。可以看出,形式逻辑是以排除思维过程中的矛盾为前提的。而辩证法的矛盾范畴是指广泛存在于自然、社会、思维中的矛盾,它是对自然、社会、思维领域中一切具有对立与统一关系的现象进行抽象概括而形成的哲学范畴。辩证法的矛盾范畴把握住了一切具有既对立又统一的事物、现象、过程的变化与发展,特别是矛盾各方面互相规定、互相过渡的特点,并用它来说明一切运动、发展、变化的根源。所以说,与形式逻辑对矛盾的理解不同,辩证法的矛盾范畴在承认 A 是 A 的同时,也承认 A 与非 A 的统一。相比之下,辩证法的矛盾范畴更为深刻地揭示了客观事物及其运动发展的真正本质。举例来说,对真理与谬误的矛盾,从形式逻辑的意义上来理解,真理与谬误是对立的,二者不能同真,必有一假。这一点并不错,但它只是在确定范围内才有意义。而在辩证法看来,真理和谬误的对立是有条件的,并且这些条件是可以变化的。在这个意义上来看,真理和谬误不但可以相互包含,而且可以相互转化。可以说,形式逻辑对于矛盾的认识仅仅侧重于形式,辩证法的矛盾范畴则更深刻、更真实地反映了客观矛盾的实质及其运动规律。

### 三、形式逻辑关于矛盾的规定与辩证法的矛盾范畴之间的主要区别

1. 矛盾规定的有效性条件不同

形式逻辑对于矛盾的规定是以事物的相对静止、相对稳定为条件,形式逻辑要求思维要合乎逻辑,就是要求清晰而明确地表达出对于事物稳定性的确切认识,必须首尾一贯,不能自相矛盾。而辩证法不仅承认事物的相对静止和质的稳定性,而且也承认事物的运动联系、发展变化。可以说,辩证法对于矛盾的规定既保留了形式逻辑对于矛盾的规定,又克服了形式逻辑对于矛盾规定的局限性。

2. 适用的范围不同

形式逻辑的矛盾规律虽然并非与客观现实毫无关系,但其主要揭示的是思维的规律,而非客观事物本身的规律,因而,它适用于思维活动和思维过程,而不主要适用于客观事物的运动发展过程。辩证法的矛盾范畴所揭示的是客观事物及其运动规律本身。

3. 对矛盾的理解和解决方式不同

为了使思维更加准确、明确,形式逻辑要求排除矛盾。它认为思维中出现矛盾违反了形式逻辑必须遵守的无矛盾性原则,出现自相矛盾的逻辑错误。对于辩证法而言,它并不排除矛盾,消除矛盾,而是以承认矛盾为前提,以认识矛盾、分析矛盾、解决矛盾为己任的。反过来说,如果世界没有了矛盾,也就没有了辩证法的理论前提。

形式逻辑关于思维形式的正确规定,辩证思维也必须予以遵守,我们不能因为辩证法的矛盾范畴更正确、更深刻地反映了客观世界的运动本质,便无视长期以来人们所概括并遵循的正确思维的形式法则,只是我们不能仅仅停留在形式逻辑所局限的范围而已。形式逻辑的矛盾律关于矛盾的规定,也是辩证法矛盾范畴的基础。没有对于事物的质的稳定性的确定,便无法形成更深层次的认识,没有这个基础,简单的认识也难以产生。在现代人的思维方式和认识过程中,形式逻辑矛盾律对于思维的基本要求仍然有它的合理性与有效性。总之,辩证法的矛盾范畴包含了形式逻辑对矛盾的理解和认识,但相比之下,它更深刻地把握和反映了客观世界的运动发展规律,是科学认识的主要方法。

1. 为什么说对立统一规律是辩证法的实质和核心?
2. 形式逻辑、辩证法对矛盾的各自规定是什么?它们的关系是什么?

# 第八章

# 辩证法的总特征

> 当我们通过思维来考察自然界或人类历史或我们自己的精神活动的时候,首先呈现在我们眼前的,是一幅由种种联系和相互作用无穷无尽地交织起来的画面,其中没有任何东西是不动的和不变的,而是一切都在运动、变化、生成和消逝。
>
> ——恩格斯

我们所面对的现实世界,既是普遍联系的又是永恒发展的,二者的统一便构成世界的历史演化过程。唯物辩证法作为科学的理论体系,正是对这普遍联系和永恒发展的画面的逻辑把握。因此,联系的观点和发展的观点成为唯物辩证法的总特征。构成唯物辩证法的科学理论体系的一系列规律和范畴分别从不同的角度和侧面,揭示了物质世界的普遍联系和永恒发展的总特征。系统论的兴起和发展,不仅进一步证明了唯物辩证法关于普遍联系和永恒发展的观点的正确性和科学性,而且其系统思想和系统方法的内容使得唯物辩证法关于联系的观点和发展的观点得到了更清晰的体现和更具体的运用。

第八章　辩证法的总特征

## 第一节　联系的观点

普遍联系的观点是唯物辩证法的总特征之一。恩格斯指出,"当我们通过思维来考察自然界或人类历史或我们自己的精神活动的时候,首先呈现在我们眼前的,是一幅由种种联系和相互作用无穷无尽地交织起来的画面"[①]。辩证法正是对这幅普遍联系画面的逻辑反映,在这一意义上,可以把辩证法规定为"关于普遍联系的科学"[②]。

### 一、联系及其特征

普遍联系的观点是唯物辩证法的第一个总特征。联系作为哲学范畴,是指一切事物、现象或过程之间以及事物内部诸要素之间或一个过程的各个阶段之间的相互影响、相互制约和相互作用。

联系具有普遍性。联系的普遍性,从空间上来说,是指客观存在的一切事物或现象都与其周围的其他事物或现象是相互关联的,而且每个事物或现象的内部各个部分、各个方面、各个要素之间又都是相互联系和相互作用的。从时间上来说,联系表现为连续性和持久性,即指世界上一切事物或现象的运动、变化和发展过程都是相互联系的,而且每个过程的各个阶段、各个环节之间同样是相互联系和相互作用的。总之,唯物辩证法认为,整个世界是一个相互联系的统一体,一切事物、现象或过程都是这个统一体中的一个部分、要素或环节。换言之,整个世界就是由各种彼此联系的事物、现象或过程构成的联系之网,任何事物、现象或过程都是这个网上的一个部分、要素或环节,绝不能孤立于这个网之外。人类社会的全部实践和科学技术的发展成果已经充分证明了联系的普遍性。在自然领域,从巨大的天体星系到微小的基本粒子,从无机界到有机界,无不处在普遍联系之中。如:天体之间通过万有引力的相互作用、相互联系,始终处于有规律的运动之中;在原子核结构中,质子、中子、电子等基本粒子之间则是通过引力场的相互作用而联系在一起的;又如,生物和自然环境之间、生物和生物之间,都是相互联系和相互作用的,它们通过物质、能量和信息的交换实现着自身的生存和发展,从而形成了一个复杂的生态系统。在技术领域,不论作为一台机器、仪器或设备,还是作为一条现代化的生产线,都是通过信息的传递和联系,而完成自身的特定任务和功能;5G网络、云计算、大数据、人工智能等前沿信息技术的迅猛发展,更是将世界各地连接起来,一幅由种种联系交织起来的世界图景更加清晰可见。在社会领域,社会生活的各个方面,如经济、政治、文化、军事、教育、科技,无不处在普遍的联系之中,其中任何一个领域

---

[①] 马克思,恩格斯.马克思恩格斯选集:第3卷[M].北京:人民出版社,2012:395.
[②] 马克思,恩格斯.马克思恩格斯选集:第3卷[M].北京:人民出版社,2012:841.

的变化,都必然会引起其他领域的相关变化。在思维领域,现代神经生理学的实验表明,人脑思维的机制,从显意识到潜意识,再从潜意识到显意识的转化,则是通过脑细胞的相互作用,通过生物脉冲的信息传递和联系而进行的。

联系具有客观性。联系的客观性是指联系是事物本身所固有的,是不以人的意志为转移的。事物的联系就其与人的实践的关系来说,可分为自在事物的联系和人为事物的联系。自在事物的机械、物理、化学、生物的联系在人产生之前就存在着,它们当然不以人的意志为转移。人为事物的联系是人类实践的产物,尽管它们是人类实践的产物,尽管它们体现"人化"的特点,但它们的联系仍然是不以人的意志为转移的。这是因为,人为事物的联系是经过实践这一客观的物质活动得以形成的,而且只有反映了客观的联系才具有真实性。

联系具有多样性。正如世界的物质统一性是多样的统一性一样,世界上各种事物或现象的联系也是极其复杂、多种多样的。可以根据不同的标准将事物或现象之间的联系划分为如下形式:直接联系和间接联系、内在联系和外在联系、本质联系和现象联系、必然联系和偶然联系、主要联系和次要联系、客观联系和主观联系、纵向联系和横向联系、永久联系和暂时联系等等。不同的联系,对事物的存在和发展所起的作用是不同的。科学的任务在于揭示某一领域事物或现象的各种联系,而哲学则揭示一切事物或现象之间相互联系的普遍本质和规律,为具体科学的研究提供世界观和方法论的指导。

联系具有条件性。联系的条件性是指任何事物或现象及其内部诸要素之间不论以什么样的方式相联系,都是在一定条件下发生的。条件是指同特定事物相联系的、对它的存在和发展起作用的诸要素的总和。任何具体事物总是在一定条件下才能产生,在一定条件下才能发展,又在一定条件下趋于灭亡。离开了条件,一切都无法存在,也无法理解。因此,任何具体的联系无不依赖于一定的条件,随着条件的改变,事物之间以及事物内部各要素之间联系的性质和方式也要发生变化,这就是联系的条件性。一切以条件为转移,而条件又是具体多样的,如必要条件和非必要条件、决定条件和非决定条件、有利条件和不利条件、主观条件和客观条件,等等。不同的条件对于事物的存在和发展所起的作用是各不相同的,具体地、全面地分析种种不同条件,是我们弄清问题、解决问题的前提。当然,条件是可以改变的。人们可以发挥自己的主观能动性,在实践活动中有条件地(尊重客观规律)改变和创造条件,以便顺利、有效地解决问题。

## 二、用联系的观点看问题

唯物辩证法认为,事物的联系具有普遍性。任何事物或现象都与其周围的其他事物或现象是相互联系的,任何事物或现象内部的各个部分、要素之间是相互联系的,整个世界是一个相互联系的统一整体。普遍联系的原理具有重要的方法论意义:第一,在认识和实践中要自觉地从联系的观点出发,在事物的全面联系中完整地把握事物。在认识事物的过程中,把个别事物从普遍联系中抽取出来,或者把事物整体的各个组成部分分割开来,单独地、分别地加以研究,这是完全必要的;但在研究个别事物或其组成部分时,不能忘记它同周围事物的相互联系、相互作用和相互制约,不能忘记它同整体以及整体中其他部分之间的联系。第二,必须摒弃形而上学的思维方式。形而上学就是用孤立的、静止的和片面的观点去看世界的世界观和方法论。形而上学否认事物的普遍联系,在绝对对立中把握事物,把事物简单化、片面化,不能得出正确的认识。

  唯物辩证法认为,事物的联系具有客观性。联系是事物本身固有的,不以人的主观意志为转移。客观联系原理要求我们,要从事物的固有联系出发把握事物,切忌主观随意性。用主观臆想的联系代替事物本身的真实联系是典型的唯心主义。离开事物的真实联系,抓住事物的表面相似之处,主观任意地联系,是诡辩论的一个重要特征。但这并不意味着我们在事物的联系面前无能为力,我们可以根据事物的固有联系,改变原有的状态,调整原有的联系,建立新的联系。

  唯物辩证法认为,事物的联系具有多样性和条件性。任何具体的联系无不依赖于一定的条件,随着条件的改变,事物之间以及事物内部诸要素之间联系的性质和方式也会随之改变。联系的条件性告诉我们:"一切以条件、地点和时间为转移。"[1]这里所说的时间和地点,也就是条件。列宁曾经以下雨为例说明撇开联系,脱离条件孤立地考察问题,就连下雨好不好这个极其简单的问题都无法做出明确的判断和回答,更不用说更为复杂的问题了。如久旱甘霖,下雨就是有益的;久涝盼天晴,下雨就是有害的。一切以条件为转移,而条件又是具体的、多种多样的,有必要条件和非必要条件、有利条件和不利条件、主观条件和客观条件、充分条件和不充分条件等,不同的条件对事物的存在和发展所起的作用是各不相同的。因此,具体地、全面地分析各种条件,是我们弄清问题,解决矛盾的前提和基础,对做好一切工作具有决定意义。如要完成某项任务,就必须具备它所要求的必要条件,如果在基本条件还未具备的情况下就匆忙行事,最终只能导致失败。当然,条件是可以改变的,当不利条件多于有利条件时,我们不必灰心丧气,畏缩不前;当必要条件尚不具备时,我们也不能坐以待毙。我们可以发挥主观能动性,变不利条件为有利条件,并为实现预定的任务而创造必要条件。但是,改变和创造条件并不是主观随意的,必须从现有条件出发,凭借现有物质基础,遵循事物自身发展的客观规律进行。

## 第二节 发展的观点

  唯物辩证法认为,物质世界不仅是普遍联系的而且是永恒发展的。世界的普遍联系必然会导致世界上的一切事物都处于运动、变化和发展之中,永恒发展的观点是唯物辩证法的

---

[1] 斯大林.斯大林选集:下卷[M].北京:人民出版社,1979:430.

又一总特征。

## 一、运动、变化与发展

世界上纷繁复杂的事物不仅是普遍联系的,而且是运动发展的。当我们深思熟虑地考察自然、社会和精神活动时,发现世界是由种种联系和相互作用交织在一起的画面,"其中没有任何东西是不动的和不变的,而是一切都在运动、变化、生成和消逝"①。唯物辩证法把运动、变化、发展结合起来表述自己的发展观。

运动作为物质存在的方式,它是指一般的变化,包括宇宙间发生的一切变化和过程。运动主要说明事物是变动不居的,不会永远固定在一点上。联系和运动是不可分的。一方面,没有联系就不能构成运动,也不能显示运动。这是因为,事物之间或事物内部诸要素之间的联系,总是通过联系着的诸对象之间的相互作用表现出来的,而相互作用必然使对象的原有状态或性质发生改变,引起事物的运动。另一方面,离开事物的运动,也不能理解事物的联系。这是因为,如果一切事物都不运动,都是绝对静止的,那么各事物之间以及事物内部诸要素之间就不会有相互作用,因而也就没有联系。事物的具体运动形式是多种多样的,恩格斯在《自然辩证法》一书中,根据当时科学达到的水平,按照从低级到高级、从简单到复杂的顺序,把宇宙中各种各样的物质运动归结为机械运动、物理运动、化学运动、生物运动和社会运动等基本运动形式。在每一种基本运动形式中,又包含着许多具体的运动形式,不同的物质运动形式既相互区别又相互联系,并依一定的条件相互转化。第一,各种运动形式之间是相互区别的,它们具有不同的物质基础和特殊的运动规律。如机械运动是物体的机械位移,它是最低级、最简单的运动形式;生物运动的物质基础是核酸和蛋白质,是自然界最高级、最复杂的运动形式。第二,各种运动之间是相互联系的。低级运动形式是高级运动形式的基础,高级运动形式是在低级运动形式的基础上发展起来的,并包含着低级运动形式。就像人这个生物体的运动是在机械、物理、化学运动形式基础上发展起来的,人体内包含着机械、物理、化学运动形式。第三,各种运动形式在一定条件下可以相互转化。例如,摩擦生热、生电,就是机械运动转化为物理运动。热引起燃烧,物理运动又转化为化学运动。

变化是指事物和现象由一种状态向另一种状态的过渡和转变。变化反映了事物和现象的固有属性、态势和趋向。变化的源泉和动力是事物和现象自身内部的矛盾性,这种变化是必然的。当然事物和现象的变化也有外部因素的一面。变化和运动的区别在于,运动是最一般的范畴,变化相对来说是具体一些的范畴。一切的变化就是运动,它反映运动,显示着运动的不同过程、状态和趋势。变化既有渐变形式的量变过程,也有飞跃形式的质变过程。

"运动"和"变化"都是在最高程度上抽象的范畴。在这两个范畴中,都没有直接表达或规定运动、变化的总体性质、趋势和方向性。单纯的数量增加或减少,位置的变更和持续,状态

---

① 马克思,恩格斯.马克思恩格斯选集:第3卷[M].北京:人民出版社,2012:395.

的重复和循环,进化和退化,上升和下降等,都是运动和变化。辩证法不能停留于在一般意义上承认运动和变化,而是要进一步揭示世界万物各种不同的运动变化之间的整体联系及其所包含的趋向性,揭示每一种运动变化在世界总体运动中的地位和作用,这就必然提出发展的问题。列宁指出:"发展显然不是简单的、普遍的和永恒的生长、增多(或减少)等。——既然如此,那首先就要更确切地理解进化,把它看作一切事物的产生和消灭、相互过渡。"[1]

唯物辩证法的"发展"范畴,就是在运动、变化的基础上进一步揭示物质世界运动的整体趋势和方向性的范畴。发展概念概括事物上升的、前进的运动或变化的趋势,反映事物由低级到高级、由简单到复杂、由无序到有序的不断更替和生成的过程。变化与发展既有联系又有区别。发展是一种变化,但变化未必是发展。变化具有可逆和不可逆、上升或下降、前进或倒退等多种不同的甚至对立的可能性。发展是指事物和现象在规模、结构、程度、性质等方面发生由低级到高级、由不完善到完善、由旧事物转化为新事物的变化过程。事物和现象的发展过程会有种种变化,有时会出现下降或倒退,但这本身并不是发展,而是发展中出现的暂时现象。发展和运动也有联系,但二者又有区别。发展是事物运动的主要特征,而运动并非都体现事物由低级到高级的前进运动。如物理学中所说的物体的"位移"是运动,但不是发展。发展的实质是新事物的产生和旧事物的灭亡。因此,发展更多的是指一种不断前进、壮大和向着新的、高级的方向运动的过程。

## 二、辩证的发展观

唯物辩证法的发展观是反映客观事物运动变化的发展观。恩格斯强调,"在唯物辩证法面前不存在任何最终的东西、绝对的东西、神圣的东西;它指出所有一切事物的暂时性;在它面前,除了生成和灭亡的不断过程、无止境地由低级上升到高级的不断过程,什么都不存在。它本身就是这个过程在思维者的头脑中的反映。"[2]

唯物辩证法认为,发展是按螺旋式进行的,是按由低级到高级、由简单到复杂的方式进行的;发展是从渐变式的量到飞跃式的质的变化过程;发展的根本原因在于事物内部矛盾的对立统一,事物的外部矛盾是事物发展的第二位原因;发展是有限与无限的辩证统一,任何具体事物的发展都是有限的,整个世界的发展则是无限的。形而上学的发展观认为,发展只是位置的移动和数量的增长,是重复和循环,发展的原因是外力推动的结果。唯物辩证法从事物或现象的相互联系和相互作用中考察事物或现象的发展和变化,从多样性和统一性的对立统一中把握发展和变化。形而上学则否认事物或现象之间的相互联系和相互作用,否认事物或现象发展变化形式的多样性,只承认在一定限度内的变化。因此,形而上学的发展观实质上否认真正的发展。

---

[1] 列宁.列宁全集:第55卷[M].北京:人民出版社,2017:215.
[2] 马克思,恩格斯.马克思恩格斯选集:第4卷[M].北京:人民出版社,2012:223.

唯物辩证法所理解的发展，不是同一事物的简单重复，也不是下降的运动，而是新事物不断产生和旧事物不断灭亡的过程，也就是"扬弃"的过程。所谓"扬弃"，包含抛弃、保留、发扬和提高的意思，指新事物代替旧事物不是简单地抛弃，而是既克服、抛弃旧事物中消极的东西，又保留和继承以往发展中对新事物有积极意义的东西，并把它发展到新的阶段。新生事物战胜旧事物是客观世界的普遍规律。所谓新生事物，是指合乎历史前进方向、具有远大前途的东西。与此相反，旧事物则是历史发展过程中逐渐丧失其存在必然性的、日趋灭亡的东西。新旧事物相区别的根本标志在于，它们是否同历史发展的必然趋势相符合。识别新旧事物不能以出现时间的先后为根据，不能以它表面上是否强大为根据，也不能以发展是否完善为依据。

新事物必然战胜旧事物，是由新旧事物的本质特点和事物发展的辩证本性决定的：第一，新事物代表着事物发展的方向，适合它存在的历史条件，符合事物发展的必然趋势，具有存在的根据。第二，新事物是在旧事物中生长起来的，是在旧事物的"母胎"中孕育成熟的，它不仅克服了旧事物中消极的、过时的、腐朽的东西，而且吸取、继承并发展了旧事物中积极的因素，并添加了一些旧事物所不能容纳的丰富的新内容，因而它必然比旧事物优越，具有强大的生命力。第三，在社会历史领域中，新事物由于从根本上符合大多数人的根本利益，所以能够得到大多数人，特别是先进势力的支持和肯定进而取代旧事物。因此，凡符合社会历史规律、顺应社会进步潮流的新生事物，不管经过怎样艰难曲折的道路，终究是不可战胜的。

### 三、用发展的观点看问题

唯物辩证法认为，发展是量到质的转化，发展的根本原因在于事物内部矛盾（内因）的统一和斗争，事物的外部矛盾（外因）是事物发展的第二位原因，即认为事物发展是事物自身的发展，是事物矛盾运动的结果。这要求人们：在观察事物、分析问题时，既要看到内因，又要看到外因，坚持内外因相结合的观点。对内因要给以充分的重视，对外因做"一分为二"的分析。反对割裂内外因辩证关系，忽视内因在事物变化中的根本作用而一味强调外因的重要性，或者单纯强调内因的决定作用而忽视外部条件在事物变化中的重要作用。中国处于近代以来最好的发展时期，世界处于百年未有之大变局，两者同步交织、相互激荡。国内国际两个大局是我们谋划工作的基本出发点，反映了内因与外因相互渗透、相互影响，共同推动事物发展的辩证法。构建以国内大循环为主体、国内国际双循环相互促进的新发展格局，既要把发展立足点放在国内，畅通国内大循环，充分体现内因的基础性作用，又要全面扩大开放，促进国内国际双循环，有效发挥外因的积极影响。

唯物辩证法关于世界运动变化发展的思想也就是"过程论"的思想，即认为世界不是一成不变的事物的集合体，而是过程的集合体。恩格斯指出："一个伟大的基本思想，即认为世界不是既成事物的集合体，而是过程的集合体，其中各个似乎稳定的事物同它们在我们头脑中的思想映象即概念一样都处在生成和灭亡的不断变化中，在这种变化中，尽管有种种表面的偶然性,尽管有种种暂时的倒退,前进的发展终究会实现。"①所谓过程指两种情形,一种情形是指每一事物的存在本身都是一种特定的运动过程。另一种情形是指每一事物都有它的生成和灭亡,而生成和灭亡则意味着事物个体存在的过程从属于一个更大的过程,是这个更大的过程的一个阶段、一个环节或一个部分。因此,所谓一切事物都是过程,就是指每个事物现实存在的暂时性和稳定的相对性。整个世界就是无数事物的生成和消灭的过程的相互衔接、彼此结合所构成的过程的集合体,而不是一成不变的事物的堆积。辩证唯物主义的过程论要求我们要用发展的眼光看问题,把事物看作是一个不断发展前进的过程。改革开放四十多年来,中国特色社会主义事业就是在不断克服困难、开拓进取中进行的。尽管我们已经取得举世瞩目的成就,但依然不能自我陶醉、故步自封,而要保持居安思危、奋发进取的精神状态。目前,我国正处于建设"两个一百年"奋斗目标的新的关键时期,我们要摒弃或改变旧有的、不适应当前经济社会发展的观念、路线及政策,不断推进经济、政治、文化、社会、生态各领域的改革,不断推进社会主义现代化进程,为实现中华民族伟大复兴的中国梦不断奋进。

## 第三节　系统与事物的联系和发展

系统论是关于物质世界系统联系和系统演化的科学,进一步证实和深化了唯物辩证法关于普遍联系和永恒发展的观点。

### 一、系统论思想的历史演变

系统论是随着自然科学和技术科学的发展而产生的新兴科学。系统论是全面揭示对象的系统存在、系统关系及其规律的观点和方法,其本质特征是不把事物或过程看作是实物、个体、现象的简单堆积,而是如实地把它们当作系统,以对系统的深入、全面的把握代替对事物内外部因素的孤立考察。

系统论的产生,表明人类对事物存在形态的认识向前迈进了一大步。过去,在深入考察和充分理解事物的普遍联系之前,人们对世界的认识曾经出现一种"实物中心论"的倾向,即往往把注意力的中心放在一个个彼此区分开来、各自独立的既定的实物上面,自觉或不自觉地以为世界只是无数不同实物单位的集合体。自然科学和哲学中那些关于不可再分割的基本实物单位的抽象概念,如"质点""刚体""宇宙元素"和没有内部结构的"原子"等,比较集中地反映了这种倾向。但是,自古以来也有不少卓越的思想家注意到了系统的问题。"系统"(system)这个词最早出现于古希腊语中,希腊文"systema"即为部分组成整体的意思。古代的哲学家正是从整体与部分关系的考察中意识到系统的存在的。古代原子论的创始人德谟

---

① 马克思,恩格斯.马克思恩格斯选集:第4卷[M].北京:人民出版社,2012:250.

克利特著有《世界大系统》一书,用原子和虚空构成宇宙的思想去说明世界,这是最早采用"系统"这个词的著作;柏拉图阐述了他的"理念世界"是在"善"的理念统率下的一个层次等级系统;亚里士多德则提出了著名的"整体大于它的各部分总和"这一系统论的基本命题。我国古代朴素的唯物论或辩证法思想家更是从多方面强调了世界的整体性和协调性问题,如"八卦"和"五行"的相互制约与转化,天地万物相生相克等。古代萌芽的系统观点在近代特别是现代逐渐发展成熟,许多人如莱布尼茨、康德、黑格尔都为之做出了贡献。马克思主义的创始人从哲学的高度充分肯定了"系统"这个概念的意义和建立系统化世界图景的必要性。马克思虽然未曾专门研究过系统理论,但他研究了世界上最复杂的系统——人类社会,并为这种研究创立了一套科学的方法论原则。恩格斯在总结19世纪自然科学的三大发现时,也曾明确指出:"由于这三大发现和自然科学的其他巨大进步,我们现在不仅能够说明自然界中各个领域内的过程之间的联系,而且总的说来也能说明各个领域之间的联系了,这样,我们就能够依靠经验自然科学本身所提供的事实,以近乎系统的形式描绘出一幅自然界联系的清晰图画。描绘这样一幅总的图画,在以前是所谓自然哲学的任务。"①

20世纪40年代,奥地利生物学家贝塔朗菲借助前人关于系统和整体联系的思想,并在英国哲学家怀特海有机论观点的影响下,创立了一般系统论。同期,美国数学家维纳和申农分别创立了控制论和信息论。进入20世纪70年代,又形成了耗散结构理论、协同学说、突变理论、超循环理论等自组织理论。在我国,著名科学家钱学森也提出了一些有关系统的思想。他们都以一般系统论作为理论基础,都以系统类型作为研究对象,他们撇开研究对象的具体物质形态和内容,从不同侧面研究事物和过程所共有的本质和规律,具有普遍的认识论和方法论的意义。

## 二、系统的含义

关于系统概念的含义,国内外学者有着各种各样的解释,贝塔朗菲认为,系统是"处于相互作用中的要素的复合体"②。钱学森则认为,系统"是由相互作用和相互依赖的若干部分结合成的具有特定功能的有机整体,而且这个系统又是它们从属的更大系统的组成部分"③。根据这些解释和说明,可以得出系统概念的含义:所谓系统就是由相互联系、相互作用的若干要素组成的具有稳定结构和特定功能的有机整体。要深入理解这一含义,需要把握以下几个方面的内容:

第一,系统是由事物内部相互联系、相互作用的若干要素组成的有机整体。如在自然界,大至太阳系、银河系、总星系等,都是一个系统,小至微观世界里的原子、原子核、基本粒子也都

---

① 马克思,恩格斯.马克思恩格斯选集:第4卷[M].北京:人民出版社,2012:252.
② 贝塔朗菲.一般系统论:基础、发展和应[M].林康义,魏宏森,译.北京:清华大学出版社,1987:31.
③ 钱学森,等.组织管理的技术:系统工程[N].文汇报,1978-09-27(1).

是一个系统。人体也是由运动系统、神经系统、消化系统、呼吸系统、生殖系统、循环系统、内分泌系统等组成的复杂系统。在社会领域,各种社会组织、生产单位、行政部门等都是一个系统,整个社会又是由工业、农业、财政、交通、科教、卫生、国防等组成的一个复杂系统。

第二,这种有机整体又赋予系统整体以特定功能。这种特定功能不仅仅是由组成系统的所有要素所造成,更主要是由这些组成要素的相互关系所造成。这就是说系统的特定功能只有在组成系统的各个要素的相互作用、相互联系中才能显示出来。如一台机器或设备,只有各个零部件都在相互起作用时,才能发挥其功能。

第三,系统是分层次的。每一个系统都具有内在的层次性,并按照一定的等级序列组成。如现代生物学把生物系统分为生态、生物群体、器官、组织、细胞、分子等多级层次。

第四,系统与要素具有相对性。作为特定系统,对于下个层次来讲是系统,对于上个层次来讲则变为要素,如作为一个高校教务部门,对于下属科室来讲,它是一个系统,而对于全校系统来讲则是一个要素。其次,系统与要素的相对性在系统的层次性中就可表现出来。

第五,系统具有开放性。任何系统都处于特定的环境之中,并同环境进行着物质、能量和信息的交换,以取得自身的生存、稳定和发展。如生物系统就是一个开放的系统,它在多变的环境中,不断地通过自身内部的调整以适应环境的要求,求得自身的生存和发展。

系统的种类是各种各样的。例如,从要素的性质的角度看,有物质系统和精神系统、自然系统和社会系统、天然系统和人工系统等;从结构和功能的角度看,有静态系统和动态系统、线性系统和非线性系统等;从规模上可分为小系统、中系统、大系统和超系统;从系统和环境的关系上则区分为封闭系统和开放系统等。这里所谓封闭系统并不是指不与环境发生任何相互作用和交换的绝对孤立的系统(严格来说这样的系统是不存在的),而是指在一定时间内不依赖外界的经常性影响而具有相对稳定生存能力的系统;所谓开放系统则是与外界保持按一定规则进行的经常性相互作用或物质、能量、信息交换的系统。一般来说,任何现实的系统都具有开放性,而愈是有机的、高度组织化的系统,其开放性的特征愈是明显,愈是丰富。

### 三、系统方法的基本原则

所谓系统方法的基本原则是指在认识或改造客观事物中,将研究对象作为一个系统整体来看待,着重从系统与要素、要素与要素、系统与环境之间的相互联系、相互作用的关系中,综合地、定量地观察对象,以达到全面而精确地了解对象,并对问题做出最佳处理。系统方法的基本原则如下。

1. 整体性原则

整体性是系统的本质特征。所谓整体性,是指系统中的诸多要素作为一个相互联系的整体而起作用。整体性原则是系统方法最基本的原则。贝塔朗菲在《一般系统论——基础、发展和应用》一书中强调指出:"一般系统论是关于'整体'的一般科学。"①

整体性原则强调:①构成系统整体的各个要素不是机械地相加,更不是各个要素杂乱无章地堆积,而是按一定的结构和层次相排列,组成统一的有机整体。②系统的特性和功能,不是组成它的要素的特性和功能的简单相加,而是各个要素之间内在相互作用、相互制约、相互协同的条件下,表现出来的特性和功能。换句话说,系统作为一个有机整体,具有它的每个要素都不单独具有的性质和功能,亦成为"系统质"。例如机器上的每个零件都不能单独加工产品,而整个机器却具有运转和加工的能力。③系统依赖于要素,系统的特性和功能是在各个要素的特性和功能的基础上形成的,当一个要素特别是关键要素发生变化时,其整个系统的性质和功能都可能受到影响。④要素从属于系统,依赖于系统,要素只有在系统中才能发挥自己的作用,离开系统的要素将会失去存在的意义。

整体性原则为人们能动地改造客观世界和有效地处理系统问题提供了重要的方法论指导,它要求人们:第一,在认识和改造系统时,必须从整体出发,从全局考虑问题,从系统、要素、环境的相互关系中探求系统的整体本质和规律。第二,可以将一些孤立事物联系起来构成系统,这样既可以产生新的属性,又可以把事物的功能和作用放大。第三,可以自觉地调整系统的结构,协调系统各个方面的关系,以提高整体效应。

2. 有序性原则

系统的有序结构是其保持整体性以及具有一定功能的内在根据,结构是系统的基本属性,任何系统都有其结构。系统内部各要素的稳定联系形成有序结构,才能保持系统的整体性。

有序性原则强调:系统内部结构具有层次等级式的组织化特征。每一个系统都是由若干作为要素的分系统(子系统)所组成,而分系统又由一定数量的更低层次的系统或要素所组成。在这种层次等级式的结构中,系统中的各个要素都保持其特定的位置和整体性功能,它们之间的相互作用和信息传递遵循一定的顺序和规则。这样就使系统保持其内部结构的相对稳定和内部活动的方向性、顺序性。仍然以机器为例,整部机器是由它的动力、传动、制动、动作等一系列分系统组成的,每个分系统则由一个具体的零部件按特定方式连结所组成,所有这些因素之间确定的层级关系,使得它们在机器运行中各自发挥自己的整体性功能并保持结构的稳定性和方向性,整部机器的运行则是所有这些因素活动的综合表现。

系统的有序性特征利于系统本身的功能更好发挥。坚持有序性原则的重要意义在于,要求人们注意整体与层次、层次与层次之间的相互制约的关系,利用层次分析与层次综合的方法论原则指导和解决现实问题。

3. 最优化原则

系统内部结构具有优化趋向的特征,即系统的分系统或要素之间的结合趋向于强化整

---

① 贝塔朗菲. 一般系统论:基础、发展和应用[M]. 林康义,魏宏森,译. 北京:清华大学出版社,1987:34.

体功能的特征。系统并非由要素的任意结合而构成,当若干要素结合成为一个系统时,它们的功能也相互综合,这种综合可能使整体的功能大于部分功能的总和,也可能小于它。由于系统在环境中参与竞争和选择,以及要素结合的凝聚力的作用使得这种综合总是要朝着优化的方向调整,否则系统的存在和发展便难以持续。因此最优化原则是系统方法的基本目的,也是系统发展的一种趋势。

最优化原则强调:①尽量使组织系统的每一个要素、每一个层次实现优化,因为每个要素或层次的优化是实现系统整体优化的前提和基础。②力争做到系统内部各个要素之间的有效组合和优化组合,使系统整体的特性和功能处于相对稳定的状态,并得到充分的发挥。当然,这种组合是相对的,一般以满意为标准。③确定一些限制条件,及时调整系统内部的不确定因素,以减少系统内部各要素之间的一些有害耦合,使系统各要素之间在动态中协调一致。任何系统,其单个要素再优秀,如果相互之间不能很好协同,发生内耗,必将影响系统整体特性和功能的发挥。④系统的优化是在一定的环境中进行的,系统经过作用于环境后反馈回来的信息,不断实现自身的优化。

4. 动态性原则

现实系统都是开放系统,存在着物质流、能量流和信息流的不断运动。系统本身都有生命周期,都有一个从孕育、产生、发展到成熟、衰退、消亡的过程。系统的这种运动、发展、变化过程就是它的动态性。动态性也是系统的一个基本属性。

任何系统都自始至终处于运动变化的状态之中,这种运动是按一定规律进行的。系统中各要素是相互作用而又相互制约的,运动总是在允许的范围内进行。也就是说,系统的平衡是一种动态平衡,动态平衡系统在一定的范围内能够抗拒环境对系统的干扰,当外部因素的作用超过一定的范围,或系统内部状态变化累积而产生突变时,可能使系统失去原有的动态平衡,将会导致一个新的动态平衡系统的出现。因此,任何系统都是作为过程而展开的动态系统。

动态性原则给我们的启示在于:①要把握事物的发展趋势和变化规律,才不会被动。动态性观点就是我们常说的要以发展变化的观点来研究事物的历史、现状和发展趋势以及变化规律。②认识时机,抓住时机。系统的动态性变化会导致系统出现这样或那样的时机可以利用。之所以要认识和抓住时机,是因为"机不可失,时不再来"。③在动态中求平衡、求稳定。系统要保持有序状态,必须在动态中保持平衡和稳定。在条件具备时,平衡和稳定是可以被打破的,打破之后要在新的基础上建立新的动态平衡和稳定,以维系新系统的稳定有序状态。

5. 环境适应性原则

环境适应性指的是系统适应环境变化的能力。一个系统的功能表现过程,必然是它与环境的相互作用过程。系统的结构决定系统的功能,这是第一位的,但系统表现出哪些功能,却是系统本身与它的环境共同决定的。

在一定条件下,外部环境会影响系统的结构、有序度和功能。外界向系统输入物质、能量和信息,经过系统的处理,向环境输出新的物质、能量和信息,这就是系统功能的表现。输出的结果返回来与系统预期的目标相比较,以决定下一步措施(即反馈)。比较的结果,或继续保持原结构、功能,或改变结构、功能以使系统与环境相适应。

坚持环境适应性原则,就是要求我们不仅要注意系统内各要素之间关系的调节,而且要考虑系统与环境的关系。只有系统内部关系与外部关系相互协调统一,才能全面发挥系统的功能,保证系统整体向最优化目标发展。

### 四、系统论对联系和发展观点的深化

1. 系统论对联系观点的深化

唯物辩证法认为,整个世界是一个相互联系的统一整体,任何事物、现象或过程都是这个统一联系之网上的一个部分、要素或环节。这种联系不仅表现在普遍性上,而且表现在客观性、条件性和多样性上。普遍联系的观点首先就是要求用整体的观点看世界,并通过对整体和部分之间关系的研究来认识世界和改造世界。系统论进一步证实和深化了唯物辩证法关于普遍联系的观点。

系统论认为,系统是由相互关联、相互制约和相互依赖的若干组成要素按一定的秩序相结合,存在于一定的环境之中,具有一定结构和功能的有机整体。在系统中,存在着系统整体和作为系统组成部分的要素之间的联系;存在着各要素之间的相互作用和相互联系,存在着系统整体与周围环境之间的相互作用和相互联系;还存在着系统内部的结构与功能、有序与无序、进化与退化、输入与输出等之间的联系。系统论中的系统这一范畴,揭示了事物相互联系的系统联系模式。从系统的观点看,整个世界呈现为一种复杂的既有纵向等级层次之分,又有横向类型并列与协调的系统图景。系统理论使我们对普遍联系的理解从抽象上升到具体,而系统论也显示出了哲学思维的特征,它本身也就成为唯物辩证法关于普遍联系观点的一个重要内容:事物作为系统而存在,事物之间广泛地存在着系统联系。唯物辩证法关于普遍联系的思想与系统论关于系统联系的思想既有联系又有区别。其联系体现在两个方面:

其一,普遍联系的观点是系统联系思想的重要理论渊源之一。尽管贝塔朗菲在其创立一般系统论的过程中受到英国哲学家怀特海有机论观点的影响,但他关于系统联系的思想仍然借助了黑格尔和马克思的辩证法思想,尤其是马克思关于普遍联系的思想,以至于有人说"没有联系的思想也就没有系统的思想"。

其二,系统论关于系统联系的思想深化了唯物辩证法关于普遍联系的思想。

(1)系统科学的发展进一步为普遍联系观点的正确性提供了证明。系统论、控制论、信息论以及耗散结构理论、协同学说、突变理论等系统科学所表现出来的联系的思想和现代科学技术的高度分化与综合而出现的大量边缘学科、交叉学科和横断学科,进一步证明了唯物

辩证法普遍联系观点的正确性。

（2）系统联系的思想为进一步丰富和深化普遍联系的观点提供了基本原料。系统论表现出来的系统联系思想，揭示了生物、社会、机器等不同物质形态和研究对象的共同的本质和规律。其中所概括出来的一些概念和范畴，如系统、信息、控制、要素、层次、功能以及整体性、动态性、有序性、目的性、最优化等原则具有丰富的哲学意义，为进一步丰富和深化唯物辩证法普遍联系的观点提供了基本原料。

（3）系统联系的思想扩展了唯物辩证法普遍联系观点的应用范围。系统论中提出的系统联系的思想为政治、经济、军事、科学、教育、文化等社会组织的系统化管理以及一些系统工程的设计、实施和评价，提供了重要的理论和方法，以便使系统追求整体功能的最大效应。所以这些都极大地扩展了唯物辩证法普遍联系观点的应用范围。

普遍联系与系统联系尽管有许多相同、相似、相容的方面，但二者仍然是一般与特殊的关系。这是因为，辩证法是以总体的方式来研究事物的联系，它从物质世界的一切事物、现象和过程中得出了普遍联系的思想。系统联系主要从系统与要素、整体与部分、系统与环境的特定角度来研究事物之间的联系，而系统与要素、整体与部分、系统与环境只是世界普遍联系中的局部联系。因此，不能把世界上的一切联系都归纳为系统联系。我们只是认为，从系统这一特定的观点来看，世界上的万事万物的联系都是一种系统联系，因为系统是有边界范围的。

2. 系统论对发展观点的深化

如果说系统论关于整体观点、结构观点、环境观点、功能观点与唯物辩证法普遍联系的观点密切相关，那么基本了解系统论关于系统演化的观点，对于学习和掌握唯物辩证法的发展观则是十分重要的。

所谓系统演化就是指系统由于受内部各个要素之间或系统与环境之间的相互作用，从而在结构、特性、功能等方面发生由低级到高级、由简单到复杂、由无序到有序的变化过程。这种变化有一定的目的性，使系统朝着健康、稳定和有序的方向不断发展。系统演化主要涉及以下几个问题。

第一，演化的动因。系统演化的终极动因在于相互作用所产生的涨落。所谓涨落是指系统状态对平均值的偏离，按其来源有内涨落和外涨落之分。内涨落是指系统内部元素之间、子系统之间、层次之间的相互作用，包括吸引与排斥、合作与竞争等引起的涨落。这是系统发展的内部动因，关键是非线性的相互作用引起的涨落。系统与环境的适应是相对的，系统自身时时在变化、环境在不断变化，导致系统与环境不可能完全适应，有时甚至是强烈的不适应。由此产生环境对系统的压力，并转化为内部的相互作用，推动系统改变组分特性和结构关系，获得新的整体特性、结构和功能，达到与环境新的适应。这是系统演化的外部动因。在这里需要指出的是，一切真实系统都存在涨落，系统通过涨落去触发旧结构的失稳，并在分叉点上靠涨落实现对称破缺选择，建立新结构，实现系统的演化。因此，涨落是系统有序之源,是系统演化的动力。

第二,演化的形式。系统演化有渐变和突变两种形式。前者是指系统实现从旧结构向新结构的变化是逐渐完成的;后者是指实现这一过程是靠突发式而完成的,即旧结构的顷刻瓦解,新结构的立即诞生。系统演化的形式还有分叉和汇流之差别。所谓分叉是指系统新稳定结构不止一种,可能有许多种,究竟选择哪一种,要根据系统各要素以及系统与环境之间的各种因素而确定;所谓汇流是指系统开始时有许多不同的系统稳定结构,当这些稳定结构被打破之后,都向着一种稳定结构演化。

第三,演化的方向。系统演化的方向就是指系统演化过程中由于不可逆性(时间对称破缺)而引起的系统演化的定态和趋势。这种定态和趋势可表现为进化和退化两个不同的方向。进化一般是指系统在演化中由无序到有序、由低序到高序的变化过程。退化一般指的是系统演化由有序到无序,由高序到低序的变化过程。"有序"表示系统组成要素之间有规则的联系和运转,"无序"表示系统组成要素之间无规则的联系和运转。如果说系统演化既包括系统的进化过程又包括系统的退化过程,那么系统发展就是系统的进化,而不包括系统的退化。系统演化的方向还表现在它的复杂性上。任何系统的演化总是沿着由单层次到多层次、由较少层次向较多层次的方向进行的。复杂性的增加既表现在同一层次上由简单到复杂的演化,也表现在增加层次上,全新的复杂性要求实现全新的层次。系统演化是复杂性与简化性的统一,高层次的组织往往比低层次的组织要简单。最初形成的系统可能有多余结构,需要在演化中简化掉。但总的来说,系统是朝着复杂性方向演化的,层次的增多意味着复杂性的增多。

系统论关于系统演化的动因、形式、趋势和方向与辩证法关于事物变化发展的动因、形式、趋势和方向是基本一致的。可见,唯物辩证法关于事物发展变化的观点为系统演化发展思想提供了哲学依据,而系统论有关系统演化的观点则丰富和发展了唯物辩证法的发展观,使之具有更广泛的内涵。

唯物辩证法认为,发展是量到质的转化,发展的根本原因在于事物内部矛盾(内因)的统一和斗争,事物的外部矛盾(外因)是事物发展的第二位原因。唯物辩证法从事物相互联系和相互作用中考察事物和现象的发展和变化。从多样性和统一性的对立统一中把握发展和变化,阐明了事物发展的总趋势是旧事物的灭亡,新事物的诞生,由低级向高级、由简单向复杂发展的过程。系统论揭示了系统和要素、系统内部诸要素之间、系统和环境的相互联系和相互作用。相互联系和相互作用使系统由一种状态转变为另一种状态,使系统发生变化和发展。在一定的条件下,系统有可能从无序走向有序、从低级向高级发展。系统论认为,在现实世界中,一切系统都是开放系统。开放系统同环境之间存在着广泛的物质、能量和信息的交流,这是系统存在与发展的必要条件;开放系统中的非线性相互作用是系统进化的基本根据,它决定了什么样的有序结构可以出现并稳定存在,决定了系统演化可能经历什么样的分支进程;内部涨落是开放系统进化的直接诱因,系统中的非线性作用虽然规定了多种可能的途径,但究竟哪一种途径成为现实,都是由随机涨落选择的。开放系统的进化实质上是由偶然性与必然性的相互影响所决定的。由此可见,系统论不仅证明了唯物辩证法关于事物发展的观点的正确性,而且对现实世界中的事物发展做了具体的阐述。

系统论关于系统演化的思想深化了唯物辩证法关于发展的观点,具体体现在以下几个方面。

首先,系统论关于系统的开放性的观点进一步深化唯物辩证法永恒发展的观点。唯物辩证法认为,一切事物都处于不断发展变化之中,发展是有限与无限的统一,任何具体事物的发展都是有限的,整个世界的发展则是无限的。系统论认为,系统可以分为孤立系统、封闭系统和开放系统。但该理论同时又认为,孤立系统和封闭系统只是一种理论上的抽象,现实系统都是开放的。所谓系统的开放性是指系统与外界环境之间不断进行着物质、能量和信息的交换和传递。系统的开放性原则揭示的是系统凭借与外界环境的这种相互联系、相互作用而不断发展演化的特征。它表明,系统要存在和发展,就必须不断地吐故纳新,与外界进行物质、能量和信息的交换,不然就会趋于瓦解,因此,开放是系统维持自身不断发展的必要条件。系统科学的一系列成果有力地说明,正是在与外界环境的物质、能量、信息的交换过程中,系统通过引进"负熵"才能维持和更新自身的结构,实现从无序到有序的演化,否则系统的结构就不能维持和发展,并不可避免地要导致结构的解体和混乱无序。耗散结构理论的创始人普利高津称此为:开放导致有序,封闭导致无序。这表明,开放是系统发展的必要条件。开放系统必然是作为动态过程而展开的。当众多要素构成一个系统后,系统便开始了自己运动和发展的过程。在系统内诸要素相互作用以及系统与环境的相互作用下,系统从低级无序状态向高级有序状态变化。系统过程的中断,就是系统过程的自我否定、自我更新,当新要素不再分化,系统就达到成熟;而当系统的要素停止再生长的时候,系统就趋于灭亡,并转入新的系统。因此,物质世界的一切都处在永不停息的运动变化之中,处在不断地新陈代谢的过程中。系统发展的开放性从更深层次上说明了发展的有限性和无限性的统一,因而丰富了唯物辩证法关于永恒发展的观点。

其次,系统论关于系统演化的动因观点丰富了辩证法事物内部矛盾推动其发展的观点。唯物辩证法认为,发展是量到质的转化,发展的根本原因在于事物内部矛盾(内因)的统一和斗争,事物的外部矛盾(外因)是事物发展的第二位原因,即认为事物发展是事物自身的发展,是事物矛盾运动的结果。系统论认为,系统的发展是从渐变到突变的变化,是一种状态结构到另一种状态结构的飞跃。系统演化的动因有二:一是由系统与要素之间、要素与要素之间的相互作用产生内涨落而引起的,这是系统发展的内部动因,在这里,非线性的相互作用起到关键作用;二是系统与环境之间通过物质、能量、信息的交换所产生的相互作用,是系统发展的外部动因,有时也叫外涨落。系统发展正是由这种涨落(内涨落和外涨落)引起的。由此可见,系统发展的动因丰富了辩证发展观关于事物内部矛盾推动其发展的观点。

最后,系统论关于系统"进化"的观点进一步证明了唯物辩证法发展的、前进的、上升的趋势和方向的正确性。唯物辩证法从事物或现象的相互联系和相互作用中考察其发展和变化，揭示出发展是按螺旋式进行的，是按从低级到高级、由简单到复杂的方式进行的；发展是从渐变式的量到飞跃式的质的变化过程，其实质是新事物的产生和旧事物的灭亡，也就是"扬弃"的过程。系统论揭示了系统和要素、系统内部诸要素之间、系统和环境的相互联系和相互作用。相互联系和相互作用使系统由一种状态转变为另一种状态，使系统发生演化和发展。系统发展的方向一般是指系统演化中由无序到有序、由低序到高序的变化过程，即系统"进化"的过程，这种观点进一步证实了唯物辩证法关于发展的总体方向是前进的、上升的观点。

这里需要强调的是，同普遍联系和系统联系的关系一样，事物的变化和发展与系统的演化和发展的关系仍然属于一般与特殊的关系。辩证法的发展观是关于客观世界发展变化的总观点，是从总体上把握客观世界发展变化的最一般的规律，而系统的演化发展思想则是从系统与要素、系统与环境的特定角度来研究系统演化发展的。因此，不能把事物的变化发展全部归纳为系统的演化发展。

应该指出，现代系统论关于物质世界系统联系和系统演化的思想，具有广泛的认识论和方法论的意义。但是，系统论并不是哲学，亦即不是世界观，不是一般的辩证法。系统论确实渗透了唯物辩证法的思想，系统思想、系统原理和系统方法也确实深化和补充了唯物辩证法，但是系统论绝不能取代唯物辩证的科学世界观和方法论的作用。因为它只是从系统出发，研究系统联系和系统演化，并没有把无限多样和永恒发展的世界联系包括无遗。总之，唯物辩证法和系统论属于两种不同层次的科学，既不能以唯物辩证法否定系统论，也不能用系统论取代唯物辩证法。唯物辩证法与系统论应该建立起联盟关系，在其相互促进和相互补充中共同发展。

1. 如何理解联系的普遍性、客观性与条件性？
2. 如何理解运动、变化与发展之间的关系？
3. 如何理解系统的含义以及系统方法的基本原则？
4. 试说明系统论思想对唯物辩证法联系观点和发展观点的丰富和深化。

# 第九章

## 辩证范畴

> 个别范畴不足以把握真理,真理是在许多片面的范畴的联合的全体之中。
>
> ——黑格尔

范畴作为最基本的哲学概念,是哲学用以表征客观世界的重要的思维形式。一切哲学命题、哲学理论、哲学体系无不建立在范畴的基础之上,要掌握一种哲学理论的真谛,首先便要掌握它所提出的范畴理论。

唯物辩证法的一系列辩证范畴,通过对客观世界最常见、最普遍的矛盾关系的反映,各自从不同的角度概括和揭示了客观世界联系和发展的特性,既丰富了唯物辩证法的内容,也为我们提供了从不同的角度进一步认识客观世界的科学的逻辑思维方法。因此,学习和研究唯物辩证法的辩证范畴理论,对于完整掌握和领会唯物辩证法理论体系的真谛具有特别重要的意义。

# 第一节 范畴与辩证范畴

## 一、范畴的界定

范畴是哲学研究中的一个最基本的概念,要说明范畴,就必须厘清范畴与形而上学和存在的关系。众所周知,形而上学是西方哲学传统的核心问题,从泰勒斯提出"水是世界的本原"这一命题开始,西方人对世界的哲学表征就发生了一个根本性的转变,意味着开始在形而上学的理性层面上探讨世界的存在问题。世界的形而上学存在问题肇始于泰勒斯,但是真正提出这一概念的是巴门尼德,巴门尼德提出了关于"存在"与"非存在"的区分,但是巴门尼德在他的学说中并没有给予"存在"这一核心概念以明确的界定,伴随着对这一问题讨论的深入,如果亚里士多德要解决"第一哲学"问题,那么就必须要对"存在"进行界定。亚里士多德认为,"第一哲学"就是研究存在的学说,而"范畴"就是用来表征"存在"的概念。范畴在希腊语中是"kategoria",是"关于……的述说",就是对事物最普遍最一般的说明,也就是说,范畴具有普遍性和必然性的特征,凡是能够用范畴表征的就一定是存在的,凡是用范畴无法表征的就不可能是存在。亚里士多德在《范畴篇》中提出了关于事物的十种描述方式:实体、数量、性质、关系、地点、时间、状态、动作、所有、承受。这个是范畴所编织起来的存在之网,它们构成了世界的逻辑结构。正是亚里士多德让范畴这一概念在西方哲学史上大放异彩,也奠定了西方哲学史上以范畴为逻辑起点,用概念推演世界结构的理论基调。就范畴最一般的含义而言,它可以被理解成是一种概念,是人的思维对客观事物及其本质的反映。任何一门学科都有一整套本学科所特有的概念体系,它们各自从不同的角度、侧面和层次反映着其研究对象的某种特征、本质和关系,并通过各自的概念或范畴进行学科理论体系的构造。如数学中的奇数、偶数、因数,物理学中的光、电、热,化学中的元素、分子、原子,经济学中的商品、价值、劳动,伦理学中的善、恶、修养以及哲学中的物质、运动、时空、意识等。

就范畴与概念二者的联系与区别来看,范畴与概念都是基于语词对事物本质特征的揭示。但是与概念相比,范畴是一个更为一般的理论单位,范畴所涵盖的外延与概念的外延相比较更为宽泛。但是需要指出的是,范畴与概念没有质的区别。

同一般概念一样,范畴也具有一定的层次和结构,并由此构成一个完整的概念或范畴体系。这一点与客观事物本身所表现出来的层次和结构是相应的。当然,由于认识目的和认识角度的差异,所建构的范畴体系可以是多种多样的。

哲学范畴作为最一般的概念,是哲学用以反映客观世界的基本的思维形式。作为认识的结晶,它是人们在实践中对客观世界最普遍特性和本质的概括和反映;作为思维工具,它又反过来进一步指导着人们的认识和实践活动。用列宁的话说就是，"逻辑的范畴是'外部存在和活动的''无数''局部性'的简化""这些范畴反过来又在实践中""为人们服务""是认识世界的过程中的一些小阶段，是帮助我们认识和掌握自然现象之网的网上纽结"。① 马克思主义哲学的各个组成部分都有着与自身相关的范畴体系，如唯物论中的物质、运动、时空，辩证法中的矛盾、同一、斗争，认识论中的主体、客体、实践，历史观中的上层建筑、人民群众、阶级斗争等。

## 二、辩证范畴的特点

唯物辩证法主要研究辩证范畴，辩证范畴作为哲学范畴的一种特殊类型，其主要特征就在于它所反映的是客观世界中普遍存在着的各种辩证关系，这些辩证关系都是基于对立统一对世界的各个层面的说明和表征。从各个不同层面和角度深刻揭示着世界的矛盾关系，引导和加深着人们对客观世界普遍联系和无限发展特性的认识和理解。它们构成唯物辩证法的重要组成部分，是唯物辩证法的科学思维方式和认识论。

唯物辩证法的辩证范畴具有丰富的内容，如质和量，肯定和否定，同一和斗争，运动和静止，现象和本质，必然和偶然，原因和结果，形式和内容，可能和现实，整体和部分，一般和个别，有限和无限，绝对和相对，连续和间断……原则上说，凡是能够揭示出客观世界最普遍矛盾关系的成对范畴，都可以上升成为一种独特的辩证范畴。因此，我们可以断言：唯物辩证法既有的辩证范畴体系乃至将要出现的新的辩证范畴远比我们所谈到的要丰富得多。随着人类实践经验和认识水平的提高，随着人们对客观世界认识的不断深入，人类将总结和概括出更多的新的辩证范畴。

本章择取哲学史上相对来说较成熟的六对辩证范畴来分别介绍，以期通过对这些辩证范畴的学习和掌握，加深对唯物辩证法辩证思维方法的理解。要从整体上而不是支离破碎地把握这些辩证范畴，必须注意以下几点：

第一，该六对辩证范畴既非唯物辩证法的全部范畴，亦未必是其最重要的范畴。范畴本身严格说来并无绝对的重要与否的区别，只有相对某种认识或实践经验来说才有重要与否的区别。

第二，一切辩证范畴都是成对出现的，都是既对立又统一的。因此用对立统一的观点即矛盾的观点来分析和认识各对范畴，是我们基本的认识方法。

第三，一切辩证范畴所反映的都是客观事物和现象本身所存在的辩证关系，而不是我们人为地在头脑中幻想出来强加于事物的。因此唯物地看待各对范畴是我们的基本立场。

第四，一切辩证范畴所反映的都是客观事物联系和发展的不同侧面和不同层次，都有着各自特殊的内容，因此不能将它们混淆起来，彼此替代。

---

① 列宁.列宁全集：第 38 卷[M].北京：人民出版社，1959：86，87，90．

第五，一切辩证范畴都是人们在认识和实践中总结和概括出来的，反过来它又成为人们进一步认识和实践的理论指导，从而促使人们为推动认识和实践的发展去总结和概括更多的辩证范畴。

第六，一切辩证范畴之间都不是彼此孤立、有此无彼的，而是紧密联系、亦此亦彼的。它们往往同时交织在事物的联系和发展中，并互相制约、互相影响。因此在面对事物时不能只看到了此种辩证关系，而忽视了其他辩证关系。

第七，从严格的科学形态来说，各个辩证范畴之间应有合理的逻辑顺序和理论递进过程。这一方面是由客观事物本身所决定的，另一方面也是与人的认识过程相一致的。因此应注意各辩证范畴之间的逻辑结构关系。

按照马克思主义逻辑与历史相统一的原则，从认识的过程来看，人们总是先观察事物的现象，然后再通过现象把握事物的本质；事物的本质反映了事物的必然联系和发展趋势，事物的必然趋势又是通过种种偶然性实现的；必然性和偶然性都体现为一定的因果关系；而无论是原因还是结果，又都是形式和内容的统一体；作为统一体的事物，在其发展过程中又表现为过去、现在和未来之间的相互联系，即都是由可能逐渐发展为现实的。事物在其联系和发展中，无论从其空间横向结构来看还是从其时间纵向过程来看，都实际表现为由各个部分和要素所构成的一个整体，一个系统。正是出于这样的考虑，我们提出了如下的辩证范畴结构或体系：现象与本质、必然与偶然、原因与结果、形式与内容、可能与现实、整体与部分。

## 第二节　现象与本质

客观世界中的万事万物都有它特殊的外部表现，否则它就不能被人们所感知。事物的种种外部表现并不是杂乱无章的，而是有章可循的，这是由事物的内部联系和矛盾所决定的。任何一个客观事物都有它的外部表现和内部联系，事物的外部表现和内部联系是事物存在与发展的两个不同方面，它们统一体现于事物的存在与发展中。现象和本质这对辩证范畴所要揭示的就是事物的外部表现和内部联系以及两者之间的辩证关系。

### 一、现象与本质的含义

现象与本质作为事物存在与发展的两个不同方面，它们各自具有自身特殊的含义，决不能将两者混淆起来。马克思指出："如果事物的表现形式和事物的本质会直接合而为一，一切科学就都成为多余的了。"[①]

---

[①] 马克思,恩格斯.马克思恩格斯全集：第25卷[M].北京：人民出版社,1974:923.

1. 现象和本质的含义

辩证唯物主义认为,现象是指事物的外部联系和表面特征,是事物本质的外部表现。现象一般可分为两类:一类是指与事物的本质相对应的表现,哲学上称之为真象;一类是指与事物的本质相悖的表现,或者说是从反面对事物本质的表现,哲学上称之为假象。假象只是相对于特定的本质而言的,其实假象也反映着事物特殊的本质。因此假象本质上也是一种真象。列宁就指出:"假象=本质的否定的本性。"[①]关于本质,辩证唯物主义认为,本质是指事物的根本性质,是指组成事物的各必要要素的内在联系,是事物内部所包含的一系列必然性和规律性的综合。在动态中把握事物的本质,事物的本质就体现为事物发展的规律。可见本质和规律是同等程度的概念,不过本质的外延似乎更广一些。

现象和本质是辩证范畴的具体体现,其实质依然是对立统一。因此要求我们在面对事物时,既要看到事物的现象,更要善于揭示事物的本质,决不能将现象当成本质,将本质等同于现象。只有在对事物的现象做出认真分析的基础上,才能对事物的本质做出准确的概括。

2. 现象和本质的区别

现象与本质两者的区别主要表现在以下几个方面。

第一,现象是事物表面的和外部的东西,本质是事物内在的东西。现象可以为人的感官所直接把握,而本质则只有靠抽象思维才能把握到。例如,商品的使用价值我们都可以通过感官来直接把握,但商品的一般本质——价值,我们则无法通过感官去把握,而只有通过抽象思维才能揭示出来。又如,自由落体现象、潮涨潮落现象等都可以通过感官观察到,但其根本原因,万有引力本质,我们则无法靠感官去把握,而只有通过对大量同类现象的概括才能总结出来。

第二,现象是事物个别的、具体的表现,本质是事物一般的、共同的表现。事物的存在与发展既是由事物的内部矛盾决定的,又是受事物的外部矛盾影响的。事物的内部矛盾决定了事物存在与发展的本质,事物的外部矛盾构成事物存在与发展的种种条件。由于事物存在条件的改变,事物就会呈现出不同的情形和状态,表现出不同的现象,而事物的本质则仍然保持它一般的、共同的性质。如资本家对工人的剥削,在生产发展的不同历史时期有着不同的方式和手段,如增加劳动强度、延长工作时间、减少劳动报酬等,但其榨取工人剩余价值的本质则是一贯的和共同的;工人受剥削后的具体情形也是不一样的,如愈来愈贫困化、身体状况恶化、疾病与失业等。

第三,现象是丰富的、多样的,本质是统一的、深刻的。现象总是生动的和丰富多彩的,同一本质的事物在不同的时间、地点和条件下,会有不同的多样性的表现:有些现象是与事物的本质相匹配的,有些现象是与事物的本质相冲突的;有些现象是显而易见的,有些现象

---

① 列宁.列宁全集:第38卷[M].北京:人民出版社,1963:137.

是隐隐约约的;有些现象是偶然伴随本质出现的,有些现象是必然伴随本质出现的;有些现象的呈现是短暂的,有些现象的呈现是持久的。这种种现象告诉我们,尽管认识的目的在于揭示事物的本质,但认识的重点则在于考察和研究事物的种种现象,否则事物的本质便不得而知。

第四,现象是多变的、易逝的,本质是相对稳定的。现象是事物本质的体现,事物的本质由事物内部的根本矛盾所决定,只要这个根本矛盾没有改变,事物的本质也就不会改变,它会保持自身的相对稳定性。但是,在事物的本质没有改变的情况下,事物的现象则会随着事物发展进程的变化而发生这样或那样的变化,从而呈现出种种新的现象。如一种疾病,在其发病初期、中期和晚期会呈现出不同的现象;社会主义改革在其初步实施阶段和攻坚阶段、纵深阶段也都会面临不同的问题和矛盾,需要制订相应的措施和对策。现象的这种易逝性和多变性要求我们认识和考察事物时,不能误将事物现象的变化当成事物本质的变化,而应根据事物现象的变化加深对事物本质和发展进程的认识。

## 二、现象与本质的辩证关系

现象与本质的关系是既对立又统一的。就对立性来看,现象和本质有着明显的内在差异性,现象是事物的外在显现,可以通过感性经验来把握。而本质是事物的内在规定性,只能通过理性思辨的方式去获得。总体来看,现象和本质的辩证关系体现在以下几个方面。

### 1. 现象与本质是不可分割的

现象与本质的统一可以从两方面得到说明:其一,现象总是特定本质的现象;其二,本质总要通过一定的现象表现出来。简言之,现象是本质的现象,本质是现象的本质;没有离开现象的本质,也没有离开本质的现象;本质虽非现象,但它表现为现象;现象虽非本质,但它表现着本质。因此,从某种意义上说,现象与本质具有同一性。

现象与本质作为客观事物本身所具有的两个不可分割的方面,是任何一个客观事物所不可缺少的。作为事物外部表现的现象,总是从某一侧面反映着事物的特定本质,没有离开本质的纯粹现象;作为事物内部联系的本质,总要通过一定的现象表现出来,没有离开现象的赤裸裸的本质。1895年11月8日著名的物理学家伦琴在做阴极管实验的时候发现实验室中封闭完好的胶卷感光了,就封闭完好的胶卷感光而言这是现象,这一现象是可以被感官经验到的,但是在这一现象的背后起决定作用的本质是一种新的射线。

### 2. 透过现象看本质

现象与本质的这种互相对应,说明了科学研究中通过现象去揭示事物本质的重要性,即透过现象看本质。这里所说的"透过"并非穿过的意思,而是借助于知性能力对相关问题进行分析、比较和研究。因为事物的本质就潜藏在事物的种种现象中,"穿过"了现象就是将现象抛于脑后,实质也就是将本质抛在了一边。康德所谓"此岸世界"与"彼岸世界"的划分以及"现象世界"与"自在之物世界"的对立完全是人为设立的鸿沟,实际上是不存在的,其错误就在于割裂了现象与本质的统一性。

由于事物的本质总是通过各种现象表现出来的,因此,不从现象入手就无从把握事物的本质。而事物的本质在不同条件下和事物发展的不同进程中会有不同的表现,因此我们必须充分认识和掌握事物丰富多彩的现象,然后加以分析、比较和研究,只有经过去伪存真、去粗取精、由此及彼、由表及里的加工整理过程,才能科学地把握事物的本质。如果掌握的现象不全、不细、不准确,那么要揭示事物的本质就会显得很困难。同样,如果仅仅停留在对现象的认识上,而不注意对事物本质的概括和揭示,那么,对现象的认识也必然是肤浅的、表面的和零碎的。毛泽东早已指出,现象只是入门的向导,一进了门就要抓住它的实质。罗列一大堆表面现象,不加分析、不区别主次、不分清必然偶然、有闻必录、甲乙丙丁、开中药铺,是不能达到对于事物本质的认识的。医生看病不能头疼医头,脚疼医脚,而要通过各种临床表现具体摸清疾病产生的原因,以便对症下药。

## 第三节 偶然与必然

在现实生活中,人们常常会对事物的未来发展做出种种推测,对某物是否出现做出这样或那样的预见和判断。任何客观事物的发展都体现为两个不可分割的趋势,一种是以种种可能表现出来的偶然性趋势,一种是以肯定的方式而表现出来的必然性趋势。偶然和必然这对辩证范畴所要揭示的正是客观事物的这种产生、发展和灭亡的不同趋势以及两者之间的辩证关系。

### 一、偶然和必然的含义

1. 必然和偶然的含义

辩证唯物主义认为,所谓必然性是指事物发展过程中合乎规律的、一定要出现的、不可避免的、确定不移的趋势,是事物本质的进一步展开。必然的趋势是一种无形的趋势,因此是不能直接把握到的。所谓偶然性是指事物发展过程中并非必定发生的、可能出现也可能不出现、可能这样出现也可能那样出现的不确定的趋势,是事物现象的动态表现。偶然性的趋势是一种有形的趋势,因而是人们能够直接把握到的。

2. 必然性和偶然性在事物发展中的地位和作用

必然和偶然作为事物发展过程中的不同趋势,它们在事物发展中的地位和作用是不同的。必然性由于体现的是事物发展的不可避免的趋势,因此它在事物发展中居于主导和支配地位,决定着事物发展的前途和方向。偶然性由于体现的是事物发展过程中种种不确定的趋势,因此它在事物的发展过程中只起着体现和实现必然性的作用,并且使肯定的必然性以种种可能的偶然性表现出来,使必然性呈现出这样或者那样的特点。

事物的发展之所以表现为必然和偶然这两种不同的趋势,是由事物矛盾的复杂性和因果关系的复杂性所决定的。

每一事物都是由它内部包含的互相联系、互相作用着的多种因素综合组成的复杂的矛盾统一体,其发展的必然性就是由它内部的根本矛盾所决定的。同时,每一事物又都不是彼此孤立存在的,它总是和其他事物发生着这样或者那样的联系和作用,这些联系和作用构成了事物发展的外部矛盾和条件。任何事物的发展都是由这种内部的根本矛盾和外部的种种矛盾综合起作用的结果。事物内部主要的和根本的矛盾决定了事物发展的必然趋势,这种必然的趋势又由于事物外部种种次要的和非根本性矛盾的作用而发生着这样或者那样的摇摆和偏差,从而表现出种种偶然性。也正是这种偶然性才使得必然性得以体现和实现。比如气候的变化,地球上的北温带地区,从 1 月到 7 月气温将逐渐增高。这是一个确定不移的必然趋势,是由太阳光对该地区由斜射到直射的变化这一根本原因所决定的。然而由于云层的厚薄、气压的高低、湿度的大小和洋流的变化等原因,都或多或少地会对地面的吸热和散热程度产生影响,因此,在地面由冷变热的总趋势中,某一天的气温是否一定比前一天气温高则是不确定的,即带有偶然性。可见气温上升这个总趋势是在无数个偶然性变化中得以体现和实现的。

## 二、偶然和必然的辩证关系

从上述必然性和偶然性的含义中就可看出,必然和偶然是对立统一的辩证关系。两者相互依存、相互包含,并且在一定条件下互相转化。

1. 相互依存、相互包含

必然和偶然是相互依存、相互包含的,必然性必须通过偶然性来表现,偶然性的背后总潜藏着必然性。没有离开必然性的偶然性,也没有离开偶然性的必然性。恩格斯说:"所谓偶然的东西,是一种有必然性隐藏在里面的形式。"[1]在事物的发展过程中,必然和偶然总是不可分割地联系在一起共同起作用的,没有纯粹的必然性,也没有纯粹的偶然性。必然性总是通过偶然性表现出来的,而这些偶然性之所以出现,背后又总是某种必然性在起着作用。

在科学发展史上必然和偶然的这种内在关联表现得十分紧密。例如:1800 年英国天文学家赫舍尔在一次实验中,他使用棱镜把太阳的光谱分开,用温度计测量太阳光谱中各色光的温度效应,他在不同颜色的色带上放上温度计,结果发现,位于红光外侧的温度计升温最快。他由此得出结论在红光的外侧必定存在着看不见的光线,这就是红外线。就红外线的发现过

---

[1] 马克思,恩格斯.马克思恩格斯选集:第 4 卷[M].北京:人民出版社,2012:251.

程来看,红外线的发现是一个偶然性事件,但是从当时科学发展的整体进程来看,红外线的发现又具有必然性,因为就当时科学发展的水平来看,已经具备了发现红外线的必然性。至于红外线由谁以及何时被发现则具有偶然性,所以必然性和偶然性是相互依存、相互包含的。

2. 一定条件下互相转化

必然和偶然不仅互相依存、互相包含,而且在一定条件下发生互相转化。即一定条件下是必然的东西,在另一种条件下可能就是偶然的东西;而一定条件下是偶然的东西,换成另一种条件可能又会成为必然的东西。某一科学家在某一时候提出某种科学假说,或某一伟人恰好在某一时间出现在某一国家,这对于科学发展或整个历史发展来说,都只能算是一种偶然的现象。然而,他们之所以会成为大科学家或一代伟人,对于他们自身来说却带有某种必然性,这与他们勤奋好学、刻苦钻研、勇于攀登和胸怀大志、密切联系群众等有着不可分割的联系。另外,随着时间的推移和事物发展进程的深入,偶然转化为必然或必然转化为偶然,更是屡见不鲜的现象。在原始社会生产力水平极低的条件下,自然经济就成为必然的现象,而产品交换则是一种偶然的现象;随着社会生产力的不断进步,在现代市场经济的条件下,商品交换已成为生产发展的必然手段,而局部的自然经济则完全成为一种偶然的现象。人类生育过程中出现的"返祖"现象,如"毛孩"的降生,在今天纯粹是一种偶然现象,而在人类的祖先——古代类人猿那里则是一种必然的现象。总之,事物因果关系的复杂性和内外因矛盾的相互交织和转化,决定了事物必然性和偶然性的相互转化。

必然和偶然的辩证范畴为我们把握事物的发展规律、认识事物的发展特点提供了可靠依据,也为我们指明了这么一个道理:事物的发展既有其必然性,又有其偶然性;必然性决定着偶然性,偶然性表现着必然性;遵循客观必然性是一切科学认识和实践的基础,而利用偶然性去揭示必然性则是科学发展的必要条件和途径。这就是辩证决定论的基本观点。那种否认必然性的"非决定论"和否认偶然性的"机械决定论"都是形而上学的。

## 第四节 原因与结果

喜欢刨根问底的人凡事总爱问个"为什么"和"会怎样"。"为什么"是指事物出现的原因,"会怎样"是指事物出现后可能引起的结果。一切科学研究工作都是建立在这种好奇心基础上的,旨在揭示这种因果关系。原因和结果这对辩证范畴将要揭示的就是事物之间的这种因果关系。

### 一、原因与结果的含义

1. 因果关系的认识概况

在哲学史上,大多数哲学家都承认存在因果关系,但也有一些哲学家直接或间接地否认客观的因果关系。如 18 世纪的英国哲学家休谟就认为,事物本来并不存在什么因果关系,我们只是在经验中经常看到一种现象随着另一种现象而产生,于是便产生一种主观的、习惯性的心理联想;以后再见到某一现象时便联想到另一种现象,并且相信另一种现象也将会随之出现。他说:"在全部自然中,并没有任何一个联系是我们可以设想的。一切事件似乎都是完全散漫而分离的。一个事件随着另一个事件而产生,但是我们却根本不能观察到其间有任何纽带。它们似乎是'集合'在一起,而不是'联系'在一起。""当我们说一个对象与另一个对象相联系时,意思只是说它们在我们的思想中得到了一种联系。""我们心中所感觉到的这种联系,我们的想象从一个对象进到经常伴随的对象的这种习惯性的推移,就是我们据以形成'能力'观念或'必然联系'观念的那种感觉或印象。"[①]之后的德国哲学家康德把因果关系仅仅看成是思维先天具有的一种形式,而不是客观事物本身联系的反映。19 世纪奥地利的经验批判主义哲学家马赫则更为彻底地说:"在自然界中,既没有原因,也没有结果。"他们的因果观被列宁称为"在急转直下地滚向唯心主义"[②]。

2. 原因和结果的含义

辩证唯物主义认为,原因和结果的关系(即因果关系)是客观世界中一切事物所具有的一种客观的和普遍的关系,这种关系的表现是,每当一种现象出现时,另一种现象也将随之而出现。哲学上把那种能引起其他现象出现的现象称为原因,而把那种被其他现象所引起的现象称为结果。如"无风不起浪""熟能生巧",在这里,"风"和"熟"就是原因,"浪"和"巧"就是结果。具体地说,因果关系的成立必须具备两个条件:第一,时间上的顺序性,即先后相继、前因后果。两者之间是引起和被引起的关系,因此一般来说总是原因在先,结果在后,不可能先果后因。如俗语"钟不敲不响",其中敲是响的原因,响是敲的结果,并且总是先敲后响,而不可能倒过来,是先响后敲。第二,联系上的必然性,即原因和结果的彼此制约。原因和结果之间的关系是必然的和相互制约的,只要作为原因的现象一旦出现,那么作为结果的现象就必然会随之而出现。如被敲的钟一定会响,除非再给它加上不响的原因。先后相继并且彼此制约是构成因果关系的两个必备条件。单纯的先后相继或单纯的彼此制约都不能构成因果关系。如昼夜的交替和四季的转换虽然具有先后相继的时间上的顺序性,但并不是因果关系。因为它们之间并不是引起和被引起的关系,所以,"在此之后"并不等于"由此之故"。而凡是具有必然联系和彼此制约关系的事物或现象,必定包含着一定的因果关系在其中。

## 二、原因与结果的辩证关系

1. 因果关系的辩证性

因果关系是一切客观事物所固有的,任何客观事物都无一例外地受到因果关系的制约

---

[①] 北京大学哲学系外国哲学史教研室.十六—十八世纪西欧各国哲学[M].北京:商务印书馆,1975:652,653.
[②] 列宁.列宁选集:第 2 卷[M].北京:人民出版社,1960:170.

和支配。任何现象的出现都是有其原因的,只存在没有被揭示原因的现象,不存在没有原因的现象;任何现象的出现都会导致一定的结果,只存在没有预期结果的现象,不存在没有结果的现象。简言之,没有无因之果,也没有无果之因。原因和结果之间是对立统一的辩证关系。

第一,原因和结果是有区别的。原因带有始发性、主动性和先行性,结果带有后发性、受动性和后续性。原因是事物发展过程的开端,结果是事物发展过程的结尾。这一点从原因和结果的概念中即可得到说明。

第二,原因和结果的区分既是确定的又是不确定的。确定是就特定的因果链条而言的,即在特定的因果关系中,原因就是原因,结果就是结果,不能以果为因,也不能以因为果。不确定有两种情况:其一是指在无限的因果链条发展中,原因和结果在事物发展的不同环节上发生着角色的互换,亦即甲、乙、丙、丁……如手指扣动扳机,枪的撞针撞击雷管,雷管发火使弹壳内火药爆炸,火药爆炸使弹头射出枪膛,弹头命中敌人心脏使敌人死亡,敌人死亡使我方获胜或生命财产受到保障。其二是指同一因果关系中原因和结果的互相作用和互为因果。如生产力带动科技进步,科技进步反过来又促进了生产力的发展。这种状况反映了原因和结果关系的复杂性。

第三,原因和结果是相互依存、相互界定的。双方各以对方的存在为其存在的前提,无因就无果,无果就无因。原因总是指一定结果的原因,结果也总是指一定原因的结果。没有离开特定结果的原因,也没有离开特定原因的结果。

2. 因果关系的复杂性

原因和结果的关系不仅是客观的和普遍的,而且是复杂的和多样的。因果关系的复杂性可以概括为以下几种类型。

第一,一因多果或同因异果。即一种原因可以同时引起几种不同的结果。如农业歉收,既影响农民的收入,也影响农产品收购价格,同时也影响工业原料的供应和工业产品的销售等。

第二,一果多因或同果异因。即一种结果可以是不同的原因所引起。如上述农业歉收,可能是由于干旱的缘故,也可能是由于洪涝的缘故,甚至可能是由于种子变质或施肥不当的缘故等。又如人人都可能见识过的感冒,伤风着凉会引起它,发热盗汗也会引起它,各种不同的病毒感染也会引起它。

第三,多因多果或复合因果。即无论是原因还是结果都不是单一的,而是复合的,多种原因相交织引起多种不同的结果。如社会主义建设历程所经过的种种曲折,给我们的政治、经济、文化和人们的精神生活带来了种种影响;而导致这种曲折的原因又是多方面的,如历史阶段的限制、国际背景的影响、指导思想上的失误、具体操作上的偏离等。

第四,相互转化,互为因果。在事物发展的链条上,原因导致结果,结果作为原因又导致新的结果,这是一种最常见的原因和结果身份的转换。除此之外,在特定的因果关系链条中,原因和结果的身份也会发生相互转化,即作为原因的现象一旦导致了某种结果,那么作为结果的现象反过来又会作为原因加剧原先作为原因的现象的变化和发展,亦使原先的原因成为新的结果。这便是原因和结果身份的互换,这种互换典型地反映了原因和结果的彼此制约关系。

总之,原因和结果的关系绝非单一的、一维的,而是复杂的和多维的。它们在一定条件下做出明确的划分,要求我们不能把原因当成结果,把结果当成原因。同时它们又在一定条件下发生互相转化,要求我们具体问题具体分析,善于揭示事物的种种原因,洞察事物的种种结果,以便我们针对具体事项做出相应的决策。

## 第五节 形式与内容

客观世界上的任何一个客观事物都是由一定的内容和要素所构成的,并且都有着自身独特的内在结构和表现方式。形式与内容这对范畴就是要研究事物的构成要素和它的组成结构以及表现方式之间的辩证关系。

### 一、形式与内容的含义

1. 亚里士多德的见解

在哲学史上,亚里士多德就曾比较系统地研究过形式与内容的关系问题。他在说明事物存在和运动变化的原因时,提出了"四因说":质料因、形式因、动力因、目的因,之后又进一步把动力因和目的因都归结为形式因,从而形成较系统的"形式和质料学说"。在亚里士多德看来,质料就是事物存在与运动的"最初基质",即"事物所由形成的原料"[①]。一个事物的通式首先必须有一定的原始质料,如铜像是用铜制成的,银碗是用银制成的,这便是质料因。然而,只有质料还造不成东西,因为质料本身不是一种特殊的事物,也没有任何特定的规定性,而一个事物之所以为一个事物,是因为它与其他的事物有着本质的区别,因此必须规定事物的本质,以使事物区别开来。形式因就是说明事物本质的。所谓形式就是指事物的形式结构,"事物的通式或模型"[②],如房屋的图形或模型。亚里士多德还认为,形式也可以看成是事物的结构,事物的整体,事物的定义。因为没有结构,散漫的东西就不能表现出事物的本质;同样,事物的个别部分也不能表现出事物的本质;而因为定义规定了事物是什么,所以也就规定了事物的本质。亚里士多德强调,任何一个客观存在着的具体事物都是形式与质料的统一体,绝没有无质料的形式,也没有无形式的质料,形式和质料是不可分割的。亚里士多德还注意到,形式和质料的区分不是绝对的,而是相对的,一种东西究竟是质料还是形

---

[①] 亚里士多德. 形而上学[M]. 吴寿彭,译. 北京:商务印书馆,1959:84.
[②] 同上.

式,要由它同其他东西的具体关系来决定。同一件东西,从一种关系上看是形式,从另一种关系看可能就是质料,反之亦然。如砖瓦对泥土来说是形式,但对房屋来讲则是质料;木材对于床来说是质料,但对于生长的树来讲则是形式;大理石的纹路色泽是其形式,但对于一座雕像来说则是质料等。

亚里士多德强调事物的存在是形式与质料的统一,并注意到了形式与质料关系的相互转化,这是可贵的和正确的,但是他认为事物的本质是由形式决定的,而质料则是消极和被动的,并且是受形式规定和支配的,这种夸大形式贬低质料的观点显然是片面的和错误的。

2. 辩证唯物主义的观点

辩证唯物主义认为,所谓内容,是指构成事物的一切内在要素的总和。它是事物存在的基础,是事物之所以是此事物的内在根据。如一部文学作品,它要通过塑造典型生动的艺术形象来反映作者对现实生活的种种感受和认识,借以向读者传递作者的思想感情和审美情趣。该作品的题材、主题、人物、事件、背景等就构成它的基本内容,也是该作品之所以能称为文学作品的内在根据和基础。

所谓形式,是指构成事物的一切内在要素的组成结构和表现方式。它是事物形成和存在的基本条件。形式分为内在形式和外在形式两种类型。所谓内在形式是指与事物的内容直接相关的、影响事物内在性质和状态的组成结构和表现方式;所谓外在形式是指与事物的内容并不直接相关的、也不影响事物的内在性质和状态、而只决定事物的外部表现形态的组成结构和表现方式。如一部文学作品,其内容总是通过特定的体裁、结构、风格等艺术形式所表现出来的,这都是一部文学作品所不可缺少的内在形式。同时,一部文学作品总有其一定的外部表现方式,如是精装本还是平装本、横排版还是竖排版、小开本还是大开本等,这虽然也是一部作品所不可缺少的,但这些都与事物的内容并不直接相关、也不影响事物的内在性质和状态,因此只能算是事物的外在形式。虽然哲学上所讲的形式主要是指事物的内在形式,但也并不完全忽视事物的外在形式。因为任何一个事物既是内容和形式的统一体,同时也是它的内在形式和它的外在形式的统一体。完美的事物不仅是内容和形式的高度统一,也应该是内在形式和外在形式的高度统一。假冒伪劣、虚假广告之所以令人愤慨,就在于其内容和形式的严重脱离以及其内在形式和外在形式的严重不符。

## 二、形式与内容的辩证关系

形式与内容作为事物存在与发展的两个不同方面,两者之间的关系是既对立又统一的。它们之间既互相区别又互相联系,既互相影响又互相作用,并且在一定条件下互相转化。

1. 互相区别,互相对立

形式与内容所说明的是客观事物的不同方面,一个指的是事物的组成要素,一个指的是事物的结构方式。因此,对特定的具体事物而言,内容就是内容,形式就是形式,内容不可能同时既是内容又是形式,形式也不可能同时既是形式又是内容,不能将两者混淆起来。比如,在社会生产系统中,劳动者和生产资料的结合构成生产力的基本内容,然而这两个基本要素在不同的社会历史阶段总是以不同的方式结合在一起的,于是就产生不同的生产关系,这便是生产力的形式。任何一个社会生产系统都是生产力和生产关系的统一,也即生产的内容和形式的统一,决不能把生产力和生产关系混为一谈。

2. 互相联系,互相统一

形式和内容的划分与确定是针对一定的具体事物而言的,任何事物都是形式与内容的统一体,没有无内容的形式,也没有无形式的内容。任何内容都必须以一定的形式而存在,否则便不能称之为事物的内容,不存在无形式的纯粹内容;任何形式也总是指一定内容的形式,它必须以特定的内容为其存在的前提和基础,不存在无内容的纯粹的形式。这种内容与形式的不可分割性,进一步说明了形式与内容的统一性,即一定的内容总要由特定的形式来表现,而一定的形式也总是特定内容的表现。

3. 互相影响,互相作用

形式与内容的互相联系和统一也说明了两者之间的互相影响和互相作用。这种互相影响和互相作用主要表现在两个方面。第一,内容决定形式,形式必须适合内容。事物的性质和状态取决于事物的特有内容,特定的内容必须由特定的形式来表现,这是内容决定形式的第一层含义。事物的形式只有适合事物的内容才能满足于事物存在和发展的客观要求,否则就会阻碍事物的正常发展。如在社会生产系统中,作为生产方式基本内容的社会生产力总是决定着生产方式的性质、状态和进程,而作为生产方式基本形式的生产关系只有适合生产力的客观要求才能推动社会生产的发展。我们也不难想象,一部严肃的学术理论著作一旦配上一幅艳丽的色情画作为封面,那将会给这部严肃著作带来什么样的影响。尽管它只是一部书的外在形式。形式脱离内容,过分渲染形式,这是典型的形式主义表现。内容决定形式的另一种含义是指内容的变化要求形式也必然随之变化。事物的内容总是活跃的和易变的,而事物的形式一般来说是相对稳定的和不易变化的。随着内容的变化与发展,适合原来内容的形式就不一定能够适合变化和发展了的内容,这就势必阻碍内容的进一步发展,于是就要求改变旧形式,创立新形式,以适应和推进内容的进一步发展。社会历史中生产关系随生产力的发展而发展,上层建筑随经济基础的变化而变化,正说明了这一道理。第二,形式反作用于内容,一定的形式总是特定的内容的表现。从形式看,形式对内容的反作用具有两种不同的性质:其一,适合内容的形式可以对事物的发展起促进作用;其二,不适合内容的形式可以对事物的发展起阻碍作用。形式不适合内容具体又有两种情况:一种是形式落后于内容;一种是形式超越于内容。从内容看,由于任何内容都必须以一定的形式来表现,因此,特定的内容不是与相适应的形式相结合,便是与不相适应的形式相结合。这里所隐含的一个基本思想是:事物的形式具有多样性,一个事物的内容需要一定的形式与之相适应,并不意味着特定的内容只有一种特定的形式,实际上,同一内容可以用不同的形式来表现,同一形式也可以表现不同的内容。这就要求我们在面对事物时不仅要注重事物的内容,同时还要善于选择、利用、创造和发展适合事物发展的形式,并否定和革除那些阻碍事物发展的不适合的形式。此外,还要看到,形式对内容的反作用绝不是消极和被动的,而是积极和主动的。在很多情况下,适当地改变和创造新的形式,即便是内容没有多大改变,也会给人带来耳目一新的感觉和享受。如新奇的装潢和包装,可能使沉睡库房的过时商品再度畅销,使本已"内秀"的产品锦上添花;而一种新颖的艺术手法也可能使一个老掉牙的故事重新火爆,重新流行。

4. 互相转化

亚里士多德早已指出,在一定的关系中作为内容的东西,在另一种关系中可能成为形式;在一定的关系中作为形式的东西,在另一种关系中可能成为内容。如对一部文学作品来说,体裁、结构、风格、语言等是其形式,而对一位文学评论家来说,体裁、结构、风格、语言等又成为他研究的内容。可见,形式与内容的划分是确定的又是不确定的,是绝对的又是相对的,它们在一定的条件下可作出明确划分,又在一定的条件下发生互相转化。

## 第六节 可能与现实

任何一个客观存在着的事物,都不仅是一个当下的存在,而且还有它的过去,更有它的未来。它不可能平白无故地出现,也不可能毫无踪影地消失,它总有它的过去、现在和未来。可能与现实这对范畴所要揭示的就是客观事物的这种过去、现在和未来之间的辩证关系。

### 一、可能与现实的含义

1. 现实的含义和意义

在日常语言中,"现实"一词往往取"现存"一词的含义,泛指一切当下存在的东西,包括合理的和不合理的,进步的和落后的,积极的和消极的,即只要是现实世界中存在着的一切,都可以说它是"现实"的。在哲学上,"现实"并不等于"现存"。辩证唯物主义认为,现实或现实性是指客观事物中包含内在根据的、合乎必然性的客观存在,是客观事物和现象种种联系的综合。它不是指一个个单个事物的孤立存在,而是指事物整体在联系和发展中的存在;它也不是单纯指当下事物是否存在,而是指是否包含内在必然性的客观存在。因为现实体现了事物的联系和发展,所以就要求我们不能从事物的"某点"或"某瞬"去认识和理解事物,不能只看到事物的单个、暂时和孤立存在,而应进一步关注当下事物的过去和未来,从必然性角度去全面地把握事物。可见,作为哲学范畴的现实一词,虽然从字面上看来要比"现存"一词的指称范围要小,但所包含的意义却更为丰富和深远。

## 2. 可能的含义和层次

可能或可能性是与现实或现实性相对的一个哲学范畴。可能一词的哲学含义与我们在日常语言中所理解的意思基本上是一致的。确切地说,可能或可能性是指包含在现实事物中的、预示事物发展前途的种种趋势,是潜在的尚未实现的现实。某种包含内在根据和必然性的东西在未成为现实以前,就体现为一种可能性。

可能性由于仅仅只是一种可能,所以要变成现实还需要一定的条件,包括内在条件和外在条件。况且任何现实事物所包含的可能往往有多种,而在一定条件下,往往也只是其中的一种可能、一种趋势变成现实,同时使得其他可能或趋势成为不可能或变不成现实。因此在考察和把握可能性时,除了要注意制约可能性发展的种种条件和因素以外,还要注意区分可能的性质和层次,以加深对可能的把握和理解。

第一,区分可能与不可能。在分析事物的可能时,首先应注意把可能与不可能区分开来,排除不可能,只关注可能性。凡属可能的事物,在现实中总能不同程度地找到其可能出现的一定根据和条件,即客观依据。而不可能则是在现实中根本找不到其出现的任何根据和条件,即毫无客观依据,在任何时候、任何情况下都不能实现的东西。如鸡蛋可能孵化出小鸡,鸭蛋就不可能孵化出小鸡。原因是前者有依据而后者则毫无依据。如果不能正确地区分可能与不可能,而不恰当地把精力耗费在不可能的事情上,那就只会有苦劳而无功劳。

第二,区分现实的可能与抽象的可能。在排除了不可能,抓住了可能以后,还应进一步地区分现实的可能与抽象的可能。所谓现实的可能是指在现实中有充分根据,在目前就可实现的可能。抽象的可能则是在现实中尚缺乏充分根据,在目前的条件下还无法实现的可能。因其目前看起来好像不可能,故称其为抽象的可能。"大海捞针"和"月中探宝"等在古代人那里仅仅是一种不可能的幻想,即便在今天对一般人来说也是不可能的事,但对当今探测技术、打捞技术和航天科技来说,不仅不是不可能,而且甚至还是一种现实的可能。现实可能是制定近期目标的依据,而抽象可能则是制定长远规划的依据。各种关于未来的种种设想和推测,如未来学、预测学和科幻作品,实际上所基于的正是事物的这种抽象可能性。从现实出发,着眼于现实的可能,并展望抽象的可能,应该成为我们的基本方针。

第三,区分现实可能的不同性质。事物现实的可能往往也有多种,这种种可能从性质上来说可分为两种:对人类和事物的发展有积极意义的好的可能和对人类和事物的发展有消极意义的坏的可能。这是由事物发展的复杂矛盾所决定的。对此,我们的方针是:防止最坏的可能出现,争取最好的可能实现。

第四,区分不同可能的概率分布。这是从量上对可能性的进一步的分析。事物发展的种种可能性在量上的表现是不同的,即有的可能性大,有的可能性小。这些量的差别,我们可以用数学上的或然率或概率来表示。一般来说,概率较高的可能其变成现实的可能性就愈大。这样一来,我们可以将认识和工作重点放在概率较高的可能方面,做到胸有成竹和有备无患。如果这是一种好的可能,我们就提供和创造其发展的条件,促使其尽快实现;如果这是一种坏的可能,我们就限制和根除其发展的条件,努力推迟它的实现或直至杜绝它的实现,使之成为不可能。

最后应该提到,以上这些区分尽管有其重要的意义,但它并不具备绝对的意义。因为这些区分本身并不是绝对的,而是相对的。现实中往往有这种情况,本来不可能的东西随着条件的变化,却变成可能的东西;本来是马上就可能的东西,由于某种变故却变成永远不可能的东西。至于现实可能和抽象可能的转化,好的可能和坏的可能的转化更是屡见不鲜。这就要求我们不能绝对地看问题,而应该联系地和发展地看问题,并且应根据客观条件的变化,随时更改和放弃已经过时的和错误的主张和判断。这才是一个真正的辩证唯物主义者。

### 二、可能与现实的辩证关系

可能与现实的关系是对立统一的,两者既相互对立又相互联系,并且在一定条件下发生互相转化。

1. 互相区别,互相对立

可能与现实的区别和对立表现在:现实作为已经存在的包含必然性的客观实在,是已经实现了的可能;它着眼于"现在",标示的是事物当前的状况。可能作为事物发展的潜在趋势,是尚未实现的"可能意义上"的现实;它着眼于"未来",标示的是事物未来的发展方向和前景。因此不能把可能与现实混同起来。可能就是可能,它还不是现实;现实就是现实,它已不再是可能。如一块布,它可能成为衣服或别的什么东西,但布还不是衣服,它只具有成为衣服或别的什么东西的可能。这种种可能因为仅仅是一种可能,因此它可能成为现实也可能变不成现实。如将这块布作为帷幕或窗帘使用时,作为衣服的现实就不可能实现。又如我们常常说,"坏事可以变成好事""失败乃成功之母"等,这并非说坏事就是好事或失败就一定会成功,只是说如果吸取教训,注意改进和努力,那么就可能使"坏事变成好事",使成功在失败中产生。斯大林在谈到社会主义制度优越性时也说道:"必须把我国制度所具有的可能性和利用这种可能性即把这些可能性变成现实严格区分开来。"[①]

2. 互相联系,互相统一

可能与现实的联系和统一表现在:现实是已实现了的可能,可能是尚未实现的现实。现实的过去是种种可能,可能的未来也许就是现实。一切现实的东西,都是在过去的可能中孕育和发展起来的,它不可能凭空出现,不可能在可能性之外出现。没有可能性的东西,永远也不会变成现实性。任何可能性总是包含在现实性之中的,不可能在现实性之外去寻找可能性。可能作为潜在的、没有实现的现实,不仅存在于现实的事物中,而且也以种种现实条

---

① 斯大林.斯大林全集:第 12 卷[M].北京:人民出版社,1953:296.

件作为其之所以成为可能乃至现实的客观依据,否则它便是不可能。所以说,可能和现实总是相对而言的,没有现实也就无所谓可能,没有可能也就无所谓现实。我们说布还不是衣服,正是就布的现实存在和可能性而言的,即现在的布可能成为未来的衣服。如果撇开布和衣服的这种可能与现实的联系,那么就会变成其他情形。我们可以说,布作为一种现实的存在,它在过去也是作为一种可能存在于其他现实中,如一堆棉花或一堆纱锭中;而衣服作为一种现实的存在,它本身也包含着成为其他现实的种种可能,如拖把头上的一团拖布或火化炉里的一片灰烬。这已涉及可能与现实辩证关系的又一表现,即两者的相互转化问题。

### 3. 一定条件下互相转化

可能与现实是相对而言的,它们的确切区分只是在一定条件下才能成立,如果将两者放在事物发展的过去、现在和未来的历史过程去考察,那么可能与现实的确定和划分就变得不那么确切。由于客观事物内外矛盾的相互作用,一切现实的事物,都包含着自身的过去、现在和未来的历史发展进程,都是由过去的现实事物所包含的种种可能性中孕育和发展起来的,同时它又包含着成为其他现实的种种可能,从而使自己成为过去而不再成为现实。从现实(可能)到新的现实(新的可能),这是一个永不停息的无限的发展过程,事物乃至整个客观世界就是这样由简单到复杂、由低级到高级而发展起来的。

## 第七节 整体与部分

客观世界中的任何一个事物或现象,都是作为一个整体而呈现出来的。如此也才有了万千世界,有了纷繁复杂的事物和现象。每一个不同的事物或现象,不仅有着自身独特的组成部分,而且作为一个整体它又同其他整体共同作为整个客观世界这个最大整体的不同的组成部分。整体和部分的关系是宇宙间任何一个客观事物或现象都普遍存在着的一种最基本的矛盾关系。唯物辩证法的整体与部分范畴就是揭示客观事物的整体和它的组成部分及其相互之间辩证关系的一对范畴。

### 一、整体与部分的含义

唯物辩证法认为,所谓整体就是由事物内部相互联系的各个部分、方面、要素所构成的系统、统一体以及由事物发展的相互联系的各个阶段所构成的全过程。所谓部分是指构成事物整体的各个方面和各种要素、关系以及构成事物发展全过程的各个阶段。简言之,整体就是事物在其空间上的有机综合和(或)其时间上的彼此连贯,而部分则是指构成事物的各横向空间组成及结构和(或)各纵向时间过程及阶段。

首先,从构成事物的空间结构看,整体是由各个相互联系的部分、方面、要素所构成的系统或统一体,部分就是指构成这个整体的各个方面和各种要素。例如,在自然领域:大到一个星系的形成,小到一个细胞的产生,无论是指一个复杂的生态平衡系统,还是指一个简单的生物物种,就它们自身来看,都是一个由许多相互联系的各个部分、方面、要素所构成的横向性的有机整体。如星系中的银河系、太阳系,细胞中的细胞壁、细胞膜、细胞质、细胞核。在社会领域:大到一个国家、政府,小到一个家庭、班组,无论是指一个涉及诸多部门的复杂的社会系统工程(如三峡工程),还是指一个单纯独立的工作环节(如教师授课),无不在整体中包含着各个相互联系的部分、方面和要素。如国家中的各个区域,政府中的各个部门,家庭中的各个成员,大学中的各个学院,学科中的各个专业等。

其次,从事物发展的纵向过程看,整体是指由事物发展的相互联系的各个阶段所构成的全过程,而部分则是指事物发展的全过程中的某一时期或某一阶段。例如,在自然领域:一颗行星的产生、发展和灭亡,一种生物的形成、发育和完善;在社会领域:一个国家的诞生和发展,一个企业的崛起与腾飞,一个人才的发现与培养,一种观念的形成与流行等,作为整体,无不是一个由若干相互联系的各个阶段所构成的纵向性的全过程,而作为部分,恰是指事物发展全过程中的某一特定时期或某一特殊阶段。就以工业企业的资金运动这一全过程来说,工业企业的主要经营业务是生产和销售其产品,只有先生产出产品,才能有产品可销售,而要生产出产品,必须先购买原材料。于是,工业企业的资金运动就依次表现为材料采购、产品生产、成品销售三个大的阶段。相对于作为整体的资金运动来说,材料采购、产品生产、成品销售三个大的阶段就是资金运动这一全过程(整体)的各个特殊阶段(部分)。从横向结构看,企业在同一时间,既可能有材料采购业务,也可能同时有产品生产和成品销售业务,因而企业的资金也就同时分布于这几方面,又由于不同的经营业务可能需要的是不同形态的资金,因而企业的资金(即资产)就分别以货币资金、短期债权、对外投资、存货、固定资产等形态而存在。

可见,对事物的整体,必须从空间结构和时间过程两个角度进行全方位、多向度的把握。对整体的把握全面了,对其各个组成部分便不至于遗漏。那种把整体单纯地理解为一个横面或一个单纯的一维过程的观点是片面的和错误的。

## 二、整体与部分的辩证关系

整体与部分的关系有着多样性的表现,两者既相互区别又相互依赖,既相互联系又相对独立,同时又相互影响、相互作用,并且两者的区分也是既确定又不确定的,在一定条件下发生相互转化。总之,应该辩证统一地把握整体与部分的各种关系。

1. 整体与部分是相互区别的

前已述及,整体之所以是整体,在于它是各个部分的综合,是多种要素和关系的统一与协调;而部分之所以是部分,在于它是事物整体的各个组成部分和要素。作为客观事物存在与发展的两个不同方面,两者有着明显的区别,不能将两者混同起来。从它们的质来看,由事物的整体所显示出的整体性的质,存在于组成事物整体的各个部分和要素的相互联系和相互作用之中,而并不等于各部分的质在量上的机械总和。换句话说,各部分的质的机械累加并不能形成事物整体的质,即整体并不等于部分之和。比如,一个作为完整的人的质,并不是他的各个器官、组织和系统的质的机械相加,也不是他的知识技能、文化水准和道德修养的简单拼凑,而是他的身体素质、文化素质、思想素质以及诸多社会关系的有机综合;一个装备精良、配合默契的各兵种所组成的作战兵团在对敌作战中所发挥出来的战斗力,是与它的各兵种乃至各个师、团、营等分散对敌作战所发挥出来的战斗力有着质的不同等。从它们对事物发展的影响和作用来看,整体在事物发展中一般处于领导和统帅的地位,对事物的发展起着决定和统辖的作用,部分在事物发展中则处于被领导和被统帅的地位,对事物的发展只起着促进或延缓的作用。整体一旦发生质变,构成整体的各个部分也将不复存在,或者说是不能再作为原先那个整体的部分而存在。原整体的各个部分可能同原先的整体一同发生质变,如一个死去的人的各个器官;原整体的某些部分也可能会成为另一个整体的组成部分而继续发挥着原先的职能,如器官捐献;原整体的某些部分也可能会成为一个新的整体,从而发挥着新的职能,如遗体器官解剖、生物组织标本等。组成整体的各个部分若发生质变,一般情况下不一定使整体发生质变,如一只手的坏死和一条腿的失去,并不见得会改变人的整体性质。但是也应该看到,有些对整体的存在与发展有着决定性影响的部分,它的变化程度对整体有着不可忽视的甚至决定性的影响,如人脑的坏死和心脏机能的丧失就对一个人的生命存在有着不可忽视的甚至决定性的影响。因此,在看到整体与部分对事物的存在和发展起着不同作用的同时,也要注意整体的不同部分对事物的存在和发展所具有的不同影响。

2. 整体与部分是相互依赖的

整体是由部分所构成的,它必须以部分为基础;部分只有在整体中才能称其为部分,它必须以整体为归宿。两者相互依存,各以对方的存在为自己存在的前提。失去了一方,另一方也就失去了存在的意义。首先,整体离不开部分。事物的整体性和规律性存在于组成事物整体的各个部分的相互作用和相互联系之中,离开了组成事物整体的各个部分,整体也就不成其为整体。很难想象一个离开了他的各个组织、器官、系统的人还能称得上是一个活生生的人。其次,部分离不开整体。部分总是指特定整体的部分,它隶属于自己的整体并受自己的整体所统帅和支配,离开整体的部分就会失去整体对它的支配,失去它同其他部分的联系,从而也失去它自身存在的意义。

3. 整体与部分是相互作用的

整体与部分在事物发展过程中是相互作用、相互影响的。在一般情况下,整体的性质与状态直接影响着部分的性质与状态,并决定着部分的存在、发展与变化;反过来,部分的性质、状态与变化也影响着整体的变化与发展,并且,在一定条件下,某一部分的变化乃至成败也会对整体的变化与成败起着决定性的作用。所谓"一着不慎,满盘皆输"说的就是这个道理。足球赛上的"临门一脚",奋斗征途上的"功亏一篑"指的就是这对整体起着决定性作用的关键性的部分。毛泽东在总结战争的经验教训时也说道:"战争历史中有在连战皆捷之后吃了一个败仗以至前功尽弃的,有在吃了许多败仗之后打了一个胜仗因而开展了新局面的。这里说的'连战皆捷'和'许多败仗',都是局部性的,对于全局不起决定作用的东西。这里说的'一个败仗'和'一个胜仗',就都是决定的东西了。"①

### 4. 整体与部分是相互转化的

从特定的条件出发观察事物,事物的整体与部分的划分是确定的,因此不能将整体当成部分,也不能将部分当成整体。如观察一个活生生的人,作为整体的人必然是一个有血有肉、有感情有思想的人,而他的身体组织的构成、文化知识的多寡、思想素质的高低、工作能力的强弱等,则都是他的各个组成部分。此时,作为人的整体和部分是确定的不可混淆的。然而,客观事物是相互联系的,任何事物都是在系统中存在和发展着的,事物具有丰富的层次性和无限的发展性。因此,在一定场合和一定条件下确定的整体与部分如果换一个场合和条件则会改变其整体与部分的划分。即原先作为整体的东西在另一种场合和条件下则可能成为部分,如在观察一个人类集合体时,原先作为整体的某人此时可能已成为这个集合体的组成部分。同样,当科学家在研究人体某一组织或器官的构造和分子组成时,原先作为人的组成部分的组织或器官此时对该科学家而言可能就是一个研究整体。而如果他的这种研究是一个大的研究课题的子项目的话,那么对该组织或器官的研究又成为这个大的研究课题整体的一个组成部分。

中国传统思想非常重视对整体与部分关系的论述,并且形成中国文化特有的整体主义思想传统,对中华民族的发展壮大产生了深远影响。所谓整体主义就是强调为社会、为民族、为国家、为人民的利益而勇于献身。可以说,一切传统美德都是围绕着这一整体主义精神而展开的。《诗经》中提到"夙夜在公"的思想,贾谊的《治安策》提出"国而忘家,公而忘私"的思想等,都是在强调一种为整体而献身的精神。之后的思想家们更是提出了一系列脍炙人口的至理名言,"先天下之忧而忧,后天下之乐而乐"(范仲淹),"人生自古谁无死,留取丹心照汗青"(文天祥),"天下兴亡,匹夫有责"(顾炎武),"富天下,强天下,安天下"(颜元),"苟利国家生死以,岂因祸福避趋之"(林则徐)等,都显示了强烈的为国家、为民族、为社会的自我献身精神。正是这种崇高、伟大、朴实的整体主义思想传统,使得中华民族在其漫长的历史长河中,依靠这种精神无所畏惧地战胜了一个又一个的困难,克服了一个又一个的障碍,涌现了一批又一批光照日月、永垂青史的民族英雄,谱写了一曲又一曲高亢激越的整体主义颂歌。也使中华民族始终没有因各民族的纷争而解体,也没有因外来民族的侵略而屈服,而是依靠自己的力量,一次次地获得新的生机和发展,使中华民族始终傲然屹立于世界民族之林。今天,我

---

① 毛泽东.毛泽东选集:第1卷[M].北京:人民出版社,1991:176.

们弘扬中华民族的整体主义精神,对于团结全国各族人民齐心协力地振兴我们的政治、经济和文化,实现社会主义现代化具有十分深远的历史意义和十分深刻的现实意义。

1. 哲学范畴与具体科学概念有何异同?
2. 辩证范畴与一般哲学范畴有何异同?
3. 如何区别唯物辩证法的各个辩证范畴?
4. 如何从整体上把握唯物辩证法的各个辩证范畴?
5. 联系社会生活,谈谈如何贯彻和运用唯物辩证法的辩证思维方法。

# 第十章

## 辩证法的基本规律

> 相反的东西结合在一起，不同的音调造成最美的和谐，一切都是通过斗争而产生的。
>
> ——赫拉克利特

辩证唯物主义认为对立统一是唯物辩证法的核心，恰如列宁所言，两个相互矛盾方面的共存、斗争以及融合成一个新范畴，就是辩证运动的实质。唯物辩证法不但揭示了世界联系与发展的内在本质与动力特征，而且明确了这种联系与发展是通过一系列的基本环节实现的，尤其是，唯物辩证法还揭示了世界联系与发展的基本规律。在唯物辩证法看来，世界联系与发展的规律体现为三大规律，首先是对立统一规律；其次是量变质变规律；最后是否定之否定规律。

## 第一节 对立统一的规律

对立统一规律亦称"矛盾规律",它是唯物辩证法最根本的规律。对立统一规律揭示了事物的辩证性质以及事物发展的动力。它表明在自然界、社会和思维的一切现象和过程中,都具有矛盾着的、互相排斥的、对立的倾向,矛盾双方既统一又对立,由此推动事物发展。

### 一、矛盾的内涵与根本属性

矛盾就是对立同一(统一),即矛盾对立面之间既对立又同一的关系。矛盾是普遍存在的,如理想与现实,个人与集体,思维与存在等之间都是既对立又同一的关系。

矛盾是对立同一,它包含着两个基本的方面,即对立与同一。矛盾的对立,是指矛盾双方的相互排斥、相互反对、相互否定、相互区别等。矛盾双方的对立在具体矛盾中具有各自具体的表现,切不可把对立仅在某些特殊情况下的表现看作是对立的本质。矛盾双方的对立脱离开具体的事物只具有抽象的逻辑规定性。矛盾双方的同一,是指矛盾双方的相互联系。这种联系在不同的事物中和不同的条件下其表现是不同的,如矛盾双方的相互依存、相互依赖、相互转化、相互过渡等。

矛盾双方的对立和同一也是具有辩证关系的。对立是以同一为前提的,是具有同一关系的双方的对立,而不是任何两个方面的对立,如思维与存在之间是对立的,但是思维与存在的对立只有在思维与存在的同一这一前提下才能理解,也即思维与存在的区别只有在思维与存在之间的实践关系中才能理解。同一也是以对立为前提的,它是对立双方的同一,而不是抽象的自身与自身等同。它是具体的同一,是包含对立的同一。

对立与同一不仅是矛盾的两个基本的方面,也是矛盾的两个根本的属性。我们通常将矛盾的对立属性称为斗争性,将其同一属性简称为同一性。故上述对矛盾的对立与同一及两者的关系的说明也是对矛盾的同一性与斗争性及两者关系的说明。

### 二、矛盾是事物运动发展的根本原因

自然界、人类社会和人的思维等一切事物都充分表现出:事物不仅仅是存在着,而且还是在不停地运动、发展,人们就必然会追问事物运动发展的根本原因是什么,或者说事物运动发展的机制是什么。

1. 内部矛盾与外部矛盾的关系、地位

事物的矛盾是指对立面的同一。事物的内部矛盾就是指构成一个事物的内部各要素之间既对立又同一的关系,它是事物发展的内在根据,即内因。例如,人体这一事物,从生物学

的角度来看,它就包含了各个不同系统之间的既对立又同一的关系,如神经系统、消化系统、呼吸系统、泌尿系统、运动系统和血液循环系统等众多系统的既对立又同一的关系。

事物的外部矛盾就是一个事物与其他有关事物之间的既对立又同一的关系,它是事物发展的外在条件,即外因。由于事物总是处在与其他事物的联系之中,任何一个事物都不可能孤立地存在,所以任何一个事物除了内部矛盾之外,必然有其外部矛盾,例如:一个人做某件事情,个人的奋斗等一系列个人自身的因素是其内部矛盾即内因,但这件事情能否做成功还有一系列的自身因素之外的其他因素,这就是外因。

必须强调的是内部、外部这些词都是在哲学意义上使用,通常并不具有日常使用中所具有的空间上的内、外意义,切不可望文生义,对内部、外部做曲解。

事物的运动、发展是由于事物的联系、作用而引起的,但事物的内部联系、外部联系即内部矛盾和外部矛盾在事物发展中的地位是不同的,它们通过一定的关系共同促进事物的发展。其一,内部矛盾即内因是事物发展的根据。内部矛盾是事物之所以发展、如何发展的理由和根据之所在。事物发展的根据就在于构成一个事物的各个要素之间的既对立又同一的关系。因此,在我们研究、思考一个事物的发展时,一定要从事物本身去寻找根据、理由,所以辩证法认为事物自身的矛盾是其存在发展的根据。当把这样一种观点运用来思考宇宙时,就会看到上帝创世说的错误。其二,外部矛盾即外因是事物发展的条件。事物处在普遍联系之中,事物的发展不可能脱离开周围相关事物对它的影响,反而要以周围相关事物作为其发展的条件。所以,外部矛盾即外因是一种事物发展的条件,举例来说,中国的改革开放促进中国的发展,改革在一定的意义上是处理中国的内部矛盾,开放则在一定的意义上是处理外部矛盾,寻求中国发展的外部条件。其三,外部矛盾只有通过内部矛盾才能起作用。内部矛盾和外部矛盾两者都对事物的发展起着重要的作用,但外部矛盾仅仅是事物发展所需要的条件,而不是事物发展的根据,它要对事物的发展起作用一定要借助于内部矛盾即内因作为事物发展的根据。如果事物的发展缺乏内在根据,那么,外部矛盾即外因也就不能促进事物的发展。例如:一个学生学习成绩的好坏,与内外两种因素有关,一种是其自身的素质,如生理条件、知识基础、学习兴趣等,一种是外部条件,如学习环境、家庭环境、教师的教学方法等。

需要指出的是,首先,内部矛盾和外部矛盾对事物的发展各自都起着十分重要的作用,不应该认为内部矛盾重要,外部矛盾不重要。内部矛盾和外部矛盾各自在事物发展中的地位就是内部矛盾是事物发展的根据,外部矛盾是事物发展的条件。其次,在事物的发展中,内部矛盾和外部矛盾对事物所起的作用是密切相关的,是一致的,而不应该看作是彼此外在的、并列的两个因素。可以这样说,在事物发展的内部矛盾中,一定把外部矛盾即外因作为要素包含在其中,这样在事物发展的根据中就包含了外因,这样外因才会对事物的发展起作用,否则外因就永远不会和内因相关,也不会对事物的发展起作用。

2.同一性和对立性在事物发展中的作用

矛盾范畴不仅反映了事物内部的本质联系,而且揭示了事物发展的机制。矛盾是事物发展的源泉和动力，发展就是对立面的同一和斗争，是事物自身矛盾运动的结果。

任何事物的发展都根源于事物自身对立面的同一和斗争。一切矛盾着的对立面，既相依赖又相排斥，既相同一又相对立，使双方力量处在此消彼长的不断变化之中。一旦矛盾双方的力量对比起了根本性的变化，双方地位便发生相互转化。于是新矛盾取代旧矛盾，新事物取代旧事物，这就是事物发展的实在过程。因此，运动是事物的"自己运动"，是事物内部的自身矛盾推动事物的运动和发展。矛盾对事物发展的推动作用，只有在同一性和对立性的紧密结合中才能实现。那么，分别来看，同一性和对立性在事物发展中各起何种特定的作用呢？

矛盾同一性在事物发展中的作用，可以从以下几个方面去认识。

第一，矛盾双方联为一体，互为条件，使对立面在互相依存的统一体中得以存在和发展。对立面的相互依存，一方的存在以另一方的存在为条件，这就是任何确定的矛盾得以存在的前提。同样，对立一方的发展也以另一方的某种发展为条件。因为，矛盾双方力量的变化过程是在相互依存的矛盾统一体中实现的；对立面相互依存的同一，是发展中的同一；发展是在矛盾统一体中的发展，不是脱离对立面的孤立发展。所以，矛盾的同一性又是破除旧的同一，孕育新事物即新矛盾的必要条件。

第二，矛盾双方相互包含，相互吸取有利于自身的因素，在相互利用、相互促进中各自得到发展。这不仅对于那些对立面之间不存在根本利害冲突的矛盾是一种普遍现象，而且对于那些对立面之间存在根本利害冲突的矛盾，情形也是如此。在后一类矛盾中，对立双方总是包含着可以彼此利用的某些共同因素。如在无产阶级和资产阶级的矛盾中，资产阶级在发展生产、发展文化、发展科学技术等方面所取得的成果，就是无产阶级所需要和可以利用的。一切新事物的发展，都要利用旧事物中有利于自己发展的某些因素。

第三，矛盾双方的互相贯通规定事物发展的基本趋势。发展是一物转化为他物，但不是转化为别的东西，而是向自己的对立面转化。例如生物的进化是在遗传和变异的矛盾运动中实现的。由于遗传和变异相互贯通的具体同一性，规定着生物进化的基本趋势只能是旧物种转化为同它有着内在有机联系的新物种，而不会转化为与它毫不相干的其他物种。离开矛盾着的对立面之间的具体同一性，就无从确定事物发展的基本趋势。

矛盾对立性在事物发展中也具有十分重要的作用。矛盾对立性的作用贯穿于事物整个发展过程中，而在事物不同的发展阶段中又有不同的表现。事物有量的变化和质的变化，而这两种变化都是由矛盾的对立性所引起的。所以，矛盾斗争性在事物发展中的作用，可以从量变和质变这两个过程分别地加以考察。

矛盾对立性在事物量变过程中的根本作用，就在于它推动着矛盾双方力量的变化。矛盾的发展过程首先是矛盾双方力量的彼此消长的过程，这一过程是由对立面的相互排斥、相互斗争所推动的。在对立面的斗争中，双方竞长争高，此消彼长，造成双方力量发展的不平衡，为对立面的转化，为事物的质变和飞跃，进行量的准备。例如，在生产力和生产关系的矛盾中,生产力的每一重大发展,都影响着生产关系,使旧生产关系中某种限制生产力发展的因素逐渐暴露,并力图克服这种因素。这样对立面的相互排斥、相互斗争,就为生产方式的根本变革做了量的准备。没有对立面的对立所引起的矛盾双方力量对比的变化,事物的根本质变就不可能发生。

矛盾的对立性在事物质变过程中的作用更加明显。当矛盾双方力量的发展在对立中沿着各自的方向达到它的极限时,只有通过矛盾对立才能突破这个极限,使旧的矛盾统一体分解、新的矛盾统一体产生,使一事物变成他事物。当旧的生产关系再也不能容纳已经发展起来的生产力的时候,就要变革生产关系,即突破旧生产方式存在的界限。这种变革,没有矛盾的对立是不可能实现的。事物的质变过程,就是矛盾着的对立面的彻底分离的过程,是对立面的相互排斥、矛盾对立性得到彻底贯彻的过程。

### 三、矛盾的普遍性和特殊性

1. 矛盾的普遍性

矛盾普遍性是指矛盾无所不在,无时不有。毛泽东指出:"矛盾的普遍性或绝对性这个问题有两方面的意义。其一是说,矛盾存在于一切事物的发展过程中;其二是说,每一事物的发展过程中存在着自始至终的矛盾运动。"[①]矛盾无所不在,就是说,无论在自然界、人类社会还是在思维领域中,矛盾都是普遍存在的。在机械运动中,最简单的机械位移就是连续和间断的对立统一。恩格斯说:"既然简单的机械的位移本身已经包含着矛盾,那么物质的更高级的运动形式,特别是有机生命及其发展,就更加包含着矛盾。"[②]这说明矛盾既是简单运动形式的基础,更是复杂运动形式的基础。现代自然科学的发展,进一步揭示了物质的微观结构中有原子核和电子的矛盾、质子和反质子的矛盾、中子和反中子的矛盾、超子和反超子的矛盾等。在宏观领域,物理运动形式中除了包含着机械运动中的矛盾以外,还有更为复杂的矛盾,如任何物体都既吸热又能辐射热量的矛盾,在发电过程中有电动势与反电动势的矛盾。在化学运动中有化合与分解的矛盾、酸与碱的矛盾。生物运动中有同化与异化的矛盾、遗传与变异的矛盾。在社会运动中,有生产力与生产关系的矛盾、经济基础与上层建筑的矛盾,在阶级社会中有阶级矛盾,在无阶级的共产主义社会中,也还有领导者与被领导者的矛盾、先进与落后的矛盾。在思维领域,存在着真理与错误的矛盾,不同学术观点的矛盾,感性与理性的矛盾,分析与综合的矛盾等。

矛盾无时不在,就是说,无论是过去、现在还是将来,矛盾都是普遍存在的。每一事物在其产生、发展到消灭的全过程,以及在旧过程向新过程的转化中,都毫无例外地存在着矛盾。旧的矛盾解决了,又开始新的矛盾运动。例如,活的有机体自始至终存在着同化和异化的矛

---

① 毛泽东.毛泽东选集:第1卷[M].北京:人民出版社,1991:305.
② 马克思,恩格斯.马克思恩格斯选集:第3卷[M].北京:人民出版社,2012:498.

盾,生命在每一瞬间是它自身又是别的东西,这个矛盾运动一旦停止,生命也就宣告结束,死亡也就到来。但在某一有机生命"寿终正寝"以后,并非矛盾运动的终止,因为同化与异化的矛盾是终止了,而物理的、化学的矛盾运动却仍在继续进行。况且,整个有机体的矛盾运动将世代更迭,连绵不断地继续下去。因此,矛盾的不断产生,又不断解决,是事物发展的辩证规律,那种认为旧的矛盾解决了就再也不会有新的矛盾的想法,是不符合唯物辩证法的。

唯物辩证法关于矛盾普遍性的原理,要求我们在任何时候,对任何事物都要实事求是地承认矛盾,揭露矛盾,分析矛盾,并采取恰当的方法去解决矛盾,以推动事物的发展。无论是自然科学、社会科学,还是其他一切工作,都是在不断地发现矛盾、揭露矛盾、分析矛盾、解决矛盾中前进的。与唯物辩证法相反,唯心主义和形而上学者却否认矛盾的客观性和普遍性。

### 2. 矛盾的特殊性

矛盾是普遍存在的,但不同的矛盾各有其特殊性。矛盾特殊性是指具体事物的矛盾以及矛盾的每一个侧面各有其特点。大体上表现为三种情况。

第一,每个不同事物都有其自身特殊的矛盾。这种特殊的矛盾,就构成一事物区别于他事物的特殊的本质。世界上各种事物的运动之所以千差万别,就是因为各种事物内部的矛盾各有其特殊性。例如,同是矛盾,无机物和有机物就各有特殊性,同化与异化的矛盾是生命有机体的特殊矛盾,而无机物就没有这种矛盾。同是社会矛盾,资本主义和社会主义也各有特殊性。

第二,同一事物在其发展的不同过程和阶段上的矛盾,各有其特殊性。一个比较复杂的事物,它的发展总要经历若干过程或阶段,这些不同过程或阶段的矛盾各有自己的特殊性。例如,我国新民主主义革命经历了第一次国内革命战争、第二次国内革命战争、抗日战争和解放战争这样四个不同的阶段,每个阶段的矛盾各有自己的特殊性。同是社会主义事业发展过程中的矛盾,生产资料私有制的社会主义改造完成以前和以后又各不相同。

第三,矛盾特殊性还表现在不同的矛盾在事物发展过程中的地位和作用,各有自己的特点。这就是主要矛盾和非主要矛盾。主要矛盾,是指某一时期,某一范围内,在复杂的矛盾中起主导作用的矛盾。它的存在和发展规定和影响着其他矛盾的存在和发展,对事物发展起着决定性的作用。非主要矛盾又称次主要矛盾,是指某一时期,某一范围内,在复杂矛盾中处于从属地位的矛盾。主要矛盾和非主要矛盾的区分,是由矛盾力量的不平衡性产生的。抓住了主要矛盾,就抓住了解决问题的关键,所以,研究任何过程,如果是存在着两个以上矛盾的话,就要找出主要矛盾,抓住了主要矛盾,就为解决其他矛盾创造了根本的条件。如果不懂得抓住主要矛盾,找不到中心,也就找不到解决矛盾的方法。习近平总书记在党的十九大报告中指出:"我国社会主要矛盾的变化是关系全局的历史性变化。"从1956年党的八大算起,关于我国社会主要矛盾的提法已经有60多年了,党的十九大报告明确指出我国社会的主要矛盾是:"人民日益增长的美好生活需要和不平衡不充分的发展之间的矛盾。"[①]习近平总书记对当前我国社会主要矛盾的诊断是非常准确和及时的,因为社会主要矛盾的变化是关系全局的历史性变化,只有把握住了一个时代的主要矛盾,才能抓住时代发展的脉搏,进而促进一个时代的发展。

主要矛盾与非主要矛盾是互相依赖、互相制约、互相作用的。主要矛盾规定、制约着非主要矛盾,非主要矛盾也影响、反作用于主要矛盾。主要矛盾的解决为非主要矛盾的解决创造必要的前提,非主要矛盾的解决也为主要矛盾的解决创造有利的条件。因此必须正确处理主要矛盾与非主要矛盾的辩证关系,在用主要力量抓住主要矛盾时,对次要矛盾也不能忽视,也要注意解决,否则主要矛盾也不可能顺利解决。

主要矛盾与非主要矛盾的区别也不是一成不变的,随着事物发展过程和阶段的推移,主要矛盾也是变化的。在三大改造完成以前,我国社会的主要矛盾是工人阶级和资产阶级之间、社会主义道路和资本主义道路之间的矛盾,在这个时候,抓住这个主要矛盾是正确的。随着三大改造的基本完成,这个主要矛盾基本解决了,这时主要矛盾已经变为人民日益增长的物质文化需要同落后的社会生产之间的矛盾,大力发展生产力就成了这个时期的主要任务。如果看不到主要矛盾与非主要矛盾的这种变化,继续把工人阶级与资产阶级的矛盾当作主要矛盾来抓,就不正确了。

不但不同的矛盾的发展是不平衡的,而且每一矛盾内部对立面双方的发展也往往是不平衡的。一般说来,其中一方是主要的,另一方是次要的,这就是矛盾的主要方面和次要方面。所谓矛盾主要方面就是矛盾中起主导作用、居支配地位的方面,而处于被支配地位的方面就是矛盾的次要方面。事物的性质,主要是由矛盾主要方面规定的。但这也不能绝对化,矛盾的次要方面也影响矛盾的主要方面,对于矛盾总体的性质发生一定的影响。矛盾主要方面和次要方面也不是固定不变的,它们在一定条件下是可以相互转化的,而且随着矛盾双方主次地位的转化,事物的性质也随之发生变化。

主要矛盾与非主要矛盾、矛盾主要方面与次要方面之间辩证关系的原理告诉我们,在观察矛盾和处理问题时,必须坚持"两点论"和"重点论"相结合的原则。"两点论",就是要同时看到主要矛盾与次要矛盾、矛盾主要方面与次要方面,以及主次之间的辩证关系,而不能只看一个方面而不看另一个方面,否则就会陷入片面性,搞"一点论"。"重点论",就是在看到两个方面的时候,又必须分清主次,抓住主要矛盾或矛盾主要方面,而不能把两者等量齐观,更不能颠倒主次,否则,或者眉毛胡子一把抓,犯"均衡论"的错误,或者捡了芝麻丢了西瓜。在抓主要矛盾和矛盾主要方面的时候,都必须实事求是,从实际出发,而不能有丝毫的主观随意性。

认识矛盾的特殊性具有十分重要的意义。事物的特殊矛盾规定一事物区别于他事物的

---

[①] 习近平.决胜全面建成小康社会 夺取新时代中国特色社会主义伟大胜利[M].北京:人民出版社,2017:11.

特殊本质,这是一切事物之所以千差万别的内在原因或特殊根据。各门科学的划分也是以研究对象的矛盾特殊性为依据的。认识事物矛盾的特殊性,是科学地、深入地认识事物的基础,不了解矛盾的特殊性,就无从认识事物。列宁曾经说过,马克思主义最本质的东西、马克思主义的活的灵魂:具体地分析具体情况。在实际工作中,要求我们对具体的情况进行具体的分析,采用不同的方法去解决不同的矛盾。

3.矛盾的普遍性和特殊性的辩证关系

矛盾不仅是普遍存在的,而且同类事物、系统或过程的矛盾有其共同性,即共性。每个具体事物、系统或过程的矛盾又各有其特殊性即个性。普遍性与特殊性的关系也就是共性与个性,或一般与个别的关系。两者是辩证统一的。

共性与个性或一般与个别之间有着互相区别、互相对立的一面,两者不是绝对等同的。共性只是概括了同类个别事物的共同本质,撇开了个别事物的一些具体特性,所以,共性只是大致地包含了个性。它只是个性的一部分、一方面或本质。例如,人的个性各不同、多种多样,年龄、性别、民族、肤色、体重等各不相同。"人"只是概括了张三、李四等这些形形色色的人的共同的、一般的属性,而没有包括每一个人的所有的特性。

共性与个性或一般与个别是对立的,但又是统一的,两者是互相依赖、互相联结、互相贯通的。任何一个具体事物都是个别和一般、个性和共性的统一。世界上的每一个具体事物都具有区别于其他事物的特殊的本质即个性,但又具有和同类其他事物共同的本质即共性。一般不是存在于个别之外,而是存在于个别事物之中,所以个别与一般,个性与共性互相联结、不可分割。世界上没有脱离个别的一般,也没有不同一般相联系的个别。列宁说:"个别一定与一般相联而存在。一般只能在个别中存在,只能通过个别而存在。任何个别(不论怎样)都是一般。"[①]例如,"中国是国家"这一简单的命题就是个别与一般、个性与共性的对立统一,中国既具有和其他国家共同的本质,又具有和其他国家不同的特殊本质。

个别和一般、个性和共性的对立统一,还表现在两者在一定条件下互相转化。一种情况是个别与一般随着事物空间范围的变化而转化。在一定范围内是一般的东西,在更大范围内转化为个别的东西;反之,在一定范围内是个别的东西,在更小范围内转化为一般的东西。例如,相对于战争的规律来说,革命战争的规律是个别,而对于中国革命战争的规律来说,革命战争的规律又是一般。在这里,实际上存在着三个不同等级的概念:单一、特殊和一般。单一是指单个存在着的事物、系统和过程,一般指的是许多单一事物、系统和过程中的共性,特殊则是介于单一和一般之间的中间环节。

形而上学割裂个性与共性的辩证关系,这表现为两种情况:一种是夸大个性、否定共性,否认个性之中包含着共性。有的机会主义者往往借口"民族的特点""时代的变化"来否定马

---

[①] 列宁.列宁全集:第55卷[M].北京:人民出版社,2017:307.

克思主义的普遍真理。另一种是夸大共性、否认个性，否认共性存在于个性之中，把马克思主义的某些原理甚至个别结论，都当作死板的公式，现成的套语，不管每个国家和各个时代的不同特点，生搬硬套，反对实事求是和一切从实际出发的原则。这些形而上学观点都是错误的。

个别和一般、个性和共性对立统一的辩证法原理，对于指导我们认识世界和改造世界具有十分重要的作用，正是在这个意义上，毛泽东指出，关于矛盾的共性和个性的道理，是事物矛盾问题的精髓。首先，这一原理是马克思主义普遍真理必须与各国革命的具体实践相结合的哲学基础，是批判否定这一基本原则的思想武器。在马列主义普遍原理指导下，建设有中国特色的社会主义，就是关于共性与个性、一般与个别对立统一这一辩证法原理的正确运用。马列主义普遍真理反映了事物矛盾发展的普遍规律，属于各个国家社会主义革命和建设的共性方面，中国的具体实际体现了中国社会的特殊矛盾及其发展的特殊规律，属于中国不同于其他国家的个性方面。"中国特色"是中国不同于其他社会主义国家的个性、特殊性，"社会主义"则是中国和其他社会主义国家的共性、普遍性。一方面，中国的情况不论如何特殊，也一定要遵循马列主义普遍真理，一定要坚持社会主义方向；另一方面，社会主义的一般只能在各国特色的个别中存在。所以，我们要坚持以马列主义、毛泽东思想、邓小平理论、"三个代表"重要思想、科学发展观、习近平新时代中国特色社会主义思想为指导，坚持社会主义的方向，走自己的路，建设有中国特色的社会主义。其次，这一原理也是"典型试验""解剖麻雀""一般号召与个别指导相结合"等科学的工作方法的理论依据。人类的认识运动总是由个别到一般，再由一般到个别这样循环往复地进行的。由于个别之中包含着一般，一般存在于个别之中，人们可以通过掌握个别典型，从中找出共同的带有规律性的东西来指导全面工作。任何一个单位或部门既有自己的个性、特殊性，又有和其他单位或部门相同的共性、普遍性。因此，在贯彻上级的指示时，必须采取一般号召与个别指导相结合的工作方法。如果光是笼统地传达或布置一下党的方针政策和中心任务，满足于一般号召，不结合本单位的具体情况，就会陷入一般化，以致使党的方针政策得不到贯彻；反过来，片面强调本单位情况"特殊"，否认个别之中包含着一般，拒绝执行党的方针政策和中心任务，也会迷失方向，甚至走上邪路。

综上所述，任何事物的内部都包含着既对立又统一的矛盾，矛盾双方既同一又对立促成对立面的转化，推动事物的运动、变化和发展；矛盾既是客观的、普遍的，又各有特殊性。这就是对立统一规律即关于事物的矛盾运动规律的基本内容。

## 第二节　质量互变规律

量变质变规律也叫质量互变规律，是唯物辩证法的基本规律之一，它揭示了事物发展的形态或形式。事物的发展是在量变和质变的互相交替中实现的。由矛盾引起的发展和对立面的转化,表现为由量变到质变,又由质变到新的量变的无限反复的过程。

## 一、质、量、度

### 1. 事物的质

质是一事物区别于他事物的内在规定性。这种规定性决定了某物是这一事物而不是别的事物,使该事物和其他事物有可能区别开来。世界上的事物之所以形形色色、千差万别,就是因为它们各有自己的不同的质。鹿与马、敌与友、黑与白各自具有不同的质的规定性,指鹿为马,认敌为友,颠倒黑白之所以错误,就在于混淆了不同的质。

质与事物的存在是直接同一的。当事物的质发生变化时,事物也就发生变化,旧的事物就会灭亡,新的事物就会产生,也就是说质与事物的存在是直接同一的。

一个事物往往具有多方面的质。就人来讲,人能创造和使用工具进行生产劳动,改造客观世界,这是人区别于动物的质。在现实社会中,人又具有不同质的规定。如有人是工人,有人是农民,而有些人又是教师。所以,我们在研究事物的质的时候,可以根据事物的情况以及实践的需要,去侧重把握它某一方面的质。对于人来讲,社会科学研究的是人的社会的质,医学和生理学研究的是人的生理过程的质。

质是人们认识事物的基础。认识事物,首先就是认识一事物区别于其他事物的特殊的质,只有把握了事物的质的规定性,才能正确地区分事物,划清不同事物的界限。

事物的质是通过其属性表现出来的。属性就是一事物与他事物发生关系时表现出来的质。某一种溶液是酸性还是碱性,或者是中性,只有在同其他物品发生化学作用中才能表现出来。同一种质可以表现为许多属性,例如,金属的质表现为坚实性、压延性、可溶性、导热性、导电性等属性。质和属性不是完全等同的,属性是从一定方面表现出来的质,而质则是各种属性的内在的有机的统一。一种事物丧失了特定的质就不成为这种事物了;但是丧失了某种或某些属性,并不一定影响某物仍为某物。只有当一个事物所具有的根本属性丧失了,它也就失去了自己的质,不成为这个事物而变成为其他事物了。

### 2. 事物的量

量是事物的规模、程度、速度以及构成事物的成分在空间上的排列组合等可以用数量来表示的规定性。例如,体积的大小、运动的快慢、颜色的深浅、东西的轻重、分子中原子的多少和排列次序等,都是事物量的规定性。

事物量的规定性和质的规定性不同,它与事物的存在不具有直接的同一性。当事物的量发生变化限制在一定的范围内时,事物的存在不会由旧事物变为新事物,不会由存在变为不存在。也就是说量的变化不会引起事物的变化。如水的温度(量)的变化,在一定范围内不会引起水分子的变化。

事物量的规定性也是多方面的。例如,人具有年龄、体重、身高、视力、肺活量和文化水平等多方面的量的规定性,水具有体积、重量、密度、温度、水压等多方面的量的规定性,国家有人口、面积、国内生产总值、经济文化发展水平等多方面的量的规定性。认识事物的量是对事物认识的深化和精确化。例如,在化学上,仅仅了解化合物的组成部分,不懂得各个组成部分量的多少,还是不能制成某种化合物的。

3.事物的度

任何事物都具有质和量的规定性,都是质和量的统一体。质和量的统一就是事物的度。度是一定质的事物量的最大变化范围。事物在其度的范围内,量的变化不会引起事物质的变化。任何度的两端都存在着界限,称为关节点或临界点。在两个临界点之间的范围或限度内,尽管事物的量发生变化,但事物的质保持不变,超过这个范围或限度,即突破临界点,事物特定的质就会改变。

正确认识度,才能在实践中注意分寸,把握火候,做到恰如其分,无过不及。当然也不能把度绝对化,要看到事物保持质的稳定性是相对的,当事物在其质的范围内还有发展余地时,要善于保持事物原有的度,不要主观任意地去超越它;当事物发展受到它的质的严重阻碍时,就要敢于冲破旧的度,促进事物的发展。

## 二、量变和质变及其相互转化

事物的发展变化总是由量变到质变,由质变到新的量变,这种量变和质变的相互联系和相互转化就是质量互变规律的基本内容。

1.量变和质变

事物处在运动、变化和发展中,它的能动的活动通过量变和质变表现出来。量变是事物量的变化,即数量的增减和场所的变动。量变表现为微小的、不显著的变化,是在度的范围内的延续和渐进。人们经常看到的统一、相持、平衡和静止等,都是事物处在量变过程时呈现的状态或面貌,它体现了事物的连续性。例如,水未加热到100℃之前,虽然温度以及水分子之间的作用力发生着变化,但不是水的物理状态的质变,即没有变成蒸汽,这时水处在量变状态中。

质变就是事物性质的变化,是由一种质态向另一种质态的转变。质变表现为根本性的、显著的突变,是对原有度的突破,是事物的连续和渐进的中断。统一物的分解,相持、平衡和静止的破坏等,就是质变过程中呈现的面貌。例如,当水加热到100℃以上,水便由液态变成气态,相对于水的物理状态而言,就是一种质变。

事物的变化是否超出度的范围,这是区分量变和质变的根本标志。事物在度的范围内所进行的量变,保持着事物的稳定状态,维系着事物的特定性质,使事物为某物而不是他物;它同时又不断地向度的边沿推移和趋进,积累着破坏事物质的稳定状态的因素;当这种推移和积累达到一定程度,即达到关节点,超出度的界限时,量变就引起质变,某物就变成他物。

所以,在度的范围内的变化是量变,超出度的范围的变化,那就是属于质变了。

2.量变和质变的辩证关系

量变和质变的关系是辩证的,它包括两个方面的内容,一是量转化为质,二是质转化为量。量转化为质是指量变引起质变。这一转化过程包括两重意思:第一,量变是质变的必要准备。这是指质变是以量变为前提和基础的,没有量变就没有质变。质变本身尽管带有突发性,但它是由逐渐的量变准备好的,并且事物质变不仅取决于量的绝对值的增减,而且决定于双方力量对比的变化。第二,质变是量变的必然结果。这是说单纯的量变不会永远地持续下去,量变达到一定程度必然会引起质变,这一变化具有规律性,带有必然性。

质转化为量是指质变体现和巩固着量变的成果,并进一步引起新的量变。这说明质变在事物发展中的重要作用。第一,只有质变、飞跃才是事物根本性质的变化,才能使新事物代替旧事物。在度的范围内的量变,不过是同质事物的重复和增减,还不是事物性质的变化;如果只有量变而无质变,就不会有丰富多彩的世界,只能是单调枯燥的荒漠空野。第二,如果没有质变,量变本身最终也会为旧质的框框所局限而陷于停滞。只有质变才能打破这种限制,使量变的成果体现出来,巩固起来,并在新质的基础上得到进一步的发展。第三,量变引起质变,而质变又必然引起新的量变,为新的量变开辟道路。

在量变和质变的相互关系上,形而上学割裂它们之间的联系,往往采取只承认质变而否认量变或只承认量变而否认质变这两种极端的形式,这在生物学领域表现得相当典型。19世纪法国自然科学家居维叶提出的生物的"激变论"认为,有机界的变化是由于突然性"突变"所引起的,通过这种"突变",一些由某种神迹创造的新物种代替了旧物种。这种只承认质变而否认量变的形而上学观点,已被科学事实所否定。18世纪法国的一些形而上学唯物主义者则持另外一个极端,把一切变化都归结为纯粹的量变,有的甚至认为"在石头和植物中,可以找到同样的生命的主要原则,和在人类机体中所找到的一样"。这就完全否认了不同事物之间的质的差别,也否认了事物的发展和变化。这种观点已被达尔文的生物进化论彻底驳倒。

3.质量互变规律及其意义

事物的发展总是从量变开始的,量变达到了一定程度引起质变,在新质的基础上又开始新的量变。由量变到质变,又由质变到量变,如此循环往复,无限发展,这是自然界、社会和思维发展的普遍规律,即质量互变规律。人类的社会实践和科学研究的成果证明了这个规律的普遍性。在自然现象中,元素的化学性质是随着原子核电荷数的增加而引起周期性的变化,即原子核电荷数的量的变化,引起元素质的变化。生物物种的演化,由旧物种到新物种的演化,就是从量的积累到质的飞跃的过程。社会现象中,生产力的量的增长,最终会导致生产关系和上层建筑的质的飞跃;新的生产关系和上层建筑产生以后,又开始生产力发展的新的量的变化过程。在思维领域中,当人们对于客观世界的认识处在感性认识阶段时,感性材料日益丰富,这是量变。感性认识上升到理性认识,就是质变。理性认识回到实践中去指导实践,积累新的感性材料,又开始认识发展的新的量变过程。

质量互变规律,对于革命和建设的实际工作有重要的指导意义。质量互变规律告诉我们,既要有彻底的革命精神,又要做踏踏实实、艰苦细致的工作。事物的量变和质变的相互转化,反映了事物发展的连续性和阶段性的统一。一方面,事物质变是量变的必然结果,量变不能代替质变,所以,在量变已经为质变准备好条件,即革命的条件成熟时,就要敢于革命,促进事物的质变,反对改良主义;另一方面,量变是质变的必要准备,俗话说:"万丈高楼平地起""天下大事,必作于细""合抱之木,生于毫末;九层之台,起于垒土;千里之行,始于足下"。在建设有中国特色的社会主义过程中,必须把宏伟的革命理想同科学的求实精神结合起来,既要有远大抱负,又要从我做起,从现在做起,切切实实地从一件一件平凡的小事做起,提倡实干精神。但是也一定要注意防止在条件已经具备的情况下,不去花大力气勇敢地进行质变的飞跃,而坐失良机,这是我们要特别强调的。有些人仅仅注重踏踏实实、勤奋劳作,但往往忽视了在一定条件下的大的飞跃、质变,因而限制了发展。在过去一段很长的时间,一些人容易忽视质变的作用,举例来说,在一些人那里,他们只强调平常努力地工作,平常的积累,而不注意在非常时期非常能力的训练和提高,因而他们很难在关键时期做出非凡的事情,很难在机遇来临的时候把握住机遇,从而错失良机。

## 第三节 否定之否定规律

否定之否定规律揭示了事物发展的方向和道路。要把握否定之否定规律,就要把握辩证的否定观,把握肯定和否定的对立统一;否定之否定是事物自我发展和自我完善的规律,是前进性和曲折性的统一。它是客观的、普遍的,但其表现形式又是多样的、特殊的。

### 一、辩证的否定

马克思主义哲学的否定观是同形而上学的否定观相对立的辩证的否定观,它立足于肯定和否定的对立统一关系,把辩证的否定理解为联系的环节、发展的环节,是自己否定自己、自己发展自己的辩证过程,黑格尔指出:"否定性是自身的否定关系的单纯之点,是一切活动——生命的和精神的自身运动——最内在的根源,是辩证法的灵魂。"[①]

1.肯定和否定

在任何一个事物内部总是包含有肯定和否定两个方面。肯定是指维持一个事物存在的方面或因素。任何一个事物之所以存在,并保持相对的稳定性是因为在这个事物中有维持

---

[①]黑格尔.逻辑学:下卷[M].杨一之,译.北京:商务印书馆,1976:543.

其存在的肯定因素。如果没有肯定因素的存在，事物就不能存在，事物也就成为不可想象的。例如，一个系统由于其构成的要素之间以一定的稳定联系形成一定的结构，因此系统在平衡态或近平衡态这样的条件下，就具有一种稳定自身、维持自身存在的能力，系统对外就表现出相对的稳定性——肯定自身。系统的这种特性无论在自然系统、生命系统、思维系统还是社会系统都充分地表现出来。

事物不仅包含有肯定自身的因素和方面，也包含有否定自身的因素和方面。否定是指一个事物内部促使其变化、灭亡的方面和因素。事物不可能只有肯定方面而没有否定方面。若事物没有否定方面，则事物就不能转化、发展，事物的转化、发展就无法合理地说明。

肯定和否定是一个事物内部两个不同的方面，但是肯定和否定并不是两个彼此并列的方面，并不是毫不相干，而是密切联系的。肯定包含否定，在一定的意义上肯定就是否定。一方面，肯定包含否定。没有不包含任何否定的纯粹的肯定，肯定中总是渗透着否定。例如，死亡是对生命的否定，但生命中就包含着死亡。恩格斯说："今天，不把死亡看作生命的本质因素、不了解生命的否定从本质上说包含在生命自身之中的生理学，已经不被认为是科学的了，因此，生命总是和它的必然结局，即总是以萌芽状态存在于生命中的死亡联系起来加以考虑的。辩证的生命观无非就是如此。……生就意味着死。"①与此相联系，在一定意义上，肯定就是否定。认识事物就得首先肯定它是什么，肯定了它是"这个"，同时也就意味着否定了它是"那个"。另一方面，否定又包含着肯定。同没有纯粹的肯定一样，也没有纯粹的否定。辩证法的否定不是对事物的简单抛弃或宣布没有，不是否定一切，而是把某种肯定包含于否定之中。在医学实践中，对疾病的否定常常和对健康的肯定是统一的。与此相联系，在一定意义上，否定也就是肯定。当我们对某事物发表确定的否定意见时，如"不是什么""不要这样"等，这同时就包含着"是什么""而要那样"等确定的意见。批评是对错误的否定，而真正善意的批评则是"治病救人"。通过批评否定错误，这是治病；通过批评，使被批评者"恢复健康"，这又是"救人"。批评这种否定就是一种肯定。这不仅从"救人"这种积极的出发点讲是肯定，而且从克服错误的途径、开出"治病"药方讲也是肯定。

总之，肯定和否定是事物内部两个不同的方面。这两个不同的方面又是密切相关的，不能截然分开。

2. 辩证的否定

辩证法对于否定的理解包含有下面三个方面的内容。

首先，否定是事物的自我否定。事物的否定是由于事物内部自身矛盾运动的结果，事物的内部矛盾是事物否定的根据，因此辩证法认为事物的否定是事物的自我否定，自己否定自己。对于辩证法坚持的否定是事物的自我否定，有人怀疑其正确性，他们举出有人被汽车撞

---

① 马克思，恩格斯. 马克思恩格斯选集：第3卷[M]. 北京：人民出版社，2012：985.

死、玻璃杯被摔碎等事例,认为这些事物的否定分明是外部因素或外力造成的,而不是事物的自我否定。我们认为在人被汽车撞死、玻璃杯被摔碎等例子中,事物的否定仍然是自我否定。因为事物的否定是自我否定是说事物否定的根据是在事物自身,而并不否认外部因素作为条件对事物的否定作用,但外部因素在这里仅仅是条件,而不是根据。如果人没有死亡的根据,杯子没有摔碎的根据,那么人即使撞了汽车也不会死,杯子即使摔了也不会碎。

其二,否定是事物发展的环节。

任何现实存在的事物都是在一定条件下产生的,对它赖以产生的历史条件来说,都有它存在的理由,有它一定的积极意义。但是,对它自己内部逐渐生长起来的新的、更高的条件来说,它会逐渐丧失其存在的理由,变成阻碍发展的消极的东西。世界上没有什么永恒肯定的事物,一切肯定的东西在一定条件下都是要被否定的。只有经过否定,才会有新东西的产生和旧东西的灭亡,事物才能继续向前发展。马克思指出:"任何领域的发展不可能不否定自己从前的存在形式。"[①]否定是事物发展过程中具有决定作用的一个环节。例如,在生物领域,某物种的一些特征,在它形成时,有维持物种生存和繁殖的积极作用,但当条件变化以后,这些特征使某种生物不能适应新环境,从而成为消极的、过时的东西,它的继续存在就成为生物生存和发展的阻碍,这时,旧的特征就必然为适应新环境的新特征所否定。这种新特征对旧特征的否定,正是生物赖以生存和发展的决定性环节。同样,在社会领域,一种生产关系在它刚建立的一段时间内,它是适应生产力发展的,因而对生产力的发展起着促进作用,随着生产力的进一步发展,这种生产关系成为生产力进一步发展的桎梏时,只有用新的适应生产力发展的生产关系来否定旧的、过时的生产关系,生产力才能得到进一步的发展。总之,任何事物只有通过否定才能实现自身的发展。

其三,否定又是新旧事物之间联系的环节。

新事物是对旧事物的否定,新旧事物之间有着本质的区别。新事物对旧事物的否定,不是把旧事物简单抛弃,而是在吸收旧事物的积极成果的基础上产生的。新事物在对旧事物的否定中,消灭的是旧事物的根本性质,抛弃的是旧事物中的消极成分、过时的东西,至于旧事物中那些经过改变后可以成为新事物的养料的因素,则被新事物吸收过来,加以改造,作为新事物的有机成分保留下来。这表明,在否定中包含着肯定的因素、继承的因素,新旧事物通过否定的环节联系起来。

作为事物发展环节和联系环节的辩证否定,就是"扬弃",即既是克服、抛弃,又是继承、发扬。克服、抛弃是事物发展中连续性的中断,表明新旧事物之间有一确定的界限,是发展中的非连续性;继承、发扬是事物发展的历史延续,表明新旧事物之间存在着必然的联系,是发展中的连续性。辩证的否定正是这种非连续性和连续性的辩证统一。例如:人是从动物演化而来的,人是对动物的否定,但这种否定并不是说人与动物从此毫不相干,而是仍然保留

---

[①] 马克思,恩格斯.马克思恩格斯全集:第4卷[M].北京:人民出版社,1958:329.

有动物的某些特征。但这种对动物某些特征的保留并不是原封不动的,而是有克服的保留。就性欲来讲,人与动物一样是有性的欲望的,但人又克服了动物在性欲上的自然、本能状态,而是在一定的社会规范下来实现性欲的满足,这又是对动物的否定,是人的发展。因此,辩证的否定既不是全盘的否定,也不是全盘的肯定,而是既有否定又有肯定,是一个"扬弃"的过程。

## 二、否定之否定

由于事物内在的矛盾性,肯定自身的现存事物,其本身就包含着它的否定方面、因素和趋势,这种内在的否定性或内部矛盾的力量,促使事物转化为自己的对立面,由肯定达到对自身的否定,继而再由否定进到新的肯定,即否定之否定,从而显示出事物自己发展自己的完整过程。这就是否定之否定规律。这一基本规律揭示了事物发展的基本方向和道路,即事物发展是前进性和曲折性的统一。

事物的辩证否定,不是一次完成的,而是事物自己发展自己,自己完善自己的有规律的过程。这一过程历经两次否定三个阶段,在内容上是自我发展、自我完善,在形式上则是波浪式前进或螺旋式上升的过程。

### 1. 否定之否定是事物的自我发展、自我完善

否定之否定规律通过两次否定和三个阶段来展现事物自我发展、自我完善的上升运动。任何事物内部都包含肯定和否定两个方面。最初,事物的肯定方面占主导地位,事物也就处于肯定阶段,随着矛盾进一步展开,否定方面战胜肯定方面,于是事物发生质变,这时候,矛盾运动由于第一次否定而由肯定阶段进入否定阶段。如果仅仅看到事物的一次否定,还没有把握事物发展的辩证过程,还不能体现出否定之否定规律区别于对立统一规律和质量互变规律的特殊性。只有在第一次否定的基础上,进行第二次否定,即对否定阶段进行否定,使事物进入否定之否定阶段,才解决了前两个阶段之间的矛盾,既保留了它们各自的积极因素,又克服了它们各自的片面性,达到了肯定方面和否定方面的对立统一,使事物在"自己运动"中自身得到充分的发展。就是说,否定之否定规律把事物的辩证发展和内在联系统一起来,因而具有综合性、总和性的特征,揭示了事物自我运动、自我完善的全过程。这一过程包含着两次否定三个阶段:三个阶段即肯定、否定、否定之否定,两次否定即对肯定的否定和对否定的否定。

否定之否定规律是事物自己发展自己的规律。因此,不能把事物的发展链条理解为一系列否定的机械相加,似乎只是甲变乙、乙变丙、丙变丁……,离出发点越来越远,同出发点越来越不相干。事实上,辩证的否定是发展自身、完善自身的否定,因而仿佛是回到出发点(肯定)的运动。第三阶段(否定之否定阶段)作为第二阶段(否定阶段)的对立面,必然与第一阶段(肯定阶段)有某些相似的特征,因而仿佛是"回到出发点的运动"。但第三个阶段经

过两次扬弃,吸收了前两个阶段的优点,抛弃了其片面性,是实质上更高级、更全面的新东西,表现出事物发展过程中的自我完善。

2. 否定之否定是事物发展的波浪式或螺旋式上升运动

否定之否定规律揭示出肯定、否定、否定之否定的循环往复的过程,前一个周期的终点又是后一个周期的起点,前后接续,继往开来,形成波浪式或螺旋式的发展链条。这一事物发展的周期性体现了前进性和曲折性的统一。

首先,从发展方向上看,事物的发展总是前进的。事物每完成一个周期都进入高级阶段,而不是简单的循环。这是因为,在由辩证否定所组成的发展链条中,每一个环节,每一次否定,都是一次"扬弃",都产生出新东西,把事物推向更高的发展阶段,并为事物的进一步发展和完善创造了条件,所以,事物在总的发展方向、趋势上的上升性、前进性是必然的。

其次,事物发展的道路总是曲折的,不是直线前进的。事物发展的道路的曲折性,从两方面表现出来:一是反复性,即在一定阶段上,新事物战胜旧事物并不是直线的,其中有暂时的停顿和后退;二是周期性,即事物在发展中经过两次否定三个阶段的有节奏的周期运动。周期性既表现着事物发展道路的曲折性,又体现着事物发展的上升性、前进性,是前进性和曲折性的统一。

事物发展的周期性是同回复性和回归性联系在一起的。在事物发展的周期性中,当一个周期完成时,仿佛出现了向出发点的复归,周期的最后一个环节即否定之否定阶段,重复第一个环节肯定阶段的某些特点、特性,但绝不是简单的循环。因为,第一,它仅仅是在某些特征、特性方面的重复出现,而不是全部特征、特性的回复;第二,它只是"仿佛"向旧东西回归,并不是真的回到原来的出发点,而是在更高基础上的回归和在更高阶段上的重复。所以,事物发展的周期性的回复性,不是简单的循环,而是体现了前进性和曲折性的统一。

3. 否定之否定规律的重要意义

否定之否定规律表明,事物发展的方向是上升的和前进的,事物发展的具体道路又是曲折的、迂回的。这是事物发展的前进性和曲折性的辩证法。坚持前进性和曲折性相统一的辩证观点具有重要意义,是反对循环论和直线论两种形而上学片面观点的思想武器。历史循环论认为,人类历史发展到一定阶段,就会重返起点,旧地重游。循环论是错误的。认为事物的发展、历史的发展是直线式前进、没有任何曲折的直线论观点同样也是错误的。否定之否定规律揭示出事物是波浪式或螺旋式的前进,事物发展的道路是不平坦的、曲折的。循环论只看到周期性的一面而否认了发展总趋势前进性的一面;直线论则把发展的前进性简单化,看成直线上升,否认发展道路的曲折性。循环论是一种悲观论,直线论则会急躁冒进,两者都是错误的。我们在前进的道路上,首先要满怀信心,相信一定能够达到目的,取得胜利;同时又要头脑清醒,看到我们前进中的困难,不要幻想一帆风顺,因而在遇到挫折时才不会丧失信心。在革命和建设事业中,既要坚定信心,反对一遇到困难就悲观失望的悲观主义,又要有面对现实的冷静思考,反对无视困难的盲目乐观的思想。

1. 什么是矛盾的同一性、对立性?
2. 什么是矛盾的普遍性和特殊性?两者的辩证关系怎样?学习这一原理有何实践意义?
3. 什么是质、量、度?
4. 量变和质变的关系怎样?掌握质量互变规律的原理有何实践意义?
5. 辩证否定观的含义是什么?
6. 用辩证否定观看待传统文化应该采取什么态度?
7. 怎样理解事物的发展是前进性和曲折性的统一?这一原理对我们建设有中国特色的社会主义有什么指导意义?

# 第四篇

## 认识论

# 第十一章

## 认识问题简述

> 每一个时代的理论思维，包括我们这个时代的理论思维，都是一种历史的产物，它在不同的时代具有不同的形式，同时具有不同的内容。
>
> ——恩格斯

哲学上对认识问题的探讨和研究可以追溯到其产生之初，但那时人们关注的主要问题是本体论问题，直到近代，认识论问题才凸显出来。学界通常认为，文艺复兴以来的近代哲学研究曾发生过一次重大转向，这就是由早先注重本体论研究转向注重认识论研究。这一重大的转向肇始于文艺复兴，文艺复兴时期的思想家借助于经验反对中世纪神学的神话传说和经典，借助于理性反对宗教神学的盲目信仰崇拜，从而使得注重经验和理性成为近代哲学的显著特征，并由此产生了片面强调经验的经验论和片面强调理性的唯理论的长达数百年的争论；而经验论和唯理论之争实则是认识论方面的争论。哲学关注的重点由本体论转向认识论，在这种转向中，康德是一个关键性的、承前启后式的人物。康德一方面对文艺复兴以来的近代哲学在认识论问题上的争论进行了批判和总结，另一方面又对其后的哲学将关注的焦点集中在认识论上起到了重要的助推作用，从而使得认识论问题成为近现代哲学研究的突出问题。人们要把握客观世界的本质和规律，获得对其真理性的认识，以达到改造世界的目的，就不能不深入研究认识问题，而在哲学上则不能不特别关注认识论问题。

　　认识论中首当其冲面临的问题便是认识问题。认识问题是非常复杂的问题，涉及众多的方面，主要有认识的来源问题、发生发展问题、动力问题、本质问题及认识的能力问题、认识的目的问题、认识的层次结构问题、认识的方法问题、认识的真伪问题及验证问题、认识发展的规律问题、感性认识与理性认识的关系问题、认识与语言的关系问题、认识与价值的关系问题；此外还有更为一般的认识中的唯物与唯心的问题、辩证法与形而上学的问题、可知论与不可知论的问题等。在此，我们只是选取其中的一些有代表性的、有争议的、具有重要的方法论意义的认识问题做一简述。

# 第一节　归纳问题

近代认识论中比较突出的问题首推归纳问题。归纳问题可追溯到古希腊罗马时期对认识的探究,但它与文艺复兴以来出现的认识论上的经验论与唯理论的争论更是密切相关,并对后来的认识论发展产生了很大的影响,故有必要先对其来龙去脉作一简略的把握。

## 一、归纳问题的缘起

近代西方哲学从一开始便对认识问题给予比古希腊和中世纪哲学更多的关注,近代西方对哲学的新的探索和贡献更多表现在认识论方面,其中尤以认识论上的经验论和唯理论之争显得更为突出,其代表人物首推弗兰西斯·培根和笛卡尔,前者是经验论的代表,而后者则是唯理论的代表。

弗兰西斯·培根(1561—1626)在认识论方面的最大贡献是界定了新的认识自然的经验和实验的方法。培根非常重视知识的作用,他的哲学的主要内容便是要人们研究自然,发现其固有的规律,获得对自然的正确认识(即知识),并用以征服自然、为人类谋福利;其哲学的核心是认识论和方法论,他还提出了"知识就是力量"这一著名的口号。培根认为要获得真正的科学知识,就必须首先破除阻碍科学知识发展的各种偏见和幻想。他将这些障碍分为四类,并称之为四种"偶像",即"种族偶像""洞穴偶像""市场偶像"和"剧场偶像"。种族偶像就是把人类所独有的特性强加到客观事物上,如目的性等;与之相对照,洞穴偶像则来源于个体的人所受的教育等,是由自己的个性、习惯等形成的偏见;市场偶像是按照流行的观念庸俗地使用语词等所产生的歪曲;剧场偶像则是盲目信仰权威、教条,特别是传统哲学教条而形成的偏见。他认为要摆脱这几种"偶像",只有从经验出发、直接面向自然、研究自然和事实本身。他还认为知识是存在的反映,感觉经验是完全可靠的而为一切知识的源泉。

与培根一样,笛卡尔也非常重视认识论和方法论问题,反对经院哲学。但与之不同的是,他认为只有理性知识才是可靠的,感觉经验是不可靠的,会欺骗我们。他认为许多观念并不是从感觉中得来的,而是生来就有的;认为像数学中的这些"最简单自明的观念"不应该归结为由研究得来的认识,它们是与生俱来的"天赋观念"。他进一步认为,认识的正确与否,是否具有真理性不在于其是否正确地反映了客观现实,而在于其思想观念是否清楚明白。他的哲学研究首先就是要找出一个最清楚明白的思想观念,以作为其哲学的出发点。为此也要清除各种偏见,而清除的办法就是怀疑,他通过这种普遍的怀疑,最终找到了他认为不可再怀疑的东西,即"我在怀疑"也即"我思"。他认为,"我思故我在",这种"我思"就是"首先的、最确定的知识",是最清楚明白的原理、是认识的出发点。

经验论和唯理论虽然还有许多代表人物，比如洛克和莱布尼茨等，且还有唯物与唯心之分，但各种经验论者在否定理性认识的重要性和片面夸大感性经验的作用上却是有一致之处的；而各种唯理论者在否定感性认识的重要性和片面夸大理性认识的作用上也是一致的。

培根的经验论与笛卡尔的唯理论的对立在认识方法上表现得尤为突出。培根认为真正的知识只能从对客观事物的感性经验中获得，而发展知识最重要的是要有正确的方法。他用蜘蛛、蚂蚁和蜜蜂做比喻，认为科学的认识既不能像蜘蛛一样脱离实际地制造先天的知识体系，也不能像蚂蚁一样只知道搜集简单的、零碎的事实经验，而应像蜜蜂一样，从花园里采集材料，又对其加以消化和加工。可见培根的科学方法并不是简单地搜集经验事实的方法，他不满足个别的经验，还力图达到对事物的更为广泛和深入的认识，抓住事物的隐蔽的过程和原因，得出一般的结论。为此，他在近代西方哲学史上第一个系统地制定了认识的归纳法，即由个别、特殊推导出一般的逻辑方法，并认为这才是唯一正确的方法，通过它才能获得真正的、可靠的、一般性的知识。笛卡尔则相反，他把认识分为两种，即理性直观和演绎推理，认为理性直观是最根本的、最可靠的认识手段，通过理性直观得出了最清楚明白的原理，并认为以此为前提、出发点的演绎推理也是完全可靠的，从而认为只有理性直观和演绎推理才能达到真理性的认识，并把欧氏几何学看成是理性演绎法的范本。

培根和笛卡尔一个强调归纳法，一个强调演绎法；一个强调实验和观察，一个强调理性直观。他们都认为只有自己的方法才是正确的、可靠的，只有通过自己的方法才能获得真理性的认识，获得关于事物的必然的因果联系的认识，那么事实真如他们所说的那样吗？后来的人们对其提出了种种不同的看法和批评，休谟便是一个典型的代表。

## 二、休谟的两种真理的理论

在认识论上，休谟虽然基本上是一个经验论者，但却并不是将笛卡尔等人的唯理论视为主要批评对象，而是主要对培根所奠定的认识论、认识方法论质疑和发难。

休谟认为认识对象可以自然地分为两类，即观念的关系和事实。他认为任何一个命题，只要能由直观而发现其确切性，或由证明而发现其确切性，就属于第一类，其中最典型的便是数学。他认为像数学之类的命题只凭思想作用就能将它发现出来，并不以存在于宇宙中某处的任何事物为依据。纵然在自然中并没有圆形或三角形，欧几里德所证明的真理仍然保持着它的可靠性和自明性。而认识的第二类对象——事实，则不能用同样的方式加以确定。它们的真理性不论有多大，在我们看来总是不能与前一类的真理性同样明确。各种事实的反面仍然是可能产生的，因为它们并不包含任何矛盾，而且可以同样轻易明晰地被心灵设想到，正如那符合实际的情况一样。"太阳明天将不出来"这个命题和"太阳明天将要出来"这个命题是同样易于理解的、同样没有矛盾。因此，我们要想证明前一个命题的错误终属徒劳。这样，他认为一切推理可分为两类：一类是先天必然的推理，亦即关于观念之间的关系的推理；另一类是后天或然的推理，亦即关于事实与实际存在的推理。

由上可见，休谟虽基本上是一个经验论者，但却并不反对理性直观与演绎推理的可靠性及在认识中的作用，他只是认为它们的可靠性仅适用于认识人类理性的第一类对象。就此而言，他与笛卡尔倒更接近，他所说的证明的推理指的便是演绎推理，认为这是必然的、可靠的，而他所说的关于事实与实际存在的推理则主要指的就是归纳推理（但也包括部分演绎推理），并认为它们是或然的、不可靠的。关于事实、实际存在的推理的可靠性问题，便是人们所说的休谟问题。

休谟问题被许多人仅仅理解为归纳推理的可靠性问题，这是不全面的。尽管在休谟的论述中更多地涉及的是归纳问题，但并不是只针对归纳法而言的。关于事实、实际存在的推理并非只是归纳推理，两者不是同一类问题，它也包括部分演绎推理。演绎推理也可以涉及"事实、实际存在"，从归纳中获得的被休谟认为只能是或然的结论，如果作为演绎推理的前提，并由此推出个别结论，这些由演绎推出的结论显然也是不可靠的、或然的，其不可靠的根源还在于归纳推理。

### 三、对因果关系的怀疑

值得注意的是，休谟的学说不仅强调了经验的、归纳的、真理的、或然的性质，而且还对该真理的基础——经验事实的因果关系给予了质疑。他首先认为一切关于事实的推理都是建立在我们所谓的因果关系之上的，但结果和原因是完全不同的东西和事件，我们决不能在原因里面发现结果。如果没有经验和观察的帮助，要想推出任何原因或结果是办不到的。他认为因果性理论的基础是经验，我们对这种关系的知识是完全从经验中得来的，我们的一切经验结论都是从"未来将符合过去"这一假设得出来的。因果联系通常被我们视之为一种必然的联系，而被我们确立为原因和结果的事件由于是两个完全不同的事件，两者背后隐藏的"隐秘力量"我们根本不清楚，故即使这种必然的因果联系存在，也是不可知的。我们之所以认为某些东西之间存在因果联系，与其说是通过推理得出的结论，不如说是由于"习惯"。既然一切对事实、实际存在的推理都是或然的，那么它又如何能推出这种必然性来？况且这些推理本身就是建立在因果联系的假设之上的，再由其推出因果联系这只能是兜圈子。看来，情况只能是这样的：由于两个事件在我们的经验中总是相继出现，久而久之我们便形成了一种习惯，当前者出现时，我们便会对后者产生一种心理期待，这种心理期待一次又一次地兑现，这种习惯也就变得越来越根深蒂固。

由上可见，休谟不仅认为关于事实、现实存在的归纳推理和以归纳结论为前提的演绎推理是不可靠的或然的，而且认为在实际上由前项到后项的过渡中，推理并不是必要的，一个人做出这种推论并非要通过某种推理过程。但他仍认为自己必须做出这样的推论，决定他这样做的原则便是习惯。由休谟对其问题的解答可以看出，休谟问题实则包括两个方面：一方面是关于事实、实际情况的推理的可靠性问题，另一方面是其必要性问题，这才是对休谟问题的更完备的表达。而关于事实、实际情况的推理的可靠性问题，同时也是一个关于必然的自然知识的可能性的问题,如何可能的问题。休谟所关注的焦点问题并不在于泛泛地讨论从特殊到一般如何可能,而在于由过去推出未来如何可能。故休谟问题亦可表达为:过去所获得的经验能适用于未来吗?

我们虽然可以对休谟关于上述问题的回答提出异议,但休谟问题的影响却是不容忽视的,这一问题在近现代哲学中多次被重新提出和审视。它对近现代哲学产生了深远的影响,特别是在逻辑实证主义和波普尔的证伪哲学中又一次得到了深化和发展。

## 第二节 划界问题

近代哲学研究关注的重点曾出现过一次从本体论到认识论的转向,而在这次转向中的关键人物便是康德。康德在这次转向中起着承前启后的作用,他的哲学不仅开德国古典哲学之先河,还对现代西方哲学的形成和发展产生了重大影响。

### 一、人类的认识能力及对现象的认识

康德哲学的基本任务便是批判地研究人的认识能力,确定认识的限度,即在可认识的事物与不可认识的事物之间划界。他认为若不事先搞清楚人的认识能力究竟如何,不预先考察人的认识能力的大小和限度,就断定人可以认识客观事物本身只能是一种武断。康德哲学的出发点便是在实际进行认识活动之前,先对人类的认识能力做一番批判的考察,先搞清楚人究竟是否具备如实地认识客观世界的能力,看人在认识其对象时是否会对其做出某种"增加和改变",以免独断地或武断地把认识能力本身主观自生的东西误认为是客观事物中的东西。康德的批判哲学主要就是对这种独断或武断的批判。

康德将人的认识能力分为三种,即感性、知性和理性。他在对哲学的基本问题的第一方面的回答上是有唯物主义倾向的,其基本观点便是承认在人的意识之外存在着一个客观世界,他将其称为"物自体"世界。康德认为我们的感觉是由"物自体"作用于我们的感官而产生的,但却不认为感觉能够反映"物自体"的本身面目。他认为,"物自体"并不呈现于时空中,时空只是人的感性认识能力固有的主观形式,是"感性直观的纯形式",是先天具有的。在康德看来,呈现于时空之中的事物,或者说,被打上时空的主观印迹、被我们的感性认识能力所构成的时空性的对象只是"现象",故真正能被我们感知到的只是"物自体"的现象,而不是"物自体"本身。

康德认为,感性知识还不是严格意义上说的知识,它们是一些缺乏联系的、个别的、片断的、零碎的东西,只有把握对象之间的必然的、因果联系的认识才是严格意义上说的知识。而必然性、因果联系这些东西实则是来自人的另一种主观认识能力,即知性;它们是知性强加在认识对象之上的,而不是客观事物、物自体本身所固有的。康德认为,必然性、因果联系

等概念、范畴是属于知性的概念和范畴,是"知性的纯粹概念或纯粹范畴"。这些范畴在康德看来和感性的时空形式一样,都是人的认识能力先天具有的,是不依赖于事物自身的。他将属于知性的范畴分为四类,即量、质、关系、样式,每类还有三种,共有十二个范畴。康德认为人就是通过这十二个知性范畴来整理感性知识的,将其加在感性的对象之上,从而使零碎的、个别的、缺乏联系的对象具有了一定的规律和秩序。

在康德看来,人类认识能力有两个来源,即感性和知性。它们分别通过时空形式和十二个范畴"增加和改变"了客观事物、"物自体"。由于这种"增加和改变",故无论是感性还是知性,都只能把握"物自体"的现象,而不能把握其本身,"物自体"仍处于这两种认识能力的彼岸。

## 二、人类的认识能力及对本质的认识

康德认为,人类认识还有第三种能力,即理性。感性和知性的认识只是对现象的认识,不能达到对"本质"的"物自体"的认识,我们也不要求其能达到这种认识,但理性认识却要求超出现象界而获得对"本质"的"物自体"的认识。他认为,感性和知性所把握的东西总是相对的、有条件的、不完整的,而理性所追求的正是对这些东西的超越,力图把握绝对的、无条件的、最完整的统一体,即其所说的"理念"。康德认为这种统一体、"理念"并非一个而是三个,即"灵魂""世界"和"上帝"。前两者分别为精神现象和物理现象的最完整的统一体,而"上帝"则是前两者在更高层次上的统一,是最高的统一体,最高的"理念"。可见,康德不仅承认有不依赖于我们的意识而存在的客观世界,还承认"灵魂"和"上帝",故只能说其世界观在某些方面有唯物主义的倾向而不能说就是唯物的。

康德进一步认为,理性在力图把握"物自体""理念"时会产生自相矛盾,或者说出现"二律背反"。这是由于"物自体"是在"现象"之外的,是不能用感性和知性把握的,但理性试图把握"物自体"时却不可避免地倾向于用必然的、因果的知性范畴去规定"物自体",于是便不可避免地陷入了自相矛盾。就"世界"这一"理念"而言,当理性用知性的概念范畴去规定和认识"世界"时,会出现两种正相反的规定和命题同时可以成立的自相矛盾的情况,即出现康德所谓的"二律背反"。康德还特别列举出如下的四个"二律背反":a.世界在时间上和空间上是有限的;世界在时间和空间上是无限的。b.世界上的一切都是由单一的、不可分的部分构成的;世界上没有单一的东西,一切都是复杂的和可分的。c.世界上存在自由;世界上没有自由,一切都是必然的。d.存在有世界的最初原因;世界存在是没有最初原因的。

在康德看来,"物自体"本身是不会有矛盾的,不是二律背反的,那么,上述的矛盾就只能是来自人的最高的认识能力,即理性。由于理性在把握世界时会出现二律背反、出现矛盾,这表明"物自体"实际上是不能通过理性把握的。但人的认识能力除了感性和知性外,就是理性,前两者只能把握世界的现象,只有人的最高认识能力——理性才要求超越"现象"之外去把握、认识"物自体",故"物自体"世界实则是我们的认识能力根本不可能达到的。换句话说,世界的本质是不可知的，是无法用理性把握的。以往的哲学家大多都认为，我们的感觉可以把握世界的现象，而只有理性才能把握世界的本质。康德虽然也同意感觉只能把握世界的现象，但对理性能把握世界的本质之说却提出了责难。理性真的不能把握世界的本质吗？世界的本质真的是不可知的吗？这就是康德哲学所提出的最重要的认识问题。这一问题进而引申为一个科学与形而上学（即传统哲学）的划界问题。

### 三、划界问题对近现代哲学的影响

理性不能把握世界的本质，世界的本质是不可知的。这个思想对近现代哲学产生了深远的影响，很多人接受或部分接受了这种观点，但也有一些人则对此提出种种疑问和诘难，并对其给出自己的回答。学术界通常认为西方哲学的两大思潮，即科学主义思潮与人本主义思潮，都与康德问题密切相关，两大思潮的源头可以追溯到康德。

科学主义思潮在哲学方面主要以三代实证论为代表，即早期的孔德的实证主义、以马赫为代表的经验批判主义和20世纪20年代产生的逻辑实证主义。他们部分接受了康德的观点，认为既然世界的本质是不可知的，我们只能把握世界的现象，那么就不要在本质问题上纠缠，我们只需对现象界进行深入研究便可以了。这一思潮从早期的将本质束之高阁、回避本质一直发展到逻辑实证主义的反本质、摒弃形而上学，从而将这一问题推向极端。

人本主义者也承认康德的理性不能把握世界的本质的观点，但他们并不像康德及许多科学主义者那样认为本质是不可知的，更不像某些科学主义者那样甚至否定本质的存在，他们从另一角度对康德问题做出了自己的回答。人本主义者在承认理性不能把握世界的本质的同时，也进而认为理性不是人的本质，他们大多都认为人的本质是非理性的，不仅如此，还进一步从人本主义立场出发，坚持人的本质与世界本质的一致性，从而认为世界的本质也是非理性的，世界的本质是可以把握的，但只能通过非理性来把握。但在对这一本质是什么的问题上，各种不同的人本主义者则各有各的见解。如叔本华认为其本质便是生存意志，尼采说是权力意志，柏格森说是意识流，弗洛伊德说是无意识，存在主义者则说是超越本质的人的自由。总之，人本主义也与康德密切相关，但与康德不同的是，人本主义者将本质并不看成是"物自体"、是"自在之物"，而是将其看成是一种主观的东西。

实际上，与科学主义和人本主义两大思潮不同，还有另一种与康德问题密切相关的具有深远影响的观点、见解，其人物首推黑格尔。黑格尔是对康德问题正面做出回答的代表人物。继康德之后的大多数哲学家都同意康德的理性不能把握世界的本质的见解，黑格尔则直接对此提出反驳。在黑格尔看来，康德由理性在试图把握世界的本质时会出现二律背反，而推出理性不能把握世界的本质这一观点是有问题的。黑格尔的看法与康德不同，他坚信理性，也只有理性才可以把握世界的本质，他认为实际上康德已经摸到了世界的本质，但却并未识别出来。世界的本质不是别的，正是二律背反、是矛盾。世界就其本质而言，在时空上既是有限的又是无限的，是有限和无限的辩证统一；世界上的东西既是单一的、又是复杂的,是单一与复杂的辩证统一;世界既存在自由,又存在必然,是自由与必然的辩证统一;世界既是绝对的,又是相对的,是绝对与相对的辩证统一。故要把握世界的这种矛盾本质,用一般的理性是不行的,只有通过辩证理性才能把握。因此,黑格尔大大推进了辩证理性的发展,成为近代辩证法大师。

## 第三节 效用问题

效用是实用、实效、功利的总称。效用问题是实用主义所关注的与认识密切相关的重要问题。实用主义产生于美国并是美国占主导地位的哲学。实用主义的代表人物有皮尔士(1839—1914)、詹姆士(1842—1910)和杜威(1859—1952)等。实用主义所提出的认识问题主要是与其真理论相关的,真理论是实用主义的重要组成部分,詹姆士甚至认为可以把实用主义看成是一种真理论,而实用主义的真理论的最大特色便是将真理与实用、实效等统一起来考察。

### 一、效用与真理——詹姆士的见解

就实用主义的创始人皮尔士而言,实用主义不过是一种澄清和决定记号或"理智概念"的意义的方案或方法,实用主义不是一种哲学或真理理论,而是一门技术,侧重于方法。其方法有两个特点:一是其批判性质,在皮尔士看来,实用主义不解决真问题,它仅仅说明假定的问题不算是真问题。其二,它提供一种重新构造或说明意义的程序,在他看来,一个理智概念(难懂的语句的抽象的概念)必须有一些可以想象到的结果,或者说"实用的意义",而该概念的意义就是它所引起的"实际效果的总和"。皮尔士的实用主义与后来的詹姆士的实用主义是有很大差别的,皮尔士带有很浓的科学和理性主义色彩,而詹姆士则具有道德的和经验主义的特征。

詹姆士特别关注真理问题,并将真理与功利、实用价值等对应联系起来,把概念的意义与概念的实用效果联系起来。他在不少地方将概念的意义直接等同于其实用效果,将真理说成是我们的信仰中的好的或方便的东西,甚至把概念的意义和真理描述为观念的"现金价值""兑现价值"。他对真理是这样解释的:"只要观念(它本身只是我们经验的一部分)有助于使它们与我们经验的其他部分处于圆满的关系中,有助于我们通过概念的捷径,而不用特殊现象的无限相继去概括它们、处理它们,这样,观念就成了真实的事。"[①]詹姆士并非简单地将真理视为一种经验的联系,他更强调的是有助于建立这种联系的实际功效,实用的结果和对行动的暗示及成功的行动。他被人谈论最多的对真理的说明便是"有用即真理"。詹姆士

---

[①] 詹姆士.实用主义[M].陈羽纶,等译.北京:商务印书馆,1997:35.

曾说"'它是有用的,因为它是真的;'或者说:'它是真的,因为这是有用的。'这两句话的意思是一样的。也就是说这里有一个观念实现了,而且能被证实了。'真'是任何开始证实过程的观念的名称。'有用'是它在经验里完成了作用的名称"[①]。"实现""证实"意即把观念的功能表现出来。在此,詹姆士将真理实际上视为一种价值、视为能满足我们的特定需求、愿望的东西。他认为还存在一个真实的程度的问题,而这又是与个人愿望的满足程度成正比例的。他认为,与真理直接相关的个人愿望最突出的表现是将个人的经验中的新东西同化于他的旧信仰的愿望。"既要依靠旧的真理,又须抓住新的事实"这是人的双重需要,"那个在满足我们双重需要上,能够最顺利圆满地实现其作用的新观念,才是最真实的概念"。他还认为,在这方面的成功性,是一个由个人来评价的事。

可以看出,詹姆士所提出的认识问题,最突出的便是真理与实用、价值的关系问题了。詹姆士对这一问题的回答是很难令人接受的,而且这也是实用主义遭非议和诘难最多的问题。对此,我们通常的看法是,真理是有用的,但有用未必就是真理。然而该问题并非如此简单,真理与价值、有用的观念与真理究竟是什么关系,是一个很值得深入探究的哲学课题。

## 二、工具与真理——杜威的说明

杜威的实用主义起初倾向于詹姆士,后来又对皮尔士给予充分肯定,并进一步完成了两个人的思想的综合,成为美国实用主义的集大成者。"工具"这一概念在杜威哲学中占有非常重要的地位。杜威的实用主义通常被称为"工具主义"。实用主义的两种倾向(即皮尔士所代表的倾向和詹姆士所代表的倾向)在工具主义中找到了一致的表达。

杜威将他的实用主义视为"一种关于概念和推理的一般形式的理论",是关于推理据以进行的条件的理论,是关于在确定未来的结果中表现其调控行动的理论。他认为,尽管科学探究与道德及其他的社会经验在题材上有所不同,但"在对未来结果做实验的规定中"起作用的思想方法和形式却是一致的。当疑难的局面通过产生"证明为正当的论断"的探究而得到解决时,这种方法和形式就展现出一种共同的功能模式。杜威所说的这种"探究"是指"控制或引导一种不定的局面转变为另一种局面,后者在其组成的特征和关系中是如此确定,以至于原先的局面的成分也转变为一个统一的整体"。他认为真理即是证明为正当的论断,所谓"正当的论断"就是指具有特定的功能(主要指上述的"控制"或"引导"的功能)的论断。而"证明为正当的论断"就是指这种功能发挥出来了、实现了、产生了功效的论断。杜威认为确证、确认、证实的根据在于效果、后果。他指出,如果说观念、意念、概念、见解、理论体系乃是工具性的东西,是帮助我们主动地改造一定的环境、排除某种特殊的困难和苦恼的,那么,是否完成这件工作就是检验它们的有效性和价值的标准。如果它们顺利地完成了任务,那就是可靠的、妥当的、有效的、好的、真的。因此,杜威把真理视为是一种作为生命有机体的人

---

[①] 詹姆士. 实用主义[M]. 陈羽纶,等译. 北京:商务印书馆,1997:116.

为解决自己的生存应对环境的工具,而工具只有好坏之别而无对错之分。杜威也认为真理是一种符合,但是指观念与效果、工具与目的的符合,是一种操作意义上的符合,他说:"我们从操作意义上把符合当作是解答的意思,好比一把钥匙打开一把锁所设置的条件。"①

可以看出,杜威的工具主义真理观与詹姆士的思想是基本一致的,他们都是将真理与功用、有用联系起来考察,区别只在于杜威的说法比詹姆士的更精致、严密,以及两个人对有效性、有用性理解上,杜威更强调效用、有用的"大家"性质而突出了其普遍性、公共性,而詹姆士则强调效用、有用的"个人满足"而带有更多的主观的庸人习气。工具与真理的关系问题是值得深思的,许多人对这一问题提出了大量的见解,这足见该问题的影响力。然而,存在着大量的对该问题和解答的曲解和误解(当然也不乏灼见),故对这些曲解和误解做适当的澄清是很有必要的。

### 三、对实用主义真理观的几点思考

首先,实用主义的真理观突出了实践在认识中的重要地位。实际上,实用主义是对以康德为代表的西方二元论哲学批判和反思的产物。在实用主义者看来,传统的西方哲学之所以陷入二元论而不能自拔,就在于其认识论依然停留在一种静观的认识论。与之不同,实用主义者则把行为、操作、生活的概念引入人的认识活动,以此来解决认知主体与认知客体、人的合目的性与物的合规律性之间的对立和两难。就此而言,在某种意义上,实用主义与马克思的实践的认识论之间确有一定的殊途同归之处。故杜威亦把自己的哲学称作是一种所谓的"实践哲学",詹姆士也谈到了"实践"是检验真理的标准。但是严格地说,实用主义的认识论与马克思主义的实践的认识论之间依然存在着根本的分歧。这主要表现为马克思主义的实践主要指的是一种人的社会物质生产实践,而实用主义的实践则不过是一种生命有机体应对环境这一"生物学的适应"。

其次,实用主义的真理观强调了价值判断的认识论意义。毋庸讳言,长期以来,西方传统的认识论实际上是一种片面地强调事实判断的认识论。在这种认识论里,价值判断不过是事实判断的派生物和附庸。与之不同,实用主义则把人的"信念""满足""希望""假设"等概念引入人的认识活动,提出"大胆假设,小心求证",把目的信念、价值要求视作认识论的出发点,从而不仅恢复了价值判断在认识论中应有的尊严,而且以其所谓的"人本主义"的哲学立场对传统西方的唯科学主义的认识路线给予了纠偏。然而,应该看到,实用主义对价值判断的强调同时又是以牺牲事实判断为代价的。这使实用主义从一个极端走向另一个极端,而使其认识论具有明显的唯利是图的市侩哲学的特点。

再次,实用主义的真理观凸显了认识的相对性质。从某种意义上来说,实用主义是对传统西方哲学的"坐而论道"倾向的一种批判。它反对把真理看作是一成不变的抽象的教条,

---

① 杜威.人的问题[M].上海:上海人民出版社,1987:289.

强调认识是解决人的具体生存问题的手段,强调真理具有因地制宜、因时制宜的性质和特点。但与此同时,实用主义又由此不可避免地把真理看作是一种纯粹的方便假设和相对的"处境真理",从而否认了真理所固有的客观的、绝对的属性,甚至把科学与道德、宗教完全等量齐观,最终陷入真理的取消主义和认识的非理性主义泥潭。

## 第四节 语言问题

进入20世纪后,西方哲学又发生了一次重大的转向,即由认识论向语言的转向,这一次转向使得语言问题成了哲学关注的焦点。在对语言的哲学研究中,语言与认识的关系问题尤为哲学家们所看重。需要说明的是,并非语言哲学中的所有问题都与认识相关,除认识问题外还有许多其他的问题,如交往问题等。

语言哲学和认识论一样,严格地说,并不是哲学中的一个流派或一种主义。早期对语言问题非常关注的有分析哲学和逻辑实证主义,但其后这一问题引起了哲学界的普遍关注,进入现象学、结构主义、解释学等众多的哲学流派研究的领域,故不能仅通过某一流派来讨论语言问题。我们在此所关注的主要是与语言相关的认识问题。

### 一、意义与真假

与认识问题直接相关的,最突出的问题便是语言的意义的问题,特别是语句陈述的意义的问题,它直接与认识的存在及其真伪相关。

认识的真伪问题、真理性问题是一个至关重要的认识问题,哲学中之所以产生本体论向认识论的转向,一个重要的原因便是由于人们意识到本体论问题的解决很大程度上依赖于认识论问题的解决。世界的本原是水还是火,是原子还是理念,诸如此类的看法都不过是我们的认识,而认识是有真伪之分的。只有对世界的本原、本质等的真理性认识才是与世界的本原、本质一致的。如果我们认为世界的本原是 A,并且我们的这种认识是为真的,那么,世界的本原就是 A,这两者是一致的。若我的这种认识是为假的,那么,世界的本原也就不是 A。如果我们不能解决我们的认识的真伪问题,也就不可能解决本体论问题。

然而,我们的认识却又是通过语言表达的,确切地说,我们的认识,特别是理性认识是以言语为其存在形式的,是以特定的语句(主要是陈述句)的形式存在的,而语句陈述则是由一系列的语词按特定的方式构成的。语词、语句总是有特定的意义的,其意义是隐藏在语词语句的背后的东西。我们的认识与一定的语词语句相联系,而该语词语句又是与一定的意义相联系。也就是说,认识的真伪依赖于陈述的真伪,而语句陈述的真伪又依赖于其意义,如果其意义是不确定的,认识的真伪也是不能确定的,故要知一个认识的真伪,首先应确定其语句、陈述的意义、含义。这样一来,陈述的意义的确定便成了认识的真伪确定的逻辑前提。

因此，要解决认识的问题，特别是认识的真伪问题，就应首先解决语言问题，解决语言、陈述的意义问题。这也正是语言转向得以产生的一个重要的原因。

## 二、意义的确定方式与认识的范围

一个认识、陈述的真伪的确定首先取决于意义的确定，而陈述的意义又是如何确定的呢？对这一问题的回答，不仅关涉到真伪的问题，还关涉到认识的范围、界限的问题，而这一问题是分析哲学特别是逻辑实证主义最为关切的问题之一。

逻辑实证主义对此问题的看法深受休谟的影响。休谟曾将有意义的命题分为关于观念关系的命题和关于事实的命题两类。逻辑实证主义者与休谟的看法基本一致，他们认为只有数学、逻辑和经验科学的命题才有意义，而除此之外的其他的一切命题都是没有意义的，或者说，并不是真正的命题。在此，真伪与意义被看成是密切相关的，而有意义，也就是能借助于逻辑推理或经验证实的。无意义命题不能通过上述两种方式判其真伪，从而也是无法判断其真伪的命题，或者说是伪命题。由此又进一步引出了认识的范围、界限的问题。在逻辑实证主义者看来，除了上述两类命题之外，其他的所谓的命题都是没有意义的，这些所谓的命题都是"形而上学"的，比如思辨哲学、价值哲学、规范理论等皆属于形而上学，它们是无意义的，因而也无真伪可言。因为它们根本没有断定什么，它们既不包含真知也不包含错误，完全在知识的范围之外，在真或假的讨论范围之外。逻辑实证主义并由此引出其著名的"摒弃形而上学"的主张。

逻辑实证主义者与孔德、马赫等第一、二代实证论者在对待"形而上学"的问题上既有共同之处，又有区别。在他们看来，之所以要摒弃"形而上学"，并不是由于人的理性能力不能解决"形而上学"问题（孔德等持此看法），也不是像第二代实证论者马赫等人所认为的那样，由于物质和精神的对立已为他们的"中立要素"所消融和代替，而是由于"形而上学"家（即以往的哲学家）所争论的那些问题，如物质、精神、世界的本原、本质、自我等都是没有意义的问题。早期的维特根斯坦也认为，关于哲学所提出的大多数命题或问题与其说是虚假的，不如说是无谓的，我们根本不能回答这一类问题，而这些问题的来由是我们不了解我们的语言的意义标准。

逻辑实证主义者认为，要确定一个语句是否有意义，可从两方面分析，即看该语句的结构是否符合语言和逻辑的句法。更进一步，一命题是否有意义，是否能成为一个科学命题，要看其是否具有可证实性，也就是说，命题、陈述的意义在于它的证实方法。他们把意义理解为经验证实的方法，那么，意义的确立、确定也就是其经验证实方法的确定。逻辑实证主义对有意义命题与无意义命题划界，实则是给认识限定了范围，将哲学、价值论等涉及的问题排除在认识的范围之外。如果哲学还有事可做的话，那就是对经验科学的命题和概念进行逻辑分析和语言分析。这样，一方面，认识不涉及"形而上学"等所关注的那些方面的问题，从而给认识划出了一个范围、界限；另一方面，认识的真伪问题最终依赖与之相关的命题、陈述的经验证实方法的确立。这两点可以说是分析哲学特别是逻辑实证主义所关涉的两个与语言密切相关的认识问题了。

### 三、语言与交往

除了对语言的意义研究外,对语言的交往性质的研究也是当代语言哲学关注的焦点。而在对语言的交往性质的研究中,维特根斯坦对"私人语言"的批判理论以及哈贝马斯的"普遍的语用学"的理论尤为引人注目。

维特根斯坦在其后期的哲学研究中提出了著名的"语言游戏说"。"语言游戏说"认为,正如任何游戏活动都有一种公共的规则一样,任何人的语言表述也都必须遵循一定的公共的规则。由此维特根斯坦提出不可能有一种所谓的"私人语言",也即一种只有表述者自己清楚而他人却无法理解的语言。他甚至断言,即使最私有的内心独白和自言自语也并不意味着存在着一种"私人语言",因为语言一旦成为语言,它就不可避免地具有公度性而遵循社会的规范,就不可避免地成为一种可交流性的语言。

尽管维特根斯坦对"私人语言"的批判的观点引起了学界莫衷一是的激烈争论,但其理论上的积极意义却是显而易见的。这种意义表现为,一方面,它把语言哲学关注的目光从语言的陈述性质转向其交往性质,从主客关系维度转向主体间关系维度;另一方面,由于语言是思维的存在形式,因而对语言的社会性质的强调必然使人的认识活动中的社会性质得以彰显,从而其对"私人语言"的消解,最终意味着是对以笛卡尔为代表的把"我思"视为绝对前提的主观唯心主义的认识论路线的批判。

人们看到,这种对语言的社会交往性质的强调不仅体现在维特根斯坦的学说里,而且也为哈贝马斯所津津乐道。与那些热衷于"语义学"的语言哲学家不同,哈贝马斯提出了一种所谓的"普遍的语用学"理论。该理论认为,一旦我们把语言置入人们的实际使用之中,我们就会发现语言的实际使用并非是主观的、私人的而是客观的、公共的。人们一开始说话就设定了听者这一他人的存在,就设定了他人对其语言所涉事件的评价和认同。因此,语言的使用不仅有关命题内容的指涉,而且有关作为"非语句的力量"的人际关系的约定;不仅有关"认识式的运用",而且有关"互动式的运用",且前者之能否成立只有使其置身于后者之中才能确定和验证。这样,一种"普遍的语用学"的建立就为我们揭示了语言的社会交往特性,揭示了语言的认知性质与语言的交往性质二者之间实际上是须臾不可分的。

总之,维特根斯坦和哈贝马斯的上述理论的提出,通过对语言与交往的内在关系的强调,大大深化了人们对人类认识活动中所固有的社会性的认识,从语言哲学层面上丰富和拓宽了人类的认识论理论。

## 第五节　证伪问题

20世纪以来,随着科学技术的蓬勃发展,科学技术对社会发展的作用和影响日益凸显,科学因而得到了社会的普遍关注和重视,在这种背景下,科学哲学也得到了充分的发展,成为现当代哲学中具有重要影响的一个分支。早期的科学哲学以三代实证论代表,其中以孔德为代表的实证主义属于近代,而以马赫为代表的第二代实证论(经验批判主义)处于近现代之交,产生于20世纪20年代初的第三代实证论,即逻辑实证论则为现代科学主义思潮的最重要的代表。逻辑实证主义(后来大多数逻辑实证主义者更倾向于将其称之为"逻辑经验主义")是20世纪60年代以前的最重要的科学哲学派系,其阵容强大、代表人物众多,可以说,逻辑实证主义自其产生后的近半个世纪内在科学哲学领域一直维持着统治的地位,几乎成为这一时期的科学哲学的同义语。而首先打破这种维持了近半个世纪的局面的便是波普尔的证伪主义的科学哲学,自此以后,科学哲学的新理论层出不穷。总体看来,20世纪以来的科学哲学经历了从逻辑实证主义到波普尔的证伪主义哲学再到历史主义、新历史主义的演变。

科学哲学中涉及众多的认识问题,其最突出的问题便是证实与证伪、科学的结构与科学的发展的问题。

### 一、证实与证伪

证实与证伪的问题,从某种意义上可以看成是休谟问题的深化。逻辑实证主义与波普尔都部分接受了休谟的思想,放弃了对知识的绝对可靠性和确定性的要求,但又分别提出了自己的不同见解。

与古典经验论者培根、洛克等不同,逻辑经验(实证)主义对前者的两个基本的思想,即经验基础的确定性和归纳推理的可靠性都做了改造,不再将其视之为绝对的、必然的,而用或然性的经验基础和具有一定概率的假说代替了确实无误的经验基础和绝对的证明。逻辑实证主义的证实理论把辩护与证明分开,认为普遍的科学命题虽不能证明但仍是可以辩护的。他们把陈述、语句分为两类,即理论陈述和观察陈述,认为观察陈述或数据是科学语言、理论陈述有意义的唯一根源,又是为其辩护的唯一证据,是理论陈述的基础(后来的实证主义者已不再坚持这两类语言的划分)。以逻辑实证主义者卡尔纳普为代表的现代归纳主义者认为,只有当一个理论、假说能够被证实,或概然地被确认(即其概率很高)时,我们才应接受它,且概率的高低、大小是对理论、假说取舍的依据。我们追求的是概率最大或更大的理论。

与逻辑实证主义相反,波普尔认为,人们绝不能够为关于一个理论是真的这种信念提供任何辩护的理由,对于普遍命题的确认的可靠性并不因检验的次数增加而提高。在波普尔看来,科学追求的(或者说其目的)并不是要提高理论的概率,得到概率更高的理论,而是要得到更好的理论。在理论中存在确实性与深刻性两种理想的矛盾,逻辑实证主义者想通过牺牲科学的深刻性而换取可能得到的近似确实性,但却并不能够使确实性的追求得以实现。波普尔甚至不无讽刺地说:"如果高概率是科学的一个目标,那么科学家就要尽可能少说,最好只说些同义反复的话。"① 波普尔在这两个方面中做出了与逻辑实证主义相反的选择,他选择了深刻性。他认为,一陈述的概率越高,其内容就越贫乏,由其能推导出的陈述就越少,故逻辑实证主义实则是把追求内容越来越贫乏的理论看作是科学的目的。与之相反,波普尔把内容不断增加视之为科学的目的,科学家所要获得的是内容最丰富的理论。与实证主义不同,波普尔所说的较好的理论实际上是一种具有可证伪性的理论。

因此,与逻辑实证主义所提出的证实原则相反,波普尔提出了著名的证伪原则,并以此作为他的科学与非科学的划界标准。他认为科学与非科学的区别不在于能否证实而在于是否具有可证伪性。科学命题绝大多数都是普遍性的全称命题,它们是不可证实的,但却可以证伪,只要出现一个反例便可证伪某种理论或假说。由于一种科学理论的可证伪性的程度越高,其内容就越丰富,而同时它的概率就越低,故科学的目的恰恰是要得到概率最低的理论,而不是相反的。

## 二、猜测与反驳

逻辑实证主义的证实与其对"真"的追求是一致的。在现代归纳主义者看来,一个理论的概率与其"真"是有密切关系的,它表明我们相信该理论为真的合理性程度。一理论与其经验证据越接近,超出已被经验确定的陈述越小,我们就越有理由相信它是真的(概然的真)。而其最高的概率或确认值"1"相当于真,最低的概率"0"则相当于假。这样,对一理论的确认程度的认识与对其真伪的认识便是具有一致性的。波普尔的看法与之不同,他认为理论的内容越丰富或可证伪性越高、概率越低,其确认程度才越高。在此,确认与真值、真理是两回事。波普尔早期并没有把得到真的理论明确地视之为科学的目的,而只是把理论内容的不断增加视之为科学的目的,而理论内容的不断增长的过程也就是知识增长和科学发展的过程。

逻辑实证主义者更关注科学理论的逻辑结构,侧重于对科学理论进行静态的考察;而波普尔则不同,他更重视科学知识的发展,并以建立相应的方法论为己任。他认为:"认识论的中心问题历来是而且现在仍是知识增长的问题,而研究知识增长的最好途径是研究科学知识的增长。"② 与逻辑实证主义注重经验归纳法不同,证伪主义主张假说演绎法,认为科学家

---

① 波普尔. 猜想与反驳[M]. 傅季重,等译. 上海:上海译文出版社,2005:410.
② POPPER K. The Logic of Scientific Discovery[M]. London:Hutchinson press,1959.

的任务在于构造假说或理论,然后用实验和观察检验它,其基本形式便是猜测——反驳,是试错法。科学知识正是通过猜测与反驳的不断循环而增长和进步的。他还认为,理论假说的提出首先从问题开始,而不是从观察经验开始,为解答特定的问题(P1)而提出尝试性的理论或假说(TT),再通过证伪消除错误(EE),接着又产生新的问题(P2),如此循环往复。上述说法可以表述为一个公式,即 P1—TT—EE—P2。其中的"TT"亦即猜测,而"EE"也就是反驳,这表明猜测与反驳的循环是以问题为媒介的。波普尔的方法论是一种规范的方法论,他试图为科学家的科学研究和发现过程制定应该遵守的规范,并认为只有符合这些规范的科学行为才是合理的。波普尔早期曾坚持假说一旦被证伪便应被抛弃,毫不留情,不应想方设法(如增加特设的假定等)地来保留它、挽救它。后来,波普尔的看法有些改变,对证伪主义采取了一种较为弱化的形式,对证实主义的态度也比以前显得宽容了许多。

波普尔的证伪主义的科学方法论旨在建立能指导科学家进行研究和发现的规范。而要建立这样的规范就不能脱离科学史。既然这种规范是科学家在科学研究和发现中都应该或必须遵守的,那么这种规范也应是以往的科学实践实际上遵守的,否则就无以往的科学发现和进步可言。故科学发展的模式必须是建立在科学史实的基础之上的,必须是与科学实践及历史发展的现实过程基本一致的,也就是说,波普尔的科学发展与进步的模式内在地要求来自科学史的支持。

### 三、波普尔以后的科学哲学

波普尔之后的科学哲学开始从逻辑主义转向历史主义,后者一方面继续了波普尔对逻辑实证主义的批判,从根本上清算了其立场,推翻了逻辑实证主义在科学哲学中的统治,另一方面也对波普尔的证伪主义提出了诘难和修正。在历史主义者看来,波普尔的证伪主义与逻辑实证主义虽有不少区别,但也有许多一致之处,且一致之处是更根本的,这也决定了波普尔不能从根本上动摇逻辑实证主义的地位。

逻辑实证主义的重心是科学理论的逻辑结构,而这种逻辑结构是非历史性的,他们不重视科学发展的问题,波普尔的证伪主义哲学则将重心放在科学发展、知识增长上,他在批判了逻辑实证主义的同时,使自己的科学哲学、科学发展的模式与科学史密切地联系起来。科学发展的合理建构内在地需要科学史的支持,然而,正是在这一点上,波普尔哲学陷入了窘境,因为波普尔的证伪逻辑与科学发展的基本史实不相符,甚至是相悖的,而这也正是历史主义的科学哲学对证伪主义的最有力的批驳论据,是科学哲学从逻辑主义向历史主义转化的内在根据。

托马斯·库恩首先对波普尔发难。作为科学史家的库恩认为,纵观科学史,以往的科学家在科学研究和发现中并未实际上遵循过波普尔的发现逻辑的证伪方法。费耶阿本德也认为,科学发现的逻辑一旦面对科学史的研究结果,便会遇到不可克服的困难。实际上,甚至被波普尔所津津乐道的那些他所认为的科学史上的典型的证伪例证也并不符合科学的史实。如果科学家们真的遵循了波普尔式的方法论规范,那么,哥白尼、牛顿、麦克斯韦等人的理论恐怕早就被扼杀在摇篮里了。正是由于科学家们没有因被认为是反例的东西的存在而像证伪逻辑所要求的那样放弃这些理论,才有了对科学界产生深远影响的哥白尼、牛顿等人的理论的发扬光大。可见,波普尔的科学发展模式并不是科学的历史事实的合理重建,它作为规范的方法论是不妥的,甚至是对科学发展有害的。

库恩还提出了著名的"范式"理论,所谓"范式"是一定时代的科学家的理论上或方法上的共同信念,而该信念不是一成不变的,而是随着时代的改变而改变。这种范式理论认为,科学并没有普遍适用的方法论规则,方法论规则是随范式的不同而异的。从科学史上看,即使是在某一时期为科学界公认的方法论规则也是被科学家,甚至是一些最杰出的科学家不断地违反的,但却并不因此妨碍了他们事业上的成功。库恩用其范式理论对这些证伪逻辑无法解释的现象做出了自己的解释和说明,他的解说总的来说是心理学和社会学的,并带有浓重的非理性的色彩。

费耶阿本德也是既反对逻辑实证主义又反对证伪主义逻辑的,他认为这两者虽有区别,但作为"逻辑重建者"两者则是一致的,而这也是历史主义所着重反对的。他并不笼统地反对方法论,着重反对的是规范的方法论,是永恒不变的规则及所谓的唯一正确的方法。他的方法论可以用一句话概括,即"什么都行",各种方法在特定的条件下都有用处,故他的哲学被通常称之为无政府主义的科学哲学。

拉卡托斯与波普尔有着更多的一致之处,他的科学哲学可以看成是对库恩等人对波普尔的挑战的应战,但他并不是简单地维护波普尔的理论,而是对其进行改造,并部分吸收了库恩等人的观点。他的哲学更确切地说可看成是上述两者的综合,虽更倾向于波普尔但也有历史主义情结。故拉卡托斯既可以说是一个精致的证伪主义者,也可说是一个新历史主义者。拉卡托斯修改了波普尔的朴素证伪主义的一些重要的观点,认为波普尔哲学与事实不相符合之处主要有两点:一是认为一个检验只涉及理论和实验的双方的对抗和斗争;二是这种对抗唯一有兴趣的结果是(决定性的)证伪,而唯一真实的发现是科学的理论或假说的被反驳、驳倒。科学史告诉我们的却是:第一,检验是相互竞争的理论与实验之间至少三方面的斗争对抗;第二,有些最有兴趣的实验显然是以验证、确认而非证伪为结果。拉卡托斯认为在此可以有两种选择,一是库恩的选择,即放弃对科学的成功给予合理解释的努力,这样也就放弃了科学发展的逻辑,另一是他自己的选择,即改造前述的两个与科学史不符合的基本观点为特征的素朴的证伪主义,使其在这两点上与他认为的科学史相符,从而建立一种精致的证伪主义。他反对库恩的非理性倾向,而致力于合理性的追求,他把科学哲学界定为"科学合理性的理论"。拉卡托斯的这种努力是有一定积极意义的,但是把科学哲学视之为专门研究科学知识发展中的合理性问题显然过于狭隘了。此外,他要求科学活动必须遵守他的规范方法论显然是不恰当的,甚至是不正当的。同样反对库恩和费耶阿本德的新历史主义者夏皮尔、萨普等人对拉卡托斯科学哲学狭隘的见解也表示不满,并在其建立的新历史主义哲学中提出了若干超越拉氏的狭隘见解的重要观点。

总之,波普尔之后的科学哲学最重要的发展便是转向历史主义,它们或完全放弃逻辑主义、合理性的追求,或在不同程度上承认历史的优先性,且程度不同地继承和修正了逻辑实证主义和波普尔证伪主义的某些见解,并提出了许多重要的认识问题(如认识方法问题,科学史与逻辑、方法论的关系问题,认识发展的合理性与非理性问题等)。

1. 何为休谟问题,它有何认识论意义?
2. 康德提出了哪些重要的认识论问题,有何深远的影响?
3. 如何理解真理与效用的关系?
4. 认识和语言有何关系?
5. 意义与真假有何关系?
6. 证实与证伪有何不同?
7. 波普尔之后的科学哲学有何重大的变化?

# 第十二章

## 科学的实践观

> 哲学家们只是用不同的方式解释世界，问题在于改变世界。
>
> ——马克思

实践的观点是马克思主义认识论之首要的和最基本的观点。科学的实践概念被引入认识论，导致认识论发生了深刻的革命性变革。马克思主义以前各个时期的思想家特别是哲学家，对于人类认识及其各个方面的相关问题大都提出过自己的理论和见解，这些见解中的正确或有益的部分成为马克思主义认识理论的直接或间接的思想资料，但从总体上看，在认识的本质、认识与实践等核心问题上，以往诸多关于认识的理论大多囿于其时代或学术倾向的局限，未能提出更为合理与科学的解释，究其原因，关键在于以往的思想家大都未能从"社会的物质生产方式"这个基本视角对实践做出正确的说明。马克思主义创始人从新的世界观和方法论角度出发，在总结以往认识理论成果的基础上，抓住实践这个核心问题，给实践范畴赋予了新的内涵，并在此基础上，较完整地阐述了实践概念的内涵、特点、构成要素、基本类型以及实践对于人类认识的作用与意义等重大的哲学认识论问题，从而创立了马克思主义的认识论。本章就马克思主义哲学所提出的科学实践概念诸方面问题进行探讨。

# 第一节 实践概念的历史发展与演变

在中、西方哲学发展史上,关于实践的概念并非近代才产生,在古代希腊和我国宋代便已开始使用这一概念,但表达的方式及概念被赋予的含义由于时代和文化背景的差异而有着很大的区别,人们对于这一概念的认识、理解、运用经历了一个发展、演变的过程。

## 一、实践概念在西方哲学中的发展与演变

实践一词,其英语表述为 practice。在词源学的意义上,它与很多词义相近,比如习惯、练习、实习、实际、实行等。从实践范畴来看,它并无某种确定不变的含义,而是经常在上述几方面的词义上被使用。据文献记载,较早使用实践这一范畴的,是公元前古希腊哲学家苏格拉底,他在某次辩论中说:"只要一息尚存,我永远不停止哲学的实践。"[1]他所谓的实践是指哲学理论教育的活动。亚里士多德在谈到经验和技术的问题时,也运用了实践的概念,他认为:"在实践上,经验并不低于技术。"[2]这里的"实践"更多地具有"实际活动""操作过程""行动"等意思。在自然科学的领域中,实践概念运用得较为频繁,而且大多是在实验的意义上来使用这一概念。例如,中世纪后期的英国哲学家,僧侣罗吉尔·培根就认为:"实验的本领胜过一切思辨的知识和方法,实验科学是一切科学之王。"[3]在18世纪的法国,以狄德罗为首的法国唯物主义者从自然科学的研究结果出发,直观地概括出实践具有判断认识是否正确的作用。狄德罗在阐述其唯物主义认识论时反对用经验作为标准来判定认识的真理性,认为用感觉作为检验事物的标准是"不确定"的。在他看来,认识的正确与否取决于它和事实的符合程度,他认为知识"只有在和外界的东西联系来时才成为坚实可靠的。"[4]为此,他提出来三种认识方法,实验是其中一个重要的方法,在他看来实验能够将认识和实际事物连接起来,使知识的正确性得到说明。科学实验的发展在狄德罗的时代已经要求人们认真思考实践与认识之间的关系这一重大的问题了。

在近代西方的哲学史上出现了不同理论立场的实践概念。一是把道德伦理活动理解为实践。西方认识史上有这样一个传统,即将研究自然界的学问和研究社会的学问加以区别,前者称为所谓理论哲学,后者则称为实践哲学。康德的《纯粹理性批判》是处理认识问题,也就是理论哲学即认识论,而他的《实践理性批判》涉及的是社会现象即实践哲学。康德认为

---

[1] 北京大学哲学系外国哲学史教研室.西方哲学原著选读:上卷[M].北京:商务印书馆,1981:67.
[2] 北京大学哲学系外国哲学史教研室.西方哲学原著选读:上卷[M].北京:商务印书馆,1982:156.
[3] 北京大学哲学系外国哲学史教研室.西方哲学原著选读:上卷[M].北京:商务印书馆,1982:288.
[4] 狄德罗.狄德罗哲学选集[M].北京:商务印书馆,1983:61.

认识论主要解决世界"是怎样的"这一问题,而实践理性则解决世界"应当是什么"的问题。在康德看来,自然界和社会似乎具有某种对立的性质,在自然界起作用的是必然性、盲目的力量,这种必然性无法由人的意志去左右,也不会根据人的好恶而改变,自然界只是按照它自己"应当是"的那个样子在发展。而社会生活中起作用的是实践理性,是所谓善良意志。善良意志作为实践理性所规定的道德规律被康德表述为"不论做什么,总应该做到使你的意志所遵循的准则永远同时能够成为一条普遍的立法原理"①。通俗地说,所谓实践理性是人们应当怎样做的标准,是人们"应当如此"的准则和道德行为规范,是摆脱经验、感性欲望的干扰的道德最高境界。可见,康德哲学是从道德伦理活动出发理解实践概念的西方哲学典型。

二是彻底唯心主义立场的实践观。站在彻底唯心主义立场解释时间概念的有两个代表人物。一个是主观唯心主义者费希特。费希特认为,"实践"是"自我"创造"非我"的能动的活动;人作为绝对自由的实体不但是不受限制的,而且是创造一切的。费希特把实践的主体设定为精神性的自我,把实践的过程等同于人的主观任意的精神作用,是典型的主观唯心主义和唯意志论的实践观。另一个是客观唯心主义者黑格尔。黑格尔提出了实践理念,不过他是站在客观唯心主义立场上解释实践理念。黑格尔论述了精神和思维现象进展过程的基本逻辑。他提出了绝对理念、理论理念和实践理念三个概念。黑格尔认为,理论理念的任务是消除主观性的片面性,即接受存在的世界,使真实有效的客观性作为思想的内容;而实践理念高于理论理念,它的任务在于扬弃客观世界的片面性,按照主观要求的内在本性去规定并改造客观世界的事物与现象。黑格尔把实践理念与理论理念相区别,指出实践理念中包含着主体与客体的矛盾,体现了人的意志的主体性因素及其积极性,有其理论合理性,并体现着辩证法的因素。但是在黑格尔看来,实践理念是达到和实现"绝对理念"的一个必经思维环节,它是一个纯粹的精神现象。黑格尔讲的实践实际上是抽象的思维活动与精神活动的一个环节,是将实践限制于精神、观念的活动范围。因此,在黑格尔那里,实践的本质仍然是观念的或理念的活动,不是现实的、物质的实践活动。

三是基于日常生活的实践概念。18世纪的法国唯物主义者以及后来的旧唯物主义者费尔巴哈都把实践理解为尘世的日常生活。费尔巴哈继承了18世纪法国唯物主义的传统,把实践理解为合乎人性并保护和发展人性的活动。但是,由于费尔巴哈没有真正理解什么是人类的现实的感性的活动,认为生活就是吃、喝、享用对象的活动等,把实践归结为只是生物学意义上的应对环境的活动方面,把人的实践等同于动物的消极适应自然的本能活动。所以,费尔巴哈对实践内容的理解是偏狭的。

德国古典哲学中的唯物主义者费尔巴哈在对黑格尔的批判中恢复了唯物主义的地位,他从唯物主义观点出发,在感性与理性、直接经验与间接经验、真理的标准等问题上比18世纪唯物主义有了较大的发展与进步,但是他过于强调感性直观对于认识的作用与意义,认为

---

① 康德.实践理性批判[M].北京:商务印书馆,1999:30.

感性是认识的基础,是真理的准绳,将感性生活作为实践的全部内容来理解。在费尔巴哈看来,实践只是抽象的个人带有功利色彩的感性活动以及哲学家为解决理论难题而进行的活动。与黑格尔相比,费尔巴哈的实践观念是建立在唯物主义基础之上的,但他却停留在对实践进行感性直观的解释上。黑格尔把"实践"看作是"绝对观念"发展过程的一个环节,表现了其唯心主义的本质,但却用实践理念论证了思维运动的能动性特点。对此,马克思指出,费尔巴哈"对于实践只是从它的卑污的犹太人的表现形式去理解和确定。因此,他不了解'革命的''实践批判的'活动的意义。"①而"唯心主义是不知道现实的,感性的活动本身的"。所以,德国古典哲学时期的思想家虽然从不同角度、不同层面都提出了实践的问题,却没能揭示出关于实践的真正科学的含义。

## 二、中国哲学史上的"知""行"观

在中国哲学史上,实践就其原意来说是实行、践履、行动的意思,它作为"行"和"知"相对应的范畴。在大多数哲学家那里,所谓行主要指的是个人的道德践履、个人的品德修养等活动与行为。因此,它们所讲的知和行的关系,主要是道德知识和道德行为的关系,而人民群众的社会物质生产活动和社会变革活动则不在他们的视野之内。社会生活中的所谓"君子""小人"之分,就是建立在这种道德认知与道德行为关系的基础上。这种个人道德型的实践观显然是十分局限的。

1. 道德意义上的"知行合一"论

中国哲学史上占主导地位的儒家都有知行合一的思想,尽管他们中间有的重知,有的重行,尽管"知行合一"的命题直至王阳明才明确提出。例如,孔子反对"言过其行",孟子主张"养"浩然之气,将善端扩而充之"强恕而行",朱熹也讲知先行后,但仍认为知行不可分离:"知行长相须,如目无足不行,足无目不见。论先后,知为先;论轻重,行为重"。王阳明更明确地提出"知行合一"说。王阳明认为,"知"与"行"是一件事情的两个方面:"知之真切笃实处即是行,行之明确精察处即是知,知行工夫本不可离。"②他也认为"知"与"行"是一个过程,即所谓"知是行的主意,行是知的功夫。知是行之始,行是知之成。若会得时,只说一个知,已自有行在;只说一个行,已自有知在"③。但是,在王阳明那里是专从道德意义上讲"知行"关系,几乎不从认识论意义上讲"知行"关系。所以,在他那里,知与行相合一的程度达到了前人所未曾达到的最高峰。王阳明所谓"一念发动处便是行"④更多是指道德意义上的行。若把它当作认识论上的问题,则知与行就有区别了。所以,从道德论上说,念善便是道德,念

---

① 马克思,恩格斯.马克思恩格斯选集:第1卷[M].北京:人民出版社,2012:133.
② 王守仁.传习录译注[M].北京:中华书局,2018:198.
③ 王守仁.传习录译注[M].北京:中华书局,2018.
④ 王守仁.传习录译注[M].北京:中华书局,2018.

恶便是不道德,王阳明所说的"一念",主要是指道德意义之"念"。道德意义之"念",就是道德意义之"行"。因为道德行为是要讲动机("念")的,有什么样的道德动机,就有什么样的道德行为,因此知行合一。

　　道德意义上的"知行合一"思想与中国文化中的"天人合一"思想有密切关系。可以说,"知行合一"就是为了达到"天人合一"的最高境界。"知行合一"是方法、手段,"天人合一"是理想,是目标。孟子认为,人的善端乃"天之所与我者",但必须扩而充之,"强恕求仁",也就是说必须通过修养之行,反身而诚,才能达到与天为一、天人合一的境界。朱熹所讲的"知行常相须"中的知,就是知"天理",而所谓的天理的主要内容就是"仁"。仁者何也?孔子曾有经典解释,即"仁者爱人"。在朱熹那里,"仁"就是有道德意义的义理之天。在朱熹看来,循理而行,即可达到"与理为一"的天人合一之境。

　　中国古代的道德哲学与知行合一学说,几乎是互为表里的关系。道德意义上的最高之"理",就是天理,以天理而定行为,就可达到"天人合一"的境界。王阳明的知行合一说,最明显地表达了它与天人合一说的密切关系。王阳明所谓的知是指"良知",所谓的行是指"致良知"。王阳明的"良知"是先验的道德意识。王阳明说:"知是心之本体,心自然会知:见父自然知孝,见兄自然知弟,见孺子入井自然知恻隐,此便是良知,不假外求。"[①]在王阳明看来,"良知"是"心之本体",他说,"心者身之主也,而心之虚灵明觉,即所谓本然之良知也"[②]。王阳明认为,当人不为私欲所遮蔽时,人既能"自知"其良知,也能实行此良知,所以,"知行合一"的本质就是"天人合一"。但因私欲障碍,人往往不能实行其良知,知行分离,于是天人相隔,这既不是知行合一,也不是天人合一。只有"去其私欲之蔽,以自明其明德",也就是致良知,实行良知,才能回复到天人合一,做到知行合一。王阳明以后,天人合一与知行合一的思想逐渐衰退,西方传统哲学中占主导地位的主客二分的思想逐渐进入中国。主客二分式的一个主要特点是从主体与客体原本外在,彼此对立,而主体又通过发挥主体性而认识客体和改造客体,从而达到主客体的统一。这样,以道德意义为核心的知行合一的思想,也就逐渐为认识论意义上的认识与实践的思想所代替。

　　2. 时间意义上的知行关系论

　　在知行关系上,除了以王阳明为代表的知行合一论外,从时间特征上分析,还有以下几种观点。

　　其一,先天而"知"的先验论思想。例如孔子认为人有"生而知之"与"学而知之"之分,孟子则认为认识不假外求,只要"尽心"就可获得知识,用他的话说就是:"人之所不学而能者,其良能也;所不虑而知者,其良知也。"孟子所言"良知"并非从实践中得来,而是"天之所与我者"。至北宋、明清时期,理学唯心主义者程颢、程颐从先验论的认识论出发,认为人的一切

---

[①] 王守仁. 传习录译注[M]. 北京:中华书局,2018.
[②] 王守仁. 传习录译注[M]. 北京:中华书局,2018.

知识"皆出于天",说什么"良知良能,皆无所有,乃出于天,不系于人""人心中莫不有知,惟蔽于人欲"。这些看法反映了在认识来源问题上的先验唯心主义观点。

其二,"知"先"行"后的思想。例如宋代朱熹提出所谓知先于行的说法。他认为"行"是由"知"决定的,要行必须先明理,"义理不明,如何践履?"朱熹所谓"知"是指人们对"义理"的认识和掌握,"行"是履行当时封建道德规范的道德实践活动。在他看来,只有掌握了封建道德规范,才能进行道德实践。

其三,"行"先"知"后的思想。例如,明代王廷相提出"行"对于获得"真知"的重要性。他以航海为例,认为要学航海,仅从理论上知道把舵、用橹的原理是不行的,一旦真的在水上航行,就会因遇到风浪或暗礁而失败,原因在于只凭主观臆测、只知理论是无法真正了解航海到底是怎么一回事的。所以他说人们如"不在实践处用功,人事上体验"就无法获得真知。

其四,知行相资并进的思想。例如,明清之际的王夫之承继唯物主义传统提出"行则知之""知行相资"的观点,强调知、行之间的相互联系及"行"对"知"的重要性。与王夫之同时代的唯物主义者陈确对知行关系做了更好的表述,他指出:"知行并进,故知无穷,行亦无穷,行无穷,知愈无穷,先后之间,如环无端"。虽然陈确讲的"行"还不具有社会实践的意义,但他却看到"知""行"之间的辩证关系,是有一定价值的。

应该指出,中国古代思想家关于"行"的概念,有的是指伦理意义上的个人道德实践活动;有的是指"闻之见之"的感觉经验;有的是指个人求知的学习活动。这些理解和内涵规定和现代的实践概念相比,是有很大的局限性的。此外,关于知行关系的思想,不管是"知行合一"、知先行后、还是行先知后的观点,也都解释了知行关系上的一些片段性特征。这些具有片段特征的知行关系思想,虽然不具有整体性与全面性,不具有科学性,但还是提供了一些重要的思想资源。特别是知行相资并进的思想已经接近现代实践论思想的某些特征。这些局限性和不科学性,以及一些唯心主义的前提,主要是由于我国古代特殊的文化特征和科学发展不足的背景,以及时代的历史条件所决定的,对其中具有积极与合理的思想成果我们仍然是要给予充分肯定的。

中西方哲学发展史上关于实践概念的理论与观点,是各个不同历史时期的思想家、理论家对于理论与实践关系以及实践活动本身所做的经验概括和理论总结,反映了人们对于人类思维—自然界—人类社会相互关系的认识,每一个时期对于实践概念所提出的新的理解和解释都使得人们关于实践,关于实践与认识的关系,以及实践在人们社会生活中的地位与作用的认识逐渐清晰明确并更具有真理的成分。这些理论和观点为马克思主义关于实践的理论提供了丰富的资料。

### 三、马克思主义对实践的理解

马克思主义哲学的创立既是马克思主义理论创始人对所处时代重大问题的理论概括,也是对人类思想史的扬弃与发展。与以往哲学有本质的区别,马克思主义哲学的最主要特点是将实践作为其哲学的坚实基础,从实践的能动性方面来理解精神现象和社会历史,从而使其哲学不再限于"解释世界",而将"改造世界"作为主要目标。

1. 实践的本质

对实践概念的科学说明,并不是一个思辨的理论游戏。从实践的角度和意义上来认识人类历史和人类社会的一切现实运动过程,是马克思主义哲学的独特哲学视野。从实践概念的基本理解来看,马克思一方面从以往哲学,特别是德国古典哲学中吸取了关于实践观念的有价值的观点,另一方面,对实践的种种错误理解进行了分析与改造。

对于实践范畴基本理解的最重要表述是马克思在《关于费尔巴哈的提纲》中的一段重要思想,马克思指出:"从前的一切唯物主义(包括费尔巴哈的唯物主义)的主要缺点是:对对象、现实、感性只是从客体的或者直观的形式去理解,而不是把它们当作感性的人的活动,当作实践去理解,不是从主体方面去理解。因此,和唯物主义相反,唯心主义却把能动的方面抽象地发展了。"[①]马克思这段话对实践的说明包含三个层次的意义。

其一,对于实践,我们不仅要从"客体的方面"去理解,而且要从"主体的方面"去理解。旧唯物主义者包括法国机械唯物主义者和费尔巴哈,虽然坚持了唯物主义的立场,但对于世界、认识对象只是站在消极、直观的立场上去说明,将主体及其发展置于自然界的发展之外,因此无法正确地解释人类社会及其历史发展。在马克思主义看来,人类活动与动物的活动不同,人类不仅能够通过实践改变自然物质形态,而且能够使自己的生命活动变成自己意志和意识的对象。也就是说,人类实践活动具有双向的性质:一方面自然界打上人的烙印;另一方面人的物质生产实践活动及主体精神创造活动能力不断发展、升华。离开了社会性的实践活动很难对人及人所赖以生存发展的外部世界之间的关系做出正确的说明。

其二,实践活动既不是纯粹意识的活动,也不仅仅是抽象的个人的感性生活,它是人类有目的适应、改造以及协调人与自然关系的客观物质性活动。在黑格尔哲学中,实践虽然被给予了很重要的地位,但他所谓的实践只是其绝对理念发展过程中的一个环节,是纯粹意识的外化阶段。他虽然也提出实践是有目的改造世界的活动,但这种活动并不是指以物质生产方式为主要内容的实践活动,黑格尔只是"抽象地发展了"实践活动的"能动方面"。旧唯物主义思想家特别是费尔巴哈将实践归之于一种单个人的感性活动,对客体、物只是从直观的方面来理解,把主体、人放在一个与这个世界毫不相关的位置上来"看"世界,因此,无法理解和说明人的认识的本质、主体与客体的相互关系,以及发展的世界与人的关系。马克思从主体的实践性活动出发,揭示出实践真正科学的含义在于:它不仅是人们改造世界的客观活动,而且是一种社会性的历史的活动,人连同自己的肉体、精神都成为这种实践活动的内在组成部分。马克思曾指出:"意识一开始就是社会的产物,而且只要人们存在着,它就仍然是

---

① 马克思,恩格斯.马克思恩格斯选集:第1卷[M].北京:人民出版社,2012:133.

这种产物"①,对实践要从"主体方面"与"客体方面"的统一中来理解其意义才是马克思主义实践观的应有之义。

其三,实践活动既是主、客体矛盾存在的基础,也是主客矛盾不断解决的条件。在人类从自然界分离出来的过程中,人们为满足生存和发展处在和自然既对立又统一的关系之中,从最初对自然现象及规律知之不多,到自然逐步"人化",这一过程是在实践特别是基本的物质生产实践活动中实现并不断发展的,所以离开了实践就无法理解自然界和社会的历史发展,也无法理解人类自身及精神发展的特点。

2. 实践的特点

实践是人们有目的、有意识改造世界的客观物质性活动,这种活动本身便是人类基本的存在方式,是人类一切活动的基本内容。实践活动作为"人"的活动,其与动物的行为有着本质的不同,动物为了自身的生存,也会以其特殊的行为来获得食物、繁衍后代、趋利避害,自然界也会因此而被打上某种印记。尽管如此,一般动物也只是"自然存在物",而只有人是唯一通过自身活动而自为存在的动物。与动物行为相比,人类实践活动有着显著的特点。

(1)实践活动具有能动性。马克思指出:"动物仅仅利用外部自然界,单纯地以自己的存在来使自然界改变;而人则通过他所作出的改变来使自然界为自己的目的服务,来支配自然界。"②人类实践活动不管简单还是复杂,总有目的性,目的由人的需要而产生,为达成某种需要又产生多种其他需要。这种为满足诸多需要而产生的需要的活动便表现出极强的自为性,人们凭借这种活动,使外部的存在物和自己的活动服务于自己的自为目的。人类实践的能动性也表现为自觉性,人们既能通过自身的活动把自己和自然界加以区分,同时能够通过思维活动观念地掌握对象世界及其发展规律,从而自觉地制订计划、描绘蓝图并通过对自己内心和行为活动的自觉控制来达成某种目的。所以马克思指出:"一个种的全部特性、种的类特性就在于生命活动的性质,而人的类特性恰恰就是自由的自觉的活动。"③人类实践的能动性还表现为创造性。动物凭借感性活动能够对关系自身存在的自然现象做出直观的反映,但它们却不会通过改变自然存在物的形态来满足自身的需要,人类可以某种对象性活动使自然发生有利于人的变化,甚至创造出自然界所不具有的精神的和物质的存在形态。现代科学的发展和社会的进步对此已做出有力的证明。

(2)实践活动具有直接现实性。人类的实践活动和实践意识的发生是如影随形的,也就是说,实践是有意识的人的活动,但意识活动不管怎样反映并参与实践活动的全过程,它主要还是具有精神上的意义。而实践活动无论从发生、过程、结果还是手段与方式都具有物质的感性内容。诚如马克思所说的那样:"人不仅像在意识中那样理智地复现自己,而且能动

---

① 马克思,恩格斯.马克思恩格斯选集:第1卷[M].北京:人民出版社,2012:161.
② 马克思,恩格斯.马克思恩格斯全集:第20卷[M].北京:人民出版社,1971:518.
③ 马克思,恩格斯.马克思恩格斯全集:第42卷[M].北京:人民出版社,1979:96.

地、现实地复现自己,从而在他所创造的世界中直观自身。"①列宁也明确指出,实践不仅具有普遍性的优点,而且还有直接现实性的优点。这种直接的、感性的、现实性活动是人类实践活动与非实践活动的主要区别。理论不过是客观现实必然性的正确反映,是主观符合于客观的抽象,它不能直接引起客观现实的变化,因而不能为我们直接提供现实的成果。理论是主观的东西,要使主观的东西变成客观的东西,首先必须通过人们的实践,使理论现实化。即使是正确的理论,它本身也没有直接的现实性,只具有间接的现实性。这种间接的现实性,只有通过人民群众的实践,才能转化为直接的现实性。实践的直接现实性,还表现在:任何理论,检验其正确与否的客观标准只能是社会实践。因为即使是正确的理论,也只有在实践中才能显现和证明自己。只有实践,才具有把主观思想和客观世界联系起来的特性,因而才成为检验真理的唯一标准;科学理论,其全部生命力就在于能指导实践,并在实践中不断地得到检验、丰富和发展。脱离了实践的理论,只能是僵死的教条。

(3)实践具有社会历史性。人类实践活动的过程便是人之成为人的过程,这个过程也是人类组织化、社会化的过程。所以,人类实践一开始便具有了某种社会的性质,在社会化的实践活动过程中,实践不断地由较低水平向较高层次发展,实践方式、手段、条件不断地被改变,人与其所处的周围世界的关系也不断发生变化,尤其是实践活动不仅改变人类存在的条件和环境,同时也改变了人类的主观世界。每一个时代的人们都以前人所提供的实践环境与条件为基础,进行新的实践活动,离开了社会的那种单个人的活动是无法进行的。同时社会发展的历史从某种意义上来说,就是人类实践发展过程的历史,实践不是单个人所进行的某种静态的活动,而是以物质生产方式为基础的不间断的动态历史过程,每一代人都继承前人的实践活动并不断创造新的人类实践活动的历史。

(4)实践是主体利用工具与客体相互作用的过程。实践活动也是实践主体借助于实践手段与实践客体相互作用的过程。实践主体就是从事实践活动的"人",把"人"作为实践主体来规定,是为了突出人的实践现实性。这里的人是指实践过程中的人,不是"一般的人",也不是"离群索居"的孤立人,更不是从事纯粹理论活动的"理论人"。用实践主体这个概念,突出地强调从事实际的、具体的改造物质世界的,面对具体改造对象,从事具体的实践活动的人。实践主体最主要的特征是其有目的的活动。实践的目的源于需要,这种具有社会性意义的需要首先是维持人作为自然存在物的需要,即物质需要。人类各种需要的产生是围绕实践而展开的,一方面,需要为实践活动提供动机和目的,另一方面,实践过程和结果又不断产生新的需要和提供满足这些需要的手段和条件。如人类科学技术的发展进入了大科学技术时代,大型、高速的超级计算机组既是人类科技实践的成果,也是科技探索进一步深入的工具,有了大型高速计算机组,科学家就可以从事更加宏伟的科学研究。

实践客体主要是指实践主体按照特定的目的并借助于手段加于其上的物质性对象。从

---

①马克思,恩格斯.马克思恩格斯全集:第42卷[M].北京:人民出版社,1979:97.

某种意义上看,实践对象与劳动对象具有同一性。客观物质实体作为实践对象,最初是自在地存在的,当它一旦成为主体活动的对象时便与实践主体一起构成实践活动的两极要素之一,从而使主体的对象性活动成为有意义的活动。从实践客体对于实践主体的关系看,一方面,实践客体对于实践主体的作用是双向的,另一方面,客体的性质、特点、表现形式及其运动规律规定着实践主体活动的方式和具体内容(比如物质生产实践活动的方式与精神生产的活动方式便由于实践客体的性质而有所区别)。一方面,实践客体由于主体的活动而不断发生形态和性质等方面的变化,并且为实践主体提供认识和改造世界的"内在尺度",另一方面,实践客体对于主体的活动产生制约作用。实践主体的活动带有某种自由自觉的特点,但这是有条件的,正如恩格斯在谈到历史活动及其规律时所指出的那样:"人们自己创造自己的历史,但他们是在既定的、制约着他们的环境中,是在现有的现实关系的基础上进行创造的。"[1]列宁也指出:"人在自己的实践活动中面向客观世界,以它为转移,以它来规定自己的活动。"[2]实践手段主要是实践主体作用于实践客体的工具,它是实践主、客体联系的桥梁和纽带。作为实践手段的生产工具,它本身以物质的形态存在,体现着实践活动的发展形态和水平,是物化的智力。从人类早期的石器时代到今天的信息化与大数据时代,工具的不断发展凝聚着人类实践的智慧,体现着人类实践经验和知识的不断积累和人类改造世界的本质力量。

3. 实践的基本形式

实践作为人们改造世界的物质活动必然通过一定实践活动的形式表现出来。这里所说的实践活动形式,是指人类改造世界的活动所涉及的领域与活动类型。根据人类实践所着眼的问题和基本方面来划分,实践活动主要包括生产实践、社会交往实践、科学技术实践几个基本类型。

其一,生产实践。按照马克思主义的观点,生产实践是人类为解决物质生活条件而进行的活动,它是人类一切活动的基础和前提,也是人类社会赖以存在和得以形成的基本方式。任何社会都必须进行生产以满足人们的生存需要,如果停止生产,哪怕时间很短,整个社会也难以生存,其他活动如精神的、艺术的活动也将无法进行。生产活动与经济类型是对应的,农业时代的生产活动主要是农产品生产,主要为社会的发展存续提供食品等。随着科技进步和生产力的发展,工业时代来临,生产类型便开始向工业消费品升级。在信息化与全球化相互强化的当下,生产活动也在全球范围内布局和展开,信息化的生产方式也成为最有效率的生产实践。在这个过程中,生产实践始终引领着产业和经济结构转型,进而引领着社会的发展转型。

其二,社会交往实践。随着生产实践方式的发展和变化,会引起社会生活各个方面的变

---

[1] 马克思,恩格斯.马克思恩格斯选集:第4卷[M].北京:人民出版社,2012:649.
[2] 列宁.列宁全集:55卷[M].北京:人民出版社,2017:157.

化，人们的生活方式、思维方式、交往方式等方面都会随生产实践方式的改变而改变。社会实践作为基本的实践活动方式，主要是改造社会与变革社会的客观物质性活动。人类的生产实践活动一开始便是结成一定的社会组织并在这种社会组织形式之中进行的，这个社会组织反映着人们以生产活动为基础而发生的关系。这种关系表现为一定的结构，也就是社会结构。社会结构的基础部分是社会生产实践方式。其中，劳动及其组织形式是最主要的方面，在这个基础之上有观念的或精神的东西与之相适应并对其产生各种作用。随着人类生产实践的发展，作为其表现形式的社会结构必然要与之相适应，人们为使社会结构更适应社会生产方式而进行的各种社会活动，便构成了社会实践的主要内容。可以用"政治革命""社会运动"和"社会工程"三个模式来分析社会交往实践。政治革命是在有阶级对立存在的社会里展开的阶级斗争和政权革命。社会运动是单一目标的群体性社会活动。强调基于价值引领和社会发展规律制约，立足于现实状况，以系统的社会规划与设计来组织社会建设，这就是社会工程。习近平新时代的治国理政实践就体现了社会工程的特点。

其三，科学技术实践。科学技术活动已经成为人类实践的重要形式和类型。随着全球进入21世纪，科学技术实践推动和改变全球生产、生活，深化人类思想和改变人类社会行为的能力越来越强大。与科技直接或相关的职业和活动成为最大职业场域，科技人员也成为最具影响力的实践群体。科学实验或探索、技术发明、工程建设等活动都是科学实践活动的重要内容。科学是人们关于自然和社会知识的智慧结晶，科学研究和技术发明改变了人们实践活动的方式，推进了人类文明发展的进程。科学以理论或物化的技术形式作用、渗透于社会生活的各个方面，改变着人们的自然观、社会观、人生观，乃至伦理、审美观。在当代，科学技术实践活动以前所未有的速度和规模改变着人类生活的面貌，而从事科学技术实践活动的主体作为先进生产力的代表正日益发挥出巨大的作用。

**4. 马克思主义实践概念的哲学意义**

实践的观点是马克思主义哲学的基础和观察问题的基本出发点，实践概念的全新解释使马克思主义哲学在本质上与以往哲学区别开来。在马克思主义哲学产生之前，并非没有实践这一观念，但以往思想家关于实践的理论大多未能对实践做出科学的解释。马克思主义理论将实践作为人类的基本存在方式来理解，从人类生存的最基本实践方式——物质生产活动及由此展开的一切经济、社会的关系入手，揭示了人类认识的本质以及社会发展的规律。科学的实践观念的确立，使马克思主义哲学成为真正科学的理论。

第一，科学实践概念的确立，使认识论发生深刻的变革。将实践作为考察人类认识活动的前提和基础，这就从根本上解决了传统认识论将主观和客观、主体与客体、理论和实践相分离的缺陷，为在理论上正确地解决认识的本质、认识的来源、认识的发展，以及认识正确性的标准等一系列重大的认识论问题提供了科学的方法和根据。从方法论的角度来看，以实践为出发点来说明认识问题，其所产生的结论与以往认识理论的结论有着根本的不同，从实践的观点出发，对于主客体之间、主客观之间、理论与实践之间的矛盾运动与辩证统一就能够得到较为合理的解释。同样，从实践的观点出发，也才能够理解马克思主义哲学所要解决的双重任务，即科学地解释世界和能动地改造世界。

第二，科学的实践概念的确立，解决了自然、社会、人类思维的内在统一性问题。黑格尔曾经天才地提出过这样的看法，自然界、人类社会和思维是一个统一的发展过程。但黑格尔所理解的统一是以其无所不在的所谓"绝对理念"为基础的。马克思主义哲学在扬弃黑格尔观点中的唯心成分的同时，对其进行了批判性的改造，并以人类物质生产方式的实践活动作为其统一性的基础。马克思主义认为，人与自然的关系是在实践的过程中展开并逐步深化的，人通过最基本的活动——劳动，与自然既相区别又相联系，并在此基础上展开了人类社会的发展过程。实践活动的主体是具有精神活动的人，人的思维、精神围绕并通过实践而产生和发展，正是在实践基础上并通过实践使人的思维、人类社会及人赖以存在的自然内在地统一起来，实践既是人类赖以存在的方式，又是人类思维的真正出发点。

第三，马克思主义科学实践概念的确立，既是世界观又具有方法论的意义，用实践的眼光来看世界是马克思主义哲学的特点，之所以能够用这种方法来观察世界，是由于人类在世界上的基本存在方式就是实践。把实践的观点作为方法论，在研究人类社会及其发展的过程中，就会更为深刻地体会马克思关于物质生产方式的实践活动是人类社会最基本活动的理论观点，并且必然承认人民群众是历史前进的真正创造者。把实践的观点作为世界观，就是树立实践第一的观点，在实践中认识世界并通过实践改造主观和客观世界。

## 第二节 实践与物质世界

马克思主义世界观的核心就是回答世界的本质是什么及其他的存在方式。这个问题一直是哲学史上争论不休的问题，也是伴随着科学的进步和社会发展不断地变换着问题的形式进行重新讨论。但是，在理解世界本质时如果用实践概念取代了物质概念，仅用实践概念解释世界本质而消解物质概念的基础作用，这就走过头了。马克思提出实践概念，针对的是旧唯物主义仅仅从感性的直观以及唯心主义哲学从主体方面抽象地解释世界的理论哲学立场，主张要用实践的思想重新解释哲学史上，特别是近代以来的哲学思想，使哲学研究路向发生根本性变革。具体说到物质和实践的关系时，不是要用实践范畴取代物质范畴去解释世界的本质和状态，而是要在物质范畴的基础上，从物质与实践统一的立场上解释世界的本质和状态并在此基础上提出改造世界的问题。如果期望用实践范畴取代物质范畴去解释世界，用实践作为万能之筐，解决理论、实际中的一切问题，这样就会引出更多的问题。因为离开物质范畴，实践本身也会产生诸多无法解释清楚的问题。由此，我们有必要厘清马克思主义世界观中的物质观与实践观的关系问题。

## 一、马克思的实践思想要义

马克思在《关于费尔巴哈的提纲》中,提出了实践范畴,指出了旧哲学的缺陷是缺乏实践的观点。因此对世界、事物、现实,做了非真实的理解。旧唯物主义对世界做了直观的理解,唯心主义抽象地发展了人的能动的方面。所以,从总体上说,所有旧哲学在这个问题上都是不科学的。但是,不能抛开恩格斯和列宁所阐发的物质观思想来理解实践观点的意义。

1. 马克思在《关于费尔巴哈的提纲》中并没有否定唯物主义的基本前提,重点是指出旧唯物主义的不足与局限,同时突出新哲学的主要理论特点

马克思说:"从前的一切唯物主义(包括费尔巴哈的唯物主义)的主要缺点是:对对象、现实、感性,只是从客体的或者直观的形式去理解,而不是把它们当作感性的人的活动,当作实践去理解,不是从主体方面去理解。因此,和唯物主义相反,唯心主义却把能动的方面抽象地发展了,当然,唯心主义是不知道现实的、感性的活动本身的。费尔巴哈想要研究跟思想客体确实不同的感性客体,但是他没有把人的活动本身理解为对象性的活动。"①

从马克思的这段话,我们能够理解到的含义如下。

第一,指出了旧唯物主义的主要缺点或者是局限性时,对对象,对现象,对现实世界,对感性事物与感性活动,"只是"以客体或直观的形式去理解,不是当作实践去理解。这也就是说旧唯物主义者在理解周围世界时,缺少实践观点;不是把周围世界的事物,理解成实践的对象、实践的过程和结果。也就是将其理解为僵死不动的事件、事物,如果说事物本身具有运动的特性,这种运动与实践无关。马克思在这里从哲学史的高度,分析和概括了旧唯物主义的缺点,并没有否定旧唯物主义的"唯物主义"的基本性质。马克思在这里批评了旧唯物主义的片面性,这种片面性表现为"只是"以客体或直观的形式去理解世界。也就是说,旧唯物主义对现实世界的理解,只强调绝对意义上的客体,撇开了主体的作用,缺乏辩证思维。马克思在这里并没有否定旧唯物主义思想中的唯物主义立场。如果马克思在这里要用实践范畴取代,或者消解唯物主义的基本立场,他就不会对旧唯物主义思想采取辩证分析的态度,分析它的片面性特征。在马克思的论述中,要特别体会"只是"这个连接词的使用,这个词的使用,体现了旧唯物主义的片面性思想结构,也体现了马克思的辩证批判的方法,也反映了马克思对旧唯物主义思想体系中唯物主义立场的坚持、保留和继承。

第二,马克思的重点在于提出一个新哲学的基本思想,他强调新哲学不同于旧哲学的思想内容,而不是强调和旧哲学的贯通,或要承继的内容。因此,马克思在这里没有强调唯物主义的基本立场,并不说明马克思就不坚持这种立场,或者用实践范畴去替换唯物主义的立场。马克思在揭示人、自然、社会的实践作用时,在揭示社会的实践本质时,还是坚持了客观性原则,实践本身也需要用客观性原则来说明。因此,在马克思的实践思想中,不能把唯物

---

① 马克思,恩格斯. 马克思恩格斯选集:第 1 卷[M]. 北京:人民出版社,2012:133.

主义原则放在一边,只说实践原则。如果我们今天,"只说"实践范畴,把实践抬到本体论高度又不提物质论,或者淡化物质论,这是片面的。

2. 准确理解马克思关于人与自然关系,是科学把握实践思想的重要参照点

马克思曾经在《1844年经济学哲学手稿》中论述人和自然界的关系时提出"自然界是人的无机的身体"的思想。不少人据此认为,这是实践原则高于物质原则的理由。我们认为,马克思从实践的角度论及人与自然的关系时,并没有否定它的物质性前提,相反,在他的论述中是包含着物质性的思想内容的。

马克思指出:"从理论领域说来,植物、动物、石头、空气、光等等,一方面作为自然科学的对象,一方面作为艺术的对象,都是人的意识的一部分,是人的精神的无机界,是人必须事先进行加工以便享用和消化的精神食粮;同样,从实践领域说来,这些东西也是人的生活和人的活动的一部分。人在肉体上只有靠这些自然产品才能生活,不管这些产品是以食物、燃料、衣着的形式还是以住房等的形式表现出来。在实践上,人的普遍性正表现在把整个自然界——首先作为人的直接的生活资料,其次作为人的生命活动的材料、对象和工具——变成人的无机的身体。自然界,就它本身不是人的身体而言,是人的无机的身体。人靠自然界生活。这就是说,自然是人为了不致死亡而必须与之不断交往的、人的身体。所谓人的肉体生活和精神生活同自然界相联系,也就等于说自然界同自身相联系,因为人是自然界的一部分。"[①]

处理人与自然的关系是人类实践的重要内容。对于自然物和人的实践活动之间的关系,从马克思的论述来看可以有以下几点。第一,就理论探索和理论认识来说,物质作为自然科学、艺术的对象,是人意识的源泉、是精神食粮;自然科学、艺术创造的结果来源于自然界的事物。自然科学的理论形式是自然界的事物的性质与规律的主观形式,艺术创造的很多灵感也来自自然界变幻莫测的神奇表现。第二,从实践领域说,自然界的事物是人的物质生产的对象和物质生活的内容。人类生产力的形成就在于变革自然界的事物,满足人的生命与生活需求。所以,自然界是实践的对象和内容。在实践领域物质资料是人生命活动的基础和前提。人靠自然生活,人是自然的一部分。因此,就有了第三个思想:在实践上,人的普遍性正表现在整个自然界变成人的无机的身体。这里请注意,这句话应当理解为,从实践的意义上说,人之所以为人,离不开自然界,自然界是人的生命的基础,是人的实践活动的基础;离开自然界,人无法生存,实践也无法存在。所以,从人的本质特征上说,自然界是人的无机的身体。第四,马克思在强调了"自然界是人的无机的身体"之后,又陈述和强调了另一个相对应的思想,即:"人是自然界的一部分"。因为人是自然界长期发展的产物,人的生命过程中有很多基础性运动规律和自然界的某些规律是一致的,人只有在自然界中才能活动

---

[①] 马克思,恩格斯. 马克思恩格斯全集:第42卷[M]. 北京:人民出版社,1979:95.

和生存！

马克思在这里揭示了人与自然的对立统一关系,人们可以认识到这种对立统一关系、自觉维护自身和自然的同一性关系,也可以认识到自身与对象的差别,将自然之物转化为服务于自己需求的为我之物。这就是说,人的实践可以把自然中的自在之物化为充盈着人的目的并满足自身需要的为我之物,这既是人的实践活动,也是自然的人化过程。这种自然的人化过程就是人类社会形成和发展的过程,而人在这个过程中自身的本质的力量也得到彰显和确证,证明了自身与自然的同一。这里需要指出两种不同的思考参照系。马克思首先强调了从实践的视角和过程看,"自然界是人的无机的身体"。从自然史和人类史的关系看,虽然自然史因人的存在而发生变化,具有相互制约、相互影响的作用,但自然之物是实践的基础、源泉。然而,当马克思说到"人是自然界的一部分"时,到底是人在自然界之先呢,还是自然界在人之先呢？显然,马克思是承认自然界先于人类而存在的。马克思承认"自在之物"的存在,即人的实践尚未涉及的自然物的客观存在性。

其实,马克思在论及人与自然的关系时明确谈到,自然界具有不依赖于人而存在于人之外的这个客观实在性。马克思在《1844年经济学哲学手稿》中"对黑格尔的辩证法和整个哲学的批判"中,清楚地写道:"人作为自然存在物,而且作为有生命的自然存在物,一方面具有自然力、生命力,是能动的自然存在物;这些力量作为天赋和才能、作为欲望存在于人身上;另一方面,人作为自然的、肉体的、感性的、对象性的存在物和动植物一样,是受动的、受制约的和受限制的存在物,也就是说他的欲望的对象是作为不依赖于他的对象而存在于他之外的;但是这些对象是他需要的对象,是表现和确证他的本质力量所不可缺少的、重要的对象。"①简而言之,马克思在这里透彻地分析了自然界对于人的外在性和对象性关系。接着,马克思又进一步说:"一个存在物如果在自身之外没有自己的自然界,就不是自然存在物,就不能参加自然界的生活。一个存在物如果在自身之外没有对象,就不是对象性的存在物。"②再无须更多的资料,他引证了人来源于自然界的事实,人生活于自然界的事实,自然界作为人的活动的对象性存在的事实,说明了"自然界是人的无机的身体"。但是这一命题是与"自然界是不依赖于人而存在于人之外"相联系的。这两者是对立统一的关系。离开这种对立统一关系,紧紧抓住其中一个方面,从"自然界是人的无机的身体"推出自然界是从属于人的世界,确实有片面推论的谬误！

同样,马克思在《关于费尔巴哈的提纲》中提出了实践的主体和客体的概念,提出客体主体化的思想,但是不能离开客体的客观实在性谈论客体主体化问题,试想如果不存在客体自身不是客观的存在,主体化过程也不会存在！所以马克思在论述实践问题时并没有抛开物质范畴所表达的唯物论思想。马克思的功绩恰恰在于把物质范畴所表达的唯物论思想和实

---

① 马克思.1844年经济学哲学手稿[M].北京:人民出版社,1985:124.
② 马克思.1844年经济学哲学手稿[M].北京:人民出版社,1985:125.

践范畴所表达的主体与客体互动的辩证思想结合起来,重新看待世界。马克思所看到的是,如果只坚持物质本体论,而没有引入实践思想,在如何理解事物、事件的形成、发展、演变的实际过程,人的生存以及社会结构的演变等方面就会产生解释上的局限性。

## 二、阐释实践概念,不能脱离物质概念

在对马克思实践思想的理解中,如果只提实践思想,抛弃物质思想的前提、避谈物质实在;只强调实践本体,悬置物质、意识的争论,既回避了哲学的基本问题,也掩盖了实践本身的矛盾,同时也限制了实践的能动性。试想,如果把物质实在丢掉了只讲实践本体,那就是说,和实践发生关系的那一部分世界是在主体的实践本体之内,不和主体发生关系的那部分世界就不在实践本体之内了。那么,实践就在时间和空间中被封闭了。而事实上,马克思注重实践,也并非无视世界对人的先在性。"每个个人和每一代所遇到的现成的东西:生产力、资金和社会交往形式的总和,是哲学家们想象为'实体'和'人的本质'的东西的现实基础,是他们加以神话并与之斗争的东西的现实基础,这种基础尽管遭到以'自我意识'和'唯一者'身份出现的哲学家们的反抗,但它对人们的发展所起的作用和影响却丝毫也不因此而受到干扰。"[①]固然生产力、社会交往形式是人类实践的形式,但进一步追问,生产力反映了人与自然的关系,在人与自然的关系基础上才形成了人的交往关系。假如离开了人与自然、人与人之间客观的现实关系,一切都成为空中楼阁了。海德格尔的基本本体论就是悬置了客观世界的物质性问题,从"此在"出发研究哲学问题。海德格尔把在世意义上的世界,即与"此在"融为一体的世界同通常我们理解的客观世界做了区分,提出客观世界并不是始源世界的观点。在海德格尔看来,所谓的客观世界是离开意识而存在并作为意识的对象的自然界,是世界上所有存在者的一个总体。它对其本身并不能有所察觉和揭示,客观世界只能在与"此在"的联系中由此在有所领悟和揭示。人以外的其他存在物不可能提出存在的问题,也不可能领悟存在的意义,由此海德格尔认为没有"此在"在世就没有任何其他存在者来提出和谈论自然界存在的问题。海德格尔把客观世界是否独立存在的问题排除于哲学范围之外,认为哲学所谈论的世界只能是与"此在"融为一体并为"此在"所领悟和揭示的世界,不是离开"此在"而独立存在的世界,而是与"此在"共在的世界。现代西方哲学对人的生活世界的关注就深受海德格尔思想的影响。如哈贝马斯的生活世界、列斐伏尔的日常生活世界的概念。海德格尔实现的现代西方哲学路向的转折是把哲学对理性的关注,拉回到对人的生命实践的关注,也正是在这个意义上才有学者指出,海德格尔实现了哲学研究立足点的转向。海德格尔反对传统哲学认识论的主体和客体二元分立的观点,他认为这种观点的实质是预设了一个孤立的主体,然后去论证认识与之相对立的客体。哲学家们关于主体与客体的关系尽管各执一词,但是其实质都是把主体和客体分割开来,忽视或者有意避谈"此在"与世界的不

---

[①] 马克思,恩格斯.马克思恩格斯选集:第1卷[M].北京:人民出版社,2012:173.

可分割性，没有揭示"此在"在世的意义。在海德格尔看来，离开主体的世界固然是不能确证，而离开世界的主体，无论是自我、我思等都同样无从确证。因为如果没有"此在"的存在，也就没有世界在此。他的基本本体论从"此在"出发，研究哲学、研究本体论，质疑并扭转了西方近代以来科学知识至上的价值取向，赋予人的存在以哲学本体论的地位，但他却把哲学研究的起点置于人类产生以后，避而不谈"此在"产生之前。离开人生活世界的自然界与人身处其中的自然界相比对人并无影响，但没有"那个"自然界，"此在"从何而来？没有先于人的生存结构的客观存在，在世的"烦"又是从何而来？从"此在"出发研究哲学问题，使我们把哲学的关注点只投向人的生活世界，这固然是对现代西方哲学主题具有方向性的扭转，但是，基本本体论仍避不开一系列质疑：即便进入人的生活世界的自然界，如果不经人的实践，人不思考、不行动，不建构，也不能为人所体会、领悟；即便进入人的实践领域的自然界，人违反自然规律肆意而为，或早或晚也会受到自然的报复。因此，单从"此在"出发或单从实践出发仍然绕不过世界的物质性问题。把对自然本体的研究仅仅推到自然科学研究的范围还不能说服人们在哲学层面悬置世界的物质性问题，马克思提出实践观念的同时，首先是承认现实的人及其实践的现实基础，这才解决了以往哲学从实体或主体客体二分的框架分析问题所遇的悖论。今天我们在实践中坚持物质性原则才能真正认识到实践的有限性，不至于把实践的魅力无限扩大，赋予其过多的期许、责任和重负。

所以，我们认为不能丢掉物质原则，把实践作为本体。丢掉了物质原则，实践的载体、主体从何而来？物质是存在于意识之内的还是意识之外？实践的合理性问题也说不清楚。实践本体论把体现主体与客体双向互动活动当作本体，实际上是把活动的承载者、承担者丢掉了。所以，离开了物质实在讲实践本体，这种本体就缺乏基础。只讲实践本体就忽视了马克思主义哲学的客观性原则，把实践虚化了，不能全面准确地说明马克思主义哲学的本质特征。我们认为，认识马克思主义的世界观要坚持物质第一的观点，也要坚持实践观点，把二者统一起来。

另外，马克思主义哲学提出物质范畴的哲学意义还在于它结束了自古以来的本体论思维方式。本体论思维方式，是要用一个不变的实体，或者用一个绝对的精神，或者要找到一个最初的"始基"去说明变化万千、纷繁复杂的世界，或者用一个超越物质与意识的一般原则去说明世界的本质。马克思主义的物质观认为，物质的唯一特性就是它的客观实在性，它独立于人的意识之外，人的思维又能反映它和认识它，并且通过人的实践活动又能引起它的变化。物质范畴的重大意义在于，承认世界如此存在，它是自己生成、自己运动、自我转化、自我发展，生生不息、运动不已的存在。它不是寻找一个凌驾于物质现象和意识现象之上的一个更一般的理论原则，去概括物质现象和意识现象，它也不需要运用世界之外的任何力量说明世界。而是从物质与意识的相互作用中揭示世界的本质特征。它确认，自然界是长期演化的，人类是自然界长期发展的产物，人类社会也是人与自然相互作用的实践生成物。所以自然界和人类社会都有自己的客观的运动规律。要说明和变革这个世界要从这个世界本身出发，才是唯一正确的途径。马克思主义哲学变革的主要标志就是结束了旧哲学的本体论思维方式。如果我们今天还要沿用本体论思维方式,那么就不是推进马克思主义哲学的创新,而是落入了马克思曾经批判过的旧哲学的窠臼。

### 三、实践物质观是马克思主义世界观的科学理解

如果把物质性原则和实践性原则统一起来,在坚持物质第一的原则的前提下,坚持实践的原则,就会自然地形成两个结论。第一个结论,承认物质世界的基础性和先在性、对象性;第二个结论,物质是随着人类的实践作用而变化的,前人的实践结果——他们建构起来的新的社会事务、社会关系是后人实践的新起点。实践物质观正是针对以往本体论思维方式的不足提出的,就实践本身而言,物质原则强调的是作为后人的实践前提也是客观的,不依人的主观意识而存在的;而实践可以通过构建新的物质形式重建与其他要素的关联性,改变社会事务、事件之间原有的关系,形成他们之间相互影响的新的客观关联。所以,我们认为,把物质第一的原则和实践的原则结合起来既是揭示物质观的必要条件,也是揭示实践观的必要条件。如果从实践的观点看物质观,物质实在是在实践作用下的物质实在;从物质的观点看实践,实践是有物质前提的实践,是物质的实践过程。根据这两个论点,马克思主义的世界观的核心思想应当是实践物质论。我们理解世界,既要坚持物质与意识的辩证关系,又要引入实践和物质的改造关系。因此,我们提出了实践物质观的世界观命题。

实践物质观是世界观命题,它以物质范畴为基础,同时又超越了物质范畴,在物质范畴的基础上引入实践范畴,把两者结合起来形成对世界的看法、对世界的态度。在马克思的思想中,他追问构成社会生活的现实基础的物质性问题,并将物质原则纳入感性的实践活动中。就物质而言,他一方面强调他所讲的物质是进入人的感性活动的物质,另一方面并没有忽视,或者否认感性活动之外的物质性存在。马克思的哲学始终坚持唯物主义物质原则,他说:"当我们真正观察和思考的时候,我们永远也不能脱离唯物主义。"[1]"没有自然界,没有感性的外部世界,工人什么也不能创造。"[2]马克思讲的不能脱离唯物主义就是指不能脱离物质第一的原则,承认现实生活的物质性方面。但他并没有止于仅仅承认世界的物质性,而是在此基础上向前推进了一步——引入了实践的原则。实践原则的确立,在自在自然和现存的感性世界之间架起了过渡的桥梁。具体来讲,在自在自然各要素之间因果联系的链条上,介入了体现人的主体性、目的性的价值参数,而价值参数的引入提高了马克思主义物质原则在解释和说明人类社会各种现象中的解释力。

马克思早就区分了自然史和人类史,他说:"历史可以从两方面来考察,可以把它划分为自然史和人类史。但这两方面是密切相联的;只要有人存在,自然史和人类史就彼此相互制

---

[1] 马克思,恩格斯.马克思恩格斯全集:第32卷[M].北京:人民出版社,1975:213.
[2] 马克思,恩格斯.马克思恩格斯选集:第1卷[M].北京:人民出版社,2012:52.

约。"①在《1844年哲学经济学手稿》中，马克思提出了"非现实的存在是非存在""被抽象地孤立地理解的、被固定为与人分离的自然界，对人说来也是无"②的观点，就是指出没有进入人现存感性世界的存在对于人没有现实的意义，但没有否认它的物质性。物质不仅有客观性还因人的实践的介入而具有了开放性，这两种属性统一于实践过程。

从实践物质论的视角看世界，世界是一种动态的存在。世界究竟以何种面貌示人，人怎样看待世界的真面貌，要看它经过人的实践作用以后的结果。实践作为一种改变社会结构的能动作用范畴，它打通了人身处其中的实然世界和将要建构的应然世界的通道。进入实践的事物与其呈现给我们的世界之间的关系我们可以将其与表征为：

$W_2 = F(W_1)$，其中：

$F( )$是实践的方式，由主体、条件、工具及其关系构成

$W_1$是某个实践作用发生以前的物质世界

$W_2$是实践作用的结果，是经过实践介入变化了的物质世界

从这个表达式，可以看到，进入实践过程的$W_1$，经过对象、主体、条件、工具等的作用，就会发生某些变化，形成实践作用之后的物质世界及客观性物质关系，即变为$W_2$。进入人的实践的各个要素有着各自的运动规律，物有物的运动规律、人有人的运动规律，但是他们的联系方式在实践中和人的目的碰面，在具体的语境中孕育着多种实现的可能性，不同的组合在具体的主体、时空条件下创造出不同的关联方式，产生不同的结果。因此对象、主体、条件、工具等要素将会形成怎样的制约关系会和人的实践方式密切相关。

从实践物质观来看，物质运动是一个在实践中不断实现新的存在形式、缔结新的客观性关联的过程。物质的客观性和人意识的能动性是在实践过程实现的互动、生成过程。进入实践领域的物质是具有功能和结构的既有的物质形式，它是一个向人开放的存在者。马克思在《神圣家族》中说，"物质带着诗意的感性光辉对整个人发出微笑"③指出物质是富有生命活力、向人敞开的。物质中隐藏着无限的可能性等待着人去品评、探索、开发。由此可见，进入实践范围的物质有如下特征：其一，物质是动态的存在者。它不是死寂的、机械的位移和逻辑演绎；物质的个性不是如其所是的静止地在那里，而是在其活生生、本质力量的推动下获得的。其二，物质的以上特征需要人去感悟、去认识，以实践助其实现新功能、新结构。其三，物质的客观性也是渗入着实践的力量，前一代人的实践所改造过的物质世界是渗入人的本质力量的，经过人的实践改造过的物质世界，但是对于后一代人来说他依然是客观的世界。物质世界的客观性也是在实践作用下具有开放性的！它呼唤着对其哲学层面的认识也不能是封闭的，必须将它放入到实践过程中去认识其客观实在性。

---

① 马克思，恩格斯. 马克思恩格斯全集：第3卷[M]. 北京：人民出版社，1960：20.
② 马克思，恩格斯. 马克思恩格斯全集：第42卷[M]. 北京：人民出版社，1979：178.
③ 马克思，恩格斯. 马克思恩格斯选集：第3卷[M]. 北京：人民出版社，2012：754.

从实践物质论看实践,实践是一种主体与客体双向互动的生成过程。人的感性实践能够在思维中把人的主观理念转化为具体的实践智慧,在行动中将这种智慧诉诸客观对象,从而使自在的存在转化为创造的存在,同时在这种创造性活动中提升为自身的主观认识。因此实践是一种主体与客体双向互动的生成过程。实践超越了感性直观,超越了理性推理,作为人的存在方式,成为连接自身和外部世界的活动范畴。从物质观与实践观的关系来看,世界的面貌既是物质的,客观存在的,又是发展变化的,还是在人的感性实践中,经过人的感性实践作用不断生成的。形成中的物质形式和其身处其中的其他要素结合形成新的关联也具有客观性。坚持唯物主义当然要对对象、现实、感性,从客体的或者直观的形式去理解,更要把它当作感性的人的活动,当作实践去理解,要从主体方面去理解。马克思强调从实践出发去理解对象、现实、感性,但并不否认从客体或者直观的形式去理解对象的合理性,而是强调要把二者结合起来。对对象、现实、感性的理解既要从客体本身的存在出发去理解,又要把它纳入主体的实践中去探寻客观对象的由来、根据、来龙去脉。马克思的实践观中体现出的生成性逻辑代替了静态的客观性原则。从实践的观点理解物质世界,物质和意识的对象性和生成性就不再是对立的,而成为相互的了。一方面,物质成为意识的对象,必须以实践为前提,离开实践任何物质事物都不可能是意识的对象。只有在实践过程中,才有关于实践客体的意识,意识才会生成。另一方面,意识只有通过实践,才能变革事物,使新的事物不断地生成,人工事物越来越多,社会事物越来越丰富和复杂,其相互之间的相关性就越纷繁。回望近现代以来的社会发展,特别是人类工程活动运用科学、技术所提供的智慧和手段创造出的巧夺天工的人工事物,社会工程建构的新型社会关系,推动了属人世界图景的变迁,同时人也在此过程中证明了自身的存在及意义。所以在实践过程中,人与自然界、社会以及自身的相互作用演化、形成了纷繁复杂的人类社会,呈现出丰富多彩的世界图景。

从实践物质论的观点看哲学基本问题,就会把思维和存在,物质和意识理解为一个双向互动的关系。在经典的哲学基本问题的理解中,我们注重强调的是物质与意识的认识关系。存在是思维以外的存在,是思维反映的存在。这种解释是缺乏实践论思想的。即使从可知论的立场引入实践观点,也是从认识论意义上引入实践观点的。因为要承认世界的可知性,必须以实践为前提。所以经典的解释以认识论为基本立场。其实,实践的最重要的意义是引起世界的变化。这就要强调思维和意识的作用了,思维和意识通过实践可以使世界发生变化,可以创造新的物质事物,可以引起存在的变化,使新的存在得以产生。

因此从实践物质论的观点看世界,世界呈现在人面前的图景就不再是一个固定的、静态的实物的集合,而是一个生成的过程。树立实践物质观的世界观一方面有利于我们正确认识社会发展过程中结成的新的社会关系、社会事务对人的实践活动的客观影响;另一方面,也有利于我们"祛魅"实践,正确定位实践在社会事务、社会关系形成中的地位和意义。正因为实践是有现实前提的实践,实践也不是万能之筹,实践的前提才有必要追问。

## 第三节　实践模式的哲学内涵和理论价值

当哲学的主题发生了实践论转向以后,实践问题就成为哲学研究的中心问题,也成为哲学思维的方法论指向,从实践出发,以实践为核心范畴重新审视以往的哲学问题就会有新的发现。马克思主义哲学从实践出发,找到了社会历史运动的客观规律,将历史运动的考察和研究奠定在科学的基础之上。这是马克思的重大发现和伟大功绩。但是要将实践观点进一步延伸思考,就必然提出实践模式问题。我们知道,人类社会生活的本质是实践的,人类社会的规律也就是人类实践的规律。然而必须清楚,这是实践的时间维度的性质和特点。如果从实践的空间维度考察,就提出实践的结构或者模式问题,可以简洁地表述为实践模式问题。实践模式是实践中的问题解决方式,是社会规律的实现方式。

### 一、实践模式是马克思主义哲学实践观的重要问题

实践模式概念的提出是对马克思主义哲学实践观的新发展。马克思的哲学贡献是以实践概念为基础,引发了哲学发展的革命性变革;而且从实践出发研究人类社会发展规律,实现了社会历史观的变革。中国的革命与建设,特别是改革开放的实践,使中国的马克思主义者,提出了发展道路与发展模式的问题。毛泽东从实践出发研究中国社会的特殊规律,寻找中国革命的独特道路和模式。邓小平则明确提出社会发展模式问题,他说"社会主义可以有不同模式",从建设模式提出对社会主义再认识的问题,引出了发展规律和实践模式的关系问题。习近平总书记则更进一步论述了中国模式的特殊性问题。由此可见,苏联的革命和建设模式,中国革命实践和中国建设与发展实践等国际经验和中国经验是实践模式范畴提出的实践基础。

实践模式的提出,丰富和深化了人类认识的基本内容。一般来说,人们熟知真理性认识、价值性认识,现在提出一种关于实践模式的认识。作为真理性认识,可以称之为第一种类型,它是对事物本质与客观规律的反映,其研究过程主要运用因果推理、假说、猜想等思维方法;价值性认识是第二种类型,它表现为评价准则与评价性论断,认识过程主要运用比较、权衡等方法;第三种类型是关于实践模式认识,也就是关于行动方案等知识,形成一个实践模式,其研究与思维的主导方法是综合集成等方法。人们改革实践中关于各种行动方案的设计和论证过程主要产生这种类型的认识成果。

理解实践的结构和过程,一定不能缺少实践模式,它是关于理论转化为物质成果的实践方式。理论命题是抽象的存在,实践结果是具体的物质形态。实践过程需要操作性规定和操作方式,这就是实践模式。如果缺失模式范畴,不是用理论去裁剪现实,从现实中寻找和理论同构的事实;就是把理论原则当成实践模式,就会忽略价值前提和地方性知识,犯教条

主义错误。如果人们的思维结构中建构了实践模式这个思维范畴的话,处理实践与理论的关系就会增强科学性。因为,一方面,如果你拥有了真理性认识,不一定能保证实践的成功。当实践模式不合理时,就不能保证实践的成功;另一方面,从实践检验的过程看,如果缺失模式范畴,从实践结果直接验证理论前提,就会犯简单性错误。事实是,实践失败未必充分说明理性认识前提之谬误。如果通过模式范畴,实践结果间接指向理论命题,失败的结果首先指向所设计的实践模式,未必能直接否证作为实践前提的理性命题。

## 二、实践模式是理论与实践相结合的中介环节

理论与实践相结合的过程就是理论创新和理论进步的过程,也是社会科学发现的基本形式。理论和实践辩证运动过程也体现着社会科学方法论的基本特征。在理论与实践辩证运动过程中,实践模式是一个重要的逻辑环节,它是理论与实践相互联系、相互转化的中介环节。正是由于这个中介环节的存在,才突出地体现出理论与实践相互转化的复杂特点。

### 1. 实践模式是理论与实践相互转化的中介形式

在理论与实践的相互运动中,一方面,由理论向实践的转化,即应用理论指导实践并得到实践结果,这是理论指向实践的过程;另一方面,由实践结果总结出经验知识和理论认识,这是由实践结果指向理论的过程。两个相向而行的过程构成理论与实践相统一的过程。在这个相向而行过程中,在实践结果和理论知识之间,有一个实践模式的环节。这个环节是体现理论和实践统一的关键环节。不管是理论向实践转化,还是实践结果向理论转化,都不可能越过这个环节。为了形象地说明这个特点,如图12-1所示。

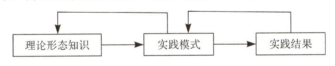

图12-1　理论与实践互动关系图

我们知道,作为理论形态的东西是抽象的东西,而作为实践结果的东西是物质性存在。我们还知道,实践结果的出现是实践过程的产物,所以理论要发挥作用,首先要应用于实践过程,应用理论原则规范实践过程,生成实践过程,从而形成实践结果。实践模式就是关于实践过程的规定。简单地说,实践模式就是实践方案,就是计划、政策、办法等一系列操作规定、操作原则、行动路线的总称。没有实践模式,就不能生成实践过程,也不会有实践结果出现。因此实践模式是理论与实践相互转化的中介形式。

在由理论形态向实践结果转化的方向上,理论形态的变化是由抽象向具体的转换。这个转换的抽象层级是由高到低的,由最高的抽象层级,经过次一级较低抽象层级,到具体的操作规定,最终形成实践方案以形成实践过程并规范实践过程。理论形态的抽象层次逐步降低,是一个不断增加的环境条件,将一般命题逐步特殊化和具体化的过程。经过一般命题

具体化的过程最终形成的实践模式已经与理论形态的前提截然不同,它是包含理论因素的行动方案。只有当理论因素内化于行动方案,即实践模式时,理论原则才能发挥作用。对于应用社会科学来说,探寻和创新实践模式是一项重要任务。

在由实践结果向理论形态转化的方向上,仍然不能将实践模式扔在一边。因为正是这个实践模式造就了特定的实践结果。当实践结果中出现了新的现象时,人们据此进行新的概括形成新的结论时,必须联系特定的实践模式的特点进行概括,才能得出科学的结论。20世纪末由于各种因素苏联解体,这是一个世界性的事件,这个事件表明苏联社会主义事业的失败。但是苏联的解体并不证明世界社会主义事业的失败,是苏联社会主义模式的失败,更不能由此说明马克思主义不正确。世界社会主义的历史进程表明,因为苏联模式的失败,使人们对马克思主义的理解更加科学,它开辟了马克思主义发展的新道路。

2.实践模式的建构逻辑

实践模式是建构性思维的产物。建构思维和抽象概括与总结的思维特点不同。抽象总结思维的前提是有作为抽象总结的原始对象材料存在,例如人们首先是观察或了解到一大堆实际材料,然后从其中抽象概括出一般特征或普遍命题。然而建构性思维与此不同,他只有预设的目标和要解决的问题。他必须构想一个满足目标和解决问题实践方案。这个实践方案是一个全新的东西,在构想它的构想者构想之前是不曾存在的。这是一个从无到有的过程。这个建构性思维过程具有综合集成的特点,他要把能够满足问题解的各种知识综合起来,把满足目标需要的各种要素及其功能集成起来,建构一个实践模式去解决问题、实现目标。

一般来说,参与实践模式建构的有规律维度、价值维度和情境维度三类因素存在,构成了实践模式建构的逻辑空间,如用图12-2①所示。

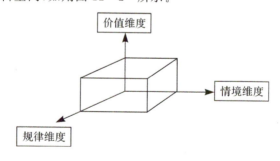

图12-2 实践模式建构的三维结构

在这个逻辑空间中,每一个维度都可以有很多选项。例如规律维度可以有经济学规律、社会学规律、政治学规律等,还可以有自然科学规律,总之,涉及什么领域就会有什么领域的规律被引入。价值维度也不止一个,涉及多少利益群体,就会考虑多少种价值准则,情境维度自然也有很复杂的因素需要去考虑。

---

①王宏波,李天姿,王玉灵.马克思主义理论教育的新理念和学术视野[J].教学与研究,2016(07):52-59.

首先,社会规律、自然规律限制实践模式设计的可能性空间,这些不同的客观规律就构成了实践模式设计的规律空间,它是模式设计不可违背的边界。实践模式设计基于整体视角的要综合处理异质性规律的相互协调的问题。其次,主体的价值目标引领运用规律的类型及其方式的选择。主体价值排序的不同也会引起其实践模式的差异。模式设计的一个极其重要的问题就是处理不同价值准则的整合问题。最后,情境维度是模式生成的约束条件的总称。实践过程中情境是极为复杂的,既包括客观情境,也包括主观情境。客观情境是与问题解决和模式设计相关的物质要素以及社会政策与体制因素;主观因素包括研究者和行动者的知识环境。单就行动者来说,就有"行动者所处的情境,与行动者作为诠释者所理解的情境,以及作为非施动者的诠释者所理解的情境,这是三个不同的情境"[①]。如此复杂情境都制约着模式、方案抉择,影响着它们起作用的边界和程度。

实践模式是在价值、规律、情境三维向量综合协调下形成的,是集结构、过程、方式为一体的操作体系。不同要素的不同排列、组合及其之间细微的变化都会形成不同类型的实践模式。粗略分析:基于同样规律选择的价值目标,情境相异产生可以生成不同的实践模式;价值选择相同,但理论依据、情境的相异也会产生不同的实践模式;价值选择、理论依据相同,情境不同,同样也生成不同的实践模式。这只是一般描述,其中对理论依据认识的深浅、价值排序的权重差异、情境的变化等都会引起实践模式的千变万化。由此,从初始理论出发,不同的价值导向在具体情境下,事物可能实现的模式是多样的,哪一种模式得以成形,是一个综合权衡的过程。

实践模式的建构逻辑决定了实践模式的特殊性及其意义。由于实践模式是规律、价值、情境三者统一的产物,所以实践模式一定是特殊的,甚至是个别的。习近平总书记结合中国道路和中国模式论述马克思主义时对教条主义进行了批评,说明了实践模式的特殊性和实践模式创新的意义,他说,对待马克思主义不能采取教条主义的态度,也不能采取实用主义的态度;研究马克思主义既要有世界视野,也要有中国立场,面向中国实践。习近平总书记强调,"当代中国的伟大社会变革,既不是简单地延续我国历史文化的母版,也不是简单套用马克思主义经典作家设想的模板,还不是其他国家社会主义的再版,更不是国外现代化发展的翻版,不可能找到现成的教科书"。习近平总书记还进一步指出,对人类创造的有益的理论观点和学术成果我们应当吸收借鉴,但不能把一种理论观点和学术成果当成唯一准则,不能企图用一种模式来改造整个世界,不能用一种理论观点生套在各国各民族的头上,用它来对人类生活进行格式化,并以此为裁判,这是非常荒谬的![②] 习近平从中国经验与中国发展上揭示了实践模式研究的重要性,我们应从中国模式的角度深刻认识中国成就和中国发展

---

[①] 刘森林.实践的逻辑[M].北京:社会科学文献出版社,2009:4.
[②] 习近平.在哲学社会科学工作座谈会上的讲话[EB/OL].[2016-05-18]. http://politics.people.com.cn/n1/2016/0518/c1024-28361421-2.html.

前途。

### 3.以实践模式为核心分析理论与实践的辩证关系

实践模式位于理论和实践关系的中介环节上,它是连接理论与实践的逻辑中介,离开了它,理论就无法转化为实践过程,从实践结果上升为理论认识也会走偏方向。因此,分析理论与实践的辩证关系应当以实践模式为核心。为了进一步分析这个作用,可以借助图12-3进行说明。

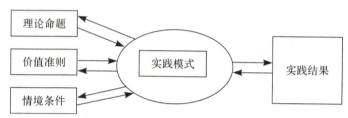

图12-3 实践模式的结构与实践结果的关系图

我们已经知道,实践模式由三个逻辑维度构成,分别是理论维度、价值维度、情境维度。所以理论因素只是实践模式的一个维度。另外实践模式规定着实践过程而形成实践结果。从这个结构和过程统一的角度看问题,在理论与实践的关系问题上有三个方法论问题。

第一,理论因素只是建构实践模式的一类因素。这一点十分重要。这说明在人们的社会实践中,指导人们的实践行动除了理论因素还有价值因素和实际情境约束。所谓理论联系实际,首先是要与价值准则相结合,找到一个合适的价值定位;价值结构实际上表现的是社会各成员及其群体的需要结构。其次要与情境因素相结合。这三者的结合才能建构一个特定的社会实践模式。

第二,正确的理论前提未必能建构一个合理的实践模式导致实践的成功。这一点揭示了实践结果检验理论的真理性的复杂性。我们常常以为,如果我们的理论前提是正确的,是真理性的认识,就一定会保证实践的成功。其实未必! 如果我们的理论前提确实是真理性命题,但是如果价值定位不合理,情境条件判断不准确,就会导致不合理的实践模式,从而决定预期的实践结果难以出现。所以,如果你只拥有一个真理性的前提,未必能够获得实践的成果!

第三,如果实践结果出乎预料,不是理论所预期的实践结果,或者干脆实践失败,也不能绝对地说就证明了实践的理论前提是错误的。一个实践结果不成功,直接追问的第一个问题是实践模式是否合理,万万不可跨越对实践模式的追问直接否定其理论前提的正确。如果说实践模式是不合理的,那么导致其不合理的因素有三个方向,即理论维度、价值维度和情境维度,仅就这一层次而言,各自发生错误的可能性都有。如果从等概率的意义上说,每一个维度发生错误的概率都是1/3,因此不能根据实践结果的不成功就武断地认为所依据的理论前提是错误的。如果夸张一些说,假如实践结果是失败的,不一定其所依据的理论前提不是真理性！

由于实践模式是理论与实践相结合的中介环节,因此,实践模式也是检验理论之真理性的必要环节。在实践过程中存在着实践模式的探索,而我们以往的关于实践的理论却忽视了对这种范畴的反思。模式范畴的缺失,会造成诸多的社会科学方法论误区。其一,用理论去裁剪现实。如人们总是要从现实中寻找和理论同构的事实去证明现实的合理性。这种无模式范畴的实践思维就会忽略价值前提和地方性知识,把理论原则当成实践模式,就会犯教条主义错误。其二,从实践结果直接验证理论前提。如果仅仅拥有了真理性认识,就一定能保证实践的成功吗？当然不一定。当实践模式不合理时,就不能保证实践过程和结果的成功。从实践检验的过程看,实践结果的失败首先是实践模式的失败,如果缺失模式范畴反思理论前提就会产生问题。比如,从实践结果直接验证理论前提,会犯简单性错误。如果通过模式范畴检索失败的原因,我们可以得出这样的结论:实践结果是间接指向理论命题的,失败的结果未必能直接否证作为实践前提的真理性命题。

### 三、研究实践模式可以增强思维的科学性,促进中国道路研究

区分真理、价值和模式三个范畴,深入研究模式范畴。在中国特色社会主义建设进程中我们必须区分真理、价值、模式三个范畴。真理范畴体现着实践活动中作为对象的客体性特征；价值范畴体现着实践过程中主体性特征；而模式体现了主体与客体之间,结构、与境相统一的特征。它用操作方式,行动框架、制度架构、行动方案等表现形式显现实践特点。从哲学的实践认识论上说,实践模式处于"实践—认识—实践"过程中两个相互衔接阶段的第二个阶段,即从认识到实践阶段上的思维形式和思维结果,作为实践模式,它具体表现为各种各样的具体实践方案。第一个阶段是形成科学认识、发现真理的阶段；第二个阶段是将理论认识转变为实践方案,通过实践方案把理论转化为实践结果。请注意,实践方案虽然也是一种认识和思维的结果,但它不是理论思维的结果,而是理论思维转化的产物。要形成实践方案需要经过模式设计这个思维环节。因此,模式设计不是理论思维,这是两类实际上隐含着社会发展规律与社会发展模式相区别的问题。社会发展规律是社会发展的必然趋势和前进方向,是真理问题；而社会发展模式是社会发展规律的实现形式问题。

理解实践模式的内涵与外延,必须进一步理解规律与模式的区别。规律是人们对事物之间或事物内部要素之间运动的因果关系的把握,规律揭示了事物发展的趋势,社会发展规律揭示了社会发展的趋势。规律都带有客观性、普遍性、不可更改、不可违背。但是,规律必须要通过一定的具体形式,或者说实现形式表现出来,特别是社会发展规律更是如此。社会模式是人们依据社会发展规律,根据社会主体的价值选择和既有社会条件约束,设计出的一种社会发展的具体形式。规律揭示的是趋势,模式揭示的是这种趋势的具体实现过程和机制,一种社会发展规律可以通过多种社会发展模式来实现。唯物史观揭示了社会发展规律,但唯物史观揭示的社会发展规律在不同国家具有不同的表现形式,集中表现为不同的社会

发展道路和发展模式。在马克思恩格斯时代,一些人在理解唯物史观时,简单地将唯物史观理解为"经济决定论",这种误解在西方流传很广,甚至在今天都还有市场,其症结就在于将社会发展规律与社会模式不加区分、混同起来。实际上,当时恩格斯为了纠正人们对唯物史观作"经济决定论"的错误理解时,提出了著名的社会发展历史"合力"的问题。恩格斯指出:"有无数互相交错的力量,有无数个力的平行四边形,由此就产生出一个合力,即历史结果,而这个结果又可以看作一个作为整体的、不自觉地和不自主地起着作用的力量的产物。"① 恩格斯所说的社会发展的历史合力,就是构成社会发展模式的各种因素、力量和条件的综合。因此,社会发展规律与社会模式既相互联系、又相互区别,二者有着各自的问题界域,只有将社会发展规律和社会模式明确区分开来,才能真正地坚持社会发展规律,更好地促进社会发展。

中国道路的探索就是从提出社会主义模式开始的。在中国共产党第十二次全国代表大会开幕词中,邓小平第一次提出了"建设有中国特色的社会主义"这一崭新的命题,并且提出了模式概念。他指出:"我们的现代化建设,必须从中国的实际出发。无论是革命还是建设,都要注意学习和借鉴外国经验。但是,照抄照搬别国经验、别国模式,从来不能得到成功。这方面我们有过不少教训。把马克思主义的普遍真理同我国的具体实际结合起来,走自己的道路,建设有中国特色的社会主义,这就是我们总结长期历史经验得出的基本结论。"②

中国特色社会主义探索在改革开放前遭受挫折的重要原因就在于没有自觉区分社会发展规律和社会模式。将传统社会主义模式等同于社会主义规律。习近平总书记在总结社会主义 500 年时,明确提到"苏联模式"的概念。他认为列宁逝世以后,苏联模式逐步形成。斯大林在领导苏联社会主义建设中,逐步形成了单一生产资料公有制和自上而下的指令性计划经济体制、权力高度集中的政治体制相统一的苏联模式。苏联模式的提出,明确地区别了社会基本运动规律和社会建设模式的问题。也明确地告诉人们,苏联模式的最终失败是运用马克思主义基本原理方面的失误,是苏联共产党的最终失败,不是马克思主义基本原理的失效。如果没有苏联模式的概念,就会直接把苏联模式的失败等同于马克思主义真理的失效,这是极大的理论思维的错误! 中国模式的初步形成,表明在社会主义建设上,要高度重视社会主义模式问题,要自觉探索适合于自身发展的社会主义模式,不能因为某种具体社会主义模式的失败或过失而否定社会主义;在对一般的社会发展问题的研究上,也要自觉区分社会发展规律和社会模式,正确处理二者的关系。

区分社会发展规律与社会模式,既是中国特色社会主义成功探索的思想方法基础,也是中国模式提出的崭新理论问题。改革开放一开始,邓小平就提出"什么是社会主义"的问题。

---

① 马克思,恩格斯.马克思恩格斯选集:第 4 卷[M].北京:人民出版社,2012:605.
② 邓小平.邓小平文选:第 3 卷[M].北京:人民出版社,1993:2-3.

"什么叫社会主义,什么叫马克思主义?我们过去对这个问题的认识不是完全清醒的。"①"社会主义是什么,马克思主义是什么,过去我们并没有完全搞清楚。"②之所以长时间没有搞清楚"什么是社会主义",就在于没有区分社会发展规律与社会模式、没有区分社会主义建设的一般规律和具体模式。邓小平提出"什么是社会主义",就是要区分社会发展规律与社会模式、区分社会主义发展的一般规律和社会主义建设的具体模式,从传统社会主义模式中抽象提炼出社会主义本质。"社会主义的本质,是解放生产力,发展生产力,消灭剥削,消除两极分化,最终达到共同富裕。"③社会主义本质是从社会发展规律和社会主义价值角度对社会主义的界定。习近平进一步指出,社会主义最本质的东西就是坚持中国共产党的领导。坚持社会主义,关键就是要坚持共产党的领导和共同富裕。坚持社会主义,关键就是要坚持社会主义本质。社会主义规律和价值追求的具体实现形式,则是社会主义模式问题。尽管社会主义模式是社会主义本质要求与具体实际结合的产物,但社会主义模式具有相对独立的地位。提出社会主义模式的问题,就是要将马克思主义基本原理与具体实际更好、更有效地结合,自觉探索适合本国的社会主义建设道路。

习近平新时代中国特色社会主义思想的时代价值就是要发展和完善中国特色社会主义的运行和治理模式。习近平在论述全面深化改革的总目标时指出,要推进国家治理体系现代化和治理能力现代化。笔者认为,国家治理体系和治理能力的统一就体现为国家与社会的治理模式。习近平总书记多次讲到社会模式问题。2016年4月19日,习近平在北京主持召开网络安全和信息化工作座谈会上讲到了社会治理模式,他说:"随着互联网特别是移动互联网发展,社会治理模式正在从单向管理转向双向互动,从线下转向线上线下融合,从单纯的政府监管向更加注重社会协同治理转变。"

习近平总书记在党的十九大报告中讲到政治制度时,就提到政治制度模式这个概念,他指出,世界上没有完全相同的政治制度模式,政治制度不能脱离特定社会政治条件和历史文化传统来抽象评判,不能定于一尊,不能生搬硬套外国政治制度模式。

党的十九大之后,2017年12月1日习近平总书记出席中国共产党与世界政党高层对话会开幕式,明确提出了中国模式这个概念。他说,我们不"输入"外国模式,也不"输出"中国模式,不会要求别国"复制"中国的做法。习近平总书记在这里还明确地给出了模式的内涵性解释,即"模式"就是"做法"。

中国特色社会主义道路就是不断探索和完善中国特色的社会主义模式。

理解道路和模式的关系是理解习近平新时代中国特色社会主义思想的一个重要问题。道路是关于行走的方向和边界的规定,模式就如同道路上行走的车辆。正如路和车是紧密

---

① 邓小平.邓小平文选:第3卷[M].北京:人民出版社,1993:63.
② 邓小平.邓小平文选:第3卷[M].北京:人民出版社,1993:137.
③ 邓小平.邓小平文选:第3卷[M].北京:人民出版社,1993:373.

关联的一样,社会主义道路与实现模式也是紧密相连的。道路规定了行车的方式,行车的方式也不断地开辟新的道路。如果离开了社会主义建设的各种模式我们对社会主义的道路的理解就是空洞的。要理解中国特色社会主义道路,就得结合中国特色的社会主义建设模式。习近平新时代中国特色社会主义思想,要回答的一个重大时代性课题,就是"坚持和发展什么样的中国特色社会主义,怎样坚持和发展中国特色社会主义",也就是要在新的时代不断完善和发展并形成中国特色社会主义制度的基本模式。

坚持走中国特色社会主义道路是与不断完善中国模式紧密联系在一起的。中国模式构成了中国道路的具体内容。中国特色社会主义道路的全新境界,是全面推进国家治理体系和治理能力的现代化,是探索和建设马克思主义的国家治理模式,是实现中国特色社会主义基本制度和具体体制机制的有机统一。改革开放40多年来的中国道路就是由不断创设的各种具体改革模式,形成的各种具体的经济体制机制、文化体制机制、社会体制机制、政治体制机制、生态建设体制机制模式所构成。这些具体的体制机制的集合就形成了中国道路的具体内容。如果抽掉了这些具体的社会实践模式的探索、构想、实验、丰富和完善,中国道路将难以理解。

这里应当进一步指出,有人对模式概念存在理解上的误区,把模式等同于工匠操作中的模具或者"模子"。工匠操作中使用的模具,具有固定不变的特性,如果使用这个说法,会把能动的社会发展理解为固定不变的存在。其实。模式作为社会规律的实现形式,它具有能动的、发展变化的特点,它会随着社会的发展进行调整。社会规律的能动性质会迫使它的实现形式不断地改变自己的样态,会随着社会规律实现条件的变化决定其本身的改变和存留。还有一种理解,把模式理解为"范型",含有示范和强迫学习的意义。应当看到,作为模式的根本特点是它的唯一性与独特性,它与具体的时空条件和环境特点密切地结合在一起,它只具有启发意义,不具有"照搬"和要求别人模仿的含义。

1. 如何理解马克思主义的实践概念和特征?
2. 如何理解实践过程中的主客体关系及其地位?
3. 如何理解实践模式的内涵与结构?

# 第十三章

## 认识及其辩证过程

> 实践、认识、再实践、再认识,这种形式,循环往复以至无穷,而实践和认识之每一循环的内容,都比较地进到了高一级的程度。
>
> ——毛泽东

认识论是人们关于认识的认识,是研究人认识的本质及其发展规律的理论,是哲学理论体系的重要组成部分。认识论研究人类观念地把握世界是否可能、如何可能以及为何可能等问题。关于这些问题的不同回答形成了哲学史上形形色色的认识论学说。辩证唯物主义认识论与以往的认识论特别是旧唯物主义的认识论的最根本的区别在于把实践的观点和辩证法引入认识论,强调了实践对认识的决定作用以及认识过程的辩证性质。实践的观点和辩证的思维方法贯穿于辩证唯物主义认识论的始终,其中实践的观点尤为重要,它是辩证唯物主义认识论的首要的、基本的观点。从这种意义上来说,辩证唯物主义认识论就是"实践认识论"。本章主要从实践的观点和辩证的思维方法出发理解"认识"这一核心范畴,对认识的本质及特征、认识活动的内在结构以及认识的辩证运动过程展开说明。

# 第一节　认识的本质及结构

认识是什么？如何看待认识的本质？这是认识论的核心问题，也是一切认识论都无法回避的问题。马克思主义哲学将实践的观点和辩证的思维方法运用于考察人类的认识，认为认识的本质是以实践为基础的主体对客体的能动反映。从这种意义来看，马克思主义认识论就是能动的反映论。

## 一、认识的本质及特征

在认识论上，一直存在着唯物主义和唯心主义两条根本对立的路线，其中唯物主义路线是"从物到感觉和思想"，唯心主义路线是"从思想和感觉到物"。

唯心主义坚持"从思想和感觉到物"的认识路线，从精神第一性、物质第二性的基本前提出发，否认认识是对客观世界的反映，把认识看作先于物质、先于实践，与人的经验无关的东西。主观唯心主义和客观唯心主义虽然有某些细微差别，但本质上都坚持先验论的认识路线。主观唯心主义者否认认识对象的客观性，把认识看作是人的主观所固有的。如我国宋代哲学家陆九渊从"宇宙即是吾心，吾心即是宇宙"的主观唯心主义观点出发，宣扬"夫万事万物之理，不外于吾心"。18世纪英国的贝克莱认为"存在就是被感知"，外界事物不过是"观念的集合"。客观唯心主义认为认识的对象既不是客观物质世界，也不是人的经验，而是独立于人之外的某种客观的精神实体，认识可以脱离经验，依靠精神自身来获得。宋代哲学家朱熹把这种客观精神称作"理"，认为天地万物都是由"理"所创造，人认识的首要任务是要把握这个"理"。黑格尔认为客观的"绝对精神"是现实世界的创造主，"绝对精神"在自身运动的一定阶段上，"外化"为自然界。人的意识和人类本身也是"绝对精神"的产物。因此，他所谓的认识，只不过是绝对精神的自我意识。不论是主观唯心主义还是客观唯心主义，都只从主体这一维度去思考认识问题，把认识封闭和局限在精神的圈子内，这样，认识就成了与客观世界无关的纯粹精神性的存在。

与唯心主义相反，一切唯物主义都坚持"从物到感觉和思想"，从物质第一性、意识第二性的前提出发，认为人的认识是主体对客观世界的反映。马克思主义哲学产生以前的旧唯物主义认识论的基本特点是以感性直观为基础，把人的认识看成是消极地、被动地反映和接受外界对象，类似于照镜子那样的反射活动，所以又称为直观的反映论。这种认识论的缺陷在于：第一，离开实践考察认识问题，因而不了解实践对认识的决定作用。它虽然认为认识是主体对客观世界的反映，但在解释主体是如何反映客观对象时，往往把认识的主体看作是一种生物性的自然存在物，把认识的客体看作是人们静观的对象，把主客体之间的关系只看作反映与被反映的关系,而不是改造与被改造的关系。可见,旧唯物主义虽然坚持了"从物到感觉和思想"的认识路线,但它仅仅从客体方面去界定反映和认识,把复杂的认识机制简单化为主体被动接受对象刺激和对象把自身"烙印"在主体大脑中的结果。认识被理解为一种客体占主动地位,主体只做出机械反应的线性过程。主体的能动性、创造性在此被消解了。第二,不了解认识的辩证本性,离开辩证法考察认识问题,因而把复杂的认识过程简单化,把活生生的认识运动凝固化,把多方面的认识要素片面化。它看不到认识的主体与客体之间的矛盾及其相互作用,没有把认识看作一个不断发展的过程,而是认为认识是一次性完成的。这两种缺陷决定了旧唯物主义的直观反映论不能真正揭示认识的本质。

马克思主义哲学产生之前的认识论的共同缺陷在于,它们没有看到实践是主体和客体分化与统一的基础,没有把认识当作一个主客体相互作用的过程来探讨。唯心主义认识论偏执于从认识主体一方来探讨和界定认识的本质,要么将主体的认识图式、认识结构先验化,要么将主体的感觉经验孤立化。唯心主义强调认识的主体性,发展了认识的能动方面,但由于这种能动作用只在认识主体的范围内被强调、夸大、孤立,所以,这种能动作用只是一种抽象的发展。旧唯物主义认识论偏执于从认识的客体一方来探讨认识的本质,看到了认识是人脑对物质对象的反映,但由于缺乏主体的维度,只能将认识理解为一种机械的、被动的反映,认识的能动方面却被忽视了。唯心主义与旧唯物主义认识论都没有解决认识活动的主体与客体、主观与客观的一致性问题,都没有真正理解认识的本质。正因为如此,马克思批判道:"从前的一切唯物主义(包括费尔巴哈的唯物主义)的主要缺点是:对对象、现实、感性,只是从客体的或者直观的形式去理解,而不是把它们当作感性的人的活动,当作实践去理解,不是从主体方面去理解。因此,和唯物主义相反,唯心主义却把能动的方面抽象地发展了,当然,唯心主义是不知道现实的、感性的活动本身的。"[1]

马克思主义哲学把实践引入认识论,并把辩证法贯穿于认识论,确立了以实践为基础的能动的反映论,从而科学地解答了认识的本质问题。首先,马克思主义认识论立足于实践的观点,全面地、正确地分析和说明了认识活动中主体与客体、主观与客观之间的辩证关系。马克思主义认识论首先肯定认识是人脑对客观世界的反映,明确坚持了唯物主义反映论。但是,马克思主义认识论并没有停留于一般反映论的水平,它对唯心主义认识论的批判也没有局限于一般唯物主义的立场。它认为,认识活动中主体与客体、主观与客观的统一,既不能像唯心主义那样单纯从主体的观念性活动来理解,也不能像旧唯物主义那样单纯从客体的直观形式来理解,二者统一的真正基础是实践。从实践的观点来看,主体与客体的关系首先是改造与被改造的关系,在此基础上才产生出它们之间的反映与被反映的关系。主体是在自觉地、能动地改造客体的过程中反映客体的。正是在这双重的关系中,主体既改造着客观世界,也改造着自己的主观世界,不断提高自己的反应能力。正如恩格斯所指出的:"人的

---

[1] 马克思,恩格斯.马克思恩格斯选集:第1卷[M].北京:人民出版社,2012:133.

思维的最本质的和最切近的基础,正是人所引起的自然界的变化,而不仅仅是自然界本身;人在怎样的程度上学会改变自然界,人的智力就在怎样的程度上发展起来。"①其次,马克思主义认识论把辩证法贯穿于反映论,指出主体对客体的反映是充满矛盾的发展过程。就人们对具体事物的认识而言,反映要经过从生动的直观到抽象的思维再到实践的反复运动;就人类对整个世界的观念把握而言,反映是实践、认识、再实践、再认识的循环递进过程。列宁指出:"认识是思维对客体的永远的、无止境的接近。自然界在人的思想中的反映,要理解为不是'僵死的',不是'抽象的',不是没有运动的,不是没有矛盾的,而是处在运动的永恒过程中,处在矛盾的发生和解决的永恒过程中。"②

以此为基础,马克思主义哲学认为,认识是以实践为基础的主体对客体的能动反映。认识作为能动的反映活动具有摹写性和创造性两个基本特点。

所谓认识的摹写性,是指人的认识必然是以客观事物为原型的,在人的认识中一定含有摹写某种客观事物的内容。坚持人的认识具有摹写性,也就是坚持认识的客观性。马克思主义认识论理解的摹写与旧唯物主义认识论理解的摹写不同,它认为:(1)认识对客观事物的摹写绝不是直观的描摹,而是人在实践过程中对客观事物的主观揭示和探求,其中既有主体按照自身的需要对对象或对象的特定方面的主动选择,也包含着主体对对象观念的重建和再造。正因为如此,人的认识不仅能够把握事物的现象,而且能够深入事物的内部,把握事物的本质和规律。(2)认识对客观事物的摹写不同于照镜子式的映现,而是具有中介性的,是主体通过一定中介(方法、手段等)的作用影响客体、接近客体,从而在思维中再现客体。(3)这种摹写活动不是一次完成的动作,而是具有阶段性和等级性的过程,即由事物的一级本质向二级本质以至更高级本质的逐渐深化和不断前进的过程。

所谓认识的创造性,是指人的认识活动是一种能动的、创造性的活动,是主体对于客体的能动的、创造性的复现。人们为了从事实践活动,不仅要反映事物的现象,还必须透过事物的现象反映事物的本质和规律。在客观世界中,本质和现象是浑然一体的,人为了把握事物的本质和规律,就必须在实践的基础上进行"思维操作",在观念中分解、加工和改造对象,运用归纳和演绎、抽象和概括以及联想和想象等一系列的方法进行创造性的思维活动。正如列宁所说:"认识是人对自然界的反映。但是,这并不是简单的、直接的、完整的反映,而是一系列的抽象过程,即概念、规律等的构成、形成过程。"③更为重要的是,人们为了从事实践活动,不仅必须反映出事物的本质和规律,还必须基于这种认识,塑造出符合主体需要的理想客体,这更是一种具有能动性和创造性的反映活动。人们的认识的显著特征就在于,它不仅能反映出事物或对象本来如此的状态,而且能够反映出事物或对象满足人类社会的需要

---

① 马克思,恩格斯.马克思恩格斯选集:第3卷[M].北京:人民出版社,2012:922.
② 列宁.列宁全集:第55卷[M].北京:人民出版社,2017:165.
③ 列宁.列宁全集:第55卷[M].北京:人民出版社,2017:152.

所应当具有的形态。与动物不同,人在实际地改变事物或对象之前,就在头脑中把事物或对象对于人来说"应当如此"的面貌反映出来了。一个蹩脚的建筑师在建造房屋之前,也能够形成他想要建造的房屋的观念;而无论多么灵巧的蜜蜂,也不可能在建造蜂房之前就具有蜂房的观念。所以列宁指出:"人的意识不仅反映客观世界,并且创造客观世界。"[①]

因此,在人的认识活动中,摹写性和创造性是不可分割的。创造和摹写不是人类认识的两种不同功能,而是同一功能的两个不同方面。摹写离不开创造,摹写过程是在创造过程中实现的;创造离不开摹写,创造是受摹写对象的客观本性所制约的。只承认认识的摹写性,忽视认识的创造性,就会成为消极的直观反映论,与旧唯物主义认识论划不清界限;只承认认识的创造性,忽视认识的摹写性,就会陷入否定认识客观性的唯心主义先验论。马克思主义认识论把认识的摹写性和创造性有机地结合起来,在人对客观世界的反映中,摹写是创造性的摹写,而不是机械的镜面式的摹写;创造是以摹写为基础的创造,而不是主观随意的创造。反映是摹写与创造的统一,它既具有客观性又具有主体性。这就是马克思主义能动的反映论。

### 二、认识活动的内在结构

为了深入地理解人对世界的反映活动是如何实现的,就需要全面分析认识活动的结构。认识活动与实践活动具有同构性,表现为这两种活动的内在要素和运行方式上的相似性。在实践活动中,实践的主体、客体以及联结二者的中介(工具或手段等),构成了实践活动的基本要素;认识活动中,认识的主体、客体以及联结二者的中介(工具或手段等),也构成了认识活动的基本要素。同时,主体、客体、中介这三个要素的联结方式、运行方式也具有相似性。无论是实践活动还是认识活动,都是主体运用一定的中介手段作用于客体,表现为主体和客体按一定的方式实现的相互作用。

1. 认识主体

认识主体即认识者,表明谁在进行认识。认识主体是认识活动中居于主导的地位并具有自主性和创造性等特点和功能的一方,是认识系统中的首要因素,对认识系统的形成及其诸要素的结合方式起着决定作用。认识主体必定是人,但不能抽象地说人就是认识主体。只有具备一定认识能力并从事一定认识活动的人,才是现实的认识主体,否则,至多也只能称之为潜在的认识主体。

作为认识主体的人,是从物质自然界分化发展而来并仍然属于自然界的一部分。不仅人的机体组织以及存在于他身上的自然力、生命力和生命过程都属于自然界,而且人的存在和活动依赖于其他的自然物。因此,主体首先是"有生命的自然存在物",具有自然属性。主

---

[①] 列宁.列宁全集:第 55 卷[M].北京:人民出版社,2017:182.

体的自然属性表明它永远不能摆脱外部自然和自身自然的限制。从这个意义上说，主体具有受动性的一面。但是，有生命的自然存在只是人作为认识主体的自然物质前提，并不是它的本质规定。人作为认识主体的存在是其社会存在，主体的本质规定也只能从人的社会属性和社会关系中获得。人的机体和智力是在社会性的劳动中形成和发展的，人作为认识主体的力量和能力也来自社会联系，即人们之间的社会合作。人只有依靠社会集体对自然界进行改造，才是同自然界发生关系的主体，也才成为具有能动反应能力的认识主体。

作为自然存在物和社会存在物，认识主体具有客观实在性。但是，认识主体又不同于一般的客观存在物，它是有意识的存在物，具有意识性。人作为认识主体，能够把外在事物观念地"移入"自己由知、情、意要素组成的意识结构并加以能动地加工改造，还把自身的存在和活动作为意识的直接对象，从而能够把自身及其活动同外在事物区分开来，通过自觉地调节和控制以达到预期的目的。因此，任何现实的认识主体，都是自然存在物、社会存在物和有意识的存在物的统一，也是客观性和主观性的统一。

认识主体的基本形式有个体主体、集体主体、社会主体和人类主体。其中，每一种形式都按主体从事认识活动的组织方式、组织范围而相互区别，同时，它们又相互联系、相互依赖，构成统一的主体活动系统。社会的、人类的认识活动是由无数个人的认识活动构成的，而任何个人的认识活动又不能脱离社会、人类的认识活动而单独进行，人的认识活动就是在个人与社会、个体与类的交互作用中发展的。

2. 认识客体

认识客体即被认识者，表明被认识的是什么。认识客体是与认识主体相对应的另一基本要素，是认识活动中处于被动地位的一方，是指进入人的认识活动、被主体的观念活动所指向的客观对象。认识客体和认识主体是相对而言、相互规定的。某人是认识主体，是因为他认识着特定的事物（客体）；某物是认识客体，是因为有认识它的人（主体）。无论是离开认识客体谈认识主体，还是离开认识主体谈认识客体，都是没有意义的。

认识客体和客观事物之间既有区别又有联系。客观事物是指不以人的意识为转移的一切事物，它与客观存在属于同一范畴。当客观事物未进入人的认识领域时，它还只是自在的客观实在，只有与认识主体发生一定的认识关系，客观事物才具有认识客体的意义。世界是无限的，客观事物也是无穷多样的。但是在人类认识发展的某一历史阶段上，只有部分客观事物能够进入人的认识领域，成为认识客体。随着人类认识的日益进步，客观事物不断地向认识客体转化。由于认识客体是由客观事物转化而来的，因此，它首先具有客观性的特点。

同实践客体一样，认识客体也具有三种基本形式，即自然客体、社会客体和精神形式的客体，这些客体共同构成了统一的、历史地发展着的认识客体系统。无论哪一种形式的认识客体，都不仅具有多方面的属性，而且具有多层次的结构，并以自己的多种属性、结构、层次和关系制约着主体对它的认识，决定着主体对它进行认识的"程序"和"规则"。认识是一个由不知到知,由较肤浅、较片面的知到较深刻和较全面的知的无限发展过程。

### 3. 认识中介

认识中介即认识工具,表明如何实现认识。认识中介是认识系统结构中又一基本要素,是指主体借以认识客体的手段、方式和方法的总和。认识中介即认识工具可以分为物质认识工具和精神认识工具两大类。

物质认识工具指主体从事认识活动的物质手段或物质条件,包括实物形态的认识工具和关系形态的认识工具。实物形态的认识工具是指人对自然物加工改造而成的工具,主要有劳动生产工具、科学实验仪器和设备、电子计算机和智能机等。无论是何种实物形态的认识工具,都直接地物化着知、情、意等主体因素。关系形态的认识工具是指主体观测客体的时空构架和描述客体的语言系统,其中,前者被称为观测系,后者被称为描述系,二者被合称为参考系。关系形态的认识工具虽然并不表现为具体实物,但是它的物质性,它作为认识中介物的功能以及对主体因素的凝结,都在本质上与实物形态的认识工具没什么不同。

精神性认识工具是以观念形态存在的思维框架,包括概念、范畴和思维方式。概念、范畴既是以往人类认识的成果,它们以抽象的形式将人类的经验知识浓缩起来,同时又是主体进行新的认识活动的思维工具,对认识客体具有概括统摄作用,主体通过它们能够有效地把握客体的本质和规律。思维方式是主体把握客体的思维轨迹或思维程序,是各种思维方法的总和,它本质上属于概念、范畴在思维中运行的程序和联系结合方式。需要强调的是,作为精神性认识工具的概念、范畴和思维方式都不能摆脱它们的物质外衣——语言而独立存在。在认识中介系统中,无论物质工具还是精神工具,其共同特点是,它们既是人的活动的结果,同时又是人认识客体的手段,是联结主体和客体,并在主体和客体之间往返流动的"变量"。认识的主体和客体正是通过这种"变量",构成动态发展的认识活动,使主体与客体的相互作用得以实现,执行着主体以观念方式把握客体即能动地反映客体的职能。

认识主体、认识客体和认识工具,是认识活动的基本要素。这些要素以一定的方式联结起来,构成认识结构。认识主体通过认识工具作用于客体,获得关于客体的信息,又运用认识工具加工、处理这些信息,最后,由作为主体的人的大脑对这些信息进行去伪存真、去粗取精、由此及彼、由表及里的思维加工,形成一定的认识。认识是认识主体和客体以工具为中介相互作用的过程和结果。

马克思主义哲学认为认识系统结构形成和发展的秘密,存在于人的实践活动之中。首先,作为认识主体的人,不是抽象的生物学意义上的人,而是从事改造世界的实践活动的人;认识主体首先是实践主体,人的认识能力是在实践活动中形成和不断完善的。认识客体也不是什么自在的、仅仅被直观的对象,而是主体实践地改造着的对象。正是通过实践活动,客观事物才不断进入主体的认识领域,不断地向认识客体转化。"周围的感性世界决不是某种开天辟地以来就直接存在的、始终如一的东西,而是工业和社会状况的产物,是历史的产物,是世世代代活动的结果"①。同样,认识工具的产生和发展也必须从社会实践的角度去把握。在物质性的认识工具中,有的本来是实践工具或在实践工具的基础上发展起来的,如劳动生产工具、科学实验的仪器和设备、电子计算机和智能机等;有的是由实践活动建立起来的或受实践发展水平制约,如语言系统和时空构架。至于精神性的认识工具,也是历史实践的产物。因此,认识的系统结构首先是作为实践的系统结构存在和起作用的,随着社会实践的不断发展,认识系统结构的水平和主体反映客体的能力也日益提高。

## 第二节 从感性认识到理性认识的能动的飞跃

"一切比较完全的知识都是由两个阶段构成的:第一阶段是感性知识,第二阶段是理性知识,理性知识是感性知识的高级发展阶段"②。感性认识和理性认识是认识的两种基本形式,同时又是认识的两个基本层次和认识自身发展的两个阶段。认识的辩证运动过程,首先是从实践到认识,即在实践的基础上从感性认识能动地发展到理性认识,这是认识过程中的第一次飞跃。

### 一、感性认识

感性认识属于认识的初级阶段、初级层次,是关于事物个别性质、表面现象和外部联系的认识,是人们在实践过程中通过自己机体的各种感觉器官以及作为感觉器官延伸物的各种观测仪器对外部世界的直接反映。感性认识以直接性和形象性为特征。感性认识包含相互联系、依次发展的三种形式,即感觉、知觉和表象。

感觉是人脑通过不同的感觉器官对客观事物的个别属性、个别方面的直接反映,是意识与外部世界的直接联系,它是感性认识从而也是整个认识过程的起始环节。列宁指出,"感觉是物质作用于我们的感官的结果"③。例如,视觉反映的是事物的颜色、形态;听觉反映的是事物的声音;味觉反映的是事物的滋味;嗅觉反映的是事物的气味;触觉反映的是事物的凉热、软硬等。感觉是客体的刺激因素和主体的感官、感觉神经系统相互作用的结果。感觉作为一种反映,具有主观性。主体的各种因素包括心理因素,都对感觉的产生具有影响和制约作用,因而不同的主体对同样的刺激会有不同甚至是完全相反的感觉。但是,我们不能因此就认为感觉是在主体头脑中主观自生的,客观存在是人的感觉的唯一来源。

知觉是在感觉的基础上形成的高一级的感性认识形式,是对事物各种感觉的综合。知觉是在感觉的基础上形成的。感觉信息、感觉材料涉及的是事物的个别属性、个别方面,人

---

① 马克思,恩格斯.马克思恩格斯选集:第1卷[M].北京:人民出版社,2012:155.
② 毛泽东.毛泽东选集:第3卷[M].北京:人民出版社,1991:816.
③ 列宁.列宁选集:第2卷[M].北京:人民出版社,2012:52.

在大脑中把有关事物的各种属性、各个方面的感觉信息、感觉材料加以整合,在意识中形成反映该事物的各个方面特性的整体的感性形象,这就是知觉。知觉与感觉的区别就在于,知觉反映的不是对象的个别属性,而是由对象的各个方面的属性及其相互关系构成的整体,是对各种感觉的综合。知觉高于感觉,但它也是对外界事物的具体形象的直接反映,因而仍属于感性认识。

表象是感性认识的最高级形式,它是人脑对过去的感觉和知觉的回忆,是曾经作用于感觉器官的那些客观对象的形象的再现和重组。感觉和知觉是客体的刺激直接作用于主体的感觉器官而在人脑中形成的感性映象,当客体的刺激消失以后,这种感性映象并不随之消失,而是可以暂时地或较久地保留在记忆中。这种保存在记忆中的感性映象通过回忆而再现出来,就是表象。表象与感觉、知觉的区别就在于,感觉和知觉只有当对象作用于感官的时候才存在,而表象则可以在这种作用消失以后继续存在。因此,它摆脱了感觉和知觉的直接性,具有一定程度的间接性和抽象性特征,包含了理性认识的萌芽。但是,表象尽管接近了抽象认识,毕竟只能反映客观事物的轮廓和主要特征,还不能反映事物的本质和规律,所以它仍然属于感性认识的形式。

感觉、知觉和表象是感性认识前后相继的三个阶段,是感性认识的不同形式。感性认识是认识的低级阶段,它的特点是以生动的、具体的形象直接反映外部世界,没有任何中间环节。它是关于客观事物的现象、事物的个别属性和事物的外部联系的认识。感性认识的可靠性就在于它直接反映了现实。感性认识是重要的,它是理性认识的来源,没有感性认识,就没有理性认识。在感性认识的三个阶段中,已经显示出认识的发展趋势,即由个别特性的反映到各种特性的综合;由当前对象的直接摹写到间接的回忆和再现;在表象中已经包含有抽象、概括的因素。但是,即使是十分丰富而又合乎于实际的感性认识,也仅仅是对事物的"生动的直观",仅仅反映了事物的片面和表面的东西。人们通过感性认识,只能把握事物的个别,而不能把握一般;只能把握事物的现象和外部联系,不能把握事物的本质和规律。认识的任务是要求把握事物的本质、内部联系和规律性,并用来指导实践。所以,人们的认识不能停留在感性认识,必须上升到理性认识。

## 二、理性认识

理性认识是认识的高级形式、高级阶段,它是人们通过抽象思维活动所把握的关于事物的本质、事物的全体和事物内部联系的认识,是人们通过大脑的思维活动对认识客体的间接反映。它具有间接性、抽象性、概括性等特点。理性认识是在感性认识的基础上,并通过理性思维对感性认识材料的抽象而形成的。它超越了感性认识的界限和范围,达到了对事物的一般属性、内在本质和规律的把握,因而是具有普遍性的认识。理性认识包括相互联系、依次发展的三种形式:概念、判断、推理。

概念是理性认识最基本的形式,是人的思维对同类事物的共同的、一般的特征或本质的概括反映。概念反映的已经不是某个对象的具体特征和具体形象，而是许多对象的共同特征和它们的内部联系。例如，哲学中物质的概念，所反映的就不是物体的这种或那种具体的特点和特性（如软还是硬、光滑还是粗糙），而是一切物体所共有的最一般的特性，即不依赖于意识而独立存在的客观实在性。概念是抽象的结果，但它的内容又是具体的，概念所抽象、概括出来的普遍、一般是包含着个别和特殊的全部丰富性的普遍、一般。概念也是主观性和客观性的统一，就概念是对事物的间接反映来说，它似乎比感性认识远离了客观现实，但从它反映的全面性和深刻性来看，它则比感性认识更接近了客观现实。因此概念的形式是主观的，内容是客观的。正如列宁所言："人的概念就其抽象性、分隔性来说是主观的，可是就整体、过程、总和、趋势、来源来说却是客观的。"[①]作为事物固有的一般属性和内在本质的反映，概念具有确定性，但概念的确定性不是僵死的、绝对的，它要随着客观事物的发展和自身矛盾的展开而发展变化，科学上一个新的概念的提出和确立，标志着认识的一次深化。

判断是对事物之间的联系和关系的反映，是对某事物具有或不具有某种特性的判别和断定，在逻辑形式上表现为概念之间的联系或关系。就其与概念之间的关系而言，判断是概念以浓缩的形式包含着的个别与特殊的东西的丰富性的展开，它把概念自身规定中潜存着的对立统一部分，如个别与一般、特殊与普遍，既区分开来，又统一起来。因此，虽然在逻辑形式上判断表现为概念之间的一定的联系和关系，但概念的形成也以一定的判断为前提。作为概念的展开，判断也是对对象的规定的揭示和陈述，通常表现为通过肯定或否定的形式，对事物的存在、性状、关系等加以判定。判断从个别判断过渡到普遍判断，是人类科学认识发展的一般进程。

推理是从事物的联系中由已知去合乎规律地推出未知的反映形式，在逻辑形式上表现为由概念构成的判断之间的一定的联系或关系，在语言形式上表现为复句或句群。判断是概念之间矛盾的展开，推理则是判断之间矛盾的展开。按照推理过程的思维方向，可将推理划分为归纳推理、演绎推理和类比推理。其中，归纳推理是从个别的、特殊的联系推出一般的、普遍的联系的推理，演绎推理是从一般的、普遍的联系推出个别的、特殊的联系的推理。类比推理是从特殊联系推出特殊联系的推理，也就是从一个对象的属性推出另一对象也可能具有这种属性。通过推理，人们可以扩大认识成果，从现有的认识中推出新的认识，从已知推出未知；推理不仅能反映事物现有的内在联系，而且能反映事物的未来和发展趋势，是人们在认识过程中不可缺少的。推理不是任意的，必须有其客观基础，只有反映客观事物内在的本质联系的推理才是正确的推理。推理过程中的逻辑规则是经过实践反复检验的思维规律。推理是实现和建立理论体系不可缺少的思维过程和思维形式，也是理性思维指导实践活动的一个必要环节，并成为创造性的实践活动的一个必要的自觉因素。

概念、判断和推理是理性认识的三种基本形式，它们都具有间接性和抽象概括性的特

---

[①]列宁.列宁全集：第55卷[M].北京：人民出版社，2017：178.

点。理性认识的特点,是以抽象思维的形式间接地反映客观事物。它表现为一系列的抽象和概括、分析和综合等过程。从形式上看,建立在感性材料基础上的理性认识,仿佛是远离了客观事物,但实际上是更深刻、更正确、更完全地反映了客观对象。因为它通过对事物进行科学的抽象和概括、舍弃了事物个别的、非本质的、外表的、偶然的特性,而概括出了它们一般的、共同的、本质的东西。所以列宁说:"一切科学的(正确的、郑重的、不是荒唐的)抽象,都更深刻、更正确、更完全地反映自然。"[1]认识的真正任务就在于通过感性认识而达到理性认识。毛泽东指出:"认识的真正任务在于经过感觉而到达于思维,到达于逐步了解客观事物的内部矛盾,了解它的规律性,了解这一过程和那一过程间的内部联系,即到达于论理的认识。"[2]从这种意义上讲,理性认识比感性认识显得更为重要。

### 三、感性认识和理性认识的辩证关系

感性认识和理性认识是辩证统一的关系。它们是认识发展过程中的两个不同阶段,在认识上具有质的区别,但是它们又是相互依存、相互渗透的,两者在实践的基础上统一起来。

感性认识和理性认识是认识过程中的两个不同阶段,有着质的区别:第一,与各自认识对象的联系不同。感性认识与认识对象的联系是直接的,理性认识是来自感性认识的加工。因此,它与认识对象的联系是间接的。第二,反映的方式不同。感性认识以具体形象的方式反映对象,理性认识以抽象概括的方式反映对象。第三,反映对象的深度和层次不同。感性认识反映的是事物的表面特征和外部联系,理性认识反映的是事物的本质规律和内部联系。这种区别不仅表现在认识的认知活动中,也表现在认识的评价活动中。感性评价反映的只是主客体之间的浅层次的价值关系,而理性评价反映的是主客体之间深层次的价值关系;感性评价往往借助于非语言形式加以表达,而理性评价则往往借助于语言或某种论文、论著的形式加以表达。

但是,感性认识和理性认识又是统一的,它们相互依赖、相互转化、相互渗透。

第一,理性认识依赖于感性认识,这是认识论的唯物论。感性认识是整个认识过程的起点,是理性认识的基础和必经阶段,没有感性认识也就没有理性认识。因为实践是认识的基础,一切真知都从社会实践中来,感性认识直接发源于实践。离开了直接从实践中获得的感性经验,理性认识就成了无源之水、无本之木,成为主观自生的、靠不住的东西。毛泽东指出:"从认识过程的秩序说来,感觉经验是第一的东西,我们强调社会实践在认识过程中的意义,就在于只有社会实践才能使人的认识开始发生,开始从客观外界得到感觉经验。一个闭目塞听、同客观外界根本绝缘的人,是无所谓认识的。认识开始于经验——这就是认识论的

---

[1] 列宁.列宁全集:第55卷[M].北京:人民出版社,2017:142.
[2] 毛泽东.毛泽东选集:第1卷[M].北京:人民出版社,1991:286.

唯物论。"①从认识的内容和顺序来看,理性认识是对事物本质的反映,感性认识是对事物现象的反映。人们总是首先接触一个个事物的现象,得到一定数量的感性材料,然后运用科学的抽象思维,才能透过现象抓住本质,形成理性认识。

第二,感性认识有待于发展和深化为理性认识,这是认识论的辩证法。认识的感性阶段固然重要,但认识不能停留在这个阶段上,这是由社会实践的需要和认识的任务决定的。认识的真正任务就在于经过感觉达到思维,透过事物的现象深入事物的本质。只有这样,才能把握事物的规律性,预见事物的发展趋势,从而才能规定行动的计划和方向,有效地指导变革现实的实践活动。毛泽东指出:"认识有待于深化,认识的感性阶段有待于发展到理性阶段——这就是认识论的辩证法。"②

第三,感性认识和理性认识相互渗透。在人的具体认识过程中,感性认识和理性认识总是相互渗透、交织在一起的。既没有纯粹的感性认识,也没有纯粹的理性认识。毛泽东曾说:"我们的实践证明:感觉到了的东西,我们不能立刻理解它,只有理解了的东西才更深刻地感觉它。"③一方面,感性认识中有理性认识的因素。主体在进行实践活动获取感性认识时,是受已有的理性认识的支配和指导的。人的感知能力在社会历史过程中不断地受到理性的熏陶,并总是与一定的理性结构结合在一起发生作用的。而且,由于理性参与的程度和范围不同,人的感知能力还会呈现出极大的个体差异。另一方面,理性认识中有感性认识的因素。理性认识不仅来自感性认识,而且总以一定的语言、符号作为其物质手段。理性思维活动是通过运用语言、符号来实现的,它表现为一种语言、符号的操作过程。理性思维活动的结果,也需要语言、符号来表达。语言、符号就其意义来说,包含着某种抽象和概括,已经与客体发生了分离,但它们本身仍然具有感性形式。由于理性认识采取了感性的表现形式,所以它具有可传递和可继承性,人们通过这些感性的表现形式可以掌握前人和别人的理性认识成果,因而对每一事物的认识不必都从直接的感性经验开始。

总之,感性认识和理性认识作为认识过程中相互区别、相互对立的两种反映形式,也是相互联系、辩证统一的。没有感性认识,理性认识就失去了赖以产生的基础和得以实现的手段;没有理性认识,最多只能产生动物式的被动感知,而不会有真正人的感性认识。割裂感性认识和理性认识的辩证关系,就会犯唯理论和经验论的错误。

哲学史上的唯理论和经验论都不懂得感性认识和理性认识的辩证关系,各自从不同的方面片面强调理性思维和感性经验的作用。唯理论否认感性认识的重要性,片面夸大理性认识的作用,认为只有理性认识才是可靠的。如笛卡尔认为"感官是骗人的",对它"不要完全相信"④。为了说明具有普遍必然性的理性知识的来源,他不得不求助于神秘的"天赋观

---

① 毛泽东.毛泽东选集:第1卷[M].北京:人民出版社,1991:290.
② 毛泽东.毛泽东选集:第1卷[M].北京:人民出版社,1991:291.
③ 毛泽东.毛泽东选集:第1卷[M].北京:人民出版社,1991:286.
④ 北京大学哲学系外国哲学史教研室.西方哲学原著选读[M].北京:商务印书馆,1981:407.

念"。斯宾诺莎同样也看不到感性经验在理性思维与客观实在之间的中介作用,认为人的思维是凭借理性直接把握客观实在的本质的。与此相反,经验论则否认理性认识的重要性,片面夸大感性认识的作用,否认感性认识发展到理性认识的必要性。唯物主义的经验论者洛克指出,"凡是在理性中所有的,最初无不在感觉之中",从而认为人的知识不仅来自感觉经验,而且是为感觉经验所穷尽的。洛克等人虽然也论及过理性思维,但却把它的作用仅仅归结为对感性材料的总括、整理和分类,并且认为这种作用是极不可靠的。至于唯心主义的经验论,不仅贬斥理性认识,而且还否认感性认识的客观内容,从而走上了神秘主义和不可知论的道路。

实际工作中的教条主义者和经验主义者,也违背了感性认识和理性认识辩证统一的原理。教条主义者片面夸大书本知识的作用,轻视感性经验,把马克思主义当作僵死的教条生搬硬套,犯了类似唯理论的错误;而经验主义者则片面夸大感性经验的作用,轻视科学理论,把局部经验当作普遍真理,处理一切问题都超不出自己狭隘经验的眼界,犯了类似经验论的错误。教条主义和经验主义都是以主观地割裂感性认识和理性认识为特征的,因此两者都是主观主义的具体表现。这两种主观主义,特别是教条主义曾经给中国的革命和建设带来了严重的危害。掌握感性认识和理性认识辩证统一的认识论原理,努力防止和纠正这两种片面性,是我们时刻都应当注意的一个重要问题。

### 四、从感性认识到理性认识的条件及路径

从感性认识上升到理性认识,是人们认识发展的必然趋势,要实现这一飞跃,必须具备一定的条件和途径。

第一,在实践中获得十分丰富和合乎实际的感性材料,是实现由感性认识能动地飞跃到理性认识的基础和前提。

毛泽东指出:"只有感觉的材料十分丰富(不是零碎不全)和合于实际(不是错觉),才能根据这样的材料造出正确的概念和论理来。"[①]这里强调的是一要"全",二要"真"。人的头脑只是一个加工厂,没有感性认识作为原材料,也就没有加工的对象,当然造不出理性产品来。理性认识是对事物的本质和规律的反映,而客观事物是复杂多样的,事物的本质又是通过许多不同的现象甚至假象表现出来的,只有掌握十分丰富与合乎实际的感性材料,才能把握事物发展过程的全貌,揭示事物的本质。否则,如果依据零碎的、片面的甚至虚假的感性材料进行理论概括,那就会犯以偏概全、以假乱真的错误。为了获得丰富的真实的感性材料,就必须深入实际,勇于实践,认真进行调查研究,了解客观过程的历史和现状,掌握正面和反面的丰富的第一手材料,从而为向理性认识的过渡奠定可靠的基础。

第二,运用科学的思维方法对感性材料进行加工制作,形成概念、判断和推理,是实现由

---

① 毛泽东.毛泽东选集:第1卷[M].北京:人民出版社,1991:290.

感性认识能动地飞跃到理性认识的正确途径。

掌握了丰富而真实的感性材料,并不等于把握了事物的本质和规律。人的思维活动不仅仅是单纯的反映,要想把握事物的本质和规律,还需要进行自觉的、能动的选择和建构。毛泽东指出:"要完全地反映整个的事物,反映事物的本质,反映事物的内部规律性,就必须经过思考作用,将丰富的感觉材料加以去粗取精、去伪存真、由此及彼、由表及里的改造制作工夫,造成概念和理论的系统,就必须从感性认识跃进到理性认识。"[1]所谓"去粗取精",就是通过分析对比去掉那些次要的、无关紧要的东西,抓住那些主要的、与事物本质有密切联系的典型材料;所谓"去伪存真",就是辨别事物的真象和假象,去掉虚假的不可靠的材料,留下真实可靠的材料,以防被假象所蒙蔽;所谓"由此及彼",就是把大量个别的感性材料联系起来加以思考,从总体上进行研究,从而发现隐藏在现象背后的事物之间的内在联系;所谓"由表及里",是指透过事物表现出来的感性的具体的特征,抽象出事物内在的一般规定性,形成概念和判断的系统,达到对事物的本质和规律的认识。对感性材料的加工制作除了采用上述的方法外,还必须采用归纳和演绎、分析和综合、抽象到具体、历史与逻辑相统一等唯物辩证的思维方法。只有这样,才能实现对感性材料的正确概括和抽象,才能上升到理性认识。

## 第三节 从理性认识到实践的能动的飞跃

在实践的基础上由感性认识飞跃到理性认识,即由实践到认识,还不是一个完整的认识过程。"辩证唯物论的认识运动,如果只到理性认识为止,那么还只说到问题的一半。而且对于马克思主义的哲学说来,还只说到非十分重要的那一半"[2]。要实现一个完整的认识过程,还必须由理性认识再回到实践,实现认识过程的又一次能动的飞跃。

### 一、理性认识向实践飞跃的必要性和重要性

从理性认识到实践,这是认识过程的更重要的飞跃。这是因为只有通过这次飞跃,理性认识才能真正得到完善和发展,也才能由观念形态的东西对象化为客观的现实,由精神力量转化为物质力量。具体来说,理性认识向实践飞跃的必要性和重要性表现为两个方面:

第一,从理性认识到实践的飞跃,是理性认识本身发展的要求,它是检验理论和发展理论的过程,因而是整个认识过程的一个必要环节。

理性认识是人们在实践中通过对感性材料的加工制作而形成的。通过实践获得的理性认识是否正确,是否符合客观事物的本质和发展规律,这在第一次飞跃中,是没有完全解决的,也是无法解决的。这是因为人们在第一次飞跃中所达到的理性认识,由于受客观对象本

---

[1] 毛泽东.毛泽东选集:第1卷[M].北京:人民出版社,1991:291.
[2] 毛泽东.毛泽东选集:第1卷[M].北京:人民出版社,1991:292.

质的暴露程度、实践的手段和水平,以及认识主体的立场、观点、方法和知识水平等主客观条件的限制,一般来说,完全正确的情况是罕见的、部分的错误是常有的,全部错了的事也是屡见不鲜的。只有把这种理性认识放到社会实践中去经受检验,正确的理论才能被证实,错误的理论才能被发现和纠正,不完备的理论才能被充实,理性认识才能得到不断地修正、补充和完善。毛泽东指出:"理论的东西之是否符合于客观真理性这个问题,在前面说的由感性到理性之认识运动中是没有完全解决的,也不能完全解决的。要完全地解决这个问题,只有把理性的认识再回到社会实践中去,应用理论于实践,看它是否能够达到预想的目的。"[①]理性认识不但需要检验,而且需要发展,否则就不能反映不断发展着的客观实际。理性认识归根到底是实践经验的概括和总结。它只有重新回到实践中去,从不断发展着的实践中汲取新的经验,才能随着实践的发展而发展,从而保持自己的生命力,不断地得到丰富和发展。

第二,从理性认识到实践的飞跃,也是实践本身的要求,是整个认识过程的必然归宿。

如前所述,从感性认识能动地飞跃到理性认识之所以重要,是因为只有理性认识才能把握事物的本质和规律。但是,把握事物的本质和规律,形成一定的理性认识,还不是认识的真正目的。人们认识世界,是为了能动地改造世界。认识是以实践为目的的,马克思主义之所以看重理论,是因为正确的理论能够反映客观事物的规律,能够指导我们改造客观世界的实践活动。如果理论不回到实践中去指导实践,那么这样的理论再好也是没有用的,只是一堆废话。毛泽东指出:"马克思主义的哲学认为十分重要的问题,不在于懂得了客观世界的规律性,因而能够解释世界,而在于拿了这种对于客观规律性的认识去能动地改造世界"[②],"如果有了正确的理论,只是把它空谈一阵,束之高阁,并不实行,那么,这种理论再好也是没有意义的。"[③]只有以理论指导实践,完成认识向实践的飞跃,才能获得实践的成功,达到认识的目的,所以说认识向实践的飞跃比实践向认识的飞跃更为重要。

可见,认识只有通过第二次飞跃,才能得到检验和发展,才能达到指导实践、改造客观世界的目的。因此,由认识到实践,就成为认识运动全过程中的一次更重要的飞跃。

## 二、理性认识向实践飞跃的条件及路径

从理性认识到实践的飞跃不是任意的,必须具备一定的前提条件,通过一定的途径,采取一定的步骤。

第一,理性认识本身应当是正确的,这是实现从理性认识到实践飞跃的前提。错误的或空想的理论,不可能指导实践取得改造世界的成效,相反只能造成实践的挫折和失败。当然,这里所说的正确,只是相对的,而且是有待实践来证实的。

---

① 毛泽东.毛泽东选集:第1卷[M].北京:人民出版社,1991:292.
② 毛泽东.毛泽东选集:第1卷[M].北京:人民出版社,1991:292.
③ 毛泽东.毛泽东选集:第1卷[M].北京:人民出版社,1991:292.

第二,要建立正确的实践理念。所谓实践理念,是指人们在现实实践活动之前事先建立起来的、关于实践的观念模型或理想蓝图。实践理念是相对于理论理念(理性认识)而言的。如果说理论理念是指反映客观对象的性质和规律的认识的话,那么,实践理念则是指人们为了满足自身的需要而制定的改造客观对象的构思、规划、方案等。要建立正确的实践理念,必须做到:首先,以理论的方式把握客体的本质和规律,即形成关于客体的理论理念。实践理念虽然高于理论理念,但它是以理论理念为基础的,同时它也将理论理念包含于自身,是理性认识向实践转化的一个必要环节。实践理念在反映内容上,除了理性认识所揭示的关于客体的存在状况、内部结构、本质属性、运动规律等知识外,还凝结了关于主体的需要、主体的能力、主体活动以及主客体关系的评价等认识。恩格斯说:"外部世界对人的影响表现在人的头脑中,反映在人的头脑中,成为感觉、思想、动机、意志,总之,成为'理想的意图',并且以这种形态变成'理想的力量'。"①这里所说的"理想的意图"也就是实践理念,而实践理念之所以能够成为"理想的力量",则与它对人的自身本性,特别是人的需要的反映密切相关。人的需要总是包含着对当前现实的某种不满足,包含着要求超越当前现实、创造更美好的理想的现实的愿望。总之作为由理性认识向实践转化的必要环节,实践理念不仅包括了关于客观事物本质和规律的普遍性知识,而且结合了人的实践活动的具体需要,并将二者内在地统一起来。这样,实践理念超越了抽象的理论形态,并成为具有强烈现实感的实践意识。它既是人们认识世界和认识自我的结果,又是人们实践活动的目的。因此,与理论理念不同,实践理念是可以直接应用于实践的。

第三,要从实际出发,坚持一般理论和具体实践相结合的原则。认识对实践的依赖关系,不仅表现在理论产生于实践的过程中,而且也表现在理性认识指导实践的过程中。理性认识反映的是事物的本质和规律,是具有一般性、普遍性的东西。只有把一般性、普遍性的理论和具体实践结合起来,坚持实事求是、从实际出发,理论才能发挥自己的指导作用,并随着实践的发展而不断得到发展。当把马克思主义理论应用于指导实践时,必须同时代条件及各国国情相结合,化为一定的路线、方针、政策、方法等,才能有效地实现其指导功能。自然科学的基础理论,也只有经过技术科学、应用技术、产品设计和研制等中间转化环节,才能付诸生产实践。

第四,理论要为群众服务。群众是实践的主体,理论只有为群众服务,才能化为改造社会、改造自然的物质力量。马克思说:"批判的武器当然不能代替武器的批判,物质力量只能用物质力量来摧毁;但是理论一经掌握群众,也会变成物质力量。理论只要说服人,就能掌握群众;而理论只要彻底,就能说服人。所谓彻底,就是抓住事物的根本。而人的根本就是人本身。"②理论要被群众所掌握,必须采取正确的方法,通过摆事实、讲道理,对群众进行耐

---

① 马克思,恩格斯. 马克思恩格斯选集:第4卷[M]. 北京:人民出版社,2012:238.
② 马克思,恩格斯. 马克思恩格斯选集:第1卷[M]. 北京:人民出版社,2012:9-10.

心细致的宣传教育工作,做到以理服人。即使是正确的、深刻的理论,当群众还没有理解、还接受不了的时候,如果采取生硬粗暴的手段去强制实行,也是不能达到预期效果的。

第五,理性认识付诸实践,要具备一定的物质条件。理论的实现如果离开一定的科学技术手段和社会物质力量,是难以转化为现实的。没有实践加以改造的物质对象,就没有实践所凭借的物质手段,要把理论付诸实践就只能是一句空话。

由于人们的各种实践和认识是不相同的,因而从理性认识到实践飞跃所经历的过程、所需要的条件也是不相同的,必须对具体情况做具体分析。

## 第四节 认识辩证运动的全过程

由实践到认识,再由认识到实践,"实践、认识、再实践、再认识,这种形式,循环往复以至无穷,而实践和认识之每一循环的内容,都比较地进到了高一级的程度"①。这就是认识辩证运动的总过程和总规律。

### 一、认识辩证运动过程的反复性、无限性和上升性

"实践、认识、再实践、再认识……"作为认识辩证运动的全过程,是由实践到认识和由认识到实践两次飞跃的辩证综合,体现了认识辩证运动过程的反复性、无限性和上升性。

第一,认识过程具有反复性。这是由于人们的认识常常受到主客观条件的制约。从认识主体来说,人们的认识既受到阶级立场、观点、方法、实践范围和知识水平的影响,又受到科学技术条件和非理性因素等条件的限制。从认识客体来说,人们的认识受到客观事物的发展及其内部矛盾暴露过程的制约。当客观对象的本质尚未显露的时候,人们很难获得完全的、正确的认识。这就决定着人们的认识具有反复性。例如,人们对原子结构的认识,从1803年道尔顿发现原子开始,到近年来对基本粒子研究的许多新发现,经历了漫长的过程,科学家们为此付出了艰巨的劳动。经过实验、认识、再实验的不断反复,才对原子结构形成了比较正确的认识,直到现在,这个认识仍在进一步深化的过程之中。这就是认识过程的反复性。

第二,认识过程具有无限性。人们的认识经过由感性认识到理性认识、理性认识到实践的多次反复,如果在实践中得到预想的结果,那么对某一具体事物、过程的认识运动就算完成了。然而,对于过程的推移来说,人们的认识运动还没有完结。因为客观世界及其发展是无限的。从时间上看,一个过程向另一个过程的推移和转变是无限的;从空间上看,客观事物之间的联系和物质结构的层次是无限的。所以,作为反映客观世界的认识也是无限发展

---

① 毛泽东.毛泽东选集:第1卷[M].北京:人民出版社,1991:296-297.

的。正如毛泽东所言:"客观过程的发展是充满着矛盾和斗争的发展,人的认识运动的发展也是充满着矛盾和斗争的发展。一切客观世界的辩证法的运动,都或先或后地能够反映到人的认识中来。社会实践中的发生、发展和消灭的过程是无穷的,人的认识的发生、发展和消灭的过程也是无穷的。"①在实践和认识过程中,一个事物的发展过程被认识了,新的发展过程又开始了。新过程又具有新的内容、新的特点,又要人们去认识。随着新过程的发展和实践的继续,又会产生新的感性认识和理性认识,又开始了新的认识运动。这就是认识过程的无限性。

第三,认识过程具有上升性。认识运动的反复性和无限性,使认识的发展表现为波浪式的前进运动或螺旋式的上升运动。从形式上看,认识的发展是认识和实践不断分离和重合的反复循环;从内容上看,认识的每一次循环都达到了深一层的程度。也就是说,经过一次实践与认识的循环,人们对客观世界的认识都相应地上升到一个新的水平和层次,通过实践和认识的不断的反复循环,人类的认识就像螺旋曲线一样无限地向上发展。正是在这种认识运动的辩证过程中,人类通过相对认识绝对,通过有限认识无限,发展着自己的认识成果和客观真理体系,同时不断创造新的认识工具,完善自己的认识结构,更新自己的思维方式,推动人类的认识系统和实践境界不断迈向新的阶段。

"通过实践而发现真理,又通过实践而证实真理和发展真理。从感性认识而能动地发展到理性认识,又从理性认识而能动地指导革命实践,改造主观世界和客观世界。实践、认识、再实践、再认识,这种形式,循环往复以至无穷,而实践和认识之每一循环的内容,都比较地进到了高一级的程度"②。这是对人类认识辩证运动过程的基本概括。它阐明了人类认识运动是一个在实践的基础上由浅入深、循环往复、无限发展的过程。所以,人类认识运动是永无止境的。

## 二、把握认识辩证运动过程的方法论意义

正确地理解和把握"实践、认识、再实践、再认识……"这一认识辩证运动过程,具有重大的方法论意义。

第一,"实践、认识、再实践、再认识……"这一认识辩证运动过程,充分体现了主观和客观、认识和实践之间的具体的历史的统一。人的认识总是在一定实践基础上对认识对象的一定发展阶段、一定层次的反映。这主要表现在:其一,从认识的主体看,认识的主体是在一定具体历史条件下实践着的具体的人,而不是脱离一定历史条件的抽象的人。其二,从认识对象来看,认识的对象归根到底由社会实践及其发展所决定。即使是仿佛远离当时实践的抽象的"纯理论"或假说,也要以当时的具体实践所提出的问题和提供的材料为基础才能产

---

① 毛泽东.毛泽东选集:第1卷[M].北京:人民出版社,1991:295.
② 毛泽东.毛泽东选集:第1卷[M].北京:人民出版社,1991:296-297.

生。其三,从认识的历史水平看,认识的水平取决于社会实践及其所创造的历史条件的水平。社会实践发展的程度越高,认识的水平也就越高。认识和实践、主观和客观具体的历史的统一说明,主观认识要同一定时间、地点、条件的实践及其探索和改造的客观对象相符合,主观认识还要同特定历史阶段的实践相符合,并随着实践所探索和改造的客观对象的变化发展而发展。因此,正确的思想、正确的理论总是具体的、历史的,是对特定的客观现实及其规律的正确反映,而不是抽象的和脱离历史的,总是动态的和开放的,而不是死板的和封闭的。为此,我们反对一切使认识和实践、主观和客观、理论和实际相分裂的错误倾向。把握这一规律,可使我们避免将两者分割的错误做法。当客观实践已经向前发展时,主观认识也应该随之变化,如果主观认识不随之变化,仍停留于原有的水平,就会犯思想落后于实际的保守主义的错误。当客观实践的具体过程处于特定的阶段,向另一个阶段转变的条件还不具备的时候,如果硬要人为地不顾客观条件强行地进行这种转化,企图超越历史阶段,将来才能做的事情非要现在做,就会犯冒进主义的错误。

第二,把握"实践、认识、再实践、再认识……"这一辩证运动过程,可以使我们自觉地坚持和执行党的群众路线。"从群众中来,到群众中去"是党的群众路线,也是马克思主义政党唯一科学的工作路线。毛泽东指出:"在我党的一切实际工作中,凡属正确的领导,必须是从群众中来,到群众中去。这就是说,将群众的意见(分散的无系统的意见)集中起来(经过研究,化为集中的系统的意见),又到群众中去作宣传解释,化为群众的意见,使群众坚持下去,见之于行动,并在群众行动中考验这些意见是否正确。然后再从群众中集中起来,再到群众中坚持下去。如此无限循环,一次比一次地更正确、更生动、更丰富。这就是马克思主义的认识论。"[①]"从群众中来"大体上相当于由感性认识到理性认识即由实践到认识的过程。人民群众的实践,是正确认识的来源,是制定党的路线、政策和方针的基础和出发点。从总体上看,置身于实践第一线的广大人民群众的意见是丰富的、生动的、接近于客观实际的。但从人民群众的每一位成员来说,他们的意见又往往是分散、无系统的、正确和错误夹杂在一起的,就是说它偏向于感性认识。因此需要在调查研究的基础上,把群众的意见集中起来,进行一番加工制作,形成比较系统的、全面的、反映事物本质和规律的意见,从而提出关于路线、政策、方针的初步设想。"到群众中去",则大体上相当于从理性认识回到实践即由认识到实践的过程。集中起来的群众意见究竟是否正确,只有靠广大群众的实践来检验;同时,群众在实行这些意见的过程中,又会创造出许多新的经验,从而丰富和发展领导的意见。因此,从群众中集中起来的意见还需要在群众中再坚持下去,这是检验和发展领导意见的过程,是认识的继续,是调查研究工作的继续。"从群众中来,到群众中去""集中起来,坚持下去",无限循环发展的过程,也就是"实践、认识、再实践、再认识"无限循环发展的过程。

---

① 毛泽东.毛泽东选集:第 3 卷[M].北京:人民出版社,1991:899.

1.如何理解认识的本质?

2.感性认识与理性认识各有哪些基本形式,这些形式各自有何特点,其共性是什么?

3.从感性认识到理性认识的飞跃、从理性认识到实践的飞跃的条件及路径分别是什么?

3.为什么说认识辩证运动过程的第二次飞跃是意义更为重大的飞跃?

4.割裂感性认识与理性认识,片面夸大某一方面否定另一方面,在哲学上和日常生活中分别会导致哪些错误观点?

5.如何理解和把握认识辩证运动的总过程,把握它有何重要意义?

# 第十四章
## 真理、价值与理想

> 必须把人的全部实践——作为真理的标准,也作为事物同人所需要它的那一点的联系的实际确定者。
>
> ——列宁

人类认识世界的目的在于获得真理,指导实践,改造世界。然而,人类之所以要去这样做,又是为了满足人本身的需要。于是,人类在认识世界和改造世界的过程中,不仅要认识对象"是什么",而且还要认识对象对主体的"意义如何"。前者是真理问题,后者则是价值问题。真理和价值各有不同的规定,又有统一的基础和形式。两者统一的形式就表现为理想。理想是在社会实践的基础上实现真理和价值的统一的具体形式,也体现着美的规定性,是人生和人的实践活动的最终目的。

# 第一节 真 理

认识运动的辩证发展过程就是通过实践而发现真理,又通过实践证实真理和发展真理的过程。辩证唯物主义认为,真理是客观的,它既是绝对的,又是相对的。人们对于真理的认识,就是由相对真理不断地向绝对真理接近的过程,就是真理同谬误作斗争的过程。社会实践是检验认识真理性的唯一标准。认识的任务和目的,是为了排除谬误而获得真理,并在真理的指导下,有效地改造客观世界。

## 一、真理及其客观性

自古以来,哲学家们都把真理看作是认识追求的目标,但对真理本质的理解,不同的哲学派别却存在着根本的分歧。马克思主义以前的哲学家们提出过各种各样的真理观,虽然含有某些合理因素,但都没有真正解答真理的本质问题。一般来说,旧唯物主义从世界的物质性、客观性和可知性的前提出发,认为真理是人的认识与客观事物相符合,但却把这种符合看作是消极的、被动的、直观的反映的结果。唯心主义者从精神第一性、物质第二性的前提出发,认为真理是某种精神本身的属性,是意识、思维自身的同一。客观唯心主义者如柏拉图认为真理是某种超验的、永恒的"理念",经院哲学家把上帝说成是真理的化身,认为真理只不过是上帝对人的启示,黑格尔认为真理是"绝对精神"的自我显现和自我认识;主观唯心主义者如休谟认为真理是观念和主体感觉相符合,康德认为真理是思维同它的先验形式相一致,实用主义者认为真理是观念和行为对人有用的效果。客观唯心主义者虽然并不直接宣称真理是主观的,但他们所讲的理念、绝对精神、上帝等都是想象出来的,实际上是把主观精神客观化、神秘化,归根结底是否认真理,是一种主观真理论。主观唯心主义者往往公开主张真理是主观的。他们或者把个人的意志、感觉视为真理,或者把多数人承认的认识当作真理。不论他们的具体主张如何不同,在本质上都是否认真理具有不以人的意志为转移的客观内容,即否认真理的客观性。总的来说,唯物主义的基本观点是客观真理论,唯心主义的观点则是各种形式的主观真理论。

马克思主义继承并发展了唯物主义的客观真理论,从认识与实践相统一的新哲学高度上科学地揭示了真理的本质。它认为,真理是标志主观同客观相符合的哲学范畴,是人们对客观事物及其规律的正确反映。

真理具有客观性。所谓真理的客观性,首先是指在真理性的认识中包含着不以人和人的意志为转移的客观内容。列宁说:"有没有客观真理?就是说,在人的表象中能否有不依赖于主体、不依赖于人、不依赖于人类的内容?"①辩证唯物主义对这一问题的回答是肯定的。真理作为一种认识和反映,是人脑对客观事物及其规律进行观念加工的产物,通过概念、判断、推理等主观形式表达出来。真理在形式上是主观的,但在内容上却是客观的,客观性是真理的本质属性。真理的客观性指的是真理的内容是对客观事物及其规律的正确反映,真理中包含着不依赖于人和人的意识的客观内容。真理的主观形式是一切认识所固有的,但是,使某一认识成为真理的决定性条件,却不在于它采取何种主观形式,而在于它的客观内容。对于同一客观内容,人们可以用不同的主观形式去反映它、表达它,但真理的内容并不随之而丧失或改变。一切科学的知识、理论或学说之所以是真理,就在于它正确地反映了客观事物及其本质和规律,就在于它是同客观实际相符合的认识,从而能够正确地指导人的实践活动。真理的客观性还表现在作为真理性认识的基础的实践具有客观性。人只有通过实践才能揭示真理,才能检验和发展真理。在真理中,必然直接或间接地包含着实践本身的条件、方式和程度的客观特征。

肯定真理的客观性,是唯物主义认识论的反映论在真理观上的具体体现。一切唯物主义认识论在真理观上都必然承认和强调真理的客观性,坚持客观真理论。正如列宁所说:"认为我们的感觉是外部世界的映象;承认客观真理;坚持唯物主义认识论的观点,——这都是一回事。"②

真理的客观性决定了真理的一元性。所谓真理的一元性指的是对于同一对象完整认识的真理性体系是一元的,只有同客观对象相符合的认识才是真理,不存在反映同一对象的多个不同的真理。真理一元论是就真理的本质而论的,绝不是说同一真理性的内容只能有一种表达形式。真理一元论也不否认在探索和发现真理过程中会出现认识的多样化。在认识复杂对象时,人们往往会出现认识的不一致,不同的认识可能各自具有片面的真理性,但这不能说明真理是多元的。因为,仅仅具有片面真理性的认识,就其总体来说仍然不是真理。真理多元论认为,对同一个对象可以有不同的多种认识,不存在谁对谁错的问题,这是站不住脚的。

## 二、真理与谬误

真理同谬误是相比较而存在、相斗争而发展的。真理的发展过程,是从相对真理走向绝对真理的过程,而且也是同谬误不断进行斗争的过程。所谓谬误,就是与客观事物的实际情况相背离的认识,是对客观事物及其发展规律的歪曲反映。

谬误的产生有客观和主观两方面的原因。谬误产生的客观原因,主要在于认识对象的复杂性和认识条件的局限性。一方面,作为人的认识对象的客观事物是极其复杂的,不仅有

---

① 列宁.列宁选集:第 2 卷[M].北京:人民出版社,2012:81-82.
② 列宁.列宁选集:第 2 卷[M].北京:人民出版社,2012:89-90.

无限多样的形式,而且其本质常常为现象所掩盖,甚至仅仅通过假象表现出来,因而要正确认识它们十分困难。另一方面,人们对客观事物的认识,必然受到特定时代的认识条件如实践水平、认识手段等的制约。"我们只能在我们时代的条件下去认识,而且这些条件达到什么程度,我们就认识到什么程度。"[1]如果尚不具备相应的认识条件,或没有找到变革对象的途径和方法,或缺乏必要的认识手段,人们要正确地认识客观事物是相当困难的。产生谬误的主观原因,主要在于特定主体认识能力的有限性、思维方式的片面性和认识立场的狭隘性。任何具体的认识活动都是特定的认识主体来进行的,而特定的认识主体的认识能力是有限的,其思维方式也会出现这样或那样的片面性。如果认识活动的目标超过了其认识能力,或者主体在认识活动中陷入某种片面的思维方式,就不可能形成关于客观事物的正确认识。此外,人们对客观事物的认识还要受到其认识立场的制约,特别是对社会历史的认识,往往与主体自身的利益和需要密切相关。如果主体由于自身的特殊利益而偏执于某种狭隘的认识立场,不敢或不愿正视实际,其认识也必然会歪曲客观事物的本来面目,形成错误的认识。

真理与谬误的辩证关系可以从以下三个方面来把握:

第一,真理与谬误是相互对立的。在认识过程中,真理和谬误是相互对立的两个方面,其界限是极其明显的。真理是对客观事物的本质和规律的正确反映,表明了主观与客观的符合或一致;而谬误则是对客观事物的歪曲反映,表明了主观与客观的脱离或分裂。就确定的对象和范围来说,真理就是真理,谬误就是谬误,两者之间有着本质的区别,不能相互混淆。在确定条件下,一种认识不能既是真理又是谬误。否认了这一点就会混淆是非、颠倒黑白。

第二,真理与谬误是相互依存、互为前提的。这就是说,真理和谬误的任何一方,都以另一方的存在作为自己存在的前提,没有真理无所谓谬误,没有谬误也就无所谓真理的存在。

第三,真理和谬误在一定条件下是可以相互转化的。恩格斯说:"真理和谬误,正如一切在两极对立中运动的逻辑范畴一样,只是在非常有限的领域内才具有绝对的意义;……如果我们企图在这一领域之外把这种对立当作绝对有效的东西来应用,那我们就会完全遭到失败;对立的两极都向自己的对立面转化,真理变成谬误,谬误变成真理。"[2]

真理向谬误转化可以从三个方面来理解:其一,真理是具体的,有条件的。任何真理都有自己特定的对象、范围和条件,如果超出这些规定,真理就会转化成谬误。正如列宁所说,"任何真理,如果把它说得'过火'……,加以夸大,把它运用到实际适用的范围之外,便可以弄到荒谬绝伦的地步,而且在这种情形下,甚至必然会变成荒谬绝伦的东西"[3]。其二,真理

---

[1] 马克思,恩格斯.马克思恩格斯选集:第3卷[M].北京:人民出版社,2012:933.
[2] 马克思,恩格斯.马克思恩格斯选集:第3卷[M].北京:人民出版社,2012:467-468.
[3] 列宁.列宁选集:第4卷[M].北京:人民出版社,2012:172.

是全面的。"真理就是由现象、现实的一切方面的总和以及它们的(相互)关系构成的。"① 这就是说,全面的真理性的认识是一个统一的完整的科学体系,各种因素都处在相互制约、相互联系之中。如果把其中的某一方面、某一因素不切实际地抽取出来,并片面地把它加以任意夸大,切断它们之间的相互联系、相互制约的对立统一关系,它就会失去真理性而变成谬误。其三,真理是历史的。真理是一个过程,体现了主观与客观、认识与实践的具体的历史的统一,任何真理性的认识都要随着实践的发展和客观事物的变化发展而发展。如果把真理教条化、凝固化,它就不再能正确地反映变化发展着的客观事物,原来的真理性的认识也就变成了谬误。同样,如果不顾条件是否具备,把只有将来才能实现的原则运用到现实,也会使真理转变成谬误。

谬误向真理转化,可以从两个方面来理解:第一,既然谬误是真理超出其特定的条件和范围所产生的,那么,只要将其重新置于原来的条件下或范围内,谬误又会变成真理。而且,当谬误超出其特定的条件或范围而进入新的条件或范围时,它就有可能转化为真理。第二,人们对真理的探索和把握是一个复杂的过程,在这个过程中,任何一个失误都会导致谬误的产生,但只要人们善于从失败中总结经验教训,找出谬误产生的原因,就能使谬误转化为真理,达到对客观事物的正确认识。正是在这种意义上,毛泽东指出,"错误常常是正确的先导"②。

总之,真理与谬误相互对立、相互依存和相互转化的关系表明,真理与谬误是相比较而存在、相斗争而发展的。毛泽东指出:"正确的东西总是在同错误的东西作斗争的过程中发展起来的。真的、善的、美的东西总是在同假的、恶的、丑的东西相比较而存在,相斗争而发展的。当某一种错误的东西被人类普遍地抛弃,某一种真理被人类普遍地接受的时候,更加新的真理又在同新的错误意见作斗争。这种斗争永远不会完结。这是真理发展的规律,当然也是马克思主义发展的规律。"③

## 三、绝对真理与相对真理

承认真理是客观的,不以人的主观意志为转移,这是在真理问题上的唯物论的立场。而就真理的发展过程以及人们对它的认识和把握程度来说,承认真理既是绝对的,又是相对的,这是在真理问题上的辩证法的态度。每个真理都既有客观性,又具有绝对性和相对性;或者说每个真理都是客观真理,同时又是绝对真理和相对真理的统一。

绝对真理即真理的绝对性,是指人们对客观事物及其本质和规律的正确认识具有确定性、无条件性。可以从两方面来理解:第一,从内容上看,任何真理都是对客观事物及其规律的正确认识,都包含不以人的意志为转移的客观内容,都同谬误有原则性的界限,都不能被

---

①列宁.列宁全集:第55卷[M].北京:人民出版社,2017:166.
②毛泽东.毛泽东选集:第3卷[M].北京:人民出版社,1991:803.
③毛泽东.毛泽东文集:第7卷[M].北京:人民出版社,1999:230-231.

推翻。这一点是确定的、无条件的,因而是绝对的。在这个意义上,承认了真理的客观性也就承认了绝对真理或真理的绝对性。列宁说:"当一个唯物主义者,就要承认感官给我们揭示的客观真理。承认客观的即不依赖于人和人类的真理,也就是这样或那样地承认绝对真理。"①第二,就人类认识的本性来说,能够正确认识无限发展的物质世界,每一个真理的获得,都是对无限发展的物质世界的接近;就人类的认识能力来说,世界上只存在尚未认识之物,而不存在不可认识之物。这也是确定的、无条件的,因而是绝对的。在这个意义上,承认了世界的可知性,也就承认了绝对真理或真理的绝对性。

相对真理即真理的相对性,是指人们对客观事物及其本质和规律的正确认识都是在一定条件下进行的,总是局限的和不完善的。第一,从认识的广度看,任何真理性认识都只是对客观物质世界的某一领域、某一部分、某一方面、某一片断的正确认识,而不是对全部事物的正确反映。这种认识总是在一定时间和空间内的认识,它会随着认识对象的发展而发展,因而是具体的、历史的和有限的。在这种意义上,承认存在着尚未认识之物,认识有待于进一步扩展,也就是承认了相对真理或真理的相对性。第二,从认识的深度上看,任何真理性的认识都只是对特定的具体事物的一定程度、一定层次的近似正确的反映。任何真理性认识反映对象的深度总是有限的,并没有穷尽对象的一切方面和特性。在这种意义上,承认真理与对象的符合是近似的,认识有待于深化,也就是承认了相对真理或真理的相对性。

绝对真理和相对真理、真理的绝对性和相对性并不是指两种不同性质的真理,而是指同一真理的两种不同属性或方面,两者之间没有固定不移的界限,绝对真理和相对真理、真理的绝对性和相对性是辩证统一的。

第一,绝对真理和相对真理、真理的绝对性和相对性相互渗透和相互包含。任何一个真理,都既是相对的,又是绝对的,相对之中有绝对,绝对之中有相对。一方面,真理的相对性之中有绝对性,真理的绝对性寓于相对性之中,任何相对真理之中都包含着绝对真理的颗粒。另一方面,真理的绝对性之中有相对性,真理的相对性是构成其绝对性的成分,绝对真理通过相对真理表现出来。人们对于自然和社会的每个正确的认识,都是在一定条件下、一定范围内和一定程度上的认识,因而是有条件的、相对的;但在这一定条件、一定范围和一定程度上,这种认识又是对客观现实的正确反映,在这个程度内它永远不被推翻,并作为一种稳定的因素保留在客观真理的体系中,所以又是无条件的、绝对的。任何一种真理,从一种意义或角度上看是相对真理或具有相对性,从另一种意义或角度上看又是绝对真理或具有绝对性。离开这种矛盾的对立双方而孤立存在的真理的绝对性或相对性,丝毫不包含其对立方面的纯粹的绝对真理或相对真理,实际上并不存在。

第二,相对真理和绝对真理、真理的相对性和绝对性又是辩证地转化的。真理是一个过程,永远处在由相对到绝对的转化和发展之中。人类认识是不断深化的过程,是从真理的相

---

① 列宁.列宁选集:第2卷[M].北京:人民出版社,2012:92.

对性向绝对性,从相对真理走向绝对真理,逐步接近真理的绝对性或绝对真理的过程。毛泽东说:"在绝对的总的宇宙发展过程中,各个具体过程的发展都是相对的,因而在绝对真理的长河中,人们对于在各个一定发展阶段上的具体过程的认识只具有相对的真理性。无数相对的真理之总和,就是绝对的真理。"①任何真理都是对客观世界的有限的正确认识,从这个意义上说,人们所把握的都是包含着绝对真理"颗粒"的相对真理。每一个相对的真理,都是以往实践和认识已达到的终点,同时又是指导人们在新的实践中扩大和加深认识、发现和发展真理的新起点。真理的发展,一方面是相对真理性认识在内涵上的丰富、充实和在外延上的精确限定,从而使相对真理性的认识在原有的基础上不断增添新的真理性的内容,形成更全面、更深刻、更精确的新的相对真理;另一方面,真理的发展也表现为相对真理性认识在数量上的增加,即人类的认识在不断地开拓新视野、进入新境界,不断发现越来越多的新的真理,日益全面、深刻地反映无限发展的物质世界。真理的发展,就是这样一个由相对向绝对不断转化的过程。

绝对真理和相对真理、真理的绝对性和相对性,是由客观事物及其发展的特性以及人的认识能力的特性决定的。第一,物质世界的客观存在和无限发展是绝对的,因而真理作为人们对物质世界中的事物及其规律的正确反映,包含着不容置疑的客观内容,具有绝对性。在无限的物质世界中,每一具体事物、具体过程都是有限的,都只是物质世界普遍联系和永恒发展的链条上的一个方面、一个环节或一个阶段,因而人们对有限的具体事物、具体过程的正确认识,以及人们通过有限去把握无限而获得的对整个物质世界的正确认识,都只能达到一定水平,具有相对性。这就是说,物质世界是无限与有限的统一,由此决定了真理是绝对和相对的统一。第二,就认识的本性和可能性来说,世代延续的人类认识能力是至上的、无止境的,能够不断地从不知转化为知,从知之不多转化为知之较多。真理每前进一步,都越来越全面、越来越深刻地反映无限发展的物质世界,因而具有绝对性。但是,对处在一定历史时期的人们来说,认识能力又是非至上的、有局限性的。客观世界发展过程中尚未出现的东西,人们当然不可能认识;即使已经出现的东西,当其本质尚未充分暴露时,人们也难以充分地认识它;甚至已经出现、已经充分暴露其本质的事物,由于主客观条件的限制,包括主体本身肉体条件和精神条件的限制,也不一定能很好地认识它。因此,每一历史时代的人们所获得的真理都是不完备的,具有相对性。这就是说,人的认识能力是至上与非至上的统一。恩格斯说:"人的思维是至上的,同样又是不至上的,它的认识能力是无限的,同样又是有限的。按它的本性、使命、可能和历史的终极目的来说,是至上的和无限的;按它的个别实现情况和每次的现实来说,又是不至上的和有限的。"②这两方面原因决定了真理是绝对和相对的统一。

---

① 毛泽东.毛泽东选集:第1卷[M].北京:人民出版社,1991:295.
② 马克思,恩格斯.马克思恩格斯选集:第3卷[M].北京:人民出版社,2012:463.

承认真理是绝对性和相对性的统一,就必须以辩证的态度对待一切科学真理,既反对绝对主义,又反对相对主义。绝对主义和相对主义都是以割裂真理的绝对性和相对性的统一而固执一个片面为特征的,绝对主义夸大真理的绝对性,否认真理的相对性,把已有的理论看成千古不变的教条,不承认真理是一个由相对性走向绝对性的无限发展过程。与绝对主义相反,相对主义则夸大真理的相对性,否认真理的绝对性,不承认真理包含着不以人的意志为转移的客观内容,把真理看成是没有客观内容和客观准绳的纯粹相对的东西。在他们看来,是非、真假、美丑、善恶等没有确定的界限,一切真理都是不可靠的,这就陷入了唯心主义的诡辩论。

在对待马克思主义的态度上,绝对主义和相对主义同样都是错误的。绝对主义否认马克思主义科学真理的相对性,把马克思主义理论看成是已经穷尽了的真理,是真理发展的"顶峰",可以当作万古不变的教条照抄照搬,否认随着实践的发展,马克思主义理论也必须发展,这样就窒息了马克思主义的旺盛生命力。相对主义否认马克思主义科学真理有绝对性,往往借口时代、条件的变化而否定马克思主义基本原理的客观真理性及其指导作用,这同样抹煞了马克思主义的旺盛生命力。在唯物辩证法看来,马克思主义科学真理也是绝对性和相对性的统一。马克思主义是经过一百多年的实践检验被反复证明了的客观真理,我们必须坚持,对它的种种怀疑和反对都是缺乏根据的,因而是错误的。但是,马克思主义并没有穷尽真理,而是在实践中不断发展的科学。马克思主义在发展的过程中,需要不断开拓新视野,发展新观念,进入新境界;需要对时代条件的变化和实践经验的积累不断进行总结概括,上升为新的理论,使原有的真理性内容更加丰富和充实;需要对一些原来正确、后因条件变化而不适用的某些结论加以修正,破除对马克思主义的教条式理解;需要对过去囿于历史条件仍然带有空想因素的个别论断以及被实践证明是不符合客观实际的个别观点,坚决加以抛弃,并根据新的实践得出新的科学结论。马克思主义需要有新的发展,这是现时代的趋势,也正是马克思主义科学真理有强大生命力的表现。

## 四、真理的检验标准

### 1. 实践是检验真理的唯一标准

真理是标志主观同客观相符合的哲学范畴,某一认识是否为真理以及真理性的多少,取决于该认识是否与其所反映的内容的实际相符合或相一致,以及这种符合或一致所达到的状态。根据什么标准来判断认识和实际是否相符合、相一致呢?这是哲学史上长期争论不休的一个问题。唯心主义者否认客观真理,也就必然否认真理的客观标准,认为真理的标准存在于精神领域之内,这样就把真理的标准变成主观的不确定的东西,因而是错误的。旧唯物主义者承认真理的客观性,在检验真理标准问题上做过一些有益的探讨,但大都直观地把客观事物本身作为检验真理的标准,因而也没能科学地解决检验真理的标准问题。

只有辩证唯物主义认识论才真正科学地解决了检验真理的标准问题。辩证唯物主义认为,只有实践才是检验认识真理性的唯一标准。马克思指出:"人的思维是否具有客观的真理性,这不是一个理论的问题,而是一个实践的问题。人应该在实践中证明自己思维的真理性,即自己思维的现实性和力量,自己思维的此岸性。关于思维——离开实践的思维——的现实性或非现实性的争论,是一个纯粹经院哲学的问题。"①毛泽东提出:"判定认识或理论之是否真理,不是依主观上觉得如何而定,而是依客观上社会实践的结果如何而定。真理的标准只能是社会的实践。"②这些论断明确地回答了真理的检验标准是实践,唯有实践,才是检验认识的真理性的标准,此外再也没有别的标准。

实践成为检验认识真理性的标准,是由真理的本性和实践的特点所决定的。真理是标志主观与客观相符合的范畴,所谓检验认识的真理性,就是检验主观同客观是否符合以及符合的程度。显然,这种检验的标准不能在主观思想领域内寻找,用主观思想来检验主观思想固然不可能对此做出正确的判断。同时,客观世界本身也不能充当检验真理的标准,离开人的活动而独立存在的外在客观世界不会把主观认识同客观现实加以比较对照,因而也无法判明某种认识是否具有真理性。唯一能够充当检验认识真理性的标准的,只能是把主观与客观联系起来、沟通起来的"桥梁""纽带"或"交错点"——实践。实践作为人的对象化活动,作为主体与客体、主观与客观相互作用的过程和结果,使人的主观认识同客观实际具有可比性和可检验性。实践不仅具有普遍性的品格,而且具有直接现实性的优点。列宁指出:"实践高于(理论的)认识,因为它不仅具有普遍性的品格,而且还具有直接现实性的品格。"③实践的普遍性是指任何个别的、特殊的实践,都包含着一般、普遍,都具有一般的、普遍的意义,即一次实践能够做到的,在同样条件下的同样实践必然会重复地加以实现,产生出同样的结果。例如,通过摩擦都会发热,通过电解水的方法都能取得氧气和氢气。因此,通过实践检验人的认识是否与客观实际相符合,才能使真理具有客观的确定性,经得起反复检验。实践的直接现实性,是指实践不仅直接就是一种现实性的物质活动,而且能够把一定的认识、理论变成直接的、实实在在的现实。人们按照一定的认识去实践,其结果必然会造成某种直接的现实。通过将这种作为实践结果的直接现实与人们在实践之前依据一定的认识而预期的实践结果(实践目的)进行比较和对照,人们就能直接地实现主观认识与客观事物之间的比较和对照,从而能够检验认识与客观事物之间是否相符合。毛泽东指出:"实际的情形是这样的,只有在社会实践过程中(物质生产过程中,阶级斗争过程中,科学实验过程中),人们达到了思想中所预想的结果时,人们的认识才被证实了。"④

---

① 马克思,恩格斯.马克思恩格斯选集:第1卷[M].北京:人民出版社,2012:134.
② 毛泽东.毛泽东选集:第1卷[M].北京:人民出版社,1991:284.
③ 列宁.列宁全集:第55卷[M].北京:人民出版社,2017:183.
④ 毛泽东.毛泽东选集:第1卷[M].北京:人民出版社,1991:284.

## 2. 实践标准的确定性与不确定性

实践作为检验认识真理性的标准,既具有确定性,又具有不确定性。正如列宁所说:"实践标准实质上决不能完全地证实或驳倒人类的任何表象。这个标准也是这样的'不确定',以便不让人的知识变成'绝对',同时它又是这样的确定,以便同唯心主义和不可知论的一切变种进行无情的斗争。"①

实践标准的确定性主要表现在:第一,唯有实践能够检验认识的真理性,即使有些认识不能为当前的实践所检验,但将来的实践终究能够检验出它是否具有真理性。因此,实践作为检验真理的唯一标准,其"唯一"还包含着归根到底和最终的意思。第二,凡是被实践证实为真理或判定为谬误,它与其反映的客观事物相符合或不相符合的关系就不会被将来的任何情况所改变。假如被实践证实了的真理被推翻,实践也就根本不能充当检验真理的标准。实践标准的确定性表明,凡是被实践证实了的真理,就应该牢固地坚持;凡是被实践证伪了的谬误,就应该坚决地予以抛弃。

实践标准的不确定性主要表现在:第一,任何实践都是具体的,每一历史阶段的具体实践,必然受到主客观各种因素的影响,都不能完全证实或驳倒一切认识,而只能证实或驳倒当时的部分认识,需要随着实践的发展而不断地检验和发展人们的认识,使认识逐步地逼近真理。第二,历史的具体的实践对真理的检验具有一定的历史局限性。当具体的实践证实某种认识是真理的时候,往往也只是从总体上证实了这种认识与它所反映的客观事物相符合。至于这种认识与客观事物在多大的范围和多大的程度上相符合,真理的有效界限在哪里,任何具体的历史的实践都不可能绝对地、一劳永逸地予以确定。

实践标准是确定性和不确定性的统一。社会实践都是一定的历史的实践,因而对真理的检验具有一定的历史局限性;同时,历史无止境地向前发展,又不断突破这种局限性。历史的局限性使社会实践对真理的检验具有一定的不确定性,历史的发展又使社会实践最终一定可以确定无疑地检验认识的真理性。否认实践标准的确定性,就会陷入唯心主义和不可知论的泥沼;否认实践标准的不确定性,就会导致思想的僵化,阻碍真理的发展。

## 3. 逻辑证明与实践标准

承认实践是检验认识真理性的唯一标准,并不排除逻辑证明在检验真理过程中的作用。逻辑证明是指以已知的正确判断作为前提,通过逻辑推理来确定待证判断是否正确的思维过程。逻辑证明在检验认识真理性的过程中有重要作用:第一,逻辑证明给实践提供理论指导,使人的实践经验由个别、特殊上升到普遍、一般,从而把握实践的总和,以便通过这种实践来检验认识的真理性。检验理论正确性的特定实践总是具体的、特殊的,而已被证明的理

---

① 列宁.列宁全集:第18卷[M].北京:人民出版社,2017:144.

论则具有一定的抽象的、普遍的形式。如果没有逻辑证明,没有从特殊到普遍和普遍到特殊的推理过程,就不能实现理论和实践的结合,也就不能在具体实践中充分证实或驳倒某个理论。第二,有些科学理论要靠逻辑思维来证明。科学理论要经受实践的检验,但这种检验常常需要经过一些中间环节来实现,并非所有的定律、定理等都可以直接从实践中得到证明。例如,对于数学公式的正确性需要科学的逻辑证明,同时也需要通过它们在力学、物理学和其他科学中的应用来检验。实践证明了某项力学、物理学或其他学科的研究成果是正确的,也就间接地证明了在这项研究中应用的数学原理和公式的正确性。这种间接的证明是通过逻辑的推理或推论完成的。至于有些理论暂时还不能通过实践加以检验,就只能依靠逻辑的方式予以论证。第三,实践给逻辑思维以现实基础,逻辑思维给实践以理论根据。人类实践长期发展的历史经验使人们不能单纯满足于实践经验,满足于知其然而不知其所以然。人们需要知道实践的理论根据,因而必须在新的实践之前对用以指导实践的力量的正确性进行证明。这种证明当然可以借助于以往经验的事实,但在新的实践与以往实践有质的不同的情况下,只能依靠尽可能充分而严密的逻辑证明。通过逻辑论证而提出实践的理论根据,可以明确实践的方向、方式和方法,给人的实践以信心和力量。

尽管逻辑证明在认识和探索真理方面有重要作用,但它并不是与实践相并列的检验认识真理性的标准,而是实践检验的有效而又必要的补充。这是因为,逻辑证明中的前提必须是在实践中被证明是正确的认识;逻辑证明中所遵守的逻辑规则也是在实践中产生,并且是被实践千百万次检验证明过的;逻辑证明得出的结论,仍然需要经过实践检验,才能最终确定其是否正确。

## 第二节　价值

认识世界的目的在于改造世界,而人之所以要改造世界,又是为了满足人本身的需要。于是,人们在追求真理的基础上提出了价值的问题。马克思主义哲学立足科学的实践观,对价值的本质、特征、形态以及价值观的相关问题做了科学的阐述。

### 一、价值的内涵及特征

价值问题是人们在实践活动中面临的基本问题。在现实的实践活动中,人们在解决客体本身"是什么、怎么样"问题的同时,还要进一步解决它们对于人有什么意义,即对客体做出有用或无用、是好或是坏、是善或是恶之类的判断。这些判断所涉及的问题,就是价值问题。作为哲学范畴,价值是指客体以自身某种属性满足主体的一定需要的效应关系,也就是客体对主体有意义。当然,这里的"客体"也应该包括"人"本身。因为人既可以是客体,也可以是主体。所以,这里的"人"有双重的含义:主体与客体。某种客体有没有价值,就是看它对主体是不是有用,能不能满足主体的某种需要。如果它能够对主体发生积极的作用和影响,满足主体的一定需要,它对主体就是有价值的。客体对主体的有用性越大,它对主体的价值也就越大。反之,如果客体对主体的作用是消极的,不能满足主体的需要,甚至妨碍主体实现某种需要,它对主体就是无价值的,或是有负价值的。

价值概念的一般含义表明,价值不是一种实体,而是主体和客体之间的一种特定的关系,即客体以自身属性满足主体需要和主体需要被客体满足的一种效应的意义。马克思指出:"'价值'这个普遍的概念是从人们对待满足他们需要的外界物的关系中产生的"。[1] 一方面,价值离不开客体及其属性。客体及其属性是价值的承担者,是价值关系的客观基础;另一方面,价值也离不开人和人的需要。纯粹的自然物,如果没有和人的需要联系起来,即使客体中包含了能满足主体多种需要的成分,也并不具有现实的价值。价值是在实践的基础上发生和发展的,它既具有客观性,也具有主体性。

价值的客观性表现在三个方面:首先,价值有其产生的客观基础。价值虽然同主体的需要相联系,却不仅仅取决于主体,它必然与客体及其性质相联系,同时又取决于客体的状况。价值的客观基础,就是客观事物所固有的属性。一种事物或现象对人是否有价值及价值的大小,首要的是取决于该事物特定的属性能否为人所利用及其效用的大小。离开了客体及其属性,价值就失去了客观基础和源泉。其次,人的需要及其满足程度受到实践水平、历史条件的制约,这就决定了价值关系、价值形成过程的客观性。人的需要不是凭空产生的,而是实践和历史的产物,而需要的实现,也要受到实践和社会历史条件的制约。需要总是具体的、历史的,它的发生、发展和满足必然要采取一定的社会形式,既要受到条件的制约,也会随着人们实践的发展而变化。正如马克思所说:"已经得到满足的第一个需要本身、满足需要的活动和已经获得的为满足需要而用的工具又引起新的需要"。[2] 因此,主体的需要本身也不是纯主观的东西,而是具有客观性。需要的客观性从另一个方面说明了价值的客观性。最后,价值关系中主客体相互作用的结果最终表现为一种客观事实,即价值事实。主体的客观需要是否得到了满足,客体是否真的对主体的生存和发展起到了作用,这种作用是否同主体及其发展相适应、相一致或接近,这些都将作为一种事实而存在。与通常所说的科学事实不同的是,价值事实是作为一种在主体身上存在的、通过主体自身的变化表现出来的事实,即主体性事实,是价值关系运动的客观结果。

价值潜藏于客体及其属性中,但客观事物及其属性本身并不是价值。价值是主体和客体之间一种特定的关系,既不能离开客体而存在,也不能离开主体而存在。在人们的活动中,主体的现实需要是事物是否具有价值以及价值大小的内在尺度。因此,价值在本质上具有符合主体要求的主体性特征。所谓价值的主体性,是指价值的形成、性质、特点及其变化

---

[1] 马克思,恩格斯.马克思恩格斯全集:第19卷[M].北京:人民出版社,1963:406.
[2] 马克思,恩格斯.马克思恩格斯选集:第1卷[M].北京:人民出版社,2012:159.

同价值关系中的主体直接相关,并随着主体的不同而不同。可从三个方面理解价值的主体性:第一,个体性,即每一主体的价值都直接联系和表现着该主体本身的结构、需要、能力等方面的特征,其他主体的价值不能相互代替。这是因为,价值是客体对主体结构的适应和对主体需要的满足,一个主体有什么样的结构、需要和能力,就会使来自客体的作用产生相应的特殊效果。这种效果只在这一主体身上存在和表现出来,并反映该主体的个性。价值事实是具有主体个体性的现实,因此,理解价值问题的第一个关键,就是要弄清在具体价值关系中谁是主体,从而进一步把握该价值的具体的主体性特征。价值主体性的这种特征是理解价值多元化和统一性的基础。价值多元化来自社会生活中具体主体的多样性、多层次性以及现实利益的区别。同时,由于具体主体之间存在着这样那样的从属关系,构成了主体的整体性,从而形成了价值的统一性。第二,多维性,即对于每一主体来说,具体的价值关系和价值都是多样的、多重的。任何一个主体自身都存在着复杂的结构和多方面的需要,其中的每一方面都有可能与客体构成具体的价值关系,从而获得具体的价值。多维的价值之间是不能互相代替的,但人们可以在多维价值之间加以选择,使之相互补充。一般说来,人的需要是多方面的,因而人在实际生活中总是能够获得多种价值。人类历史的发展,从一定意义上说,就是无限多维的价值被不断发现和创造、丰富、发展的过程。价值的多维性,实质上反映着人的本质的全面性,人的发展的全面性。第三,时效性,即价值具有因主体的变化而改变的时间性特征。任何客体对于主体有无价值或有什么样的价值,不仅随着客体的变化而变化,而且随着主体的变化而变化。有时客体本身未变但主体变了,此时,原有客体对主体的价值必然随之变化,甚至变得无价值了。价值的时效性归根结底来自主体及其需要和能力的不断发展。这也表明,价值是一个动态的发展过程,而不是凝固静止的现象。没有任何价值是永恒的,人类总是在不断地探索和创造新的价值。可以说,在价值流转的时钟上,主体的发展是指针。

价值的客观性和主体性既对立又统一,而实践则是二者统一的基础。正是实践将主体的需要同客体的属性联系起来,使客观事物成为主体需要的对象,使主体通过对客体的改造,满足自身的需要并同时受到客体的制约。主体和客体之间的价值关系是在实践过程中确立的,又在实践过程中不断发展。实践是理解主体和客体之间的价值关系的基础。

## 二、价值的形态

价值的形态指的是价值存在的类型。依据主体的需要,价值可以区分为物质价值、精神价值和交往价值三种基本形态。

物质价值是指客体满足人的物质需要的价值。人是有生命的自然存在物,人通过与自然之间的物质和能量的交换,满足自己的物质需要,保证自己的生存和发展。自然是人的物质生活的前提,人们的生产生活资料无不直接或间接地来自自然界。自然以各种物质形态之间的相互关系、相互制约,形成人的生存和发展的生态环境。

精神价值是指客体满足人的精神需要的价值。人是有意识的存在物,具有包括知、情、意在内的特殊心理结构,有着自己的精神需要,包括求真、向善、尚美的需要。尽管物质生产、社会政治活动以及家庭日常生活也包含满足人们的某种精神需要,但人们主要是通过创造特定的精神文化,丰富自己的精神世界,满足其精神需要,实现其对精神价值的追求。精神价值的基本形式有道德、艺术、哲学以及科学等,它们从不同方面扩展人的精神视野,提高人的精神品位,丰富人的精神生活。

交往价值是指客体满足人的交往需要的价值。人是社会存在物,人的本质在其现实性上是一切社会关系的总和。"人们从一开始,从他们存在的时候起,就是彼此需要的,只是由于这一点,他们才能发展自己的需要和能力等等,他们发生了交往。"① 交往是人们从事一切活动的社会条件,也是发展人自身需要和能力的社会形式。凡是有利于人的发展的交往活动,满足人们的交往需要的事物,都具有交往价值。

物质价值、精神价值、交往价值既互相区别,又互相联系。物质价值是最基本的价值,离开它,人类就不能生存。精神价值和交往价值则是在创造物质价值的实践基础上发展起来的,同时又影响着物质价值的生成和发展。随着科学技术的进步和社会的发展,物质价值、精神价值、交往价值也越来越密切地交织在一起。它们共同存在于人的实践活动之中,构成社会生活的价值系统。

### 三、价值评价

所谓价值评价,是主体对一定客体是否具有满足主体需要的属性所作的肯定的或否定的判断,即主体对客体有无价值以及价值大小所作的判断,因而也称为价值判断。在现实的活动中,人们通过评价,揭示、把握了客体的价值,使价值由潜在的形式转化为直接的形式呈现在人们的面前。我们说某物有价值或无价值,实际上是对它进行价值评价;如果我们不对某物作这样的评价,其价值就无法表现出来。所以,价值评价是发现价值和表现价值的重要手段。

1. 评价与认知

价值评价就其本质而言,是客体的价值或价值关系在人头脑中的反映,是一种认识活动。为了更好地理解价值评价,需要进一步说明评价与认知之间的关系。

评价与认知是相互区别的,具体表现在三个方面:第一,内容不同。认知以客体的属性、关系、过程、本质和规律为对象,着重解决客体是什么和怎么样的问题;而价值评价则是以主客体之间价值关系为对象,侧重解决客体有用与否和应该如何的问题。第二,衡量尺度不同。认知活动是主体趋向于客体的活动。它要把握客体的本来面目,真实地反映客观事物

---

① 马克思,恩格斯.马克思恩格斯全集:第42卷[M].北京:人民出版社,1979:360.

本身的发展状况和规律,总是力图从认识内容中排除人的主观因素,主体的情感、意志等主观因素干预得越少,认知结果越可信。评价活动是使客体趋向于主体的活动,它要解释客体对于主体的意义,总是运用主体的评价标准去衡量对象,根据主体的兴趣、情感、态度等去看客体对主体是否有益,在多大程度上能满足主体需要。第三,功能不同。认知最终获得关于客体及其规律的认识,其功能是为实践提供客体尺度。这是使自然物产生有利于人的变化的基本前提。评价最终揭示客体对人的意义,形成人看待事物的态度,指导人们的选择,确定实践的方向和目标,使实践符合主体尺度,在使自然物发生形式的变化的同时,在"自然物中实现自己的目的"①。

评价和认知又相互联系,具体表现在两个方面:第一,它们相互包含、相互渗透。一方面,认知中包含着评价。认知对象的确立、认知目标和手段的选择、认知程序的安排、认知结果的理解等,都不能离开评价因素的参与。另一方面,评价中包含着认知。评价不仅要以认知提供的事实材料为基础,而且在评价对象、评价标准、评价结果的各个环节中都渗透着认知的因素。在实际生活中,人们的认知活动和评价活动总是交织在一起的,既没有不包含认知因素的纯粹评价活动,也没有不包含评价因素的纯粹认知活动。第二,它们相互制约、相互作用。认知为评价提供必要的前提条件。认知提供事实性材料,这些材料有助于主体了解客体的属性和本质以及它在一个更大系统中的地位,帮助评价主体准确地确定评价的范围和坐标,完整地把握客体的意义。认知可以扩大主体的视野,提供多侧面、多维度地评价主体的可能性,特别是对于价值主体需要的了解,包括评价主体不曾经历或想象过的他人的价值标准,为防止评价中的经验主义、教条主义以及以自我为中心的片面性错误提供保证。评价又制约着认知。评价的正确与否,深刻地影响着认知活动的方向、过程和结果。认知只有通过评价才能把事物的规律和人的需要结合起来,把客体尺度和主体尺度结合起来,形成实践观念,发挥对实践的指导作用。

### 2. 评价的标准

价值评价的着眼点是主体与客体之间的效用关系,在效用关系的基础上确定特定效用对于主体的意义。因而,必须考虑主体的利益和需要。也就是说,在评价活动中,必须把主体的利益和需要作为内在根据,而将意义作为评价尺度,综合运用于评价的客体,否则,就得不出对客体价值的评价。

现实的评价的差异性是无法排除的。这是因为,每个社会群体和个体都是以自己的方式来进行评价的,这种评价方式受制于他们的利益和需要以及反映这种利益和需要的立场和观点,归根到底受制于他们的生活环境。所以,这种评价方式也会随着环境的改变而改变。每一种价值都是人类活动的对象化,但同时又是人类需要的对象,并且只有作为这种需

---

① 马克思.资本论:第1卷[M].北京:人民出版社,2004:208.

要的对象才能得到发展。

在实际的评价活动中，由于主观或客观的原因，人们未必都能自觉地按照需要去评价客体。在许多情况下，人们的评价往往直接受到偏好、规范和理想等因素的影响。但是，偏好、规范和理想最终根源于人的需要，是主体的不同层次需要的反映。它们分别反映了主体的个体化需要、群体需要和长远需要。人的需要作为一种根本的尺度以间接的、潜在的形式存在于偏好、规范和理想之中，成为它们的根源和依据。

3. 评价的科学性

要实现科学的价值评价，必须正确地认识客体的属性和规律，正确地把握主体的需要，还必须科学地确立和运用评价标准。

第一，对客体及其属性的正确认识，是形成科学的价值评价的基础和前提。只有尽可能正确、全面和深刻地认识和把握客体的结构、属性、功能、本质和规律，对它们的价值及其大小进行全面的、历史的考察和科学对待，才能确保价值评价的科学性。事物联系具有客观普遍性，每一种事物的属性或成分等都不是单一的，而是复杂的，当我们利用事物的某种属性、成分满足人的某种需要时，事物的另一些属性、成分可能给人类带来不利甚至有害的后果，而且，这些有利和有害的属性，是会随着条件的变化而相互转化的。这就要求我们全面认识它们的属性、成分，对其价值正负、大小加以全面的历史的考察和科学对待，全面深刻地认识客体的多方面的属性，以求正确、合理地实现价值评价。

第二，对主体本身客观需要的正确认识，是形成科学的价值评价的重要条件。主体的需要不仅有质的不同，还有量的差别。认识人的需要不仅要认识需要什么，还要把握具体需要的合理限度。只有掌握适度原则，才能准确把握客体的意义。科学把握主体的需要，还必须认识人的需要是多方面、多层次的复杂系统。从主体对客体需要的内容说，有功利的、认知的、道德的、审美的等方面的需要；从需要的时空维度看，有局部的、暂时的需要和整体的、长远的需要；从需要的等级看，有低层次的需要和高层次的需要。所以，应该尽可能把某一方面的需要和其他方面的需要，局部的、暂时的需要和整体的、长远的需要，低层次的需要和高层次的需要等结合起来，并以此去评价事物，否则就不能正确地评价事物的价值。

第三，科学地确立和运用评价标准，是形成科学的价值评价的又一重要条件。评价的标准归根到底是主体的需要的意义。主体有个体、群体和社会等不同的形式，因此主体需要的意义是在个体、群体、社会的关系中产生的。所以，当判断某一客体是否具有价值时，我们必须首先得明确是"对谁的价值""以谁的需要"，其次要明确这种需要的意义，并且将需要的意义作为根本尺度。当判断客体对某个人的价值时，其尺度只能是某个人的有意义的需要，凡是符合这个人的有意义的需要的就是对他有价值的。当判断客体对某一阶级、民族的价值时，其尺度只能是这个阶级、民族有意义的需要。意义是在人的社会关系中产生的，所以，评价客体的社会价值的尺度，不是某个人的需要，也不是某个群体的需要，而是社会的需要，也就是符合社会发展规律、符合社会发展趋势、推动社会历史进步的需要。生产力的发展是人类全部历史的基础,是社会发展的根本动力。因此,能推动社会生产力发展的,也就是符合社会进步需要的,就是好的。生产力的发展是社会进步的主要标准。先进阶级和人民群众始终是先进生产力的代表,是推动社会历史进步的革命力量,其根本需要和利益同社会进步、生产力发展本质上是一致的。所以,以社会需要、生产力发展为尺度,实质上也就是以先进阶级和人民群众的需要和利益为尺度。正如毛泽东所言:"我们是无产阶级的革命的功利主义者,我们是以占全人口百分之九十以上的最广大群众的目前利益和将来利益的统一为出发点的……任何一种东西,必须能使人民群众得到真实的利益,才是好的东西。[①]"

### 四、价值观与核心价值观

#### 1. 价值观

在价值认识和实践活动中,人们逐渐形成了关于各种价值的一些看法,并形成一定的价值观。价值观不是关于某一个别的、具体的事物具有什么价值的看法,而是人们基于生存、享受和发展的需要,对某类事物的价值以及普遍价值的根本看法,是人们所持有的关于如何区分好与坏、对与错、符合与违背意愿的总体观念,是关于应该做什么和不应该做什么的基本见解。

价值观就其内容来说,主要包含三个方面。其一,价值原则。它是关于什么是价值,为什么有价值,以及价值秩序的基本观点,是形成价值规范和价值理想的基本原则。马克思主义价值观以个人与社会的辩证统一为基本原则,以人的自由全面发展为最高价值。其二,价值规范。价值原则总是渗透在一定的价值规范中。规范的本意就是规则、标准或尺度。它明确规定人应该怎样,不应该怎样。其三,价值目标。它是人们所追求的、具有现实可能性和合乎自己愿望的价值目标。价值信念、价值信仰和价值目标是同一序列的范畴。价值信念是关于价值目标的信念,是人们对价值目标抱有深刻信任感的精神状态。价值信仰不仅表示人们对价值目标的认同和确信,还意味着感情的皈依、真诚的信奉,表现了主体的最高价值追求。

价值观是在一定的社会环境和活动中逐步形成的,是主体在实践活动中,通过自我意识对社会存在、社会生活的创造性把握。其一,主体的需要和自我意识是价值观形成的逻辑前提。价值观的形成依赖于主客体的分化、自我意识的形成和对需要的把握。需要是价值关系形成的主体依据,自我意识是关于主体自身存在的意识。对需要的意识本身是自我意识的重要内容。主体基于意识到的需要对各种价值关系进行判断、反思和整合才形成一定的价值观。其二,物质生活和文化传统是价值观形成的社会条件。社会生活以及包含着价值

---

[①] 毛泽东. 毛泽东选集:第3卷[M]. 北京:人民出版社,1991:864-865.

观的各种社会意识具有历史的延续性和传承性,在社会发展中积淀为一种文化传统。这种文化传统对于生活于其中的所有人来说是一种客观的、无所不在的力量,成为影响与决定他们价值观形成的社会条件。其三,主体的实践活动是价值观形成的现实根据。一个人关于某类事物的价值判断一旦被实践所证实,他的价值体验、价值情感就会得到强化,就会成为一种稳定的态度和看法。人们接受社会价值观的过程,是通过自己的实践活动加以选择和内化的过程。

价值观具有时代性、民族性和阶级性。人们的社会存在和社会生活是具体的、现实的,是属于一定时代的,反映社会存在和社会生活的价值观总是表现出鲜明的时代特点。它回应着特殊的时代性问题,表现着一定时代人们的需要和利益诉求,体现为时代要求的价值原则、价值规范和价值目标,表征着特定的时代精神。在阶级社会中,人们自觉或不自觉地,归根到底总是从他们的阶级地位所依据的实际关系中,从他们进行生产和交换的经济关系中,获得自己的价值观念,因而价值观总是带有阶级的特性。

价值观是人的自我意识的核心,构建着个人的精神家园,回答着人生的价值和意义,引导、制约、规范着人的实践活动和全部社会生活,直接而深刻地影响着社会的凝聚力和创造力。价值观的功能具体表现为:第一,导向功能。人们在活动中总是根据价值观提供的目标选择活动的对象,根据价值观提供的价值尺度和标准评判具体事物,区分什么事物有价值,什么事物无价值,从而明确了应该追求什么,应该避免什么,进而做出自己的思想和行为选择,确定行动的方向。第二,规范功能。价值观规定和约束着主体的行为和活动,协调着人们之间的关系,使社会保持一定的秩序。价值观构成个体的心理定势,个体在现实生活中以它为尺度去确定事物的好坏,确定行为的正当与否,内在地规范、约束和调节着自己的行为和活动方式。第三,凝聚功能。价值观是人的社会认同的核心内容,是社会、群体或组织等共同体的黏合剂。人是社会存在物,社会共同体是人类存在和活动的基本形式。社会共同体的建立、维系和作用依赖于共同体成员价值观的相容和一致。每一个社会共同体都有自己独特的价值观,它造就了一种氛围,形成一种力量,通过多种渠道,使这种价值观内化为共同体成员的个人价值观。第四,激励功能。价值观不仅在理智方面给人以引导,而且能够激发主体的情感和意志,是人们活动的精神动力。人们在创造价值的各种活动中往往会遇到许多困难和挫折,坚定的价值理想、信念和信仰能够使主体始终保持饱满的热情、坚强的意志,使之处于积极、能动的状态,并能够激起卓绝的精神力量,不断推动实践和认识活动持续、深入地开展,直至实现价值目标。

2.核心价值观

核心价值观是一个社会中居统治地位、起支配作用的核心理念,也是一个社会必须长期普遍遵循的基本价值准则。从人类社会的发展历史来看,核心价值观总是由统治阶级所倡导并由统治阶级的统治力保证其优势地位的。它往往担负着指导和评价人们行为的作用,通过引导、影响、左右更多个体的价值取向和价值选择,来达到该群体中个体思想观念的高度一致,使个体的活动能从分散趋向集中,从而保证社会价值目标较顺利地实现,更好地促进社会发展,保持社会稳定。因此,核心价值观具有明显的阶级烙印,不同的社会制度会形成不同的价值观。

历史和现实都表明,核心价值观是一个国家重要的稳定器,构建具有强大感召力的核心价值观,关系社会和谐稳定,关系国家长治久安。习近平强调:"任何一个社会都存在多种多样的价值观念和价值取向,要把全社会意志和力量凝聚起来,必须有一套与经济基础和政治制度相适应、并能形成广泛社会共识的核心价值观。否则,一个民族就没有赖以维系的精神纽带,一个国家就没有共同的思想道德基础。"①社会主义核心价值观是我们生为中国人的独特精神支柱,是凝聚中国力量的思想道德基础,为我们在世界文化激荡中保持民族精神独立、挺起民族精神脊梁提供强大支撑。富强、民主、文明、和谐,自由、平等、公正、法治,爱国、敬业、诚信、友善,这是社会主义核心价值观的基本内容。这个概括,实际上回答了我们要建设什么样的国家、建设什么样的社会、培育什么样的公民等重大问题,为人们在各方面确立了基本的价值标准,从而凝聚社会共识、引领多元文化、维护社会利益。培育和践行社会主义核心价值观是一项系统工程,我们要从强化教育引导、用好文化资源、建立长效机制等方面多管齐下、综合施策,从而让社会主义核心价值观入脑入心,使之像空气一样无处不在、无时不有,成为全体人民的共同价值追求,成为我们生而为中国人的独特精神支柱,成为百姓日用而不觉的行为准则。

# 第三节 理想

## 一、理想的含义及特征

人类活动的一个突出特征是按照未来的设想来安排现在的活动或设计当前的实践模式,以满足新的、未来的愿望。所以,理想是人类实践活动的突出特征。

所谓理想,就是人们对实践活动发展结局或人类未来实践目标的理性预设或科学构想;是人们对所向往和追求的未来美好状态的理论说明;是人类社会实践的一个必要环节。离开了理想,人类实践就失去了目标,从而也就没有精神上的驱动力。

理想是人们在社会实践的基础上形成而又超越了当前社会实践,反映未来社会实践的方向和方式的理性认识。科学地理解理想,既要坚持辩证唯物论的能动反映论的观点,也要坚持辩证法思想。理想不同于人们对客观事物的一般性认识,它是一种特殊认识,具有以下

---

①中共中央文献研究室.习近平关于社会主义文化建设论述摘编[M].北京:中央文献出版社,2017:106.

几种特征。

**1. 理想的内容体现了现实状况与未来趋势的密切结合**

理想是现实的特殊反映形式，这种特殊反映形式能够把现实的状态、历史的趋势与未来的目标密切结合起来。它的形成方法具有对现实进行辩证批判的特点。人们在实践中之所以会有自己的追求，形成理想，根源在于人们不满足现实，力求改变现实。所以，理想是从批判和建设的双重意义上去反映现实的，它不仅说明现实是怎样，而且说明现实应该怎样。理想一方面是不同于现实的，它改变现实的目标准则；同时理想又是来自现实，是现实中所蕴含的必然性趋势的未来表现形态。所以，理想是现实的一种未来状态，它是在概括过去和现实的基础上所揭示的现实的未来发展。因此，理想同现实绝不是绝对否定的关系，而是辩证的否定，即包含着肯定的否定。

**2. 理想的形成体现了理性推理与科学想象的密切结合**

理想之所以能够把历史趋势、现实状态与未来状态密切结合起来，就在于在思想方法上能够把理性推理与科学想象密切结合。理性推理的基础在于能够依据历史必然性的规律进行外推式演绎推理，然后按照推理出来的一般性特征去设想这些一般特征的支持条件，想象它的未来环境，再根据这些推演的结论、假设的条件、想象的环境去建构未来状态的结构或模式。

理想是合乎事物发展规律的想象与构想。人们在现实活动中之所以能够做到这一点有两个原因：一是因为任何事物都是现实性与可能性的统一。现实性中内含着必然性，必然性是事物发展规律的反映，是指事物合乎规律的、确定不移的发展趋势。现实存在的事物的发展前景是受必然性支配的。而可能性则是预示事物前途的种种趋势，它是必然性与偶然性的统一。它受未来可能遇到的客观条件的影响，是必然性在各种可能条件下的表现形式。所以，人们能够依据事物的客观规律去推理并作进一步的想象与构想。二是因为人的思维具有能动性和创造性，它一方面通过思维的推理和重组，可以突破现存事物的思想局限，推论出事物的未来发展趋势；另一方面思维通过对事物发展趋势的把握，可以超出事物的现存状态，构造理想蓝图，提出科学预见，科学假设，设想事物的未来发展模式。

按照事物的发展规律进行科学想象所形成的理想是一种巨大的精神力量，它可以使人们在黑暗中见到光明，在危难时看到胜利，在挫折中看到成功。由于理想是合乎规律的想象，它同不切实际的幻想有严格的区别。但是也要看到，它毕竟是一种想象，并不像严密推理那样保证结论、模型的可靠性、真实性。再加之理想的建构者又都有一定历史的、阶级的局限性，即使他是在依据客观规律在进行想象，都会带有他自身的局限性，所以，猜测不实的情况与空想的性质也往往难以避免。

**3. 理想既具有超越现实性，又要具有现实适应性**

超越现实是理想的一个重要特征，也是人类意识活动的重要特征，更是实践活动的内在要素。人的实践活动展开之前,必须有一个"实践观念模型"超前于当下的实践而存在。如果没有这个超越于当下实践的预设观念,即理想形式,人的活动就势必陷入盲目性、被动性。理想作为一个超前性的观念性存在,总是在一定程度上包含着对现实的不满足性和批判性,因而也就在一定程度上被人们所认同,它或多或少地迎合或满足了人们超越现实,追求未来的心理需求。从而激发人们创造理想社会的热忱,产生创造理想社会的实践冲动。

一个只有超越性而无现实适应性的构想只是空想;现实适应性表现为理想实现的可操作性。可操作性要求以事物规律的指导和规律实现条件的满足为基础。不建立在客观规律的基础上,理想实现的过程性规定就不清楚;不掌握条件的满足状况,理想实现的阶段、步骤、环节不清楚。如果这样,理想及其蓝图就很难明晰化、具体化、对象化、程序化。只有超越性而无可操作性的理性预设,只能是空想。另外,超越性的超前量也要有适度性。这是一个超越度问题,指的是超前的幅度、阶段、超前多少的问题,实质上是"时间差"问题。超越度越大,时间跨度也越大,人们对它的把握也就越困难。从理想的超越性上看,时间跨度越大,理想的规定也就越简单,甚至只是一个一般预设的趋势性说明;时间跨度越小,理想的规定也就愈复杂,内容结构也就越具体。

现实地看,理想对现实的超越既不能太近也不能太远。太近,人们觉得它与现实并无多大差别,因而也就失去了它的导向与激励功能;太远,人们感到它对自己的现实太陌生、太遥远,把它看做一种可望而不可即的东西,从而丧失对理想追求的信念和力量。所以,在理想和现实之间保持必要的张力,是实现理想的可操作性的重要环节。要做到这一点,就必须研究客观事物内在规律展开的阶段性和条件性,设置合理的理想。坚持和发展中国特色社会主义,实现中华民族的伟大复兴,是全体中国人民共同的社会理想。它既有超越性,也有可操作性;相对于传统的计划经济模式,它具有超前性、理想性;相对于共产主义长远目标和最高理想,又具有现实性和可操作性。只要我们坚持习近平新时代中国特色社会主义思想,坚持中国特色社会主义道路自信、理论自信、制度自信、文化自信,坚持把马克思主义基本原理同中国具体实际相结合,同中华优秀传统文化相结合,一个富强民主文明和谐美丽的社会主义现代化强国一定会出现在东方,中国将会为世界大同作出应有的贡献,为世界共产主义事业作出应有的贡献。

## 二、理想的本质是真理与价值的统一

任何事物的本质在于其内部的特殊的矛盾。理想也是一样,它的本质在于构成理想的内在矛盾即真理和价值的对立统一。理想内部的矛盾运动,促使理想形态的发展变化。

### 1. 真理与价值是理想的两个基本要素

理想不是对现存事物、既成对象的认识,而是人所建构的、与人的需要密切相关的,人所希望和追求的事物未来状态的认识。在这种认识结构中,既要以真理性的认识作为基础,又必须以价值性认识作为规范性指导。

理想是关于"未来应该是什么"的问题的回答。在理想的追问中,把"是什么?"的问题与"应当如何?"两个问题统一了起来。而且,未来是现在的延伸,既是现在的时间延伸,又是现在的必然性的延伸;然而,从现在出发通过某种延伸达到的某个未来,未必是人所希望的未来。因为人所期盼的未来,不是"现在"通过自然发生的延伸方式所达到的未来。而是通过人的实践活动的干预,通过人对客观必然性的选择和利用所创造的未来。人们关于现实的必然性的认识是真理性认识,是对"是什么"的问题的回答;关于"未来应当如何"的解答所得到的结论是价值性认识。关于理想的问题是一个综合性问题,它把"是什么"的问题与"应该如何"的问题,综合为一个"未来应该是什么"的问题。对这个问题的回答就包括了对真理的探索和对价值的解读。

任何一个关于理想的认识,都包含着真理原则和价值原则。所谓真理原则,就是人们必须依据客观事物的发展规律,依据历史进程的必然逻辑,去设计个人的、社会的理想。如果要离开了客观规律和历史逻辑,理想状态的建构就失去了科学依据和客观基础。这种所谓的理想只不过是空想罢了,它既不是事物、历史、现实发展的未来方向,也找不到实现它的道路和方法。所谓价值原则,就是人们所建立的理想,总是人们按照自己的尺度和需要去设想的,人们的理想总是体现着人们的价值标准与价值追求,理想的实现就是人的价值的实现。理想如果脱离了价值的规定性,它就丧失了人为之奋斗的意义,那么它就不是理想而是人对外部事物存在状态的一般性认识。

2. 真理与价值的辩证联结

真理与价值是理想的两个辩证联系的环节,两者的辩证联结形成了理想的逻辑结构。在理想的逻辑结构中,真理和价值是相互贯通、相互补充的。

首先,真理与价值是相互贯通的。其一,真理是有价值性的。真理的价值性是指真理的有用性、对实践活动的指导性;是指真理对增强主体认知能力的基础性。无论在什么问题上,掌握真理总比不掌握真理对人类更为有利。一切价值的创造与获得,只有在不违背真理,为真理所容许的前提下才有可能。其二,价值是有真理性的,这个问题的实质是价值认识有真假问题。虽然不同的认识主体对同一个客体的价值关系可以形成不同的价值认识,这并不能否认价值认识的真理性的存在。在理想的逻辑结构中的价值,应当是具有真理理性的价值判断。如果作为确定理想参照物的价值规定,违背了社会发展的方向,逆历史潮流而动,或者落后于社会发展的实际,那么,在此价值约束下所构想的理想,就没有社会现实性,就会为社会所不容。所以,只有对于人类社会进步发展有益的价值才是具有普遍性的价值,它是具有真理性的价值。以此价值来构建社会理想,就能推动社会历史的进步;以此为据构建个人理想,个人就能施展才华,实现自己的抱负。

其次,真理与价值的相互过渡。真理与价值在发展过程中是可以相互引导、相互过渡的。在人的实践与认识过程中,随着知识的增长,认识的深入,意义的不断揭示,人们的真理性认识可以过渡到价值性认识。或者说,真理性认识本身转化成了价值性认识;同样,价值性认识转化成了真理性认识。在实践和认识中,真理从被发现到进一步具体化和完善的发展,总是朝着更深刻、更全面地理解人的生活条件和人本身的价值方向前进。这是真理的发展趋向于价值的特点。人们对世界本身情况有了正确的认识,就会提出和实现新的价值目标,这是从真理走向价值的一般途径。同样,对价值的追求势必引起人们对制约实际效益的条件和规律进行探索。例如,人类得到了用火的好处并想进一步扩大它的益处,就要求探索火的奥秘和规律,从而创立热力学。从价值走向真理也是实践和认识发展的一条重要途径。

由于真理和价值能够相互引导与相互过渡,这就构成了真理和价值相互统一地构成理想的内在环节的前提。真理的价值意义和价值的真理基础使得两者能够内在地统一起来,形成理想。

### 三、建构理想的逻辑要求

既然理想是真理与价值的统一,那么理想的合理性的准则就是真理的准则与价值的准则的联合使用。所以按照真理的原则,理想应满足合规律性,即建构理想不能违背客观规律;按照价值的准则,理想又应满足合目的性,即建构理想应体现人的价值追求。

1. 合规律性要求

判明或评判一种理想,首先要考察其是否符合客观规律的必然性及其具体的发展趋势。尤其是对于考察社会理想的合理性问题,首先是看它是否体现和反映了社会历史发展的必然性。历史规律作为社会历史现象间的恒定联系方式,体现着历史的必然性,代表着历史发展不可避免的发展前途。但是,作为这种惟一的必然性的未来形式却可能是多种状态,这就是说可能有种种趋势。或者说,历史必然性的惟一性,在遇到不同的环境和条件时,就可能表现出不同的趋势来。所以,历史客观规律与历史表现趋势还是有区别的。但是,理想的建构要考察的是历史必然性与历史趋势的统一关系。这种关系也就是"理""势"关系,即"规律"和"趋势"的关系。我国明末清初的唯物主义哲学家王夫之的"理势合一"说,就是两者之间关系的正确表达。王夫之认为,势因理成,理在势中;理是势的基础,势是理的表现,理、势统一而不可分。理势统一的原理要求理想的建构既要合乎规律,又要合乎情势。所谓情势就是客观规律在一定条件、环境下的表现方式。如果只合乎规律不合乎情势,则所建构的理想就缺乏现实性。所以,理、势合一是理想建构的合规律性要求的主要内容。人类社会历史的演进过程,不仅有"理"而且有其"势",现实的历史进程总是"理势合一"的。社会理想的建构,如果偏离了人类历史发展所蕴含的"理"与所表现出来的"势",与"大势之所趋"的历史走向相违背,无论如何都不能说具有合理性。

2. 合目的性要求

人们之所以要建构理想,是需要用理想批判现实、改造现实、超越现实。换一句话说,就是现实中还有不合乎人的目的之成分和要素,不能满足或不能完全满足人的全面发展的需要。现实不合乎人的目的,因而就要通过改变现实、建设美好的未来的活动,促进人的发展去实现人的目的。因而,合目的性原则要求,是建构理想的又一重要尺度。

个人的活动是有目的的,社会的活动也是有社会目的的。历史的发展有没有目的呢?如果没有,它又是如何界定呢?这是马克思主义的唯物史观所要阐释的重大问题。一般说来,一个社会的目的就是通过发展生产力去满足人民群众日益增长的物质与精神的需要。所以,一个社会的目的是通过民心、民意表现出来的,社会目的存在于组成社会的千千万万的群众的意志之中。所以,社会理想的合目的性就是向人心之所向,顺民力之所为。习近平提出的"坚持人民至上"就是当今中国人民的社会目的的简洁表达。它具体明了、深入人心、社会高度认同,所以具有很强的感召力,所以它才成为中国特色社会主义建设的最终评判标准。建构当代中国人民的社会理想,不能离开这个最高准则。

3. 合目的性与合规律性的辩证统一

合目的性与合规律性作为建构理想的两条逻辑要求,相互之间也存在着辩证统一的关系。作为合目的性要求与合规律性要求,两者在内容、指向、标准上都是不同的、对立的。但是两者都统一在理想建构的过程中。首先,两者相互补充。一方面,合目的性要求要能够实现,需要有合规律性要求的补充。如果在理想建构过程中,不合乎规律性,目的性要求就无法实现。另一方面,如果没有合目的性要求,就取消了对规律的评价和选择的标准,无从论及规律的作用和意义的分析,也就取消了合规律性要求。其次,在理想建构中,一方面规律的利用方式是建构理想的内容,因而它是实现目的之手段;另一方面,目的内容之设定、目的合理性的评价,却是建立在合规律性论证的基础上,即目的之选择、评价也是有规律的,目的也是根据一定的规律导出的。离开规律约束的目的是妄为的。再次,一个合目的性的要求,可以通过不同方式的合规律性要求去实现,原因是,一个目的可以通过利用不同的规律,或者同一个规律的不同利用方式去实现。另外,同一个规律可以为实现不同的目的服务。也就是同一个合规律性要求可以与不同的合目的性方式相对应。这里存在着一与多的统一关系。这种一与多的双向对应关系,给理想的建构给出了广阔的创造性空间。

## 第四节 普世价值与共同价值辨析

价值论问题是马克思主义哲学的一个重要问题。在谈到价值论问题时,应当运用马克思主义的价值论思想剖析"普世价值"的实质,从学理上揭示"普世价值"的错误所在[①]。

"普世价值"是西方资产阶级广泛使用的一个概念。他们使用这个概念的目的是把自己

---

[①] 这部分内容参见:王宏波.着力学理事理分析,讲好思政道理[J].思想理论教育导刊,2023(02):90-97.

定义的价值内涵说成是"普世价值",以此来支撑他们的霸权逻辑。所谓"普世"就是在世界范围内具有时间与空间上的无差别性和全覆盖性,以及人类成员上的无差别性和不同历史时期的人的同一性。具体地说,"普世"就是全世界所有地方,不分民族、国家、宗教,不分古代人、现代人与未来人的世界,统统都看成是一个无差别的世界。所谓"普世价值"就是自古至今的所有人类群体都承认、都奉行的某种价值观念,是放之四海而皆准的真理,任何一个地球人都应当认同和接受,它具有超越阶级、超越国家、超越历史的性质,对于任何社会、任何时代、任何社会成员都适用通行的某种价值观念。从马克思主义的理论视角分析,这样的"普世价值"实际上是不存在的,因为它是一个没有客观内容的虚假概念,它不反映价值事实的真理,是一个似是而非的概念。"普世价值"为什么会迷惑人,原因在于它具有"似是而非"的特点。习近平总书记提出"构建人类命运共同体"的全球治理思想,因而也带来了关于共同价值的讨论。在理解共同价值思想的过程中需要澄清共同价值与"普世价值"的关系,划清两者的理论界限。如果我们不能划清两者的理论界限和讲清不同的政治理念,就既不能深入批判"普世价值"论说,也不能深刻理解"共同价值"思想,从而就会影响学懂、弄通、悟透习近平新时代中国特色社会主义思想。

### 一、"普世价值"的虚构性

首先,"普世价值"的基本含义违背了价值范畴的本质特点,实质上是一个虚构概念。说到"普世价值",先得明确价值范畴的特点。价值范畴不同于真理范畴,真理的内容是客观的,其表现形式是主观的,一个命题是否能成为真理不是以主观上的判断为标准,而是以是否正确地反映客观对象的客观本质为依据。但是价值范畴是一个反映主客体关系性质的一个哲学范畴,其本质是反映主体和客体相互作用的效应对于主体的意义。所以价值本身就内含着主体的因素,主体的存在方式不同,社会需求不同,与客体相互作用的方式不同,其相互作用的结果对于主体的意义就会有不同。由于价值观念内含着实践主体的理想认知和评价因素,处于不同社会环境与社会关系中的社会成员的价值认知不会是完全一致的,所以超越历史、超越国家与民族、超越阶级的,适用世界的,一致认同的价值是不存在的。所以离开社会主体的实践特点和存在方式去规定价值的内涵是有违于价值范畴的本质特性的。

其次,"普世价值"是一个虚构概念,其虚构手法是把特殊价值无条件地普适化。所谓虚构就是说这个概念的指称对象是不存在的。由于社会主体的现实性和差异性,其利益结构多样,价值追求具有层次性,不顾这些差异性与多样性所导致的价值多维性,把不同社会主体都理解成同质的人,从而赋予其共同接受的价值,这就是其虚假性的实质。有些人杜撰"普世价值"的名词,目的是把社会上某些人、某些阶级和社会集团的价值说成是全人类的价值,把某些社会历史阶段上曾起过进步作用的社会价值说成是终极价值,也就是把某些"特殊价值"赋予"人类普适性"和"全球普适性"以及"历史一致性",也就是说把某一特殊价值无条件地"普世化"。由于"普世价值"是通过虚构的手法杜撰的概念,是没有实际指称对象的概念,它把某些人认可的价值观念强加在所有人的思想观念上,所以是一个虚构的概念。"普世价值"的实质是资本主义的价值,也是美国的帝国主义价值,它否认价值的多元化,否认发展中国家要求发展的价值,用帝国主义的霸权逻辑和唯我独尊的价值预设控制世界的价值,将西方资本主义的价值奉为人类价值,是将一己之特殊利益奉为全球利益的鬼话,所以是虚假的价值。

## 二、"普世价值"不等于"普遍价值"

"普世价值"与"普遍价值"是两个不同的价值范畴,不能混为一谈。我们必须进一步分析,作为虚构概念的"普世价值"为什么又能够被喊得震天响,搞乱人们的思想呢?这是因为有人故意混同了"普遍价值"与"普世价值"的界限,利用人们关于"普遍价值"的思维去接受关于"普世价值"的概念。

"普遍价值"的形成基础就是思维的抽象性。人的思维的抽象性表现为从个别到一般的过程,从具体经过特殊到普遍的层次。思维的抽象每上一个层次,它的概括性就更高,同时概念的形式就越抽象,其被抽象掉的内容就越多,概念所表达的内容就越稀少。普遍价值就是价值的普遍性,就是说某一种价值观念在一定的范围内具有普遍性,也就是说在这个一定的范围内的社会主体是共同认可和普遍接受的。所以普遍性是与条件性相连接的,当人们说某一种性质、属性具有普遍性时,总是与一定的条件联系在一起的,没有无条件的普遍性。那么,在人类社会这个范围内有没有共同认可与接受的价值呢?如果有的话,那是什么样的一种价值?如果我们把人类组成中的民族特点抽去、把阶级特点抽去、把历史特点抽去、把宗教文化特点抽去、把风俗习惯特点抽去,也就是把所有的社会特点抽去,只剩下具有吃、喝、休息、说话、爱、愉悦和痛苦等这样一些自然特性,这种普遍性特点是存在的,这种普遍性是自然人的普遍性。可见这种全人类共有的普遍性是以单纯的自然人为条件的。但是"自然人"只是一种抽象的存在,它的概念基础是自然存在的生物人,不是现实人的全部属性,只是现实人的生物属性。因为人都是社会的人,不是一个纯粹的自然人。既然这种概括的基础只是一种思想上的存在,而不是一种现实的存在,那么这种概念的现实基础就是不完全的,是片面的。

如果我们把概念所具有的普遍性的层次不断降低,那么其条件性就不断具体化和多维化,最后最高普遍性的概念就转化为具体概念。就人的概念来说,必须不断地追问是什么时代的人、什么民族的人、什么国家的人?这种特定时代、特定国家、特定的社会共同体就会形成其共同认可与普遍接受的普遍价值。这种以特定人类命运共同体为条件的普遍价值是共同价值。现在就可以说清楚"普世价值"与"普遍价值"的区别了。任何普遍价值都是与其相应的条件联系在一起的,没有离开其相应条件的普遍价值。可是"普世价值"是无条件的,就是说在任何条件下都成立的;它没有时间限制,在任何历史条件下都成立;它没有空间限制,任何地理区域的民族都认可,没有国家区别和阶级区别,只要是人,都应当接受。事实上这种"普世价值"是不存在的。

普遍价值的存在源于其条件的一般性,这种一般性只体现人的某一属性的价值要求,也是一种抽象性的片面价值,但是这种抽象性是与条件性密切关联的。大家都知道,人的本质在其现实性上是各种社会关系的总和,普遍价值只反映作为总和的社会关系中的某一种社会关系,因而普遍价值不是现实的人的价值。因此,普遍价值应用的逻辑要求是一般命题与具体条件相结合,普遍性质与特殊境遇、特殊状况相结合,是把只反映某一种社会关系的价值要求与其余社会关系的价值要求进行综合,才能形成现实的价值。所以作为抽象形态的普遍价值现实化后才是现实价值。

利用普遍价值的普遍性,去掉其条件性,把某种抽象的片面价值说成是现实人的价值,把一部分人的价值说成是全人类的价值,是"普世价值"的构造手法。由于普遍价值具有一种从逻辑上可以直达顶层的抽象过程,它可以达到最高的普遍性,它抽掉了人的具体的、历史的社会关系与政治经济关系内涵,仅仅从人的自然属性出发,抽象出自然人概念,或者把某些人在特定历史条件下的社会追求自然化和一般化,从而形成人类的普遍属性。资产阶级的政论家便把这种抽象的普遍性价值偷换成人类的总体价值,把抽象的价值属性转换成现实价值,从而论证人类"普世价值"的存在,再进一步把特定社会历史阶段的、某个阶级的、某个民族的特殊价值观念说成是全人类的价值观。例如,资产阶级把自己定义的自由、民主、平等、人权等价值概念说成"普世价值",从而论证资本主义制度的永恒性、资产阶级统治的永恒性就是如此。

### 三、共同价值与"普世价值"的根本区别

人类社会没有"普世价值",却存在共同价值,共同价值是共同意志的表达,是共同认可与接受的价值观念。

人的本质在其现实性上,是一切社会关系的总和。现实的、社会的人的本质是他所存在的那个具体社会的、与这个具体的人所发生的一切社会关系的总和的体现。既然人的本质是通过他所参与和涉及的一切社会关系的总和所体现出来的,那么人所持有的价值观念也是由人的本质特点所决定的,人的价值观念也是由人们在社会关系总和的体系中的地位、作用和需求决定的。所以,人们的价值意识中的价值概念是从人们的社会关系总和中抽象出来的。这种抽象方法是以各因素的综合为基础的抽象,是一种综合概括法。它与那种不断剥离复杂因素只反映单一因素和片面性质的抽象概括法具有本质的不同,一种是以综合因素为基础的概括法,一种是以片面性因素或者单一因素为基础的概括法。要研究现实的人的价值,就必须运用综合概括法。共同价值是不同社会共同体共同认可的价值,这种共同价

值具有如下特点。

首先,共同价值承认不同社会共同体成员所秉持的价值观念,以承认价值的多样化为前提。"普世价值"的实质以否定价值多样化为前提。某种社会共同体和另一社会共同体所秉持的价值观念可能是不同的,相互是有差别的,这是因为不同社会共同体成员内部的社会关系的性质和特点不同;不同社会共同体的利益结构特点也有所不同,这些都会使不同社会共同体的价值观念或有不同。共同价值的存在前提是首先承认这些不同社会共同体各自所秉持的价值观念;如果否认这一点,那么"共同"的意义便不复存在;"共同"是在不同社会共同体中的共同,是"共同存在"中的相同。所以共同价值是不同社会共同体共同存在中的共同,这就是承认不同社会共同体成员的价值存在的合理性与必然性,如果否认这一点,共同价值的概念就失去了其存在的前提。"普世价值"只承认某一种价值、某一类价值,把某种、某类价值推定为现实世界所有国家与民族必须接受的一种价值,它否认价值的多样性,否认利益的多元化,把某种利益推崇为最高利益。

其次,共同价值在多种价值体系中寻求共同认可的价值元素,而"普世价值"把某种特殊价值供奉为最高价值。共同价值具有贯通性,也就是说某一种价值理念,是不同社会共同体所能共同认可和接受的。虽然说不同社会共同体有各自的价值观念体系,但是不同价值观念体系中的一些价值元素,却可以得到相互的认同和接受,这样的价值元素在不同的价值体系中都会被接受和认同。这是因为这些价值元素所反映的利益诉求是不同社会共同体的共同诉求。例如在抗日战争时期,中国共产党和国民党的价值体系是根本不同的,但是抗击日本帝国主义的侵略是中华民族的共同利益,所以两党就能建立抗日民族统一战线共同抗日。再例如,在现今的世界格局中,存在有不同政治意识形态的国家,其价值体系是完全不同的,但是不管是哪一个国家或民族,在面对环境变化问题上的利益是基本一致的,因为气候环境日益变坏危及所有国家社会成员的生存利益。共同价值承认利益的多元化,在尊重不同社会共同体真实利益的前提下,寻找不同利益共同发展的价值。共同价值是寻找不同利益体系中的共同利益,"普世价值"的实质是只承认特殊利益,并且把某种特殊利益奉为最高利益。

最后,共同价值的建构方法与"普世价值"的虚构方法根本不同。前文已述,普遍价值的形成是通过单纯的抽象分析方法,不断减少约束条件形成不同层级的普遍价值,直至最后形成最高的普遍价值的过程。这种抽象分析方法具有减法的特点,通过不断减少条件使其抽象度不断提高,从而形成普遍性质。"普世价值"的形成是利用价值的普遍性,又抽掉其条件性,虚构其价值基础;把某种普遍性的价值转换成全人类都应接受的现实价值;把一定范围的普遍价值扩大到全球领域的价值,把某些国家的价值说成是国际价值。共同价值的形成方法是价值贯通性分析抽象方法,这就是说,在不同的价值体系中寻找共同存在的价值元素的方法,也就是数学方法中的寻求最大公约数的方法。求最大公约数方法的本质是除法,除法的特点是承认包含,即承认有一个同质的数包含在不同的数值中。所以寻找共同价值就是寻找不同价值体系中所包含的共同的价值元素,是一种贯通性元素的抽象方法。

1. 何为真理,为什么说真理是客观的?
2. 如何理解绝对真理和相对真理及两者之间的关系?
3. 如何理解实践是检验真理的唯一标准?
4. 如何理解价值及其特征?
5. 如何理解价值观与核心价值观?
6. 如何理解真理和价值在实践基础上的统一?

# 第五篇

## 社会发展论

# 第十五章

# 社会规律与社会理想

"社会生活本质上是实践的。"

"历史不过是追求着自己的目的的人的活动而已。"

"人们的社会历史始终只是他们的个体发展的历史。"

——马克思

马克思主义关于社会发展的本质及其规律的理论——即历史唯物主义理论是其最具特色的哲学理论之一。正是由于这一理论的诞生,才产生了马克思主义关于资本主义和剩余价值的学说,才使得社会主义理论真正由空想变成了科学,进而发展为一种实践,成为无产阶级革命和建设的理论指导。本章将要考察的重点在于揭示这一科学理论产生形成的历史线索,阐述社会历史观的基本问题,指明马克思主义关于社会发展的一般理论和方法,探索社会发展规律与社会理想的相互作用及其形式。从总体上把握马克思主义历史唯物主义的基本框架和理论线索,为之后几章的学习奠定必要的理论基础。

# 第一节　社会历史规律之谜

社会历史观是探讨人类社会历史的产生、本质及其发展规律的理论。社会的产生离不开人类的产生，社会的本质和发展规律其实也正是人类自身的本质和发展规律。任何学说和理论都不是平白无故产生的，它都有一个孕育、发展和完善的过程，马克思主义的社会历史观当然也不例外。人类对社会历史规律之谜的探讨可谓源远流长，作为人类社会历史观的最新成果，马克思主义社会历史观的诞生与人类对于社会历史的探讨历程有着密切的联系。不了解人类社会历史观的历史发展，也就不能真正全面地领会马克思主义社会历史观的创立及其真谛。

## 一、马克思主义以前的社会历史观

马克思主义以前西方社会历史观的发展大体上经历了两个阶段。第一阶段是以古希腊罗马的社会认识理论为代表的古代社会历史观的演变与发展；第二阶段是以近代各种资产阶级的社会认识理论为代表的近代社会历史观的演变与发展。

古代社会历史观是对奴隶社会产生至封建社会解体这一时期西方社会历史观的一个统称。它具体经历了三个历史阶段：第一阶段指古希腊罗马时代的社会历史观，它提出了古代社会历史观的一系列思想和学说，为整个古代社会历史观的正常发展确定了一条主线，是古代社会历史观的核心和精华所在。第二阶段指中世纪神道主义的社会历史观，由于受当时宗教神学的束缚，它开始将古代社会历史观引向了神学的极端，几乎扼杀了古代社会历史观的正常发展。第三阶段指文艺复兴时期的社会历史观，作为对第二阶段的反叛，它以"复兴"古代社会历史观的名义，打出了资产阶级人道主义社会历史观的旗帜，从而为近代资产阶级各种社会历史观的产生与形成扫清了道路，确立了方向，成为马克思主义以前西方两种形态的社会历史观的过渡阶段，也可以说是一个承先启后的阶段。

文艺复兴之后，人们对于社会历史的认识开始建立起一套全新的观念，并形成了一个新的尺度，这便是人的主题。由此也形成近代社会历史观所特有的人性论和人道主义主题。近代资产阶级各种社会历史观是马克思主义社会历史观的主要来源。

纵观近代资产阶级社会历史观的演变与发展，可以看出以下线索：其一，人道主义始终是这一时期理论演变的主题。其二，人性论始终是这一时期理论演变的基础。其三，各种人性学说尽管说法各异，但无非有两种倾向，一种强调人的感性（如十七世纪英国感觉主义社会历史观），一种关注人的理性（如十八世纪法国理性主义社会历史观）。而且愈到后来，对人的理性的关注便愈加突出，直到黑格尔将人的理性推至一个极端，才最终为近代资产阶级社会历史观的演变与发展画上了一个句号。

1. 十七世纪英国感觉主义社会历史观

文艺复兴之后,资产阶级人性论,倡导人道主义社会历史观的是十七世纪英国经验主义哲学家。他们的理论使命就在于对文艺复兴时期所提出的要求个性自由,追求个人幸福,反对禁欲主义的主张做出令人信服的论证。这就需要对人性问题做深层次的理论探讨,确立人道主义主张的人性论基础。

在探讨人性论的过程中,由于受文艺复兴时期思想倾向的影响,再加之其本身的经验主义认识论倾向,使得这一时期的英国哲学家很自然地把感觉主义作为新兴资产阶级用以衡量、说明人性和社会发展的哲学基础。在他们看来,人是自然界的一部分,作为一个有情感的感觉体,人必然要追求快乐和逃避痛苦。这种追求幸福、趋乐避苦的肉体感受性就是人的本性。如霍布斯认为,"人是生物之一"(《利维坦》),其天性就在于"自我保存""自爱自利",以此类推,整个人类社会生活也不过如此。洛克说得更明确:"充其量的幸福就是我们所能享受的最大的快乐,充其量的困难就是我们所能遭受的最大的痛苦。"

与这种感觉主义的人性论相适应,这些感觉主义的思想家们在考察社会的起源、国家的产生以及社会政治和法律制度方面,也自然是从人的这种所谓永恒的、普遍的自然本性中去寻找答案。社会契约论便是他们寻找的理论成果。比如霍布斯就认为,人的本性是追求感官快乐,由于人的利己天性,一旦人们共同追求的事物不能使人们都能采用时,人与人之间为了求得自己的利益和安全,就会互相残杀,互相压制,"人对人像狼一样",结果造成了人与人之间连绵不断的战争。为了摆脱这种人人自危的"自然状态",人们相互之间便商定了契约,各个人同等地支出自己的权利,而转让给契约的掌握者——君主或议会,这样便产生了国家。而为了进一步维护这种契约,就制订了一系列的政治和法律制度。之后,法国启蒙思想家卢梭从社会发展的角度进一步完善了这一学说,他的《论人类不平等的起源与基础》和《社会契约论》成为资产阶级社会契约论的代表作。这种把国家和社会制度的起源建立在抽象的人性基础上,建立在人的自由权利的互相让渡上,虽然是不科学的,但在当时却从根本上否定了中世纪所宣扬的上帝创造国家和法律的危言耸听,排除了上帝对世俗的权威性,树立起人在社会中的主体地位和能动地位。马克思就曾指出:"任何解放都是使人的世界即各种关系回归于人自身。"[1]

2. 十八世纪法国理性主义社会历史观

资产阶级的社会历史观进入到十八世纪后,以法国启蒙思想家所发起的思想启蒙运动为标志,又开始了一个新的飞跃,这便是理性主义社会历史观的崛起。它在英国感觉主义人性论的基础上,进一步弘扬了人的理性和自由,使理性成为衡量一切的法庭,尤其是对封建

---

[1] 马克思,恩格斯. 马克思恩格斯文集:第1卷[M]. 北京:人民出版社,2009:46.

宗教给予了彻底摧毁。"自由、人权、平等、博爱"的资产阶级主张被鲜明地表达了出来。他们推崇知识,重视科技,力图改变人们狭隘的思维方式,扫除蒙昧主义;他们推崇理性,反对盲从,鼓励人们独立思考;他们尊重人的权利、尊严和价值,热情地赞颂自由、民主和平等,鼓舞人们根据自己的利益为新的社会而奋斗;他们强调利益和需要在社会发展中的作用,注意到生产技术的发展、环境的改变给予人的重大影响,等等。这些思想不仅突破了英国感觉主义所宣扬的感性的人的局限性,而且也为马克思主义社会历史观的诞生提供了丰富的精神养料。可以说,法国十八世纪思想家们的社会历史观在其全面性和丰富性方面,达到了近代资产阶级人道主义社会历史观的顶峰,从而"使 18 世纪成为一个以法国为主角的世纪"①。

3. 十九世纪德国黑格尔绝对理性主义社会历史观

十八世纪末十九世纪初,德国古典哲学的集大成者、辩证法大师黑格尔从其"绝对精神"的宇宙观出发,深刻、冷峻地反思了人类以往全部历史,在社会历史领域建立起了完善的理性主义社会历史观。其内容的广博丰富性,思想的成熟深刻性,立论的新颖精辟性,以及体系的严密完整性,使得他在历史哲学方面,产生了一个"划时代"的作用,从而在人类探寻社会历史发展规律的漫漫征途上,竖起了一个新的里程碑。对此,恩格斯曾评价说:"如果把他的前辈,甚至把那些在他以后敢于对历史做总的思考的人同他相比,他的基本观点的宏伟,就是在今天也还值得钦佩。"②

黑格尔对以往把历史的发展看作是人的有目的的活动过程的人性论主张,总的来说是肯定的,承认人的思想、目的、理性在社会发展中的积极作用,也看到了任何事情的发生都不是没有主观的意图和预期的目的的这个事实,认识到世界历史正是无数个各自抱有自己的目的,按照各自的意向、动机而行动的人的共同活动的结果。但是,黑格尔也同时注意到,在社会历史中,人们行动的结果往往会与自己原先的意图不尽一致,而出现一些人们未曾意识到和没有预料到的别的结果。此外,人与人之间的意图也往往会产生对抗的情况,这种对抗使人的意愿难以实现。由此,黑格尔进一步认识到,人性、人的理性(其实不过是扩大化和理论化的人的感性)是一个不能令人满意的虚构,不应再从人自身、从思想自身去寻找历史的真谛,而要追究隐藏在个人的特殊目的、特殊动机背后的最终目的、最终动机,亦即历史发展的"动力的动力"。

黑格尔所寻找到的这种"动力的动力"就是所谓的"绝对精神"或"绝对理性"。黑格尔的绝对理性不是指人的自觉理性,不是个别人头脑中的理智本身,也不是法国启蒙思想家所说的"众多意志",而是存在于人的头脑之外并决定人的意志的某种客观的观念,是不自觉的理性,是超感性个体的理性。绝对理性自身具有某种客观规律性,因而成为"支配历史运动的

---

① 马克思,恩格斯. 马克思恩格斯全集:第 3 卷[M]. 北京:人民出版社,2012:756.
② 马克思,恩格斯. 马克思恩格斯选集:第 2 卷[M]. 北京:人民出版社,2012:12.

规律的总和"①。可见,黑格尔开始突破了以往资产阶级学者从人本身、从人的思想中去寻找历史发展原因的思维模式,开辟了一条到人的头脑之外,到人的意志背后去追究历史发展原因的新思路。

确定了这一思路之后,黑格尔从辩证法的角度系统论述了绝对理性如何由逻辑状态外化为自然状态,又如何由自然状态发展到人类社会,进而在人的理性中又如何回归到绝对理性的辩证发展过程。在论述到人类社会的产生和发展时,黑格尔正确说明了人与自然的辩证关系,强调了劳动在人和社会产生中所起的作用;他也看到了地理环境、社会物质生活和物质利益在社会中的作用,看到了普通群众对社会的作用,认识到英雄人物是时代的产物,等等。尤其是当他把人看作为社会的主体,把人的理性看作为绝对理性的化身,把世界历史看作为是自由意识有规律的进展时,又使他的理论与近代资产阶级的人道主义主题不谋而合。这实际上是以他的"绝对精神"作为近代资产阶级人道主义社会历史观的新的基础,从而将近代的理性主义思潮推至一个极端,既为近代资产阶级社会历史观的演变画上了一个句号,又成为马克思主义社会历史观诞生的直接理论来源。列宁指出:"历史唯物主义,是在黑格尔那里处于萌芽状态的天才思想——种子——的一种应用和发展。"②

## 二、马克思主义以前唯心主义社会历史观的共同缺陷

通过对马克思以前社会历史观的考察,可以看出,一切旧的社会历史观,特别是近代的人道主义社会历史观,具有两个显著的特征:其一,突出强调人在社会历史中的中心地位和主体地位,并对人在社会历史中的作用给予了充分而深刻的论证与说明;其二,与突出人的主体性相适应,对主体人的意识、精神给予了充分的肯定,并极力弘扬人的理性、意识在社会历史中的重要地位和作用。这两点既可看作是旧社会历史观的特长,又暴露出它所具有的主要缺陷,这便是:其一,在强调人的作用时偏重于个体的人,而忽视作为整体的人类。于是,对人的探讨便只限于自然的人,而没有注意到社会的人或人的社会关系。而他们所宣扬的人也主要指社会历史中那些地位显赫的人,如君主、统治者、天才或英雄。只看到个人尤其是英雄人物的作用,而看不到群体尤其是人民群众的作用,这是一切旧社会历史观的第一个缺陷。其二,在强调人的意识作用时只注重个人的意识,尤其是"大人物"的意识,而看不到群体的意识,尤其是人民群众的思想意识。更没有透过人们的社会意识去进而揭示产生人们意识的物质动因。正如列宁所指出的那样,"以往的历史理论至多只是考察了人们历史活动的思想动机,而没有研究产生这些动机的原因,没有摸索社会关系体系发展的客观规律性,没有把物质生产的发展程度看作这些关系的根源。"③这构成旧社会历史观的又一缺陷。

---

①普列汉诺夫.普列汉诺夫哲学著作选集:第2卷[M].北京:三联书店,1961:744.
②列宁.列宁全集:第55卷[M].北京:人民出版社,1990:160.
③列宁.列宁选集:第2卷[M].北京:人民出版社,1995:425.

黑格尔比他的前人伟大之处在于他力求揭示这种意识背后的"动机的动机",但他寻找到的不是活生生的社会物质生活,不是社会本身赖以发展的客观规律性,而是自然和社会以外的客观精神——"绝对理性"或"绝对理念"。从这个意义上说,黑格尔的"绝对理性"与中世纪的"上帝"在实质上没有什么区别。以至于连费尔巴哈也机智地指出:"宗教神学是天上的唯心主义,而思辨哲学则是地上的神学。"①

从旧社会历史观的两大缺陷中可以得出这样一个结论:旧的社会历史观总的说来是唯心主义的,没有建立起系统全面的唯物主义体系。它只注重个人,而不去研究决定人之所以为人的各种社会关系;它只看到意识的作用,而没有看到决定意识产生和发展的物质的作用。这是旧社会历史观之所以不具有科学性和完整性的根本所在。导致这种局限性产生的原因是多方面的,其中既有社会历史本身发展的限制,又有社会历史观本身发展的限制,还有阶级立场的限制,等等。正如毛泽东所说的那样:"人们能够对于社会历史的发展作全面的历史的了解,把对于社会的认识变成了科学,这只是到了伴随巨大生产力——大工业而出现近代无产阶级的时候,这就是马克思主义的科学。"②

### 三、唯物史观的诞生及其科学价值与历史意义

1. 历史唯物主义的诞生既是人类社会发展的客观需要,也是人类社会历史观发展的必然结果

马克思主义认识论告诉人们,所谓认识事物,就是认识客观事物的内部联系,认识事物的矛盾运动。而当某一认识客体的矛盾运动尚未充分展开时,想揭示这一客体的矛盾实质是非常困难的,并且难免得出错误的结论。旧社会历史观之所以带有种种缺陷和片面性,原因之一就在于社会矛盾尚未充分展开和暴露。马克思和恩格斯比他们的前辈们幸运的是,他们正生活于资本主义经济和社会矛盾充分发展和暴露的时代。剧烈的社会运动打破了自给自足的自然经济和以往各个地方和国家之间闭塞和孤立的局面,扩大了人们的眼界,使人们有可能用联系和发展的眼光来看问题,去发现人类社会发展的特殊矛盾和特殊规律。伴随着资本主义生产方式的发展,无产阶级开始逐渐壮大起来,并登上了历史舞台。随着两大阶级之间的对抗和斗争日益激烈,无产阶级迫切需要用科学的社会历史观来武装自己的头脑。作为无产阶级的代言人,马克思和恩格斯担负起这个历史重任,展开了复杂而艰苦的新理论的创造活动。可见,资本主义的发展和无产阶级的壮大,为马克思主义社会历史观的诞生奠定了坚实的社会物质基础和阶级基础。

新理论的创造既来自社会现实的需要,同时也是理论发展本身的需要。作为对近代社会历史观的扬弃,历史唯物主义正是在批判旧社会历史观的基础上——尤其是在批判继承

---

① 费尔巴哈.费尔巴哈哲学著作选集:上卷[M].北京:商务印书馆,1984:123.
② 毛泽东.毛泽东选集:第1卷[M].北京:人民出版社,1991:283-284.

黑格尔社会历史观的基础上发展起来的。对此,列宁已明确肯定。马克思和恩格斯没有像其他西方学者那样以一种极端代替另一种极端的片面方式纠缠于黑格尔的"理性",而是跳出了理性的圈子,紧紧围绕黑格尔关于"动力的动力"的思想展开进一步的分析。他们吸取了黑格尔的辩证历史理论,抛弃了黑格尔客观唯心主义的沉重外壳,把辩证方法与唯物论立场结合在一起,以全新的思维方法和全新的理论研究思路,寻找到了真正的"动力的动力",并在此基础上构建起了历史唯物主义的完整体系。

2. 历史唯物主义体系的基础和出发点是物质资料的生产劳动

任何理论都有其自身的基础和理论出发点,历史唯物主义自然也不例外。如古代社会历史观中的"自然",近代的"人性",黑格尔的"绝对理性",等等。那么,历史唯物主义体系的基础和出发点是什么呢?

列宁曾这样概括过:"从社会生活的各种领域中划分出经济领域,从一切社会关系中划分出生产关系"[1],并"把社会关系归结于生产关系,把生产关系归结于生产力的水平"[2]。这一概括清晰地揭示出历史唯物主义体系的基础和出发点,即它克服了旧社会历史观只局限于从人的意识角度和思想动机层次去认识社会的根本缺陷,从社会存在决定社会意识的唯物论立场入手,进一步透过人的意识活动和思想动机,去捕捉整个社会关系,进而追溯到生产力的发展角度去进行分析。而社会生产力的发展归根结底是指社会物质生产劳动的发展。因此,马克思和恩格斯着重对劳动以及劳动在人的本质形成过程中和社会发展过程中所起的主导作用进行了科学的分析和说明,从而得出劳动是人类社会的基础和出发点因而也是历史唯物主义体系的基础和出发点的基本结论。同时这一结论也克服了旧社会历史观单纯从人的角度,尤其是从个人、英雄人物的角度去认识社会的根本缺陷。从劳动出发,不仅能科学地说明人的产生、本质及其作用,而且也能科学地说明整个社会关系和社会发展,并把考察的重点自然落脚到人民群众一边,这就避免了旧社会历史观只重个人不谈群众的缺陷。可见,历史唯物主义所确定的基础和出发点恰恰与人类社会历史的基础和出发点达到了吻合,马克思主义逻辑和历史相统一的原则在这里又一次得到了充分体现。

3. 历史唯物主义理论的实质表现为唯物论与辩证法的高度统一

历史唯物主义是建立在历史唯物论和历史辩证法基础上的科学理论,它对社会历史的解释和说明既是唯物的,又是辩证的,而这一点正是以往的任何社会理论所不具备的。当旧的社会历史观看到人在社会中的作用并加以说明的时候,是只见个体不见群体,并且该个体也是一个极为抽象的个体;同样,当旧的社会历史观看到意识在社会历史中的作用并加以说明的时候,是只见意识不见物质,只看到社会表层的意识的作用,而没有进一步看到社会深层的物质经济的作用,从而导致其两大缺陷的产生。历史唯物主义则不然,它在看到个人作

---

[1] 列宁.列宁选集:第1卷[M].北京:人民出版社,1995:6.
[2] 列宁.列宁选集:第1卷[M].北京:人民出版社,1995:8.

用的同时，又进一步从人的社会关系中发现了人民群众的历史创造作用，并且将两者结合起来予以辩证地阐述；同样，当它看到意识的作用时，没有停留于意识就意识谈意识，而是进一步深入到意识背后，揭示出意识本身的被决定性，即立足唯物论立场，从物质和意识的关系入手，辩证地说明了社会生活中社会存在和社会意识之间的相互关系。可见，旧社会历史观的两大缺陷，恰恰是历史唯物主义理论的两大特征。

不仅如此，历史唯物主义还将这种唯物论与辩证法相统一的原则具体贯彻到整个社会历史观中，正确地解决了社会历史发展中一系列辩证关系，如社会发展中的主体与客体，社会发展规律的客观性和人的自觉能动性，个体与群体，必然与自由，等等，彻底克服了旧社会历史观的一系列片面性，第一次在社会历史领域建立起了系统、完整、科学的社会历史观。用列宁的话说就是："过去在历史观和政治观方面占支配地位的那种混乱和随意性，被一种极其完整严密的科学理论所代替。"[1]

### 4. 唯物辩证法是研究社会历史的基本方法

科学的社会历史观必然以科学的研究方法为基础，马克思主义的历史唯物主义学说之所以能成为一种科学的社会历史观，与它建立在一系列以唯物辩证法为核心的科学方法基础上是分不开的。比如动态分析与静态分析相结合的方法，系统分析与结构分析相结合的方法，定性分析与定量分析相结合的方法，宏观分析与微观分析相结合的方法，历史分析与精神分析相结合的方法，一般分析与个案分析相结合的方法，等等。这一系列方法尽管各具特色，但有一点是共同的，即它们都必须以唯物辩证法为其核心。所以，我们把唯物辩证法看成是马克思主义研究社会历史的基本方法。

唯物史观之所以要以唯物辩证法为其基本方法，是因为这既是马克思主义认识论的客观要求，也是社会发展的复杂性和曲折性的客观要求。社会是由众多的复杂矛盾构成的有机整体，社会的发展本质上是社会各种矛盾的展开与发展。比如反映人与自然矛盾关系的社会物质生产力的发展，反映人与人之间矛盾关系的社会生产关系的发展，反映人本身发展程度的社会文明的发展等，无一不是在矛盾运动中展开和发展起来的。因此，历史唯物主义在创立过程中，紧紧抓住唯物辩证法这个核心，把理论的立足点建立在唯物主义基础上，进而又辩证地看待它们，即从联系和发展的角度辩证地分析社会的各个要素、各个关系、各个现象。矛盾分析的方法，系统分析的方法，主客体相统一的方法等就是这种辩证方法的具体运用。

所谓矛盾分析的方法，是指从事物自身的内部矛盾性去寻找事物发展的原因和动力的方法。遵循这一方法就会发现，社会发展的原因和动力只能由社会内部的矛盾来解释，这便形成了历史唯物主义关于社会基本矛盾的理论。

所谓系统分析的方法，就是从系统观点出发，依据事物本身的系统性，从事物的整体与

---

[1] 列宁. 列宁选集：第2卷[M]. 北京：人民出版社，1995：311.

其组成要素和结构之间、与其外部环境之间的相互联系、相互作用和相互制约的关系中,综合地、精确地考察事物的一整套方法论体系。它具体又包括整体性原则、有序性原则、动态性原则等多方面内容。历史唯物主义关于社会发展结构理论,关于社会存在和社会意识理论,等等,可以说正是这种系统分析方法的深化和展开。

所谓主客体相统一的方法,就是从社会主体与社会客体相统一的角度去分析一切社会现象和社会问题的方法。它可以说是马克思主义的唯物辩证法在社会历史领域中的最鲜明的体现。无论是矛盾分析的方法,还是系统分析的方法,无不渗透着主客体相统一的方法。如果说矛盾分析法开辟了一条从社会自身内部的矛盾运动去寻找解开社会发展之谜的道路,系统分析法提供了一个深入迷宫探宝的主体网络式的指示图,那么,主客体相统一的方法则是一把打开社会发展谜箱的金钥匙。历史唯物主义强调从人的自觉活动角度去揭示社会发展的客观规律,强调人及人的意识在社会发展中的主体地位和创造性作用,既肯定人民群众的历史创造性作用,又同时承认个人及杰出人物的重要作用,正是这种主客体相统一的方法在理论中的具体体现。

可见,掌握了唯物辩证法的基本方法,就能使种种社会认识的具体方法得到充分运用,也能从根本上把握历史唯物主义的理论体系及其实质;反过来,也只有真正领会和掌握了历史唯物主义的理论体系及其实质,也才能更娴熟地运用唯物辩证法这一研究社会历史的基本方法。

5. 历史唯物主义的诞生实现了人类思想史上的伟大变革

从以上论述中我们可以清楚地看到,正是由于历史唯物主义的创立,才使得人类的社会历史观真正成为科学,从而实现了人类社会历史观领域里一次划时代的飞跃。不仅如此,作为揭示人类社会的本质及其发展的一般规律的哲学理论,历史唯物主义的诞生,在人类整个思想史上同样也实现了一次伟大的变革。这具体表现在历史唯物主义为诸如历史学、政治学、法学、经济学等各门具体社会科学的产生、完善和发展提供了科学的理论和方法,从而引导它们走向科学形态。历史唯物主义同具体社会科学的这种关系反过来又使得它能够从各门具体社会科学的发展中汲取丰富的养料,从而推动自身的完善与发展。可见,历史唯物主义同具体社会科学的这种辩证关系,使得人们能够从一般和个别、整体与部分、宏观与微观、抽象和具体等多种层次和角度达到对人类社会全面而丰富的认识,推进人类思想的进步与发展。

历史唯物主义的诞生,表现在实践方面的意义更为巨大而深远。它不仅使社会主义理论由空想变成科学,更重要的是发展成为一种革命实践,成为无产阶级争取翻身解放和建设社会主义的有力思想武器。它不仅为人们正确认识社会现象、解决社会问题提供了科学的指南,也为人们同各种落后、错误甚至反动的思想观点作斗争提供了正确的立场和方法。总之,历史唯物主义的诞生,标志着人类社会历史观发展到一个崭新的阶段。它所提出的一系列有关社会发展的基本理论和方法,无论在理论上还是在实践上都具有前所未有的深远而持久的意义。

## 第二节 社会历史观的基本问题

### 一、问题的提出

研究哲学首先就遇到一个有关"哲学基本问题"的问题,那么研究社会历史观有没有一个基本问题呢?回答是肯定的。因为这里所谈的社会历史观毕竟还是一种哲学理论,是一般哲学理论在社会历史领域中的贯彻和运用。这一点也决定了社会历史观的基本问题与一般哲学的基本问题有着千丝万缕的联系和类似的重要意义。确切地说,社会历史观的基本问题是任何一种社会历史观都必然遇到也必须要解决的一个理论问题。一切社会历史观,要么以自觉的方式回答这一问题,并在此基础上构筑自己的理论体系;要么以不自觉的方式回答这一问题,并把对这一问题的回答渗透于其理论体系中。总之,想绕过和回避这一问题是不可能的。这一问题就是社会存在与社会意识的关系问题。

之所以把社会存在与社会意识的关系问题确定为社会历史观中的基本问题,一方面是基于哲学基本问题理论,另一方面是基于社会历史发展的现实。

哲学是关于世界观的理论学说,其任务在于寻根问底,即从最根本、最概括的意义上去说明世界的联系和发展。哲学要说明的世界必然是属于人的世界,是与人息息相关不可分割的世界。这样就使得人与世界的关系成为哲学探讨的中心课题。在人与世界这对关系中,人是一个能思考的有限存在物,而世界则被看成是一个无意识的永恒存在。于是,能思维便成为人的主要特征,而永恒存在则成为世界的根本性质。人与世界的关系具体演变为思维与存在的关系。这也正是恩格斯之所以要把思维与存在的关系确定为哲学的基本问题的原因所在。虽说在哲学发展的不同时期哲学的基本问题有着不同的表现形式,但却贯穿着一个永恒的主题:如何在无限发展的世界中去把握有限人生的意义,或者说,如何使有限的人生纳入无限的世界发展中去,以使人生的意义变得永恒。

哲学基本问题反映到社会历史领域,就具体表现为社会存在与社会意识的关系问题。因为社会存在所指的正是社会生活的物质方面,而社会意识所指的则是社会生活的精神方面。作为一般哲学基本问题的具体体现,社会历史观的基本问题的解决自然受到一般哲学基本问题理论的制约和指导,但却不能简单地加以类比和套用。

仔细分析和比较可以看出,一般哲学基本问题所强调的是世界的本原问题,突出的是思维与存在的孰先孰后。古代的本体论哲学就是如此。近代哲学虽然对思维与存在的统一给予了极大关注,突出了哲学基本问题的认识论方面,但是,这种统一仍然是建立在思维与存在截然分别和对立的基础上的。而且,一般哲学基本问题所说的思维更多的也是作为人的代名词而出现的。古代哲学中思维与存在孰先孰后的问题说穿了就是人与世界孰先孰后的问题;近代哲学中思维与存在是否统一的问题说穿了就是人和世界能否统一的问题。

对于社会存在与社会意识的关系问题,我们不能单纯从两者孰先孰后或是否统一的角度去理解。社会存在与社会意识,一个作为社会生活的物质方面,一个作为社会生活的精神方面,固然是有先有后、有差别有对立的,而且也有着相互统一的问题。任何一种社会存在总有与之相适应的社会意识,任何一种社会意识也总有其赖以产生的社会存在。一切社会历史观其科学与否就在于它是不是能正确地揭示出这两者之间的辩证关系,说明它们的统一,从而为人们自觉地去做到这两者的统一提供理论指导。历史唯物主义正是看到了这一点,才把社会存在与社会意识的关系问题确定为社会历史发展理论中的基本问题,并在构建自己社会历史观体系的过程中以自觉的方式既唯物又辩证地科学地回答了这一问题。

## 二、社会存在与社会意识的含义及意义

作为历史唯物主义社会历史观的两个基本概念,社会存在是指对社会生活的物质方面的总称,社会意识是指对社会生活的精神方面的总称。从这个意义上看,它们与一般哲学基本问题所谈的存在与意识的含义基本上是一致的。但既然我们是限定在"社会"这个前提下去说明存在与意识的,因此就必须从对"社会"这个词的理解中去分析社会存在与社会意识的确切含义。

众所周知,社会是从自然界中分化出来的一种特殊的物质运动形式,是人类共同存在的领域和共同发展的方式。作为人类生存与发展的物质基础,社会存在的范围指的就是人们的社会劳动所能达到的自然界的领域,即相互联系、相互作用着的人们持续进行的生活和再生产领域。要认清社会存在的确切含义,就必须研究人们的现实的物质生活的生产和再生产过程。从马克思最早提出"社会存在"这个概念时的论述中就明显体现出这一思路。在《〈政治经济学批判〉序言》中马克思这么写道:"人们在自己生活的社会生产中发生一定的、必然的、不以他们的意志为转移的关系,即同他们的物质生产力的一定发展阶段相适合的生产关系。这些生产关系的总和构成社会的经济结构,即有法律的和政治的上层建筑建立的有一定的社会意识形态与之相适应的现实基础。物质生活的生产方式制约着整个社会生活、政治生活和精神生活的过程。不是人们的意识决定人们的存在,相反,是人们的社会存在决定人们的意识。"[1]这一段关于历史唯物主义基本思想的经典表述,对我们科学领会社会存在与社会意识概念的实质提供了明晰的思路。

第一,必须以社会生产力为基点去分析人们全部的社会生活。人们的社会生活是丰富多彩的,有物质生活、政治生活和精神生活等。而物质生活的生产方式制约着整个社会生

---

[1] 马克思,恩格斯. 马克思恩格斯选集:第2卷[M]. 北京:人民出版社,2012:2.

活,其他的社会生活都是以它为基础发展起来的,并且只有在它的基础上才能得以理解和说明。

第二,必须以人们在生产中所形成的必然的、不以人们的意志为转移的物质关系为基础去揭示社会生活的实质。社会生活的物质方面有物的因素和人的因素两个方面,历史唯物主义不是单纯从物的因素,也不是单纯从人的因素去说明社会存在的,而是把物的因素与人的因素结合为一体,通过人们在社会生活的生产中所形成的人与自然的物质关系(社会生产力)和人与人之间的物质利益关系(社会生产关系)去理解社会存在,把全部社会关系建立在物质生产关系的基础上去加以理解和把握。

第三,必须从全部社会关系的总和中去理解整个社会结构的本质和社会运动的规律。历史唯物主义强调社会关系中经济关系的决定作用,但它并不是把全部社会关系仅仅归结为经济关系,更不是什么单纯的"经济决定论"。它在强调社会物质关系的同时,也看到了诸如家庭、民族、群体、意识等错综复杂的社会关系,并宣称正是这些关系才构成了人类社会的完整结构,才导致了人类社会的复杂运动。因此,要全面地说明整个社会结构的本质和社会运动的规律,就必须在社会经济关系的基础上把握人类全部的社会关系。

第四,作为社会存在的对立面的社会意识,尽管受社会存在所决定,但也构成社会存在体系的重要组成部分之一,对社会存在起着重大的导向和制约作用。因此,在理解社会存在时,不能不考虑社会意识的特点与功能。社会意识是一个很宽泛的概念,它既指社会生活中人们的主观意识,也指以人们的意识为中介而产生的意识的产品。总之是对社会精神生活的一个统称。根据唯物主义的立场和原则,一方面,社会存在与社会意识之间存在着决定与被决定的关系。另一方面,社会意识本身也是社会整体的一个组成部分,一个特殊的领域和层次。它们构成人们社会生活的一种活动背景,对人们的社会生活起着重大的导向和制约作用。可以说,没有什么人类生活是不受到社会意识的影响和制约的。因此,在分析和把握社会存在时必须重视和考虑社会意识这一重要因素。

第五,社会存在与社会意识本质上是统一的不可分的。这一点从人的意识与人本身的统一和不可分性就可得到说明。众所周知,人之所以为人,其标志之一就在于人有其他动物所不具有的意识特征。没有人固然不可能有人的意识,然而,没有意识的人同样也称不上是真正意义上的人。社会也是如此。人作为社会主体,构成社会存在的必要要素,人又是一个精神实体,是一切社会意识的创造者和承担者。换句话说,作为社会存在的重要组成部分的人一定是带有某种意识观念的人。这也就使得一切社会存在都必然是带有社会意识的社会存在。而作为社会存在体系重要组成部分的社会意识一旦产生和确立之后,就会产生不依赖于个人的主观意识和意志的客观效果,影响和制约着人们的行动。在这个意义上我们甚至可以说,社会意识也是以客观的方式制约着人们的物质生活。研究社会存在不能不研究社会意识,反之亦然。否则就不能真正把握社会存在与社会意识的实质。

把丰富多彩的社会生活区分为物质生活和精神生活两大类,把人与人之间错综复杂的社会关系概括为物质关系和思想关系两个方面,进而从它们的统一中,即社会存在与社会意识的统一中去揭示人类社会发展的一般本质和规律,这是历史唯物主义的中心课题。由于人既是社会存在的主体又是社会意识的主体,或者说,人是作为社会存在与社会意识的统一体而存在的,因此,从人的社会关系入手去揭示社会存在与社会意识的统一就成为历史唯物主义研究社会发展规律的必然的切入点。

### 三、科学技术与思想文化的社会作用

既然全部社会生活体现为社会物质生活和社会精神生活,社会发展也体现为社会存在与社会意识的共同进步。因此,衡量一个社会的发展程度的标志或尺度也就是看这个社会的社会存在与社会意识的发展程度。而代表社会存在与社会意识发展程度的是一个社会的科学技术和思想文化。因此,历史唯物主义把科学技术与思想文化的发展看作是社会存在与社会意识发展的两大主要标志。

社会存在通常包括人口因素、地理环境和生产方式几大方面,但其核心是社会物质生产力。社会物质生产力的发展表现为社会物质文明的进步。进入现代社会以来,衡量社会物质文明发展程度的尺度主要是科学技术。正是在这个意义上,我们把科学看作是第一生产力,而且是先进生产力的集中体现和主要标志,是社会存在的主要标志。改革开放以来,伴随着科学技术的突飞猛进,"科学是第一生产力"的观点和我国政府提出的"科教兴国"的战略决策逐步深入人心。习近平同志《在中国科学技术协会第十次全国代表大会上的讲话》中进一步指出:"党的十九大确立了2035年跻身创新型国家前列的战略目标,党的十九届五中全会提出了坚持创新在我国现代化建设全局中的核心地位,把科技自立自强作为国家发展的战略支撑。立足新发展阶段,贯彻新发展理念、构建新发展格局、推动高质量发展。必须深入实施科教兴国战略、创新驱动发展战略,完善国家创新体系,加快建设科技强国,实现高水平科技自立自强。"[①]因此,如何真正发挥科技在生产力发展中的主导作用,科学地阐明科学技术在整个社会发展中的重大作用和地位,成为历史唯物主义的重要课题之一。

社会意识的内容极为丰富,但其核心是人的文化素质的提高和思想道德的进步,具体表现为社会精神文明的发展与进步。人的文化素质的提高和思想道德的进步固然有赖于社会物质生产力的发展和社会关系的进步,但是,社会物质生产力的发展和社会关系的进步反过来又受人的文化素质和思想道德水平的制约。以生产力的发展为例,生产力的发展意味着人与自然关系的发展,是人与自然矛盾运动的发展。人作为生产力的主体在生产力的发展中起着主导作用,也就是说,只有当人充分认识到他与自然的尖锐矛盾并力图去解决这一矛盾时,才会导致生产力的真正发展。如果人们麻木不仁,得过且过,不求进取,即没有意识上

---

① 习近平.在中国科学院第二十次院士大会、中国工程院第十五次院士大会、中国科协第十次全国代表大会上的讲话[M].北京:人民出版社,2021:8-9.

的觉醒，那么，生产力即使遇到尖锐的矛盾也不会自然而然得到解决，而仍会停滞不前。改革开放以前，中国社会生产力的矛盾不可谓不尖锐，但由于人们思想意识的落后和保守，不能冲破各种思想禁锢，所以迟迟不能解决中国社会生产力的矛盾。直到"真理标准大讨论"这场思想解放运动才真正将中国带入改革开放年代，才真正推动了中国社会生产力的发展。而思想意识的觉醒取决于人们文化素质的高低。

社会制度的进步也是如此。如果人们满足于现实，没有远大的理想抱负，对现实中落后的和错误的东西没有批判的意识和反抗的斗志，想让现实自然而然地向更合理的方向运行，使丑恶的现象自动消除，谈何容易！社会的一切发展和进步，是物质和精神、主观和客观种种条件共同作用的结果。而且，由于思想文化本身所特有的超前性，使它往往更能体现出社会发展的趋势和未来状态。因此我们可以说，作为精神文明核心的思想道德的发展更能标志出整个社会发展的水平和程度，可视为社会发展的最高标志。如果你想了解一个社会的发展水平和文明程度，那么就请了解一下那个社会人们的文化素质状况和思想道德面貌吧。

全面建设社会主义现代化国家，必须坚持中国特色社会主义文化发展道路，增强文化自信，围绕举旗帜、聚民心、育新人、兴文化、展形象建设社会主义文化强国，发展面向现代化、面向世界、面向未来的，民族的科学的，大众的社会主义文化，激发全民族文化创新创造活力，增强实现中华民族伟大复兴的精神力量[①]。所以，如何正确认识和评价思想文化在社会历史中的作用，切实提高我们全民族的科学文化素质和思想道德觉悟，在全社会兴起一种奋发向上、不断进取的精神风貌，是实践历史唯物主义思想的一项重要课题。

## 第三节 社会历史规律与社会理想

### 一、社会历史发展是一个自然历史过程

在历史唯物主义看来，社会如同自然一样，也是客观世界的重要组成部分，是自然长期演化和发展的结果。它既有同自然发展相同的一面，也有其自身发展特殊的一面，一句话，社会历史发展是一个自然历史过程。这是历史唯物主义关于社会历史发展的总体观点和结论。

所谓自然历史过程，简单来说有两方面含义：其一，社会同自然一样，也是有规律的发展过程；社会规律也是客观的、必然的、不以人的意志为转移的。就这一意义来看，社会的发展规律同自然的发展规律本质上是一致的，都体现为一个客观的自然的发展过程。其二，社会是一个高级的物质运动形式，它不像自然界的变化发展那样，不需人的参与，基本上是盲目的和不自觉的。社会的变化发展不仅需要人的参与，而且只有通过人的参与即人的自觉活

---

[①] 习近平.高举中国特色社会主义伟大旗帜为全面建设社会主义现代化国家而团结奋斗——在中国共产党第二十次全国代表大会上的报告[M].北京：人民出版社，2022：42-43.

动才能得以实现。用恩格斯的话说就是:"在社会历史领域内进行活动的,是具有意识的、经过思虑或凭激情行动的、追求某种目的的人;任何事情的发生都不是没有自觉的意图,没有预期的目的的。"①因此,社会的历史发展又体现为一个特殊的运动过程。

把社会历史发展看作为一个自然历史过程,就是要求人们在考察社会发展时,既要看到社会发展同自然发展相同的一面,又要看到社会发展同自然发展相异的一面,从客观自然与社会历史两个方面去把握社会的历史发展。如果不注意社会生活是由具有理性和意志的人所创造的这样一个事实,而把它看成是同自然界的力学过程、物理过程、化学过程、生物过程完全一样,把社会规律混同于自然规律,就会背离社会现实生活。反之,如果因为社会生活中存在着人的理性和意志的作用,就进而否认社会发展的客观规律性,同样也不能正确把握社会发展的实质。

社会历史的发展既是一个有规律的客观自然过程,同时又是一个有意志的社会历史过程,这两者如何得以统一呢?恩格斯晚年所提出的意志合力论思想对此做出了令人信服的回答。恩格斯指出,历史是这样创造的最终的结果总是从许多单个的意志的相互冲突中产生出来的……②"然而从这一事实中决不应作出结论说,这些意志等于零。相反,每个意志都对合力有所贡献,因而是包括在这个合力里面的。"③恩格斯的这段论述包含以下几方面重要含义:第一,历史发展过程不是单向直线式的,它是各种相互冲突的意志和力量相互作用、反复较量的结果,表现为一个丰富生动的曲折前进的过程。第二,产生各种不同意志的根源是特殊的生活条件。各个人的内在需要和外部的经济状况不同,由此形成不同的或对立的物质利益,产生各种不同的意志和思想动机。第三,历史是所有人共同创造的,每一个意志都对合力有所贡献,任何历史事变乃至整个社会的发展,都不决定于任何个人的意志,而是取决于由各种力相互作用而产生的具有新质的合力,"一个作为整体的、不自觉地和不自主地起着作用的力量","一种自然过程"。第四,社会运动中的"力的平行四边形"是一个动态过程,它只是在一定条件下的相对平衡。在历史的进程中,各个力的性质及其作用的大小是不同的,随着条件和冲突各方力量对比的变化,原先的格局就会被打破,新的格局就会逐渐形成。各种力在合力中的地位和命运,归根结底取决于它们在多大程度上符合经济及社会发展各项规律的要求。可见,社会历史的发展是由自然的、社会的、经济的、政治的、物质的、精神的等因素综合作用的结果,是许许多多个人力量的结合。这些相互交错的无数个力的平行四边形构成一个不依赖于任何具体因素的整体力量,最终"在历史领域内造成了一种同没有意识的自然界中占统治地位的状况完全相似的状况"④。显然,问题不在于用人的有意识的活动来抹杀社会的客观规律,或者干脆撇开人去空谈所谓社会规律,而在于从有意识的人

---

① 马克思,恩格斯. 马克思恩格斯选集:第4卷[M]. 北京:人民出版社,2012:253.
② 马克思,恩格斯. 马克思恩格斯选集:第4卷[M]. 北京:人民出版社,2012:605.
③ 马克思,恩格斯. 马克思恩格斯选集:第4卷[M]. 北京:人民出版社,2012:605-606.
④ 马克思,恩格斯. 马克思恩格斯选集:第4卷[M]. 北京:人民出版社,2012:254.

的活动背后去发现这种规律。这可以说是马克思主义的自然历史过程理论给予我们的启示。

## 二、社会的自然历史过程体现为人的自觉活动

马克思早年在批判唯心主义历史观时曾经指出,历史并不是把人当作达到目的的工具来利用的某种特殊的人格;历史不过是追求着自己目的的人的活动而已。社会不管其形式如何,是人们交互作用的产物,是人自觉活动的结果。这就向人们指明,要揭示人类社会的历史规律,揭示人类社会发展的自然历史过程,只有从人的自觉活动入手才能实现。社会历史发展体现为人的自觉活动。

从人的自觉活动角度去揭示人类社会发展的历史规律,在理论上有以下几方面意义。

第一,能够从整体上揭示出主客体在社会发展中的相互作用,揭示主体对于社会发展的影响和具体作用,揭示客观规律性与人的自觉活动的关系。全部社会生活在本质上是实践的[①]。人的主体性活动和创造性才能总是辩证地同社会发展的客观规律相一致的。它来自社会本身的运动,并且只有被纳入社会运动之中才能真正变成社会发展的主体因素。同时,人的主体性活动和创造性才能对于社会发展的任何影响和作用也必然要依赖于社会发展的客观条件和规律,并接受社会的审查和选择。因此,强调从人的自觉活动角度去揭示人类社会发展的历史规律,把研究的重点放在对人的活动做细致分析的基础上,突出强调社会发展中人的主体创造作用,不仅丝毫没有否认社会发展具有客观规律性的含义,而且恰恰是为了去说明和揭示它的客观规律性。

第二,能够进一步明确说明社会发展的自然历史过程。社会历史规律的实现不是无条件无中介的抽象概念运动,而是主体的自觉创造活动。社会规律的实现是必然的,是一个自然历史过程,但其实现的具体历史进程并不是一劳永逸地表现为一种模式、一种面貌,而总是打上主体(群众、阶级、领袖、个人等)的烙印,并与主体活动的具体历史环境相互映照,显示出无穷无尽的变异和程度差别,展现出无限的丰富性、曲折性和复杂性。如果不研究社会历史规律实现的中介环节——人的活动,就不可能具体分析活生生的自然历史过程,就不可能在社会历史观中彻底贯彻唯物主义原则,而使得理论显得干巴、枯燥、抽象乏味和缺乏生气。

第三,能够通过社会规律在人的活动中的具体体现,揭示出历史发展中必然性与偶然性的辩证关系。历史发展具有其必然性,该必然性作为存在于历史发展过程始终的铁的法则,根源于物质生产及其派生的社会关系的内在规律,它决定着历史发展具有一种确定的、无可移易的道路和轨迹。历史发展的必然性,不仅使历史成为可以认识的对象,而且也使历史科学具有了客观的基础和依据。然而,历史的必然性又总是内在的、隐蔽的、单调的和抽象的,

---

① 马克思,恩格斯.马克思恩格斯选集:第2卷[M].北京:人民出版社,2012:135.

需要人们去揭示和说明。假如我们可以把历史必然性理解为社会发展的轴线,那么,在现实社会中存在的、外显于社会表面的则只能是大量的偶然性。它们围绕着历史必然性而上下波动,并表现着必然性,形成社会发展的种种曲线。这些大量的偶然性虽然不可能改变历史的基本进程和方向,但又确确实实表现着历史的基本进程和方向,并给历史涂上丰富多彩的颜色,延缓或加速着历史的进程。只关注于社会发展的必然性,而忽视对大量偶然性的捕捉和观察,不仅会使历史必然性失去存在的依据而变得空洞,甚至有可能沦落为种种主观的臆测和猜想,并最终使社会本身也失去生机而变得神秘莫测。

第四,能够进一步揭示社会历史发展的实质。马克思曾经指出,人们的社会历史始终只是他们的个体发展的历史,而不管他们是否意识到这一点[①]。人是社会的主体,社会是人的集合,是人赖以存在和发展的独特方式。社会的发展最终必然表现为和归结为人的发展,并通过人的发展程度予以确证。社会发展中生产方式的进步,社会形态的演变,从人的角度来看意味着不利于人本身发展的社会现实让位于更适合于人的发展的社会现实,受较多束缚的个体发展到更为自由的个体。而标志社会进步程度的社会文明本质上标志着人自身的进化和发展程度。社会发展与人的发展是如此水乳交融,合二而一,使得社会发展本质上体现为人的发展,人的发展反过来又说明着社会的发展。显然,抓住人的自觉活动去揭示社会发展的历史规律,本质上抓住了社会发展的实质。因为,既然社会发展的历史本质上是人自身的发展历史,那么,人自身发展的状况和条件便成为衡量、评价社会发展的"人的测度"(马克思语)。而作为人类社会发展的最高阶段——共产主义社会,其主要特征就是使全人类都得到解放,使作为创造性个体的每一个社会成员都得到自由、充分和全面的发展。

总之,人类社会的发展是由具有主观能动性的人类在社会关系中的活动造成的,社会发展的每一个必然阶梯,都是主体与客体、必然与偶然、一般与个别通过人的活动达到的高度的统一。人的自觉活动不仅创造了人本身,发展了人本身,而且也创造了人类赖以安身立命的社会,创造了社会历史规律。因此,要说明社会,认识社会,揭示出社会发展规律的客观性、必然性,唯一的途径便是抓住人的自觉活动。马克思这样指出:"历史什么事情也没有做,它'并不拥有任何无穷尽的丰富性',它并'没有在任何战斗中作战'!创造这一切,拥有这一切并为这一切而斗争的,不是'历史',而正是人,现实的、活生生的人。'历史'并不是把人当作达到自己目的的工具来利用的某种特殊的人格,历史不过是追求着自己目的的人的活动而已。"[②]

### 三、社会理想是人的自觉活动的表现形式

社会发展有其自身的客观规律,表现为一个自然历史过程,这一自然历史过程又具体体

---

[①] 马克思,恩格斯. 马克思恩格斯选集:第4卷[M]. 北京:人民出版社,2012:409.
[②] 马克思,恩格斯. 马克思恩格斯全集:第2卷[M]. 北京:人民出版社,1957:118-119.

现为人的自觉活动,通过人的自觉活动而得以显现。客观的自然历史过程与主观的人的自觉活动在此达到了高度的统一。那么,这种统一的具体表现形式又是什么呢?这就是社会理想——人的自觉活动的表现形式。

1. 社会理想的含义及特点

社会理想问题是人类社会发展中一个古老的问题,人类的历史实际上就是对社会理想不断认识和不断追求的过程。理想作为真理与价值在实践基础上的统一,是人生的灯塔,是人们的精神支柱,是人自觉活动所要达到的目标,是价值观念的具体化,是人们对美好未来状态的向往、憧憬与追求。人不能没有理想,没有理想的生命,等于没有灵魂。理想不是一个实然范畴,而是一种应然范畴,是关于特定对象未来状态应当如何的一种预测、期望、设想和观念建构,对于人们的观念行为具有重要的激励、指导和规范作用。理想具有超前性或前瞻性、层次性、差异性、变化性、选择性、建构性、期待性、规范性和特定时期的阶级性等特征。理想的这些特征也正是我们在考察社会理想时应注意把握的基本特征。

社会理想作为人类一种特有的观念,一种最崇高的理想,是人们对社会的一种特殊的把握方式,是人类对未来美好的生存状态以思维抽象进行设计和构想的观念形态,是人类对未来生存环境和活动条件进行整体性的综合思维的结果,是人类对于理想的未来社会应当如何的一种超前建构。同时也应看到,社会理想作为一种意识,一种观念,它既包括作为理论形态而存在的各种关于社会理想的学说,也包括作为社会心理而存在于大多数人观念中的对未来社会的一种想象和期望。社会理想对人们为改善现实环境和活动条件起着激励、约束、规范和引导的作用。社会理想所体现的是一种超前的价值观,一种基于现实而又超越现实的价值观。

如果从人自身的角度看,由于人总是从对自己的理解中去认识和把握社会的,因此可以在一定意义上把社会理想看作是人理解自己的一种特殊方式,是人以社会未来发展的应然状态表达着对自身生命图景、意义和价值的理解和把握。显然,人如何理解自身暗含着人如何去理解和解释社会。人想成为什么,他所建构的社会理想就是什么。

社会理想作为人们对社会的一种特殊的把握方式,具有如下特点:第一,社会理想是对社会的一种观念性把握而非实体性把握,是社会主体对社会现实的理性选择和有机建构。它的对象是社会。这里所讲的"社会"可以是抽象的,也可以是具体的,可以在不同的范围、层次上展开。它的主体则是特定的个体或群体。虽然每一个人都会有他的社会理想,但我们所考察的社会理想主要是指大多数人关于社会未来的理想,而并非某一个人对未来社会的设想。一定的群众、阶级、民族,乃至国度都可以有自己的共同理想,而群体理想、阶级理想、民族理想乃至国家理想,则是社会理想的各种具体存在形式。虽然社会理想是关于整个社会的理想,但任何社会理想都是由特定的个体或群体建构和提出的。因此,我们必须立足于个体、群体与整个社会的关系来研究社会理想问题。第二,社会理想是对社会的一种规范性把握，它内在地蕴含着它的建构者的价值取向。动物的活动纯系本能活动而无规范性可言，而人将成为什么，在很大程度上取决于如何设计一种社会生活目标来规范自己的现时活动。社会理想作为对未来社会的一种超前认识，就表现为各种规范性的认识方面。这种规范性认识又包含着特定的价值取向性。即社会理想的建构体现为一种价值认识、价值评价和价值选择过程。它所包含的"价值"绝非一般意义或中立意义上的价值，而是带有强烈的阶级倾向，体现着特定阶级的价值选择和利益追求，亦即价值取向性。不同的社会理想按其价值维度在时间链条上的指向可以分为三种表现形态：复古主义、未来主义和保守主义。另外，由于共同利益和共同价值观的差异和对立，社会理想还具有社会认同性，即一种社会理想之所以能凝聚和规范社会中的多数人，其思想认识前提就是这些人对它的一致认同性。因此，研究社会理想问题必须注意运用价值分析方法，包括阶级分析方法，注意考察特定的个体或群体在建构其社会理想的过程中所运用的价值标准及其合理性。第三，社会理想是对社会的一种超前性或前瞻性把握，体现着人类对未来的一种期待。超前性可以看作是社会理想最重要的特点。它立足现实而又超越现实，它总是依托过去、立足现在并指向未来。作为人对未来社会的观念把握，社会理想不仅能够观念地复制和重现社会存在以什么方式存在，而且在此基础上观念地构想社会未来应当以什么方式存在。这里的"应当"即体现了社会理想的超前性。社会理想所描绘的东西，不是已经实际存在的"实然"，而是人们追求的未来社会的"应然"。社会理想的超前性又隐含着对社会现实的批判性，就是说，社会理想的建构实质上是一种对社会现实的批判性认识活动。社会理想是基于对现实的缺欠而建构的，旨在以观念树立起对现实缺欠的批判，满足人们需要的价值关系的理想。社会理想的建构要以现实为根基，但决不能满足于现实。它反对对当前现实的消极默认，而需要一种对社会现实的批判精神。因此，一味地满足现状，没有对社会现实的舍弃姿态和不断批判的精神，社会理想是无法建构起来的。所以，在研究社会理想问题时，我们必须自觉运用时间特性方法，注意在过去、现在和未来的时间向度中辩证地、历史地来分析各种社会理想的建构基础、性质及其社会功能。第四，社会理想对未来社会的把握具有层次性、差异性、变化性等特点。社会的发展具有层次性、差异性、变化性等特征，人类对这种状况的把握自然也就具有一定的层次性、差异性、变化性。正如社会目标具有近期、远期和最终目标之分一样，作为目标的蓝图，社会理想也就表现出一定的层次性和阶段性；同理，不同社会乃至同一社会各地区经济发展的不平衡性和差异性以及历史、文化传统、民族心理的多样性，必然导致不同社会理想的差异性和多样性。至于由于价值观的偏差和阶级立场的偏差所导致的社会理想的差异甚至对立则更为常见。意识形态的对立实质上就表现为最高社会理想的对立。社会理想的变化性是指人们的社会理想不是一成不变的，而是随着人们对社会现实的认识而不断变化的。对现实社会认识程度的深浅，直接制约着对未来社会的认识的合理度之大小。随着社会现实本身的变化和人们对社会现实认识的不断变化，人们会不断修订、补充、完善和发展其社会理想，从而使社会理想更加符合社会历史的发展规律，符合人类的价值追求，更加有效地指导和规范人类的自觉活动。

2. 社会理想的生成及其与社会现实的关系

社会理想是如何产生的？人为什么会需要社会理想？并且会不断地改变和发展自己的社会理想？社会理想与社会现实之间究竟存在什么样的关系？这一问题属于社会理想生成的基础问题。为此可以从人和社会两方面来看。从人类的特性来看，人具有未完成性和创造性，或者说具有追求完满的特性，这就为人们生成社会理想提供了可能性。人如果没有这种追求完满的未完成性和创造性特性，就根本不可能形成什么理想。人的本质是开放性的，它总是在走向未来，走向他潜在具有的各种可能的本质。人怎样塑造自己，怎样设计自己的生活，在很大程度上取决于他自己。就是说，人必须为他的生存创造一个理想的世界，用以解释、引导和规范自己的行为。可见，人作为社会存在物，是一种创造理想世界的动物，以此使得人类在其生存方式上同其他动物和存在物根本区别开来。同时，人作为社会存在物又总是生活在给定的社会现实之中的，但既定的现实环境又不能直接地满足人不断发展着的需要，即现实总是不完满的，不尽如人意的。于是，人总是力求超越现实，要实际地创造出合乎人的目的、意志、需要的现实世界。这样的现实世界显然只有在未来世界才能出现，所以必须首先在观念中把它创造出来，并且以观念的形式表现人的社会理想。

社会现实是一个不断进化的过程，它的未来与现实社会中人的活动密切相关，人在现实中以什么样的方式进行活动，直接决定着社会发展的未来。社会的发展过程是一个自觉设计和规划的过程。一定的社会理想正是社会进化和发展的观念先导，它对现实起着导向和规范的功能作用。唯有如此，提出社会理想，形成社会理想才有意义。否则，如果社会的发展是不需要人参与的纯客观过程，那么生成社会理想就失去了意义。

作为人们对社会的一种规范性、超前性的观念把握，社会理想总是建立在对社会及其发展规律的某种认识的基础之上的，它根源于人的自由全面发展的需要与社会现实之间的矛盾。当现实的社会状态、社会关系和社会生活限制着人的自由全面发展时，人们就会提出"应当如何"的问题，萌生、建构出某种社会理想。由于人的自由全面发展需要在不同的人那里有不同的意蕴，因而不同时代的人们或同一时代不同的个体和群体往往有着很不一样的社会理想。对社会及其发展规律的认识和对自身自由全面发展的需要的意识是人们建构社会理想的基本依据。

作为人们对社会的一种特殊的观念把握方式，社会理想的建构又总是包含着对象的尺度和人的内在尺度这双重尺度的运用。在这里，对象的尺度也就是社会及其发展的规律，而人的内在尺度则是人的自由全面发展的需要，它们构成了各种社会理想赖以建构的基本依据。由于人们对社会及其发展的规律的认识程度是不同的，也由于人们在人的自由全面发展问题上的价值取向是不一样的，所以才会有各种各样的社会理想。这就使得社会理想的合理性变得十分的相对，即对某些人而言是合理的社会理想，而对另一些人而言可能是极不合理的。考察一种社会理想是否具有合理性,首先就要看它是否正确地反映了社会及其发展的规律。另一方面,还要看它是否具有合目的性、是否有利于满足其建构人的自由全面发展的需要。

作为观念形态的社会理想,在不同的社会历史时期其表现形式是不相同的。一般说来,随着人类社会历史发展和进步,社会理想的科学成分将会越来越多,其合理度也会越来越大。在人类社会早期,社会理想往往是以神话、传说形式出现的。近代社会理想则是以理性形式出现的。这不仅表明其科学成分鲜明,而且也更为贴近现实。但是,在马克思主义哲学产生以前的社会理想,其理论基础是建立在唯心史观之上的。马克思主义的社会理想是以"为实现共产主义社会"的形式出现的,以"人类的彻底解放和人的全面发展"为终极目的,其科学成分更为鲜明和突出。因为它是通过科学分析和研究发达的社会形态——资本主义社会基本矛盾运动规律,建立在唯物史观的理论基础之上的,因而它不仅是科学的和合理的,而且它对人们的激励和规范的作用也胜于以往任何社会理想的作用。

从人类学的角度看,人有一种在思想上和实践中不断批判现实和超越现实的内在功能和内在冲动,从而不断引发出对于未来理想社会的观念建构和实际创造。人对理想世界的追求,一方面根源于自己不断发展着的需要,另一方面则根据于人自身的不断发展着的能力。需要的满足和满足需要的手段的更新不断地引发出新的需要,成为现实批判和未来理想建构的动力因素。发展了的能力则使未来理想社会的实际建构成为可能。正是在需要的发展和能力的发展之间内在相关和互促互动的过程之中,人和人的社会不断得到发展。

从社会学的角度看,社会理想的产生之所以成为必要和可能,在于人的社会历史活动与活动的社会形式之间的内在矛盾性。马克思关于生产力—生产关系(经济基础)—上层建筑之间辩证关系的理论,从一个侧面向我们揭示出社会理想产生的必然性。社会形式的更新和发展不是某种抽象社会形式的自行更新,而是通过社会成员的自觉批判和变革而实现的。对理想社会的观念建构,则在其中起着先导和积极的作用。其观念的结果则是提出社会发展的未来理想模型。对社会理想的观念建构成为对理想社会的实践建构的先导,这正是社会进步的必要条件和必经途径。

关于社会理想与社会现实的关系。应该看到,社会理想本身是存在于现实的社会之中的,是现实的人所具有的。但就其内容来说,则是超前于现实的,是关于未来社会的理想蓝图,这就产生出时间差的矛盾。从时空统一性的角度看,时间差同时也就是空间差,它们表达着不同的社会时间和社会空间的内容。社会理想既存在于现实社会中,在内容上又超越于现实,这就导致了它与现实社会的矛盾与冲突。一方面,理想的产生和存在本身就是对现实的一种否定和批判,另一方面,观念又通过实践活动和人的创造而不断地转化为现实,成为现实的组成部分。从人类社会发展的长远来看,每一时刻的现实都既是过去的社会理想的现实化、对象化,又孕育和生成着新的社会理想,并将被未来的社会理想所扬弃和取代。这正是社会历史活动与社会意识交互作用的实现形式。

同时也应该看到,社会理想与现实之间存在着错综复杂的非线性关系。一方面,社会现实是社会理想赖以建构的基础,并且还直接制约着社会理想的发展水平。但社会现实与社会理想之间并不具有一一对应的决定关系。社会理想总是人们运用一定的价值尺度审视和批判社会现实的结果,人们所持的价值尺度不同,其对社会现实的评判和其所建构的社会理想也必定不同。因此,不同的人往往建构出不同的甚至相互冲突的社会理想。另一方面,社会理想对社会现实又具有重要的规范作用,它能够指导社会现实的发展。但是这种规范和指导作用不是绝对的,只能规定社会现实的大致的发展方向。再加之社会理想本身存在的各种复杂因素的影响,人们追求社会理想的结果常常会偏离社会理想本身,使得社会现实不可能是社会理想的原原本本的再现。

社会理想不仅与社会现实相冲突,而且还常常存在着内部的冲突。这就是不同社会理想之间的碰撞与冲突。在存在利益分化与阶级冲突的社会中,社会理想直接地常常是通过阶级理想、民族理想、国家理想而存在的。不同阶级和阶层之间的利益的分化与对立,必然造成社会理想的对立,其直接表现形式是各种"主义"之争。社会主义、资本主义、封建主义;集体主义、个人主义;民主主义、专制主义;种族主义、世界主义等,都是其具体存在形式。理想的冲突,必然会引发和加剧现实的社会矛盾与冲突。政治冲突可以看作是社会理想冲突的最高形式,战争则是其对抗方式的尖锐表现形式。不同的社会理想之间不仅有冲突的一面,也有相互认同、渗透、转化、融合的一面。各种社会理想之间在相互影响和相互作用中,以各种方式而相互吸收,借鉴其合理因素、可取因素并完善和发展自身,从而相互蕴含,相互渗透。通过理想的融合与转化而互渗和互动,是社会进步的主要途径。

虽然社会理想作为对未来社会发展的构想和展望,在时间特性上总是指向未来的。但是,社会理想的活动场所和作用对象却是现实的社会生活,人们一旦建构和提出了某种社会理想,必然会用它来规范现实的社会生活并力图使之在社会生活中现实化。由于不同的人往往具有不同的社会理想,因而在现实的社会生活中不可避免地会出现各种社会理想之间的冲突问题。虽然各种社会理想之间的冲突也有认识方面的原因,但这种冲突主要就是由于人们在人的自由全面发展问题上的价值取向的不同造成的。人的自由全面发展的需要是人们建构社会理想的基本依据之一,但在社会尚未为每个人的自由全面发展提供充分条件的情况下,"人的全面自由发展的需要"实际上仅只是不同个体和群体的自由全面发展的需要。就此而言,社会理想之间的冲突实质上是各种不同的价值取向、各种不同的利益和需要之间的冲突。也正因如此,我们只能在非常有限的意义上来谈论社会理想的认同问题。

在人们的价值取向、利益和需要基本一致的情况下,那些由认识方面的原因造成的社会理想之间的对立和冲突是可以消解的。但如果社会理想之间的冲突是由不同的价值取向、利益和需要的对立造成的,那么,除非消除产生这种价值取向、利益和需要的对立的社会条件,否则就不可能有社会理想认同。换句话说,在价值取向、利益和需要不同的人们之间,是无社会理想的认同可言的。可见,任何社会理想总是在认同和冲突的矛盾中存在和演变着。

个人关于社会的未来理想何以会成为大多数人认同的社会性理想,这是一个冲突与认同交织的过程,是不同个人关于社会的理想经过交往,不断碰撞、冲突,相互之间既斗争,又彼此吸收对方的合理性,最后达到认同的一个不断发展的过程。唯有超前才会有被人们认同的可能性,有认同才会有人们由观念认同转化为实际认同,并使人们产生实际地改造社会创造理想社会的实践活动成为可能。安于现状、消极地适应环境是动物存活的基本法则;而不安于现状、积极地改变环境是人类生存和发展的根本方式。社会理想作为一个超前性的观念性存在,总在一定程度上包含着对社会现实的不满足和批判性,因而也就在一定程度上被人们所认同,或多或少地迎合或满足了人们超越现实,追求未来美好生活的心理需求。

3. 社会理想的作用及实现形式

社会理想对社会现实的重要功能之一在于它对现实社会行动的导向和规范。具体说来,在精神领域,它能提供一定的信仰、信念、精神支撑,对未来的把握以及对现实的观照;在实践领域,它为现实社会的运动提供社会批判、价值定向、实践引导、规划设计、目标控制和行动规范等。凡能准确反映时代脉搏,正确把握某一具体条件下历史发展趋势的社会理想就能变为现实。社会理想变为现实的途径,它必须具体化为一定的目标,要让人们认同它能够实现的现实可能性,而不能仅仅成为一个抽象的原则。从理想实现的主体来看,它还必须内化为一定时期人们坚定不移的信念。社会理想就是由一系列不断实现的社会目标组成的具体发展过程。离开了社会目标的社会理想只能是一种空洞的抽象。

社会理想的又一重要功能在于它对社会现实的批判性和否定性。社会理想是对于理想的未来社会应当如何的一种超前建构,它以对现实社会的批判性和否定性评价为基础。它依赖于观念状况的否定性评价,表达着对于美好未来状态的向往与追求。历史上一些思想家提出的社会理想,之所以能在当时激发人们的向往和追求,产生那么大的魅力和吸引力,其奥秘并不在于它拥有多少真理性和科学性,而在于它蕴含的价值取向能对社会现实的不合理产生强烈的针对性和批判性。也就是说,它以其描绘的理想社会的完美性、正义性、合理性与人们生活其间的现实社会的非完美性、非正义性、非合理性之间的对比度和反差性,引起人们否定、批判和鞭挞现实社会,激发他们创造理想社会的热忱,产生创造理想社会的实践冲动。当然,这并不等于说,有了超前就能导入现实的实践活动,并在现实的实践活动中产生预期的实际效果。

从对现实社会否定的方面看,任何社会理想都具有一定程度的超前性,但具备超前性的社会理想并不一定能导致人们的现实活动,而导致人们现实活动的亦不一定能产生预期的结果。换句话说,在社会理想的观念建构与实际建构之间,超前性只是构成前者向后者转化的可能性而不是现实性,必要条件而不是充分条件。要使现实必然由这种可能转化而来,条件成为既必要而又充分,必须进一步分析与超前性相联系的社会理想的可操作性。可操作性与超前性密切相关。可操作性涉及的是人们的创造活动的现实展开,亦即指明在一定条件下为达到一定目标应如何去做的问题。具体地说,超前性有一个"定性"和"定量"及其相互关系问题。

要使人们对于社会理想的观念建构转变为实际建构,即具备现实可操作性,必须满足以下两个条件。其一,社会理想的明晰性、完整性。人们在观念上建构的社会理想,是要将其对象化、实在化、具体化。因此,社会理想的观念建构从其价值指向到行为指向,从实践目标的设置到实践手段的制定,从目标决策到方案选择,不仅是清晰可见的,而且是完备一体的。任何割裂二者,或者注重前者忽视后者,或者相反,既不是完整意义上的社会理想的超前性,也不能导致实践意义上的社会理想的可操作性。其二,超前量的适度性。社会理想的超前,不仅有定性方面,而且有定量方面。所谓超前的"量",指的是超前的幅度、阶梯、超前多少即超越度。超前量或超越度实际上还是一个"时间差"问题。这个时间差是人们观念中的未来社会的应然状态与当下人们生活其间的现实社会的实然状态之间的时间间距。这种时间间距有远有近,有长有短,并且,超前量越远,即时间跨度越大,人们对它们的把握也就越困难。现实地看,理想对现实的超前既不能太近也不能太远。太近,人们觉得它与现实并无多大差别,难以产生创造理想未来的冲动和热情。太远,人们感受到它对于自己的现实太陌生、太遥远,把它看作一种可望而不可即的东西,甚至视之为不必要的东西而把它消解掉,从而丧失对理想追求的信心和力量。

在这里,处理好理论与实践的关系,在理想与现实之间保持必要的张力,是实现社会理想可操作性的极为重要的一环。要做到这一点,掌握适度原则或适当原则是非常重要的。何谓"适度"?或者说超前多少才算"合情合理",我们认为,社会理想从目标的确定到方案的实施,都必须考虑到它的可行性、可接受性和民众基础,考虑到它们是否有足够的吸引力可以内化为社会成员的个体目标,社会是否具有有效的手段或社会化的机制使这些目标普遍地影响到人们的行为。

此外,社会理想是有层次高低之分的。在社会生活中,人们应当根据社会历史规律追求更好的理想,而且现实生活也要求人们不能满足现状而要去追求和创造更美好的理想世界。但是,在具体的历史条件下,人们不应简单地选择最好的理想,而应按历史发展的自然过程选择对自己最适当的,通过自己的努力可以实现的理想,使理想的实现变成一个由低级到高级的不断发展的过程。只有这样,人类才能为自己的存在和发展奠定和提供合理的精神依据和价值源泉,才能有效地指导人类的自觉活动,才能真正地尊重历史规律并推动历史的发展。

社会理想的层次性表现在一个政党的奋斗目标上,就是最低纲领和最高纲领的辩证统一。习近平在《关于坚持和发展中国特色社会主义的几个问题》文章中指出:"中国特色社会主义是党的最高纲领和基本纲领的统一。"[①]党的最高纲领,是实现共产主义的社会制度。党

---

① 习近平.关于坚持和发展中国特色社会主义的几个问题[J].求是,2019(7):4-12.

的基本纲领,是建成富强民主文明和谐美丽的社会主义现代化强国。中国特色社会主义将二者有机统一,既体现着共产主义远大理想,又体现着党在社会主义初级阶段的基本路线和基本纲领。建设中国特色社会主义,是实现共产主义的必经阶段,中国特色社会主义共同理想是共产主义最高理想的现阶段的具体体现。习近平指出,要把共产主义远大理想同中国特色社会主义共同理想统一起来、同我们正在做的事情统一起来,坚定道路自信、理论自信、制度自信、文化自信,不为任务风险所惧,不为任何干扰所惑,始终坚守共产党人的理想信念,才能够实现全面建成社会主义现代化强国的目标,实现中华民族伟大复兴的中国梦。实现共产主义是我们的最高社会理想,也是我们党的最高纲领。但是,应该看到,实现共产主义是一个非常漫长的历史过程,共产主义只有在社会主义社会充分发展和高度发达的基础上才能实现。我们现在的历史任务就是,继续推进现代化建设,完成祖国统一大业,维护世界和平与促进共同发展。

1. 马克思主义被提出来以前,社会历史观的共同缺陷是什么?
2. 历史唯物主义理论体系的出发点和实质是什么?
3. 如何运用唯物辩证的方法看待和研究社会历史的发展?
4. 如何把握社会存在和社会意识的含义及意义?
5. 如何理解社会发展的自然历史过程和人的自觉活动的统一?
6. 如何理解社会理想对人的自觉活动的作用与影响?

# 第十六章
# 社会存在

　　任何形态的物质运动都同一定的物质条件相联系,社会的运动也不例外。社会存在是指整个社会生活过程所具有的社会物质生活条件的总和,它以生产方式为主要内容,以自然地理环境和人口因素为基础。在人类社会出现以前,自然界就以物质形态存在着。自然界的长期发展产生出人类社会以后,自然界就被赋予了社会意义,作为人类社会的基本因素和人口因素发生相互作用,形成生产方式以后构成了社会存在。所以,地理环境、人口因素和物质资料的生产方式都是社会存在的主要内容,其中地理环境与人口因素是社会存在的前提,生产方式是将地理环境与人口因素融合起来并决定社会发展程度与具体面貌的根本因素。

# 第一节 生产方式

唯物史观认为,社会存在本质上是实践的,最基本的社会实践是物质资料的生产过程,也就是人们征服自然、改造自然的劳动过程,它构成了全部社会生活的基础。正是由于社会生产过程的进步,才推动了社会各个领域的进步。生产方式是概括生产过程的结构、性质、特点的一个基本范畴。生产方式把自然地理环境因素与人口因素结合起来,构成物质资料的生产过程,构成社会存在的基本结构。人类社会在不同的发展阶段上具有不同的生产方式,生产方式的运动方向,决定着社会的发展道路和发展特点,是社会发展的决定性力量。

## 一、生产方式是社会存在的基本内容

恩格斯指出,生产劳动是人类生活的第一个基本条件,也是人类社会的基础。人们在生产劳动的过程中,建立了各种社会关系,建立了各种交往形式。通过这些社会关系和交往形式,人们进行着各种具体的生产活动与其他各种社会活动。人们在一定的社会中生产什么、为谁生产、如何生产就是生产方式的基本内容,也是人们社会存在的基本内容。

首先,生产劳动的基本特征就是人的基本特征。马克思主义认为劳动创造了人,生产劳动把人从动物界提升到人类。在劳动的过程中,由于制造工具、分工、协作、交流等的需要,社会中出现了语言现象、社会组织现象。生产劳动就是人利用工具改造自然以满足人类生活需要的社会活动;劳动过程的特点是以人自身的活动所引起、调整和控制人和自然之间的物质变换、能量变换和信息变换,从而实现人的目的的过程。所以劳动的特征也就是人的特征。人们在生产他们所需要的生活资料时,也就间接地生产着他们自己的社会生活本身。个人怎样表现自己的生活,他们自己也就怎样。因此,它是什么样的,这同他们的生产是一致的——既和他们生产什么一致,又和他们怎样生产一致。因而,个人是什么样的,取决于他们所进行生产的物质条件。

其次,物质资料的生产也是人们全部社会关系形成和发展的基础。物质资料的生产过程在为人们的生存和社会生活生产出必需的物质产品时,也生产着人与人之间的社会关系。人们为了实现一定的生产目的,必须在相互之间结成一定的社会关系。如劳动资料的占有和使用关系,劳动的分工和协作关系,劳动产品的交换、分配与消费关系等。人类劳动的对象性因素是地理环境因素,但是人与地理环境因素发生关系的前提是首先建立人与人之间的社会结合关系。没有人与人之间的社会结合关系,劳动者、劳动对象、劳动工具就无法相互作用,劳动过程就无法实现。劳动发展状况不同,人们之间的社会联系方式也就不同。所以,现实的劳动生产过程以及劳动过程中所存在的劳动关系就是社会存在的基本内容。从物质资料的生产方式的角度理解社会存在就是从社会实践的角度界定社会存在。离开了社会实践、社会生产方式,把社会上所存在的事物的集合作为社会存在的基本内容就偏离了唯物史观的基本原理。

## 二、生产方式是生产力和生产关系的矛盾统一体

生产方式是生产力和生产关系的统一。人们在生产活动中,必然要发生两种关系,一是人与自然的关系,即社会生产力;二是人与人的关系,即社会生产关系。生产力与生产关系的有机统一,构成生产方式,生产方式揭示的是人们在怎样的组织状况下,从事什么样的具体生产。

### 1. 社会生产力

生产力是人们解决社会同自然矛盾的实际能力,是人类影响和改造自然使其适应社会需要的物质力量。生产力是人类实践能力的表现,表示的是人与自然的关系,是一种客观的物质力量。生产力的客观性在于,一方面它是一种不以人的意志为转移的物质力量,前代人的生产力是后代人从事生产活动的基础,人们不能随意选择,也无法任意超越。另一方面,每一种现实的生产力都是由客观的物质要素构成的。

1) 生产力的实体性要素

具体的生产活动是劳动者通过劳动资料作用于劳动对象的过程,因而劳动者、劳动资料、劳动对象就成为生产力系统的三个实体性要素。

劳动者是指具有一定生产经验、劳动技能、智力和知识,并使用生产工具,实现物质资料生产的人。劳动者在生产力系统中居于主导地位,起着决定性的作用。劳动者是生产工具的使用者,也是劳动对象的加工者和开拓者。所以劳动者是生产力系统中最活跃的要素,劳动者的状况决定劳动资料和劳动对象的选择及确定,决定着它们效用的发挥程度。劳动资料亦称劳动手段,是人们在劳动过程中用以改变或影响劳动对象的一切物质资料和物质条件。劳动资料的结构极为复杂,并随着时代的变化而发生变化。在现代化大生产的条件下,劳动资料包括生产的动力系统、劳动场所以及其他辅助条件。其中,生产工具是劳动资料的主干,是生产力发展水平的物质标志。整个生产力的变化是从劳动资料系统的变化,特别是由生产工具的变化开始的。劳动对象,指劳动过程中所加工的对象,包括没有经过人类加工的自然物体和经过人类加工的物体,即原材料。劳动者只有使用劳动资料(主要是生产工具)作用于劳动对象,才能构成现实的生产力。劳动对象不仅是人们进行物质生产的前提,而且直接制约着生产工具,影响生产力的发展水平。劳动对象的变化相对缓慢一些,只有在科技有重大突破时,才有明显变化。现代科学技术的发展,使劳动对象的范围不断扩大。

2) 生产力的非实体性要素

在生产力的构成要素中,除了三个实体要素外,还有教育、管理、科技等非实体性要素。

它们都不是以物质实体的形态存在,而是渗透在各个实体要素之中发挥作用。在现代生产过程中,非实体要素的作用越来越突出,其中最为典型的是现代科学技术已成为生产力系统中第一位的变革力量,即科技是第一生产力。

一般而言,科学是关于客观事物及其规律的知识体系,技术是人类实践活动的理性程序和方法。历史上,生产的发展推动技术进步,技术进步促进科学发现。科技发展形势从近代开始出现了加速的趋势。以18世纪60年代为起点,英国出现了以纺织工具的改进为先导的工业革命,也称第一次技术革命。推动这次革命的是一批技术工作者,例如改良蒸汽机的瓦特就是格拉斯哥大学实验室的修理工。但是随着科学技术与生产的相互作用的复杂化,西方世界出现了科学发展促进技术发明、技术发明推动生产发展的趋势。19世纪70年代,第二次技术革命表现为以科学先行为标志,电磁理论的发现促进了电气技术的广泛应用,推动者是奥斯特法拉第、麦克斯韦等一批科学工作者。20世纪50年代,以原子能、电子计算机、空间技术等为标志的第三次技术革命使科学、技术、生产三者的关系更加密切,并把人类的生产活动带入一个全新的境地,作为第一生产力的科学技术在生产过程中起主导作用。其一,科技是现代生产中的先导因素,现代生产不仅意味着使用现代化的工具,还意味着生产过程的组织、生产力诸要素的调配都在一整套理论引导下来实现。其二,科技成果向生产的转化速度加快,20世纪中期,科技成果转化为生产力的周期为20—30年,20世纪70年代是10—15年,20世纪90年代是3—5年,21世纪则更短。其三,科技成为社会产业、经济结构变革的巨大推动力。高新技术的快速发展加速着产业结构的重组,一个科技成果的诞生极有可能带来一个新兴行业的出现。同时,技术的后发优势为落后地区提供了实现跨越发展的机会。

2. 社会生产关系

人们在生产过程中所结成的社会关系就是生产关系。在生产过程中,人们一方面同自然界发生关系,另一方面彼此之间也必然发生一定的社会关系。只有在这些社会联系和社会关系的范围内,才会有他们对自然界的关系,才会有生产。

生产关系是以生产活动为基础,以人与人的利益关系为纽带而形成的社会关系。它主要由以下几个方面构成:生产资料的所有制关系,人们在生产中的地位和交换关系,产品分配关系以及由它所直接决定的消费关系。其中,生产资料所有制形式是最基本的,它不仅决定着其他各方面的关系,而且决定着整个生产关系的性质,是生产关系的基础。如果从生产过程的基本环节来看,生产关系又可以分为生产、分配、交换、消费者四个环节。这四个环节是相互依存、相互转化的,其中任何一个环节的实现,需要以其他三个环节的实现为前提。这四个环节的相互作用与相互过渡就构成了整个社会的生产过程。这四个环节之间的相互关系也是生产关系的基本内容。在整个社会的生产关系的体系中,以所有制为基础的生产关系与生产环节之间的生产关系是相互交织在一起的。在生产关系的统一体中,一方面,所有制是基础,生产、分配、交换、消费者四个环节都体现了生产资料所有制的关系;另一方面,生产资料的所有制关系又总是通过生产、分配、交换、消费者四个环节来实现,否则,生产资料所有制关系就会落空。

生产资料所有制关系是指生产资料和人的结合形式,其实质就是生产资料归谁所有、由谁支配的问题。正是所有制关系的存在,使物的因素有了社会意义。生产资料所有制的关系决定生产关系的其他方面,生产关系的其他方面实质上都是从这一基本关系中建立起来的。人们在生产过程中的地位和相互关系,取决于人们对生产资料的占有关系,谁占有生产资料,谁就处于统治和支配的地位。

3. 生产力与生产关系的辩证关系

生产力与生产关系是生产过程中的两个方面,它们的有机统一构成了一定的生产方式。只有揭示生产力和生产关系的相互作用、矛盾运动的辩证规律,才能把握生产方式的矛盾运动。生产力与生产关系的相互作用表现为生产力决定生产关系,同时生产关系又反作用于生产力。

一方面,生产力决定生产关系。

第一,生产力决定生产关系的性质。有什么样的生产力就会建立什么样的生产关系。在使用极其简陋的石制工具、以最原始的方式向自然界索取最低限度的生活资料而没有任何剩余产品的生产力状况下,只能产生原始公社所有制的生产关系。只有出现了可供剥削的剩余产品之后,才有了私有制和剥削制的生产关系。奴隶制生产关系之所以成为第一个私有制和剥削制的社会形式,也是因为那时生产力仍然很低,剩余产品很少,只得用最粗暴、最残酷的办法迫使劳动者与生产资料相结合,榨取他们那点少得可怜的剩余产品。后来的封建主义和资本主义等不同性质的生产关系,也都是由当时的生产力状况决定的。马克思指出:"手推磨产生的是封建主的社会,蒸汽磨产生的是工业资本家的社会。"① 第二,生产力的发展决定生产关系的变革。在生产方式中,生产力是最活跃、最革命的因素,它有无限发展的能力。当它发展到一定阶段时,相对稳定的生产关系就表现出对生产力发展要求的不相适应,生产关系就由生产力发展的形式变为生产力进一步发展的桎梏。于是生产力便要求人们冲破旧的生产关系的束缚,用一种新的生产关系代替旧的过时的生产关系。历史上不同生产关系的交替,都是由生产力的发展所决定的。

由于生产力的发展在根本性质变化之前的总的量变过程中包含着依次发生的、阶段性的质变,因此,生产力的发展决定生产关系的变革过程也表现出某种阶段性、层次性。其过程往往先部分地改变生产关系,如在封建社会末期,出现了小规模的、个别行业的手工工场,商品交换、少量雇佣劳动,等等,促进了资本主义生产关系的萌发和成长,然后才是机器大生产的出

---

① 马克思,恩格斯. 马克思恩格斯选集:第1卷[M]. 北京:人民出版社,2012:602.

现,要求整个社会生产关系发生全面的根本变革,使资本主义生产关系得以代替封建主义生产关系。

生产力的发展决定生产关系的变革过程不可能自动地实现,它需要而且只能通过人们的自觉活动才能实现。在阶级社会中,生产关系的变革是通过代表生产力发展要求的先进阶级所进行的阶级斗争实现的。同时,生产力决定生产关系变革又有其客观尺度,人们不能单凭生产力有了某些发展的事实,就去贸然地变革生产关系。其客观尺度从质上看是一种新的生产力,尤其是新的生产工具体系已经形成;从量上看,这种新的生产力已经在物质生产中占据主导地位,成为国家的经济命脉;从主体上看,代表新生产力的新的阶级已经形成;从矛盾尖锐化程度看,旧的生产关系已经不能满足新的生产力发展要求,生产处于停滞状态。

另一方面,生产关系对生产力具有能动的反作用。

生产关系对生产力的反作用表现为以下两种情形:其一,当生产关系适合生产力状况时,生产关系就能为生产力的迅速发展提供广阔的场所;当生产关系不适合生产力状况时,就会阻碍甚至破坏生产力的发展,并成为生产力进一步发展的阻力。同生产力相适合的生产关系之所以能够促进生产力的发展,在于它能提供一个使生产力诸要素较好地结合起来的形式,因而有可能把当时各种潜在的、可能的生产力变为现实的生产力,能够在一定程度上调动起生产力中的积极因素,特别是能够在一定程度上激发劳动者的生产积极性,使其更好地发挥作用。其二,不适合生产力的生产关系是会阻碍甚至破坏生产力的发展。原因是,当生产关系与生产力的发展要求不相适应时,就表现为这种形式的生产关系已经不能使生产力诸要素较好地结合起来,无力把生产力中的积极因素充分调动起来,特别是挫伤了劳动者的生产积极性,甚至使大量劳动者丧失进行正常生产劳动的必要条件。在这种情况下,只有用新的生产关系代替旧的生产关系,才能克服这种障碍,使生产力获得解放。

唯物辩证的历史观历来重视生产关系对生产力的反作用。特别是当生产关系已经严重阻碍生产力的发展,生产力和生产关系的矛盾已经尖锐到相互冲突的程度,不改变生产关系就不能发展生产力的地步时,生产关系的反作用就更加突出。这时改变生产关系就对社会生产力有巨大的推动作用。然而,就是在这种时候,仍然是生产力决定生产关系,而不是生产关系决定生产力。因为生产力任何时候都具有一种冲破重重障碍持续向前发展的内在动力,当生产关系成为生产力发展的桎梏时,表现得尤其强烈。任何旧的生产关系只能在一定时期内阻碍生产力的发展,最终都将被生产力的发展所打破。

## 三、生产方式是社会发展的决定力量

唯物史观认为,物质资料的生产过程构成了全部社会生活的基础,正是由于社会生产过程的进步推动了社会各个领域的进步。对于现实生产过程来说,生产力与生产关系是现实生产过程不同方面关系的反映,就像一枚铜币的两个侧面一样,各自反映自己侧面的情形,实际却是互相依存、不可分割的统一体。生产力反映生产过程中人与自然界的关系,它是人们征服自然、改造自然的能力;生产关系反映生产过程中人与人的关系,它是生产过程中人们发生的生产关系。在一定的社会历史阶段,或一定的社会发展水平上,生产力与生产关系的统一,都是具体的、历史的、有机的统一体。这种有机的统一体就是不同生产发展阶段上的生产方式,它反映着社会生产过程的基本性质,决定着社会发展的方向和过程,是社会发展的决定力量。这种决定作用表现在以下几个方面:

第一,物质资料的生产方式是社会存在的基础,是社会物质承担者。马克思指出:"任何一个民族,如果停止劳动,不用说一年,就是几个星期,也要灭亡,这是每一个小孩子都知道的。"① 作为生产力和生产关系统一体的生产方式,既是社会和自然相互联系、相互交换物质和能量的纽带;又是整个社会有机体的"骨骼"。物质资料的生产是人类一切社会历史活动的基础。这种物质生产活动必然要用一定的方式进行。这种生产方式把人与自然统一起来,把人与人联系起来。一旦这种联系方式成立,社会有机体就会存在。如果没有生产方式,人与自然就无法统一,人类也无法联结起来去征服自然、改造自然,最基本的社会生产活动就不能进行,物质生活资料无从获得,人类的生命形式也无法保存与延续。因而,以社会生产活动为基础的其他一切社会活动如政治、科学、道德和艺术等社会活动都不会存在。恩格斯指出:"直接的物质的生活资料的生产……便构成基础,人们的国家设施、法的观点、艺术以至宗教观念,就是从这个基础上发展起来的,因而,也必须由这个基础来解释,而不是像过去那样做得相反。"②

第二,物质资料的生产方式决定社会性质和社会面貌。社会的性质、结构和面貌决定于物质生产方式的状况,不同的生产方式表现为不同性质的社会形态。马克思说:"物质生活的生产方式制约着整个社会生活、政治生活与精神生活的过程。"③ 不同的生产方式表现为不同性质的社会形态。每一种社会的经济结构、政治结构和思想文化结构,归根到底都是由特定的生产方式决定的。原始社会、奴隶社会、封建社会、资本主义社会和社会主义社会之间在结构、性质和面貌等方面各不相同,正是由各自特殊的生产方式决定的。有什么样的生产方式,就有什么样的社会结构;社会生产方式是怎样的,整个社会的面貌就是怎样的。各种社会形态之所以各有不同的性质、结构和面貌,归根结底是因为各有不同的生产方式。在封建的生产方式条件下,其社会性质必然是封建主义的;生产方式是资本主义的,其社会性质只能是资本主义的。一个社会的经济、政治和精神方面的状况,只能从该社会的物质资料的生产方式中得到科学的说明。

第三,物质资料的生产方式的变革和发展,决定着社会历史的变化,决定一种社会制度

---

① 马克思,恩格斯.马克思恩格斯选集:第 4 卷[M].北京:人民出版社,2012:473.
② 马克思,恩格斯.马克思恩格斯选集:第 3 卷[M].北京:人民出版社,2012:1002.
③ 马克思,恩格斯.马克思恩格斯选集:第 2 卷[M].北京:人民出版社,2012:2.

向另一种社会制度转化。人类社会的生产是不断发展的,不会永远停留在一个水平上。当一种生产方式发展到一定时期,被另一种新的、更高的生产方式所替代时,社会制度就会发生根本性质的改变,原来的社会形态也就被新的更高级的社会形态所替代。生产方式由一种方式转变为另一种方式,旧的社会制度会被新的社会制度所取代。不同社会制度的依次更替,社会不断由低级向高级发展,都是由生产方式的新陈代谢所决定的。人类社会的发展历史证明,人类社会由低级向高级发展,无一不是生产方式发展和更替的结果。人类社会历史归根到底是物质生产的历史、生产方式更替的历史,生产方式是社会发展、社会更替的决定力量。

## 四、生产方式矛盾运动的规律

生产力与生产关系之间的辩证统一关系构成了生产方式的内部矛盾。生产方式的矛盾运动规律就是生产关系一定要适应生产力状况的规律。

### 1. 生产关系一定要适应生产力状况的规律

生产力和生产关系相互作用及其矛盾运动,表明生产力和生产关系之间存在着内在的本质的联系。历史唯物主义把社会发展中的这种必然联系称为生产关系一定要适合生产状况(生产力的性质、水平和发展要求)的规律。生产关系一定要适合生产力状况的规律,反映了生产力与生产关系相互作用的两个方面:生产力的决定作用和生产关系的反作用。这个规律表明:第一,生产力决定生产关系。生产关系是否应当变革以及变革的方向与形式如何,归根到底取决于生产力的状况。第二,生产关系对生产力具有反作用。生产关系适合或不适合于生产力的发展状况,对于生产力的发展起着促进或阻碍的作用。如果生产关系不具有这种反作用,那么生产力要求它一定要同自己相适合也就毫无意义了。

生产关系一定要适合生产力状况的规律,又是以生产力和生产关系之间的矛盾为前提的。因为这一矛盾始终存在着,所以才客观地提出使它们由对立达到统一,变基本不适合为基本适合的必然要求。生产关系由适合生产力的状况到不适合生产力的状况,再到适合生产力状况的矛盾运动,正是"一定要适合"规律的生动体现。

对于这一规律,还必须做进一步的理解。

第一,生产关系同生产力状况的适合是具体的、历史的,落后或超过生产力的发展要求都是不适合的表现。生产力的易变性和生产关系的相对稳定性,常常使生产关系落后于生产力的发展,造成二者不适合的现象。在这种情况下,就要改革生产关系使之跟上生产力的发展。把生产关系凝固化,显然是同这个规律相违背的。另一方面,也不能离开生产力发展状况,根据人的主观意愿,人为地不断变革生产关系,使生产关系超过生产力发展的要求。这种"超越"同样是生产关系不适合生产力状况的表现,其危害不亚于由于生产关系相对落后所带来的损失。如果生产关系超越了生产力发展的性能、水平和发展的要求,势必会阻碍以至破坏生产的发展,与生产力发生尖锐的矛盾。最终由于客观规律的作用,超过了的部分一定要退回来,使生产关系重新同生产力状况相适应。

第二,生产关系一定要适合生产力状况的规律,是在国际发展的背景下以具有民族特点的方式表现出来的。我们在考察历史时发现,在一定的历史阶段上产生的只能是这样的而不是别样的生产关系;生产关系只能是这样的变革而不是那样的变革。同一形式的生产关系在同一时期,在一些国家可以促进生产力的发展,而在另一国家又会阻碍生产力的发展。所以这些只能从这个规律的普遍性和特殊性相统一的角度去理解。一个民族生产关系变革的方向和形式,取决于这个民族的生产力状况,同时又受到世界环境和国际矛盾的影响。世界环境中存在的国际矛盾必然要同某一民族的国内矛盾交织在一起,是两者的综合作用产生的结果。东方一些生产力较为落后的国家之所以越过典型的资本主义阶段,直接建立了社会主义生产关系,一方面是因为这些国家内部有了一定程度的社会化大生产,另一方面是由于生产力较为发达的资本主义国家的各种矛盾对它渗透、影响和冲突的结果。生产力较为落后的国家先于生产力较为发达的国家建立社会主义的生产关系,是由于内、外各种社会矛盾起作用,归根到底还是生产关系一定要适合生产力状况的规律起作用的结果。抛开世界历史背景和各国的具体历史特点,仅仅用一个国家或民族的生产力状况同另一个国家或民族的生产力状况进行机械的对比,忽视了两者的综合作用,就无法理解生产力比较落后的国家何以比生产力较为发达的国家先建立社会主义生产关系的这种现象。

第三,生产关系一定要适合生产力状况规律的表现,具有整体的统一性和具体的多样性的特点。生产关系一定要适合生产力状况的规律不仅有宏观总体上的表现,也有微观具体上的表现。在宏观统一的条件下,微观表现上可以有不同形式。在同一国家中,由于不同地区、不同行业生产发展的不平衡,生产力的具体状况也不一样。因此,要使具体的生产关系适合具体的生产力发展状况,就要在生产关系大体统一的前提下采取多样化的具体形式。我国现阶段存在着多层次的生产力结构,其发展水平差异很大,极不平衡。在这种情况下,不分地区、不分部门、不分企业类型,采取简单划一的所有制形式是办不到的。只有在总体、宏观上坚持社会主义公有制为主导的前提下,建立多层次的经济结构,才能同多层次的生产力状况相适应。

第四,生产关系是否适合生产力状况的标志,要看它能否调动劳动者的积极性以及能否提高经济效益,创造出更高的劳动生产率。生产力的发展是劳动创造活动的积累和发展,而劳动创造活动,除了以自然界为对象外,就是人的劳动创造才能的发挥和发展过程。人是生产力的主体,离开人的劳动创造活动,生产力既不能存在,更谈不上发展。因此,生产关系适合生产力发展的首要标志是各类劳动者表现出劳动积极性、劳动者的创造能力能够得到较为充分的发挥与合理利用,否则就是不适合。另外,这种适合状态也表现在社会生产率的提高和社会经济效益的提高。从根本上说,劳动者的积极性也要最终体现在它所创造的劳动成果上。所以,能否以较低的物质(包括物力、财力和人力)消耗换取较高的物质效果,是生产关系同生产力状况是否相适合的又一主要标志。

## 2. 科技革命与生产方式运动的新特点

科技革命的出现，改进了生产工具和技术，使生产力发生了巨大的飞跃，导致城市化的进程加快，使生产力内在结构、社会经济结构发生着深刻的变化，促进了经济的发展和社会生产力的提高。按照生产方式的运动规律，这种变化必然在生产关系领域有所反映，人们的生活方式和价值观念因此发生了深刻的变化。

首先，科技对劳动者的素质提出新要求。科技革命打破了传统的分工格局，使智力劳动者作为社会生产的主导因素，对社会生产的发展起关键作用。近代以来，劳动者类型大体经历了体力型——文化型——科技型的转换。劳动过程的体力要求降低，智能要求增加，劳动者阶层的知识化已成为现时代的潮流，接受教育已成为每一个劳动者适应社会的基本途径。人口素质也成为制约一国竞争力的内在因素。

其次，科技改变了劳动资料即劳动工具和具体形态。劳动工具是一个时代劳动成就最集中的体现，人们的具体劳动过程在产品形成后就结束，而所使用的工具系统可以超越具体劳动过程流传下来。接受一种工具，就是接受一种既定的活动样式。更新一种工具，就是在一种更新的方式上进行活动。历史上，火的使用、弓箭的发明、交通工具的出现，都曾不断地扩大着人类的活动范围，让人在工具系统中发现自身的力量。人类生产从使用木器、石器、青铜、铁器、蒸汽、电气直至当代的电子，围绕工具所展现的活动内容也随之变化。这种变化既反映在生产领域，也反映在生产关系领域。这种变化会带来生存方式、交往方式的许多新变化。

最后，科技运用扩大了劳动对象，改变着资源、能源的结构。当代科技进步在劳动对象方面表现为对原有资源的新利用和对新能源的开发。传统的资源主导型产业有被新崛起的知识主导型产业所取代的趋势。谁拥有资源固然重要，谁有能力运用这些资源更为重要。地理环境对人的限制改变了形态，资源、能源的地域分布已不再是经济竞争中的决定因素。资源不足的落后地区，可以凭借技术的后发优势，实现跨越式发展。

总之，科技革命成为推动生产方式矛盾运动的主要力量，使我们必须重新理解自然、理解人自身。人们的资源观、人才观都在更新。

## 第二节　人口因素

人类在进行物质资料生产和再生产的同时，也时刻进行着自身的生产和再生产。人口作为社会发展的经常的、必要的条件，对社会发展有着重要影响和作用。马克思说："全部人类历史的第一个前提无疑是有生命的个人的存在。因此，第一个需要确认的事实就是这些个人的肉体组织以及由此产生的个人对其他自然的关系。"[①]恩格斯指出："根据唯物主义观

---

① 马克思,恩格斯.马克思恩格斯选集:第1卷[M].北京:人民出版社,2012:146.

点,历史中的决定性因素,归根结底是直接生活的生产和再生产。但是,生产本身又有两种。一方面是生活资料即食物、衣服、住房以及为此所必需的工具的生产;另一方面是人自身的生产,即种的繁衍。"①这里的两种生产,即人口生产和物质生产。这两种生产互为条件、互相制约、相互影响、相辅相成,共同促成社会生产方式的矛盾运动。物质资料要以人类自身的生产为自然前提,人类自身的生产又要和物质资料的生产相适应,人们在进行物质资料的生产过程中,必须同时进行人口的生产和再生产,没有一定数量和密度的人口,就无法进行生产。正确理解人口因素及其在社会发展中的作用,是认识社会存在及其运动状况的又一环节。

人口因素是构成一定社会的从事生产和自我生产的人们的总和,它包括人口数量、构成、分布、密度、质量及其变化规律。

与物质生产相比,人口生产具有自身的特点:第一,人口生产的周期较长。人口生产的周期最短也要十五六年,而物质生产的周期要短得多。随着科技进步和劳动生产率的提高,物质生产的周期还在缩短。第二,生产的形式不同。人口生产是通过男女结成一定的婚姻关系,组成家庭进行的,而物质生产只是在一定发展阶段上才以家庭为单位进行。从机器产生并逐渐形成机械化大生产以来,主要以工厂、农场、矿山、企业为单位进行生产。第三,生产的目的不同。人口生产是为了人类世代延续所进行的生产,是人类繁衍后代的必要环节,而物质生产是为满足人们的生存和享受需要而进行的物质产品的生产。第四,人口生产具有较强的惯性。这种惯性使人口生产具有重复性和渐进性,一个时期出现生育高峰或低峰,无论是高峰或低谷,其形成或改变都是渐进的,而物质资料的生产则较少具有惯性。

## 一、人口因素与社会生产力

人是自然属性与社会属性的统一。一方面,人是自然界长期发展的产物,是自然界的一部分,因而他属于自然界。人的生物特性,决定着人维持生命存在必须与环境进行物质的、能量的交换,也决定着人的再生产所具有的周期性与惯性,这是人口发展的生物学规律。另一方面,人是在劳动中形成的,从一开始就不是纯粹的自然生物,而是社会的生物,具有社会属性。人们在一定的社会关系中从事人口的生产与再生产,社会系统是生命系统与外部环境交换物质、能量、信息的中介系统。也就是说,生命所需要的各种条件来自社会,社会所能提供的条件(营养、保健、卫生、劳动、休息、安全等),使人的寿命与生命形式的限度有很大的出入。中国历代君王把自己统治下能出现长寿之人视为治理有方的一个佐证。

人口的再生产也体现着自然属性与社会属性的统一。由于人口再生产有周期长、惯性大的特点,社会条件在干扰人口再生产时更为明显,中国古代的战乱年代人口的数量急剧下降,需要较长时期才能恢复。

无论是从其自然属性还是其社会属性看,人口因素都对社会生产力的发展有重要的

---

① 马克思,恩格斯. 马克思恩格斯选集:第4卷[M]. 北京:人民出版社,2012:13.

作用。

首先,人类社会存在和发展,需要有一定数量的人口,以群体的联合力量和集体行动来弥补个体劳动能力和自卫能力的不足。人是社会的主体,没有一定数量的人口,既不能组成社会,也不能进行社会物质生产。人类社会除了生产活动外,还有其他的社会活动,如政治活动、艺术活动、科学研究活动等,都要有人参加。因此,人口因素是社会生产和社会生活及其发展的前提条件。一个国家或民族,如果没有维持发展所需要的最低限度的人口,要推动地区、国家经济的发展就是困难的。当生产力发展要求有更多的劳动力,人口的增长就会对社会的发展起促进作用,人口过少,劳动力不足,就会延缓社会的发展。在早期,人类生产工具还不发达,人口数量的多与少就成为影响生产力发展程度的直接因素。掠夺人口,是古代战争的目标之一。

其次,人口的数量或质量,人口的增长率和人口的分布状况等对社会经济和其他方面的发展起着加速或延缓的作用。人既是物质资料的生产者,又是物质资料的消费者,人口因素同社会生产和经济的发展是密切相关的。当人口数量和质量、人口密度和增长速度与生产发展基本相适应时,就有利于社会的进步和生产的发展;当人口因素与社会生产发展发生矛盾时,就会阻碍或不利于社会的发展。适度的人口对社会发展起加速作用,因为适度的人口可以保证生产有足够的劳动力,同时社会生产也可为适度的人口提供较为充足的消费品,而过密或过疏的人口则会对社会的发展起延缓作用。在一定条件下,劳动力不足会阻碍社会的发展。

## 二、人口因素与社会关系

人口因素是社会生产发展程度之间具有函数关系的特点,人口的具体状况也影响社会矛盾的具体面貌。

其一,从数量上看,当人口数量与社会生产不成比例时,表现在生产关系的运行中,就是力图调整这一比例。历史上掠夺人口是许多战争的目标之一,就是因为没有足够的劳动力,社会正常生产受到阻碍;同样,当人口增长对生产力提出新的要求,而生产力并不能很快发展时,人口过剩现象就会出现。历史上,由于人口压力而发生的争夺生存空间的战争也时常发生。

其二,从人口的结构看,人作为生产者只占一个人一生的三分之二,而作为消费者则贯穿整个生命过程。社会的进步、生产的发展不但需要一定数量的人口,而且需要合理的人口构成。人口构成是指性别比例、年龄结构、人口分布等。合理的人口构成即人口的优化组合,对社会生产和社会发展起着推动作用,而不合理的人口构成,无疑会阻碍社会生产发展且影响正常的社会生活。如果一个国家退休人口数量大,社会负担重,社会生产的相当部分要供养退休人员,就会影响生产的积累,影响社会发展的可持续性。

其三,从人口素质看,人口素质的提高,人的社会化的顺利实现,既需要社会的努力,也反映社会发展的程度。人口素质即人口的体力和智力状况,这对社会发展也是至关重要的。无论是人的体力还是人的智力,都会成为影响劳动效率和社会发展进程的因素。尤其是人的智力,即人们的文化知识水平和掌握科学技术的程度,直接关系到一个国家或民族的生产和社会的发展。中华民族曾被称为"东亚病夫",这是人口状况中不光彩的一页,它也集中暴露了社会制度层面的深层缺陷。新中国成立后,社会制度的根本性转变,也带来人口状况的改善。人的寿命、营养状况、身高等指标都有较大改观,很多先驱所向往的"强壮民族"基本实现。

中华人民共和国成立后,社会稳定,经济发展,医疗水平提高,20世纪50—70年代,出现了几次生育高潮,人口数量迅速增长。为了控制人口的过快增长,1979年1月,全国计划生育工作会议召开,开始实施独生子女政策。1980年9月,中共中央发出《关于控制我国人口增长问题致全体共产党员、共青团员的公开信》,提倡一对夫妻只生一个孩子。1982年9月党的十二大提出:"实行计划生育,是我国的一项基本国策",1982年计划生育政策入宪,成为我国根本大法中的一条。2001年制定《中华人民共和国人口与计划生育法》,2007年颁布《中共中央 国务院关于全面加强人口和计划生育工作统筹解决人口问题的决定》,坚持和不断完善计划生育政策。

实行计划生育,对于有效控制人口数量增长过快,有效缓解人口对资源、环境的压力,促进经济发展和社会进步,发挥了不可忽视的积极作用。

但不可否认,随着社会的发展,我国的人口问题情况出现了新的变化。2010年第六次人口普查显示,我国人口的老龄化程度严重并且在加速中,0—14岁少儿人口占总人口比例下降,劳动年龄人口减少。面对出生率下滑、人口老龄化、劳动力数量减少等现实,计划生育政策开始调整。

2013年11月15日,党的十八届三中全会通过《中共中央关于全面深化改革若干重大问题的决定》,宣布"单独二孩"政策,夫妻双方一方为独生子女的可生育第二个孩子。2015年10月,党的十八届五中全会提出,"全面实施一对夫妇可生育两个孩子政策"。2015年12月,修改《中华人民共和国人口与计划生育法》,明确"全面二孩"政策。2021年6月,《中共中央 国务院关于优化生育政策促进人口长期均衡发展的决定》发布,开始实施三孩生育政策。

调整计划生育政策并不等于取消计划生育政策。2016年国务院印发《国家人口发展规划(2016—2030年)》(以下简称《规划》),《规划》指出,未来十五年,特别是2021－2030年,我国人口发展进入关键转折期。根据预测,人口总量将在2030年前后达到峰值,劳动年龄人口波动下降,老龄化程度不断加深,人口流动仍然活跃,家庭呈现多样化趋势。综合判断,人口众多的基本国情不会根本改变,人口对经济社会发展的压力不会根本改变,人口与资源环境的紧张关系不会根本改变。要以促进人口均衡发展为主线,坚持计划生育基本国策,鼓励按政策生育,充分发挥全面两孩政策效应,综合施策,创造有利于发展的人口总量势能、结构红利和素质资本叠加优势,促进人口与经济社会、资源环境协调可持续发展。

2021年《中共中央 国务院关于优化生育政策促进人口长期均衡发展的决定》中指出,立足新发展阶段、贯彻新发展理念、构建新发展格局,实施积极应对人口老龄化国家战略,实施三孩生育政策及配套支持措施。

### 三、正确看待人口因素

社会生产方式是由人来承担的,生产方式的矛盾也直接体现为人与人的矛盾,由此,有人把社会矛盾的根源归结于人口因素,"人口决定论"就是一例。

英国牧师、经济学家马尔萨斯在《人口论》(1798年)中,提出了一条所谓人口增长的自然规律。其基本内容是,人口按几何级数增加,而生活资料按算术级数增加。由于人口增长快于生活资料的增长,所以导致人口的贫困、失业等一系列社会问题。这一问题的解决办法有两种,一种是积极地解决,即节制生育,减少剩余人口,一种是消极地解决,即战争与瘟疫。

"人口决定论"的缺陷在于:其一,方法上的局限。这一理论把人口增长过程完全看成一个生理过程,理解成一个与社会过程无关的自然过程,这种抽象地谈论人口的方法,在理论是错误的,在实践上是有害的。其二,材料上的局限。马尔萨斯关于人口增长的实际材料,是来自当时对美国人口增长的统计与计算。关于生活资料的增长数字,则以英国粮食生产的可能性为依据推演出来。这些材料并不具有一般性和典型性。事实上,随着技术进步,生活资料的增长速度可以超过人口的增长速度。其三,不能辩证地看问题。人口增长本身是生产方式良性运行的结果,而增长人口对生产发展提出了更高的要求,客观上促成生产方式的转变。从这一意义上讲,人口比例失调也是生产方式矛盾运动的一种结果。

人口作为自然前提,和地理环境一样,对社会的发展不起决定作用。人口不能决定社会的性质、不能决定社会制度的更替、不是社会革命的原因。社会性质和社会制度是由社会生产方式所决定的,社会革命发生的原因和决定社会变革的方向取决于社会的基本矛盾,即生产力和生产关系、经济基础和上层建筑的矛盾。相反,社会物质生产的状况则制约着人口的作用和发展。只有作为社会的而不是纯粹生物学上的人,即只有在一定的社会关系下,人口对社会的影响和作用才能发挥和实现,而人口的繁衍和发展,并不是纯粹的自然过程,总受到社会物质生产状况的制约。不能离开生产方式来考察人口问题,片面夸大人口因素对社会发展的作用。

## 第三节 地理环境

人类社会是广义的自然界即物质世界的一部分。人们的生产活动,是通过对自然施加影响,让自然界向着对人来说有利的方向运动。自然界本身的状况,决定了人们运用自然的方式,运用自然的效果。生产方式的矛盾运动是在人与自然不断的物质、能量与信息的变换中进行的,因而对地理环境的认识,是具体把握生产方式的必要环节。

地理环境,是指人类生存和发展所依赖的诸种自然条件的总和。由于它是指与人类社会所处的地理位置相联系的各种自然条件的总和,故也可以称为自然环境。地理环境包括地形、气候、土壤、森林、山脉、河流、湖泊、矿藏以及动物和植物等。地理环境是人类生存和劳动的场所,人类的生存总是处于一定的地理环境中,脱离一定的地理环境的社会是不可想象的。地理环境为社会的存在和发展提供了自然条件、自然前提,马克思指出:"劳动和自然界在一起才是一切财富的源泉,自然界为劳动提供材料,劳动把材料转变为财富。"[①]人只有在与自然进行物质和能量的交换过程中,才能生产出各种各样的社会财富。如果没有自然界,没有外部的感性世界,劳动者就什么也不能创造。

## 一、地理环境与社会生产力

生产力是人们影响自然、改造自然的物质力量。自然条件为生产过程提供的资源、能源直接进入生产过程,影响生产的性质和水平,现实的"劳动生产率总是离不开各种自然条件"。在人类社会早期,生产力水平比较低下,人类对自然改造的程度还不深,主要是利用自然界所提供的现成条件。所以,地理环境就成为人类生产、生活的"天然仓库"。随着人口的增长,人的需要的增加,自然物现有形态已不能满足人的需要,人们开始向自然的更深层次施加影响,把自然所具有的潜在力量充分发掘出来。不管是直接利用自然条件,还是创造性地利用自然条件,地理环境差异与多样性,都会影响人们社会生产状况的差异程度。

一方面,一个国家、一个民族的生产部门的发展和分布,经济活动的发展方向,总是在不同程度上受它所处的地理环境、地理位置所制约。

不同国家、不同民族之间在经济发展上的不平衡,固然有着社会经济制度、政治制度等多方面的原因,但自然条件的优劣也是一个不可忽视的原因。

地理环境的好坏、自然条件的优劣,对于劳动生产率、生产发展速度有重要的影响。天然财富的富饶程度,自然资源的多少,直接关系到一个国家、一个民族经济发展的潜力,是生产发展前景的重要因素之一。这一点在生产力水平较为低下时尤为明显。中国、古印度、古埃及和古巴比伦之所以成为四大文明古国,就是由于有黄河流域、恒河流域、尼罗河流域及两河(幼发拉底河和底格里斯河)流域所提供的优越的自然条件。

地理环境中各种要素的分布可以影响生产部门的分布和发展。某一特定资源要素相对集聚与富足的地区容易发展与这一资源要素相关的社会生产部门。没有江河湖泊和海洋,就不能发展渔业和航运业;没有一定的土壤和气候条件,就难以发展农业;没有草原就无法大规模地发展畜牧业。荷兰的航海业、英国的纺织业、日本的加工业、沙特阿拉伯和科威特的石油工业,之所以在世界上占有重要地位,同这些国家的自然环境状况是密不可分的。所以,自然环境能够以自身所蕴藏的资源要素的分布,通过生产以及各种因素影响社会的发展特点。

在社会经济制度、政治制度大体相同的条件下,如果地理环境不同,劳动生产率、产品的数量和质量、经济和社会发展的程度就会不一样。一个社会的地理环境如何,气候是否适

---

[①] 马克思,恩格斯.马克思恩格斯选集:第3卷[M].北京:人民出版社,2012:988.

宜、土壤是肥沃还是贫瘠、森林的数量和质量如何、是否有丰富的矿藏、河流湖泊能否利用，等等，都直接影响着其生产的性质和效率。

另一方面，社会生产力的水平和状态制约着人们对地理环境因素开发利用的深度和广度以及合理化程度。社会生产力的水平越高，开发利用自然界的程度就越高。地理环境中的各种资源要素只有成为劳动手段和劳动对象时，才能成为生产资源，才能发挥社会经济作用。社会生产水平越高，发展越快，就越能使地理环境因素、自然资源得到更加充分、有效的利用。在社会发展的不同阶段，地理环境中的同一要素可以起完全不同、甚至完全相反的作用。大海曾经是人类联系的障碍。但是，自从海上交通工具相继被发明以后，它就成了重要的交通方式和交通路线。同时也应充分地注意到，社会生产力的滥用，会破坏自然环境，从而造成生态失衡，威胁人类的生存。

## 二、地理环境与社会生产关系

地理环境对生产力的影响，必然会在社会生产关系中有所表现，这种表现，有的通过比较直接的方式产生影响，有些则较为曲折地表现出来。

第一，地理环境状况的变化，是社会生产关系矛盾演变的催生力量。

环境所提供的物质资料的丰歉程度，可以决定社会的回旋余地。丰裕的自然资源，可以延缓社会矛盾的爆发，贫瘠的自然供给则会加速社会矛盾的爆发。地球演化过程中，低温干旱与高温湿润交替出现，间接地影响着社会生产关系的状况。中国历史上的春秋战国时期、三国时期、明清时期都是灾害多发期，同时也是战乱时期。明末李自成起义的直接诱因就是陕北大旱。可见，环境状况的急剧变化，催生着社会生产关系中矛盾的爆发。

第二，地理环境可以作为理解社会政治、文化状况的一个参照系。

人们怎样组织生产，取决于人们要面对什么样的劳动对象。劳动对象的物理属性和其运动规律，决定着劳动过程的组织方式；很多社会制度与文化层面的差异，都可以在地理环境状况中找到原因。例如，有人认为中国封建时代的"三十年河东，三十年河西"，是从环境变迁中看出人们社会地位的变化，每一次洪水泛滥，都可以导致一定程度上社会结构的重组。当代世界各国，围绕水源的争夺成为国际斗争的焦点之一。印度与孟加拉国围绕恒河水的分配争论不休；朝鲜在汉江上游建立大坝，遭到韩国的抗议，因为上游的大坝一旦决口，汉城就会被淹没；以色列则为了保证约旦河不被阿拉伯国家改道，不惜以战争相威胁。对照这些，联系中国古代农业对水的依赖以及黄河的水文特点，可以从一个侧面来理解中国历代统治者都要追求大一统的良苦用心。

第三，生产关系的结构、生产方式的性质规范着开发利用地理环境和自然资源的方式。

社会性质、社会制度的不同，也在很大程度上制约着人类社会对地理环境因素、自然资源的开发与利用。在相似的社会生产水平下，不同的社会制度在利用和改造自然环境方面，会采取不同的态度和方式，从而获得不同的结果。在资本主义制度下，资本家为了扩大自己资本积累，追求超额利润，曾经带来了科学技术和社会经济总量的巨大增长。但同时，资本主义又滥用已经具有的生产能力在全球进行掠夺性开采。生产畸形发展，造成资源的极大破坏和浪费，严重污染了环境。环境被破坏的问题在历史上早已存在，而且由于近代大工业的发展日益严重，目前已成为世界性灾害。社会主义制度是为全体人民谋福利的制度，不否认个别企业为了自身利益而破坏资源、污染环境，但社会主义制度能够积极、有效地解决这个问题。

### 三、正确看待地理环境的作用

地理环境是社会存在的基本内容之一，社会生产发展总是在一定环境条件下进行的，自然条件对社会发展的影响较为广泛。基于此，就出现了有人从地理环境的因素来解释社会政治文化的现象，其中最著名的就是"地理环境决定论"。

18世纪法国启蒙学者孟德斯鸠认为，气候决定各民族的特点和社会制度；酷热有害于人的力量和勇气，由此热带民族就要处于奴隶地位；寒冷则赋予人类头脑和身体以某种力量，使人们能够采取持久艰巨而勇敢的行动，因而寒带民族使自己保持自由地位。他还认为肥沃的土壤，使人们只注意自己的收获而不去参与政治活动，所以适合专制制度；在贫瘠的山区，人们没有什么可以保留，所以对公共事务比较关心，易形成民主制度。地理环境决定论有着明显的缺陷。

第一，方法上的局限。地理环境作为外部条件，只有进入社会生产才能实际地发生影响，也就是说地理环境起作用需要社会生产方式的中介。

第二，材料上的局限。由于选择了部分国家与地区，而没有也不可能看到更多无法用地理环境解释的社会面貌的差异。

第三，不能辩证地看问题。地理环境决定论把地理环境看成静态的、一成不变的事物，没有看到环境也是人类实践的结果。尤其在当代人类对环境影响逐步加深的情况下，科技进步帮助人超出原有地域的局限，环境的变迁越来越受到社会制度、生产方式的左右。

地理环境是社会发展经常的、必要的要件，对人类社会的发展有重大的作用，但地理环境不是社会发展的决定因素。地理环境的好坏优劣可以加速或延续社会的发展，但不能决定社会的性质，不能决定社会制度的更替。地理环境大体相同的国家可能有根本不同的社会制度，而地理环境差异很大的国家却可能属于同一种社会形态。地理环境的变更是漫长而缓慢的，而社会的变革则是短暂而迅速的，在革命时期甚至是几年、几个月就会发生根本性的变革。因而，变化较慢的地理环境不可能成为变化较快的社会制度的决定性因素。斯大林说："欧洲在三千年内已经更换过三种不同的社会制度：原始公社制度、奴隶占有制度、封建制度；而在欧洲东部，即在苏联，甚至更换了四种社会制度。可是，在同一时期内，欧洲的地理条件不是完全没有变化，只是变化极小，连地理学也不会提到它。这是很明显的。地理环境的稍微重大一些的变化都需要几百万年，而人们的社会制度的变化，甚至是极其重大的变化，只需要几百年或一两千年也就够了。由此应该得出结论：地理环境不可能成为社会发展的主要的原因,决定的原因,因为在几万年间几乎保持不变的现象,决不能成为在几百年间就发生根本变化的现象发展的主要原因。"①

另一方面,过于富饶的自然资源也有可能产生不好的结果,有可能使人产生完全依赖自然的心理,从而影响生产和社会的发展。缺乏丰富的自然资源也有可能促使人们积极发展科学技术,运用科学技术开发新的人工资源,同时通过经济联系,利用其他国家或地区的自然资源,从而促进生产和社会的发展。

地理环境不仅不是社会发展的决定因素,它的作用和影响还受社会条件的制约。在社会和自然、社会条件和自然条件的相互作用、对立统一中,矛盾的主导的方面是社会条件。地理环境只给生产发展的快慢提供了一种可能性,能否把这种可能性变成现实,或者能在多大程度上利用自然条件,则取决于生产力的发展状况和其他社会因素,而不取决于自然条件本身。

## 第四节 生态文明

马克思主义反对地理环境对社会发展的决定性作用,但是并没有否定地理环境对社会发展的基础性作用,并且强调指出,地理环境因素只有在社会基本矛盾运动的基本结构中才能说明其对社会发展的基本作用。所以,并不能由此就认为,马克思主义认为地理环境在人类发展中是无足轻重的,人对地理环境的利用与改造可以肆意妄为。马克思主义历来强调,地理环境是人类社会存在和发展的基础,离开了地理环境,人类就无法生存,更不用说发展了。人与自然是生命共同体。人类必须尊重自然、顺应自然、保护自然;人类只有遵循自然规律才能有效防止在开发利用自然上走弯路;人类对大自然的伤害最终会伤及人类自身,这是无法抗拒的规律。从这个意义上说,马克思主义的地理环境基础论正是我们探讨生态文明和生态建设的理论基础。

### 一、生态文明是人类文明发展的新形态

自然界任何生物(包括人在内)与环境不可分割地相互联系、相互作用,共同形成一个统一的整体,这个统一整体称为生态系统。

"生态"(ecological)一词源于古希腊,原意指"住所"或"栖息地",意思是指家或环境。现在,生态一般是指一切生物的生存状态,以及不同生物个体之间、生物与环境之间的关系。1866年,德国生物学家E·海克尔提出生态学的概念,主要研究动植物及其环境之间、动物与植物之间及其对生态系统的影响。

生态系统由"无机环境"和"生物群落"两个部分构成。"无机环境"是生态系统的非生物

①斯大林.斯大林选集:下卷[M].北京:人民出版社,1979:440.

组成部分,包括阳光、水、无机盐、空气、有机质、岩石等,生物群是生活在一定的自然区域内,相互之间具有直接或间接关系的各种生物的总和。在生态系统中,非生物与生物之间相互作用,不断地进行物质和能量的交换,并通过物质流和能量流的连接,形成一个整体的生态系统。生态系统是社会系统的自然基础,它不仅向经济社会系统输入有用物质和能量,接受和转化来自经济社会系统的废弃物,而且还直接向人类社会成员提供服务,生态系统是生命支持系统,是人类经济社会赖以生存和发展的基础。在整个地球的生态系统中,人类社会的生产是一个强有力的能动性因素,它比任何生物的活动对生态平衡的影响都大得多,深远得多,比任何自然变化都更经常、更迅速地、多方面地干预着整个平衡。在人类社会发展的初期阶段,由于生产水平很低,它对生态系统的扰动是微小的,地球上的生态系统主要是依靠自然规律自发调节而保持平衡的。

生态文明是继农业文明和工业文明之后,人类文明发展的一个新形态。

在人类社会初期的原始文明,人们改造自然的能力低下,必须依赖集体的力量才能生存,物质生产主要表现为简单的采集渔猎活动。农业文明出现后,主要物质生产活动是农耕和畜牧,虽然具有人与自然共处的理念,却是建立在落后生产力水平上的生态平衡。18世纪英国工业革命开启了人类现代化生活,工业文明开始逐渐主导世界,机器生产成为人类物质文明的核心,人类进入了工业文明时代。

生态文明是对工业文明的历史性超越。300多年的工业文明,经历了几次技术革命与产业革命,社会生产的迅速发展,在带来积极成果的同时,也带来了超过自然规律自发平衡能力的消极结果。一方面是社会财富的增加和社会文明程度的提高,另一方面是征服自然的文化达到极致,片面追求经济增长,滥用自然资源,使环境污染严重、资源日趋紧张、人们的生活和生活条件趋于恶化。工业化的发展结果造成了大量的生态问题,自然界对人类的报复已明显出现:大气污染、土地荒漠化、物种灭绝加速、臭氧层破坏、全球气候变暖、酸雨、水体污染与淡水资源短缺、灾害频发、森林减少植被破坏、固体废物泛滥成灾、自然资源耗尽……。20世纪末罗马俱乐部发表《增长的极限》警告说,经济如果无限增长的话,用不了100年,地球上大部分自然资源将会枯竭,会严重危害人类社会可持续发展。这种状况深刻地揭示了社会与自然关系的辩证性质,突显了两者之间相互依存、相互限制、相互促进的内在逻辑。因此,保障人类社会可持续发展的需要,迫使人类必须建构生态文明的意识,辩证处理人与自然的关系,使人类社会进入到生态文明的历史阶段。

生态文明是对传统文明形态特别是工业文明进行深刻反思形成的认识成果,生态文明不是否定工业文明,而是强调先进的工业文明必须实现人与自然的和谐,使人们在享有现代物质文明成果的同时,又能保持和享有良好的生态文明成果。生态文明,不仅追求经济的进步,而且是人与自然、人与人、人与社会相互依存、和谐共生、良性循环、全面发展、持续繁荣的文明形态。生态文明有利于解决发展需求的无限性和资源有限性之间的矛盾。生态文明是人类社会进步的重大成果。人类经历了原始文明、农业文明、工业文明。生态文明是工业文明发展到一定阶段的产物,是实现人与自然和谐发展的新要求,生态文明是实现可持续发展的必然选择。

## 二、生态文明的内在逻辑

习近平对生态文明的内在逻辑作了深刻阐发,他指出"人与自然是生命共同体。"①这一思想集中地反映了马克思主义关于人与自然关系的基本思想,是马克思主义人与自然关系理论的时代性升华。

马克思首先认为"自然界是人的无机的身体"。马克思说:"自然界,就它本身不是人的身体而言,是人的无机的身体。人靠自然界生活。这就是说,自然界是人为了不致死亡而必须不断与之交往的、人的身体。所谓人的肉体生活和精神生活同自然界相联系,也就等于说自然界同自身相联系,因为人是自然界的一部分"②马克思反对抽象的理解自然界。马克思说:"被抽象的理解的、孤立的、被认为与人分离的自然界,对人来说也是无"③。马克思认为,所谓抽象的理解的自然界,就是离开人与自然的内在关系去理解自然界,这种抛开人与自然界的关系去理解自然界,对人来说也是无,就是说也否定了人自身的存在。简单地说,如果理解自然界时没有人的立场和因素,实际上也就否定了人本身。

恩格斯反对人类站在自然之外去支配或统治自然界,而是要站在自然之中支配自然界,依据自然界的规律支配自然界。恩格斯说:"我们统治自然界,绝不像统治者统治异族人那样,绝不是像站在自然界之外的人似的,——相反的,我们连同我们的肉、血和头脑都是属于自然界和存在于自然之中的;我们对自然界的全部统治力量,就在于我们比其他一切生物强,能够正确认识和正确运用自然规律"。恩格斯这里讲的人类"统治"自然界,就是人类运用自身的力量去支配自然界。但是,恩格斯强调,人对自然的支配不是"站在自然之外支配自然",而是作为自然的一部分的人通过"认识和正确运用自然规律"来支配自然。只有站在自然之中,才能发现自然和人的本质联系,发现人与自然相互作用的规律,并以这种客观规律为基础去支配自然界。

恩格斯警告那种站在自然之外,凌驾于自然之上支配和改造自然的风险与恶果。恩格斯说:"我们不要过分陶醉于我们人类对自然界的胜利。对于每一次这样的胜利,自然界都对我们进行报复。每一次胜利,起初确实取得了我们预期的结果,但是往后和再往后却发生完全不同的、出乎预料的影响,常常把最初结果又消除了。"④如果社会对自然的开发违背自然界的规律,超过了自然所能容忍的极限,那么社会的发展一定受到自然规律的惩罚。恩格斯所指出的这种"大自然的报复"在今天已经开始显现。如果人类不加节制的、过度地实施

---

① 习近平.习近平谈治国理政:第三卷[M].北京:外文出版社,2020:360.
② 马克思.1844年经济学哲学手稿[M].北京:人民出版社,1985:52.
③ 马克思.1844年经济学哲学手稿[M].北京:人民出版社,1985:135.
④ 马克思.1844年经济学哲学手稿[M].北京:人民出版社,1985:135.

向自然界肆无忌惮的索取行为,就会造成自然界与人类社会之间的和谐与平衡的严重破坏。这种破坏表现为:可再生资源的消耗超过了他们的再生能力,不可再生资源的消耗超过了发现其替代品的速度,环境的污染程度超过了环境的自净能力等。这些破坏会使人与自然之间发生物质变换过程的断裂,并进一步表现为人与人之间关系的断裂,威胁到社会的可持续发展。

习近平关于"人与自然是生命共同体"这一高度集中的概括性命题,深刻揭示和集中体现了生态文明的本质内涵,继承了马克思主义关于人与自然关系的深刻思想并作出了时代性的创新性发展。将人与自然的关系从生命互相建构、同为一体的维度进行阐述,是马克思主义关于人与自然关系理论的新时代升华。人类是源于自然、依赖自然又相对独立于自然界的特殊存在。自然界先于人类而存在,自然界具有不依赖于人类的内在创造力,它创造了地球上适合于生命生存的环境和条件,创造了各种生物物种以及整个生态系统。人作为自然存在物,依赖于自然界,自然界为人类提供赖以生存的生产资料和生活资料。但是人又能创造出自然界本身并不直接存在的事物,它能超越自然界的直接存在创造出间接存在来,比如房屋、机器、高铁、飞机等。但是间接存在与直接存在本质上是同为一体的,是一个生命共同体。人因自然而生,人的发明创造应当不破坏自然;人与自然是一种共生关系,人类发展活动必须尊重自然、顺应自然、保护自然,体现生命共同体的本质要求。

### 三、生态文明与可持续发展

生态文明作为新的文明形态,揭示了人与自然的和谐统一关系,揭示了社会与自然关系的辩证本性与社会生产双重性质,要求人类社会不能脱离自然规律的运行轨道去盲目发挥作用,要求人类社会自觉地处理社会发展与生态平衡的关系,转变社会发展观念,由不断加强的、以加速度状态开发自然资源转到可持续发展战略上来,把经济的发展、生活水平的提高和可持续发展有机统一起来。

可持续发展的本质内涵是人类社会发展可持续。一是既要达到发展经济的目的,使人们的"钱袋子"鼓起来,又要保护好人类赖以生存的自然资源和环境,使人们能够享受到优美的环境效益,享受天蓝、地绿、水净的美好生活。二是既要满足当代人的需要,又不损害后代人满足需要的能力的发展,要求当代人在创造和企求今世的发展和消费时,不能剥夺或破坏后代人或相邻地区应合理享有的同等权利,不能为了当代人的利益而不惜牺牲后代人的利益,要给后代保留丰厚的自然资源和创建优美的环境资源。三是不同地区、不同国家和民族不能转嫁经济发展的生态成本。即一些国家或者地区把自身高质量生活建立在消耗其他国家或地区自然资源和环境恶化的基础上,世界各民族国家在生态利益上应当是公平公正的。

促进人与自然和谐共生,是可持续发展的基本原则。可持续发展要求人类社会发展与自然环境相协调的方式,其根本原则是促进人与自然和谐共生。人们追求健康而富有成果的生活,不凭借手中的技术和投资,采取耗竭资源、破坏生态、污染环境的方式来求得经济社会发展。既要充分发展经济，满足人类日益增长的基本需要，又要使经济发展的界限以不能超出生态环境的承载能力为限度，既遵循经济规律又遵循自然规律，既讲究经济社会效益又讲究生态环境效益，形成节约能源资源和保护生态环境的产业结构、增长方式、消费模式，实现社会经济系统和自然生态系统的良性循环，使经济发展与环境优化相协调，使自然界和人类社会都能够得以持续发展。

### 四、生态文明建设与社会工程

工程活动有自然工程与社会工程两种基本形式。自然工程是人类改造自然事物工程活动，社会工程是人们改造社会事物的工程活动。修筑水坝、建造房屋、开拓道路、修建高铁等都是以改造自然事物为主的自然工程活动；体制改革、法规制定、政策设计、战略安排等以人的活动方式为指向的都是社会工程活动。生态文明建设是通过一系列生态工程的实施实现的，其中包括生态保护工程、生态修复工程、生态建设工程等。

在生态工程建设过程中，既包含以自然事物为指向的工程活动，也包括以社会事物为指向的社会工程活动，但其实质性特点是以社会工程为主导的、以自然工程为基础的生态工程建设活动。例如沙漠治理工程，首先是制定目标、安排人力、调动资源、制定政策，这些是社会工程因素，其次才是具体的治理过程，这是自然工程活动，例如研究沙漠环境中植物生长规律，实施植物从种到生长的全生命周期管理等是自然工程活动，其中社会工程是自然工程的灵魂与核心。再比如长江水污染治理工程，首先是制定政策，约束长江沿岸有关企业的生产排污行为。因为以环境治理为目的的生态工程，首先是改变人们的生产方式与生活方式，这主要表现为社会工程活动；通过调整和优化人们的生产与生活方式达到生态保护与治理目的。所以生态工程建设是以社会工程为实质生态文明建设。

以社会工程活动推动生态文明建设是中国生态文明建设的基本经验。生态问题不是自然界自发形成和产生的，它是人类不合适的生产方式和落后的生活方式的产物，所以生态治理的本质是人的生产方式与生活方式的治理，是通过对人的社会经济活动方式的引导与治理达到生态环境治理与生态文明建设的要求。中国特色的社会主义制度为生态文明建设奠定了很好的制度基础。中国的生态文明建设是以中国共产党为领导核心的中国政府的积极作为，在中央政府与地方政府的战略指导与安排下实施了一系列的生态文明建设工程，出台了一系列政策法规，明确了一系列明确的治理清单，实施了符合国情特点的体制机制，例如河长制、湖长制等。中国的环境治理成效显著，中国的生态文明建设举世认可，中国的生态文明建设经验可资借鉴。

生态文明建设是关系中华民族永续发展的根本大计，在新时代生态文明建设实践中，形成了习近平生态文明思想。它是在继承和坚持马克思主义人与自然关系的基础上，将马克思主义和中国当代实际相结合，实现了马克思主义关于人与自然关系思想的中国化时代化。习近平生态文明思想深刻阐释了人与自然和谐共生的内在规律和本质要求，深刻回答了为什么建设生态文明、建设什么样的生态文明、怎样建设生态文明等重大理论和实践问题,推进中国式现代化,应当认真贯彻落实习近平生态文明思想。

习近平指出,促进人与自然和谐共生,是中国式现代化的本质要求之一。我们要建设的现代化是人与自然和谐共生的现代化,既要创造更多物质财富和精神财富以满足人民日益增长的美好生活需要,也要提供更多优质生态产品以满足人民日益增长的优美生态环境需要。践行习近平生态文明思想,应当从理念设定、战略安排、系统观念和国际协力等方面深入理解和自觉把握。

其一,"绿水青山就是金山银山"是我国生态文明建设的核心理念。"绿水青山既是自然财富,又是经济财富"[1],"我们既要绿水青山,也要金山银山。宁要绿水青山,不要金山银山,而且绿水青山就是金山银山。我们绝不能以牺牲生态环境为代价换取经济的一时发展。"[2] "保护生态环境就是保护生产力、改善生态环境就是发展生产力"[3],这是一条实现发展和保护协同共生的新理念。

其二,坚持绿色发展是我国生态文明建设的战略路径。生态环境保护和经济发展不是矛盾对立的关系,而是辩证统一的,要从根本上解决生态环境问题,必须贯彻创新、协调、绿色、开放、共享的发展理念,绿色发展是生态文明建设的必然要求。"生态环境问题归根到底是发展方式和生活方式问题。"[4]"保护生态环境就是保护生产力,改善生态环境就是发展生产力。"[5]"加快形成节约资源和保护环境的空间格局、产业结构、生产方式、生活方式,把经济活动、人的行为限制在自然资源和生态环境能够承受的限度内,给自然生态留下休养生息的时间和空间。"[6]

其三,统筹山水林田湖草沙系统治理是我国生态文明建设的系统观念。生态是统一的自然系统,是相互依存、紧密联系的有机链条,"山水林田湖草沙是不可分割的生态系统"[7],是生命共同体,必须坚持系统观念,注重综合治理、系统治理、源头治理,统筹兼顾、整体推进,全方位、全地域、全过程推进生态文明建设。

其四,共谋全球生态文明建设是我国生态文明建设的全球倡议。面对生态环境挑战,人类是一荣俱荣、一损俱损的命运共同体,没有哪个国家能独善其身。生态文明是人类文明发展的历史趋势。国际社会必须秉持人类命运共同体理念,各国齐心协力建设全球生态文明,共同促进绿色、低碳、可持续发展。中国特色社会主义建设应当为实现全球可持续发展、建设清洁美丽世界,贡献中国智慧、中国方案和中国力量。

---

[1] 习近平.习近平在陕西考察时的讲话[N].人民日报,2020-4-4(1).
[2] 习近平.习近平在哈萨克斯坦纳扎尔巴耶夫大学演讲时的答问[N].人民日报,2013-9-8(3).
[3] 习近平.习近平关于社会主义生态文明论述摘编[M].北京:中央文献出版社,2017:4.
[4] 习近平.习近平谈治国理政:第三卷[M].北京:外文出版社,2020:361.
[5] 习近平.习近平谈治国理政:第三卷[M].北京:外文出版社,2020:361.
[6] 习近平.习近平谈治国理政:第三卷[M].北京:外文出版社,2020:361.
[7] 习近平.习近平在"领导人气候峰会"上的讲话[N].人民日报,2021-4-23(1).

1. 唯物史观与地理环境决定论、人口因素决定论有何异同？
2. 如何理解生产方式是社会发展的决定力量？
3. 如何理解生产力的实体性要素与非实体性因素的关系？
4. 如何理解生产力与生产关系的辩证关系？
5. 建设生态文明的意义是什么？

# 第十七章

## 社会意识

爱护人类的精神家园，别让她花果飘零。

——新儒家哲人语

社会的基本关系是社会的经济关系、政治关系和思想关系。本章的基本内容是进一步分析作为社会思想关系的社会意识，着重论述社会意识的含义、本质、相对独立性及其表现，以及各种社会意识形式的特点、作用及其相互关系。

# 第十七章 社会意识

## 第一节 社会意识的一般特点、结构

社会生活本质上是实践的,人们在创造历史过程中产生社会意识并在社会意识指导下创造历史,这是人类的实践活动同动物本能活动的重大区别。所谓思想是行动的指南,理论是实践的指南就是这个意思。因此,了解包括思想、理论在内的社会意识的构成、特点、作用,其意义就显得重要了。

### 一、社会意识的含义、特点

社会意识是人们一切意识要素和观念形态以及人类社会的全部精神现象及其过程。它是和社会存在相对应的哲学范畴。具体来讲,它包括社会心理和政治、法律、道德、艺术、宗教、哲学等思想和观点,它是对社会生活的过程和条件在观念上的反映。

社会意识的一般特点主要有两个方面:一是社会意识依赖于社会存在,反映社会存在;二是社会意识具有的相对独立性。

按照唯物史观的观点,人们的社会存在决定着社会意识,社会意识则是社会存在的反映。社会存在对社会意识的决定作用表现在两方面:一是社会存在决定社会意识的产生,社会存在是社会意识产生的物质基础和前提。"意识在任何时候都只能是被意识到了的存在,而人们的存在就是他们的现实生活过程"。[①] 就是说,各种社会意识归根到底都是社会存在(主要是物质资料生产方式)的反映。二是社会存在决定社会意识的内容,有什么样的社会存在,就会有什么样的社会意识。随着社会存在的发展变化,社会意识的内容也会随之发生变化。例如,原始社会公有制的生产方式反映在人们的头脑中,形成的是朴素的、原始的公有意识、观念,随着原始社会的瓦解,私有制方式出现,人们的思想意识、观念也就发生了相应的变化,这时才产生了私有观念和发家致富的欲望等。其他社会的观念变化也是如此。由此可以得出结论,社会意识总是具体的、历史的,不存在抽象的、超历史的、一成不变的社会意识。

社会意识的相对独立性,是指社会意识在反映社会存在的同时,还有自身发展规律和不同特点,它表现在以下四个方面。

一是社会意识的发展变化和社会存在的发展变化具有不完全同步性。其一,它落后于社会存在并阻碍其发展。比如说,在社会主义社会中,仍然存在着一些封建主义思想的残余,它们明显落后于社会存在且阻碍了社会的发展;其二,它有时又能预见到社会未来的发

---

[①] 马克思,恩格斯. 马克思恩格斯选集:第1卷[M]. 北京:人民出版社,2012:152.

展趋势,推动社会的发展。如在资本主义社会中产生的马克思主义的社会主义理论就是如此。

二是社会意识具有历史继承性,就是说它和以往的思想成果有继承关系。其一,在内容上,主要是反映现实社会存在的社会意识,同时也保留着历史上形成的反映过去社会存在的社会意识。二者结合在一起,以今为主,古为今用共同形成现有的意识。如尊老敬老这种观念至今仍是中华民族的美德。其二,在形式上,现存的社会意识继承了以往的形式、方法和手段,同时又根据新的内容和条件对其加以改造,并增添了某些新形式,推陈出新。比如说中国的京剧,西方的歌剧,都源远流长,这种艺术形式融进了新的内容,形式上也推陈出新,至今依然具有很大的艺术魅力。再如孙子兵法在现代管理、现代军事理论上的指导作用,也充分证明了这一点。

三是社会意识的发展有时和经济发展具有不平衡性。有些在社会存在,主要是生产方式方面发展比较落后的国家、时代、地区等,在社会意识的发展上却可以走在前列,反之亦然。如18世纪的德国,在经济上远远落后于法国、西班牙等欧洲国家,但德国的古典哲学却是最杰出的,德国文学更是欧洲狂飙运动的翘楚。在中国,魏晋南北朝时期是中国历史上经济不发达、政治最黑暗、政权更替最频繁的时代,但同时也是中国历史上思想最解放、精神成果最丰硕的时代之一。魏晋玄学是中国哲学的高峰期之一,魏晋雕塑艺术也是中国雕塑艺术最杰出的时代之一。由此可见,社会存在和社会意识不是机械的一一对应关系,社会意识具有相对独立性。

四是社会意识的相对独立性最突出的表现是它对社会存在具有能动的反作用。这种精神力量,能够在一定条件下变成物质力量,从而作用于社会存在,影响社会的发展。社会意识之所以能够,并且必然对社会存在起着能动的反作用,其根本原因在于:第一,社会意识不是凭空任意地出现的,它归根到底反映着生产方式的状况、矛盾以及矛盾各方面的趋势和要求,因而它必然会具有满足这些要求、推动这些趋势的作用。第二,社会生活本质上是实践的,社会实践本身就是社会存在的物质活动形式,而人们的社会实践又总是在一定的社会意识的支配下进行的。社会意识这种精神力量,能够在一定条件下变成物质的力量,从而作用于社会存在,影响社会的发展。这就是社会意识的"反作用"的基本含义。

具体地考察社会意识的反作用,应该从质和量两个方面加以分析。社会意识反作用的质,就是它对社会历史发展影响的性质,是促进还是阻碍。任何社会意识在历史上的地位和命运,首先取决于它作用的这种质。先进的社会意识促进和加速社会的发展,落后的社会意识则起消极的、阻碍社会发展的作用。社会意识反作用的量,就是它影响社会发展的程度深浅、范围大小、时间久暂等等。社会意识只有通过群众的实践才能起作用,一种社会意识对社会存在作用的大小,主要取决于它实际掌握群众的广度和深度。一定的思想体系,不论是先进的还是落后的,只要它能够掌握一定量的群众,就能影响社会的发展。掌握的群众越多,作用也就越大。上述的内容可以概括为社会存在和社会意识的关系原理,这个原理是

"观念变革的意义"这一命题的哲学基础。在社会发展过程中,特别是在改革过程中,需要相应地要求更新一些落后于形势的观念,因为它已成为社会发展的阻力。当落后观念成为社会发展的严重阻碍时,变革落后的观念就成为社会发展的关键性环节。

## 二、社会意识的结构

社会意识具有复杂的结构。从意识的主体角度看,社会意识包括个人意识和群体意识;从高低层次来看,分为社会意识形式和社会心理;从对经济基础的关系角度看,社会意识形式又分为社会意识形态和非社会意识形态。

### 1. 个体意识和群体意识的关系

个体意识是个人独特的社会经历与社会地位的反映,是个人独特实践的产物。

群体意识是一定人群所结成的社会共同体的共同意识,是群体实践的产物。包括家庭意识、集体意识、团体意识、行业意识、阶层意识、阶级意识和民族意识,等等。一个人可以同时属于不同层次的群体,使各个阶梯的群体意识在个人意识中交织在一起。

个人意识和群体意识的关系。个人意识和群体意识相互区别、相互联系、相互依赖。个人和群体、群体和社会之间的部分和整体的关系,在一定程度上也反映到个人意识和群体意识及社会整体意识的关系中来。它们之间的关系具体表现为:

第一,相互区别。前者是个人社会实践的产物,是对意识现象的微观考察;后者是群体实践的产物,是对意识现象的宏观考察。

第二,相互联系。一是相互依赖。没有一方,另一方也不存在。二是相互作用。一方面,个体意识影响和作用于群体意识;另一方面,群体意识也影响和作用于个体意识。每个人在自己的实践中、在与其他人的交往中形成个人意识时,总会受到他周围人的意识的影响,并同时受到一定群体乃至整个社会意识及其历史传统的影响。个人意识又影响和作用于群体意识。有意识地活动着的个人,对于群体意识或顺从或抑制,或批判或创新,因而总是这样那样地影响着社会意识及其发展的状况。

第三,在一定条件下可以相互转化。群体意识和个人意识之间并没有绝对分明的界限,它们是可以相互转化的。在群体意识的熏陶下形成的个人意识,也就是群体意识向个人意识的转化。至于个人意识转化为群体意识,在历史上和现实中都是经常发生的。一般说来,个人意识与个人同生共死。可是,一旦某人的个人意识为社会群体所接受,并为人类社会意识的发展提供了积极的宝贵的东西,它就将成为人类共同的精神财富的组成部分。当马克思主义刚刚诞生时,它主要是马克思和恩格斯等少数人的个人意识。可是到现在,马克思主义已经成为指导全世界无产阶级革命的社会意识,成为社会主义国家中占统治地位的指导思想。再如孔子思想对中华民族的影响,释迦牟尼思想对印度民族的影响,也都是个人意识转化为群体意识的典型事例。

2.社会心理和社会意识形式的关系

概而言之,社会心理和社会意识形式的关系是既相互区别,又相互联系,相互转化的。

第一,二者是相互区别的。

首先是二者有不同的含义。社会心理是指人们不系统、不定型、处于自发状态的社会意识,它可以区分为个人心理和群体心理。群体心理又表现为阶级心理、民族心理,其中,民族心理是最持久的。由于民族心理是在各民族长期历史发展过程中一系列共同的历史条件(特别是共同的经济生活)影响下形成的性格、感情、爱好、习俗等精神素质的总和,因而,一般说来,民族心理为同一民族各个阶级所共有,同时各阶级又会给它打上自己的阶级烙印。民族心理、民族精神是一种最稳固、最持久、最强烈的社会心理,对各民族的发展具有强烈的影响。伟大的中华民族在历史上曾经多少次罹难而又得到民族的复兴,其中"天下兴亡,匹夫有责"这一强烈而持久的责任感意识和优秀的民族传统就在其中起了重要的作用。与社会心理不同,社会意识形式是一种高水平的社会意识,它对社会存在的反映比较间接,是从社会生活中概括提炼出来的有系统的、自觉的、理论化的反映形式。社会意识形式之所以称为"形式",其基本的含义之一就在于它具有明确分工、相对稳定的各种形式,如艺术、道德、政治和法律思想、科学、宗教和哲学等,就是一些主要的社会意识形式。

其次是作为社会意识统一体中的两个不同层次,二者都对社会存在、社会生活起作用,但二者起作用的条件不同。社会心理直接与日常社会生活相联系,社会意识形式是对社会存在的间接反映。

第二,社会心理和社会意识形式相互联系,相互作用。一是社会心理是社会意识形式的直接来源;二是社会意识形式是社会心理的概括和升华,它指导和影响社会心理。正如一切高级的运动形态包含并依赖于低级的运动形态一样,社会意识形式也包含并依赖于社会心理。只有对社会心理进行了充分的研究,才能对社会意识形式做出完整科学的、有血有肉的分析。

3.上层建筑的社会意识形式和非上层建筑的社会意识形式

上层建筑的社会意识形式——又称社会意识形态,是指直接反映、服务和作用于经济基础的社会意识形式,它包括政治法律思想、艺术、宗教、道德和哲学以及大部分社会科学。非上层建筑社会意识形式——是指不直接反映和作用于经济基础的社会意识形式。它包括自然科学、思维科学以及一部分社会科学,如语言学、逻辑学。它们通常被称为非社会意识形态,其特点是没有社会阶级性。在上层建筑诸社会意识形态及非上层建筑的社会意识形式中,宗教、道德、政治、法律、艺术、科学等几种形式以各自的独特方式对社会生活发生着重大的作用。

宪法在中国特色社会主义法律体系中居于统帅地位,具有最高法律地位和法律效力,也是全体公民一体遵循的行为规范和根本活动准则。党的十八大以来,以习近平同志为核心

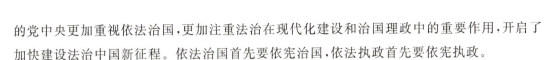

的党中央更加重视依法治国,更加注重法治在现代化建设和治国理政中的重要作用,开启了加快建设法治中国新征程。依法治国首先要依宪治国,依法执政首先要依宪执政。

## 第二节　政治法律思想

政治法律思想是阶级和国家出现后才形成的。政治思想是人们关于社会政治制度、政治生活、国家、阶级或社会集团及其相互关系问题的观点、理论的总和。法律思想是关于法的关系、规范和设施的观点、理论的总和。无论是从理论角度还是从实践的角度来看,政治思想和法律思想的联系都是非常密切的,同时广义的政治思想也包括了法律思想。政治和法律是社会经济基础最直接、最集中的表现,因此,政治思想和法律思想也是最直接、最集中地反映经济基础的社会意识形式。它们作为一定社会阶级结构的最直接的思想表现,往往处于诸种社会意识形式的核心地位,并成为社会存在制约社会意识形态诸形式的中间传导者和执行者。所以,认识社会意识的结构与特点,了解其基本的内容和本质,掌握其基本的功能和作用,就不能不去认真系统地了解作为社会意识的核心因素的政治思想和法律思想。

### 一、政治思想

政治思想是一个包容性很大的认识范畴。同时它又是政治学的一个重要组成部分。政治学是研究以国家为主体的政治关系、政治制度、政治活动和政治思想及其发展规律的学科。而政治思想则是一种有关政治问题的若干观点、主张、认识、立场和见解的观念意识。如果说政治学是有关国家政治的学说,那么政治思想则不仅包容了不同的社会阶级、阶层,不同的宗教派别的政治思想,甚至于还包容了不同民族的政治思想主张。政治思想是经过人们充分推理、演绎、论证后,在众多的政治观点、主张与见解基础上构成的严密的、完整的思想体系,这一完整的思想体系代表了一种符合某一阶级和社会集团的政治思想倾向,并对当时和以后的社会历史产生着一定的作用和影响。因此,从这个角度讲,政治思想在更广的范围上也包括了政治学说。但是,政治思想主要的和基本的内容是集中反映了社会的政治斗争,是社会历史发展在一定阶段上,各个阶级和各个阶层,以及各个社会集团对待国家政权的态度和主张,即如何认识国家,如何组织国家,如何管理国家的观点、理论和学说。

马克思主义产生以后,人类社会对政治思想的认识才产生了一次重大的飞跃。马克思和恩格斯1848年发表的《共产党宣言》和此后写作的各种社会政治著作,正是运用了唯物辩证法的原理和方法建立了一种全新的历史观和社会政治观。马克思主义的经典作家以唯物史观研究分析各种社会政治现象,揭示了国家政治权力特别是资产阶级国家的本质、特征、作用和职能,阐明了国家的起源、历史的类型和未来消亡的规律,论述了以国家为中心的社会政治活动的阶级内容,指出了阶级斗争必然导致无产阶级专政的历史规律,预见了无产阶级国家的政治特点、历史作用和政治形式,制定了无产阶级政党的政治思想理论,以及无产阶级在同资产阶级以及其他一切反动阶级的政治斗争中的政治思想战略和策略,从而奠定了马克思主义政治学和政治思想的理论基础。进入20世纪后,列宁、斯大林、毛泽东、邓小平等各国的无产阶级政治思想家,把马克思主义的政治思想同新时代无产阶级的政治斗争和无产阶级国家政治实践相结合,不断针对新的情况和新的问题进行深入的探索,不仅创造性地发展了马克思主义的政治思想理论,而且也极大地丰富了马克思主义的政治思想。

在马克思主义政治思想产生之前,旧有的政治思想学说大都立足于唯心主义的社会历史观之上,用"上帝意志""民族精神""绝对观念""人的天性"(例如中国儒家政治思想的理论基础是"性善说",法家政治思想的理论基础是"性恶"论)等来解释各种社会政治现象。而马克思主义的唯物史观则用政治思想来源于经济基础,决定于经济基础,同时又反作用于经济活动的科学观点来观察分析一切社会政治现象,从而奠定了其政治思想学说的科学性和真理性。以往的政治思想学说都把政治说成是超阶级的、全民的,极力掩盖其阶级实质和阶级斗争的客观存在。马克思主义的唯物史观及其主导下的政治思想则证明国家政权是阶级矛盾不可调和的产物,因而认为阶级斗争和各个阶级之间的关系是政治思想研究的基本内容。以往的政治思想学说,把政治活动的主导和中心都看成是"圣人"和英雄豪杰的事情,忽略和否定了人民群众在历史上的主导作用。马克思主义的唯物史观及其主导下的政治思想则证明政治是阶级对阶级的斗争,是整个阶级的事业,因而也是属于同一阶级的全体人民群众的事业,政治思想和政治活动都不能忽略人民群众的主导地位和作用,而是要依靠群众和发动群众。这一科学鲜明的政治思想理论从根本上克服了旧政治学说的局限性和狭隘性,使政治学和政治思想的研究真正立于科学与理性的理论基础之上。

我们在研究马克思主义的政治思想学说时,也要认识和了解奴隶社会奴隶主阶级的政治思想,封建社会封建统治阶级的政治思想,同时也要认识近现代以来资产阶级的各种政治思想,并且借鉴其中有益的东西,正如毛泽东同志所说的"我们决不可拒绝继承和借鉴古人和外国人,哪怕是封建阶级和资产阶级的东西。"[①]改革开放以来,我们坚持"解放思想,实事求是"的政治思想路线,有甄别地借鉴西方现代资本主义许多有益的思想和制度模式,而获得了巨大的政治与经济成就,就已深刻地证明了这一点。其实马克思主义的政治思想学说本身就是人类一切优秀思想文化的代表,是一个始终开放的、与时俱进的思想体系。马克思主义的政治思想学说不是无本之木和无源之水,数千年以来,整个人类社会对政治问题和政治现象的认识,正是在步步推进和步步深入中,才发展到了马克思主义。

人类传统的优秀政治思想文化作为人类文明的一个重要组成部分,同样对马克思主义的政治思想文化的发展产生过重大影响。从这个意义上说,中国传统政治思想文化在我们今天建设具有中国特色的社会主义事业中,也是一种不可或缺的政治思想资源。以孔子为

---

① 毛泽东.毛泽东选集:第3卷[M].北京:人民出版社,1991:860.

代表的儒家学派的政治思想就是中国传统政治思想流派中最有影响的一个学派,《论语》一书是我国最早的一部比较完整的政治学经典著作,其政治思想的宏富与高远、博大与精深,在人类政治文明史上是极为罕见的。北宋初年宰相赵普曾对宋太祖赵匡胤说:"半部《论语》可治天下",以为经营天下之道,必以复兴儒学为要务,而安邦治国不能不用儒家孔子的政治思想。《论语》作为儒家政治思想的代表之作,主要讲的是为政之道,提出治国以礼,为政以德,主张"克己复礼""天下归仁",反对统治阶级的横征暴敛,大声疾呼"苛政猛于虎"。孔子之后的孟轲进一步发挥了这一思想,主张"人性善",所以统治者要"仁民爱物",并且提出了以"仁政"为中心的政治思想理念。以老子为代表的道家诸子的政治思想,其核心是"无为而治",他要求统治者"清静宁一"、"行不言之教"、"处无为之事",尽量避免"有为"以消解社会矛盾,尽量减少国家对社会生活的干预,以便达到保守小国寡民、清心寡欲的社会政治局面。以法家政治思想集大成者韩非子为代表的法家一派,站在一种全新社会历史的认识角度,深入地揭示了儒家政治思想的不足与弊端,并在"性恶"论的理论基础之上提出了与儒家政治思想相对立的政治主张,批判了"仁政"与"王道"的虚伪性,主张以"法禁""霸道""权术"治国,坚持法、术、势的紧密结合的政治思想,这一思想对中国古代的社会政治产生了极为深远的影响。

在西方古希腊时代,柏拉图所著的《理想国》《政治家篇》《法律篇》中就存在着大量的政治思想。柏拉图的政治思想可以说是西方政治思想的起点,它同亚里士多德的《政治学》一样具有十分重要的地位和影响。而奥古斯丁的《上帝之城》中的政治思想则被看成是代表"奴隶占有制罗马的政治思想"。马基亚维利所著的《君主论》不仅是对中世纪政治思想的总结,同时也是近代西方政治思想学说的起点。而马克思主义的政治思想的诞生,则是古代和近代的政治学说乃至于整个人类政治思想发展的必然产物,是代表人类最优秀政治理论的一座思想高峰。

### 二、法律思想

法律思想是一定的阶级和阶层对法律的性质与法律的作用的根本认识和看法,也是一定的阶级和阶层对法律研究、分析、解释和运用的出发点。不同的阶级有不同的法律思想和法律观点。法律思想也包括了"法哲学"和"法理学",它是从哲学原理出发论述法律概念及其作用的学科。一切剥削阶级及其统治者的法律思想是从巩固生产资料的私有制、维护剥削阶级及其统治者的所有利益、压迫广大劳动人民的目的出发的。然而,现代资产阶级和过去的一切剥削阶级却极力掩盖法律的阶级本质,宣扬所有的法律及其法律思想都是超阶级的,甚至是超越一切政治利益集团的、至高无上和永恒的制度体系和思想观念。马克思主义的法律思想则以辩证唯物主义和历史唯物主义的基本精神为指导,从维护广大劳动人民的利益出发,认为法律是有阶级性的,同时也是社会历史发展到一定阶段的必然产物。马克思主义还认为法律和法律思想是上层建筑,是为经济基础服务的,是统治阶级意志的表达和反映,是阶级斗争的武器和工具,也是保护统治阶级利益及其统治秩序的工具。

马克思主义对法律思想的认识是科学与深刻的,他指出:"人们在自己生活的社会生产中发生一定的、必然的、不以他们的意志为转移的关系,即同他们的物质生产力的一定发展阶段相适应的生产关系。这些生产关系的总和构成社会的经济结构,即有法律的和政治的上层建筑竖立其上并有一定的社会意识形式与之相适应的现实基础。物质生活的生产方式制约着整个社会生活、政治生活和精神生活的过程。不是人们的意识决定人们的存在,相反,是人们的社会存在决定人们的意识。"①法律思想作为一种社会意识形式,毫无疑义是由社会物质生活条件决定的。决不可离开社会物质生活条件,孤立地去研究法律思想。如果把法律思想和当时生产力发展水平和生产关系的状况割裂开来,法律思想便成为不可思议和不可揣摩的事物。因之,法律思想是一定社会形态的上层建筑,生产关系和社会性质变化了,它必然会随之变化。只有紧密结合当时社会生产力发展的实际水平和社会历史背景,仔细研究各个历史时期的经济状况和社会状况,才能真正深刻认识各种法律思想的本质和作用。

法律思想可以转化为法治理念及其模式。法治的基本含义就是基于法律的治理,所以法治的内在精神是法律思想。法治作为一种治国方略,它是指一个国家在多种治理方式中选择以法律方式为主进行治理,而不是以其他方式为主要方式进行治理。

有什么样的法律思想也会衍生出什么样的法治理念和相应的法治模式。资产阶级的法律思想离开人的社会物质生活条件,离开人的具体的社会关系,从抽象的一般人或者自然人出发建构法律思想的核心概念,从而把资产阶级的法律原则说成是人类社会一切阶段的法律原则,把建立在资本逻辑基础上法治理念与法治模式说成是人类理性的再现,以此把资产阶级的国家说成是永恒的国家。社会主义是人类历史上的一个崭新的社会制度,中国特色社会主义开辟了法治建设的新模式与新道路。从邓小平到习近平,各届党的领导人都十分重视法治中国建设,把依法治国作为治国理政的基本方略。中国特色社会主义进入新时代产生了习近平法治思想,是马克思主义法治理论中国化的最新成果,是全面依法治国的根本遵循和行动指南。习近平法治思想的根本立场是坚持以人民为中心,坚持法治为人民服务;进一步明确中国社会主义制度保障了人民当家作主的主体地位,也保证了人民在全面推进依法治国中的主体地位;深刻指出这是中国的制度优势,也是中国特色社会主义法治区别资本主义法治的根本所在。

坚持以人民为中心,回答了在当代中国"法治为了谁、依靠谁、保障谁"的根本问题。在全面依法治国的实践中,人民是依法治国的主体和力量源泉。法律的权威源自人民的内心拥护和真诚信仰。依法治国的主要任务就是要把体现人民利益、反映人民愿望,维护人民权益,增进人民福祉落实到科学立法、严格执法、公正司法和全民守法的各领域全过程,保障人

---

① 马克思,恩格斯.马克思恩格斯选集:第2卷[M].北京:人民出版社,2012:2.

民依法享有广泛权利和自由、承担应尽义务。

我们认识了法律思想的本质和作用,理解了法律思想的重要地位,而要进一步认识法律思想的特点,就必须要了解法律和道德之间的差异和区别。

第一,道德和法律产生的条件是不同的,时间也是不同的。道德产生于人类社会的早期,在没有阶级的原始社会就产生了。道德的基本精神是不变的,它是一种所有社会都不可缺少的社会意识。而法律却是随着阶级和国家的产生而产生的,它是阶级社会特有的现象。

第二,法律和道德起作用的方式和方法也不同。道德是通过社会舆论的力量,依靠人们的传统和习惯以及通过说服、示范、教育的力量来使道德发挥作用,或者用个别伟大人物和社会组织的道德威望来维持人们的道德信念并使之发挥作用;而法律则是依靠国家机器的暴力和强制手段来规范人们的活动与行为,并由国家机关强制实施之。

第三,法律和道德形成的途径与表现形式也不同。道德是在社会生活中依据人类的根本生存利益,并为保护这些根本生存利益而逐渐形成的。例如人类在很早以前就把反对"乱伦"看成是最基本的道德操守,并且认识到"同姓婚姻其生不蕃",会影响到子孙后代的健康成长与生存,破坏了人类的根本生存利益,因而才逐渐将反对"乱伦"变成一种悠久与顽强的道德意识。而法律则不同,它往往通过统治者控制的国家机器,以宪法、法令、法规、刑法、诉讼法等形式表现出来,具有很强的统一性和不容超越的绝对性,这是法律区别于道德的一个最重要的特点。

第四,违反法律和道德的后果不同,处理也不同。如果违反了道德规范,一般会受到社会舆论的谴责,会遭到人们的唾弃,同时也可能会产生自我的良心不安,却不会受到法律的惩处。然而,如果违反了法律和法规,触犯了法令和刑律,就必然会受到法律的惩处和制裁。

## 第三节　宗教与道德

### 一、宗教

宗教是一种在世界各个民族、各个国家普遍存在的社会历史文化现象。宗教是人类社会发展到一定历史阶段的产物。关于宗教的起源,理论界有各种各样的说法,有的人认为宗教起源于神话,有的人认为宗教起源于自然崇拜,还有的人认为宗教起源于巫术。按照马克思主义的观点,宗教起源于人的发明,是人创造了宗教,而不是宗教创造了人。宗教的本质是支配着人们日常生活的外部力量在人们头脑中的幻想的反映。

1. 宗教的产生

宗教的起源有其特定因果联系的客观规律性。在人与自然的关系中,原始人类必须具有意识到这种关系的萌芽性观念,这是宗教起源的基本前提之一。原始人类在改造自然的进程中,相应地也具有了人与人之间一定的社会关系,人类的这种自我意识也有着一个漫长的历史过程,这与人和自然之间关系变化的历史进程是相适应的。社会组织的形式及其结构是衡量人与人之间社会关系进程的标志,是人类从自然界分离出来的社会进程的反映,是体现人类改造社会智慧能力的标记。历史唯物主义为我们研究原始时代的自然宗教的起源提供了正确的方法论,指导我们首先要到社会物质生活即社会经济基础上去寻找宗教起源的根源。马克思在《资本论》中指出:"甚至所有抽掉这个物质基础的宗教史,都是非批判的。事实上,通过分析来寻找宗教幻想的世俗核心,比反过来从当时的现实生活关系中引出它的天国形式要容易得多。后面这种方法是唯一的唯物主义的方法,因而也是唯一科学的方法。"[1]

恩格斯在《反杜林论》中对宗教的起源做了总结式的论述,他说:"一切宗教都不过是支配着人们日常生活的外部力量在人们头脑中的幻想的反映,在这种反映中,人间的力量采取了超人间的力量的形式。在历史的初期,首先是自然力量获得了这样的反映","不久社会力量也起了作用,这种力量和自然力量本身一样,对人来说是异己的,最初也是不能解释的,它以同样的表面上的自然必然性支配着人。"[2]恩格斯的这一段话,概括起来,正是"人创造了宗教,而不是宗教创造人"[3]。

2. 宗教的构成要素

当宗教产生并发展到一定阶段,它就逐渐成为一个成熟的组织,这时候的宗教不仅对人、对国家甚至对整个社会都产生影响。宗教以及宗教问题尽管复杂,但是一种成熟的宗教一般有宗教意识、宗教组织、宗教礼仪和宗教器物四个构成要素,也可以说这是我们分析某个具体宗教的四个维度。宗教意识对宗教的其他层面有着决定性的意义。宗教发展的历史过程和事实已经充分表明:宗教礼仪的规范化及其文明程度,宗教组织的状况,宗教器物的使用状况,都首先取决于宗教意识的发展。由于原始社会的人类还不具有高度的抽象思维能力,因此原始宗教还不可能具有系统的神学理论,因而其宗教礼仪完全依靠直观感受来确定。这就使得原始宗教的礼仪常常带有不文明的野蛮性,人祭和血祭就是这种状况的典型表现。社会发展到了文明时代后,宗教由原始形态发展到了神学形态,开始有了系统的神学理论,理论思维在宗教意识中发展起来,取代了原始宗教的直观感受,宗教礼仪逐渐摆脱了原始宗教礼仪的野蛮性和残忍性,变得越来越具有文明的规范化的特点。现代宗教礼仪的文明程度比起古代神学宗教的礼仪更要文明得多,这虽然要归功于整个社会文明的进步和发展,但宗教神学思想和理论思维的提高,则是直接起作用的因素。

---

[1] 马克思,恩格斯. 马克思恩格斯全集:第23卷[M]. 北京:人民出版社,2001:429.
[2] 马克思,恩格斯. 马克思恩格斯选集:第3卷[M]. 北京:人民出版社,2012:703-704.
[3] 马克思,恩格斯. 马克思恩格斯选集:第1卷[M]. 北京:人民出版社,2012:1.

### 3. 宗教的社会功能

宗教的各种基本要素都有一定的作用，发挥着不同的功能，从而使得宗教作为一个整体存在于社会之中，成为社会结构的一部分。研究宗教的社会功能可以从各种宗教要素出发，分析它们对个人和社会的具体作用，并做出价值判断，其具体功能包括：(1)宗教具有社会整合与控制功能。这一功能能将社会存在和社会发展的各要素联系在一起，使它们一体化，从而有利于社会的发展。宗教的整合功能建立在宗教信仰能在信徒中唤起共同的思想信念的基础之上。一种宗教如果不能唤起这种共同的思想信念，便不会产生整合的功能；如果它在这方面显得很弱或者变得越来越弱，其整合功能也就会很弱和越来越弱。宗教是超世的，在宗教徒眼中任何世俗社会都是有缺陷的，不完美的。但宗教想要改变的是人而不是社会。正是宗教的这种超越性，使宗教采取了与世俗社会相容合作的态度，在客观上起到了稳定社会秩序的作用。美国人类学家塞雷纳·南达说："宗教信仰实际上就是以超自然的神秘方式实现社会控制。"[①]一切居于统治地位的宗教都具有强烈的维护与稳定现存社会秩序的功能，而居于非统治地位的宗教虽然也有这样的作用，但更多起相反作用。宗教的社会整合与控制功能在不同的社会历史条件和不同的社会制度下，其产生的社会历史后果也是不相同的。这种后果可能是消极的，也可能是积极的，或者二者兼而有之，又各有偏重；(2)社会心理调节功能。马克思曾经指出，宗教是麻醉人民的"鸦片"。它指的是：第一，宗教使人超脱现实，在人们的意识中创造出幻想的世界；第二，宗教使人得到寄托于空想的自我安慰。过去我们在理解马克思这段论述的含义时，只注重了其批判性，即为宗教确定性质，而忽略了马克思在其中首先指出的宗教的心理调节功能。宗教的心理调节功能是指通过特定的宗教信念把人们的心态从不平衡调节到相对平衡的功能，并由此使人们在心理、生理、精神和行为方面达到和谐的状态；(3)社会化与交往能力。宗教的社会化功能通过多种途径来发挥，个人要在社会中生活，首先要学习文化知识，通过这种学习，使自己了解人类最基本的知识和自己所在社会最基本的文化，促使自己更快地社会化。宗教有自身特殊的体系，也以自己特殊的方式帮助个体实现社会化，宗教教育便是促使个体社会化的基本方式之一。个人原本是独立的个体，因血缘姻亲、朋友或工作关系而有着一些私人间的交往。宗教是用信仰的纽带把教徒们联系在一起，使他们彼此认同，感觉属于同一群体，因而产生出许多亲切感。共同的宗教信仰促进了教徒间的交往，共同的追求使他们亲密相处并有着永不衰竭的谈话内容。

作为一种复杂的社会文化现象，宗教与社会各个领域具有关联，它们互相交叉、互相影响、相互作用，比如宗教与道德、宗教与文化、宗教与和平、宗教与科学、宗教与民族等。对于教徒来说，宗教戒律就是道德规范。就信仰宗教的民族来说，有不同的民族信仰同一种宗教的，有同一个民族信仰几种不同宗教的。各民族之间，各阶级、阶层之间，其宗教仪

---

① 南达.文化人类学[M].西安：陕西人民教育出版社，1987：283.

式、信仰程度、宗教心理、宗教感情都异彩纷呈、千差万别,宗教与民族习惯、民族文化互相交织、互相融合,表现出复杂的形态。甚至在当今国际格局下,宗教仍是影响世界和平的重要因素之一。

## 二、道德

道德是伦理学研究的基本对象,伦理学的研究应从追问道德的本质开始。道德的本质是伦理学的基本问题,它是在一定社会群体中约定成俗的规范总和,它以善恶为基本评价词,并直接由个人内心信念和社会舆论来维系、推动。

### 1.道德的缘起

在人类伦理思想史上,有关道德的起源和本质有多种说法,这些说法反映在不同历史时期人们从不从侧面对这一问题的认识与理解,这些解释大致有四种:(1)道德神创说认为道德来源于神的旨意,宣称人世间的道德是由神直接指定,并由神的启示或者神的使者传至人间,而人只能按照神的意旨行事,尊奉神制定的道德,才能得到神的关照或者救赎。世界三大宗教中对道德起源的解释属于典型的神创说。中国传统文化中的"天",就是一种神或神性之物,它的意旨能被圣人、圣王等特殊人物感知、领悟,并由他们制定人间的道德;(2)道德天赋说认为人的道德来源于人的天生禀赋。这里所谓的"天"并非指客观实在的自然界,亦非某种独立于人之外的绝对观念或神秘化的精神,而是指与生俱来、生而固有、不待人为的某种渊源。在西方,德国古典哲学的奠基人康德认为,具有普遍道德价值的东西,不是来自上帝的声音,也不是来自人的自然本性和世上的权威,它只能是来自人的理性本身的善良意志;(3)情感欲望说认为道德起源于人的某种自然的情感或欲望。19世纪德国哲学家费尔巴哈认为,没有快乐感和不快乐感的地方,也就不会有爱与恶的区别[①]。17世纪剑桥柏拉图派代表昆布兰及沙夫茨贝里、哈奇森,还有后来法国的卢梭认为,道德源于人心中的社会情感和利他之心,源于对公共利益的追求;(4)动物本能论是达尔文在回答道德起源问题时所持的观点。这种理论把人类的道德说成是动物的合群感或社会本能的简单延续和复杂化。在达尔文看来,社会本能是人类道德得以产生的最重要和最深刻的原因,这种社会本能为一切具有社会性的动物所共有,它表现为以群居为乐,对同类富有同情心,并以各种方式彼此协作,相互服务。

以上历史上中外伦理学家关于道德起源的各种理论,尽管内容不同,性质有别,表现形式五花八门,但共同点都是没有紧密依据人类社会的历史发展和人类实践活动去考察和研究道德的起源。形而上学地把道德看作是永恒不变的、超历史的行为,因而不能科学地解决道德的起源问题。根据唯物史观的社会存在决定社会意识的原理,要从人类的历史发展和

---

① 费尔巴哈.费尔巴哈哲学著作选集:上卷[M].北京:商务印书馆,1984:589.

社会实践中寻找道德的起源。因此,我们探讨道德起源问题,决不能从上帝、人的先天理性、感觉欲望或动物本能上去寻找,而必须从人们的社会存在和社会实践中去寻觅,我们可以从以下几个方面考察道德的起源问题。

(1)劳动是人类道德起源的第一个历史前提。劳动,是主体有意识的、有目的的、自由自觉的活动,是主体制造工具、把自己的能力对象化、物化,向自然界获取满足自身需要的生活资料的生产活动。劳动不但创造了人本身,而且是人类所特有的生命方式,是人的本质的体现。劳动创造了人,也创造了与人相关的一切,包括人化自然、社会、社会关系、社会上层建筑,当然,也包括人类道德;(2)社会伦理关系是道德发生的现实基础。在社会伦理关系中,人们的交往关系对道德的发生也有一定的促进作用。在社会关系中,人们不仅要进行物与物的交换,还存在人与人之间情感、精神上的交往。在交往的过程中,人们的活动和行为的结果,不仅会以功利性的评价表现出来,还会以利与害、善与恶、应当与不应当等应然性的评价表现出来,即以道德的方式表现出来;(3)人的自我意识的形成和发展是道德产生的主观条件。仅仅有社会分工和劳动实践,仅仅有社会关系,并不必然产生道德。只有自觉意识到这种社会关系的存在,并且意识到如何去调节这种关系,人们才可能主动去建立这种社会关系。未经意识到的道德是不能称为真正的道德,因为道德毕竟是人类主体精神的自律。

**2. 道德的本质**

道德的本质就是指道德区别于其他社会现象的根本性质,是道德基本要素的内在联系和道德内部所包含的一系列必然性、规律性的总和。道德的本质寓于道德现象之中,伦理学的基本任务是通过研究道德现象把握道德的本质。对于道德的本质,应当由浅入深地逐步加以揭示和把握,由认识事物的一般本质逐步进入到其特殊本质,以便全面掌握道德的本质。

(1)道德的本质是一种社会意识形态。马克思在《〈政治经济学批判〉序言》中曾对历史唯物主义的这一基本原理作了精辟阐述和经典概括,强调:"物质生活的生产方式制约着整个社会生活、政治生活和精神生活的过程。不是人们的意识决定人们的存在,相反是人们的社会存在决定人们的意识。"[1]马克思主义伦理学依据社会存在决定社会意识的原理,扬弃了旧伦理学的道德本质观,把道德的本质置于历史唯物主义的基础之上,认为道德既不是神的意志或某种客观精神的体现,也不是人的主观精神自生的。道德作为社会生活的重要组成部分,属于社会精神生活过程,并渗透在社会物质生活、政治生活的各个方面,是种社会意识。

(2)道德是一种特殊的社会关系。道德这种社会意识不仅是社会存在的反映,而且它本

---

[1] 马克思,恩格斯.马克思恩格斯选集:第2卷[M].北京:人民出版社,2012:2.

身也是一种社会关系,这种社会关系具有多方面的规定性。从本质上看,道德是一种思想的社会关系,这种思想的社会关系是物质的社会关系的反映,在阶级社会中是阶级利益的反映。以生产关系为基础的社会关系的形成和发展是道德关系形成和发展的直接基础。道德关系是社会生活中由经济关系所决定,并且受一定的道德观念、道德原则和规范的影响形成的一种特殊的社会关系。

(3)道德是一种实践精神。马克思在《〈政治经济学批判〉导言》中说明由具体上升到抽象,再由抽象上升到具体的这一政治经济学的方法时,提出人类掌握世界的方式有四种,即科学精神的方式、艺术精神的方式、宗教精神的方式和实践精神的方式①。道德就是以实践精神把握世界的特殊方式之一。道德作为一种社会意识和思想关系,如同科学、艺术、宗教等社会意识形式和思想的社会关系一样属于社会精神生活过程,具有精神价值的特征,但道德又不同于科学、艺术、宗教等精神形态,道德直接属于人类行为实践领域,是一种以调节和引导人们的行为为目的、以规范人们的行为方式为内容的实践精神。

3.道德在社会发展中的作用

作为道德规范组成部分的社会公共生活准则,在维护社会生活的相对稳定、保证人们日常生活和交往的正常进行同样有着重要的作用。具体来说,道德在社会发展中的作用表现在如下几个方面:①论证作用。论证阶级统治和阶级利益的合理性。任何道德都是通过社会舆论、风俗习惯、内心信念等特有形式,要求人们按照一定的善恶标准处世行事,为一定的社会经济基础服务,任何阶级的道德无一例外。归根结底,它们总是直接、间接地为产生它的经济基础服务。正如马克思恩格斯指出的,剥削阶级道德的一个重要功用就是"作为对自己统治的粉饰或意识"②;②教育作用。在阶级社会中,各个阶级都通过道德的宣传教育,教育本阶级成员并影响对立阶级的成员使他们按照本阶级的道德原则和道德规范约束自己的行为,尽量达到自觉的程度,即在"个人的意识中把它们设想为使命"③。因此,大力加强社会主义道德建设,发挥道德的教育作用,在清除剥削阶级道德观念的影响,抵制外来的"精神污染",培养"四有"新人中具有十分重要的意义;③调节作用。这是道德最主要的作用。它是由道德在社会生活中的地位决定的。人们总是在一定的社会集体中生活,时刻都发生着个人之间以及个人同社会整体之间的关系,发生各种利益冲突或矛盾。为此,就要求有一定的准则来调整人们之间的关系和利益矛盾,以保证个人与集体关系能够基本协调一致,保证人类共同生活的正常运转。

---

① 马克思,恩格斯.马克思恩格斯选集:第2卷[M].北京:人民出版社,2012:701.
② 马克思,恩格斯.马克思恩格斯全集:第3卷[M].北京:人民出版社,1956:492.
③ 马克思,恩格斯.马克思恩格斯全集:第3卷[M].北京:人民出版社,1956:492

## 第四节 艺术·科学

艺术与科学都是产生于经济基础之上并反映社会存在的社会意识形式，是人类长期的实践过程中认识世界与认识自我的精神结晶。艺术与科学有着各自独立的内容、特点、社会功能，但它们之间也具有内在的关联。深刻地理解艺术、科学的特点及其内在的关系，对于理解社会意识诸形式的本质、特点、作用具有十分重要的意义。

### 一、艺术

艺术是人类社会最早产生的意识形态之一，它通过具体、生动的形象来把握与反映社会生活。艺术作为一个门类，具有不同于其他社会意识的特点、性质与社会作用。

1. 艺术的产生及本质

艺术的产生是一个复杂的过程，它从最初的形式发展到具有多个分支的精神生产的部类，与人类实践及社会生活有着紧密的联系。按照马克思主义的观点和艺术发展史所展示的事实，艺术的产生与发展是实践活动的产物，同时艺术也以其特殊的方式对实践产生反作用。

在人类早期所形成的原始艺术中，无论是原始的壁画、雕刻、还是舞蹈与祭祀仪式，其内容大多直接反映了与原始民族关系最密切的社会生活。比如原始壁画中较多的是野牛、野马、鱼类等形象，却较少取材于植物。因为那时的主要生产活动是狩猎，动物在狩猎民族生活中的价值远高于植物，以动物为主要表现题材就成为当时的主要价值取向。随着社会生产力的提高和艺术视野的开拓，艺术逐渐摆脱了对于生产劳动的直接依赖，反映社会生活的领域和形式也越来越丰富多彩。劳动、爱情、战争等众多的社会、自然现象都逐渐成为艺术表现的内容。

从艺术的形式上来看，有些艺术样式特别是现代艺术往往比较抽象，表现的情感也非常复杂，似乎是艺术家主观意识的产物。但从艺术的发展史上来看，这些看似抽象的形式也并非是创作者纯粹主观的产物。比如，在诸多艺术形式中，音乐是比较抽象的，它往往无法使我们直接看到它所反映的具体生活，但是，音乐中所表现的情感以及音乐所得以构成的要素却是音乐家提炼、感受生活的结果。正如我国南朝的文学批评家刘勰所说的那样："情以物迁，辞以情发"，什么感受也不表现的所谓"纯艺术"是没有意义的。

艺术是对社会生活的反映，并不是单纯的模仿生活的表象，在艺术家所创造的艺术形象中，往往表现出艺术创造者对生活的诠释和独到的理解，传达着艺术家的审美追求与对于真善美的独特价值判断。艺术中对美的追求及其所创造出的艺术"世界"往往成为我们创造生活的理想和为之奋斗的目标。

艺术与社会生活及实践关系,是我们理解艺术的本质的基本视角,离开了实践与生活,艺术便成为无源之水与无本之木。正如车尔尼雪夫斯基曾经指出的那样:再现生活是艺术一般性格的特点,是它的本质。反映并再现生活是艺术的本质所在,也是艺术作品生命力的源泉,从生活的角度出发,才能够对艺术做出公正、客观的评价。

2. 艺术的特征

艺术与其他社会意识形式同样是社会生活的反映,但艺术以形象的塑造来反映社会实践与生活。因此,形象特征、审美特征、情感特征就成为艺术区别于其他意识形式的最重要的三个特征。

第一,形象性。艺术不是以概念而是用形象来反映和再现社会生活的,形象是艺术反映生活的主要手段,没有对形象的成功塑造就没有艺术。艺术之所以用形象来反映或再现社会生活,其主要的原因在于艺术所反映的对象不是事物的整体或抽象的本质,而是具体、特殊的对象,或者说,艺术主要描写具有丰富性与多样性的人及其生活,通过艺术的形式将生活中活生生的人及其生活过程与生活体验再现出来,成为具有具体可感性与概括性相统一的艺术形象。

第二,审美特征。艺术以形象反映社会生活,但不是对社会生活的机械摹写,而是通过所描写的艺术形象表达艺术家的审美价值取向和情感态度。只有表现审美理想与情感态度的形象才是艺术的形象。艺术中的美是现实美的反映,生活中具有各种美的元素,但是,现实(包括自然、社会、与人)中的美总是受到时间、空间的局限,具有局部性、相对性、偶然性的特点,来源于现实的艺术所发掘、展示、体现的生活美必然高于生活美本身。唯其如此,艺术才具有令人动心的魄力和感染力。在艺术家所创造的艺术品中,往往体现着艺术家独特的美学理想和情感态度,表现出艺术家对生活美的评价与取舍态度。因此,从某种意义上说,艺术是美的集中表现,不具有审美价值的作品也就不能称为好的作品。

第三,典型性。艺术通过形象来表现或再现生活的真实,表达艺术家的审美判断,并借助艺术形象来表达对社会生活的理解、认识、情感、愿望和意志,从而引起人们的共鸣,获得影响社会的效果。要实现这种作用,艺术所展现或创造的形象必须具有典型性,这是艺术的生命。无论是音乐语言,还是绘画语言,都要通过形象、典型来表现,没有了形象,文艺本身就不存在。作为典型的艺术形象不是个别事物的简单再现,而是对社会生活本质的东西的概括和综合。因此,形象愈典型,概括的范围愈广泛、层次愈深入,它的教育意义也就愈大。

艺术除了具有这种独有的特征外,也具有上层建筑意识形态的一般特征,比如,在阶级社会,艺术,特别是再现某种社会生活现实的艺术,具有一定的阶级性,反映着一定阶级、阶层和社会势力、社会集团的思想、感情和愿望。不同阶级的艺术有着不同的内容,起着不同的作用。一般说来,先进阶级的艺术反映社会生活中健康的、进步的东西,对社会进步起着推动作用;反动阶级的艺术充满低级庸俗趣味和感官刺激,使人精神颓废、消极堕落,对社会进步起着阻碍作用。即使是反映自然景物的美的艺术,也常常是借景抒情,表达人们对政治、伦理、宗教等方面的情感和观念。艺术的发展还具有历史继承性。一定时代的文学艺术对以往时代文学艺术成果总是有所肯定、保留、吸取和借鉴。思想内容和艺术形式的继承体现着不同时代文学艺术之间的历史联系。为了创造中国特色社会主义的文学艺术,要批判地继承中国和外国以往时代遗留下来的丰富的文学艺术成果和优良的文学艺术传统,特别是对那些真实反映社会生活,具有人民性、艺术性和长久魅力的作品,要吸取和借鉴其中一切有益的东西。为了繁荣社会主义的文学艺术,必须坚持"为人民服务、为社会主义服务"的方向和"百花齐放、百家争鸣"的方针,要求文学艺术作品的思想内容尽可能完美地与艺术形式统一。

3.艺术的社会功能

艺术产生于实践与生活,同时以独特的方式对社会生活发生作用,这些作用概括起来主要包括:认识作用,教育作用,审美作用。

艺术的认识作用。艺术是对生活的反映与再现,艺术品往往表现了艺术家对生活的独特理解。优秀的艺术品能够反映真实的社会生活及人们的精神面貌,它能够引导人们正确地认识生活,把握生活的真谛和表达人们的心声。相反,歪曲地反映社会生活的艺术品,则会导致人们对社会生活做出错误的认识和理解。当然,艺术的这种认识作用不同于历史、经济学、统计学等,它是以形象的生动典型为条件的。通过感受艺术形象所传达的审美判断、价值取向,人们能够直观地认识什么是真善美和假恶丑,以此形成对生活、对事物的正确态度。

艺术的教育作用。艺术虽然不是说教,但是艺术要通过形象正确地说明生活,引导人们正确地认识生活。艺术的教育功能是通过体现于艺术中的艺术家审美取向、情感态度来实现的。欣赏者在作品的欣赏过程中受到艺术家的影响,潜移默化地接受艺术家关于我们应当做什么和不应当做什么的艺术观点。艺术的教育作用既表现在它对社会生活中有价值的东西的肯定,而且也可以通过对丑的东西的否定引发欣赏者对这些东西的否定的审美态度和价值评价。

艺术的最重要的作用是审美功能,即通过对作品的欣赏唤起欣赏者的美感,培养人们高尚的审美情趣,提高人们的审美水平。在艺术品的创造中,艺术家将其对社会生活的理解通过形象表现或再现出来,这些形象寄托了创作者的社会理想和审美价值取向,它能够净化人们的心灵,陶冶情操,怡养性情,提高情商,改善人的认知能力。同时,通过艺术欣赏,人们能够学会认识真善美,提高辨别假丑恶的能力。总之,艺术具有多方面的作用,发展艺术事业对于改善与提高我们全民整体素质无疑具有积极的意义。

## 二、科学

科学是关于自然、社会和思维的知识体系,它产生于人类改造与认识自然的活动之中,是实践活动的经验概括和总结。它以逻辑和概念等抽象形式反映世界。它所创造的是人类的物质文明。科学作为上层建筑的一种意识形式,不具有阶级性。科学与技术既有联系又有区别,从形态上说,科学主要表现为科学知识和科学理论,技术主要是以科学为基础形成的获得物质财富的各种物质、精神和信息手段的总和。我们这里的科学主要是指与技术有所区别的科学理论与科学知识。

1. 科学的主要特点

科学作为人类认识改造自然、社会及人类本身的实践的产物,可以从静态和动态两个方面来理解,动态的科学是指科学活动,它主要是生产知识和创造知识的过程。静态的科学是指科学活动的结果,即通过科学活动形成的关于自然与社会知识的知识体系。无论是动态还是静态意义上的科学,其本质都是对真理的探求与知识的创造。从这个意义上看,科学的主要特点可以概括为系统性、普遍性、精确性与可检验性。

系统性是说科学不是关于对象的偶然的、零散的、个别的经验事实的堆集,科学是用专门的语言、观念乃至公式对自然、社会的事实、现象和过程中的内在关联做出合乎逻辑的说明,它表现为一个由过去的知识为基础的不断对新的事实做出解释的理论系统。即科学通过形成系统的理论来解释世界,在结构上它呈现出极强的逻辑性。同时,科学研究的结果,最终也体现为结构严谨的理论,高度系统化的知识体系。

科学理论也是具有普遍性特征的。科学虽然离不开经验事实的观察、分析、研究,但科学所关注的是经验事实之间的稳定的、内在的、本质意义的联系。科学理论对于经验事实的解释,也主要不在于给出个别事实的答案,而在于寻找共同性与普遍性的模式,并据此形成更具概括性的理论。自然科学是这样,社会科学也是这样,比如经济学,它虽然离不开对经济现象的经验描述,但它的理论最终是要发现经济活动诸现象中具有规律意义的东西,即经济现象的内在关系和这些经济现象得以发生的内、外部条件。爱因斯坦曾指出:"科学必须在庞杂的经验事实中间抓住某些可用精密公式来表示的普遍特性,由此探求自然界的普遍原理。"[①]

科学的可检验性。大多数科学家或科学哲学家在谈论科学的特点时的一个共同看法是认为可检验性是科学之所以成为科学的一个条件。物理学家弗兰克就认为,科学家的首要任务是建立抽象的普遍原理,而由这种原理导出的逻辑结论应该能接受经验事实的检验。这里所谓的可检验性,是指某一个科学理论或原理在原则上可以用经验来检验,也就是说,一个科学陈述在给出某些初始条件后可以推演出一个或更多的推断,而这些推断可与观察、实验的结果相比较,可以在经验的意义上获得确认。科学哲学家波普尔认为,衡量一种理论的科学地位的标准是它的可证伪性或可反驳性或可检验性。波普还说过:"一个科学家不论

---

[①] 爱因斯坦.爱因斯坦文集:第1卷[M].北京:商务印书馆,1976:75-76.

是理论家还是实验家,都提出假说或建立理论系统,然后用观察和实验对照经验来检验它们。"[1]可检验性作为一个特征,是科学理论区别于宗教、迷信、神话、形而上学及其他各种非科学知识体系和观念的基本标志,也是科学事业具有极强的生命力和不断发展的重要原因。

科学理论的开放性。科学理论是对特定时期的实践经验的概括与总结,随着实践的发展,科学的理论也必然要向前发展。因为科学理论的提出是一个过程,同样的,对科学理论的检验也是一个过程。这就要求既有的科学结论必须经受新的经验或实践的批判,进行再评价,进行补充与完善。科学哲学家夏佩尔认为:"科学中不存在任何绝对的东西,任何我们所相信的东西,无论我们对它有多么确定和完善的理由,原则上都存在着这样的可能性,即将来会产生怀疑和抛弃的理由。"[2]而且,就理论上来看,任何科学理论都是可错的,即便某个理论通过了一系列经验事实的检验,只能暂时地为科学界所接受,并不能证明它永远不会出错,因为经验事实是没有穷尽的,而且经验世界本身又是不断发展变化的。因而,科学理论如果不是开放的系统,就会成为教条,而教条就不能是科学。正是这种开放性,才有可能防止科学蜕变为一种时髦的思想,一种宗教的替身,一种僵化的意识形态。

2. 科学的功能

科学是人类智慧的结晶,是人类在改造与认识世界的实践过程中形成的知识体系,它对于推动人类的进步和社会的发展具有无可替代的作用。它是人类实现由必然王国向自由王国飞跃的阶梯。

首先,科学与技术一起,构成社会的"第一生产力"。科学理论和知识体系通过转化为生产力的诸要素而成为生产力的重要组成部分。在当今时代,科学知识在提高劳动者的素质,改变劳动工具的性能,拓展实践活动的对象,提高人们从事实践活动的和管理水平和技能等方面发挥着越来越重要的作用。它本身既是人类文明的标志和重要的组成部分,也是推动人类文明进步的主要动力。

第二,科学既是人类精神文明的产物,同时又推动着人类精神生产的发展和精神文明的进步。科学知识与科学理论作为人类文明的精神成果,它的每一步发展都大大丰富着人类对自然与社会的认识,改变着人们精神生产方式和精神生产的内容。比如,以信息科学及信息技术的产生与发展,从根本上改变了知识生产与信息传播方式;当代自然科学所提出的控制论、系统论、信息论、协同论、耗散结构论等新理论为人们认识自然与社会提供了崭新的视野;改变了人们对自然、社会、思维的传统认识;以科学理论为基础的一系列新技术新方法的产生,改变着人们的生存方式、交往方式和思维方式,从而改变着传统的道德、哲学、艺术等社会意识形态的内容与形式,并进而改变着人们精神结构的基本构成与认知取向。

第三,科学是引发社会变革的重要动力。科学理论与知识体系是人类改造与认识世界

---

[1] 波普尔. 科学知识进化论[M]. 北京:北京三联书店,1987:15.
[2] 夏佩尔. 理由与求知[M]. 上海:上海译文出版社:1990:446.

的经验概括和理论总结,科学理论的每一次重大发现及其所引发的革命性变革,都会导致人们实践方式和思维方式的重大变革,从而引起社会各个领域发生变化。例如,爱因斯坦所提出的相对论,在宇宙学、量子力学、核物理学、微电子学等自然科学某些重要领域引发了深刻的革命性变化,由于相关的技术(如核技术)的发展,引发了人们生活方式、思维方式、生活方式的改变,甚至影响战争的进程。总之,科学及其进步所引发的变革,促进了人与自然、人与社会的矛盾的转化,影响着社会系统诸要素的重构,推动着社会上层建筑及人的思想的变化,科学是社会进步与经济发展的催化剂与直接的动力。

## 第五节　各种社会意识形式的区别与联系

各种形式的社会意识之间是既相互对立、相互区别,又相互联系、相互作用的辩证统一的关系。正是各种形式的社会意识的辩证统一构成了一定社会的社会意识系统及其发展过程。

### 一、各种社会意识形式的区别

各种形式的社会意识是相互对立和相互区别的。它们虽然都是社会存在的反映,但在反映什么、如何反映等问题上,各有不同的特点。

第一,反映的内容不同。各种形式的社会意识反映社会存在的角度不同,艺术从审美的角度反映人们的物质和精神生活,反映社会关系和自然环境。道德从善恶的角度反映个人、家庭、阶层、阶级和各种社会集团的关系。政治法律思想从争夺统治权的角度最直接最集中地反映、维护或改变一定生产关系所体现的阶级的经济利益。哲学、宗教和科学都反映人和自然、人和社会、社会和自然的关系,但哲学和宗教是在总体上、普遍层次上的反映,科学则是在局部与特殊层次上的反映;宗教是在低级、简陋、虚幻的意识水平上的反映,哲学和科学是在高级的具有精确逻辑、系统理论的意识水平上的反映;科学和唯物主义哲学还力求自觉地正确反映物质世界的本质和规律。

第二,反映的方式不同。各种形式的社会意识以不同方式反映社会现实。艺术的反映离不开形象,它的语言是形象的;宗教是虚幻反映,它的语言是形象与直观感情观念的混合物;道德和政治法律思想使用的语言大部分是与具体行为密切相关的特殊概念和少量的一般概念;哲学的语言则是最抽象的概念,即概括普遍规律的哲学范畴。

第三,与社会经济基础联系的密切程度不同。各种上层建筑的社会意识都产生于一定的经济基础,但它们的具体形式与经济基础联系的程度不相同。依政治法律思想、道德、艺术、宗教、哲学的次序,它们同经济基础的联系,一个比一个远些、间接些。其中,政治法律思想距离经济基础最近,和经济基础联系最密切,它直接随着经济基础的变化而变化;道德则在一定程度上保持着本身的传统与惯性;艺术、宗教、哲学往往通过许多中介(政治法律思想、道德等)才同经济基础相联系起来。

第四,对社会存在的作用不同。它是指各种社会意识形式对社会存在具有反作用,而且反作用的方式、大小和性质,在不同历史条件下是不同的。大体上依哲学、艺术、道德、政治法律思想的次序一个比一个作用更直接,效果更明显。它们在贯彻于社会生活时,分别通过对人们思想上的原则指导,心理感召和情感熏陶,舆论和习俗的维护,直至半强制和强制地约束,一个比一个更富有指令性和强制性,而其作用的具体成效,也一个比一个更及时、更迅速。当然,它们的作用并不是固定的,而是历史地发展着的。

第五,历史发展的过程和前途不同。各种意识形式在原始社会意识形态中孕育,在阶级社会的长期发展中,各自经历了不同的形成、发展和演化的道路,成为相对独立的意识形态领域,每一种形式都有自己独特的历史记录,并且有独立的意识的归宿。大体说来,艺术、道德和哲学等形式一经出现,就将与人类社会生活共同存在下去。政治、法律、思想是阶级社会所特有的意识形式,随着人类进入无阶级的社会,它们的特有形式将会改变。未来社会将有内容和形式都不同的"政治",即社会组织管理的事业及其思想表现。那时,也许还需要有某些带强制性的、违背了它就要受到社会制裁的规范,但总的说来,法律形式将逐渐消融于道德形式之中。宗教是人类文明发展前期的产物,是人们遭受自然和社会压迫而不能掌握自己命运的反映。随着社会生活的高度文明化,当消灭阶级和阶级差别、人们真正成为自然和社会的主人、能够完全掌握自己命运的时候,人类将用高度发达的科学思维来代替迷信和超自然崇拜,宗教就将彻底消亡。

## 二、各种社会意识形式的联系

各种社会意识形式之间既有区别,又有联系,它们的联系主要体现在以下几个方面。

第一,它们都是统一的社会形态的反映。意识形态诸形式反映的对象是同一个社会生活整体,它们的基础和来源都是社会物质生活;在阶级社会中,意识形态诸形式都表现了一定阶级的利益和意志,都不同程度地具有阶级性。因此,当它们各自从不同的侧面以不同的方式反映社会生活的时候,它们必然相互补充、相互渗透、相互影响,构成一个总的社会意识形态体系。同一性质的意识形态诸形式都为同一社会形态服务,只不过反映和服务的侧面、重点、方式不同罢了。因此,随着社会形态的发展,每一时代的意识形态诸形式之间,在许多相互区别的具体特点背后,总有一些共同的实质性内容,有统一的历史面貌。因为它们表现出的是共同的时代精神。

第二,它们之间在内容上相互补充、相互渗透,形式上相互交叉、相互作用。如艺术把道德、政治、宗教等作为内容,哲学和宗教曾经互为形式,政治、法律、思想和道德在内容上互相包含,等等。哲学的(以及科学的)真、道德的善、艺术的美,虽然各有侧重,但真、善、美往往是彼此相通的。从形式上看,哲学、道德、政治、法律、思想,往往采取文学、艺术的形式来表达(如宗教艺术);反之亦然。我们以艺术为例,真正的艺术,不仅有优美的形式,而且有深刻的思想内容。作为艺术的思想内容,它可以包括政治、法律、道德、宗教和哲学等观点。在许多时代,科学思想的传播和普及也少不了借助艺术的力量。艺术反映自然景物的美,也不单纯写景,而往往是借景抒情或用拟人化的手法,借以抒发人们在政治、伦理、宗教等方面的感情。可见,艺术绝不是一种孤立的意识形态形式,它总是和其他意识形态形式紧密联系在一起的。当然,各种具体艺术作品同其他各种意识结合形式的方式和程度又各不相同。在现时代中,要特别注意通过艺术形象向广大群众进行正确的思想教育,同时也不能忽视艺术在提高人们审美水平和陶冶人们高尚情趣中的作用。

第三,它们发展变化的历史过程相互影响、相互制约,每一种形式的形成和发展都同其他形式联系着。例如,在各个民族的历史上,宗教、艺术、政治、法律、思想等都对民族道德的形成和巩固起了重要的作用,而传统道德一旦形成,对具体的政治、法律、思想和艺术等形式也有很大的选择性和约束力。以中国文化为例,自周朝周礼形成后,周礼中深厚的道德内涵对后世产生了深远的影响,后又经孔子发扬光大,使道德成为中国文化发展中的核心内容,也成为其他社会意识形式(政治、法律、思想、艺术、宗教、哲学)所应该蕴含的内容之一,其选择性和约束力也就最为充分地体现出来了。

第四,它们对社会生活的作用,是通过彼此相互联合、相互辅助来实现的。单靠一种形式不能够很有效、很广泛地影响社会。各种形式同时并举,协同动作,才能在促进社会形态的巩固或改变中充分地体现其作用。因为各种社会意识形式对社会存在的作用有不同的侧重点,哲学是通过改变人们的思维方式来反作用于社会生活,艺术是通过情感陶冶来影响人们的,而道德是通过调节人与人、人与社会关系行为规范来起作用的。因此,它们之间需要相互配合,才能更好地发挥作用。

1. 社会心理和社会意识形式的区别?
2. 群体意识和个体意识的区别?
3. 社会意识相对独立性及表现指什么?
4. 道德与法有何联系及区别?
5. 科学的主要特点是什么?

# 第十八章

## 社会形态

> 每一时代的社会经济结构形成现实基础，每一个历史时期由法律设施和政治设施以及宗教的、哲学的和其他的观点所构成的全部上层建筑，归根到底都是应由这个基础来说明的。
>
> ——马克思

社会形态作为建立在一定发展阶段的生产力之上的经济基础和上层建筑的辩证统一体，它是由生产力作为最终基础，生产关系作为基本"骨架"，政治的和思想的上层建筑作为"中枢"和"血肉"的有机联系的整体，每一种社会形态都有其特殊的本质和特殊的发展规律，有其产生、存在、发展和灭亡的历史。整个人类社会是一个不断地由低级社会形态向高级社会形态演进的历史。迄今为止，人类社会历史的发展已经依次经历了原始社会、奴隶社会、封建社会、资本主义社会和共产主义社会五种社会形态，共产主义社会是人类社会的最理想、最终要达到的一种社会形态。

## 第一节　经济基础

经济基础和上层建筑是社会形态理论的基本范畴,但二者的地位不同,任何社会的上层建筑都是由其经济基础决定。经济基础是社会形态的物质根基,是上层建筑的客观"基础"。没有经济基础,就没有上层建筑。因而,经济基础是社会形态理论的逻辑起点。

### 一、经济基础的含义

经济基础是指同生产力的一定发展阶段相适应的占统治地位的生产关系各方面的总和。马克思在《〈政治经济学批判〉序言》中指出:"人们在自己生活的社会生产中发生一定的、自然的、不以他们的意志为转移的关系,即同他们的物质生产力的一定发展阶段相适合的生产关系。这些生产关系的总和构成社会的经济结构,即有法律的和政治的上层建筑竖立其上并有一定的社会意识形式与之相适应的现实基础。"[1]这是马克思主义关于社会经济基础的科学规定。由此可见,经济基础也就是该社会的经济结构、经济制度。对此,我们应从三个方面来把握。

(1)经济基础就是生产关系,两者内容相同。经济基础与生产关系是同一层次的范畴。从本质上讲,经济基础就是生产关系,是指人们之间的经济关系,亦即物质利益关系。生产关系在社会结构中具有双重身份。就不同的关系而言,相对于生产力称为生产关系,它是生产力借以发展的社会形式;相对于上层建筑称为经济基础,它是上层建筑赖以建立的现实基础。因此,离开了与上层建筑的关系,就无所谓经济基础。

(2)经济基础的性质是由一定社会中占统治中地位的生产关系决定的。经济基础是与生产力的一定发展阶段相适应的生产关系,但不等于现实存在的一切生产关系,而是指一定社会中占统治地位的生产关系。在一定社会中,现实存在的生产关系十分复杂,除了占统治地位的生产关系之外,还有旧的生产关系的残余和新的生产关系的萌芽。那么作为特定社会的经济基础只能由在特定社会中占统治地位的生产关系所规定。例如,在社会主义社会中,不仅有社会主义的生产关系,同时还有个体经济、私营经济和公私合营经济,其中只有以生产资料公有制为基础的生产关系才是社会主义社会的经济基础。马克思把这种占据支配和统治地位的生产关系称作"普照的光",它决定社会的上层建筑乃至整个社会的性质,从而区分不同的社会形态。

占统治地位的生产关系本身是一个多环节、多方面、多层次的有机统一整体,它既包括

---

[1] 马克思,恩格斯. 马克思恩格斯选集:第2卷[M].北京:人民出版社,2012:2.

静态的三个方面,即生产资料所有制,生产过程中人与人的关系和分配关系;又包括动态的生产、交换、分配、消费四个环节。经济基础就是特定社会占统治地位的生产关系多方面、多环节的总和,正是这个"总和"构成该社会的经济基础,从而决定其上层建筑。

(3)经济基础属于社会的物质关系。生产关系是人们在自己生活的社会生产中产生的一定的、自然的、不以人的意志为转移的关系,这种关系是生产过程中不可缺少的。马克思说:"为了进行生产,人们相互之间便发生一定的联系和关系,只有在这些社会联系和社会关系的范围内,才会有他们对自然界的影响,才会有生产。"①生产关系实质上是经济关系,是人们之间的物质利益关系。人们对生产资料的关系不同,决定着他们对产品的分配不同,即他们的物质利益的不同。由此可见,经济基础属于社会的物质关系和经济关系。

## 二、阶级结构是经济基础的社会表现

在一切生产关系中,占统治地位和起主导作用的生产关系决定经济基础的性质。生产关系是人们所构成的社会关系。人是生产关系的物质承担者,因而经济基础在阶级社会中最明显的社会表现就是社会的阶级结构。

1. 列宁的阶级定义

在马克思主义产生以前,一些资产阶级的经济学家和历史学家曾经提出过阶级斗争的问题。但是,由于历史和阶级的局限,他们都不能科学地揭示阶级的实质,只有马克思主义第一次对阶级的实质做了科学的说明。列宁指出:"所谓阶级,就是这样一些大的集团,这些集团在历史上一定的社会生产体系中所处的地位不同,同生产资料的关系(这种关系大部分是在法律上明文规定了的)不同,在社会劳动组织中所起的作用不同,因而,取得归自己支配的那份社会财富的方式和多寡也不同。所谓阶级,就是这样一些集团,由于它们在一定社会经济结构中所处的地位不同,其中一个集团能够占有另一个集团的劳动。"②

首先,列宁的阶级定义论述了阶级的四个基本特征。

第一,"在历史上一定社会关系中所处的地位不同"③。这句话是总的论述。一定的社会生产体系就是与生产力发展相适应的生产关系体系。不同类型的私有制生产关系体系,是不同社会阶级关系和阶级结构的决定因素。人类历史上一共有五种生产关系体系,即原始公有制、奴隶制、封建制、资本主义制、共产主义制。其中奴隶制、封建制、资本主义制的社会生产体系中存在着阶级划分,原始公有制的和共产主义制的生产体系不存在阶级划分。所以,阶级只存在于一定的社会生产体系中,并与生产力发展的一定历史阶段相联系。

第二,"对生产资料的关系不同"。这是阶级划分的基础。在阶级社会统治阶级占有全

---

①马克思,恩格斯.马克思恩格斯选集:第1卷[M].北京:人民出版社,2012,340.
②列宁.列宁选集:第4卷[M].北京:人民出版社,2012:11.
③列宁.列宁选集:第4卷[M].北京:人民出版社,2012:11.

部或大部分生产资料,而被统治阶级不占有或很少占有生产资料。这样,统治阶级就能利用自己占有的生产资料,对劳动人民进行经济上的剥削,占有他们的剩余劳动。括号中所讲的"这种关系大部分是在法律上明文规定了的"[①],在法律中把人们对生产资料的关系明文规定下来,就叫作财产关系。财产关系属于法律关系,是上层建筑,它的基础是生产关系。生产关系是财产关系的基础,财产关系是生产关系在法律上的表现。

第三,"在社会劳动组织中所起的作用不同"[②]。对生产资料的占有关系不同,决定着各阶级在社会劳动组织中的地位不同。占有生产资料的阶级,在生产中居于领导地位或指挥地位,专门从事生产的管理,而不直接参加劳动。不占有生产资料的阶级,无权从事生产的管理,被迫从事繁重的劳动。

第四,"领得自己所支配的那份社会财富的方式多寡也不同"[③]。也就是分配方式的不同。分配方式是由对生产资料的关系不同和在社会劳动组织中的作用不同决定的。例如,在资本主义社会,由于资本家占有全部生产资料,并在生产中处于领导者、指挥者的地位,就能够占有工人所创造的剩余价值,占有大量的社会财富;工人因为不占有生产资料,一无所有,在社会劳动组织中处于被支配的地位。因而只能获得勉强补偿劳动力价值的工资。不同私有制社会的分配原则和方式虽有差异,但劳者少获,乃至不获,获者不劳是共同的分配原则。这种不合理的分配原则和方式归根到底是由生产资料私有制决定的。

由上可见,列宁关于阶级规定的四个基本特征是相互联系、不可分割的。其中,各个集团对生产资料的占有关系的不同是最基本的,它决定了不同的社会集团在生产体系中的地位、劳动组织中的作用、分得财富的多寡。所以,它是形成不同阶级的基础。

其次,列宁的阶级定义揭示了阶级的实质,为阶级划分提供了科学的标准。阶级的本质就是在一定社会经济结构中处于不同地位的社会集团,其中一个集团能够占有另一个集团的劳动。即一个阶级剥削另一个阶级,这就是阶级对立的实质,也是划分阶级的客观标准。阶级在本质上是一个经济范畴,是经济关系的人格化。划分阶级的标准只能是经济标准,而不能以政治、思想为标准。阶级又是一个社会范畴,阶级之间的关系不仅仅限于经济生活方面,在社会政治生活和精神生活方面也会得到反映,但政治关系和思想关系最终是由其阶级的经济地位、经济利益决定的,是经济上阶级矛盾和对立的集中表现。一些资产阶级社会学家和思想家从唯心史观出发,歪曲阶级的实质和阶级划分的标准。"组织论"认为阶级是由人们在社会生产组织中的不同职能造成的,统治阶级与被统治阶级的对立是在社会生产中的"组织者"和"执行者"的差别;而"分配论"者认为阶级的区别仅在于收入来源和收入多少的不同。

---

① 列宁.列宁选集:第4卷[M].北京:人民出版社,2012:11.
② 同上①.
③ 同上①.

## 2.阶级的产生是与一定生产力相联系的

阶级是一个历史的范畴,它不是从来就有的,也不会永远存在下去。阶级是生产发展到一定阶段的产物。阶级的产生和存在依赖于一定的条件:第一,剩余产品的出现是阶级产生的物质前提。在人类社会的最初发展阶段,即在原始氏族时期,生产力水平很低,没有剩余产品,没有生产资料私有制,没有人剥削人的现象,也没有阶级划分,到了原始社会后期,随着金属工具的使用,生产力发展水平有了较大的提高,出现了剩余产品,这就为一部分人占有、剥削他人劳动提供了可能,为阶级的产生创造了客观物质基础。第二,社会分工的发展是阶级产生的社会条件。随着生产力的发展,出现了社会分工,第一次社会大分工的产生,带来了以氏族首领为代表的各部落之间的产品交换,而随着社会分工和产品交换的扩大,从而加速了社会财富的积聚、集中和氏族成员的两极分化,阶级的出现成为必然,于是从第一次社会大分工中产生了第一次社会大分裂,即社会产生了两个利益根本对立的阶级——奴隶主和奴隶。第三,生产资料私有制的确立是阶级产生的直接原因。阶级本身是一些互相独立、互相依存的社会集团,但社会集团的存在并不一定导致阶级的存在,社会集团转化为阶级的必要条件是私有制的出现。原始社会末期,冶炼、纺织、酿酒、畜牧等产业出现,为个人和家庭单独生产提供了条件,一些独立从事生产的个人或家庭最初使用公有生产资料,后来逐渐将其据为己有,公有的生产资料逐渐变成了私有的生产资料,阶级的产生由可能变为现实。

阶级的产生是一个漫长的历史过程,奴隶主阶级主要是通过两条途径形成和发展起来的。第一,氏族公社中社会管理职能的独立化,即氏族首领由"社会的公仆"变为"社会的主人"而形成的奴隶主阶级。随着社会生产力的发展,出现了剩余产品,氏族首领等公职人员利用职权把公共财产据为己有,逐渐形成了氏族显贵。第二,氏族内部贫富分化,出现了占有较多生产资料和生活资料的富裕家庭,形成了奴隶主阶级。而奴隶的出现也有两个途径:一是氏族与部落的武装冲突中出现的俘虏成为被剥削的奴隶;二是氏族内部的某些成员由于丧失生产资料成为贫困者而沦为被剥削的奴隶。这样,人类社会便由没有阶级、没有剥削的原始社会进入了第一个阶级对抗的社会——奴隶社会。

阶级出现后,社会结构发生了历史性的变化,人类社会从原来以血缘关系为纽带的无阶级的社会结构转化为以阶级关系为纽带、以阶级划分为界线的阶级社会结构。每一个阶级社会都有与该社会生产方式相适应的两大基本阶级,除基本阶级之外,还存在一些非基本阶级,如奴隶制社会的"自由民"、封建社会的手工业者、资本主义社会的农民等。在同一个社会的阶级中,由于经济地位的差异而分成若干阶层,如奴隶主阶级区分为贵族奴隶主和工商奴隶主,地主阶级区分为大、中、小地主,资产阶级区分为大、中、小资产阶级,无产阶级区分为产业工人、手工业工人、店员工人,农民分为上、下、中农、富农、雇农等。在阶级社会里,知识分子不是独立的阶级,而是分属于各个阶级的社会阶层。准确掌握阶级、阶层的联系与区别，有利于从不同层次和不同的角度分析社会成员的结构，认识各种社会关系和社会矛盾，这对于无产阶级政党制定正确的方针政策有重要意义。

### 三、阶级斗争及其历史作用

阶级产生以后，人类社会就是在阶级斗争中发展的。可以说，自原始社会解体以来的几千年的人类社会发展史，不仅是物质生产发展史，也是阶级斗争的发展史。

列宁指出，什么是阶级斗争？这就是一部分人反对另一部分人的斗争，无权的、被压迫的和劳动群众反对特权的压迫者和寄生虫的斗争，雇佣工人或无产者反对私有主或资产阶级的斗争。也就是说，阶级斗争是指经济利益根本冲突的对抗阶级之间的斗争。阶级斗争根源于物质利益的根本对立。历史上一切剥削阶级总是利用它们占有的生产资料和在生产体系中的统治地位，对被剥削阶级实行残酷的压榨和掠夺。被剥削阶级为了自己的生存和摆脱受剥削受压迫的地位，就不得不起来进行斗争，以反对剥削阶级在经济上、政治上、思想上的剥削和压迫。因此，在阶级社会里阶级斗争是不可避免的。它贯穿于阶级社会的各个领域和整个过程。阶级斗争是阶级社会发展的直接动力。所以，在阶级社会，社会基本矛盾作为社会发展的基本动力，总是通过阶级斗争表现出来并得到实现，阶级斗争的作用在于推动阶级社会基本矛盾的解决，实现社会制度的根本变更，达到解放生产力的目的。

阶级斗争对社会发展的推动作用，突出表现在社会形态更替的质变过程中。阶级社会的生产关系体现着阶级之间的经济关系，生产关系的改变必然引起阶级关系的变化。旧生产关系的消灭和新产生关系的建立意味着反动统治阶级统治地位的丧失。因此，他们总要凭借自己的政治权力和思想影响，极力维护已经成为生产力发展桎梏的腐朽的生产关系。而代表生产力发展要求的先进阶级则力图通过阶级斗争和社会革命推翻旧政权，建立新政权，消灭旧生产关系，建立新生产关系，解放生产力。历史上从奴隶社会过渡到封建社会，从封建社会过渡到资本主义社会，都是通过激烈的阶级斗争和社会革命实现的。

阶级斗争对社会发展的推动作用还表现在同一社会形态内部发展的量变过程中。在阶级对抗的社会里，阶级斗争贯穿于社会发展的始终，被压迫、被剥削阶级为反抗压迫和剥削进行的每一次斗争，都不同程度地打击了当时的统治阶级，迫使他们做出某些让步或社会改良，从而或多或少地推动社会生产力的发展。同时，被统治阶级在阶级斗争中，也得到锻炼，积累了经验，积蓄了力量，从而为社会形态的根本转变准备了条件。

阶级斗争的形式是多种多样的。无产阶级反对资产阶级的斗争，有经济斗争、政治斗争和思想斗争三种基本形式。第二次世界大战以后，阶级斗争出现了复杂的新情况，因时间、地点的不同时而激化，时而缓和。这是阶级斗争发展不平衡规律的体现。马克思主义关于阶级斗争的理论，是对阶级社会的本质及规律的正确认识，为我们提供了分析阶级社会现象的科学方法，这就是阶级分析方法。我们必须掌握这种方法，对阶级矛盾和阶级斗争出现的新的发展趋势，对某些地区和国家的阶级关系的新变化作出科学分析，这样，才能正确把握阶级社会的发展规律,制定正确的路线、方针、战略和策略,把革命事业引向胜利。

## 四、我国现阶段的阶段状况和发展趋势

社会主义是共产主义社会的初级阶段,它不是继资本主义社会之后的一个新的阶级社会,而是由阶级社会向无阶级社会过渡的社会形态。社会主义社会的阶级也不是新出现的阶级,而是资本主义社会的原有阶级,即无产阶级和资产阶级,社会主义的阶级斗争是无产阶级和资产阶级的阶级斗争在无产阶级专政条件下的继续。这种阶级斗争的基本内容仍然是无产阶级和资产阶级两个阶级的斗争,是社会主义和资本主义两条道路的斗争。但是不同于以往剥削阶级掌权条件下的两大对抗阶级之间的斗争,而是无产阶级和广大劳动群众利用自己政权的力量进行的特殊形式的阶级斗争,社会主义社会的阶级斗争,在不同的国家有不同的表现,不同的历史阶段有不同的变化。

我国人民民主专政建立以来,阶级斗争的状况发生过两次根本性的变化,经历了两个阶段。第一阶段是1949年中华人民共和国成立到1956年社会主义改造基本完成。我国新民主主义革命胜利后,阶级斗争状况发生了根本变化。由于社会的经济结构由多种经济成分所组成,其中最基本的是社会主义经济、个体经济和资本主义经济,与此相应的基本阶级是无产阶级、小资产阶级和资产阶级,因此国内的主要矛盾是无产阶级和资产阶级两个阶级或社会主义和资本主义两条道路的矛盾。国外的主要矛盾是社会主义国家与帝国主义国家的矛盾。这一阶段的阶级斗争不仅表现为无产阶级镇压剥削阶级的反抗、巩固自己政治统治的斗争,还表现为主要围绕生产资料所有制的社会主义改造进行的消灭资本主义剥削制度的斗争。第二阶段是1956年社会主义改造基本完成和社会主义制度确立以后。阶级斗争状况再次发生根本变化,由于消灭了剥削阶级,消灭了统治我国几千年的剥削制度,无产阶级和资产阶级两个阶级、社会主义和资本主义两条道路的矛盾得到基本解决。

我国现阶段的社会阶级结构的基本组成是:工人阶级、农民阶级是社会主义社会的两个基本阶级;知识分子是工人阶级的一部分,又是一个具有相对独立性的特殊的社会阶层;个体劳动者和私人企业主属于非基本阶级。此外,还有各种反社会主义敌对分子,如顽固坚持反动立场的剥削阶级的残余分子,同国际敌对势力相勾结的反革命分子,严重的经济犯罪分子和刑事犯罪分子以及顽固坚持资产阶级自由化的分子等。这些人虽未构成一个阶级,但却是不容忽视的反社会主义的敌对势力。也就是说,一方面,剥削阶级作为阶级被消灭以后,阶级斗争将长期存在,另一方面,阶级斗争在新的历史条件下出现了新特点。我国现阶段的阶级斗争,具有以下新的特点。

第一,阶级斗争的对象发生了变化。社会主义公有制的建立,消灭了剥削制度,阶级斗争的对立不再是剥削阶级,而是剥削阶级的残余和新生的剥削分子。

第二,阶级斗争的内容和范围有所变化。我国现阶段的阶级斗争是围绕着巩固、发展社会主义制度还是瓦解、破坏社会主义制度这一中心问题而进行的,社会生活的大多数矛盾已

不具有阶级斗争的性质,阶级斗争只存在于一定范围内。

第三,阶级斗争在社会生活中的地位和作用发生了变化。我国现阶段面临的主要矛盾是人民日益增长的美好生活需要和不平衡不充分的发展之间的矛盾。要在继续推动发展的基础上,着力解决好发展不平衡不充分的问题,大力提升发展质量和效益,更好地满足人民多方面日益增长的需要,更好地推动人的全面发展,社会全面进步。

第四,阶级斗争的形式发生了变化。我国社会主义现代化建设已经不需要采取疾风暴雨式的阶级斗争形式,可以运用无阶级专政国家政权的力量,以法律为准绳,按司法程序来解决一定范围内阶级斗争问题。

正确认识和处理社会主义的阶级斗争问题是社会主义事业顺利发展的重要保证。对这一问题,邓小平同志曾多次作出过论述,他说:"社会主义社会中的阶级斗争是一个客观存在,不应该缩小,也不应该夸大。实践证明,无论缩小或者夸大,两者都要犯严重的错误。"[①] 所以,我们必须从实际出发,实事求是地看待社会主义社会的阶级斗争。既要反对那种认为剥削阶级已经消灭,阶级斗争已经熄灭的错误观点;又要反对由于阶级斗争在某种条件下的激化而任意夸大和惊慌失措,导致阶级斗争扩大化的错误观点。要严格区分和正确处理两类不同性质的矛盾问题,调动一切积极因素,促进安定团结,使社会主义现代化建设得以顺利进行。

## 第二节　上层建筑

经济基础是上层建筑的物质根源,上层建筑是经济基础的派生物。上层建筑一旦形成,就具有相对的独立性,它反映经济基础,并始终为自己的经济基础服务。

### 一、上层建筑的含义

上层建筑是与经济基础相对应的范畴。它是指建立在一定的社会经济基础上的社会意识形态及与之相适应的政治、法律制度和设施的总和。对上层建筑的理解应注意以下几点:

第一,在社会的物质关系和思想关系的区分中,上层建筑属于思想的社会关系。它与经济关系不同。因为经济关系是不以人们的意志而存在的客观的物质关系,而上层建筑则是人们根据经济基础的要求,并通过人们的意识而形成的。作为思想的"物质附属物"的政治上层建筑,尽管和意识形态相区别,但从它的来源来说,归根到底是由经济关系决定的,并总是受一定思想观念支配的。因而,它是派生的,第二性的东西。

第二,上层建筑在阶级社会中具有阶级性。政治上层建筑通常掌握在统治阶级手里,成

---

[①] 邓小平. 邓小平文选:第2卷[M]. 北京:人民出版社,1994:182.

为他们统治被统治阶级的工具,是统治阶级维护其地位和利益的不可缺少的手段。在上层建筑的庞大体系中,政治属于主导地位,国家政权是上层建筑的核心内容。政治是经济的集中表现,它最直接、最集中地反映着经济基础的要求,并给上层建筑的其他部分以强烈的甚至决定性的影响。国家政权作为一种权力机构,可以对上层建筑的其他方面施加影响,可以推行和保护各种意识形态。国家政权主要是保护经济基础,是维护一定阶级统治地位的最强有力的工具。

第三,上层建筑现象十分复杂,一个社会既有占统治地位的上层建筑,也有不占统治地位的上层建筑现象,其中既包括以往社会上层建筑的残余,又包括未来社会上层建筑的萌芽。但是,占统治地位的上层建筑才是这个社会的上层建筑,旧上层建筑的残余和新上层建筑的萌芽,都是同这个社会的经济基础相对立的,不应包括在这个社会的上层建筑之中。只有把占统治地位的上层建筑当成这个社会的上层建筑,才能确定特定社会形态的性质。

## 二、上层建筑的基本形式

上层建筑可分为思想上层建筑和政治上层建筑两大部分或两种基本的形式。

政治上层建筑是建立在一定经济基础之上的政治法律制度和组织设施。它属于人们之间的政治关系,并有一定的物质外壳。政治上层建筑是经济基础的直接反映,而且直接维护自己的经济基础。政治上层建筑构成了社会政治结构。社会政治结构的要素有:①政治法律制度,指以该社会统治阶级的社会观点、思想体系为指导思想建立起来的国家制度、司法制度和社会管理体制。②政治法律设施,包括军队、警察、法庭、监狱、政府部门等国家机器。③政治组织,指与政治法律制度相联系的政党组织、社团组织等。

思想上层建筑是建立在一定社会经济基础之上的社会意识形态,包括政治、法律、宗教、艺术、道德、哲学等思想观点,是观念形态的东西,属于人们之间的思想关系。思想上层建筑总的来说是经济基础的反映,但除了政治思想和法律思想是最集中最直接地反映经济基础和阶级利益并为之服务以外,其他几个部分离经济基础较远,作用也较间接。但归根到底它们仍是经济基础的反映,是为经济基础服务的。而自然科学、语言学、符号学等,并不直接反映经济基础,不属于思想上层建筑。

上层建筑的两大组成部分,虽然都有各自的相对独立性,但不是彼此孤立、互不相关的,而是相互联系,相互制约,相互适应的。首先,思想上层建筑决定政治上层建筑。思想上层建筑为政治上层建筑的形成和发展提供理论根据,政治上层建筑是在思想上层建筑的指导下建立起来的。其次,思想观念又必须凭借一定的制度和设施才能得到传播与贯彻。政治上层建筑一旦形成,不仅为思想上层建筑的传播和贯彻提供现实保证,而且又作为一种既定的和现实的力量影响和制约着思想上层建筑的存在和发展,二者相互依存,共同发展。

### 三、国体和政体

国家和阶级一样,也是一个历史的范畴,国家不是从来就有的,也不会永远存在,它随着阶级的产生而产生,也将随着阶级的消亡而消亡。国家的本质是阶级统治和压迫的工具,是一个阶级镇压另一个阶级的暴力机关。国家的本质通过它的政权机构的组成予以表现。政权中的暴力机构诸如军队、警察、法庭、监狱等是它的主要组成部分。国家的本质还通过它的职能表现出来。一切国家都有对内、对外两方面的基本职能。对内职能包括政治统治和社会管理,对外职能则是以国家为特定的社会主体,在经济、政治、军事和文化等方面进行国际交往。

国家是阶级统治的暴力工具,这是所有国家的共同本质。而不同阶级的国家又各有其特殊本质并据此区分为不同的国家类型。每一种类型的国家都采取一定的组织形式去实现自己的统治,这就是国体和政体的问题。

国体就是社会各阶级在国家中的地位,即国家的阶级性质,它是规定国家类型的根本标志。在人类历史上曾经依次出现过奴隶主专政的国家,封建地主阶级专政的国家,资产阶级专政的国家和无产阶级专政的国家;也出现过某几个阶级联合专政的国家。例如,旧中国就是官僚买办资产阶级和封建地主阶级联合专政的国家。

政体是指政权的构成形式,亦即统治阶级采取何种形式去组织自己的政权,实现自己的统治。自有国家以来,历史上的政体出现过许多具体形式。奴隶主阶级专政国体采用过帝国政体和共和政体,如罗马帝国和雅典共和国。封建地主阶级专政国体多数采用君主专制政体。近现代资产阶级专政国体多数采用议会民主共和制,也有君主立宪制,进入帝国主义时代还出现过法西斯专制政体。无产阶级专政的国体也有过多种政体。如巴黎公社的政权形式、苏维埃政权形式和我国的人民代表大会政权形式。

国体与政体之间是辩证统一的关系,国体是内容,政体是形式。一方面,国体决定政体,国家的阶级本质决定了所采取的组织形式和管理形式;另一方面,政体服从并服务于国体,它对国体的巩固和发展有很大的反作用。"一国两制"是我国在政体上的一种新开拓,它带有复合特征,但又有新的创造。复合制国家是由若干独立的国家或政治实体,通过某种协议而组成的政治联合体。以往复合制国家往往是以同一种政治制度为前提的,"一国两制"容纳了两种不同性质的政治制度,既坚持了无产阶级专政的国体,又体现了政体上的一种灵活性。

### 四、社会形态及其方法论意义

所谓社会形态,就是指同生产力发展的一定阶段相适应的经济基础和上层建筑的统一体。社会形态是人与人之间基本关系的社会整合,它包含着人与人之间的经济关系、政治关系和思想关系等不同层面,构成了一个有机系统。在人类历史发展的每一个阶段,任何一个国家和民族都处于一定的社会形态中,这是社会发展的必然结果。

历史唯物主义把人与人之间复杂的社会关系划分为物质关系和意识关系,并统一为特定的社会形态,具有极其重要的方法论意义。

其一,社会形态理论指出了社会形态是多层次社会关系的有机统一体。历史唯物主义把所有的社会关系区分为物质关系和思想关系,把错综复杂的社会现象区分为经济基础和上层建筑,并用物质关系来说明思想关系。社会性质归根到底是由社会占统治地位的生产关系决定的,整个社会体系都是以一定的物质经济关系为基础和"骨骼"而构建起来的。这就确定了划分形态的直接标准是经济基础。只要从各种社会关系中划分出生产关系,就能发现不同国家和民族社会本质的异同。

其二,社会形态理论提出了任何社会都是具体的、历史的,没有永恒的"一般社会"。构成社会形态的两个要素——经济基础和上层建筑都是具体的、历史的,作为经济基础和上层建筑统一体的社会形态也是具体的、历史的。研究社会生活,应当从具体的、历史的特定社会出发,特别是在研究阶级社会时,就应当看到经济基础包含着阶级的对抗,作为其反映的上层建筑必然具有强烈的阶级性。对社会做具体的历史的分析,是社会形态理论的内在要求。

其三,社会形态理论指出了社会发展是一个自然历史过程。社会形态是建立在一定生产力之上的经济基础和上层建筑的统一。上层建筑由经济基础决定,而经济基础则由一定的生产力决定。只有把社会关系归结于生产关系,并把生产关系归结于生产力的高度,才能发现人类社会运动的客观规律。把社会形态发展理解为一种自然历史过程的观点,揭示了社会运动具有不以人的意志为转移的客观规律。

以社会形态为直接标准,人类历史可以划分为原始社会、奴隶社会、封建社会、资本主义社会和共产主义社会(社会主义是共产主义社会的初级阶段)五种社会形态。任何社会形态都是具体的、历史的,都有其发生、发展和灭亡的过程,而现存的社会形态又是复杂的:一方面,同一社会形态在不同的国家和民族中表现出各自不同的特点,如中国的奴隶社会、封建社会就不同于古希腊罗马的奴隶社会、西欧的封建社会;另一方面,在现实存在的社会形态中,除了占统治地位的经济基础和上层建筑之外,往往还存在着旧的经济基础和旧的上层建筑的残余,以及未来的新的经济基础和新的上层建筑的萌芽,使经济基础和上层建筑体系呈现出一幅错综复杂的图景。所以,只有把物质的社会关系看作是基础,而思想政治的社会关系只是物质关系的反映,才能对社会现象作出科学分析,把社会形态的发展看作是不以人的意志转移的自然历史过程。

## 第三节 社会形态矛盾运动的规律

社会形态是经济基础和上层建筑的矛盾统一体。经济基础决定上层建筑,上层建筑反作用于经济基础,经济基础和上层建筑之间的矛盾运动,推动了社会形态的变化发展。在社会发展的过程中,社会基本矛盾运动的规律表现为上层建筑一定要适合经济基础发展状况的规律。

## 一、经济基础决定上层建筑

经济基础和上层建筑之间的矛盾,是人类社会的一对内在矛盾,在这对矛盾中,经济基础是矛盾的主要方面,起着决定作用;而上层建筑则是矛盾的次要方面,处于被支配地位。经济基础对上层建筑的决定作用主要表现在以下三点。

第一,经济基础决定上层建筑的产生。经济基础是社会的物质关系领域,是上层建筑的根源;上层建筑是社会的思想领域,是经济基础的派生物。一定社会的经济基础,要能够存在、巩固和发展,必须要建立与其相适应的上层建筑。如原始社会,氏族成员平等互助、共同劳动、平均分配的经济关系反映在上层建筑领域,就出现了管理氏族和部落公共事务的全氏族大会和部落议事会的组织形式。私有制社会人剥削人、人奴役人的经济关系反映在上层建筑领域,就产生了以私有观念为核心的剥削阶级的意识形态,以及为剥削阶级服务的暴力工具——国家。在将来,当经济上剥削与被剥削的关系消灭以后,在政治上也就不会再存在统治与被统治的关系。正如恩格斯所说:"每一时代的社会经济结构形成现实基础,每一历史时期的由法的设施和政治设施以及宗教的、哲学的和其他的观念形式所构成的全部上层建筑,归根到底都应由这个基础来说明。"①

第二,经济基础决定上层建筑的性质。有什么样的经济基础,就有什么样的上层建筑。或者说,谁在生产关系领域居于统治地位,谁就必然在政治思想领域中居于统治地位。在资本主义经济基础上建立起来的是以资产阶级思想为核心的意识形态和资产阶级国家。社会主义公有制的经济基础决定了社会主义的上层建筑是以共产主义、集体主义思想为核心的社会主义意识形态和无产阶级专政的国家。当然,这里所说的经济基础决定上层建筑的性质是就其根本性质而言,并非指上层建筑的具体形式。实际上,同一性质的上层建筑在不同的国家、地区和民族所采取的具体形式各有特点,它受历史的和现实的各种复杂情况制约,但其根本性质则是由经济基础的性质决定的。

第三,经济基础的变化发展决定上层建筑的变化发展。马克思说,"随着经济基础的变更,全部庞大的上层建筑也或慢或快地发生变革。"②经济基础不仅规定上层建筑发展变化的基本方向,而且直接引起上层建筑的发展变革。首先,经济基础的根本变革,必然要引起上层建筑的根本变革。当一种新的经济基础代替旧的经济基础之后,反映旧的经济基础的上层建筑必然或迟或早地被新的上层建筑所代替。在奴隶制度过渡到封建制度、封建制度过渡到资本主义制度以及资本主义制度过渡到社会主义制度都曾发生过上层建筑随经济基础的变革而变革的情况。其次,经济基础的量变和部分质变也会引起上层建筑相应的变化。较为显

---

①马克思,恩格斯.马克思恩格斯选集:第3卷[M].北京:人民出版社,2012:401.
②马克思,恩格斯.马克思恩格斯选集:第2卷[M].北京:人民出版社,2012:3.

著的是资本主义由竞争发展到垄断阶段,由于资本高度积聚和集中,垄断集团之间竞争加剧,经济基础的矛盾激化,反映在上层建筑,就出现过传统的资产阶级民主主义为法西斯主义、种族主义和殖民主义所取代的情况。再次,经济基础还规定着上层建筑的发展方向。由于上层建筑具有相对独立性,它的各部分对经济基础依赖的程度不同,因而它的变化就有快有慢,但它的发展方向却不是由它自己所能决定的,而只能沿着与其相适应的经济基础的需要发展。

### 二、上层建筑的基本作用

历史唯物主义在肯定经济基础决定上层建筑的前提下,承认上层建筑具有相对独立性,并反作用于经济基础。上层建筑的反作用集中表现在它为自己的经济基础服务。

首先,服务的方向。上层建筑为经济基础服务的方向,表现为相互联系的两个方面:一方面要千方百计地促进自己经济基础的形成、巩固和发展;另一方面,又要排除自己及其经济基础的对立物,既同有害于自己的旧的经济基础和上层建筑的残余作斗争,又同威胁自己生存的新的经济基础和上层建筑的萌芽作斗争。这两个方面是相辅相成的。上层建筑作用于经济基础、服务于经济基础的过程,就是在"保护自己"和"排除异己"的对立统一中实现的。

其次,服务的方式。上层建筑是通过对社会生活、经济生活进行控制的方式来为经济基础服务的。政治上层建筑作为超经济的力量,以行政的、法律的手段把人们的行为控制在一定的秩序范围内。思想上层建筑作为舆论工具,论证自己经济、政治制度的合理性,影响和规范人们的思想行为,使社会生活正常运行,保证自己的经济基础的巩固和发展。

再次,服务的效果。从效果和结果上看,上层建筑对经济基础的发展既可以起促进作用,也可以起阻碍作用。上层建筑反作用的性质取决于它所服务的经济基础的性质,当上层建筑为适合于生产力发展的经济基础服务时,它就对生产力发展起促进作用;反之,它就对生产力发展起阻碍作用。这种阻碍作用有两种情形:一是上层建筑落后于它所服务的经济基础,二是上层建筑超越于它所服务的经济基础,二者都会破坏生产力的发展,阻碍社会前进。特别是当旧的经济基础严重束缚了生产力的发展,成为生产力进一步发展的桎梏时,变革旧的上层建筑,对经济基础的变革和生产力的解放就有着极其重大的意义。总之,经济基础与上层建筑之间的关系是辩证的,割裂二者之间的辩证关系,片面夸大一方而否认另一方,都会背离唯物史观,要么导致唯心主义的"上层建筑决定论",要么导致形而上学的"上层建筑无用论"。

### 三、经济基础与上层建筑的矛盾运动

经济基础决定上层建筑,上层建筑作用于经济基础,二者在一定生产力基础上的相互作用,构成了社会经济形态内部的矛盾运动。这一矛盾运动贯穿于人类社会的发展过程中。经济基础和上层建筑的矛盾运动是复杂的、多方面的,可从以下方面来理解。

第一,从整个社会范围来看,在经济领域中,既有占统治地位的生产关系,也有作为旧残

余和新萌芽而存在的不占统治地位的生产关系。那么，上层建筑领域也是如此。这样，经济基础领域和上层建筑领域中的新旧矛盾、经济基础领域中的新旧因素和上层建筑领域中的新旧因素之间的矛盾，构成了纵横交错、极其复杂的矛盾网络。

第二，在同一性质的经济基础和上层建筑之间始终存在着矛盾。当一种新上层建筑刚刚形成时，不可能尽善尽美，它的某些不完善部分就会同经济基础发生一定的矛盾，新的上层建筑逐步完善的过程就是在这种矛盾的不断解决中实现的。上层建筑形成之后，在其运转的过程中，在某些环节上，也有可能发生不适应经济基础要求的情况，同时，由于上层建筑本身的相对稳定性和发展的不平衡性，它和经济基础之间的矛盾也会经常发生。

第三，在同一社会形态发展的不同阶段中，经济基础和上层建筑之间的矛盾存在不同的情形。一般说来，在一种社会形态初期，上层建筑与经济基础是基本适合的，虽然它们也存在着矛盾，这是处于量变状态的矛盾。而在一种社会形态发展的后期，这种矛盾由量变逐步引起质变，这时经济基础与上层建筑之间就由基本适合变为基本不适合。它们之间就会出现全面、尖锐的矛盾。这种矛盾在阶级社会就表现为激烈的阶级斗争。通过先进阶级的革命，消灭旧的上层建筑，建立新的经济基础和上层建筑，这时，经济基础和上层建筑之间就达到了新的基础上的基本适合。上层建筑和经济基础之间这种由基本适合到基本不适合、再到新的基础上的基本适合，是一个川流不息、万古常新的循环过程，而每一次这样的循环，都把人类社会推进到一个较高的阶段。社会形态的更替就是这样从量变到质变，由低级到高级的不断发展过程。

经济基础和上层建筑的矛盾运动充分体现了二者之间内在的、本质的必然联系，这就是上层建筑一定要适合经济基础状况的规律。这一规律科学地概括了社会形态发展演进的规律性，揭示了生产力作为社会存在和发展的最终的动力，如何通过生产关系决定上层建筑进而决定整个社会的面貌。它的内容主要包括以下几个方面。

(1)经济基础决定上层建筑，上层建筑的性质及其发展变化的基本方向都是由经济基础决定，而最终是由生产力状况决定。因此，一定上层建筑对生产力的发展由促进到阻碍，以及新旧上层建筑的更替，都是经济基础和上层建筑矛盾运动的必然结果。

(2)上层建筑反作用于经济基础，它始终适应于自己的经济基础，并为自己的经济基础服务，但这并不意味着它始终对社会发展起促进作用。事实上，只有为适应于生产力状况的经济基础服务的上层建筑，才具有其强大的生命力，而当它所服务的经济基础不再适合于生产力状况时，则失去其存在的必然性，必然由新的上层建筑所取代。

(3)上层建筑对社会发展所起的作用，取决于它所维护或瓦解的经济基础的性质。当上层建筑所服务的是先进的经济或瓦解的是腐朽的经济基础时，它对社会发展起推动作用，相反，当它所服务的是腐朽的经济基础或损坏的是先进的经济基础时，它对社会发展起阻碍作用。

上层建筑一定要适应经济基础状况的规律，是经济基础与上层建筑矛盾运动的基本规律，自觉地认识和运用这一规律有着极其重要的意义。它不仅是我们观察和研究历史问题的一把钥匙,而且为无产阶级政党制定路线、方针和政策提供了理论依据。自觉遵循这一规律,对于我们总结历史经验,研究时代课题,有着不可忽视的作用。

### 四、社会主义社会的经济基础和上层建筑

在社会主义社会,上层建筑和经济基础之间仍然存在着矛盾。社会主义社会上层建筑和经济基础之间的矛盾,同以往其他社会相比,具有完全不同的性质和特点。

(1)从社会主义经济基础和上层建筑的建立来看,社会主义的上层建筑先于它的经济基础而产生。社会主义生产关系以生产资料公有制为基础,它与私有制是根本对立的,因而,不可能在资本主义内部自发地产生。资本主义所创造的社会化生产力为社会主义生产关系的诞生提供了物质条件,但社会主义生产关系,必须经过无产阶级革命,推翻资产阶级的统治和利用自己政权的力量去改造旧经济、组织新经济,建立社会主义经济。

(2)从社会主义上层建筑和经济基础矛盾运动的状况来看,社会主义的上层建筑和经济基础之间是基本适应,又相矛盾的。

第一,社会主义的上层建筑和经济基础是基本适合的。

首先,思想上层建筑。以马克思主义为指导的社会主义意识形态是在全社会形成以共产主义为目标的共同理想、共同道德和共同社会风尚的精神支柱,能够培养有理想、有道德、有文化、有纪律的社会主义新人,激发广大人民群众投身社会主义建设的积极性和创造性。因此,这种意识形态是巩固和发展社会主义经济基础的强大精神力量。其次,政治上层建筑。无产阶级专政的国家政权和法律制度是建立、巩固和发展社会主义经济基础强有力的工具,使广大人民群众享有管理国家各种事务等民主权利,不断提高生活水平,并是社会全面进步的可靠保障。无产阶级政党是政治上层建筑的领导核心,它坚持以马克思主义为指导思想,按照社会发展规律制定正确的路线和政策,这是引导整个上层建筑自觉地为社会主义经济基础服务的根本保证。由此可见,社会主义的上层建筑和经济基础是基本适合的。

第二,社会主义社会的上层建筑和经济基础不相适应。具体表现在以下几点。

首先,社会主义不可避免地带有旧社会的痕迹和旧的上层建筑的残余,这与社会主义经济基础不相适应。从思想上层建筑看,在各个领域不同程度地存在着资产阶级和其他剥削阶级意识形态的影响,如官僚主义思想作风,利己主义和拜金主义腐朽思想的侵袭等,对社会主义经济基础起着瓦解和破坏的作用。

其次,社会主义上层建筑作为新生事物,本身有个完善和发展的过程,因而不完善的方面和环节以及体制上的缺陷难免和经济基础不相适应。从政治上层建筑看,政治法律制度的某些方面和环节尚存在着缺陷。如社会主义民主和法制不健全以及在领导体制和组织管理方面存在权力过分集中、政企不分、机构臃肿、人浮于事、办事效率低等现象,这都是某些不完善的环节以及体制与社会主义经济基础发展的要求不适应的体现。上述这些问题正是当前我国进行政治体制改革和社会主义精神文明建设所要解决的重要课题。

第三，社会主义社会的上层建筑和经济基础之间的矛盾是非对抗性的。与以往私有制社会不同，矛盾可以通过社会主义制度本身不断地得到解决，在私有制社会，上层建筑和经济基础的变革要求之间的矛盾具有阶级对抗的性质，必然发展到冲突的地步，不推翻旧的国家政权，根本变革整个上层建筑，矛盾就得不到解决。社会主义的上层建筑是以无产阶级专政的国家政权为核心的，它同社会主义经济基础根本利益一致，它们之间的矛盾一般不会发展到冲突的地步，只要社会主义上层建筑的性质不变，它就可以自觉地调整或改革自身不适合社会主义经济基础需要的方面和环节，使之更好地为经济基础服务。

社会主义社会基本矛盾的性质和特点，是社会主义制度强大生命力与巨大优越性的源泉。社会主义制度要求创造出与一定阶段的生产力状况相适应的生产资料公有制的具体组织形式、经营方式和分配方式，确实保障劳动者的主人翁地位。同时，随着一定阶段的经济基础的发展也要求创造出与其相适应的完善的社会主义民主和法制，以及加强以马克思主义为指导的意识形态建设。

## 第四节　社会基本矛盾运动与社会发展

生产力和生产关系的矛盾，经济基础和上层建筑的矛盾，是人类社会的基本矛盾。这两对矛盾的相互影响、互相作用，形成了人类社会发展的基本规律。即生产关系一定要适合生产力状况的规律，上层建筑一定要适合经济基础需要的规律。这两大规律贯穿于一切社会发展过程的始终，并规定社会发展的方向。人类社会发展史，就是社会基本矛盾运动史，社会革命和社会改革是社会基本矛盾运动的社会表现。

### 一、社会基本矛盾运动的规律

1. 社会基本矛盾的特点和结构

生产力和生产关系的矛盾，经济基础和上层建筑的矛盾，之所以成为人类社会的基本矛盾，原因就在于同其他社会矛盾相比较，它具有三个主要特点。第一，具有全程性的特点，这两对矛盾存在于一切社会形态之中，贯穿于每一个社会形态的始终，反映着社会发展过程的内在本质。第二，具有根源性的特点。这两对矛盾的运动，体现了社会发展的最一般规律，即生产关系一定要适合生产力状况和上层建筑一定要适合经济基础需要的规律，它揭示了社会发展的内在源泉和基本动力，是各种社会矛盾产生的基础。第三，具有制约性的特点。这两对矛盾支配着整个社会生活，决定着社会的性质，它们规定和影响其他社会基本矛盾的存在和发展。

生产力和生产关系，经济基础和上层建筑的矛盾囊括了社会生活的基本领域，科学地揭示了人类社会有机体的系统结构。如果把人类社会比作一座大厦的话，它有三个层次：首先是生产力,这是人类社会存在和发展的最基本条件;其次,是在生产力基础上建立的生产关系(经济基础);第三,是在一定的生产关系(经济基础)之上形成的上层建筑,生产关系作为中间环节,将生产力和上层建筑联系起来,人类社会有机体的三个层次,相互联系、相互作用,形成了社会生产方式的矛盾和社会形态的矛盾,构成了人类社会有序的发展过程。但这两对矛盾的地位和作用又不是等同的。首先,生产力和生产关系的矛盾更为根本。经济基础和上层建筑的矛盾运动是在生产力和生产关系的矛盾运动的基础上产生和发展的,因此,生产力和生产关系的矛盾,决定和制约着经济基础与上层建筑矛盾的发展变化。其次,生产力和生产关系矛盾的解决,又依赖于经济基础和上层建筑矛盾的解决。当生产关系严重束缚生产力发展时,反动统治阶级长期运用腐朽的上层建筑,阻止生产关系的变革时,如果不推翻旧的上层建筑,便不可能解决生产力和生产关系的矛盾。生产力和生产关系的矛盾,经济基础和上层建筑的矛盾,贯穿于人类社会的全部历史。人类社会就是在这两对矛盾的互相联系和互相作用中向前发展的。

2.社会发展的基本规律

生产力和生产关系的范畴概括了生产方式的内容和形式两个方面,它们在现实物质资料生产过程中是不可分割的,二者之间的相互作用,构成了生产方式的矛盾运动,在这种矛盾运动的过程贯穿着生产关系一定要适合生产力状况的规律。这一规律科学地概括了生产方式发展变化的客观规律。经济基础和上层建筑的相互作用,构成了社会形态的矛盾运动;在这种矛盾运动过程中贯穿着上层建筑一定适应经济基础状况的规律。这一规律科学地概括了社会形态发展演进的规律,揭示了生产力是社会存在和发展的最终动力。

在人类社会发展的过程中,生产力始终是社会基本矛盾运动的起点。生产力内部存在着自身发展的动力,即生产力内部诸要素之间的相互作用、相互促进。劳动者在生产过程中,为了减轻劳动的繁重程度,改善劳动条件和取得更多的劳动成果以满足需要,总是不断地积累生产经验,提高劳动技能,改进和更新生产工具,从而不断推动生产力的发展。社会生产是人类世世代代连续不断的过程,它永远都不会停顿下来。任何一代人生下来都会遇到现成的生产力,然而,他们又总是在前人已取得的生产力的基础上继续前进。生产过程的这种连续性,使生产力成为社会发展的最终动因。

生产力的发展,必然引起生产关系的变革,生产关系变革的客观要求又导致上层建筑的相应变革。新的上层建筑的建立保证新的生产关系的形成和发展,新生产关系又促进了生产力从旧的生产关系束缚下解放出来。整个社会基本矛盾运动从生产力的发展到生产力解放的循环,这个循环体现了生产力、生产关系(经济基础)、上层建筑之间的层层决定作用和层层反作用关系,形成了生产力→生产关系(经济基础)→上层建筑基础的矛盾因果链,表明生产力与生产关系之间,经济基础与上层建筑之间由基本适合到不适合,再到新的基础上的适合,循环往复,不断发展的过程。这两对矛盾及它们之间的相互关系,反映着社会历史过程中经济、政治、思想等各种因素之间的交互作用,构成人类社会从低级向高级发展的基本动力。

## 二、社会革命

社会革命是阶级斗争的最高形式,其实质是进步阶级推翻反动阶级的统治,以先进的社会制度代替腐朽的社会制度。社会革命的深刻根源在于新的生产力和腐朽的生产关系之间的矛盾冲突。马克思指出:"社会的物质生产力发展到一定阶段,便同它们一直在其中运动的现存生产关系或财产关系(这只是生产关系的法律用语)发生矛盾。于是这些关系便由生产力的发展形式变成生产力的桎梏。那时社会革命的时代就到来了。"[1]社会革命的任务在于变革生产关系,解放生产力。要实现这一任务,必须首先变革腐朽的上层建筑,具有决定意义的是推翻维护旧经济制度的反动政权。国家政权从反动阶级手里转到革命阶级手里,是实现社会制度变革、社会形态交替的基本标志。但并非一切政权的转移都是社会革命,不能把一个阶级内部不同集团、不同党派之间的政权更迭或改变,以及反动阶级的篡权或复辟同社会革命混为一谈。

社会革命是社会发展中质的飞跃,它对社会发展起着巨大的推动作用。首先,社会革命是新旧社会形态更替的决定性环节。只有通过社会革命,摧毁反动阶级的政治统治,才能为新制度的诞生开辟道路。其次,社会革命使人民群众创造历史的积极性和主动性得到充分发挥。革命高潮激发着人民群众的革命意识、热情和思想。马克思主义十分重视社会革命在社会发展中的作用,反对改良主义。社会改良是在统治阶级保持其统治的条件下,对现存社会制度所作的局部的改变,是对被统治阶级所作的部分的微小的让步。改良主义的根本目的是缓和矛盾以维护统治阶级的根本利益,而不是彻底解决社会基本矛盾以解放生产力。我们并不是不加分析就拒绝社会改良,因为改良可以成为革命的前奏,为革命做准备。但改良只是革命的副产品和辅助方法。任何社会改良决不能取代社会革命。

社会革命根源于社会基本矛盾的尖锐化,但并不是随意发动革命就能取得成功,革命还需要具备一定客观形势和主观条件。社会革命的客观形势是:第一,统治阶级面临着政治危机,统治无法持续下去。第二,全面的经济危机使广大人民群众不愿也不能照旧生活下去。社会革命的客观形势表明革命爆发并能取得胜利的可能性,要使这种可能性转化为现实性,还必须具备充足的主观条件:第一,革命阶级已经意识到革命的客观条件已经成熟,对革命的对象、动力、任务和道路等问题有一定的认识。第二,革命阶级已经具有革命的纲领,革命的纪律和坚强的领导核心等必备条件。对于无产阶级领导的革命来说,建立无产阶级革命政党是促使革命主观条件成熟的关键。第三,革命阶级敢于用革命行动去推翻旧制度,建立革命的新政权。

---

[1] 马克思,恩格斯.马克思恩格斯选集:第2卷[M].北京:人民出版社,2012,2-3.

由于社会的性质、革命的阶级内容和历史任务的不同,革命的性质也不同。在人类历史上,有两种不同性质的革命,一种是剥削阶级反对另一个剥削阶级的革命;另一种是被剥削阶级反对剥削阶级的革命。社会主义革命是人类历史上最伟大最深刻的革命。其目的是最终消灭私有制、消灭阶级压迫和建立社会主义制度。

### 三、社会改革

社会改革和社会革命的含义是不同的。社会革命是通过推翻旧的社会制度,打破旧生产关系对生产力的束缚来解放生产力,而社会改革则是在新的社会制度下通过自我调节来改革束缚生产力发展的具体制度,解放生产力。这种改革是对原有体制的根本变革,而不是根本制度的变革。改革的根本性质在于新社会制度的自我完善和发展,它包括深刻的革命性,但这种革命性指对原有体制的根本改造和彻底转换。改革的根本目的是解放和发展生产力。

社会主义改革是社会主义社会基本矛盾运动的必然结果。生产力与生产关系的矛盾,经济基础与上层建筑的矛盾,是贯穿人类社会始终的基本矛盾。社会基本矛盾在阶级社会集中表现为阶级矛盾和阶级斗争,体现了阶级对抗的性质。而社会主义社会的基本矛盾与阶级社会的基本矛盾有着不同情形。阶级社会的基本矛盾是对抗性的矛盾,这种矛盾一般要通过社会革命的形式去解决。在社会主义社会消灭了阶级剥削制度,实现了生产资料公有制为主体和按劳分配为主体的经济制度,建立了人民当家作主的民主政权。因而,社会主义社会的基本矛盾是非对抗性的矛盾,社会主义的生产关系和生产力之间,上层建筑和经济基础之间既相适应,又相矛盾,其中相适应是基本的主要的方面。不相适应的方面虽然是非基本的、次要的方面,但它也是在一定程度上阻碍生产力的发展,影响社会主义制度优越性的发挥,所以必须不断地改革生产关系和上层建筑中不适应生产力发展的环节和方面,才能进一步解放和发展生产力。

社会主义改革的性质和方向是社会主义制度的自我完善和自我发展。社会主义改革是在坚持社会主义制度的前提、在党和政府的领导下,自觉地自上而下地有计划、分步骤地进行的,是不断地改革那些不适应生产力发展的生产关系和上层建筑的体制及某些环节和方面,不断地推陈出新,更新换代,使之日臻完善,以适应生产力不断发展的要求。

社会主义改革的实质和目标,是要从根本上改革束缚我国生产力发展的经济体制,同时相应地改革政治体制和其他方面的体制,以实现中国特色社会主义现代化。社会主义改革既然不是经济体制的根本性变革,是政治体制、科技体制、文化体制、教育体制等的相应变革,就必然引起政府职能、企业经营机制、人事工资制度等的转变和变革,引起责、权、利的大调整,引起人们行为规范、生活方式、精神状态、价值观念、是非观念和社会生活各个领域广泛而深刻的变革。

社会主义改革的对象,是生产关系和上层建筑中不适应生产力发展的方面和环节。这些方面和环节,主要是指体制问题,即领导制度、组织制度、管理制度等以及方针、政策、措施等。体制和具体制度,是基本制度的表现形式。表现形式上存在缺陷、弊端,说明基本制度还不完善、不成熟。社会主义的改革,就是要变革社会主义基本制度的某些表现形式的体制、具体制度,绝不是改变社会主义制度的实质内容。

社会主义改革的目的是解放生产力。在社会主义社会推动社会发展的根本动力仍然是社会基本矛盾运动的规律。然而,生产关系适应生产力状况的规律和上层建筑适应经济基础需要的规律不是自发地在那里起作用,而是通过社会主义改革自觉地发挥作用。改革并不改变社会主义制度的根本性质,而是兴利除弊,使社会主义制度优越性充分地发挥出来。社会制度是同几千年剥削制度根本对立的新制度,它自身需要不断生长和完善。社会主义改革自觉地改变社会基本矛盾不相适应的方面,如僵化的计划经济体制,过分单一的所有制结构,分配中的平均主义,权力过分集中的政治体制,民主不完善、法制不健全,官僚主义严重以及资本主义、封建主义思想影响等。当这些不相适应生产力发展的方面被克服和改变,必然会激发广大人民群众的创造性和积极性,进一步解放生产力,推动社会主义生产力持久稳定地发展。所以,改革为社会主义制度的生长和完善注入生机和活力。改革是推动社会主义社会发展的伟大动力。

### 四、社会工程

从马克思主义理论形成和发展的历史过程看,马克思主义理论从产生时起就是关照社会现实的,马克思主义理论的发展过程同时也是马克思主义理论不断作用于现实社会,形成马克思主义理论社会实践的过程。这种理论作用于实践形成马克思主义理论的社会实践形式大体上应该经历了三个主要阶段,即从社会理论到社会运动,从社会运动到社会革命,再到社会工程阶段。

马克思主义理论总结和集成了人类优秀的思想理论精华,起源于对资本主义社会矛盾的揭示和批判,阐明了资本主义制度剥削的本质、根源,指出资本主义制度模式的暂时性,论证了无产阶级的历史使命和前途。它在对资本主义社会及其运行本质进行批判的基础上,形成了资本主义必然灭亡和社会主义必然胜利的科学判断,指出人类的光明前途是共产主义。马克思主义理论形成以后,加速了工人阶级从自在的阶级向自为的阶级的转变,国际工人运动从自发的斗争向自觉的阶级斗争的转变。在马克思主义产生以前,"社会主义运动和工人运动基本上是相互分离的独立运动,前者局限于知识分子,后者局限于工人,……科学社会主义的诞生促进了这两大运动的合流,社会主义运动在工人运动中找到了自己的物质载体,工人运动在科学社会主义中找到了自己的理论武器"[①]。所以,工人运动是马克思主义理论的第一个社会实践形式。这种工人运动可以在资本主义条件下,为争取工人社会福利而进行的斗争;也可以把资本主义条件下的工人运动引导和转变为推翻资本主义根本制度的社会革命。因而,社会革命是马克思主义理论社会实践形式的第二种形式。俄国的十月革命,新中国的诞生,以及第二次世界大战以后一系列社会主义国家的诞生,都是马克思主义理论指导下的社会革命的成果。社会主义革命成功以后，无产阶级政党和劳动人民的历史方位发生了根本性变化，由被统治阶级转变为统治阶级，其所面临的是如何建设社会主义的问题。马克思主义理论社会应用形式的主题客观上由社会革命转变为社会建设。如何建设社会主义，实际上就是社会主义建设的社会工程问题。所以，社会工程是夺取了政权的无产阶级政党关于马克思主义理论社会实践形式的第三种形式。

社会工程是变革社会和建设社会的实践活动。不管是变革社会，还是建设社会，社会工程都是将社会理想转化为社会模式，将社会模式转化为人们的社会实践。社会工程研究的是人们在社会行动中如何进行社会模式设计的问题。社会模式的设计是从理论到实践的转化过程中的中间环节，这个问题在自然科学中很清楚，这就是技术科学和工程科学，再到工程实践。在社会科学和社会实践领域，从理论到实践的转化的过程中，我们也需要探索一个转化的中介环节或者机制。社会工程所要建构的就是社会模式，就是将马克思主义的中国化的原理、原则和命题与当前中国具体经济社会发展领域和问题相结合，探索、规划和设计社会发展模式、制度体系和政策体系的社会活动。马克思主义中国化的最新理论体系是马克思主义结合中国社会发展的具体现实总结出的科学的理论认识，要将这些理论成果应用于中国改革发展的具体实践，就要通过社会工程的中介环节，将理论和实践沟通起来，使马克思主义理论真正找到发挥作用的途径。

社会运动、社会革命、社会工程三种形式的依次转换是一个历史过程。每一次转换过程都是十分复杂和曲折的。它反映了马克思主义理论本身的发展和社会发展客观规律相契合程度的特点。马克思主义理论在发展过程中与不同国家的具体实际相结合，就体现出不同的社会主义运动形式、社会主义革命形式、社会主义建设的模式。马克思主义理论本身的发展是和马克思主义理论的实践形式的分化和深化紧密联系在一起的。我国的改革、发展和建设的管理活动就是社会工程活动。中国改革开放的成功标志是形成了中国特色社会主义理论体系，发展了马克思主义理论，同时也确立了马克思主义理论的新的社会实践形式——社会工程。

社会运动、社会革命与社会工程是适应不同时代主题和社会发展不同阶段需求的不同模式。革命和建设年代的时代主题不同、目标不同、社会发展程度和现实约束性条件不同，我们的思维模式也就有所不同。战争年代，同一社会成员间的同质性强，价值和认知比较一致，战争目标也单一和集中，因此，社会运动的方式能很好地团结社会成员、高效率地完成目标任务。和平与建设年代则不同，社会分化加速、社会主体的价值需求也不同，社会的其他方面的现实约束性条件也不同，因此，社会运动的方式不适合复杂问题的解决。对不同社会主体的利益诉求需要通过综合协调、系统集成、整体思维的思维方式加以系统考量和综合权衡，经过多重政策的相互配合、制度模式的相互协调和规则、标准的相互补充设计与建构来实现多元价值主体的需求。这种思维方式是社会工程思维的基本特征，它具有多样化和复杂性的特点，它超越了社会运动思维的整齐划一性，社会革命思维的非此即彼性。从马克思主义的本质特征看,社会工程是马克思主义的社会应用形式和进一步发展的动力机制,改革开放以来各种类型的社会工程活动推动了理论创新,也推动了社会发展。

1. 如何理解阶级结构是经济基础的社会表现?
2. 如何理解上层建筑一定要适应经济基础状况的规律?
3. 社会基本矛盾运动如何推动社会形态的发展变化?
4. 社会主义社会的基本矛盾运动有何特点?
5. 为什么说改革是社会主义社会发展的必由之路?

# 第十九章

## 社会进步与人的全面发展

哲学在宇宙中发现了人,又在人中发现了宇宙。

——古希腊哲人语

# 第十九章　社会进步与人的全面发展

## 第一节　社会进步

人类社会的历史是一个不断的进步过程。社会基本矛盾推动社会历史进步的特点表现为人民群众的自觉活动。社会进步的结果表现为社会制度、社会文明、社会文化的发展。历史唯物主义认为，正是在社会的不断进步中，人类文明的成果、作用和性质得到了越来越充分的显现，人类解放的目标得到越来越全面的体现。

### 一、社会进步的含义

社会进步是反映社会历史进程的性质、方向和程度的一般概念，主要是指社会形态在社会基本矛盾运动规律的支配下转换的过程，表现为社会形态的更替，社会物质生活、政治生活和精神生活等方面的进化和变革。实际的社会进步状况总是要通过社会的不同领域、不同方面和他们的发展水平具体的表现出来，它具有多方面的复杂的系统特征。从历史唯物主义的角度看，主要是从历史进步的基本动力和主要标志来把握社会进步的基本内容。

社会进步的动力在于社会基本矛盾，即生产力与生产关系、经济基础与上层建筑的矛盾。在阶级社会中社会基本矛盾主要地表现为阶级斗争。阶级斗争成为阶级社会发展的直接动力。社会生活是无数必然的和偶然的、客观的和主观的力量和关系的极其错综复杂的交织体，历史唯物主义强调并侧重从社会结构及其社会生产力的基础作用方面进行理解。在阶级斗争不呈现为基本形式和直接动力的社会中，社会生产力的发展所引发的生产关系的主动变革，以及社会管理形式和政治治理形式的改革是社会发展的动力。

社会进步的历史必然性因素：第一，社会生产力是社会发展的根本动力，正是具有自我繁殖自我扩张自我更新能力的生产力起始并推动了社会基本矛盾运动；其次，人民群众是推动历史进步的决定性力量。人民群众的利益要求是历史进步的动力依据，决定了历史发展的基本朝向和趋势；第三，如同任何事物发展一样，社会制度的更替是辩证否定的发展过程。

在社会进步问题上，至少要防止陷入以下三种错误的泥潭：一是只看到社会的前进发展而否认其异化性倒退和曲折发展的"直线论"；二是只看到社会历史发展的周期性、固守于单个历史现象的终极特征而否认其发展进步的趋势与可能的"循环论"；三是否认社会的进步，认为社会越来越糟糕、退步的"倒退论"。

总而言之，历史唯物主义的社会进步观，是诉诸历史本身，并从历史的实际发展中得出自己关于历史的性质和方向的概念。历史发展的基本趋势是前进的、上升的，是由低级到高级的合乎规律的具体的历史过程；但是具体的道路是曲折前进的。社会的进步过程不仅是通过社会基本矛盾的运动实现社会结构的变革，而且，它也会继承人民群众在历史的活动中所创造的一切历史文化的优秀遗产。历史唯物主义认为,社会进步和历史发展的总趋势是不可改变的。曲折和倒退在历史唯物主义立场看来只是暂时的,其间又可能孕育着社会进一步发展的条件。所以,社会进步既是社会基本矛盾的前进性运动过程,也是一系列不断由人生成的、并不断改造的历史演进的现实过程,还是一系列基于人的本质要求、人的本质力量和人的价值不断实现、创造人类美好生活的过程,它体现了人类文明的可持续发展和升级迭代的特征。

## 二、社会文明的状态

人类的社会进步通过社会文明得到体现,社会文明的嬗变承继则与社会进步的要求和趋向紧密联系在一起,同时,社会文明实现过程也充满着矛盾的特点。

1. 社会文明的基本内容

社会文明一词属社会历史范畴,它不是用来指称特殊个人的文明状况,而是用以指称社会开化和社会进步的程度与水平。一般而言,社会文明被认为是社会进步的标志,它本身则是社会进步过程的产物及其结晶。在最基本的类别划分上,社会文明可被区分为物质文明和精神文明两大类,进一步还可作若干亚类划分。

社会物质文明是人类改造自然界的物质成果,它主要表现为生产力的水平和状态,具体表现为社会生产的技术装备、动力能源、工艺流程、生产能力和劳动方式,以及产品、造物等。它带给人们日益便利和高效强大的生产工具和工艺,给人们提供了日益丰富多样的消费品,从而使得人们的生活质量和生活方式发生升级性变化,从而也使得社会存在的状态发生变化。

社会精神文明是人类在改造外部世界的同时探究主观世界以及人与世界关系所获致的精神成果。它包括以下两个方面:其一,社会的政治思想、道德风貌、社会风尚、人们的世界观、信念、理想、觉悟、情操以及组织性、纪律性等,可简称为思想道德方面。其二,人们在科学、教育、文学、艺术、卫生、体育等方面的素养和达到的水平,可简称科教文化方面。社会精神文明可提高人的素养,使人的精神世界被关注和变得更加充实,使文化生活更加丰富多彩,从而使得人的权利和个性、尊严得到越来越多的尊重和保护,使人类社会为人的全面发展准备更好的精神条件。

物质文明与精神文明的关系是辩证统一的。一方面,物质文明是精神文明的基础。精神文明是根据物质文明所提供的条件,为适合物质文明发展的特点和需要而建立起来的。物质文明建设是精神文明建设不可缺少的基础,它为精神文明的建设和发展提供必要的物质前提和条件。没有一定的物质文明就没有一定的精神文明。另一方面,精神文明对物质文明有巨大的反作用。精神文明对物质文明建设和发展提供智力支持和精神动力以及意识形态的指导。而且,在精神文明的内部结构中,作为知识、技能方面的精神文明与作为思想、道德方面的精神文明也是相互支持和相互作用的。完整的社会精神文明,是智力、技能和思想、道德两个方面的统一体,两者协调作用、缺一不可。

所以,人类社会的进步既反映在物质文明的发展、进步上,也表现在精神文明的发展、进步上。作为物质文明的进步,客观地表现在人类生产规模的不断扩大和生产模式的各种升级转换中,表现在人类适应各种不同的条件和解决各种复杂问题的能力的增长中;作为精神文明的进步,表现在人的体力、精神和道德伦理的不断完善中,表现为教育的发展、科学的进步、文化的繁荣。历史前进和社会发展的道路尽管是曲折的,但社会文明总是以不可逆转的力量持续不断的进步着。

2.社会文明进步的矛盾状况

社会文明进步的一个特点就是,在它呈现出前进发展的不可逆转的总趋势时,同时也带来了未曾料到的意外后果:被创造出来的社会文明在它带来生产的发展、社会关系的进步、科学技术的社会作用的增强、使人们在社会关系方面的束缚和在精神境界方面的束缚得到解放的同时,又产生了新的社会文明方面的问题。社会文明在一个方面进步的同时,又在另一个方面引发了新的不文明、甚至是社会文明的破坏。有时候,社会文明在总的进步过程中,在一定方面的社会文明的进步反而使得社会文明的创造者成为另一方面社会文明发生退化或者异化的现象。这就是社会文明进步过程中矛盾状况。

在前资本主义社会,社会文明的异化性状表现为赤裸裸的政治、宗教形态,人所制造出来的权力和偶像反过来愚弄和奴役着人自己。资本主义社会是人类社会文明发展的一个阶段,他促进了社会物质文明的巨大发展,但在社会物质文明进步的同时,人们的精神结构却出现了破缺的情况。孤独、忧郁、焦虑、无聊、无目的、恐惧等不健康的精神状况反而增加了。自近代以来,社会文明的异化性状逐渐明显,社会文明日益暴露出它是一把双面刃的脸孔。20世纪中期以来的科学技术的迅猛发展,大大增强了人类影响自然的能力,科学技术已成为一种堪与自然相匹敌的强大力量。作为现代文明的异化性状,它也带来了威胁人类前景的若干全球问题——人口爆炸、资源枯竭、粮食危机、环境污染等。可以说,正是在社会文明演进过程中,潜伏已久的破坏力和侵蚀危险君临了人类。

社会文明的矛盾状况,警醒了人类对社会进步的沉迷意识。对社会文明在社会进步历程中所起作用的反思和再认识,反过来引发了对于"进步""发展"概念的重新思考。这一思考,不仅要结合过去和现在,也要结合未来;不仅要考虑目的和手段,也要考虑适当和相宜;在新的条件和价值、各种不同的可能性之间、各种目的和理想之间、可以接受和应当拒绝之间的正确选择。人类社会迫切需要新的文明思想引领。

生态文明是人类文明的新形态。在中国特色社会主义建设的实践中,中国共产党人自觉认识到建设生态文明的时代意义。党的十七大报告第一次提出"建设生态文明",党的十八大报告将生态文明建设,与经济建设、政治建设、文化建设、社会建设一起,列入"五位一体"总体布局。在新时代生态文明建设实践中,形成了习近平生态文明思想,揭示了人类文明新形态的本质内涵。习近平生态文明思想是在继承和坚持马克思主义人与自然关系的基础上,将马克思主义和中国当代实际相结合,实现了马克思主义关于人与自然关系思想的中国化时代化。习近平生态文明思想是一个系统完整、内涵丰富的科学体系,深刻阐释了人与自然和谐共生的内在规律和本质要求,深刻回答了为什么建设生态文明、建设什么样的生态文明、怎样建设生态文明等重大理论和实践问题。习近平生态文明思想不仅对中国发展和建设具有重要指导意义,而且对人类文明发展具有引领价值。

### 三、人类的解放与社会进步

社会进步总是历史地、具体地体现在人类解放的过程中。从人与自然、人与社会的关系方面以及从人自身的角度分析,社会进步表现了人类的解放程度。

人类解放的本质是人的解放。解放和自由是同等程度的概念。解放意味着摆脱束缚获得自由。马克思深刻地揭示了解放的实质,他指出:"任何一种解放都是把人的世界和人的关系还给人自己。"[1]人的解放可以从以下三个方面理解。

第一,人从自然力的盲目控制下获得解放,其标志和首要条件就是生产力的发展水平。所谓人承受自然力的盲目控制,就是人不了解自然力作用的规律性,无法自觉利用自然力,完全听命和被动地接受自然力的作用。所谓人从自然力的盲目控制下获得解放,就是人能够认识自然力发生作用的规律,并利用这种规律反作用于自然力,具体表现为人控制自然力活动自由度的增加,在消除自然灾害威胁、消除自然条件对人类不断发展的需要的匮乏状态、消除盲目的自然力对人类改造自然成果的报复和异化方面,从自然力直接、盲目的束缚中解放出来。人从自然力的盲目控制下获得解放是一个不断发展进步的过程,它是随着对自然规律认识的程度不断深化和拓展、利用自然规律的能力不断提升、社会生产力水平的不断提升而持续发展进步的。

第二,人从异己的社会关系的束缚与控制下获得解放,其标志是社会形态的发展水平。现实的人总是处在特定社会关系总和中的人。这种社会关系的总和中包括人的经济关系、政治关系和思想关系,也包括血缘关系、地缘关系和业缘关系等多方面的关系,但是这种总和关系中的经济关系或生产关系是起支配作用的关系。这种以生产关系为主导的社会关系的总和的整体性质与人的本质力量的内在追求并不总是一致的。当这种社会关系总和的性质阻碍和束缚人的本质力量的进一步实现,甚至变成人的本质力量实现的桎梏时,就会变成与人的本质力量异己的社会关系。从这种与人的本质力量异己的社会关系的束缚下获得解放的标志就是社会形态的变革。新的社会形态建构了能够满足人的本质力量实现的新的社会关系结构,它能容纳作为人的本质力量体现的社会生产力的进一步发展,人的生存状态的

---

[1] 马克思,恩格斯.马克思恩格斯全集:第1卷[M].北京:人民出版社,1956:443.

进一步改善，人的生活方式能突破旧的社会条件的限制，人在社会生活中能获得进一步的、多方面的自由，人的社会发展条件能进一步丰足。

第三，人从自身条件的束缚中获得解放，其标志是思想解放。所谓人的解放的自身条件的束缚，就是指人的主观能动性受到旧的思想观念的束缚而不自知，缺少自主自觉的精神力量，缺少自主判断力和自主选择力。之所以如此，是人的思想状态沉寂在反映旧的社会关系总和的旧观念、旧思想和旧的知识结构和旧的思维方式中而不能自拔！所以思想革命与自我革命是实现人的自我解放的重要形式。

人的解放和人类解放是辩证统一的历史过程，人的解放是在人类社会的解放与发展中实现的。人从盲目的自然力束缚下的解放同人从异己的社会关系束缚下的解放，是同一个社会过程的不可分割的两个方面。人与自然的关系状况影响和决定人与人的社会关系的性质与状况，人与人之间的社会关系的性质也制约或影响人与自然关系变化。人的解放是一个由低级到高级的否定之否定的发展过程；相应的，社会的发展也是一个由低级到高级的否定之否定的发展过程。在人与自然的关系上，人的解放是一个由完全受束缚到部分的解放再到更加全面彻底的解放的过程。在社会与个人的关系上，人的解放是一个从全体受束缚到少数人的解放再到多数人的解放，最终实现全人类解放的过程。

争取人类解放和推动社会进步互为条件、互为因果。每一次对自然的解放和对社会的解放及其对社会的解放和对个人的解放之间的关系的解决，都会影响到社会进步的性质和水平。人类解放程度是社会进步的标志，同时，人类的解放程度也受社会进步程度的制约。从原始社会到现代社会的历史发展有力地说明了这一点。

## 第二节　社会主体及其历史作用

社会进步和人的解放既不是"神灵"的作用，也不是个别英雄人物的一己之力！社会发展的种种结果，都体现着作为社会主体的人民群众即无数个人之总和的历史作用。历史人物与人民群众的关系、个人和群体关系都是社会主体之间的关系。正确认识不同社会主体在社会发展进步过程中的历史作用，对于深刻理解社会发展进步规律，科学认识与评价历史现象，提高社会实践的自觉性、能动性与科学性，有十分重要的意义。

### 一、人民群众的历史作用

作为社会历史的主体，人的主体性的重要表现就是人们自己创造自己的历史。人民群众作为社会历史的主体，是社会生产力的主体，是物质生产者和知识生产者；在量上占据着社会人口中的大多数，在质上是指那些对社会历史起推动作用的人们。

第一，人民群众是社会物质财富的创造者和生产者。人民群众创造和生产物质财富的活动,保证了社会的存在与发展并给其他历史活动提供了基础。人民群众创造社会物质财富的生产活动,作为人的主体能动性与创造性的实现,其本身就是社会历史活动的重要内容。社会物质财富的创造作为体力劳动与脑力劳动共同作用的结果,还产生了科学技术在生产中的广泛应用。脑力劳动和科学技术的重要性,对社会历史发展有着越来越强有力的动力影响。

第二,人民群众是社会精神财富的价值源和创造源。人民群众的实践活动,是一切精神财富创造的源泉;人民群众的生活底蕴,是一切精神财富的价值源。在精神财富的创造中,那些深入生活和实践的脑力劳动者、劳动阶层的知识分子起了重要的作用。在宽泛使用的意义上,最广大的人民群众也是社会精神财富的创造者,尤其在生产、生活的经验和技能方面,在语言工具的进化方面,人民群众都是这些创造活动的直接主体。

第三,人民群众是社会制度变革的决定力量。正是人民群众丰富而有活力的各种实践活动作为社会制度变革的最深刻的根源,推动了社会形态由低级到高级的变革与发展。在社会革命的直接过程中,人民群众还是社会革命势不可挡的生力军和决战中的力量主体。涵藏在人民群众之中的人心向背,体现着不可抗拒的历史潮流,代表着社会进步的方向和性质。

人民群众的历史作用和社会历史条件之间是辩证互动的。人民群众推动历史发展会改变社会历史条件,同时其历史创造作用也会受到既定社会历史条件的制约,是在受历史条件制约的基础上改变着社会历史进程;人民群众创造历史的活动是在不断地突破既定社会历史条件的限制和制约,沿着人类解放和社会进步之途行进的。社会主义是亿万人民群众的事业。人民有信心,社会才会有活力,国家才会有力量。社会主义建设必须坚持人民群众的主体地位,坚持人民至上的价值立场,贯彻以人民为中心的发展思想,尊重人民群众的首创精神,充分发挥人民群众创造历史的积极性和主动性。

## 二、个人的社会历史作用

人类世界中单个的人通常被称为个人。相对于人民群众,个人可按其对历史影响作用的大小区分为普通个人和历史人物。这一区分表明个人和社会历史之间相互作用的又一形式和关系性质。

历史人物是那些在历史活动中担当重要角色、留下明显痕迹的"知名人士"。按其对历史活动作用的性质,又可区分为杰出历史人物和反动历史人物。杰出历史人物对历史的影响是促进和推动历史的进步,反动历史人物则对历史进步产生阻碍和破坏性影响。历史人物活动的限度不能超出阶级的和历史所许可的最大边界。在主客观条件允许的可能性空间,历史人物以其个人特质,在给定的时代舞台把握时势,将自己的主体性在历史活动中发挥到最大,留下他们改变或影响历史的教训或启迪,留下历史遗响。

但是在此之前,杰出历史人物对历史发展作出了巨大的贡献。他们的作用表现在如下方面:第一,他们是历史任务的发起者。他们率先认识到历史发展的趋向,较早地提出历史发展的新任务,发起新的历史活动。第二,他们是历史活动的组织者。在这个过程中,杰出历史人物是群众历史活动的核心。他们制订行动方案,组织和领导群众克服困难,完成历史任务。第三,他们是历史进程的影响者。杰出历史人物的性格、爱好、才能等方面的特征,特殊个性的优点与缺点,会在历史事件上留下明显的印记,使历史的外部特征丰富多彩,影响历史事件的发展,甚至在某种程度上加速或延缓历史进程,改变局部事变的方向和性质。

没有杰出历史人物对社会历史进步的趋向、要求、时势和任务的感应与组织领导,没有杰出历史人物对推动社会历史进步的浩大力量的调动、凝聚和指挥,社会历史进步仅凭自发性的进化发展就会非常迟缓。到一定时候,总有杰出历史人物出来肩负这一历史使命。

杰出人物的重要作用是建立在人民群众的决定作用的基础上的。杰出人物是代表先进阶级、阶层、集团的利益,能够反映时代要求并在历史发展中起重大进步作用的历史人物。他们是在群众的实践活动中产生的,代表了群众的利益和要求,集中了群众的经验和智慧。如果离开了人民群众推动历史进程的实践活动,离开了无数个人的现实活动,那么杰出人物就是无源之水、无本之木,既没有产生的基础,也没有引领的对象,更没有推动历史进步的现实力量。杰出人物之所以杰出,就是因为他能够反映人民群众需求,代表人民群众的利益,实现人民群众的愿望!个人力量和人民群众的力量结合在一起,是杰出人物发挥历史作用的必然形式。

### 三、个体和集体、个人与群众的交互作用

任何个人,其存在与发展、需求满足状况及其人生理想实现,都必然以一定的社会关系群体为参照。在个人向群体的集群过程中,人们通过某种共同的纽带联系为一定的集合体。这样的人群共同体就是集体。在社会历史进程中,个人和集体的关系的出现及其协调处理,对社会进步和人的解放的理解具有特殊的意义。它不只揭示出单个主体自身的主体性及其能动性的历史作用,而且揭示出集合性主体及其整体形态的社会价值。

人的需要是人行动的动力源泉。人的需要产生于人生和社会发展的不同阶段,是一个历史过程。人类祖先最初告别动物界时,其初始需要尚且是一种自然的需要,是动物式的、野蛮的、本能的欲求,为了生存不得不去占领现成的自然对象。当他们开始创造工具并用于生产劳动时,在人身上起作用的规律就具有了日益浓重的社会性色彩,在人的自然需要的基础上,产生了集体的社会性需要。社会性需要改造了人的自然需要,使之具有了不同于动物需要的多样性、多层次性、阶段性、递增性、调控制约性以及集团性和阶级性特征,缔造了人与人之间的社会关系和伴随社会进步而衍生的更新需求。

在人类社会演进过程中,由人的需要满足所指向的利益实现,在个人和社会性需要的双重价值导向与相互作用下,采取了个人与集体互动的形式。它一旦产生出来,就成为人类社会进步在人际协调和力量组织方面的一个机制,并推动着个人和社会的发展。个人和集体

的互动，导致对人类社会历史的多向性探索和日渐鲜明的社会主体性，导致了形形色色的社会历史状态，显示了历史过程的错综性、复杂性和丰富性。

最初的个人与集体关系的协调处理，出现在原始人所奉行的原始集体主义中。由于原始人恶劣的生存环境及其低下的生产力，原始人根本无法仅凭个人的力量来与恶劣的自然条件相抗争，由此我们可以理解在原始社会中，个人被逐出氏族或部落是一种多么可怕而严厉的惩罚。原始人利用原始集体，集中每一原始个人的力量与恶劣的自然条件作斗争。这个集体是真实的。每一原始个人的一切利益和需求的满足，都要在他所归属的那个氏族或部落集体中得到集中化的反映，背离这一原始集体，原始个人只有面临死亡，没有任何中间道路可供选择。原始集体中人与人的交往与联系因此是直接的、亲善和真诚的，那种利己损人和损害原始集体利益的行为，很难在原始共产主义生产与分配制度中被鼓励和得到发展。出于原始个人与原始集体利益的一致性，原始集体主义作为人类文明程度极低状态下人际关系调节的总原则，表现出淳朴无私和愚昧狭隘的双重特征：为自己所属的原始集体这一血亲集团，原始个人可以奉献和牺牲自己的生命；在某些特殊的非常情形中，原始人一反常态，杀死或者吃掉原始血亲集体中的那些"非生产的成员"；因为信奉原始集体主义，他们虐待并吃掉从另一个原始集体俘获的俘虏。原始人这些矛盾的做法，遵循的都是同一个原始集体主义原则而不觉悖理。

生产力的发展、私有制的出现和阶级的产生，使原始集体与原始个人的联系纽带发生断裂，原始集体主义作为原始人际关系调节原则走向衰亡，阶级整体主义代之而起。

阶级整体主义使原始社会中那种淳朴无私的集体主义精神发生了全面的蜕变：真实的集体蜕变为虚假的集体，个人的正当利益蜕变为一己私利，自我牺牲精神蜕变为利己主义。这些蜕变，主要是由置于私有制基础上的以下两对利益矛盾所引发的：第一对利益矛盾，是某一阶级的利益尤其是统治阶级的利益与其他阶级的利益或全人类利益的矛盾。阶级整体主义本质上的阶级利己主义使得各阶级所实际谋求的乃只是一己阶级的私利，其所标榜的代表其他阶级利益乃至代表全人类利益都是虚假的。所有形式的阶级整体主义在本质上都只是剥削阶级的阶级利己主义。第二对利益矛盾，是某一阶级的整体利益与这一阶级内部单个成员的利益的矛盾。私有制的本性不但造就了阶级整体利益的集团利己主义，而且也造就了阶级内部单个成员利益的个人利己主义，他人利益和阶级整体利益对个人利益而言具有对立性和互斥性。整体利益的虚假性，使得人们难于通过自觉自愿的牺牲精神来调节社会的利益关系。自我牺牲与个人私利在这一社会条件下不再能够统一到人的自我实现上来。

现代形态的集体与个人关系的协调，从根本上说是现代科学社会主义运动的直接产物，它的表现形态是社会主义的集体主义。它是作为对以阶级利己主义为本质的阶级整体主义的否定而出现在个人与集体关系协调史上的。统治阶级的阶级整体主义尽管在榨取和盘剥被压迫被剥削者的劳动创造中实现了阶级利益最大化，在近代以来资本主义更是长足地发展了社会生产力,但是在人们的社会结合方面,资产阶级的个人主义把阶级整体主义的弊端发挥到了极致:在私有制度下,在个人主义人生价值目标的诱使下,人们已分解为一个个孤立的、自我中心和互相排斥的个人,现金交易成为人们之间唯一的纽带。社会主义的集体主义,致力于把人们在资本主义社会的彼此孤立状态转变为在社会主义历史阶段上的相互结合,在共同利益一致的社会本位基础上,将个人与社会有机统一起来,从目的与手段的辩证统一中,从人性、人心所向的社会历史进步的趋势和本质中,体现社会、集体和劳动人民的力量,体现经过充分社会化的人的精神和理想。

社会主义的集体主义使得自己这一集体的真实性同一切剥削阶级整体主义的集体的虚幻性严格地区分开来,更加呈现出超越了先前一切个人和集体关系片面性的特征。它不像先前出现的剥削阶级的阶级整体主义那样一面标榜自己代表了其他阶级和全人类的利益,一面又以牺牲其他阶级和全人类的利益为代价,为一己阶级谋取私利。社会主义的集体主义的集体,消除了以往剥削阶级集体的虚妄性及其利益实现的偏私性,把社会普遍利益同个人利益真实地统一于自身,在克服私有制的障碍、克服社会成员分化和对立化、改善人与人之间的关系及人与社会间关系上,直指真实集体的现实理想。从根本点上,它的集群过程是对个人利益的统辖而不是与个人利益相异化,它从个人利益的正当性方面,从本质上求解人们的利益依靠何种方式能够得以最好的实现和受到保障。这时,社会主义的集体主义使用社会整体利益的尺度。它接受和承认那些与社会整体利益在价值目标上保持一致的个人利益、那些能够增进社会整体利益或不损害社会整体利益的个人利益。个人利益要获得满足和被保障,就要具备为这一尺度许可的正当性。当个人利益失去其正当性成为集体利益或他人利益的障碍和破坏者,集体利益就会要求以至强迫个人利益作出牺牲,以保障普遍个人利益的实现和集体利益的一致。

从社会进步的未来趋向和历史指向上分析,个人与集体关系发展的高级阶段的最大集体存在形态是社会总集体。这个社会总集体是一个自由人联合体,在那里,每个人的自由发展是一切人的自由发展的条件,个人利益和集体利益实现了最高的契合,社会进步、人的解放和全面发展实现了高度统一。

## 第三节 人的全面发展

历史是由许许多多活生生的有血有肉的人共同创造的,这些创造活动发散着人性的光芒和力量,这些创造活动都相应地展现了人的本质力量,使人一步步获得全面的解放和发展,人的解放和发展也体现了社会的发展和进步。

### 一、人的本质

社会进步和历史发展的谜底是人。作为亘古不衰的永恒主题,人性及其核心——人的本质是哲学历史观无可回避的重大探讨问题之一。

万物各有其性。人亦有人性。人是一个生物有机体，更是一个社会能动体。人性的表现是多样的，既表现在食欲、性欲、生欲等方面，也表现在有理性、会思想、造工具、能劳动、有感情等方面。人性是人与动物性相区别的根据，它既有其禀之在天的自然属性一面，又有通过社会生活与社会关系交往生成的社会性的一面，还有后天活动中变化衍生的各种未定性、未完成性的方向与可能。由此，在社会历史过程和人际互动中，人性演义显得既丰富多彩又扑朔迷离，它充满了无数偶然性而又复杂非常，它以各种不同的方式把各种因素结合在一起而展现出自己的内在本质。

古今中外的思想史，在人的本质属性是什么这一问题上的探讨和争论，充分表明了这一问题的复杂性。以下是对人的本质追问回答的代表观点。

在古希腊，早期的哲学家大多主张人与万物的原始统一性，承认人与万物的区别在于人有高于其他物类的灵魂。他们各自对灵魂有不同的理解，从而拉出了对人的本质问题探索的两个主线：肯定人的感性本质或者肯定人的理性本质。苏格拉底认为人的灵魂是至善；柏拉图认为实际存在的人是理念世界中人的理念的摹本。他们所肯定的乃是人的理性本质。德谟克利特则主张人的灵魂是由更精细更光滑的原子所组成。伊壁鸠鲁和斯多噶学派都主张人的感性欲望的满足就是快乐。他们强调的乃是人的感性本质。亚里士多德比较复杂。他对人做了多种定义，其中包括人天生是政治动物，看到了人和社会生活的联系。但是在总体上，他强调形式对于质料的优先地位，把人看作是以肉体为质料，以灵魂为形式的特殊存在，实际上把人的本质归结为能动的灵魂。

中世纪，神学家们认为人没有独立的本性，人的感性本质被否定，理性本质以异化的方式被肯定。经院哲学家们把人的理性异化给上帝，认为人是全智全能的上帝造的，应该具有上帝的本性，现实的人是人类的祖先误用理性以后堕入原罪的存在，已经丧失了上帝的本性。只有信仰上帝，忏悔赎罪，才能重新获得其本性，实现人的本质。

意大利文艺复兴时期，对于人的本性的探索非常活跃。当时的人文主义者，为反对宗教禁欲主义，反对"神性"对"人性"的压抑和摧残，提出以人性去反对神性，以人权反对神权，强调人的感性欲望并以人的感性欲望为根本人性。这基本上是意大利、荷兰人文主义者的看法，这一派占主导地位。但是德、法、英等国的人文主义者，则更多地注重人的理性，把人的理性看成是人的主要特征。在他们看来，人是有理性、有自由意志并追求享乐的人。这是这一时期资产阶级人性论的雏形。

17至18世纪，资产阶级人性论形成了系统的理论观点，人的感性本质和理性本质都以新的形式得到了肯定。英国哲学家霍布斯是个典型代表人物。他认为，人的本性就是生存自保和趋善避害。在自然状态下，人对人是狼，发生着一切人反对一切人的战争。18世纪，法国的爱尔维修继承了霍布斯的主要观点，认为人的本性就是自保自爱，趋乐避苦。人能感觉肉体的快乐和痛苦并因此逃避痛苦和追求快乐，这种情感是肉体感受性的直接后果，是人人共具、与人不可分离的,是人的自爱,它是永久的,不会改变的。① 除这种感性本质的主张之外,法国哲学家笛卡尔由"我思"肯定了"我在",他说:"人和机器的区别,人是有理性的灵魂"。②

18世纪末、19世纪初,德国资产阶级思想家们详尽地论证了人的理性本质。康德基于理性肯定了人的主体性和人的自由。他把理性看作人与万物相区别的根据。他说,人如果没有理性,那么人就只具有工具的价值。因为人有理性,所以就不能仅仅将人看作是工具,而应当将人看作是目的。客观唯心主义者黑格尔把人性建立在绝对精神的基础上,强调人的本质是神秘的客观理性。费尔巴哈的直观唯物主义则从人的生理机能和心理欲求上理解人的本性,仅从动物本能的视角理解人性。

旧哲学共同的特点是抽象的研究人性问题,要么是离开实践的观点研究人性,要么是离开唯物主义立场研究人性,其共同特点是把人性和人的本质归结为抽象的精神性,认为人性是先天就有的,永恒不变。马克思主义哲学克服了旧哲学的片面性,使关于人的本质的理论在新的基础上实现了感性与理性的高度统一,揭示了人的本质的稳定性与历史性。在《关于费尔巴哈的提纲》中,马克思提出:"人的本质并不是单个人所固有的抽象物。在其现实性上,它是一切社会关系的总和。"③"不管个人在主观上怎样超脱各种关系,他在社会意义上总是这些关系的产物。"④

人性相对于人的本质而言,含义较广,指人的各种属性,人的本质则是人的诸属性中带有综合性的根本属性。概括地说,人的属性可分为自然属性和社会属性两大类。自然本能不是人类独有的,亦不是人与动物相区别的标志,它正是人类起源于动物的佐证。人身上的自然属性,是深深地打上了社会烙印、经过扬弃和"人化"了的自然属性。它恰是人的本质未定性、未完成性在后天活动中变化衍生的方向与可能的具体体现:人的饮食,不但有满足生存的需要,还有满足发展和完善的需要,有保持健康、发展体力和智力的需要乃至社会交往的需要;人的性欲满足,大都通过文明方式,合乎法律和道德的准则,两性双方都有选择,现代两性结合,更需以爱情为基础、自主自愿。可见,人的食色之性,包含有丰富的社会内容,人过的是社会生活,在人的自然属性的基础上,通过社会实践活动,形成了人的社会属性。决定人区别于动物、使人成为人的东西不是人的自然属性,而是人的社会属性,如劳动、语言、思维、理性、主体性等,都是人与动物相区别的根本属性。作为在实践活动中人与人之间发生的各种关系,人的社会属性表现为人类共处关系中的依存性、人际关系中物质和精神方面的交往、社会生活中的道德性和生产活动中的合作性。把握人的本质,关键是把握人的

---

① 北京大学哲学系外国哲学史教研室.十八世纪法国哲学[M].北京:商务印书馆,1963:503.
② 北京大学西语系资料组.从文艺复兴到十九世纪资产阶级哲学家政治思想家有关人道主义人性论言论选辑[M].北京:商务印书馆,1966:214.
③ 马克思,恩格斯.马克思恩格斯选集:第1卷[M].北京:人民出版社,2012:135.
④ 马克思,恩格斯.马克思恩格斯全集:第23卷[M].北京:人民出版社,1972:12.

社会关系。人的本质在其现实性上是社会关系的总和,这意味着社会关系规定现实的人的本质,人既是社会关系的产物,又在不断地创造完善社会关系。在这一意义上,人的本质是由人自由自觉的活动创造的,人的本质是自然历史的发展与人自觉的、有目的的活动的统一。

人的各种活动都是社会的活动,是在相对社会关系中进行的活动,它们在不同程度上都表现着人的本质,造成社会的文化和文明,确证着人的本质力量。社会进步和人的本质力量的增长与实现是同一个进程中交互因果的两个方面。人的本质的实现过程,也就是人的价值体现和发挥作用的过程。

## 二、人的全面发展

社会进步的最高境界,是自由的充分实现和人类的全面发展。它是在人的历史活动中,基于人的本质及能动创造而实现人的价值的总体最佳状态。

马克思恩格斯用必然王国与自由王国这一对范畴来表达人类社会历史发展的不同状态。必然王国是指人们受盲目必然性支配,特别是受自己所创造的盲目、异己的社会关系奴役的社会状态。在必然王国中,人们只能在有限的范围内实现自由和解放,人的发展始终受到盲目、异己的自然力和社会力量的束缚,受到只代表少数主体性的"虚幻的集体"的压抑。自由王国是指人们摆脱了盲目必然性的奴役,突破旧的社会条件的限制,不再受自然力的盲目摆布,在历史前进和自身发展方面成为自觉主人的社会状态。必然王国与自由王国一样,是人在历史活动中所形成的一个关系领域。在必然王国状态下,历史是一个谜,人处在盲目、异己的必然性奴役之下;在自由王国,人们找到了历史的谜底,获得了历史活动的充分自由与解放。"只是从这时起,人们才完全自觉地创造自己的历史;只是从这时起,由人们使之起作用的社会原因才在主要的方面和日益增长的程度上达到他们所预期的结果。"[①]

自由王国,是以每个人的全面自由发展为基本原则的社会形式。人的全面发展既是自由和解放的实质,又是社会进步的理想目标。人类历史,正是一部不断缩小必然王国统治的领域、不断扩大自由王国的"疆土",实现更大自由解放、更充分、全面的人的发展的过程史。从原始社会这一人类童年时代,从那种近于动物式的自由生活到奴隶社会牺牲原始平等关系,建立起第一个剥削压迫制度,再到封建社会取代奴隶社会、资本主义社会取代封建社会的历史表明,人的解放也就是人的本质力量在社会关系和自然条件的限制与制约中发展和实现的过程。历史的每一重大进步,人都从自然力、社会关系中争得了一定的自由,或多或少地逼近人类彻底解放的门槛。但在私有制条件下,人所获得的解放是有限的,人类总体始终处于必然王国之中。从基本指向看,共产主义是人类实现由必然王国向自由王国的飞跃,是实现人的解放和全面发展的理想社会形态。人的全面发展可以从以下几个维度考察。

---

① 马克思.1844年经济学哲学手稿[M].北京:人民出版社,1979:73.

从人的实践角度看,人的全面发展是指人的活动方式的全面发展。人类从事越来越自由自觉的活动,这种自由自觉的活动方式越是全面,越能避免人的单维化和异化,越能促进和体现人的全面发展。

从人的社会交往角度看,人的全面发展是指人的社会特性的全面发展。在社会联接和社会关系中,人的本质力量和丰富潜能被发现、唤起、培育和塑造;个人通过参与各领域、各层次的交往,同无数其他个人交换各自的活动,得到两性、血缘、地域、经济、政治、文化等无数社会关系的规定,获得社会特性的全面发展。

从人自身的角度看,人的全面发展是指"作为目的本身的人类能力的发展",[①]包括人的个性、才能的全面发展,亦包括人对植根于自身本质活动的二重性冲突及异化带给人类的威胁的警戒与自制,以及个人与他人、集体、与社会关系的和谐能力等的全面发展,其核心是突出人是人发展的目的,突出作为主体的人的自由自觉活动能力的全面发展。

人的解放和人的全面发展不是乌托邦式的空想,根源于体现人类本质力量的社会实践的进步过程,其中蕴藏着无限开阔的、与人本身的丰富潜能相适应的对象性世界。在实现人的全面发展的历史进程中,人必须把实现自己的本质力量的实践活动本身当成目的,把劳动的谋生性质和主要依赖他人活动的性质降至次要地位和最小限度。人只有主宰着自己的活动,在选择自己的发展目标方面有充分的自由,并能够自觉调节自身各种需要的关系,才能真正全面地发展。

### 三、"自由人联合体"是人全面发展的社会特征

马克思和恩格斯在《共产党宣言》中明确指出,共产主义社会是一个"代替那存在着阶级和阶级对立的资产阶级社会的,将是这样一个联合体,在那里,每个人的自由发展是一切人的自由发展的条件。"[②]这个表述揭示了共产主义社会的根本特征,可简括为"自由人联合体"[③]。这个根本特征是从人的发展状态上描述共产主义特征的。社会是由人组成的,社会上人的存在与发展的状态最能说明社会的状态。马克思、恩格斯在这里紧紧抓住"人"这个核心,从人的状态说明未来共产主义社会的特征展示了历史唯物主义的方法论特点。

1.如何理解"自由人联合体"

第一,要理解"自由人联合体",首先要理解什么是"自由人"。

马克思和恩格斯理解的"自由人",是从生产关系与社会关系的角度界定自由人的内涵。一个人只有在社会关系与生产关系领域内是自由的,才能确保他在精神领域内的自由。这一历史唯物主义的出发点与青年黑格尔派是截然不同的,并且是对立的。马克思明确地指

---

[①] 马克思,恩格斯. 马克思恩格斯全集:第25卷下[M].北京:人民出版社,1974:927.
[②] 马克思,恩格斯. 共产党宣言[M]. 北京:人民出版社,1997:50.
[③] 马克思. 资本论:第一卷[M]. 北京:人民出版社,1975:95.

出,资产阶级社会不存在"自由人",因为这个社会存在着阶级和阶级对立。自由人只能存在于"代替存在着阶级和阶级对立的资产阶级社会"的未来社会,这个未来社会就是共产主义社会。另外,要深入理解"自由人"的含义,还需要结合马克思、恩格斯合著的《德意志意识形态》。这本著作写于1845年到1846年间,而《共产党宣言》则写于1847年到1848年间。可以说,《德意志意识形态》是理解《共产党宣言》中所表述的共产主义原理的哲学基础。

一个自由的人,是摆脱了阶级剥削和阶级压迫的人。马克思和恩格斯在《共产党宣言》中明确指出:"共产党人可以把自己的理论概括为一句话:消灭私有制。"在资本主义私有制条件下"工人仅仅为增值资本而活着,只有在统治阶级的利益需要他活着的时候才能活着。"①由于资本主义私有制是人类历史上私有制形态的最高形态或最后形态,消灭了资本主义私有制就彻底消灭了一切私有制。在资本主义私有制条件下,工人只是资本家追求剩余价值的工具。在资本主义制度下,人异化为物。马克思在《1844经济学哲学手稿》中深刻地分析了这种现象。

一个自由的人,是摆脱社会分工制约的人,是一个全面发展的人。人的社会分工是一个自然历史现象,分工的发展程度也标志着社会生产力的发展程度,同时社会分工也是阶级形成的基础,体力劳动与脑力劳动分离的前提,更是人的片面发展的动力。马克思、恩格斯在《德意志意识形态》中详细分析分工的作用与发展过程时指出:"因为分工不仅使精神活动和物质活动、享受和劳动、生产和消费由不同的个人来分担成为可能,而且成为现实,而要是这三个因素彼此不发生矛盾,则只有再消灭分工。"②在生产力相对不发达、同时又处于私有制社会的条件下,社会分工不是出于人们的自愿,而是逼迫参与分工的。马克思、恩格斯指出:"只要分工还不是出于自愿,而是自然形成的,那么人本身的活动对人来说就成为一种异己的、同他对立的力量。""原来当分工一出现之后,任何人都有自己一定的特殊的活动范围,这个范围是强加于他的,他不能超出这个范围:他是一个猎人、渔夫或牧人,或者是一个批判的批判者,只要他不想失去自己的生活资料,他就始终应该是这样的人。"在马克思、恩格斯看来,在共产主义社会里,不是存在不存在分工的问题,而是人们与分工的关系问题。马克思、恩格斯没有直接否认共产主义社会里存在分工,而是指出在共产主义社会里人们对于分工是出自自愿。马克思、恩格斯指出:"在共产主义社会里,任何人都没有特殊的活动范围,而是都可以在任何部门内发展,社会调节着整个生产,因而使我有可能随自己的兴趣,今天干这事,明天干那事,上午打猎,下午捕鱼,傍晚从事畜牧,晚饭后从事批判,这样就不会使我老是一个猎人、渔夫、牧人或批判者。"③马克思、恩格斯并不是否定共产主义社会里的领域和行业以及生产部门的区别,而是强调共产主义社会里的人是全面的人,是一个想从事什么事情

---

① 马克思,恩格斯. 共产党宣言[M]. 北京:人民出版社,1997:42.
② 马克思,恩格斯. 马克思恩格斯选集:第一卷[M]. 北京:人民出版社,1995:83.
③ 同上②,85页。

都可以实现的人。这里要强调两点,一是人的能力是全面的,想做什么事情都可以做成,二是社会提供的机会是全面的,想做什么事情都能够有机会去做。所以,在共产主义社会里,人不是分工的奴隶,而是分工的主人。人们对待分工是出于自觉自愿的选择。

一个自由的人,是一个自主活动的人。自主活动是人的自由的重要特征。自主活动就是自己决定自己行动目标和行为方式。人类社会的发展历史证明,作为社会的个人,能否实现自主活动与社会制度密切相关。在资本主义社会,资本的逻辑支配一切,"资本具有独立性和个性"①,资本主义社会里的个人,特别是劳动工人,"仅仅为增值资本而活着"②,不是具有独立性和个性的人,其劳动并不体现自主活动的性质。马克思、恩格斯在《共产党宣言》中,深刻地分析了资本主义发展的两个对立的结果。资产阶级在它的不到一百年的阶级统治中所创造的生产力,比过去一切世代创造的全部生产力还要多,还要大。"但是,随着资产阶级即资本的发展,无产阶级即现代工人阶级也在同一程度上得到发展;现代的工人只有当他们找到工作的时候才能生存,而且只有当他们的劳动增值资本的时候才能找到工作。这些不得不把自己零星出卖的工人,像其他任何货物一样也是一种商品。所以,在资本主义生产方式中的劳动"已经失去了任何自主活动的假象,而且只能用摧残生命的方式来维持他们的生命"③。所以在资本主义社会,工人的劳动不具有自主活动的性质,而是在资本的奴役下的一种强迫性劳动。如果要使劳动具有自主活动的性质,使劳动者成为一个自主活动的人,其必要条件是在生产力体系中的每一个人必须占有现有的生产力总和。而要实现这个必要条件,唯一的条件是推翻资本主义社会。马克思、恩格斯说:"只有在这个阶段上,自主活动才同物质生活一致起来,而这又是同各个人向完全的个人的发展以及一切自发性的消除相适应的。同样,劳动向自主劳动的转化,同过去受制约的交往向个人本身的交往的转化,也是相适应的。随着联合起来的个人对全部生产力的占有,私有制也就终结了"④这就是说,只有在共产主义社会里,无产阶级才能实现对自己所创造的全部生产力总和的占有,只有在这个阶段上,自主活动才同物质生活一致起来,它是联合起来的个人对全部生产力的占有,同时也就终结了私有制。

第二,理解了"自由人"的规定,才能进一步理解"自由人联合体"。

在马克思、恩格斯看来,作为一个"自由人"是摆脱了阶级剥削与阶级压迫的人,是摆脱了分工约束的人,是一个自主活动的人。但是要使人的存在发展达到"自由人的状态",首先需要进行社会革命与社会变革,推翻资产阶级社会,实现无产阶级统治,一句话,就是推翻资本主义制度,实现共产主义。对此,马克思、恩格斯曾经做过明确的论述。他们在《德意志意识形态》中指出:"共产主义和所有过去的运动不同的地方在于:它推翻一切旧的生产关系和

---

① 马克思,恩格斯. 共产党宣言[M]. 北京:人民出版社,1997:43.
② 马克思,恩格斯. 共产党宣言[M]. 北京:人民出版社,1997:42.
③ 马克思,恩格斯. 马克思恩格斯选集:第一卷[M]. 北京:人民出版社,1995:128.
④ 同上③,130 页。

交往关系的基础,并且第一次自觉地把一切自发形成的前提看作是前人的创造,消除这些前提的自发性,使它们受联合起来的个人的支配。"①在这里所指的旧的生产关系和交往关系的基础,就是资产阶级社会及其一切剥削制度。共产主义社会是"联合起来的个人"的社会。所谓"联合起来的个人"就是指在人与人之间不存在阶级差别与阶级压迫的情况下的联合,这种联合体是一个不存在私有制的社会。这样的社会就是自由人联合体。马克思在他的鸿篇巨著《资本论》中指出:"让我们设想一个自由人联合体,他们用公共的生产资料进行劳动,并且按照预先商定的计划,把他们许多个人的劳动力当作一个社会劳动力来使用。"②在马克思看来,只有在消灭私有制的前提下,实现了生产资料的公有制,才能实现每一个个人能够占有全部社会生产力的总和,社会上任何一个人才能是一个自由的人。

2."每个人的自由发展是一切人自由发展的条件"是"自由人联合体"的社会逻辑

马克思、恩格斯在《共产党宣言》中指出,共产主义社会的根本特征是自由人联合体,而自由人联合体内在机制是"每一个人的自由发展是一切人自由发展的条件"。在这里,马克思、恩格斯明确强调每一个人的自由发展,他们着眼于每一个个体的自由发展,并且把每一个个体的自由发展看作为一切人自由发展的条件。这一思想体现了马克思主义从人的立场出发的社会观和历史唯物主义的人本观。马克思、恩格斯创立历史唯物主义的前提是"现实的个人",现实的个人都是具体的个人,从现实的个人出发研究和分析社会发展的现状与未来,必须着眼于一个一个的具体的个人。如果离开具体的个人的现实状况去谈论社会发展问题是一种虚幻的和抽象的分析方法。马克思、恩格斯历来反对离开具体社会现实中的个人的状况,而用抽象的人的性质或特点去分析社会。把这种思想贯彻在自由人联合体的本质特征分析中,也必须落实到具体的个人身上。另外,一切人是由每一个人所组成的,如果有一个人或者一些人不能实现自由发展;或者只有部分人能得到自由发展,那么一切人的自由发展就不能实现,这就不是"自由人联合体"。

事实上,自有阶级存在以来,所谓的人的社会自由,都是部分人的自由。例如,在奴隶社会只有奴隶主的自由,奴隶是会说话的工具;在封建社会里只有封建贵族和地主阶级的自由,农民只有缴纳地租和赋税的义务;在资本主义社会里所谓的自由只是资产阶级的自由,工人只是资本家追求剩余价值的工具。所以,马克思、恩格斯在《共产党宣言》中明确宣告:"代替那存在着阶级和阶级对立的资产阶级旧社会的,将是这样一个联合体,在那里,每个人的自由发展是一切人的自由发展的条件。"③

马克思、恩格斯也把"自由人联合体"称为"真正的共同体"。马克思、恩格斯指出:"在真

---

① 马克思,恩格斯. 马克思恩格斯选集:第一卷[M]. 北京:人民出版社,1995:122.
② 马克思. 资本论:第一卷[M]. 北京:人民出版社,1975:95.
③ 马克思,恩格斯. 共产党宣言[M]. 北京:人民出版社,1997:50.

正的共同体的条件下,各个人在自己的联合中并通过这个联合获得自己的自由"。① 相对于真正的共同体,马克思、恩格斯把建立在阶级对立基础上的社会共同体称为"虚假共同体"。

马克思主义认为,现实的个人一定要融入一定的社会共同体,才会具有自己的社会现实性,没有共同体,任何孤立的个人是不能实现其任何社会需要的。个人只有在共同体中,才可能实现人的诸多社会特征,才能从社会获得一定的物质生活资料。但是马克思、恩格斯同时指出,自有人类历史以来,长期存在着一种虚假的共同体。这种虚假的共同体不能给每一个共同体成员提供自由发展的条件。这是因为,人类社会的发展伴随着分工的发展过程。随着分工的发展,阶级的分化,单个人的利益与所有相互交往者的个人的共同利益产生了矛盾。马克思说:"正是由于特殊利益和共同利益之间的这种矛盾,共同利益才采取国家这种与实际的单个利益和全体利益相脱离的独立的形式,同时采取了虚幻的共同体的形式。"②在虚幻的共同体中,统治阶级总是把自己本阶级的特殊利益说成是全社会的共同利益。马克思、恩格斯指出:"在过去的种种冒充的共同体中,如在国家等等中,个人自由只是对那些在统治阶级范围内发展的个人来说是存在的,他们之所以有个人自由,只是因为他们是这一阶级的个人。从前各个人联合而成的虚假的共同体,总是相对于各个人而独立的;由于这种共同体是一个阶级反对另一个阶级的联合,因此对于被统治的阶级来说,它不仅是完全虚幻的共同体,而且是新的桎梏"③。

所以,共产主义是人类社会"真正的共同体",它是能提供每一个人自由发展的条件,从而确保一切人全面自由发展的社会。如何才能提供这样一个保证社会上的每一个人自由发展的条件呢?第一,彻底消灭私有制,特别是资本主义私有制,因为资本主义私有制是人类社会历史上私有制的最高形式和最后一个形式。第二,实行生产资料在全社会范围内的公有制,从而保证每一个人都能享受和占有全部生产力的总和。第三,劳动是摆脱了强制性的分工约束的社会劳动者自主自觉的社会活动。第四,也是最根本的目标,即实现人的自由而全面的发展。因此,当我们说到"社会共同体"问题时,不要把一般共同体与真正的共同体,即自由人联合体相混淆。

社会主义社会是对资本主义的否定,它不是虚假共同体;社会主义社会还不是共产主义社会,还没有提供"每一个人自由发展的条件",还不是真正共同体。但是社会主义实现了无产阶级和人民群众当家做主的社会条件,在全社会的条件下体现了全体人民的利益,不是以某一个阶级利益的实现去替代或说成是代表全体人民的利益。因此这个共同体不是虚假的!但是社会主义历史时期的生产力还不是十分发达,还不能依照每一个人的需要提供"按需分配"的社会资源,还存在着人与人之间的差别,就这一点来说,还不能完全提供"每一个

---

① 马克思,恩格斯. 马克思恩格斯选集:第一卷[M]. 北京:人民出版社,1995:119.
② 同上①,84 页.
③ 同上①.

人自由发展的条件",是一个发展不充分的"真正共同体"。但是,这个发展不充分的"真正共同体"消除了虚假性,所以真实性是存在的,只是还没有达到真正共同体的标准要求。真正二字中"真"所体现的是共同体的质的真实性,其中的"正"所体现的是共同体的量的标准性。所以,社会主义社会是"真"在而"正"不充分的共同体。这个共同体在质上是真实的,在量上还不是正相满足的,因此,可以说它是"真实共同体"。真实共同体是一个过渡共同体,也是一个发展共同体,最终达到真正共同体。

1. 社会进步和人类解放有怎样的关系?
2. 如何理解"自由人联合体"?
3. 你怎样理解人的全面发展?

# 参考文献

[1]马克思,恩格斯.马克思恩格斯选集:第1卷[M].北京:人民出版社,1995.

[2]马克思,恩格斯.马克思恩格斯选集:第2卷[M].北京:人民出版社,1995.

[3]马克思,恩格斯.马克思恩格斯选集:第3卷[M].北京:人民出版社,1995.

[4]马克思,恩格斯.马克思恩格斯选集:第4卷[M].北京:人民出版社,1995.

[5]斯大林.斯大林选集[M].北京:人民出版社,1979.

[6]全国干部培训教材编审指导委员会.决胜全面建成小康社会[M].北京:人民出版社,2019.

[7]习近平.习近平谈治国理政[M].北京:外文出版社,2014.

[8]习近平.习近平谈治国理政:第二卷[M].北京:外文出版社,2017.

[9]马克思,恩格斯.共产党宣言(单行本)[M].北京:人民出版社,1997.

[10]马克思.资本论:第1卷[M].北京:人民出版社,1975.

[11]恩格斯.反杜林论[M].北京:人民出版社,1999.

[12]毛泽东.毛泽东文集:第6卷[M].北京:人民出版社,1999.

[13]邓小平.邓小平文选:第3卷[M].北京:人民出版社,1993.

[14]习近平.决胜全面建成小康社会 夺取新时代中国特色社会主义伟大胜利:在中国共产党第十九次全国代表大会上的报告[N].人民日报,2017-10-28(1).

# 后 记

本教材从启动修订到完成修订历时3年之久,其间因新冠疫情的影响,很多修订研讨和出版对接不能顺畅进行。在大家的集体努力下,这本教材终于可以出版了。哲学教程的第一版是由王宏波和李建群担任主编,组织了一批哲学系的教师编写完成的。当初的很多编者现在都已经退休了,本次修订版的编写团队补充了一批新力量,除主编依然是王宏波外,各位参编者也均是我校从事哲学教学与科研工作的同事。具体的编写工作分工如下:

第一、二、三章,王宏波;第四章,李永胜;第五章第一、二、四节,王宏波,第三节,李永胜;第六章,王宏波;第七章,李建群、雒自新;第八章,马文保、高香香;第九章,周延云、邱根江;第十章,韩建通、邱根江;第十一章,张帆;第十二章,王宏波、张心仪;第十三章,马文保、高香香;第十四章第一、二节,马文保、高香香,第三、四节,王宏波;第十五章宋永平;第十六、十七章,杨建科、李建群、陈学凯、张心仪;第十八章,杨建科、张心仪、李小娥;第十九章,李重、徐春艳、韩鹏杰。

第二版教材是在第一版教材的基础上集体编写的成果,它反映了我校哲学教师在哲学教学上的成果、体会、心得,也反映了我们在哲学研究方面的某些学术成果,现提供于读者,就教于学术界,希望得到批评指正,以便进一步修改。另外,我们也尽量地汲取学术界的研究成果和其他哲学教材的优点和一些恰当的表述,在此也向学术界同仁表示感谢。西安交通大学出版社雒海宁女士为本书的出版作出了卓有成效的努力,在此表示诚挚的感谢。

王宏波

2023年7月于交大创新港